Frank Kürschner-Pelkmann

Das Wasser-Buch

D1672565

Frank Kürschner-Pelkmann

Das Wasser-Buch

Kultur – Religion – Gesellschaft – Wirtschaft

Verlag Otto Lembeck
Frankfurt am Main

Umschlagbild: © Wolfgang Neumann

Bibliografische Information der Deutschen Nationalbibliothek
Die Deutsche Nationalbibliothek verzeichnet diese Publikation in der
Deutschen Nationalbibliografie; detaillierte bibliografische Daten sind im
Internet über http://dnb.d-nb.de abrufbar

Umschlaggestaltung: Nicole Wilms
2. vollständig überarbeitete Auflage 2007
© 2007 Verlag Otto Lembeck, Frankfurt am Main
Gesamtherstellung: Druckerei und Verlag Otto Lembeck
Frankfurt am Main und Butzbach
ISBN 978-3-87476-531-2

Inhalt

Einleitung

Mai ni Mwoyo – Wasser ist Leben. Diese Einsicht der Kikuyu in Kenia wird seit vielen Tausend Jahren von Völkern in aller Welt geteilt. Neben Luft und Boden ist das Wasser die wichtigste Lebensgrundlage für Pflanzen, Tiere und Menschen. Deshalb hat Wasser auch eine zentrale Bedeutung in den meisten Religionen gewonnen und deshalb sind die Menschen meist sorgsam mit dem kostbaren Nass umgegangen. Auf einer Schriftrolle der Essener, einer jüdischen Reformgruppe zur Zeit Jesu, ist zu lesen: „Wir verehren das Wasser des Lebens und alles Wasser auf Erden, das stehende, das fließende und quellende Wasser, die Quellen, die dauernd fließen, die gesegneten Regentropfen. Immer ehren wir die guten und heiligen Gewässer, die das Gesetz geschaffen hat."

Ohne Wasser hätte es kein Leben auf der Erde gegeben, und deshalb wird auf anderen Planeten vor allem nach Wasser gesucht, um festzustellen, ob es dort Leben gibt oder gegeben hat. In diesem Buch soll versucht werden, den Geheimnissen des Wassers auf die Spur zu kommen. Die Grundüberzeugung lautet: Wasser ist mehr als H_2O. Es ist einer der geheimnisvollsten und faszinierendsten Stoffe auf dieser Erde, der Leben ermöglicht und Leben zerstört, der Anlass zu Streit und zu Zusammenarbeit ist, der weich ist und doch die Kraft hat, Steine und Felsbrocken zu brechen, der aus kleinen Tropfen besteht und doch Ozeane füllt. Der Schriftsteller Antoine de Saint-Exupéry hat über das Geheimnis des Wassers geschrieben: „Du schenkst uns ein unbeschreiblich einfaches und großes Glück."

Heute gibt es Bestrebungen, Wasser zu einer Ware wie jede andere zu machen, die verkauft und gekauft wird. Dies gilt sowohl für die Privatisierung der Wasserversorgung als auch für den boomenden Flaschenwasser-Markt. Dagegen hat sich Widerstand formiert. Wasser ist mehr als eine Ware, es ist ein gemeinsames Gut der Menschheit, das es zu bewahren gilt, lautet die Überzeugung. In dieser Debatte wird wieder stärker bewusst, welch große Bedeutung das Wasser hat in den Religionen und Kulturen der Völker, für die Gesundheit der Menschen, für die wirtschaftliche Entwicklung einer Region, für die Ernährung, für die Gestaltung von Landschaften und Parks …

In diesem Buch wird ein breites Spektrum von Wasser-Themen dargestellt. Es geht unter anderem darum, welches Verständnis vom Wasser große Religionen haben, welche Aktualität die Noah-Geschichte hat, wie große Flüsse wie der Ganges und der Nil das Leben der Menschen geprägt haben und bedeutende Kulturen entstehen ließen, wie sich Wassermangel auf arme Familien in verschiedenen Regionen der Welt auswirkt, welche Auswirkungen die Klimaveränderungen auf die globale Versorgung mit Trinkwasser haben, warum Menschen sich gegen eine Privatisierung der Wasserversorgung zur Wehr setzen und welche Erfolge sie dabei erzielt haben, wie Wasser die Gärten der Welt zum Blühen bringt und warum manches dafür spricht, dass Wasser ein Gedächtnis hat.

Das Buch soll zu einer Lesereise durch die Welt des Wassers einladen. Das „Wasser-Buch" ist alphabetisch nach Themen geordnet, und es gibt viele Querverweise. Sie können an beliebiger Stelle eintauchen und sich mitnehmen lassen vom Strom des Wassers durch die Kontinente und historischen Epochen.

Ich möchte dem Verlag für die gute Betreuung des Vorhabens danken, dem Evangelischen Missionswerk in Deutschland (EMW) und Brot für die Welt für Druckkostenzuschüsse und meiner Frau für die Unterstützung bei der Vorbereitung des Manuskriptes. Dank gebührt schließlich allen, die Schaubilder und Fotos für dieses Buch zur Verfügung gestellt und es erst ermöglicht haben, ein so schönes und zugleich preiswertes Buch entstehen zu lassen. Besonders zu erwähnen sind in diesem Zusammenhang Helga Reisenauer und Norbert Schnorbach.

Für die zweite Auflage wurde das Buch grundlegend neu bearbeitet und an vielen Stellen aktualisiert.

Frank Kürschner-Pelkmann

Aktuelle Informationen zu globalen Wasserthemen finden sie unter:
www.kuerschner-pelkmann.de

ABC des Wassers

„Wasser, du hast weder Geschmack noch Farbe noch Aroma. Man kann dich nicht beschreiben. Man schmeckt dich, ohne dich zu kennen. Es ist nicht so, dass man dich zum Leben braucht: Du selbst bist das Leben. Du bist der köstlichste Besitz dieser Erde. Du schenkst uns ein unbeschreiblich einfaches und großes Glück." So hat Antoine de Saint-Exupéry das Wasser beschrieben. Wenn in diesem Abschnitt von vielen naturwissenschaftlichen Zahlen und Daten die Rede ist, so müssen wir uns bewusst bleiben, dass Wasser mehr ist als H_2O, dass es ein immer wieder bestaunenswerter Teil einer Schöpfung ist, die auf wunderbare Weise Leben schafft und erhält.

Die Erde gilt als „blauer Planet", und dies zu Recht. Es gibt etwa 1,4 Milliarden Kubikkilometer Wasser auf unserem Planeten, und 71 Prozent der Oberfläche sind mit Wasser bedeckt. Allerdings beträgt der Süßwasseranteil nur etwa 2,6 Prozent, und der größte Teil davon ist in Gebirgsgletschern und im Eis der Arktis und Antarktis gebunden oder in tiefen Schichten der Erde gespeichert. Nur 0,007 Prozent des weltweiten Wasservorkommens steht für die menschliche Verwendung zur Verfügung, aber diese Menge ist so groß, dass sie seit vielen Jahrtausenden ein Überleben der Menschheit möglich gemacht hat. Wissenschaftler sind sich einig, dass es ohne Wasser kein Leben geben kann, sodass zum Beispiel auf dem Mars intensiv nach Spuren von Wasser gesucht wird, um festzustellen, ob es auf diesem Planeten einmal Leben gab.

Wasser, eine Verbindung von zwei Wasserstoff- und einem Sauerstoffatom, hat viele Eigenschaften, die anderen chemischen Verbindungen fehlen. So kommt nur H_2O in der Natur in fester, flüssiger und gasförmiger Form vor. Es gibt auch keine andere chemische Verbindung, in der sich so viele Stoffe lösen wie im Wasser. Das Überleben von Menschen und Tieren wird dadurch sehr erleichtert, dass Wasser der einzige Stoff ist, der mit sinkender Temperatur nicht kontinuierlich schwerer wird. Die höchste Dichte und damit das größte Gewicht erreicht Wasser bei einer Temperatur von plus vier Grad Celsius, bei niedrigeren Temperaturen wird es wieder leichter. Das hat zur Folge, dass sich bei Minustemperaturen in Gewässern die Eisschicht an der Oberfläche bildet, nicht am Boden. Deshalb bieten die allermeisten Gewässer – abgesehen von extremen Kälteperioden – unter der Eisschicht einen flüssigen Lebensraum für Fische und andere Tiere, die im Wasser leben. Umgekehrt hat eine andere Eigenschaft des Wassers das Leben von Pflanzen und Tieren erschwert: die geringe Sauerstoffmenge, die im Wasser gebunden wird (weniger als ein Prozent). Für das Überleben im Wasser sind deshalb andere Atemtechniken erforderlich als an Land, wo die Luft einen sehr viel höheren Sauerstoffanteil enthält.

Lebensfördernd für Pflanzen, Tiere und Menschen ist die Fähigkeit des Wassers, große Mengen Wärme über einen längeren Zeitraum zu speichern. Das hat zur Folge, dass die großen Wassermassen der Meere und Ozeane eine ausgleichende Funktion für die Temperaturen auf der Erde haben. So ist es dem Einfluss von Nord- und Ostsee zu verdanken, dass die Temperaturunterschiede zwischen Sommer und Winter in Deutschland nicht größer sind. Demgegenüber ist der Abstand zwischen höchster und niedrigster Temperatur in einigen Teilen Osteuropas, die weiter von einem Meer entfernt liegen, deutlich größer.

Dadurch, dass die Wassertemperaturen nicht überall gleich sind, entstehen Meeresströmungen. Für Europa ist der Golfstrom von besonderer Bedeutung, weil er warmes Wasser aus südlichen Regionen des Atlantiks heranführt und im Nordatlantik höhere Temperaturen des Wassers und indirekt auch der Luft verursacht. Ohne den Golfstrom wäre es in Europa wesentlich kälter.

Ein ewiger Kreislauf

Des Menschen Seele
Gleicht dem Wasser:
Vom Himmel kommt es,
Zum Himmel steigt es,
Und wieder nieder Zur Erde muss es,
Ewig wechselnd.

So hat Johann Wolfgang von Goethe im „Gesang der Geister über den Wassern" die menschliche Seele und den Kreislauf des Wassers in Beziehung gesetzt. Zu Goethes Zeiten wurden die Menschen sich stärker naturwissenschaftlicher Prozesse wie des Wasserkreislaufes bewusst und erkannten so auch, wie stark das Leben von solchen komplexen Naturvorgängen abhängt, wie eng aber auch die Verbindung zwischen den Vorgängen in der Natur und dem Denken und Fühlen der Menschen ist. Der globale Kreislauf des Wassers ist ein genialer Prozess, ohne den das Leben auf der Erde nicht möglich wäre. Jeden Tag verdunsten etwa 1,3 Milliarden Kubikmeter Wasser über dem Land und vor allem über dem Meer. Zwar befindet sich gleichzeitig nur 0,001 Prozent des Wassers unseres Planeten in der Atmosphäre, aber die sind für den Wasserkreislauf unverzichtbar. Ein Zwischenschritt zwischen Wasserdampf und Niederschlag sind die Wolken, die an einem durchschnittlichen Tag 60 Prozent der Erde bedecken.

Über der Erde sind die Niederschläge deutlich höher als die Verdunstung. Das Wasser wird von Pflanzen aufgenommen, fließt in Bäche, Seen und Flüsse oder sickert in den Boden und trägt dort zur Grundwasserbildung bei. Dadurch, dass über die Flüsse große Mengen Wasser zurück ins Meer gelangen, wird ausgeglichen, dass verdunstetes Meerwasser über dem Land als Regen und Schnee niedergeht. Es gibt im Wasserkreislauf also eine Balance zwischen Verdunstung und Niederschlägen sowie zwischen dem Wasser in Meeren und auf den Landflächen.

Allerdings sind die Niederschläge sehr ungleich über die Erde verteilt. Es gibt Regionen, wo es nur einmal in vielen Jahren regnet, und andere Gebiete, wo praktisch jeden Tag Niederschläge zu erwarten sind. Selbst innerhalb eines Landes wie Deutschland bestehen große Unterschiede, wobei im Osten die geringsten Niederschläge gemessen werden. Auch wenn viele Regionen der Welt sowohl eine hohe Verdunstung als auch große Niederschläge verzeichnen, wird verdunstetes Wasser in Wolkenform auch über große Entfernungen bewegt und geht als Regen in einer anderen Weltregion nieder. Regionale Wasserkreisläufe, die die Niederschlagsmenge und damit die Verfügbarkeit von Grundwasser weitgehend bestimmen, werden verändert, wenn zum Beispiel große Flächen tropischen Regenwaldes abgeholzt werden. Auch hat der Treibhauseffekt sehr direkte Auswirkungen auf die Wasserkreisläufe. Angesichts der Komplexität dieser Prozesse ist es mehr als naiv, wenn manche Wissenschaftler berechnen wollen, wer zu den „Gewinnern" des globalen Klimawandels gehört, weil sich die Witterungsverhältnisse aus wirtschaftlicher Perspektive angeblich verbessern. Sehr viel wahrscheinlicher ist, dass alle Menschen zu den Verlierern dieses Prozesses gehören werden, vor allem jene, die ohnehin schon unter Wassermangel und unter Armut leiden.

Alles ist im Fluss

Regen, Regen,
Himmelssegen!
Bring uns Kühle, lösch den Staub
Und erquicke Halm und Laub!

Regen, Regen,
Himmelssegen!
Labe meine Blümelein,
dass sie blühn im Sonnenschein!

Regen, Regen,
Himmelssegen!
Nimm dich auch des Bächleins an,
dass es wieder rauschen kann!

Dieses Gedicht von August Heinrich Hoffmann von Fallersleben ruft in Erinnerung, wie groß die Bedeutung des Regens für Natur und Mensch ist. Nicht zuletzt für die Grundwasserbildung und die Entstehung von Bächen und Flüssen ist er unverzichtbar (was die Frage aufwirft, ob Regenwetter wirklich als „schlechtes Wetter" bezeichnet werden kann).

Auf dem Weg von der Quelle zum Meer legen manche Flüsse wie der Nil Tausende Kilometer zurück. Dass aus einem kleinen Rinnsal ein mächtiger Strom wie der Amazonas oder der Kongo wird, liegt an den vielen Bächen und kleinen Flüssen, die auf dem langen Weg zum Meer die Wassermenge vergrößern. Die gesamte Fläche, aus der ein Strom und seine Nebenflüsse ihr Wasser erhalten, bezeichnet man als Flusseinzugsgebiet. Diese Gebiete zu schützen, gehört zu den wichtigen Zielen heutiger Wasserpolitik. Dieses Konzept prägt zum Beispiel die EU-Wasserrahmenrichtlinie.

Überall auf der Welt hat die Schadstoffbelastung der Fließgewässer in den letzten zweihundert Jahren stark zugenommen. Längst ist die Selbstreinigungskraft vieler Flüsse überfordert, zumal zahlreiche moderne Chemikalien im Wasser nicht abgebaut werden können. Die Selbstreinigungskraft sinkt zudem drastisch, wenn das Wasser nicht mehr in Strudeln und Stromschnellen Sauerstoff aufnimmt, sondern Bäche und Flüsse reguliert und begradigt werden. Die Selbstreinigungskraft stehender Gewässer ist noch geringer. Auch sie sind vielen Schädigungen ausgesetzt, etwa durch den „sauren Regen".

Grundwasser – die wichtigste Grundlage unseres Trinkwassers

„Das Wasserangebot sinkt, während die Nachfrage drastisch und unnachhaltig steigt. Während der nächsten zwanzig Jahre wird daher der durchschnittliche Wasservorrat pro Kopf weltweit um ein Drittel sinken." So hat UNESCO-Generaldirektor Koichiro Matsuura im Juni 2003 die zunehmende Wasserknappheit auf der Welt beschrieben. In dieser Situation werden die Grundwasserreserven immer wichtiger.

Etwa 70 Prozent des Trinkwassers in Deutschland wird aus Grundwasser gewonnen. Auch in vielen anderen Ländern ist das Grundwasser die wichtigste Trinkwasserquelle. Grundwasser ist zugleich die wichtigste Quelle für Bäche und Flüsse (daneben haben Gletscher in vielen Regionen der Welt eine Bedeutung für die Entstehung von Fließgewässern). Umso beunruhigender ist es, dass die Grundwasserreserven der Welt immer stärker bedroht sind. Quantitativ sind sie in all den Fällen gefährdet, wo mehr Wasser entnommen wird, als neu entsteht. Ein Extrembeispiel dafür sind Wüstenstaaten wie Libyen, die sehr alte Grundwasservorkommen nutzen, um große landwirtschaftliche Flächen zu bewässern. Wegen sehr geringer Niederschläge bildet sich kaum neues Grundwasser in diesen Regionen, sodass zukünftige Generationen ohne diese wertvollen Reserven auskommen müssen. Aber auch in vielen anderen Ländern sinken die Grundwasserspiegel wegen einer großflächigen Bewässerungslandwirtschaft und des Wasserverbrauchs der Industrie sowie der rasch wachsenden Städte.

Auch in Europa gibt es nicht unbegrenzte Mengen Grundwasser. Die Europäische Umweltagentur hat berechnet, dass gegenwärtig das Grundwasser unter 60 Prozent der europäischen Städte übernutzt ist. Besonders gefährdet sind die Grundwasservorkommen in den europäischen Staaten am Mittelmeer. Neue Probleme können entstehen, wenn die Gletscher in den Alpen als Folge des Klimawandels weiter schmelzen und damit die kontinuierliche Wasserzufuhr für zahlreiche Flüsse bedroht wird. Qualitativ nimmt das Grundwasser dadurch Schaden, dass immer mehr Abwässer von Haushalten und Industrie sowie Agrarchemikalien in den Boden eindringen und vor allem die oberen Grundwasserleiter belasten.

Steigender Wasserverbrauch

„Frauen sind die ersten Leidtragenden von Wasserknappheit. Sie werden zusätzlich belastet, wenn die Wasserversorgung nicht funktioniert … Bei Wasserknappheit sind Frauen die ersten, die den Wert einer zuverlässigen Wasserversorgung auch für die Gemeinde erkennen. Sie gehen dann häufig entsprechend sparsam mit dem Trinkwasser um." Die srilankische Wasserfachfrau Pathrika Iromi Moonesinghe hat immer wieder die Umsicht von Frauen im Umgang mit Wasser kennen gelernt, eine Umsicht, die auf Jahrtausende alte Erfahrungen und Traditionen zurückgeht.

Fast unendlich ist die Liste der Zwecke, für die Menschen Wasser gebrauchen und verbrauchen, und ebenso unterschiedlich ist der Zustand des Wassers nach dieser Nutzung. Die Trinkwassermenge, die tatsächlich getrunken wird, ist im Vergleich zur übrigen Nutzung minimal, etwa zwei Liter pro Einwohner am Tag. Hinzu kommt der häusliche Verbrauch zum Kochen, Waschen, Autowaschen und für das WC. Ein Einwohner Deutschlands hat einen Trinkwasserverbrauch von etwa 129 Litern am Tag.

Weltweit hat sich der Wasserverbrauch der Menschen in den letzten 70 Jahren versechsfacht. Davon macht der häusliche Verbrauch etwa 10 Prozent aus, 20 Prozent dient der Industrie und 70 Prozent der Landwirtschaft. Dabei ist das Kühlwasser für Kraftwerke und Industriebetriebe nicht berücksichtigt und auch nicht das Wasser, das die Turbinen von Wasserkraftwerken antreibt. Auch bei einer solchen Nutzung wird das Wasser verändert. Wenn es zur Kühlung dient, wird es mit einer deutlich höheren Temperatur zurück in den Fluss oder See geleitet, und wenn es in Stauseen auf die Nutzung wartet, verändern sich zum Beispiel Temperatur und Sauerstoffgehalt. Wasser enthält bei einer Temperatur von 10 Grad Celsius 11 Milligramm Sauerstoff je Liter, bei 20 Grad sind es nur noch 9 Milligramm. Dieser Unterschied verändert die Lebensmöglichkeiten für viele Fische und andere Tiere in den Flüssen und Seen ganz entscheidend.

Beim Wasserverbrauch der Haushalte ist nicht nur die absolute Menge wichtig, wenn auch die etwa 300 Liter pro Kopf am Tag in den USA allein

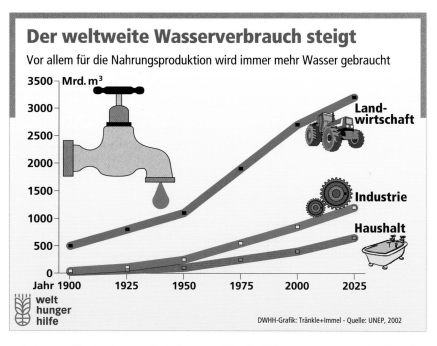

Der weltweite Wasserverbrauch steigt

Vor allem für die Nahrungsproduktion wird immer mehr Wasser gebraucht

DWHH-Grafik: Tränkle+Immel - Quelle: UNEP, 2002

schon quantitativ eine große Belastung für die Süßwasserreserven des Landes darstellt. Noch problematischer ist aber weltweit, dass die Belastung des Abwassers durch eine Vielzahl von chemischen Stoffen ständig zunimmt. Das reicht von Haushaltsreinigungsmitteln bis zu den Resten von zahllosen Medikamenten, die über die WCs in das Abwasser gelangen. Die Wirkungen vieler dieser chemischen Stoffe und der daraus im Abwasser neu entstehenden Verbindungen sind unbekannt. Selbst moderne Klärwerke reinigen das Wasser nicht von allen diesen chemischen Stoffen.

Während in Deutschland flächendeckend eine Trinkwasserversorgung und Abwasserentsorgung gesichert ist, haben mehr als eine Milliarde Menschen keinen Zugang zu sauberem Trinkwasser und etwa 2,6 Milliarden Menschen keinen Zugang zu sanitären Einrichtungen. Die meisten von ihnen leben in ländlichen Gebieten, aber auch in den Städten nehmen die Probleme zu. Dazu schreibt die Welthungerhilfe in einer Arbeitsmappe zum Thema „Wasser ist Leben": „Besorgnis erregend ist auch die Entwicklung in den Städten. Dort ist die Zahl der Menschen ohne Wasserversorgung binnen zehn Jahren von 113 auf 173 Millionen gestiegen. Die Versorgungseinrichtungen in den Städten sind dem raschen Bevölkerungswachstum dort nicht mitgewachsen."

Die Vereinten Nationen streben eine Halbierung der Zahl der Menschen ohne Wasser- und Abwasseranschluss bis zum Jahr 2015 an. Es gibt bereits

beachtliche Erfolge auf dem Weg zum Ziel „Wasser für alle". In den 1990er
Jahren haben zusätzlich mehr als 800 Millionen Menschen Zugang zu sau-
berem Trinkwasser erhalten und mehr als 750 Millionen Menschen einen
Anschluss an ein Abwassersystem. Gegenwärtig ist heftig umstritten, ob die
Verbesserung der Versorgung wie bisher sehr überwiegend mit öffentlichen
Wasser- und Abwasserbetrieben zu erreichen ist, oder ob die Betriebe priva-
tisiert werden sollten.

Der Wasserverbrauch der Landwirtschaft variiert je nach Anbauprodukt,
Anbautechnik und Klimazone. Der Getreideanbau in gemäßigten Zonen ist
mit einem relativ geringen Wasserverbrauch verbunden, der Reisanbau in
tropischen Zonen hingegen mit einem hohen Wassereinsatz. In der Bewässerungslandwirtschaft gibt es ein großes Einsparpotenzial, wenn moderne
wassersparende Techniken eingesetzt werden. Auch bei der landwirtschaftlichen Nutzung hängt viel davon ab, in welchem Zustand das Wasser in die
Natur zurückgegeben wird. Leider ist die Liste der Insektizide, Pestizide,
Nitrate etc. lang, die oft nach dem Motto eingesetzt wird: je mehr, desto besser. Die nicht gebrauchten Chemikalien gelangen in Böden und Grundwasser
oder in Flüsse.

Unter dem Druck von Umweltbewegung und Umweltgesetzen haben die
Industriebetriebe in Ländern wie Deutschland und der Schweiz hohe Summen investiert, um den Wasserverbrauch zu senken und das Abwasser auf
dem Firmengelände zu klären. Das hat zum Beispiel wesentlich dazu beigetragen, dass die Schadstoffbelastung im Rhein zurückgegangen ist und der
Sauerstoffgehalt zugenommen hat. Viele Belastungen des Wassers gehen
aber von den Stoffen aus, die in den Fabriken produziert und rund um den
Globus verkauft werden. Bei der Umweltbilanz der Industrie ist auch zu
berücksichtigen, dass viele Produktionsprozesse, die mit einem hohen Wasserverbrauch und einer hohen Belastung des Abwassers verbunden sind,
mittlerweile in wirtschaftlich ärmere Regionen der Welt verlagert worden
sind.

Bei den Berechnungen der Wassermenge, die für häusliche, industrielle
und landwirtschaftliche Zwecke genutzt wird, gerät leicht aus dem Blick,
dass auch Pflanzen und Tiere einen großen Wasserbedarf haben und dass
zum Beispiel Feuchtgebiete im Mündungsbereich von Flüssen austrocknen,
wenn der größte Teil des Flusswassers für die Bewässerungslandwirtschaft
abgezweigt wird.

Wasser sparen und bewahren

„Die Wasserkrise resultiert aus der fälschlichen Gleichsetzung von Wert und
Geldpreis … Die Bewahrung lebenswichtiger Ressourcen lässt sich nicht
durch die Marktlogik allein erreichen. Gefordert ist eine Wiederbelebung
des Heiligen und der Allmende." So beschreibt die indische Umweltschütze-

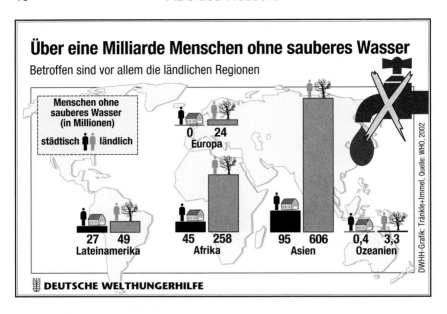

Über eine Milliarde Menschen ohne sauberes Wasser

Betroffen sind vor allem die ländlichen Regionen

Menschen ohne
sauberes Wasser
(in Millionen)

städtisch ländlich

0	24
	Europa

27	49
Lateinamerika	

45	258
Afrika	

95	606
Asien	

0,4	3,3
Ozeanien	

DWHH-Grafik: Tränkle+Immel, Quelle: WHO, 2002

DEUTSCHE WELTHUNGERHILFE

rin und Schriftstellerin Vandana Shiva den Weg zur Bewahrung des Wassers, und sie erinnert in ihrem Buch „Der Kampf um das blaue Gold" daran, dass es vor allem Frauen waren und sind, die das Wasser als Grundlage des Lebens bewahren und sorgsam mit ihm umgehen.

Angesichts einer zunehmenden Wasserknappheit in vielen Ländern der Welt, die durch den globalen Klimawandel mit verursacht wird, ist es dringend geboten, rasch konkrete Schritte zur Reduzierung des Wasserverbrauchs und zum Schutz der Wasserressourcen zu unternehmen. Dabei geht es auch um die Rettung von vielen Millionen Menschenleben. So sind Durchfallerkrankungen durch belastetes Trinkwasser nach Angaben des UN-Kinderhilfswerks UNICEF die häufigste Todesursache von Kindern. Andere Krankheiten werden durch Wassermangel verursacht oder verschärft. UNICEF-Direktorin Carol Bellamy erklärte im August 2004: „Die wachsende Kluft zwischen denen, die Zugang und jenen, die keinen Zugang zu einer Grundversorgung mit Wasser haben, tötet jeden Tag 4.000 Kinder. Wir müssen diese Kluft schließen, sonst wird die Zahl der Opfer weiter steigen."

Ein wirksamer Schritt zur Reduzierung des Wasserverbrauchs ist die Sanierung von Wasserleitungsnetzen in armen Ländern der Welt, denn dort geht bisher nicht selten mehr als die Hälfte des Trinkwassers auf dem Weg vom Wasserwerk zum Wasserhahn verloren, vor allem durch Leckagen. Ebenso gilt es, die Belastungen des Trinkwassers sowie des Wassers in Flüssen und Seen zu vermindern.

Mit zahlreichen erfolgreichen Projekten wird wirtschaftlich armen Bevölkerungsgruppen in den Städten und auf dem Lande dabei geholfen, eine saubere und sichere Trinkwasserversorgung zu erhalten und sanitäre Anlagen zu schaffen. Solche Vorhaben verbessern die Gesundheitssituation grundlegend und sind auch eine große Entlastung für die Frauen, die das Wasser vorher aus großer Entfernung auf dem Kopf nach Hause schleppen mussten. In Afrika verbringen Frauen bis zu sechs Stunden am Tag mit der Wasserbeschaffung.

Es gibt viele Schritte, die Einzelne gehen können, um etwas für das Wasser zu tun. Dazu gehört ein verstärktes Wassersparen, auch wenn immer wieder behauptet wird, bei uns gäbe es mehr als genug Wasser. Von der Menge her noch wichtiger ist ein verantwortungsbewusster Umgang mit dem „virtuellen Wasser", also dem Wasser, das in die Produkte geflossen ist, die wir essen oder verbrauchen. So sind mehrere Liter erforderlich, um einen Kohlkopf wachsen zu lassen, und für die Erzeugung von einem Kilogramm Rindfleisch sind etwa 5.000 Liter erforderlich.

Eine neue Einstellung gegenüber dem Wasser ist dringend geboten. Das hat der Schweizer Schriftsteller Adolf Muschg bereits 1992 so ausgedrückt: „Die Zeichen sind deutlich: Wenn das Wasser nur noch beherrscht werden soll, wird es sich nicht mehr beherrschen lassen. Die von unseren Industrieabgasen erhitzte Atmosphäre schmilzt die Polareiskappen … Die Zauberlehrlinge stehen vor der Überschwemmung, die sie angerichtet haben, hilflos. Der Meister ist nicht in Sicht."

Abwasser

Im Abwasser finden sich die Spuren all dessen, was gemeinhin als Fortschritt bezeichnet wird. Dieses gebrauchte und missbrauchte Wasser wird immer mehr zum Problem. Dies gilt besonders für die wirtschaftlich armen Länder der Welt, wo zwei Milliarden Menschen ohne einen Anschluss an ein Abwassersystem irgendeiner Art leben müssen. Zu den Fehlern der Entwicklungspolitik in den letzten Jahrzehnten gehörte, zwar in vielen Städten des Südens zur Verbesserung der Wasserversorgung beigetragen, darüber aber oft die Abwasserentsorgung vernachlässigt zu haben.

Auch in Deutschland gibt es Probleme mit der Abwasserentsorgung. Dies gilt besonders für die neuen Bundesländer, denn hier wurden nach der Wiedervereinigung so große Klärwerke gebaut, dass sie heute völlig unzureichend genutzt werden und hohe Kosten verursachen. Es gibt drei Gründe für die Fehlplanungen. Es sind in den meisten Orten wesentlich weniger neue Gewerbe- und Industriebetriebe entstanden als erhofft, es hat eine Abwanderung von Teilen der Bevölkerung in die alten Bundesländer stattgefunden und die Kommunen sind arglistig betrogen worden. Unternehmen aus dem Westen haben die neuen Abwassersysteme geplant und neue Klärwerke gebaut – alles vom Feinsten und zu groß und zu teuer.

Die Folge ist, dass die Abwassergebühren in den neuen Bundesländern weit höher sind als im Westen. So betrugen die Gebühren für einen Kubikmeter Abwasser im Herbst 2005 in Braunschweig 1,90 Euro, in Halle dagegen 2,99 Euro und in Dessau sogar 3,56 Euro. Das hat massive Proteste der Bevölkerung ausgelöst. Dies umso mehr, als ein Anschlusszwang eingeführt wurde. Konnten in der DDR Klärsysteme auf einem eigenen Grundstück gebaut werden, hat man den Grundstücksbesitzern inzwischen diese Möglichkeit genommen. Allein die Anschlusskosten belaufen sich für die Grundstücksbesitzer auf 10.000 Euro oder mehr. Hinzu kommen die hohen monatlichen Gebühren. Als teurer Fehler erwies es sich auch, die dezentral organisierten kommunalen Wasserbetriebe in große Zweckverbände einzubringen. Diese arbeiten oft wenig effizient und haben sich zudem zentrale Klärwerke „aufschwatzen" lassen, was zur Konsequenz hat, dass lange und teure Abwasserkanalnetze gebaut werden mussten.

Die Gemeinde Jeserig in Brandenburg besitzt ein Klärwerk, das für eine Million Kubikmeter Abwasser im Jahr ausgelegt ist. In Jeserig und neun Nachbargemeinden fallen aber nur 350.000 Kubikmeter an. Der Zweckverband ist mit fünf Millionen Euro verschuldet. Dabei hatte es vor dem Bau des großen Klärwerkes nicht an Warnungen gefehlt. Selbst die Westdeutsche Landesbank als Kreditgeber hatte zu Bedenken gegeben, dass die Wachstumsprognosen für Gewerbeansiedlung und Bevölkerungszahl sehr optimistisch seien. Aber das Planungsbüro (aus dem Westen) und das Bauunternehmen (aus dem Westen) setzten sich mit ihren Vorstellungen durch. So wie in Jeserig lief es vielerorts in Brandenburg, mit der Konsequenz, dass die Gebühren für einen Kubikmeter Abwasser hier um 50 Prozent über dem Bundesdurchschnitt liegen und zusätzlich Steuermittel zur Entschuldung der Zweckverbände eingesetzt werden müssen. Gewinner hat es bei diesem Geschäft auch gegeben, aber diese Firmen im Westen reden lieber nicht mehr über die überdimensionierten Projekte im Osten. Und es gibt noch weitere Gewinner: Angesichts der Überschuldung der Wasserbetriebe im Osten bieten kommerziell arbeitende Wasserunternehmen wie Gelsenwasser an, sie könnten den Betrieb übernehmen.

Die „Süddeutsche Zeitung" berichtete am 18. September 2004, dass Bürger aus einem Dutzend Abwasser-Initiativen sich an die Treppen des Brandenburgischen Landtages in Potsdam stellten und Schilder mit Aufschriften wie „Nötigung", „Betrug" und „Diebstahl" hoch hielten. Das Land Brandenburg hatte den Bau von Klärwerken und Leitungen mit 910 Millionen Euro bezuschusst. Die Bürgerinnen und Bürger fragen sich jetzt, ob dort wirklich niemand gemerkt hat, welches Spiel im Gang war und welche Belastungen auf die Bewohner in Form hoher Anschlusskosten und laufender Gebühren zukommen würden. Die Geschäfte um das Brandenburger Abwasser sind ein wirklich trübes Kapitel. Dafür gab die „Lausitzer Rundschau" am 20. November 2006 ein Beispiel. Unter der Überschrift „Keinen Cent für ökologische Kleinkläranlagen" hieß es: „Angesichts der voranschreitenden Ausdünnung Brandenburgs wären sie der effektivste Weg: Kleinkläranlagen zur Abwasserbehandlung. Weil jedoch die Schuldenzahlungen für verfehlte Großanlagen alle Finanzkraft auffressen, gibt es keine Förderung des Landes mehr dafür ... Ein Großteil des Geldes wird zurzeit dafür ausgegeben, die schlimmsten Auswirkungen von Fehlplanungen der 90er Jahre zu lindern." Demgegenüber hat sich das Land Sachsen entschlossen, Kleinkläranlagen gleichberechtigt zu fördern. Es soll jeweils vor Ort entschieden werden, ob eine zentrale oder dezentrale Lösung wirtschaftlicher ist.

Medikamente im Abwasser

Aber auch die Klärwerke in Westdeutschland sowie im übrigen Europa stehen vor gravierenden Problemen. Ein Großteil der Chemikalien wird nicht aus dem Abwasser herausgefiltert. Es gibt rund hunderttausend synthetische Chemikalien plus eine fast unendliche Zahl von Verbindungen zwischen ihnen. Sie alle landen irgendwann im Wasser. In einer Untersuchung der Universität Dortmund wurden zum Beispiel chemische Flammschutzmittel im Abwasser entdeckt. Ursprünglich sollte es die Entflammbarkeit von Textilien vermindern, aber durch die Wäsche gelangte auch dieser Stoff in die Kanalisation. Zu den beunruhigenden Entwicklungen gehört, dass immer mehr Medikamentenreste im Abwasser gefunden werden. Allein in Deutschland werden jedes Jahr 100 Tonnen Schmerzmittel geschluckt und belasten das Abwasser. Dass in Ländern wie Deutschland 3.000 Arzneimittelwirkstoffe zugelassen sind, die auch noch Verbindungen miteinander eingehen, lässt ahnen, welche Arzneimittelmischung in den Klärwerken ankommt. Die sind weder in der Lage, alle diese Stoffe zu analysieren noch sie aus dem Abwasser zu entfernen. So gelangen sie entweder Klärschlamm oder in Gewässer unterhalb der Klärwerke.

Der stellvertretende Direktor der „Eidgenössischen Anstalt für Wasserversorgung, Abwasserreinigung und Gewässerschutz", Ueli Bundi, sagte 2001 der Zeitschrift „du" über die Folgen der Medikamentenreste im Abwasser: „Es gibt ja immer wieder so spektakuläre Sachen wie in den letzten Jahren die Frage der endokrinen Stoffe. Das sind die, die hormonartige Wirkung haben. Sie stammen aus Medikamenten, aber auch aus anderen Chemikalien, und führen im Wasser dazu, dass männliche Tiere verweiblichen." Unterhalb von Kläranlagen wurden schon häufiger verweiblichte Fischmännchen gefunden. Ueli Bundi: „Spuren von Medikamenten lassen sich heute in allen Gewässern unterhalb von Kläranlagen nachweisen." Es klingt alarmierend, was er hinzufügt: „Über die Wirkung der synthetischen Chemikalien, wenn sie ins Wasser gelangen, wenn sie interagieren und sich vermischen, über die Wirkungen solcher Chemikalienmixe weiß man praktisch nichts. Es sind Hunderte, Tausende von Stoffen, und es ist ein gigantisches Unterfangen, nur schon zu erkennen, welche Stoffe im konkreten Fall vorliegen, sowie Analysemethoden zu entwickeln, um alle Stoffe in tiefster Konzentration nachweisen zu können – vom Wirkungsnachweis ganz zu schweigen!"

Globale Vermarktungskonzepte von Medikamenten und anderen Chemikalien haben längst dafür gesorgt, dass dieses Problem nicht auf reiche Staaten beschränkt bleibt. Wenn Länder wie die Schweiz Milliardenbeträge in die Abwasserentsorgung investieren und solche Probleme trotzdem bestehen bleiben (siehe Abschnitt Schweiz), lässt sich nur ahnen, vor welchen Abwasserproblemen ärmere Länder stehen. Angesichts der Vielfalt von Medikamentenrückständen fragten Matthias Brendel und Matthias Meili 1998 in der Schweizer „Weltwoche": „Wird die kostengünstigste Therapie künftig ein Bad in einem Schweizer See sein?"

In Deutschland ist die Lage womöglich noch schlechter. 1993 fanden Lebensmittelchemiker der TU Berlin beunruhigend hohe Anteile von Clofibrinsäure – einem wichtigen Bestandteil vieler Medikamente – im Berliner Trinkwasser. Zwar ist ein Nanogramm nur der milliardste Teil eines Gramms, aber 165 Nanogramm der Säure sind alarmierend. Bei 100 Nanogramm Pestizidrückstände pro Liter darf Trinkwasser nicht mehr an die Bürgerinnen und Bürger geliefert werden, aber für Medikamentenreste gibt es solche Grenzwerte nicht. Immerhin muss in Deutschland seit 1998 bei neu auf den Markt gebrachten Medikamenten deren Umweltverträglichkeit nachgewiesen werden.

Im November 2005 wurden die beunruhigenden Ergebnisse einer Untersuchung des „Southern California Coastal Water Research Project" bekannt. Sie fanden bei 11 von 82 untersuchten männlichen Seezungen und Hornyhead Turbots Eierstock-Gewebe in den Hoden. Die Fische wurden in Meeresgebieten gefangen, in die Abwässer geleitet werden. Als Hauptursache der Veränderungen gilt Östrogen (das in Antibabypillen enthalten ist), es wird aber auch vermutet, dass DDT zu diesen Befunden beigetragen haben kann. Dass sich die Verweiblichung männlicher Fische nicht nur in Flüssen, sondern inzwischen auch in Meeren zeigt, alarmiert die Wissenschaftler und erfordert weitere Untersuchungen – und einen anderen Umgang mit chemischen Stoffen und Abwässern.

Giftiges Abwasser der Industrie

Der Industrie ist es in Deutschland und anderen europäischen Ländern verboten, gefährliche chemische Stoffe in das Abwasser oder den nächstgelegenen Fluss zu leiten. Das wird inzwischen auch kontrolliert. Deshalb ist ein ganzer Wirtschaftszweig entstanden, der auf die Entsorgung von giftigem Abwasser spezialisiert ist. Die Kosten für die Umwandlung hochgiftiger Flüssigkeiten in gereinigtes Abwasser, das in die Kanalisation geleitet werden kann, sind hoch. Es gibt deshalb immer wieder „schwarze Schafe" in der Branche, die billigere Lösungen finden. Ein besonders skandalöser Fall dieser Entsorgung wurde 2002 in dem fränkischen Dorf Reuth bei Neuendettelsau bekannt. Ein Bauer des Dorfes hatte eine Biogasanlage angemeldet und auch genehmigt bekommen. Tatsächlich fuhr aber von 1999 an eine große Zahl von Tanklastwagen mit hochgiftigen Chemikalien auf den Hof.

Angeblich wollte der Bauer diese Stoffe in seiner Biogasanlage zur Energieerzeugung nutzen. Tatsächlich aber verteilte er die giftigen Flüssigkeiten auf seine Felder, die bald lila-violett leuchteten. Die Nachbarn zögerten, den Umweltfrevel anzuzeigen, denn man kennt sich lange und muss miteinander zurechtkommen. Erst als Ostern 2002 erneut eine große Menge bestialisch stinkender Chemikalien auf die Felder des Bauern verteilt wurden, erstatteten Nachbarn Anzeige bei der Polizei. Die Nachforschungen ergaben, dass etwa 5.000 Tonnen giftiger Flüssigkeiten an den Bauern geliefert worden und vermutlich zum größten Teil auf den Feldern gelangt waren. Der Bauer wurde vom Vorsitzenden Richter als „geldgieriger Umweltstraftäter" bezeichnet und zu fünf Jahren Haft verurteilt. Aber es blieben bei dem Prozess offene Fragen. Welche Mitschuld trifft das hessische Entsorgungsunternehmen, das einen Tanklastwagen giftiger Brühe nach dem nächsten in das Dorf Reuth schickte und so hohe Entsorgungskosten sparte? Und warum haben die Aufsichtsbehörden die Anlage des Bauern nie überprüft und sind den Hinweisen auf Missstände nicht nachgegangen, sondern haben immer neue Genehmigungen erteilt?

Der Fall in Reuth ist nicht typisch für den Umgang mit gefährlichen Stoffen der europäischen Industrie. Die Umweltgesetze sind schärfer geworden, und es wird auch vermehrt geprüft, ob sie eingehalten werden. Manche Unternehmen haben daraus die Konsequenz gezogen, die Produktion dorthin zu verlagern, wo solche Umweltauflagen noch nicht bestehen oder durchgesetzt werden. Die Industrie in Ländern wie Deutschland, Österreich oder der Schweiz ist deshalb „sauberer" geworden.

Die Freude darüber, dass Flüsse wie der Rhein und die Elbe heute wieder deutlich weniger belastet sind als vor Jahrzehnten und man sogar Elbebadetage feiert, wird durch die Verlagerung der Belastungen in ärmere Länder getrübt. Um nicht negativ in die Schlagzeilen zu geraten, ist es dabei für die international agierenden Unternehmen viel günstiger, lokalen Subunternehmern den schmutzigen Teil der Produktion zu übertragen. Diese stehen dann bei einer Veröffentlichung der Missstände im Zentrum der Kritik, während der internationale Partner mit dem Brustton der Überzeugung erklären kann, er habe von all dem nichts gewusst und die Geschäftsbeziehungen nach dem Bekanntwerden der Umweltbelastungen sofort abgebrochen.

Die südindische Industriestadt Tirupur ist der Sitz von mehr als 1.000 Färbereien. Aber die „T-Shirt-Town" bezahlt dafür, dass sie Textilien für einen globalen Markt färbt, einen hohen Preis. Nichtregierungsorganisatio-

Der größte Teil des Abwassers der Städte im Süden der Welt wird ungeklärt in Flüsse, Seen und Meere geleitet. Die Folge ist eine Zerstörung dieser Gewässer. Besonders dramatisch ist die Situation des Managua-Sees in Nicaragua.
(Foto: EMW-Archiv/Norbert Schnorbach)

nen schätzen, dass etwa 30.000 Kinder unter unmenschlichen Bedingungen jene Textilien färben, bleichen und schneiden, die dann hierzulande preiswert verkauft werden. Die Färbereien verbrauchen so viel Wasser, das für sie und die Bevölkerung Wasser in Hunderten Tanklastwagen aus der weiten Umgebung herangefahren werden muss. Das Abwasser wird in den Fluss Nyel geleitet, der dunkel violett gefärbt ist. Dierk Jensen schrieb in der Ausgabe 2/2000 der Zeitschrift „Eine Welt" über die Belastung des Flusses: „Es sind hauptsächlich die ungeklärten Rückstände der Färbereien und Bleichereien, die den Fluss zur Kloake machen: Chloride, Peroxide, Amine, Säuren, Laugen und Schwermetalle. Stinkend plätschert der Nyel in der Trockenzeit durch das Stadtgebiet: Plastikmüll, Jauche, Kot, Waschmittel und die in der üblen Mixtur wühlenden Schweine komplettieren ein nahezu apokalyptisch anmutendes Bild."

Die meisten Länder im Süden der Welt stehen durch die Kombination der Belastungen des Wassers durch häusliche Abwässer, Landwirtschaft und Industrie vor dramatischen Problemen. Ein Beispiel ist der Rio Acelhuate in El Salvador, der durch die Hauptstadt San Salvador führt. Der Umweltexperte Marco Antonio Gonzalez stellt fest: „Eigentlich ist das gar kein Fluss mehr. Das ist ein Cocktail aus Gift und Abfall." Rund 1.600 Tonnen unbehandelter Fäkalien sowie Haus- und Industrieabfälle landen tagtäglich im Fluss. Der Rio Acelhuate mündet in den Rio Lempa, und auf dessen Wasser sind zwei Millionen Menschen in El Salvador angewiesen. Die meisten Proben dieses „Trinkwassers" durch das Gesundheitsministerium erhalten das Prädikat: „Für den menschlichen Genuss nicht zu empfehlen." Aber die Menschen sind trotzdem gezwungen, dieses Wasser zu trinken. Dies ist kein Einzelfall. 90 Prozent der Gewässer in Mittelamerika sind biologisch tot. In zwanzig Jahren werden alle Wasservorräte El Salvadors erschöpft oder vergiftet sein, wenn nichts Entscheidendes zur Reinigung der Abwässer geschieht.

Wie sich die Belastungen addieren und verheerende Folgen zeigen, dafür ist der Rio Bogotá in Kolumbien ein erschreckendes Beispiel. Schon am Oberlauf, wenige Kilometer unterhalb der Quelle, leiten fast 200 Gerbereien ihr ungeklärtes Abwasser in den Rio Bogotá, was eine starke Belastung des Flusses mit giftigem Chrom und Sulfiden bedeutet. Wenn der Fluss den Großraum Bogota erreicht, kommen Abwässer der 8-Millionen-Stadt sowie das hinzu, was Papierfabriken, Schlachthöfe und andere Gewerbebetriebe in den Fluss leiten. Besonders negativ wirken sich die Abwässer aus der Schnittblumenproduktion aus, denn sie sind mit hochgiftigen Herbiziden und Pestiziden belastet. Trotz all dieser Belastungen wird der Rio Bogotá zur Trinkwassergewinnung und zur Bewässerung der Gemüsefelder im Umkreis von Bogota genutzt.

Die gesundheitlichen Risiken sind sehr hoch, aber trotzdem geschieht kaum etwas gegen die Missstände. Zwar gibt es am Fluss einige wenige

Klärwerke, aber sie arbeiten nur sehr unzureichend, und der größte Teil des Abwassers von Bogota fließt weiterhin ungeklärt in den Fluss. 15 Kubikmeter pro Sekunde sind es, wurde berechnet, eine tödliche Menge für jeden Fluss, aber besonders für den ohnehin schon stark belasteten Rio Bogotá. Es gibt Pläne für ein großes Klärwerk für die kolumbianische Hauptstadt, aber bisher ist es bei diesen Plänen geblieben. So haben die Tequendama-Fälle unterhalb von Bogotá weiterhin die zweifelhafte Ehre, als größte Abwässer-Fälle der Welt zu gelten. Es ist leicht, die kolumbianischen Politiker und Industriellen für diese Probleme verantwortlich zu machen. Aber es ist zu berücksichtigen, dass die unzureichenden internationalen Hilfen angesichts der Verarmung Kolumbiens, die Produkte westlicher Chemieunternehmen und die Blumenproduktion für Europa und Nordamerika ganz entscheidend dazu beitragen, dass das Land mit der Misere konfrontiert ist.

Ein letztes Problem soll noch erwähnt werden: Weltweit werden mehrere Hunderttausend Tonnen Alt-Pestizide in offenen Schuppen oder Lagerhäusern gelagert und gefährden Boden und Wasser. Allein in Afrika lagern nach Schätzungen der Welternährungsorganisation FAO etwa 50.000 Tonnen nicht mehr verwendbare Pestizide in 53 Ländern. Die giftige Ware wurde aus Übersee importiert, der Einsatz ist aber inzwischen verboten worden oder die Stoffe sind so alt, dass sie nicht mehr verwendet werden können. Zum Teil ist auch nicht mehr bekannt, welchem Zweck sie ursprünglich dienen sollten. Auch in Asien, Lateinamerika und Osteuropa gibt es solche Altlasten. Allein in der Ukraine lagern etwa 20.000 Tonnen nicht mehr verwendungsfähiger Pestizide. Die FAO ruft die Regierungen der wohlhabenden Länder zu finanzieller Unterstützung auf, damit diese Pestizide umweltschonend vernichtet werden können.

Wenn Abwasser nützlich wird

Es wird geschätzt, dass in Entwicklungsländern etwa ein Zehntel der landwirtschaftlichen Produkte mit Hilfe von Abwasser erzeugt wird. Im schlechteren Fall ist es schlicht die Wasserknappheit, die Bauernfamilien zwingt, das Abwasser des benachbarten Ortes zu nutzen, um ihre Pflanzen zu bewässern. Angesichts des zunehmenden Anteils von Chemikalien im Abwasser, aber auch wegen der in diesem Wasser enthaltenen Krankheitserreger ist es nicht ungefährlich, auf diese Weise Landwirtschaft zu betreiben. Auch gefährdet eine hohe Salzkonzentration die Ertragskraft der Böden.

Es gibt aber auch viele gelungene Vorhaben, wo Abwasser gereinigt wird und dann die Wassernot der Landwirtschaft reduziert. Dass das Abwasser oft Nitrate und Phosphate enthält, ermöglicht sogar eine Düngung der Felder. Das wasserarme Jordanien bereitet das Abwasser systematisch für landwirtschaftliche Zwecke auf und konnte so bereits im Jahre 2000 etwa neun Prozent seines gesamten Wasserverbrauchs auf diesem Wege decken. Auch

Industriebetriebe in aller Welt nutzen in zunehmendem Maße gereinigtes Abwasser für Aufgaben, für die keine Trinkwasserqualität erforderlich ist. In westlichen Städten wie Tokio und Los Angeles wird gereinigtes Abwasser dafür eingesetzt, Rasenflächen und Parks zu wässern.

Ein deutsches Unternehmen, das sich systematisch um das Abwasserrecycling in ärmeren Ländern bemüht, ist die Hans Huber AG, die 2006 den Deutschen Umweltpreis erhielt. Die Auszeichnung begründete Fritz Brickwedde, der Generalsekretär der Deutschen Bundesstiftung Umwelt, so: „Als visionärer Unternehmer sucht Hans G. Huber nach technischen Lösungen der dringenden weltweiten Wasserproblematik. Er sieht Abwasser als Wertstoff und engagiert sich für die Wiederverwertung des wertvollen Gutes." Mit den Anlagen des Unternehmens lässt sich nicht nur Abwasser dezentral so gründlich reinigen, dass es in der Landwirtschaft genutzt werden kann, sondern es wird zum Beispiel auch Dünger gewonnen.

Auch in privaten Haushalten wird zunehmend Brauchwasser erneut genutzt. Es gibt inzwischen ausgereifte kleine Kläranlagen, die in jeden Keller passen, weil sie nur die Größe eines dreitürigen Kleiderschranks haben. Zunächst wird das Grauwasser aus Dusche, Badewanne und Waschbecken gefiltert, dann übernehmen Bakterien die Reinigung. Am Ende wird das Wasser mit UV-Licht entkeimt und erreicht nun eine Qualität, die den Standards der EU-Badegewässer-Richtlinie entspricht. Als Trinkwasser darf das wiedergewonnene Wasser nicht verwendet werden, aber zum Beispiel für die Toilettenspülung ist es problemlos einzusetzen. Die Trinkwasser- und Abwassermenge kann so drastisch reduziert werden, was die Umwelt schont und ebenso den Geldbeutel. Die Kosten für ein hauseigenes Klärwerk betragen etwa 5.000 Euro, und mancherorts gibt es staatliche Zuschüsse.

Ein großer Beitrag zur Lösung der Abwasserprobleme besteht bei uns – wie in anderen Teilen der Welt – darin, die Schadstoffeinleitung in das Abwasser zu reduzieren. Das beginnt bei der Auswahl der Waschmittel und endet noch nicht bei Resten von Heimwerkerchemikalien, die nicht in die Kanalisation gehören. Auch Gewerbebetriebe haben viele Möglichkeiten, die Abwassermenge zu vermindern und die Einleitung schwer oder gar nicht abbaubarer Stoffe in die Kanalisation zu vermeiden. So kann der Umgang mit dem Abwasser zu einer umweltpolitischen Erfolgsgeschichte werden.

Dafür abschließend noch ein Beispiel. Eine Darmstädter Großwäscherei hat früher jedes Jahr 40.000 Kubikmeter Schmutzwasser in die Kanalisation geleitet. Diese Menge ist jetzt um 90 Prozent vermindert worden, und das wieder aufbereitete Wasser kann bedenkenlos erneut in der Wäscherei verwendet werden. Das Verfahren dafür wurde in Zusammenarbeit mit der Gesamthochschule Karlsruhe entwickelt und findet auch in Ländern wie Israel und Zypern Interesse. Für die Großwäscherei hat die Anlage den großen Vorteil, angesichts steigender Wasser- und Abwasserpreise konkurrenzfähig zu bleiben – und einen Beitrag zum Umweltschutz zu leisten.

Aluminium

Ein Prozent der elektrischen Energie, die weltweit verbraucht wird, dient der Produktion von Aluminium. Die Aluminiumindustrie ist damit der größte industrielle Verbraucher von Elektrizität. In einigen Ländern mit einer großen Aluminiumproduktion wie Brasilien wird sogar 8 Prozent des Stroms von dieser Industrie verbraucht. Es wird mit einigem Erfolg versucht, den Energieaufwand pro Kilogramm Aluminium zu senken, was sich für die Unternehmen lohnt, weil bisher etwa ein Drittel der Kosten der Produktion für die Elektrizität aufgewendet werden muss. Die Gewinne hängen weitgehend davon ab, wie niedrig der Strom eingekauft werden kann. In den letzten Jahrzehnten ist eine Abwanderung dieser Industrie von der westlichen Welt nach Afrika, Asien und Lateinamerika zu beobachten – und zwar in die Länder, die die niedrigsten Strompreise anbieten und die wenigsten Umweltauflagen machen. Die Elektrizität wird sehr überwiegend durch Wasserkraftwerke erzeugt, in Lateinamerika sogar zu 90 Prozent. Niedrige Löhne und das Fehlen von starken Gewerkschaften erscheinen aus der Perspektive der Industrie als weitere Standortvorteile. Dafür wird in Kauf genommen, den Rohstoff Bauxit über weite Strecken, selbst von einem Kontinent zum anderen, zu transportieren.

Mit dem Bau und Betrieb von Wasserkraftwerken sind – besonders in tropischen Ländern – gravierende Umweltprobleme verbunden (siehe Abschnitt Staudämme). Die Ökobilanz fällt auch dadurch ungünstig aus, dass beim Elektrolyseprozess der Aluminiumherstellung einige für die Erdatmosphäre besonders gefährliche Treibhausgase entstehen. Es ist deshalb beunruhigend, dass der Aluminiumverbrauch in den letzten Jahrzehnten stark angestiegen ist. Dazu hat ganz wesentlich beigetragen, dass der Aluminiumanteil an Autos sich in den 1990er Jahren um 80 Prozent erhöht hat.

Der Akosombo-Staudamm in Ghana

Die Stromerzeugung mit Wasserkraft ist für arme Länder eine Möglichkeit, den Energiebedarf der Haushalte und der vorhandenen Industrie zu decken und zugleich neue Industriebetriebe anzusiedeln. Dafür kommt wegen ihres hohen Energiebedarfs vor allem die Aluminiumindustrie in Frage. Ohne solche Großkunden sind Staudämme für ärmere Länder kaum zu finanzieren. Andererseits drücken die internationalen Aluminiumkonzerne den Strompreis oft auf ein so niedriges Niveau, dass die Einnahmen kaum für Zinsen und Tilgung der Kredite für den Bau der Staudämme reichen.

Ein extremes Beispiel dafür ist der Anfang der 60er Jahre erbaute Akosombo-Staudamm in Ghana. Der US-amerikanische Kaiser-Konzern konnte einen äußerst niedrigen Strompreis aushandeln und für Jahrzehnte sichern.

Auf dieser Grundlage entstand in der Küstenstadt Tema die „Volta Aluminium Co." (Valco), an der sich Kaiser zu 90 Prozent und der kanadische Alcon-Konzern zu 10 Prozent beteiligten. Mit dem niedrigen Strompreis für das Aluminiumwerk in Ghana wurden Maßstäbe für einen „marktgerechten" Preis gesetzt, die bis heute weltweit den Aluminiumproduzenten Niedrigstpreise (weit unter den Preisen für andere Kunden) garantieren.

Die sozialen und ökologischen Folgen des Staudammbaus waren gravierend. Etwa vier Prozent der Landfläche Ghanas wurde überflutet, und 80.000 Menschen wurden umgesiedelt, für viele eine traumatische Erfahrung. In der Umgebung des Stausees haben Malaria und andere wasserbedingte Krankheiten zugenommen. Am Unterlauf des Flusses fehlen den Bauernfamilien jetzt die vorher jährlich auftretenden Fluten. In das Flussdelta dringt wegen geringer Wassermengen verstärkt Meerwasser vor.

Der Akosombo-Staudamm hat einem ausländischen Aluminiumkonzern große Vorteile gebracht, nicht aber dem Land Ghana. Die Hoffnung in den 60er Jahren war, dass vom Abbau von Bauxit über die Produktion von Aluminium mit der Akosombo-Elektrizität bis zur Verarbeitung ein industrieller Prozess ins Leben gerufen werden könnte. Tatsächlich verarbeitete der Kaiser-Konzern in Ghana über viele Jahre ausschließlich Bauxit aus eigenem Abbau in anderen Teilen der Welt, weil dies billiger war (inzwischen wird auch Bauxit aus Ghana eingesetzt). Eine verarbeitende Industrie entstand nie, und der Strom, der nicht für die Aluminiumproduktion benötigt wurde, überstieg zunächst den Bedarf des Landes.

Dank eines allmählichen Wirtschaftsaufschwungs und einer bescheidenen Industrialisierung ist der Strombedarf in Ghana in den 1990er Jahren um jährlich mehr als 10 Prozent gestiegen. Das Land sah sich gezwungen, für über 400 Millionen US-Dollar ein großes Kraftwerk zu bauen, das zu hohen Kosten Elektrizität aus Erdöl erzeugt, während weiterhin etwa 60 Prozent der in Akosombo produzierten Elektrizität für einen minimalen Preis an Valco gehen. Das Unternehmen zahlt umgerechnet 1,1 US-Cent für eine Kilowattstunde, ein privater Verbraucher 7,8 US-Cent, ein Gewerbebetrieb 4,5 Cent. Die Erzeugungskosten belaufen sich nach Angaben der Elektrizitätsgesellschaft auf 6,5 Cent je Kilowattstunde. Praktisch subventionieren die Einwohner Ghanas also den Strompreis eines internationalen Aluminiumkonzerns. Die Regierung forderte 3 Cent von Valco, aber das Unternehmen weigerte sich, mehr für den Strom zu zahlen.

Es kommt ein gravierendes Problem hinzu: Seit Anfang der 1980er Jahre haben die Niederschläge in der Volta-Region deutlich abgenommen, sodass der Stausee einen sehr niedrigen Wasserstand aufweist und die Stromerzeugung gering ist. Sowohl private Verbraucher als auch die Valco mussten Kürzungen und zeitweise auch Unterbrechungen der Stromlieferungen hinnehmen. Im Januar 2003 musste die Aluminiumproduktion auf ein Fünftel der

Kapazität heruntergefahren werden und wurde Ende April 2003 vorübergehend ganz eingestellt.

In den letzten Jahren ist es immer wieder zu Auseinandersetzungen zwischen staatlichen Stellen und dem Kaiser-Konzern über eine Erhöhung des Strompreises und die Unterbrechungen der Stromlieferungen gekommen. Die US-Administration griff in diesen Konflikt ein, indemeine staatliche Kreditabsicherungsstelle sich weigerte, neue Investitionen in Ghana abzusichern, solange die Regierung zu keiner Einigung mit dem Kaiser-Konzern kommen würde. Da Ghana dringend auf Auslandsinvestitionen angewiesen ist, sah sich die Regierung gezwungen, Kaiser entgegenzukommen. Erschwert wird die Situation dadurch, dass der Kaiser-Konzern in den USA Konkurs angemeldet hat. Kaiser bot der ghanaischen Regierung an, sie könne die 90 Prozent Anteile, die Kaiser

Die Aluminium-Produzenten bemühen sich, ihr Erzeugnis als umweltfreundlich und empfehlenswert anzupreisen. Ein Beispiel ist die Broschüre „Aluminium – das leichte Metall aus unserer Erde" des Vereins Schweizerischer Aluminium-Industrieller. Für die Produktion muss allerdings sehr viel Energie eingesetzt werden und auch die Belastung für das Wasser ist hoch.

besitzt, erwerben. Offenbar ist der Kaiser-Konzern zum Ergebnis gekommen, dass angesichts der geringen Elektrizitätsproduktion in Akosombo, angekündigter höherer Strompreise und alternder Fabrikanlagen die Zeit hoher Gewinne vorbei ist. Kaiser geht, und Ghana muss den Betrieb unter schwierigen Bedingungen fortführen.

Geschäftspartner bei VALCO ist inzwischen zu 10 Prozent der US-Konzern Alcoa („Aluminium Company of America"), einer der weltweit größten Aluminiumproduzenten. Gemeinsam wollen Ghanas Regierung und Alcoa einen integrierten Prozess vom Bauxitabbau bis zur Aluminiumverarbeitung aufbauen, der Traum vieler Entwicklungsländer. Aber vorerst stehen die akuten Probleme der Elektrizitätsversorgung im Mittelpunkt des Interesses. Dass nun der Staat Ghana zu 90 Prozent die Risiken des Aluminiumproduzenten tragen muss, bringt ihn in eine schwierige Situation. Wenn er VALCO die Stromlieferungen weiter kürzt, bewahrt das die Privathaushalte und wichtige Wirtschaftszweige wie den Goldbergbau vor noch häufigeren Stromrationierungen und -abschaltungen, aber damit sinkt die Aluminium-produktion unter den Wert von 30 Prozent der Kapazitäten und entsprechend hoch sind die Verluste des Unternehmens. Wenn die staatliche Elektrizitäts-gesellschaft gegenüber VALCO höhere Strompreise durchsetzt, sinkt der Zuschussbedarf des Energieversorgers, aber dafür steigen die finanziellen Probleme des weitgehend staatlichen Aluminiumproduzenten, und er ist international nicht mehr konkurrenzfähig. Der steigende Stromverbrauch Ghanas und der gleichzeitig sinkende Wasserspiegel des Stausees des Ako-sombo-Staudamms lassen nicht erwarten, dass die Regierung Ghanas bald aus dieser Zwickmühle herauskommen wird.

Aus der Sicht der Bevölkerung ist die Bilanz negativ. Dazu gehört auch, dass es nie zu der geplanten Bewässerung von Feldern in der Umgebung des Stausees gekommen ist, weil zunächst kein Geld dafür zur Verfügung stand und jetzt der Wassermangel im Stausee solche Pläne als utopisch erscheinen lässt. Dafür sind die Bewohner in der Umgebung des Stausees seit Jahren erhöhten Gesundheitsrisiken ausgesetzt, und es wäre auch noch von den Menschen zu berichten, die umgesiedelt wurden und nie eine angemessene Kompensation erhalten haben. Was für Ghana als Traum einer Industrialisie-rung begann, könnte sich so zu einem Alptraum entwickeln.

Aluminium aus Brasilien

Brasilien gehört zu den wenigen Ländern der Welt, wo vom Bauxitabbau bis zur Aluminiumgewinnung alle Produktionsstufen vereint sind. Das bringt ökonomische Vorteile, bedeutet aber auch, dass sich die negativen ökolo-gischen Folgen addieren. Die Aluminiumproduktion ist auf dem Hintergrund der Politik verschiedener brasilianischer Regierungen zu sehen, das Amazo-nasgebiet wirtschaftlich zu erschließen. Den Anstoß gab 1964 das damalige Militärregime, und die nachfolgenden zivilen Regierungen setzten diese Politik systematisch fort. Ein wichtiger Ausgangspunkt war der Ausbau der Infrastruktur, vor allem von Straßen und Eisenbahnlinien sowie der Schiff-barmachung von Flüssen. 1980 wurde das „Programa Grande Carajás" ver-kündet, das eine riesige Region Amazoniens für die industrielle Entwicklung Brasiliens erschließen sollte. Das Gebiet hat eine Fläche wie Frankreich und Großbritannien zusammen. Dort sollten binnen zehn Jahren 62 Milliarden US-Dollar investiert werden. Als ein wichtiger Kreditgeber wurde die deut-sche Kreditanstalt für Wiederaufbau (KfW) gewonnen. Zu den Projekten gehörte auch das Tucurui-Wasserkraftwerk, ein Kernstück des Aufbaus einer Aluminiumindustrie.

Ausgangspunkt für die Aluminiumproduktion in Brasilien war die Erschließung eines Bauxitvorkommens durch den US-Konzern Alcan in den

1960er Jahren. Alcan gründete das brasilianische Unternehmen „Mineracao Rio do Norte" (MRN). Wurden zunächst jährlich lediglich 3,35 Millionen Tonnen Bauxit im Tagebau gewonnen, so hat sich diese Menge bis 2003 auf 16,3 Millionen Tonnen erhöht. Wenn man den MRN-Umweltbericht 2003 im Internet liest, stellt sich unwillkürlich die Frage, warum das Unternehmen nicht längst mit internationalen Umweltpreisen überhäuft wurde, so vorbildlich scheint sein Umweltengagement bis hin zu Aufforstungsmaßnahmen zu sein. Allerdings, wenn man auf die Stimmen der Kritiker und der lokalen Bevölkerung hört, kommen Zweifel an diesem leuchtenden Bild auf. In der Erzwaschanlage entstehen pro Tonne Bauxit etwa 430 Kilogramm schlammiger Abraum. Ein Jahrzehnt lang wurde dieser einfach in einen nahe gelegenen See gepumpt. Inzwischen wird der Schlamm in große Gruben gefüllt, und wenn die voll sind, wird das Gelände wieder aufgeforstet. Anfang des Jahrhunderts gab das Unternehmen an, „lediglich" 2.500 Hektar Urwald verändert zu haben. Dabei wird aber ignoriert, dass der Bau von Straßen, die Schiffbarmachung von Flüssen und der Bau von Ortschaften die Grundlage dafür schafft, dass Holzkonzerne und Siedler große Urwaldflächen roden (siehe Abschnitt Brasilien).

Andreas Missbach hat die Region besucht und darüber in den „Lateinamerika Nachrichten" vom Juli/August 2000 berichtet. Er schrieb: „Der Iguarapé do Agua Fria, ein kleiner Nebenfluss des Rio Trombetas, der direkt am Hafengelände der MRN grenzt, hat eine rötlich bräunliche Farbe. ‚Jetzt geht es ja noch', sagt ein Anwohner. ‚Du solltest den Schlamm mal sehen, wenn es geregnet hat.' Der tropische Regen schwemmt Erz- und Lehmpartikel von den Bauxithalden beim Hafen und spült die rote Brühe in das Flüsschen. ‚Nicht einmal Kinder waschen kann man darin.' Erst vor zwei Jahren hat die MRN für die Betroffenen Pumpbrunnen gebaut, die jedoch meistens zu wenig Wasser geben. Leitungswasser gibt es nicht in Boa Vista, das Trinkwasser stammt aus den Flüssen."

Die Elektrizität für die brasilianische Aluminiumproduktion wird durch das schon erwähnte Tucurui-Wasserkraftwerk im Osten Amazoniens (300 Kilometer südlich der Stadt Belém) erzeugt, dem ersten Großstaudamm in einer tropischen Regenwaldregion. Er wurde 1984 fertig gestellt und überstürzt in Betrieb gesetzt, weil die Staatsanwaltschaft Ermittlungen wegen verschiedener Gesetzesverstöße bei dem gewaltigen Bauvorhaben festgestellt hatte. Um vollendete Tatsachen vor dem Abschluss der Ermittlungen zu schaffen, wurde mit dem Aufstauen des Wassers begonnen, bevor große Urwaldflächen im zukünftigen Stausee gefällt worden waren. Sie verschwanden im See. Die ökologischen und sozialen Folgen des Baus dieses Staudamms und Stausees sind im Rahmen der Arbeit der „International Commission on Dams" (siehe Abschnitt Staudämme) Ende der 1990er Jahre gründlich untersucht worden. Die Fallstudie zu diesem Damm kam zu ausgesprochen negativen Ergebnissen und hat wesentlich dazu beigetragen, dass die Kommission einvernehmlich eine größere Zahl von Voraussetzungen empfahl, bevor neue Großstaudämme gebaut werden.

Der Tucurui-Staudamm liegt am 2.500 Kilometer langen Tocantins-Fluss, einem der wichtigsten Nebenflüsse des Amazonas mit einem Flusseinzugsgebiet von 758.000 Quadratkilometern, überwiegend bedeckt von tropischem Regenwald. Die Bedeutung des Flusses für das Ökosystem lässt sich zum Beispiel daran ablesen, dass etwa 300 Fischarten darin leben. Der Fluss wird jetzt durch eine 6,9 Kilometer lange und 77,5 Meter hohe Mauer aufgestaut. Der Stausee hat eine Größe von 2.850 Quadratkilometern. Die Kosten des Projektes einschließlich der Überlandleitungen belaufen sich auf etwa 8,8 Milliarden US-Dollar. Eine im Bau befindliche zweite Phase, die sich 2004 der Vollendung näherte, wird noch einmal etwa 1,4 Milliarden US-Dollar kosten. Das Wasserkraftwerk produziert etwa sechs Prozent der Elektrizität Brasiliens. Etwa 60 Prozent der Energie des Kraftwerks geht an industrielle Kunden, vor allem die zwei Aluminiumbetriebe in Belem und São Luis.

Aus der Studie der „Commission on Dams" geht hervor, dass sich die Wasserqualität nach der Flutung des Stausees sowohl im See selbst als auch unterhalb der Staumauer drastisch verschlechtert hat. Das Wasser im Stausee hat eine so schlechte Qualität, dass es für den menschlichen Genuss zumindest in den ersten Jahren nach dem Aufstauen des Flusses nicht geeignet war. Die Zahl der Fischarten hat sich von 173 auf 123 vermindert. Dass 85 Prozent der Waldfläche nicht vor der Flutung abgeholzt wurden, hat zur Folge, dass jetzt bei der langsamen Verwesung der Bäume und anderen Pflanzen auf dem Seegrund große Mengen Treibhausgase entstehen, die in die Atmosphäre gelangen, unter anderem Ammoniak, Methan und Schwefelwasserstoff. Dass dort, wo der Urwald beseitigt wurde, gefährliche Herbizide eingesetzt wurden, die dann nach dem Aufstauen in das Wasser des Sees gelangten, gehört zu den vielen Umweltschäden dieses gigantischen Projektes. Auch gegen die Wasserhyazinthen im See wurden Herbizide verwendet.

Außerdem wurde der Stausee zur Brutstätte von vielen Millionen Moskitos, sodass die Malaria in der Region stark zugenommen hat. Unterhalb des Wasserkraftwerkes fielen plötzlich die Wechsel von Fluten und Niedrigwasserständen weg, die das pflanzliche Leben geprägt hatten. Vielen Pflanzen wurden die Nährstoffe entzogen, die sie bisher mit den Flutwellen erreicht hatten. In den ersten Jahren nach der Fertigstellung des Staudamms nahm die Wasserqualität deutlich ab, inzwischen hat sie sich wieder etwas verbessert. Mehr als 30 der ursprünglich 164 Fischarten verloren ihren Lebensraum am Unterlauf des Flusses. Der Fischfang, von dem viele Menschen in der Region leben, hat stetig abgenommen. Um Platz für die Überlandstromleitungen zu schaffen, wurden Herbizide eingesetzt, selbst das seit dem Vietnamkrieg berüchtigte „Agent Orange", ein Gift, das äußerst negative Auswirkungen auf Pflanzen, Tiere, Trinkwasser und Menschen hat.

Auch die sozialen Folgen des Wasserkraftwerkbaus waren sehr negativ. Etwa 14.000 Menschen wurden umgesiedelt. Dabei wurde, so der Bericht der „Commission on Dams" „wenig oder gar nicht überlegt, welche Lebensgrundlage die Familien hatten". Diese Nachlässigkeit kam zum Beispiel darin zum Ausdruck, dass Gemeinschaften, die am Flussufer gelebt hatten, im Binnenland und Gemeinschaften, die vom Sammeln von Waldfrüchten gelebt hatten, auf Ackerland angesiedelt wurden. Die örtliche Bevölkerung ist noch heute mit der Art und dem Umfang der Kompensation unzufrieden, zumal dieser in einer Zeit hoher Inflationsraten rasch an Wert verlor. Gleichzeitig verdoppelte sich die Bevölkerung in der Region. Zwar bot das Bauvorhaben einigen Tausend Menschen vorübergehend Arbeit, aber seither sind die Beschäftigungsmöglichkeiten gesunken und die sozialen Probleme gestiegen. Nicht zuletzt ist die HIV/AIDS-Infektionsrate hoch. Ein Symptom für die verfehlte Entwicklungspolitik der Region ist, dass die lokale Bevölkerung bis 1997 über keine Elektrizität verfügte, obwohl sie direkt neben einem der größten Kraftwerke Brasiliens wohnte. Erst massive Proteste der Bevölkerung führten dazu, dass eine Elektrifizierung der Orte begonnen wurde.

In São Luis und Belém sind zwei große Aluminiumfabriken entstanden, die in einem energieaufwendigen Prozess Rohaluminium aus Bauxit herstellen. Das Unternehmen Alumar betreibt in São Luis die größte Aluminiumfabrik Brasiliens. Alumar ist im Besitz der Aluminiumkonzerne Alcan (Kanada), Billiton (England) und Abalco (Brasilien). Auf dem riesigen Firmengelände wird aus dem Bauxit zunächst Tonerde (Aluminiumoxid) gewonnen, aus der dann Aluminium entsteht. Bei der Produktion von einer Tonne Aluminium fallen 1,4 Tonnen giftiger Rotschlamm an. Da Alumar jedes Jahr 400.000 Tonnen Rohaluminium produziert, lässt sich ahnen, welche Mengen Schlamm entstehen. Er wird in großen künstlichen Teichen gelagert, die abgedichtet wurden, damit keine Verbindung zum Grundwasser entsteht. Aber da der Rotschlamm über Jahrzehnte gelagert werden muss, ist das Risiko von Unfällen beachtlich. Im Jahre 2000 äußerte ein Wissenschaftler der Universität von São Luis, dass es bereits zwei solcher Unfälle gegeben habe. Eine unabhängige Überprüfung ist nicht vorgesehen, weil das Unternehmen selbst die Messungen vornimmt und die Ergebnisse an die Umweltbehörde liefert.

Angesichts der negativen sozialen und ökologischen Folgen der Alumiumproduktion in Brasilien entschloss sich die „Gemeinsame Konferenz Kirche und Entwicklung" (GKKE) 1992, die Beteiligten in Brasilien selbst, aber auch die deutsche Aluminiumwirtschaft an einen Tisch zu bringen. Ein wichtiger brasilianischer Partner wurde das „Forum Carajás", ein Zusammenschluss von 150 Basis- und Nichtregierungsorganisationen. Die Dialoggespräche ließen erkennen, wie schwierig es ist, in einer gnadenlosen Kon-

kurrenz auf dem globalen Aluminiummarkt soziale und ökologische Anliegen durchzusetzen. Immerhin wurden die deutsche Aluminiumwirtschaft
und die Autoindustrie als ihr wichtiger Abnehmer dafür sensibilisiert, welche Auswirkung eine öffentliche Debatte über die hässliche Seite der Aluminiumproduktion in Ländern wie Brasilien bei uns haben kann. Bei einer
GKKE-Tagung Ende Juni 1999 in der Evangelischen Akademie Mülheim
erklärte Dr. Rolf Deipenwisch, Geschäftsführer der Marketingeinrichtung
„Aluminium-Zentrale", in einem Schlusswort: „Wir wollen nicht, dass solche Dinge (wie in Brasilien) noch einmal in anderen Teilen der Welt passieren." Als das kirchliche Dialogprogramm zum Themenfeld Aluminium 1999
auslief, entschlossen sich verschiedene kirchliche und nicht-kirchliche Organisationen, im „Deutschen Carajás Forum" die Zusammenarbeit mit den
Gruppen und Menschen in Brasilien fortzusetzen, die sich gegen die negativen Auswirkungen eines glänzenden Geschäftes zur Wehr setzen.

Dies ist umso wichtiger, als die brasilianische Aluminiumwirtschaft weiter expandiert. Angesichts des großen Energieverbrauchs bei der Alumi-
umerzeugung und in anderen Wirtschaftszweigen wurden Pläne für den Bau
zahlreicher neuer Staudämme im Amazonasgebiet entwickelt. Mit der Liberalisierung des Strommarktes können die Aluminiumproduzenten nicht länger damit rechnen, extrem niedrige Strompreise von staatlichen Versorgungsbetrieben zu erhalten. Sie beteiligen sich gegenwärtig an etwa einem
Dutzend neuer Wasserkraftwerksprojekten und wollen so unabhängig von
der Preisgestaltung von Elektrizitätsunternehmen werden. Der Aluminium-
boom wird mit samt seinen negativen ökologischen und sozialen Folgen in
Brasilien weitergehen, lässt sich aus der Meldung der Nachrichtenagentur
Reuters vom 13. August 2004 schließen, dass der US-Konzern Alcoa
800 Kilometer westlich von Belém mitten im Amazonasurwald ein Bauxit-
vorkommen von 350 Millionen Tonnen entdeckt hat. Der Abbau soll 2007
beginnen. Nach Recherchen der brasilianischen Initiative „Gewässer ohne
Dämme" ist gleichzeitig der Bau von 55 Staudämmen geplant, davon allein
40 am Tocantins und seinen Zuflüssen.

Angesichts der Umweltbelastungen durch die Aluminiumproduktion ist
es sinnvoll, den Verbrauch zu reduzieren und durch umweltfreundlichere
Güter zu ersetzen. Eine wichtige Maßnahme ist außerdem das Recycling
gebrauchten Aluminiums. Der Energieaufwand für die Wiederaufbereitung
beträgt nur sechs Prozent dessen, was für die Gewinnung von Aluminium
aus Bauxit aufgewendet werden muss. Das Dosenpfand ist deshalb ein sinn-
voller Schritt, um den Aluminiumverbrauch zu reduzieren und das verwendete Aluminium zu recyceln. In den USA, wo die Recyclingrate niedrig ist,
würde die Energieersparnis aus der Wiederverwendung von Aluminiumdo-
sen nach Berechnungen der Umweltschutzorganisation „GrassRoot Recycling Network" so groß sein, dass man davon mehr als 2,5 Millionen Haushalte mit Strom versorgen könnte.

Aralsee

„Wo das Wasser endet, endet die Erde." Dieses usbekische Sprichwort ist auf beklemmende Weise wahr geworden. Der Aralsee war einmal das viertgrößte Binnengewässer der Welt, 120mal so groß wie der Bodensee. Er sorgte in der weiten Umgebung für ein ausgeglichenes Klima. Im Winter gab er Wärme ab, im Sommer kühlte er die Luft. Bis in die Zeit nach dem Zweiten Weltkrieg bauten viele wohlhabende und einflussreiche russische Familien an diesem See ihre Datschen. Wer an Schuppenflechte erkrankt war, fand Linderung und Heilung in Kurorten. Und viele andere Menschen kamen, um sich am See zu erholen.

Aber inzwischen ist nur noch ein Fünftel des ursprünglichen Wasservolumens übriggeblieben, verteilt auf drei kleine Seen, umgeben von einer von Salz bedeckten Steppenlandschaft. Frühere Fischerorte liegen heute 100 Kilometer vom Ufer der Reste des Aralsees entfernt. Kühe grasen zwischen verrostenden Schiffswracks, und die Trümmer von Werftanlagen zeugen von einer vor Jahrzehnten zu Ende gegangenen florierenden Wirtschaftsepoche.

Daniel Brössler hat seine Eindrücke in der früheren Hafenstadt Aralsk am 22. September 2006 in der „Süddeutschen Zeitung" so beschrieben: „Aralsk war einmal eine Stadt mit einer großen Fischfabrik, einer großen Bootswerkstatt – und natürlich einem großen Hafen. Dort liegen die ‚Nachimow', die ‚Tochtarow', die ‚Akku' und die ‚Lew Berg' seit mehr als dreißig Jahren auf dem Trockenen. 120 Kilometer zog sich das Ufer von Aralsk zurück. Die meisten der jungen Einwohner haben den See nie gesehen. ‚Wir sind Kinder der Steppe', sagt Serik Duisebajew ... Als Serik 1983 geboren wurde, war der See längst ein Phantom. ‚Ich wusste nicht, ob es den See wirklich gibt.' Serik weiß, dass Fremde gerne rührende Geschichten hören, doch mit Liebe zu einem See, den er nicht kennt, kann der junge Mann nicht dienen."

Jahrtausende lang wurde der Aralsee von zwei großen Flüssen gespeist, dem Syr Darja und dem Amu Darja. Letzterer wurde wegen seiner reißenden Wassermassen „der Tollwütige" genannt. Aber das ist Vergangenheit. Heute erreichen nur noch kleine Mengen Flusswasser den Aralsee. Der Grund ist, dass beide Flüsse während der letzten Jahrzehnte an verschiedenen Stellen aufgestaut wurden, um das Wasser auf riesige Baumwoll- und Reisfelder zu leiten. Die zunächst hohen Ernteerträge dank üppiger Bewässerung täuschten über die langfristigen Folgen dieses Großprojektes hinweg. Wegen übermäßiger Wasserzuleitung versalzten viele der Felder rasch. Außerdem zeigten sich die negativen ökologischen Folgen einer Überdüngung und des massiven Einsatzes von Pestiziden. So wird in Usbekistan ein Vielfaches der Pestizidmenge pro Hektar bei der Baumwollerzeugung eingesetzt wie zum Beispiel in den USA. Die Düngemittel und Umweltgifte bleiben auf den Feldern oder gelangen mit dem abfließenden Wasser in die Flüsse. Und dieses Flusswasser diente und dient als Trinkwasser. Auch das Brunnenwasser versalzt zunehmend, weil von den Pflanzen nicht benötigtes Bewässerungswasser samt aller Zusätze in das Grundwasser gelangt.

Historische Erfahrungen werden ignoriert

Die Bewässerung von Feldern hat in der Region am Aralsee eine Geschichte von etwa 6.000 Jahren. Angesichts geringer und unzuverlässiger Niederschläge lebte der Ackerbau von der Bewässerung. Sie wurde allerdings in kleinem Stil betrieben und hatte keine gravierenden ökologischen Auswirkungen. Die orientalischen und später islamischen Bestimmungen über den sorgsamen Umgang mit dem lebenswichtigen Wasser trugen dazu bei, dass trotz Bewässerung der Felder immer ausreichend Wasser in den Aralsee floss. Ein lokales und damit dezentrales System der Nutzung des Wassers sorgte dafür, dass die Menschen sorgsam mit dem Flusswasser umgingen, ohne das sie nicht leben konnten.

Das änderte sich mit den Plänen der Sowjetunion, riesige bewässerte Felder in einem der niederschlagsärmsten Teile des Landes anzulegen. Es wurde eine Zentralisierung aller Entscheidungen über die Wassernutzung durchgesetzt, und Umweltgesichtspunkte spielten bei den Planungen zunächst überhaupt keine Rolle. In der Zeit des Kalten Krieges versuchte die Sowjetunion, die Abhängigkeit von Baumwollimporten zu beseitigen, und um dieses Ziel zu erreichen, wurden im weiten Umkreis des Aralsees riesige Baumwollfelder angelegt. 1960 wurden bereits 60,6 Milliarden Kubikmeter Wasser im Aralsee-Einzugsgebiet für die Bewässerung dieser Felder eingesetzt. 1990 waren es sogar 116,3 Milliarden Kubikmeter. Die Folgen waren so absehbar wie katastrophal. Die Fläche des Aralsees wird nicht nur immer kleiner, sondern der Salzgehalt hat auch dramatisch zugenommen und sich seit 1960 etwa verfünffacht. Alle ursprünglichen Fischarten sind ausgestorben. Tausende Fischerfamilien verloren ihre Existenzgrundlage. In den letzten Jahren der Sowjetunion waren die katastrophalen Folgen einer verfehlten Landwirtschaftspolitik nicht mehr zu übersehen, und die Regierung in Moskau versuchte gegenzusteuern, aber viel wurde bis zum Ende der Sowjetunion nicht erreicht.

Dort, wo früher See war, blieb ein salziger Boden von 21 Millionen Hektar zurück. Jedes Jahr werden etwa 72 Millionen Tonnen Bodenstaub und Salzverbindungen vom Wind fortgetragen, ebenso Dünger und Schädlingsbekämpfungsmittel, die aus den Baumwollanbaugebieten hierher gelangt sind. Wilfried Ahrens vom Potsdam-Institut für Klimaforschung erklärte im Jahre 2001 zur Krise des Binnensees: „Der Aralsee ist verloren." Und Jusufshan Schadimetow von der Umweltstiftung Ecosan fügte hinzu:

Die Fläche des Aralsees hat sich in den letzten Jahrzehnten dramatisch verkleinert. Zurück bleibt eine Halbwüste. Der hohe Salzgehalt des Bodens erlaubt nur wenigen Pflanzen ein Überleben. (Foto: epd-Bild)

„Es geht nicht mehr darum, den Aralsee zu retten, sondern die Menschen, die in der Region leben."

Eine Katastrophe für Menschen und Natur

Die Rettung der Menschen, die am Aralsee leben, ist eine schwierige Aufgabe. Denn rund um den See ist die Sterberate in den letzten zehn Jahren auf das Fünfzehnfache gestiegen, und besonders die Kindersterblichkeit ist sehr hoch. Tuberkulose und Salmonellenerkrankungen breiten sich rasch aus. Von 1.000 Kindern sterben in einigen Gebieten am Aralsee bei der Geburt 110, in Deutschland sind es 8. In den letzten Jahren hat die durchschnittliche Körpergröße der Menschen um 8 Zentimeter abgenommen, ein Zeichen dafür, wie gravierend die Gesundheitsschäden für die fünf Millionen Menschen in der Region durch die Umweltkatastrophe sind. In dem am meisten betroffenen Usbekistan stehen pro Einwohner aber nur umgerechnet 6 Dollar im Jahr für die Gesundheitsversorgung zur Verfügung. Nach Einschätzung der Weltgesundheitsorganisation WHO sind aber jährlich 60 Dollar für eine Minimalversorgung absolut erforderlich. Deshalb kann es nicht überraschen, dass für viele Tausend Patienten in den schlecht ausgestatteten und überfüllten Krankenhäusern von Usbekistan kaum etwas oder nichts getan werden kann.

Noch ein weiteres Problem ist durch die Austrocknung des Aralsees entstanden. Auf der Insel Wozrozhdenije wurde von der Sowjetarmee mit biologischen Waffen experimentiert, unter anderem mit Milzbrand- und Pest-Krankheitserregern. Als die Rote Armee abzog, vergrub sie die biologischen Kampfstoffe auf der Insel. Das war für sich genommen gefährlich genug, aber inzwischen ist die Insel durch den sinkenden Seespiegel mit dem Festland verbunden und für Menschen und Tiere zugänglich. Eine tickende Zeitbombe.

Die weitgehende Zerstörung des Aralsees muss als größte ökologische Katastrophe der Neuzeit angesehen werden. Weit über 1.000 internationale Konferenzen haben schon stattgefunden, auf denen die Probleme diskutiert wurden. Zahllose Experten haben das Schrumpfen des Sees beobachtet und analysiert, aber das hat nicht verhindert, dass in den letzten acht Jahren der Wasserspiegel des Aralsees um weitere fünf Meter gesunken ist. Murad Abduchalikov, der Vorsitzende einer Kolchose am früheren Ufer des Sees, stellte im Gespräch mit einem Journalisten resigniert fest: „Wenn alle Experten, die den See besuchten, nur ein Glas Wasser mitgebracht hätten, wäre uns mehr geholfen worden."

Die Experten haben längst die Hoffnung aufgegeben, den See jemals wieder zu einem der größten Binnenmeere der Welt zu machen. Schon die Erhaltung des heutigen bescheidenen Restes würde als großer Erfolg gefeiert werden. Die Weltbank unterstützte den Bau eines 12 Kilometer langen Damms zur Erhaltung eines der noch vorhandenen Seen, dessen Wasservolumen seither wieder zugenommen hat. Aber die Einheimischen sind skeptisch, wie lange dies anhalten wird. Die deutsche „Gesellschaft für Technische Zusammenarbeit" konzentriert sich darauf, die Folgen der Verlandung und Versalzung großer Teile des früheren Sees zu bekämpfen. Mit dem Anbau einer relativ salzresistenten Weizensorte lässt sich das Einkommen der lokalen Bevölkerung erhöhen und sogar der Salzgehalt des Bodens etwas vermindern. In stark salzhaltigen Gebieten wird der salzresistente Bodenstrauch Saxaul gepflanzt, der die Winderosion vermindert und die wandernden Dünen zum Stillstand bringen kann. Die Erfolge dieser Arbeit werden bedroht durch Heuschreckenschwärme, die die Vegetation vernichten, die sich in der trockenen und salzigen Umgebung des Aralsees noch gehalten hat.

Der Kampf gegen die Ursachen der Katastrophe

Eine langfristige Lösung der ökologischen und gesundheitlichen Probleme am Aralsee ist allenfalls denkbar, wenn umfassende Konzepte des Wassersparens bei der Bewässerung der Felder und der Rehabilitation der Region rund um den See verwirklicht werden. Das ist aber noch schwieriger geworden, seit Anfang der 90er Jahre die alte Sowjetunion zerfallen ist. Im Einzugsgebiet der Zuflüsse des Aralsees von einer Million Quadratkilometern sind fünf unabhängige Staaten entstanden, die sehr unterschiedlichen Interessen vertreten. Der Oberlauf des Amu Darya wird jetzt von Tajikistan kontrolliert, der Mittellauf von Turkmenistan und der Unterlauf von Usbekistan. Am Syr Darya liegen vier neue Staaten. Dass auch Iran, Afghanistan und

China die Kontrolle über einen Teil der Zuflüsse haben, die den Aralsee speisen oder speisen sollten, macht die Lage nicht einfacher.

Immerhin arbeiten die fünf aus der früheren Sowjetunion entstandenen Staaten seit 1992 in einer „Zwischenstaatlichen Kommission für Wasser-Koordination" zusammen. Diese Kommission kann nur auf der Grundlage einstimmiger Beschlüsse handeln. Erst einmal hat man sich darauf verständigt, dass die bestehende Nutzung die Grundlage für die Aufteilung der Ansprüche auf Wasser bildet. Aber die bisherige Nutzung hat die Katastrophe am Aralsee ausgelöst. Kirgisistan profitiert davon, dass der Oberlauf des Syr Darya durch den eigenen Staat fließt und in Sowjetzeiten der Naryn-Staudamm gebaut wurde, der zur Stromerzeugung genutzt werden kann. Früher wurde das Wasser des Stausees im Winter gespeichert und im Sommer in den Fluss geleitet, wenn es für die Bewässerungsprojekte am Unterlauf benötigt wurde. Nun ist der Stromverbrauch in Kirgisistan im Winter aber höher als im Sommer. Also wird das Wasser jetzt im Sommer gespeichert und im Winter durch die Turbinen geleitet. Das bedeutete für Kasachstan und Usbekistan am Unterlauf des Syr Darya eine wirtschaftliche Katastrophe. In Verhandlungen erklärte sich Kirgisistan bereit, den Stausee wieder stärker im Frühling und Sommer zu leeren. Ein Teil der gewonnenen Elektrizität soll im Sommer an die beiden Nachbarstaaten geliefert werden, die im Winter zu einem günstigen Preis Öl und Gas nach Kirgisistan verkaufen sollen. Aber wegen fortbestehender Interessengegensätze kommt es zu Schwierigkeiten bei der Umsetzung dieser Vereinbarung.

Die Bevölkerung in den Gebieten, die von der Bewässerungslandwirtschaft lebt, sieht sich als Opfer. Nicht nur sind die Ernteerträge pro Hektar gesunken, die Weltmarktpreise für Baumwolle und Reis auf die Hälfte gefallen und die Bewässerungsanlagen in einem desolaten Zustand, sondern nun hängen die Bauernfamilien auch noch vom politischen Kalkül und den Beziehungen von fünf Regierungen ab. Die Verarmung großer Teile der Bevölkerung nimmt weiter zu und hat zum Teil das Niveau von Indien oder Pakistan erreicht. Kein Wunder, dass immer mehr junge Menschen am Aralsee und in den Dörfern, die von der Bewässerungslandwirtschaft leben, abwandern. So wie die 16-jährige Rufina, die im Juni 2004 einem Journalisten der österreichischen Tageszeitung „Kurier" sagte: „Ich gehe weg von hier. In die Hauptstadt. Dort finde ich einen Job. Hier sterbe ich nicht." Der Beitrag hatte die Überschrift: „Am Aralsee wächst nur die Trauer."

Badekultur

Er müsste eigentlich zum Schirmherrn aller Wellnessbäder erklärt werden. Der römische Kaiser Diokletian ließ 217 n. Chr. die erste wirklich gigantische Badelandschaft bauen, 140.000 Quadratmeter, ein Rekord, der fast zwei Jahrtausende bestehen blieb. Die römische Badekultur war bestimmt durch den Wunsch nach Erholung, Gesundheit, Unterhaltung, Wohlbefinden … Wellness eben. Laut ging es zu, verrät uns der Dichter Seneca, der neben einem Badehaus wohnte: „Ein Gepfeife und Gejohle … Lässt sich einer massieren, höre ich das klatschende Geräusch auf seinen Schultern. Ganz zu schweigen vom Schwimmbecken und dem Mordslärm, den jedes Eintauchen dort verursacht."

Mit dem Römischen Reich ging auch diese Badekultur zu Grunde. Baden war nun verpönt, und Päpste sollen verkündet haben, dass schlechter Körpergeruch vor Verlockungen bewahre. Im Mittelalter entstanden trotzdem in Mitteleuropa neue Badehäuser, einfacher gebaut, aber hoch geschätzte Orte der Gesundheit, der Erholung und des Vergnügens. Dass Männer und Frauen hier zusammen badeten und sich von Zeit zu Zeit zu zweit in einen Alkoven zurückzogen, war der Obrigkeit ein Dorn im Auge, nicht zuletzt der geistlichen Obrigkeit. Da traf es sich gut, dass Pest und Syphilis sich verbreiteten, sodass die Badehäuser als vermeintliche Horte der Ausbreitung von Krankheiten aller Art geschlossen wurden. Auch wurden Behauptungen verbreitet, Waschen schade der Gesundheit, weil mit dem Wasser auch schädliche Stoffe in den Körper gelangen würden. Mit solchen Auffassungen wurde aber im Gegenteil die Ausbreitung von Krankheiten und Seuchen gefördert.

Mit den Vermutungen von der Schädlichkeit von Wasser machten die Verfechter der Aufklärung Schluss. Christoph Wilhelm Hufeland verfasste eine Schrift über „Die Kunst das menschliche Leben zu verlängern", in der er – damals eine geradezu revolutionäre Botschaft – empfahl, täglich den ganzen Körper mit Wasser zu waschen und jede Woche wenigstens einmal in lauem Wasser zu baden. „Zurück zur Natur!", der Schlachtruf Rousseaus in den geistigen Auseinandersetzungen, galt auch für das Baden im Wasser. Im nachrevolutionären Paris wurden die ersten Badeanstalten eröffnet, sogar dem Orient nachempfundene Dampfbäder kamen in Mode. Beliebt waren auch Badeschiffe in der Seine, wo man in gefiltertem und beheiztem Flusswasser ein Wannenbad nehmen konnte. In England wurde das Baden im Meer propagiert. So berichteten die „Göttinger Zeitschriften von Gelehrten" 1851: „daß sogar die erlauchten Fürsten aus dem Königlichen Stamme sich des Seewassers diesen Sommer bedienet haben".

In Deutschland brauchte es noch einige Zeit, bis die Badekultur zu einer neuen Blüte kam, auch wenn Friedrich Schiller im „Wilhelm Tell" verkünden ließ: „Es lächelt der See, er ladet zum Bade." Zwar entstanden Kurbäder wie Baden-Baden, aber hier wurde das Wasser aus Gläsern getrunken und gelegentlich ein warmes Wannenbad genommen. Ansonsten wurden Spielkasino und Pferderennbahn zu Orten des Vergnügens. Auch zu Hause war man zurückhaltend, zu viel Wasser an sich herankommen zu lassen. So hatte noch Kaiser Wilhelm I. keine Badewanne in seinem Palais Unter den Linden. Wenn seine kaiserliche Hoheit baden wollte, musste eine Badewanne aus einem benachbarten Hotel ausgeliehen und von den Dienern ins Schloss geschleppt werden.

Wie Badekarren für Anstand sorgten

Die Aufklärer hatten dennoch Erfolge zu feiern. 1793 konnte in Heiligendamm bei Bad Doberan das erste Seebad nach dem Vorbild des englischen Brighton eröffnet werden. Heiligendamm wurde bald ein mondäner und teurer Badeort, wo von Zar Peter I. bis Lord Nelson zahlreiche gekrönte und ungekrönte Persönlichkeiten das Badehaus besuchten und auf der Seebrücke flanierten. Hier herrschten aber keine Zustände wie im alten Rom, sondern der Anstand regierte zumindest oberflächlich die Szene.

Das galt auch für die in rascher Folge entstehenden weiteren Seebäder an Nord- und Ostsee. Undenkbar, dass die Gäste einfach in die Fluten stiegen und welche Blöße auch immer zeigten. Zur Bewahrung des Anstands wurden Badekarren entwickelt, in die die Gäste einzeln stiegen und dann einige Meter ins Meer gerollt wurden. Joseph von Eichendorff hat solche Karren 1805 bei einem Besuch im Seebad Travemünde so beschrieben: „Jeder dieser Karren besteht aus einem kleinen niedlichen Stübchen, mit Stühlen, Stiefelknecht u. allen Bequemlichkeiten, das auf 2 Rädern steht, u. auf der See-Seyte ganz offen ist. Hat sich nun der Badende in die kleine Wohnung einlogirt, so wird sie einige Schritt weit ins Meer hineingeschoben, u. er kann sich nun auf einer vorangebrachten Strickleiter ohne alle Gefahr so tief in die See herablassen, so er Lust hat …"

Damit war der Sittlichkeit Genüge getan, könnte man denken, aber die Seebäder wollten keinen Zweifel am Anstand aufkommen lassen. Sie unterteilten den Strand in drei Bereiche: einen für die Badekarren der Männer, einen für die der Frauen und einen neutraler Bereich in der Mitte, in dem nicht gebadet werden durfte. In Travemünde durften Männer und Frauen erst 1927 gemeinsam im Strandkorb sitzen und am gleichen Strandabschnitt baden. Noch 1914 schreib Franz Kafka, dass er in diesem Seebad „durch die nackten Füße als unanständig aufgefallen" sei. Das tat der Beliebtheit der Seebäder offenbar keinen Abbruch. In rascher Folge entstanden im wilhelminischen Deutschland neue Seebäder, und wer das Glück hatte, die kaiserliche Familie anzulocken wie Ahlbeck, Heringsdorf und Bansin, wurde jeden Sommer zum Treffpunkt derer, die sich im Winter in den Schlössern und Palais trafen. Die Bäderarchitektur dieser Orte lässt noch heute etwas von der früheren Pracht ahnen. Im wieder teuren Heiligendamm prangt am Kurhaus wieder auf Latein ein Versprechen, das auf Deutsch so heißt: „Freude empfängt dich hier, entsteigst du gesundet dem Bade."

Parallel zu den Seebädern erlebten auch die Heilbäder im Binnenland vom 19. Jahrhundert an einen raschen Aufschwung. Ihre Existenzgrundlage sind Heilwässer, die mit Mineralien angereichert an die Erdoberfläche treten. Je nach Zusammensetzung helfen diese Heilwässer gegen fast alle Krankheiten der Welt, von Magen-Darm-Beschwerden bis zu Hauterkrankungen. In vielen dieser Bäder orientiert man sich an den Empfehlungen von Pfarrer Sebastian Kneipp und bringt den Kreislauf mit kalten und warmen Güssen, Wassertreten und Wadenwickeln, Wannenbädern und kalten Armbädern in Schwung. Und wer sich an die Gesundheitsratschläge Kneipps hält, der macht bei kalten Kniegüssen vielleicht die gleichen Erfahrungen wie dieser selbst: „Nach acht bis zehn Kniegüssen ist jedes Schmerzgefühl verschwunden. Mit Behagen, mit einem gewissen Sehnen, erwartet man den nächsten Strahl, der in so kurzer Zeit die verweichlichten Füße so bedeutend gestärkt hat."

In den mondänen Bädern waren die Reichen und Mächtigen unter sich, wenn man einmal von ihren Dienern und Köchinnen absieht. Aber Sozialreformer wollten, dass auch das „einfache Volk" die Vorteile eines Bades im Salz- oder Süßwasser – oder doch wenigstens in der Badewanne – genießen konnte. Der Sozialreformer Oskar Lassar forderte 1887: „Jedem Deutschen ein Bad pro Woche!" An Badewannen in jeder Wohnung war noch nicht zu denken, aber in Städten wie Hamburg und Berlin wurden erste Wasch- und Badeanstalten für „Unbemittelte" erbaut, in denen in Badewannen gebadet werden konnte. Kurz vor dem Ersten Weltkrieg wurden die ersten öffentlichen Hallenbäder eröffnet. Um auch ärmeren Schichten einen Aufenthalt an der See zu ermöglichen, ließ Pastor Friedrich von Bodelschwingh von 1890 an Seehospize auf der Insel Amrum bauen, und auch in vielen anderen Badeorten entstanden Sanatorien und Erholungsheime. So wurde aus der exklusiven Sommerfrische für die Reichen und Mächtigen allmählich eine Massenbewegung. Mit Badekarren war diesem Ansturm nicht zu begegnen, und so änderten sich die Badegewohnheiten binnen weniger Jahrzehnte. Ausgerechnet von den Baracken einer nicht mehr benötigten Marineartilleriestellung in den Dünen von Sylt ging nach dem Ersten Weltkrieg so etwas wie eine Revolution aus: Die jugendbewegten Urlauber Klappolttals badeten mit ohne etwas an.

Baden heute

Mittlerweile gehören Badewannen und/oder Duschen zur Ausstattung der meisten Wohnungen und Häuser in Deutschland. Dem Luxus scheint für alle, die es bezahlen können, keine Grenze gesetzt zu sein: Whirlpool, Marmorwaschbecken, goldene Wasserhähne … Der bekannte Architekt und Designer Antonio Citterio hat Luxusbäder nach dem Maßstab entworfen: „Wasser ist Reichtum, ein Luxus." Und hinzugefügt: „Die Wasserquelle im Badezimmer ist also ein wichtiger Ort, deshalb muss das Produkt seine Bedeutung widerspiegeln." Solche Sorgen möchten wir haben, werden vermutlich die mehr als eine Milliarde Menschen sagen, die keinen Zugang zu sauberem Trinkwasser haben.

Parallel zu immer luxuriöseren Badezimmern sind aus vielen städtischen Schwimmbädern inzwischen (teurere) Erlebnisbäder geworden. Die Wellnesswelle sorgt dafür, dass die Globalisierung auch in die Bade- und Erholungswelt Einzug gehalten hat. Wer will, kann weiterhin 50 Meter Bahnen schwimmen, aber es werden auch ayurvedische Massagen, türkische Dampfbäder, Peeling mit Meersalz und Erholung auf beheizten Specksteinliegen, Vulkansauna und Cleopatra-Bad geboten.

Einen neu eröffneten Marmorpalast hat Julia Kloft in Hamburg besucht, den zweiten türkischen Hamam der Stadt. In „Spiegel Online" beschrieb sie ihre Erfahrungen am 5. Februar 2007 so: „Mit 700 Quadratmetern ist er mehr als doppelt so groß, die gesamte Inneneinrichtung wurde aus der Türkei importiert und von Selma Costur selbst entworfen. ‚Wir wollten ein Stück Hochkultur unseres Heimatlandes nach Hamburg bringen', sagt sie. Seit Hunderten von Jahren gehört der Hamam zur tür-

Während in den wirtschaftlich reichen Ländern der Welt immer neue künstliche „tropische Badeparadiese" entstehen, genießen Kinder auf tropischen Inseln wie Neuguinea das Baden im Meer.
(Foto: EMW-Archiv/Norbert Schnorbach)

kischen Badekultur. Das strenge Reinlichkeitsgebot des Islam schreibt tägliche Waschungen vor. 1584 wurde das erste öffentliche Badehaus in Istanbul gebaut. ‚Die Errichtung eins Hamams war früher den Sultanen vorbehalten', berichtet Coskun Costur'. ‚Er diente neben der Reinigung auch dem sozialen Austausch. Die Religion schreibt jedoch eine strenge Trennung der

Geschlechter vor.'" Das ist in Hamburg nicht der Fall. Nur dienstags und mittwochs ist der Hamambesuch den Damen vorbehalten und das Personal ausschließlich weiblich. An den restlichen Tagen ist das Publikum gemischt – so auch heute ... Nur mit Bikinslip, Badelatschen und Pestemal, einem Minihandtuch, bekleidet betrete ich den marmornen Baderaum. Es ist feuchtwarm, das Licht ist gedimmt, einer der Masseure singt auf Türkisch vor sich hin. Auf einem großen Marmorsockel in der Mitte des Raumes, dem Nabelstein, liegt ein junges Pärchen ... Nachdem ich mich begossen habe, strecke ich mich auf dem beheizten Nabelstein aus und betrachte die Lichtkuppel über mir. ‚Wohlige Wärme' bedeutet das Wort Hamam. Sie öffnet die Poren und weicht die Haut auf, um sie auf das nachfolgende Peeling vorzubereiten ... Ein Wasserschwall klatscht gegen meine Füße. ‚Das ist der Weckruf', sagt Ismael ... Ismael übergießt mich mit einer Schale Wasser, dann zieht er einen Handschuh aus Wildseide, die Kese, über und nimmt sich mein linkes Bein vor. Nach und Nach wird mein ganzer Körper mit gleichmäßigen Bewegungen gestriegelt, bis meine obere Hautschicht nur noch in kleinen Fetzen an mir klebt. Ismael spült sie mit Wasser ab ...'"

Ganz andere Erfahrungen macht man im Ende 2004 eröffneten Badeparadies „Tropical Islands" in Brandenburg. In einer riesigen Halle, in der ursprünglich Luftschiffe gebaut werden sollten, entstand auf einer Fläche von 366 mal 213 Metern endlich eine blühende Landschaft, eine künstliche Tropenwelt mit 12.000 Tropenpflanzen. Etwa 70 Millionen Euro hat ein malaysischer Geschäftsmann in den Ausbau der größten freitragenden Halle der Welt investiert. Der „Ozean" mit fünf Millionen Litern Wasser hat eine Temperatur von 28 Grad, und wem das nicht reicht, der kann in die „Bali-Lagune" wechseln, wo das Wasser auf 31 Grad aufgeheizt wird. Die Luft hat angenehme 25 Grad. In einer 107 Meter hohen Halle kostet das viel Energie – so viel, wie eine Kleinstadt verbraucht, kritisierte die Bundestagsabgeordnete der Grünen, Cornelia Behm.

In den Medien war nicht nur Lob über die neue Tropenwelt zu lesen, so bezeichnete der Berichterstatter der „Frankfurter Rundschau" das Ganze als „eine hastig zusammengezimmerte Kulisse, in der südostasiatische Versatzstücke mit deutschen Sicherheitsstandards verschraubt werden". Und in der „Süddeutschen Zeitung" war von einem „Paradies der Künstlichkeit" zu lesen, und es wurde beklagt: „Der Wahnsinn solcher Kunstwelten, ihre unökologische Exzentrik und ihre banale Verkaufstüchtigkeit auf dem Feld der Träume, wird selten in der Öffentlichkeit diskutiert." Ob genügend Besucher kommen werden, um in einem Riesenpool zu baden und im Tropendorf Afrika, Thailand und Samoa dicht beieinander zu haben, bleibt abzuwarten. Wer sich im warmen Wasser treiben lässt, hört aus dem Lautsprecher Affen kreischen, Vögel singen und Elefanten trompeten. Wie im richtigen Tropenleben – oder doch so ähnlich.

Berlin

„Sie kam, sah und verkaufte", hieß es 1997 in der Presse über die Berliner Finanzsenatorin Annette Fugmann-Heesing. Hohe Haushaltsdefizite veranlassten den Berliner Senat in der zweiten Hälfte der 1990er Jahre, das „Tafelsilber" zu veräußern, also die attraktiven staatlichen Unternehmen und Beteiligungen. Dazu gehörten auch die Berliner Wasserbetriebe, bis dahin das größte kommunale Wasserunternehmen in Deutschland. Die „Berliner Morgenpost" schrieb im August 1997 über die Finanzsenatorin: „Annette Fugmann-Heesing wird als Privatisierungssenatorin in die Geschichte Berlins eingehen. Seit die SPD-Politikerin im Januar 1996 das Finanzressort übernommen hat, ist das Tafelsilber nicht mehr sicher. Alte Tabus und Grundsätze der Sozialdemokraten werden mit dem Rechenschieber über den Haufen geworfen." Die Hoffnung der Finanzsenatorin Fugmann-Heesing beim Vertragsabschluss über die Teilprivatisierung der Berliner Wasserbetriebe, dass das Unternehmen „bundesweiten Pilotcharakter" haben werde, erfüllte sich allerdings nicht.

Günstig für Berlin war, dass 1999 viele internationale Konzerne in das Wassergeschäft einsteigen oder ihr Engagement in diesem Bereich ausweiten wollten, weil sie Finanzanalysten glaubten, dass hier das große Geld zu verdienen sei. So gab es mehr als ein halbes Dutzend Konzerne, die allein oder in Konsortien die Berliner Wasserbetriebe übernehmen wollten. Am Ende konnte sich das Konsortium bestehend aus dem Essener Energiekonzern RWE, dem französischen Wasserkonzern Vivendi und der Allianz-Gruppe durchsetzen. Sie zahlten etwa 3,3 Milliarden DM, nachdem der Kaufpreis wegen der zu erwartenden Verluste eines Tochterunternehmens reduziert worden war. Nachdem die Allianz im Juni 2002 ihre Anteile verkauft hat, blieben Vivendi und RWE als Betreiber übrig. Die Stadt Berlin wählte das Modell einer Teilprivatisierung, bei der sie zwar die knappe Mehrheit der Anteile behielt, den privaten Betreibern aber das Management der Wasserbetriebe überließ.

Die Firmenkonstruktion ist verwirrend. Die BWB Beteiligungs AG ist im Eigentum der privaten Unternehmen RWE und Vivendi. Diese AG ist zu 49,9 Prozent an der BWB Holding beteiligt, die wiederum zu 49,9 Prozent an der BWB Anstalt öffentlichen Rechts beteiligt ist. Jeweils 50,1 Prozent hält das Land Berlin. Die BWB-Holding ist außerdem zu 100 Prozent Eigner der BWB-Wettbewerbsgeschäfte mit diversen Tochterunternehmen und Beteiligungen. Klingt kompliziert, ist kompliziert und hatte die Ziele, Steuern zu sparen und zudem der Stadt noch einen gewissen Einfluss auf grundlegende Entscheidungen zu lassen. Die Stadt Berlin ist allerdings auch am geschäftlichen Risiko beteiligt. Den privaten Betreibern wurde für einen Zeitraum von 28 Jahren eine Rendite von 9 Prozent garantiert. Das Berliner Verfassungsgericht erklärte diesen Teil der Verträge für nichtig, weil mit der Verfassung nicht vereinbar. Aber der Berliner Senat und die privaten Eigner trafen eine neue Vereinbarung, die den beiden Konzernen etwa 8 Prozent Rendite bringt (etwa 120 bis 140 Millionen Euro im Jahr) – unabhängig davon, wie hoch der Verlust der Wasserbetriebe und ihrer Tochtergesellschaften auch immer sein mag. Diese Rendite steigt sogar, weil sie auf der Grundlage des „betriebsnotwendigen Kapitals" berechnet wird, und das wird sich von 2004 bis 2009 von 3,3 auf 4,1 Milliarden Euro erhöhen.

Das unternehmerische Risiko des deutschen und des französischen Konzerns ist also gering. Dafür muss die Stadt Berlin zahlen, wenn die Wasserbetriebe in finanziellen Problemen sind. Anfang 2004 waren zum Beispiel 25 Millionen Euro nötig, um die Verluste einer Tochtergesellschaft auszugleichen. Schon mehrfach erwiesen sich die geschäftlichen Risiken der Berliner Wasserbetriebe als hoch. Ein Hauptgrund dafür sind die Tochterunternehmen, die im so genannten Wettbewerbs- und Risikogeschäft Arbeitsplätze schaffen und Gewinne erzielen sollten. Die Gefahr bestand von vornherein, dass die Wasserbetriebe im Rahmen der Holding die Verluste der übrigen Unternehmen tragen müssten.

Aber schon das „Kerngeschäft" der Wasserbetriebe erwies sich als sehr schwierig. Ein Grund dafür ist, dass der Wasserverbrauch in Berlin sich seit 1990 um 42 Prozent vermindert hat. Dafür sind unter anderem die Schließung von Industriebetrieben und die Verminderung des privaten Wasserverbrauchs verantwortlich. Da etwa 80 Prozent der Kosten eines Wasserbetriebes Fixkosten sind, die weitgehend unabhängig von der verkauften Wassermenge entstehen, mussten diese Kosten nun auf deutlich weniger Kubikmeter Trinkwasser umgelegt werden.

In dieser Situation wäre eine langfristige Unternehmensplanung gefragt. Die ist aber immer wieder dadurch erschwert worden, dass die beiden privaten Akteure unterschiedliche Interessen verfolgen. Als die Verträge in den 90er Jahren verhandelt und abgeschlossen wurden, bildete Vivendi zusammen mit der ebenfalls französischen Unternehmensgruppe Suez unangefochten die Spitzengruppe unter den internationalen Wasserkonzernen, während RWE vor allem im Energiebereich tätig war und im internationalen Wassergeschäft keine große Rolle spielte. Durch den Kauf von Thames Water und American Water Works übernahm RWE aber von 2000 an die Rolle eines „global player" und konkurrierte mit der Vivendi-Nachfolgegesellschaft Veolia um internationale Kontrakte (siehe Abschnitte RWE und Veolia). Dieses Konkurrenzverhältnis belastet die Zusammenarbeit in den Berliner Wasserbetrieben.

In der „Frankfurter Allgemeinen Zeitung" vom 8. Dezember 2002 wird ein Manager der Berliner Wasserbetriebe so zur Situation in seinem Unternehmen zitiert: „Zwischen Vivendi und RWE herrscht Krieg." Die Zeitung kam in dem Beitrag zu folgendem Schluss: „Aus dieser Paralyse wird die

Berliner Wassergruppe wohl erst dann befreit, wenn einer der beiden Kontrahenten aussteigt. Dafür gibt es bislang aber keine Signale: Schließlich will keiner dem anderen das Feld überlassen. Zudem würde ein Verkauf der Anteile wohl mit erheblichen Buchverlusten einhergehen. Denn heute weiß man mit Gewissheit, dass der damalige Kaufpreis von 3,3 Milliarden DM für die Minderheitsbeteiligung in Berlin weit überzogen war." Dazu eine Anmerkung: Gemessen an den Erträgen mag der Kaufpreis überhöht gewesen sein, misst man ihn aber am Wert des Unternehmens, kommt man zu einem ganz anderen Ergebnis. Dass die Gewinne so mager ausfallen, ist aber nicht zu trennen vom Zustand des Managements der Wasserbetriebe seit der Privatisierung. Die „Financial Times Deutschland" analysierte am 21. Mai 2002: „Neben diesen akuten Problemen gilt in der Branche mittlerweile auch der Einstieg von RWE und Vivendi in die Berliner Wasserversorgung als Misserfolg ... Bei strategischen Entscheidungen im Aufsichtsrat von Berlinwasser blockieren sich die beiden Konzerne, ist aus dem Unternehmen zu hören."

Die Probleme wurden auch durch eine neue Konzernstruktur im Jahre 2002 nicht überwunden. Die Vorstände von Holdinggesellschaft und Wasserbetrieb wurden zusammengelegt, aber die Vorstandsmitglieder haben weiterhin enge Verbindungen zu RWE oder aber zu Veolia, und so sind weitere Konflikte vorprogrammiert. Das erschwert auch die Lösung eines weiteren Problems. Bei der Teilprivatisierung wurde den Beschäftigten der Berliner Wasserbetriebe die Garantie gegeben, dass bis 2014 keine betriebsbedingten Kündigungen erfolgen werden. Gleichzeitig versucht das Unternehmen aber seit Jahren, die Zahl der Arbeitsplätze um mehr als 3.000 zu vermindern. Um das zu erreichen, setzt man auf die Verrentung älterer Beschäftigter, aber auch auf die Schaffung von Arbeitsplätzen in den Unternehmen der Holding außerhalb des Wasserbereichs. Aber diese Hoffnung erwies sich als Illusion.

Ähnliches gilt für die Hoffnung, neue Arbeitsplätze in zukunftsversprechenden Bereichen zu schaffen, wie dies von den privaten Betreibern zugesagt worden war. Entstanden sind in den letzten Jahren außerhalb der Holding vor allem etwa 500 Arbeitsplätze im Medienbereich, und dies auf recht verschlungenen Wegen. Zum Vivendi-Konzern gehörte nämlich der kanadische Seagram-Konzern, der seinerseits die Universal Studios in Hollywood besaß, und dieses Unternehmen hatte die Kontrolle über die deutsche Musikfirma Universal Music mit Sitz in Hamburg. Um die vertragliche Zusage zu erfüllen, Arbeitsplätze in Berlin zu schaffen, sorgte die Konzernzentrale von Vivendi dafür, dass Universal Music von Hamburg nach Berlin umzog. Das verärgerte zwar Hamburg, aber Berlin hätte sich uneingeschränkt freuen können, wären nicht 35 Millionen DM Subventionen vom Berliner Senat für diese Ansiedlung des Medienunternehmens gezahlt worden. Obwohl sich die Stadt in großen finanziellen Schwierigkeiten befand, wurde also ein großer

Geldbetrag dafür an Vivendi gezahlt, dass der Konzern seinen vertraglich ohnehin eingegangenen Verpflichtungen nachkam.

Teure Töchter

Das blieb nicht die einzige „Ungereimtheit". Die meisten der nicht im Wasserbereich tätigen Unternehmen der Holding erwirtschafteten im „Wettbewerbs- und Risikogeschäft" hohe Verluste, die vom Gesamtkonzern getragen worden sind, also auch vom Berliner Senat und den Kunden der Wasserbetriebe. Als größte Belastung erwies sich das Müllverwertungszentrum Schwarze Pumpe. Mitte 2002 wurde das Unternehmen für den symbolischen Preis von einem Euro verkauft, wobei die Berliner Wasserbetriebe alle Altschulden übernehmen und zusätzliche Gelder investieren mussten, bevor sie einen Käufer fanden. Auf Anfrage der Grünen musste der Berliner Senat Anfang 2003 einräumen, dass die Berliner Wasserbetriebe vom Erwerb 1995 bis zum Verkauf des Unternehmens Schwarze Pumpe 587 Millionen Euro Kredite aufnehmen mussten, um die Defizite des Müllverwertungszentrums abzudecken. Der Berliner Rechnungshof kam sogar zum Ergebnis, das Schwarze-Pumpe-Engagement habe 700 Millionen Euro gekostet und rügte die Verantwortlichen.

Das Telekommunikationsunternehmen Berlikomm erwies sich ebenfalls als Verlustbringer und musste im April 2003 den Abbau von Arbeitsplätzen ankündigen. Spektakulär war das Scheitern der Multi-Utility-Tochtergesellschaft Avida im Jahre 2001. Sie bot den Berlinern gebündelt Wasser-, Energie- und Telekommunikationsdienstleistungen an. Dieses „multi utility"-Konzept ist von Wasserkonzernen wie RWE und Vivendi über Jahre propagiert worden. Zahlreiche Dienstleistungen in einer Stadt oder Region sollen von einem einzigen Unternehmen angeboten werden, das so Kosteneinsparungen in Bereichen wie Verwaltung und Rechnungsstellung erzielt.

Nur stellte sich für die Berlinerinnen und Berliner die Frage, was sie davon haben würden, zu Avida zu wechseln. Attraktiv wäre das Angebot nur gewesen, wenn den Kunden deutliche Preisnachlässe durch den Wechsel zu einem einzigen Anbieter der Dienstleistungen angeboten worden wären. Aber so groß waren die Kosteneinsparungen durch das Kombi-Paket für den Betreiber nicht, zumal hohe Anlaufkosten zu verkraften waren. Nur ein besonders günstiger Strompreis hätte ein attraktives Avida-Angebot ermöglicht, aber dafür hätte RWE bereit sein müssen, die Elektrizität zu einem sehr günstigen Preis nach Berlin zu liefern. Daran hatte RWE aber offenbar kein Interesse, zumal man sich dadurch mit dem Berliner Energieversorger auf einen „Preiskrieg" eingelassen hätte. So ist die „multi utitiy"-Strategie in Berlin „kläglich gescheitert" (so die „Frankfurter Allgemeine Zeitung" am 8. Dezember 2001). Avida wurde liquidiert und die Holding musste für die Anlaufkosten von circa 15 Millionen DM aufkommen. Die finanzielle

Situation der Holding hat sich so stark verschlechtert, dass das Tochterunternehmen Wassertechnik Essen verkauft wurde, obwohl es eine absolute Sonderstellung in der Holding hatte – es erzielte Gewinne. Im August 2002 veröffentlichte das „MieterEcho" in Berlin einen Beitrag unter dem Titel „Berlinwasser steht das Wasser bis zum Hals".

Das internationale Engagement

Auch auf Gewinne des Tochterunternehmens Berlinwasser International wartete die Holding vergeblich. Das Unternehmen ist auf den osteuropäischen und asiatischen Wassermärkten tätig, wo ein großes Wachstumspotenzial in den Bereichen Trinkwasserversorgung und Abwasserwirtschaft besteht. Auf der Grundlage der großen Erfahrungen der Berliner Wasserbetriebe sollte Berlinwasser International ausländischen Partnern eine Zusammenarbeit bei der Vermittlung von Technikwissen und beim Management von Wasserbetrieben anbieten. Bei seinen Projekten arbeitet Berlinwasser International mit der Weltbank, der Kreditanstalt für Wiederaufbau und der Gesellschaft für Technische Zusammenarbeit zusammen. Bei der Teilprivatisierung hatten die Anteilseigner RWE und Vivendi/Veolia zugesagt, das Auslandsgeschäft der Wasserbetriebe nach Kräften zu unterstützen. Dafür waren die Zusammenarbeit zwischen Veolia und Berlinwasser International bei einem Trinkwasserprojekt in Namibia und einer Kläranlage in Budapest eher bescheidene Ansätze. „Vom Berliner Wasserkonzern als gemeinsamem Brückenkopf in den Osten ist dagegen längst nicht mehr die Rede", diagnostizierte die „Zeit" am 2. Mai 2002.

2002 konnte Berlinwasser International Umsatzerlöse in Höhe von 7,8 Millionen Euro erzielen. Es entstand ein Verlust von 0,9 Millionen Euro. 2003 wurde der Verlust auf 0,38 Millionen Euro vermindert. Das Unternehmen hoffte, im Jahre 2004 die Gewinnschwelle zu erreichen. Berücksichtigt man, dass die Aktiengesellschaft mit 20 Millionen Euro Eigenkapital und Kapitalrücklagen in gleicher Höhe ausgestattet worden ist, konnte es dauern, bis sich das internationale Engagement der Wasserbetriebe wirklich rentiert. Berlinwasser International muss wie seine größeren Konkurrenten Veolia und Suez feststellen, dass die erhofften Gewinne im internationalen Wassergeschäft sich in den meisten Fällen allenfalls mittel- und langfristig erzielen lassen (siehe Abschnitt Privatisierung). Dabei hat sich das Unternehmen mit Erfolg bemüht, Fördermittel von Weltbank und bundesdeutschen Entwicklungshilfeeinrichtungen zu akquirieren, ohne die die Defizite noch höher ausgefallen wären. Weltweit hat Berlinwasser International nach eigenen Angaben den siebten Platz in der Branche erreicht. Dieter Ernst, Geschäftsführer des Unternehmens, erklärte Anfang April 2003 gegenüber der Presse: „Wir unterhalten gegenwärtig zehn Beteiligungen in sechs Ländern. Sie sichern die Wasserversorgung und Abwasserentsorgung für sieben Millionen

Menschen." Dieter Ernst, sei hier hinzugefügt, war zum Zeitpunkt der Privatisierung der Wasserbetriebe Staatssekretär in der Wirtschaftsverwaltung und wechselte von dort aus zu Berlinwasser. Im Dezember 2005 wurde Berlinwasser International zu 80% an die japanische Unternehmensgruppe Marubeni Corporation verkauft, nach Angaben eines internationalen Wirtschaftsdienstes flossen dafür 62 Millionen Euro in die Kassen der Berliner Wasserbetriebe. Der Berliner Wirtschaftssenator Harald Wolf begrüßte den Verkauf und verwies darauf, dass man den Gebührenzahlern eine Quersubventionierung der internationalen Aktivitäten von Berlinwasser International nicht zumuten könne. Damit geht ein weiteres Kapitel der Geschichte der teuren Tochterunternehmen des Berliner Wasserversorgungsunternehmens seinem Ende zu, denn es ist unwahrscheinlich, dass der 20%-Anteil längerfristig gehalten wird.

Gewinn und Verlust – die enttäuschende Bilanz einer Privatisierung

Angesichts aller Probleme und Konflikte war es umso überraschender, dass im Jahre 2000 ein hoher Konzerngewinn des Berliner Wasserversorgers ausgewiesen werden konnte. Aber dieser Gewinn hatte nicht viel mit der tatsächlichen Geschäftssituation zu tun. Zum damaligen Zeitpunkt hatte man einen Käufer für das defizitäre Müllverwertungszentrum Schwarze Pumpe gefunden, aber dieser US-Konzern zahlte nie den Kaufpreis von 107 Millionen Euro. Trotzdem wurden die Verkaufserlöse schon einmal in die Bilanz für das Jahr 2000 eingestellt. Verbessert wurde die Bilanz auch durch den Verkauf von Immobilien der Berliner Wasserbetriebe an die Immobilienfirma Molavia. Die Verkaufserlöse von 50 Millionen DM waren allerdings auch noch nicht eingegangen. Bemerkenswert war zudem, dass die Berliner Wasserbetriebe stiller Gesellschafter dieser Immobilienfirma waren. Der volle Kaufpreis für die Immobilien konnte erst bezahlt werden, als die Wasserbetriebe dafür Gelder aus der eigenen Kasse vorstreckten. Außerdem übernahm das Wasserunternehmen eine Haftung für potenzielle Molavia-Verluste, was umso brisanter war, als die Firma Mühe hatte, die Immobilien weiterzuverkaufen. Nichtsdestoweniger bildeten die ausgewiesenen Gewinne des Konzerns die Grundlage für hohe Gewinnausschüttungen an die Anteilseigner RWE und Vivendi in Höhe von 263,8 Millionen DM.

Da die in der Bilanz 2000 ausgewiesenen außerordentlichen Erlöse in dieser Form nie erwirtschaftet wurden, fiel die Bilanz 2001 sehr negativ aus. Aber die privaten Betreiber RWE und Vivendi waren davon nur eingeschränkt betroffen, denn ihnen war wie erwähnt eine feste Rendite vertraglich garantiert. Die finanzielle Situation der Wasserbetriebe war im Mai 2002 so prekär, dass der Berliner Senat und die beiden privaten Anteilseigner je zur Hälfte Bürgschaften von 316 Millionen Euro für die Holding bereitstellen mussten. Nur so war es möglich, eine dringend erforderliche Sanierung des Telekom-Unternehmens Berlikomm zu finanzieren.

Die Berliner Verbraucherinnen und Verbraucher mussten Anfang 2004, als die vertraglich garantierte Preisstabilität auslief, eine 15prozentige Preiserhöhung hinnehmen, was für einen Vier-Personen-Haushalt immerhin fast 100 Euro im Jahr ausmachte. Der Berliner Wirtschaftssenator Harald Wolf sah es als Erfolg an, dass die Wasserpreise nicht wie befürchtet um 30 Prozent erhöht wurden. Allerdings: Die geringere Preissteigerung erklärt sich dadurch, dass die Stadt Berlin auf eine angekündigte Konzessionsabgabe verzichtete, wie sie viele andere Kommunen nutzen. Sie hätte der hochverschuldeten Stadt jährliche Einnahme von knapp 70 Millionen Euro gebracht. Der „Erfolg" des Senats beruht also darauf, dass er auf eine Einnahmequelle anderer Kommunen verzichtet hat, um damit die Preiserhöhung für Trinkwasser zu begrenzen. Zum Vergleich sei erwähnt, dass die kommunalen Hamburger Wasserwerke ihre Preise seit 1996 nicht erhöht haben. 2004 stiegen sie um 1,46 Prozent (siehe Abschnitt Hamburg). Anfang 2005 wurden die Preise in Berlin erneut um 5 Prozent erhöht, in Hamburg blieben sie stabil. Weitere Erhöhungen des Berliner Wasserpreise sind fest eingeplant. Die Berliner Zeitung erregte am 11. September 2004 mit der folgenden Schlagzeile Aufmerksamkeit: „Berlins Wasser gehört zum teuersten bundesweit. Der teilprivatisierte Hauptstadtversorger BWB hat immer höhere Kosten – und eine Garantierendite". Nach den üppigen Preiserhöhungen und dem Verkauf teurer Tochterunternehmen erzielen die Wasserbetriebe wieder einen Überschuss, von dem die Stadt allerdings wenig hat, weil erst einmal die privaten Eigner ihren garantierten Gewinn erhalten.

Auch für die Beschäftigten der Wasserwerke war die Teilprivatisierung kein Erfolg. Seit Jahren wird die Zahl der Beschäftigten dadurch reduziert, dass frei werdende Stellen nicht wiederbesetzt werden. 1994 gab es 7.145 Beschäftigte, 2002 nur noch 5.391. Bis 2006 sollten weitere 650 Arbeitsplätzen abgebaut und zusätzlich 350 Personen innerhalb der Unternehmensgruppe umgesetzt werden. Gelingt dies nicht, müssen die Berlinerinnen und Berliner sich auf noch höhere Wasserpreise einstellen. Dass in den Tochterunternehmen noch viele neue Arbeitsplätze entstehen, glaubt inzwischen niemand mehr. So verliert Berlin weitere Arbeitsplätze. Nach Angaben des SPD-Abgeordneten Hans-Georg Lorenz sind außerdem 8.000 Arbeitsplätze in Handwerksbetrieben verloren gegangen, weil die Aufträge der Wasserbetriebe für Instandhaltungsarbeiten am Leitungsnetz drastisch vermindert wurden. Hatten die Berliner Wasserbetriebe im Jahre 1998 noch 416 Millionen Euro investiert, so sank dieser Betrag im Jahre 2004 auf nur noch etwa 220 Millionen Euro. Was diese Ausgabenreduzierung für das Leitungsnetz bedeutet, wird sich erst in Jahren herausstellen, aber dann kann eine Sanierung sehr teuer werden (siehe Abschnitt London).

Die Bilanz der Teilprivatisierung der Berliner Wasserbetriebe fällt also ausgesprochen ernüchternd aus. Die „Berliner Morgenpost" berichtete am 2. September 2004 über die Kritik des Präsidenten der Berliner Industrie- und Handelskammer, Eric Schweitzer, an den hohen Wasserpreisen: „Seit 1990 sei der Preis für die Wasserver- und Entsorgung in Berlin bereits um 132 Prozent gestiegen, sagte Schweitzer. Ursache der neuerlichen Preissteigerungen sei die missglückte Teilprivatisierung der Wasserbetriebe." Und die „Berliner Zeitung" titelte angesichts steigender Preise für Wasser, Elektrizität und anderer Dienstleistungen am 3. Dezember 2004: „Der Preis, ein Berliner zu sein".

Bibel

Wo kein Wasser ist, da ist kein Leben. Das war schon vor Jahrtausenden die Erfahrung der Menschen im heutigen Nahen Osten. Und das hat auch den Glauben der nomadischen Völker der Wüste und der Kulturen in Ägypten und Mesopotamien geprägt. Die Israeliten kannten das Leben in der Wüste und – als Unterdrückte – in den Weltreichen, als die Bücher der Bibel geschrieben wurden. Manche religiöse Vorstellungen der Völker an Nil, Euphrat und Tigris sind in die eigene Glaubenswelt aufgenommen worden, von anderen haben die Israeliten sich scharf abgegrenzt. Ebenso können die Texte der Bibel auf dem Hintergrund der täglichen Sorge um Wasser in der Region zwischen Mittelmeer und Jordan gelesen werden.

Wasser war unersetzlich für Viehzüchter wie für Ackerbauern, und gerade wegen dieser tagtäglichen praktischen Bedeutung des Wassers gab es für die Israeliten keinen Zweifel, dass es göttlichen Ursprungs war. In der Bibel ist häufig vom Durst und von der Sorge um das tägliche Wasser die Rede, ebenso von den Auseinandersetzungen um die Kontrolle von Brunnen. In den Kämpfen der Israeliten mit den Nachbarvölkern ging es nicht zuletzt um die Kontrolle über die knappen Wasserressourcen der Region. Die Abhängigkeit vom Wasser zeigte sich auch darin, dass viele Israeliten in Zeiten der Dürre nach Ägypten zogen, um sich dort als Arbeiter zu verdingen und dafür Wasser und Lebensmittel zu erhalten.

Wasser wurde zugleich als bedrohlich empfunden, denn bei starken Regenfällen füllten sich die trockenen Flussbetten plötzlich und rissen alles mit sich fort. Das Meer erschien den Israeliten ebenfalls als gefährlich. Auch in den Epochen, in denen sie Zugang zum Mittelmeer hatten, wurde aus ihnen nie ein Volk von Seefahrern. Der Fluss des Wassers durch die biblischen Geschichten und Berichte in seinen vielen Facetten soll nun in knapper Form verfolgt werden.

Die Schöpfungsberichte der Bibel

Im Schöpfungsbericht der Bibel in Genesis 1 steht das Wasser am Anfang des Lebens. Zuerst war die ganze Erde von Wasser bedeckt, und im zweiten Vers des ersten Buches der Bibel heißt es dann, „der Geist Gottes schwebte auf dem Wasser". Dann trennte Gott das Wasser und das Feste, und nannte das eine Meer und das andere Erde. Vielleicht ist dieser Bericht auch auf dem Hintergrund der Erfahrungen der Israeliten an Nil, Euphrat und Tigris zu sehen, wo sie am Ende der jährlichen Überflutungen beobachteten, wie das Land wieder auftauchte und dann binnen kurzer Zeit die Pflanzen sprossen.

In den Versen 20 und 21 wird berichtet: „Es wimmelte im Wasser von lebendigem Getier … Und Gott sah, dass es gut war." Anschließend heißt es in Vers 22 „Und Gott segnete sie und sprach: Seid fruchtbar und mehret euch und erfüllet das Wasser im Meer …" Dass Gott noch vor den Menschen die Tiere des Meeres gesegnet hat, ist im Christentum in den letzten Jahrhunderten oft ignoriert worden. Diese Segnung zu achten, bedeutet auch, das Meer und alles Wasser vor der Vergiftung zu bewahren. Der biblische Schöpfungsbericht, oft als fromme Legende belächelt und von Naturwissenschaftlern immer aufs Neue widerlegt, enthält tiefe Wahrheiten, die gerade dann zu erkennen sind, wenn wir uns von der Frage der historischen Authentizität lösen. Die tiefe Achtung vor der Schöpfung und allem Leben hängt nicht an der Frage, ob die Welt in sieben Tagen geschaffen wurde.

Der Auftrag an die Menschen, die Schöpfung zu bewahren, ist eng verknüpft mit dem Schutz des Wassers und der Tiere, die darin leben. Im 1. Buch Mose lesen wir in Vers 28 des 1. Kapitels: „… und füllet die Erde und macht sie euch untertan und herrschet über die Fische im Meer … und über alles Getier, das auf Erden kriecht." Das untertan machen wird häufig in dem Sinne interpretiert, dass der Mensch nach Gottes Willen die freie Verfügung über die Tierwelt hat, sie rücksichtslos ausbeuten kann. Eine solche Interpretation ist aber aus dem Kontext der Bibelstelle leicht zu widerlegen. Zwei Verse vorher heißt es nämlich: „Und Gott sprach: Lasset uns Menschen machen, ein Bild, das uns gleich sei, die da herrschen über die Fische im Meer …" In Vers 31 steht: „Und Gott sah alles an, was er gemacht hatte, uns siehe, es war sehr gut." Der Auftrag zu herrschen, ist also gebunden an den Schöpfungswillen Gottes, dass alles sehr gut werden soll, und damit ist keine Dünnsäureverklappung in die Meere und auch keine Umwandlung von Flüssen in betonierte Kanäle zu vereinbaren. Die Mitverantwortung endet nicht vor der eigenen Haustür, nicht im eigenen Land, sondern die Menschen als Gemeinschaft haben eine Verantwortung für die ganze Schöpfung. Dies gilt in besonderer Weise für das Wasser, das einen Großteil der Erde bedeckt und dessen Schädigung nicht an Landesgrenzen ihre Wirkung verliert.

Im zweiten Schöpfungsbericht steht zuerst die große Dürre und Trockenheit, beide Berichte zusammen geben also die Erfahrungen von Überflutungen und Wassermangel wieder, die das alltägliche Leben der Israeliten prägten. Dann wird berichtet, dass es zunächst noch keine Sträucher auf der Erde und kein Kraut auf dem Felde gab, weil Gott es noch nicht hatte regnen lassen (1. Mose 2,5). Erst als Nebel auf die Erde kam und Gott einen großen Fluss mit vier Hauptarmen schuf, wurde der Garten in Eden bewässert und die Pflanzen konnten gedeihen.

Dass Wasser auch bedrohlich war und dann als Strafe Gottes verstanden wurde, zeigt sich besonders in der Geschichte von der Sintflut und der Arche des Noah (siehe Abschnitt Noah). Die elementare Erfahrung des Verlorenseins in der Flut ist auch an anderen Stellen in der Bibel zu finden, ein Psalmist hat sie so ausgedrückt: „Gott hilf mir! Denn das Wasser geht mir bis an die Kehle." (Psalm 69,2)

Die andere große Erfahrung neben der Flut war für die antiken Völker die Dürre. Angesichts der Erfahrungen von Dürre und Durst wird Gott in der Bibel als Retter aus dieser Not dargestellt. Nachdem Hagar, die ägyptische Magd Saras von deren Mann Abraham fortgeschickt worden war, irrte sie mit ihrem kleinen Sohn durch die Wüste. Als sie kein Wasser mehr hatte, legte sie das Kind unter einen Busch und entfernte sich ein Stück, weil sie nicht mit ansehen wollte, wie ihr Kind starb. Aber „Gott tat ihr die Augen auf, dass sie einen Wasserbrunnen sah. Da ging sie hin und füllte den Schlauch mit Wasser und tränkte den Knaben." (1. Mose 21,19)

Die Flucht aus Ägypten

Über die Erfahrungen der Israeliten im Reich der Pharaonen wird in diesem Buch im Abschnitt über den Nil berichtet. Das Ende des Aufenthalts ist bekannt, die Flucht der Israeliten aus der Sklaverei in Ägypten. Sie wurde dadurch möglich, dass Moses seine Hand über das Meer streckte und das Wasser zurückwich durch einen starken Ostwind (2. Mose 14,21). Das ägyptische Heer, das die Israeliten verfolgte, wurde von einer plötzlichen Flutwelle erfasst, sodass alle Soldaten ertranken. Dies ist keine Beschreibung

Der Nil hat seit Jahrtausenden das Leben der Menschen in Ägypten ermöglicht und geprägt. Hier entstand eine der ältesten Hochkulturen der Welt.

(Foto: Helga Reisenauer)

eines historischen Ereignisses, sondern gibt wieder, wie wunderbar die Rettung vor den Unterdrückern war und wie Gott sich im entscheidenden Augenblick auf die Seite der Verfolgten stellte. Er stellte seine Schöpfung in den Dienst seines Volkes und vernichtete die Feinde.

Die Befreiung aus der ägyptischen Knechtschaft wurde zur Grundlage des Bundes Gottes mit seinem Volk. Sie war damit auch eine Verpflichtung, sich an die eigene Knechtschaft zu erinnern und keine Unrechtsstrukturen im eigenen Volk zuzulassen. Später, am Ende der Wanderung durch die Wüste, berichtet die Bibel von einem parallelen Ereignis zur Durchquerung des Roten Meers. Als die Flüchtlinge den Jordan erreichen, ließ Gott die Wasser des Flusses stillstehen und richtet es zu einem Wall auf, sodass die Menschen trockenen Fußes ans andere Ufer gelangten (Josua 3,16). Gott als Beherrscher des Wassers beeindruckte nicht nur die Israeliten selbst, sondern auch die Könige der Kanaaniter: „... da verzagte ihr Herz, und es wagte keiner mehr zu atmen vor Israel" (Josua 5,1). Jenseits der Frage der historischen Authentizität des Beschriebenen wird deutlich, welch große Bedeutung es hat, dass Gott das Wasser zum Wohle der Vertriebenen einsetzte.

Die Wanderung durch die Wüste

Zwischen den beiden Wasserwundern lag die Wanderung durch die Wüste. Hier erlebten die Israeliten ihre Angewiesenheit auf Gott vor allem dadurch, dass er es war, der sie mit Wasser versorgte. Als die Israeliten unter Durst litten, haderten sie mit Mose und murrten: „Warum hast du uns aus Ägypten ziehen lassen, dass du uns, unsere Kinder und unser Vieh vor Durst sterben lässt?" (2. Mose 17,3). Nicht nur die Fleischtöpfe Ägyptens wurden in der Erinnerung verherrlicht, viel existentieller war die Erinnerung an das Wasser des Nils und im Gegensatz dazu der nun erfahrene Durst. Was dann geschah, hat der brasilianische Theologe Marcelo Barros in seinem Buch „Gottes Geist kommt im Wasser" so beschrieben: „... die Traditionen aus der Wüste betonen, dass Mose, um die Führerschaft zu behalten, Trinkwasser für das Volk beschaffen musste. Die Führungsrolle der Patriarchen, Richter und Propheten hing davon ab, dass sie jeweils im Stande waren, die Trinkwasserversorgung für das Volk zu garantieren. Auch Mose erlebte eine Krise, in der es um seine Anerkennung als Anführer des Volkes ging. Es war ein Wasserproblem. Mose sagte dem Volk, wenn die Gemeinschaft von ihrem Anführer Wasser verlange, fordere sie damit nicht diesen, sondern Gott heraus. Er schlug gegen den Felsen, und aus diesem sprudelte Wasser hervor, das den Durst Israels löschte."

Noch mehrmals ist in der Beschreibung der Wüstenwanderung davon die Rede, dass das Volk Durst litt und aufbegehrte. In der Ermahnung zur Dankbarkeit gegenüber dem Schöpfer am Ende der Wüstenwanderung heißt es über Gott: „... und dich geleitet hat durch die große und furchtbare Wüste, wo feurige Schlangen und Skorpione und lauter Dürre und kein Wasser war, und ließ die Wasser aus dem harten Felsen hervorgehen" (5. Mose 8,15). Diese Dankbarkeit gegenüber dem Schöpfer ist aktuell geblieben. Wasser ist Lebens-Mittel, ist ein Geschenk Gottes. Das ist die klare Botschaft der Bibel. Ein Psalmist hat den Wasser und Leben spendenden Gott so gepriesen: „Er weidet mich auf einer grünen Aue und führet mich zum frischen Wasser." (Psalm 23,2)

Das Wasser und die Gerechtigkeit unter den Menschen

Im Angesicht von Unrecht kann Gott aber auch den Menschen das Geschenk des Wassers entziehen, wie es Jesaja ankündigte: „Siehe, der Herr, der Herr Zebaoth, wird von Jerusalem und Juda wegnehmen Stütze und Stab; allen Vorrat an Brot und allen Vorrat an Wasser." (Jesaja 3,3) Aber Jesaja verheißt auch: „Ihr werdet mit Freuden Wasser schöpfen aus dem Heilsbrunnen." (Jesaja 12,3)

Wasser ist in biblischen Berichten wie erwähnt auch ein Anlass zum Streit. Marcelo Barros beschreibt, wie in Konflikten mit Wasser umgegangen wurde: „Wenn ein König ein neues Gebiet eroberte, war es üblich, die Bäume zu fällen und die Wasserquellen zuzuschütten, aus denen die Leute tranken. Bedauerlicherweise ist auch das Volk Israel mit seinen Gegnern so verfahren, und schlimmer noch: Es hat geglaubt, damit erfülle es den Befehl Gottes (vgl. 2. Kön 3,19–25). Schon damals litt die Natur genau wie das unterlegene Volk unter den Folgen des Krieges und der Eroberung."

Wer die Kontrolle über die Quellen und Brunnen eines Gebiets besaß, der konnte sie beherrschen. Entsprechend erbittert wurde um die Brunnen gerungen, besonders dann, wenn das Wasser nicht für alle Herden reichte. Im 26. Kapitel des 1. Buches Mose ist in Vers 20 zu lesen: „Aber die Hirten von Gerar zankten mit den Hirten Isaaks und sprachen: Das Wasser ist unser. Da nannte er den Brunnen ‚Zank', weil sie mit ihm da gezankt hatten." Auch über andere Brunnen, die von Isaaks Leuten gegraben wurden, kam es zum Streit mit den Philistern. Hintergrund war, dass die Philister Isaak um seinen Reichtum beneideten und deshalb alle Brunnen verstopften, die Abraham hatte graben lassen. Die Brunnen, die Isaak graben ließ, beanspruchten sie für sich. Schließlich kam es aber doch zum Frieden, berichtet die Bibel, weil die Philister feststellten: „Wir sehen mit schnellen Augen, dass der Herr mit dir ist." (1. Mose 26,28)

Zum Nachdenken regt dieser Spruch des Alten Testaments an: „Hungert deinen Feind, so speise ihn mit Brot, dürstet ihn, so tränke ihn mit Wasser." (Sprüche 25,21). Dieser Vers ist einmal ein Hinweis darauf, dass Jesu Gebot der Feindesliebe nicht gegen frühere Aussagen der Bibel gemeint war, sondern sich auf die Konflikte seiner Zeit bezog. Zum anderen wird deutlich, dass das Teilen von Wasser ein Zeichen der Gastfreundschaft und Zuwendung ist.

Wasser dient dazu, Reinheit in einem tiefen Sinne herzustellen. Diese Reinheit durch Wasser wird im 14. Kapitel des 3. Buches Mose so beschrieben: „Der aber, der sich reinigt, soll seine Kleider waschen und alle seine Haare abscheren und sich mit Wasser abwaschen, so ist er rein." Äußere Reinheit und rituelle Reinheit sind dabei aufs Engste miteinander verbunden. Wasser ist Zeichen der Reinheit und der Zuwendung Gottes zu den Menschen: „Wohlan, alle, die ihr durstig seid, kommt her zum Wasser! Und die ihr kein Geld habt, kommt her, kauft und esst. Kommt her und kauft ohne Geld und umsonst Wein und Milch!" (Jesaja 55,1)

Die Stadt auf dem Berge – und das Wasser im Tal

Der Übergang von einer nomadischen oder halbnomadischen Lebensweise zu einem städtischen Leben stellte die Israeliten vor ganz neue Aufgaben. Die Städte, die sie eroberten oder neu erbauten, lagen aus militärischen Gründen überwiegend auf Hügeln oder Bergen, und dort gab es in aller Regel kein Wasser. Angesichts geringer Niederschläge war es deshalb zwingend erforderlich, für den Fall einer Belagerung tiefe Brunnen zu graben, Schächte zu tiefergelegenen Quellen anzulegen und das Wasser in Teichen und Zisternen zu speichern. Wasser bedeutete nicht nur in der Wüste, sondern auch in den neuen Siedlungen auf den Bergen Leben. Wasser wurde erneut als Geschenk Gottes wahrgenommen. Deshalb wurde die religiöse Bedeutung des Wassers nach der Sesshaftwerdung noch stärker wahrgenommen und betont. Das Waschen der Hände und Füße erhielt noch stärker neben der Bedeutung für die körperliche Sauberkeit auch eine Bedeutung im Sinne der Reinheit als Zeichen der Heiligkeit. Die Brunnen waren nicht nur Ort des Streites, sondern auch Ort der sozialen Kommunikation. Immer wieder wird in der Bibel berichtet, wie Menschen einander an einem Brunnen trafen und ins Gespräch kamen.

Nach der Eroberung Jerusalems durch die Babylonier und die Verschleppung der Oberschicht nach Babylon tat sich den Israeliten dort eine neue Welt auf. Nicht nur die Bauten der Herrscher an Euphrat und Tigris müssen sie beeindruckt haben, sondern auch die komplexen Bewässerungs- und Wasserversorgungssysteme. Bekanntlich entstanden große Teile des älteren Teils der Bibel in diesem Exil, und dabei erwiesen sich die Verfasser als kluge Migranten, indem sie viel von dem Wissen und einiges von den religiösen Vorstellungen der mächtigen Herrscher übernahmen, aber sich auch von ihnen absetzten, indem sie den Glauben an den einen Gott in das Zentrum ihrer Botschaft stellten und die Israeliten um diesen Gott sammelten. Die Geschichte der Sintflut ist ein gutes Beispiel für diesen klugen Umgang mit Eigenem und Fremdem.

Ein zentrales Moment der Botschaft im Exil war die Zusage der Rückkehr nach Jerusalem, die im Buch Jesaja mit diesen göttlichen Worten bekräftigt werden: „Denn ich will Wasser gießen auf das Durstige und Ströme auf die Dürre. Ich will meinen Geist auf deine Kinder gießen und meinen Segen auf deine Nachkommen, dass sie wachsen sollen wie Gras zwischen Wassern, wie die Weiden an den Wasserbächen." (Jesaja 44,3–4) Immer wieder aber auch wird die Zusage Gottes mit einem gerechten Verhalten der Israeliten verknüpft, und auch hier wird das Bild des Wassers herangezogen, so bei Amos: „Es ströme aber das Recht wie Wasser und die Gerechtigkeit wie ein nie versiegender Bach." (Amos 5,24)

Nach der Rückkehr in die Heimat blieben die Israeliten von benachbarten Großmächten abhängig, aber es war doch möglich, als Volk zu überleben und wieder einen gewissen Wohlstand zu erlangen. Das Bevölkerungswachstum in Palästina und vor allem das Wachstum der Städte erforderten im 1. Jahrhundert v. Chr. umfangreiche Baumaßnahmen zur Sicherung der Wasserversorgung. Dies galt besonders für Jerusalem, das sich nach der Eroberung durch die Römer zu einer der wirtschaftlichen Metropolen im Osten des Weltreiches entwickelte. In einer Verbindung von jahrhundertealten einheimischen Traditionen des Wasserbaus und römischen Kenntnissen wurde ein System von Quellen, Teichen, Kanälen, Tunneln und Fernwasserleitungen genutzt, um die Großstadt zu versorgen. Es gab allerdings weiterhin „Wasser-Reiche" (das waren die Römer und die einheimische Oberschicht), die über fast unbegrenzte Mengen des kostbaren Nasses verfügten, und die „Wasser-Armen", die vor allem auf dem Lande lebten. Die Gerechtigkeitsfrage war also auch ganz entscheidend eine Frage des Zugangs zum Wasser. In diese Situation hinein wurde Jesus geboren.

Das Wasser im Neuen Testament

Im Neuen Testament kommt Wasser ebenfalls in vielen Zusammenhängen vor, und seine Bedeutung für das Heil wird bereits in der Darstellung des Wirkens Johannes des Täufers sichtbar, der auch Jesus getauft hat (Markus 1,9–11). Berühmt ist auch der Bericht, wie Jesu Jünger sich bei einem Sturm auf dem See Genezareth fürchteten, er selbst aber in aller Ruhe schlief und dann den Sturm besänftigte, nachdem seine Jünger ihn gerufen hatten (Markus 4,37–41, Lukas 8,22–25). Johannes hat überliefert, wie Jesus bei einer Hochzeit in Kana Wasser in Wein verwandelt hat (Johannes 2,1–11). Nach dem Evangelium des Johannes war dies das erste Wunder, und man kann es vielleicht auch so deuten, dass Jesus zeigte, dass Wasser so wertvoll ist, dass aus ihm Wein entstehen kann.

Ein zentraler Text bei Johannes ist auch die Begegnung von Jesus mit einer Samariterin am Jakobsbrunnen, wo er sie bittet, Wasser für ihn zu schöpfen, das in ein Gespräch über das Wasser und das Heil mündet, mit dem Ergebnis, dass Jesus einige Tage bei den Menschen in Samarien bleibt und viele ihm glaubten, berichtet Johannes (Johannes 4,1–42) (siehe dazu auch den Abschnitt über Brunnen). Anlässlich des Umweltsonntags der Kirchen in Hongkong am 1. Juni 2003 zum Thema „Waters of Life – enough for all!" schrieb Pfarrer Per Larsson, der am Lutherischen Theologischen Seminars Hongkongs unterrichtet: „Für Christinnen und Christen hat Wasser ganz gewiss sowohl eine reale Wichtigkeit als auch eine tiefe spirituelle Bedeutung. Jesus kümmerte sich um beide! Bei der Begegnung mit einer samaritischen Frau am Brunnen spricht Jesus über beide Dimensionen des Wassers … Das Gespräch, wie es im Evangelium überliefert ist, bewegt sich vom gewöhnlichen Wasser zu dem Durst nach Tiefe in uns, einen Platz, wo wir unser Leben verankern, Sinn und wahre Bedeutung finden können …

Das einfache Geschenk des Wassers auf der Erde wird zu einem heiligen Geschenk Gottes im Himmel – es reinigt, heilt und verändert unsere Körper und unsere Seelen. Wie kommt es, dass Christinnen und Christen heute so viel Schwierigkeiten haben, die Verbindung zwischen den physikalischen und den spirituellen Aspekten des Wassers zu erkennen? Wie können wir all die Texte in der Bibel über das Wasser lesen und die Verbindung zu dem alarmierenden Zustand des Wassers in der Welt, in der wir leben, nicht erkennen?"

Auch bei der Heilung von Menschen durch Jesus hatte Wasser eine ganz reale Rolle, wie der Bericht über die Heilung des Blinden zeigt, der von Jesus zum Teich Siloah geschickt wurde, wo er seine Augen waschen sollte – und danach wieder sehen konnte (Johannes 9,1–7). Ganz real war auch das Wasser, mit dem Jesus seinen Jüngern die Füße wusch, und doch zugleich von einer viel tieferen Bedeutung (Johannes 13,5). Dem Geheimnis des Wassers in den Büchern des Neuen Testaments wird man nur auf die Spur kommen, wenn man die tiefe Verbindung zwischen dem irdischen Wasser und dem Wasser des Lebens erkennt. Wasser ist heilig, es ist auf der Erde bereits ein Zeichen des Heils, das von Gott kommt.

Die Verheißung, auf die die Menschen hoffen dürfen, ist in der Offenbarung des Johannes mit vielen Bildern vom Wasser verbunden. So heißt es im 7. Kapitel: „Denn das Lamm mitten auf dem Thron wird sie weiden und leiten zu den Quellen des lebendigen Wassers, und Gott wird abwischen alle Tränen von ihren Augen." Und im 22. Kapitel lesen wir: „Und wer dürstet, der komme; und wer da will, der nehme das Wasser des Lebens umsonst."

Nach einer ausführlichen Beschäftigung mit dem Wasser in der Bibel und anderen religiösen Traditionen kommt Marcelo Barros in seinem Buch „Gottes Geist kommt im Wasser" zu diesen Einsichten: „Ich meine, dass alle Religionen und spirituellen Traditionen glauben, dass das Wasser Sakrament der göttlichen Gegenwart ist. Wir sind aufgerufen, mit dem Wasser zusammen zu leben – nicht nur mit einem praktischen und nützlichen Werkzeug, sondern mit einem Zeichen der Liebe, das es zu ertragen, zu respektieren, ja sogar zu verehren gilt … Es geht dabei um eine persönliche, innere Umkehr, kraft derer wir die göttliche Gegenwart in der Schönheit des Wassers verteidigen und die Wasserquellen und die flussnahe Natur schützen. Doch diese innere Bekehrung bleibt möglicherweise wirkungslos, wenn sie nicht unmittelbar begleitet ist von dem Bemühen, eine soziale und gesellschaftlich-strukturelle Bekehrung einzuleiten … In dieser ganzen Arbeit für eine neue Gesellschaft in Communio mit der Erde und dem Wasser können wir Zeugnis ablegen, dass wir an das Wort von Psalm 36,10 glauben: ‚Bei dir ist die Quelle des Lebens, in deinem Licht schauen wir das Licht.‘"

Eine asiatische Regionalkonsultation des Referats Frauen in Kirche und Gesellschaft des Lutherischen Weltbundes befasste sich im April 2006 mit dem Thema „Wasser in Bewegung bringen". Die 33 Delegierten aus allen Teilen Asiens verabschiedeten am Ende ihres Treffens in Phnom Penh/Kambodscha eine Erklärung, in der auch theologische Perspektiven vermittelt werden: „Die Offenbarung des Johannes, die wörtlich und metaphorisch ausgelegt werden sollte, lädt uns ein, Gottes ‚Fluss des Lebens‘ als Bild der Hoffnung und Heilung für unsere eigenen Flüsse und für die Welt zu erforschen. Wasser hat in der Offenbarung eine Doppelrolle – es ist Ort der Heilung und Erneuerung, aber auch der Gewalt und des Unrechts. Die Wasser selbst rufen nach Gerechtigkeit (Offb. 16,6). In unsere Zeit hinein, in der Menschen der Zugang zu Wasser verwehrt wird und den Gewässern der Erde Verschmutzung, Privatisierung und andere Gefahren drohen, verheißt das ‚umsonst‘ gegebene Wasser (Offb. 21,6; 22,17) allen Heilung und Segen. Der Vorwurf der Gewalt und Ausbeutung, den die Offenbarung an das Römische Reich richtet, kann auch heute für unseren jeweiligen Kontext relevant sein.

Das Johannesevangelium hilft uns, den Zusammenhang herzustellen zwischen den ‚Strömen lebendigen Wassers‘, die von unserem Leib fließen (Joh. 7,38), und der ‚Quelle des Wassers‘, die im Leben der Samariterin entspringt, als sie Jesus begegnet (Joh. 4,14).

In unserer von Umweltgefährdung geprägten Zeit kann uns Asien mit seiner großen Wertschätzung und Sensibilität für die Natur sowie seinem tiefen Vertrauen in sie dabei helfen, uns von einem anthropozentrischen Ansatz zu einem ganzheitlichen, ökozentrischen Verständnismodell der Schöpfung zu verlagern und gar unsere theologischen Perspektiven mithilfe der Auseinandersetzung mit uralter Wissenschaft wie etwa *feng shui* neu zu formulieren. Betrachten wir die Mensch-Natur-Beziehung aus einer kosmozentrischen Perspektive, öffnet alte Weisheit wie *feng shui* unsere sündhafte ‚Selbstzentriertheit‘ auf die ökologischen Systeme hin, die uns von der Ausbeutung der Natur befreien und uns zu einem harmonischen Zusammenleben mit den Bergen und den Wassern führen."

Brasilien

„Wir sind nach wie vor ein Land des Ausplünderns, Ausraubens – Amazonien ist das beste Beispiel." Bischof Demetrio Valentine, der katholische Bischof des Teilstaates São Paulo, ist empört über der Zerstörung des tropischen Regenwaldes in Amazonien und all die Konsequenzen, die dieser Raubbau hat. Ihm und seiner Kirche geht es nicht zuletzt um den Schutz der Wasserressourcen des Landes: „Das Thema brennt doch allen unter den Nägeln." Die katholische Brasilianische Bischofskonferenz hatte ihre „Geschwisterlichkeitskampagne 2004" unter das Thema „Wasser – Quelle des Lebens" gestellt.

Die katholische Kirche wollte mit dieser Kampagne um die Bewahrung des Wasserreichtums Brasiliens erreichen und eine Privatisierung dieses gemeinsamen Gutes verhindern. Die Bischofskonferenz kritisierte, dass Wasser im Interesse transnationaler Unternehmen zu einer Ware werde, mit der Profite gemacht werden sollten. In einem Basistext zur Kampagne steht: „Es gehört in die Verantwortung einer jeden Person, vor allem derer, die Macht und Entscheidungsbefugnis haben, über die Qualität der Gewässer und den Zugang zu ihnen für alle Menschen und Lebewesen zu wachen." Als wichtigstes Ziel der Kampagne wurde formuliert, „in der Gesellschaft ein Bewusstsein dafür zu schaffen, dass Wasser die Quelle des Lebens ist und dass jeder ein Recht auf Wasser hat". Es wurde ein Wassergesetz gefordert, das die Wasserversorgung als staatliche Aufgabe festschreibt. Kardinal Geraldo Majella Agnelo betonte: „Wir werden keinerlei Privatisierung akzeptieren." Stattdessen müsste die demokratische Kontrolle im Bereich der Wasserversorgung verstärkt werden (siehe auch den Abschnitt Bürgerbeteiligung in diesem Buch).

Im Rahmen der Kampagne wurde über die Wasserprobleme Brasiliens und Möglichkeiten zu ihrer Lösung informiert, es fanden Gottesdienste zum Wasser statt und Bibelgruppen an der Peripherie von Manaus führten einen Protestmarsch gegen die geplante Privatisierung der öffentlichen Wasserversorgung der Stadt durch. Der katholische Indianermissionsrat CIMI stellte die symbolische, kulturelle und spirituelle Bedeutung der „Schwester Wasser" in das Zentrum seiner Arbeit und informierte unter anderem über das Wasser in den Schöpfungsgeschichten vieler indianischer Völker. Im Rahmen der Kampagne wurden auch ganz praktische Maßnahmen ergriffen, um die Wassersituation zu verbessern, zum Beispiel Aufforstungsaktionen und der Bau von Anlagen zum Regenwassersammeln.

Wie dringend ein solches Engagement ist, können einige Zahlen deutlich machen: 20 Prozent der Bevölkerung Brasiliens hat keinen Zugang zu Trinkwasser, 40 Prozent des Wassers, das aus den Hähnen fließt, ist nicht sauber, etwa die Hälfte der Bevölkerung hat keinen Anschluss an ein Abwassersystem irgendeiner Art, 80 Prozent des gesammelten Abwassers fließt ungeklärt in die Flüsse. Dabei ist Brasilien ein wasserreiches Land. 12 Prozent der weltweiten Trinkwasserressourcen befinden sich in diesem Land, wobei das Flusseinzugsgebiet des Amazonas die größte Bedeutung hat.

Das Wasser Amazoniens

Aber gerade in Amazonien sind die Wasserressourcen besonders gefährdet. Dabei ist der Amazonas der wasserreichste und mit 6.400 Kilometern nach dem Nil der zweitlängste Fluss der Welt. In der jährlichen Flutzeit ist der Amazonas bis zu 50 Kilometer breit. Das Flusseinzugsgebiet des Amazonas umfasst mehr als sieben Millionen Quadratkilometer und reicht bis in die Nachbarländer Bolivien, Ecuador, Peru und Venezuela hinein. Pro Sekunde fließen bis zu 121 Millionen Kubikmeter Wasser durch den Amazonas. Etwa ein Fünftel des Süßwassers aus Flüssen, das in die Weltmeere fließt, entstammt dem 250 Kilometer breiten Flussdelta des Amazonas.

So unermesslich der Wasserreichtum des Amazonas erscheint, so gefährdet ist er. Ein großer Teil des Wassers kommt nämlich aus den Gletschern der Anden, die als Folge globaler Klimaveränderungen allmählich schmelzen (siehe Abschnitt Eis), und aus den tropischen Regenwäldern Amazoniens. In der Ausgabe 2-3/2004 der Zeitschrift „Regenwald Report" wird berichtet: „Feierlich wurde im Oktober 1970 vor den Toren der Kleinstadt Altamira, im brasilianischen Bundesstaat Para, die Transamazonica eröffnet: eine breite Piste durch das größte Regenwaldgebiet der Erde. ‚Es ist der Beginn der Eroberung dieser grünen Welt', verspricht eine Gedenktafel am Straßenrand. Sie hängt ausgerechnet an einem Baumstumpf." Die systematische Auswertung von Satellitenfotos hat ergeben, dass bereits 47 Prozent des ursprünglichen Urwalds entweder abgeholzt oder durch menschliche Nutzung verändert worden sind. Damit sind 10 Prozent der Süßwasserreserven und 30 Prozent der Pflanzen- und Tierarten der Welt akut gefährdet, ebenso zahlreiche indigene Volksgruppen. Zudem sind die Feuer, mit denen neues Acker- und Weideland in Amazonien gewonnen wird, zu drei Vierteln für die brasilianische Erzeugung von Treibhausgasen verantwortlich, die wiederum gravierende Auswirkung auf regionale und globale Wasserkreisläufe hat (siehe Abschnitt Klima).

Die Regierungsübernahme durch die Sozialistische Partei von Präsident Lula war Anfang 2003 mit der Hoffnung verbunden, dass nun entschiedene Schritte zum Schutz der Regenwälder Amazoniens unternommen würden. Tatsächlich wurden große Flächen des Regenwaldes unter Naturschutz gestellt. Beunruhigend ist aber, dass geplant ist, mehr als 6.000 Kilometer Straße in Amazonien zu asphaltieren. Das soll die Sojaexporte erleichtern, wird aber auch den Effekt haben, dass illegal eingeschlagenes Holz rascher an die Küste transportiert werden kann. Außerdem waren bisherige Straßenbaumaßnahmen in Amazonien stets damit verbunden, dass rechts und links der Trasse große Urwaldflächen zerstört und in Acker- oder Weideland verwandelt wurden. Brasiliens Exporterfolge mit Soja und Rindfleisch beruhen in großem Maße auf der rücksichtslosen Zerstörung von Urwaldflächen.

Der Schutz der Regenwaldgebiete ist schwierig – und gefährlich. Als im November 2004 eine Ausbildungsakademie der Umweltpolizei in der Amazonasregion eröffnet wurde, erklärte der Instrukteur Kilma Manso den zukünftigen Polizisten: „Sie werden hier lernen, wie Sie den Urwald schützen und dabei am Leben bleiben können." Mit illegal eingeschlagenem Tropenholz und den anderen Reichtümern Amazoniens lässt sich viel Geld verdienen, und wer diese Geschäfte stört, muss um sein Leben fürchten. In einer Situation der Gesetzlosigkeit nützen auch die strikten brasilianischen Umweltgesetze wenig. Noch gibt es in Amazonien Regenwaldflächen von der Größe Westeuropas, aber 2004 gingen 25.000 Quadratkilometer verloren, die halbe Fläche der Schweiz.

Die verbliebenen Urwaldflächen zu schützen, ist umso nötiger, als die globalen Klimaveränderungen sich gravierend auf die Amazonasregion auswirken, was Rückwirkungen auf den ganzen Globus hat. Bisher gehen 75 Prozent des Wassers, die in Amazonien verdunsten, wieder als Regen über dem Gebiet nieder. Die Wolkenbildung, die mit diesem regionalen Wasserkreislauf verbunden ist, trägt erheblich zur Abkühlung bei. Es wird nun befürchtet, dass der Urwald mit steigenden Temperaturen stärker austrocknet. Am Ende dieses Prozesses kann die Zerstörung der Regenwälder stehen. Angesichts dieser Gefahren wirkt sich das menschliche Zerstörungswerk besonders verheerend aus, weil mit Rodungen und gezielt gelegten Bränden der Regenwald vernichtet und damit der bisherige Wasserkreislauf noch stärker beeinträchtigt wird. Es ist notwendig, in der Region selbst die Waldzerstörung zu stoppen und gleichzeitig global dafür zu sorgen, dass die Klimaerwärmung nicht weiter gefördert wird. Es gibt keinen Grund zur Resignation, sondern viele Möglichkeiten, ökologische Katastrophen zu verhindern.

Hoffnung für den trockenen Nordosten

Was geschieht, wenn die Wälder flächendeckend gerodet werden, lässt sich im Nordosten Brasiliens beobachten. Von den Wäldern, die bei der Ankunft der Europäer praktisch die ganze Region bedeckten, sind nur noch drei Prozent übrig geblieben. Das hat bisherige Wasserkreisläufe zerstört und gravierende Klimaveränderungen ausgelöst. Der Nordosten Brasiliens gehört heute zu den trockensten Regionen Lateinamerika.

Verschärft werden die Probleme dadurch, dass reiche Großgrundbesitzer den Großteil des verbliebenen Wassers unter ihre Kontrolle gebracht haben. Sie nutzen es zur Bewässerung ihrer Felder und exportieren im großen Stil Obst und Gemüse nach Übersee. In der Region von Caatinga werden jährlich zwei Millionen Tonnen Wein und Obst (vor allem Mangos) produziert und nach Europa und Nordamerika exportiert. Im dortigen Winter finden die brasilianischen Erzeugnisse reißenden Absatz. Die Weintrauben werden selbst im Weinland Italien geschätzt. Dafür werden große Flächen Land bewässert. Die meisten armen Kleinbauern und Pächter haben nichts von dem Exportboom, denn ihnen fehlt das Wasser zur Bewässerung der Felder, und in regenarmen Jahren müssen sie und ihre Familien hungern. Der katholische Bischof Tomás Balduino hat 1998 zum Zusammenhang von Dürre und Hunger festgestellt: „Trockenheit und El Niño sind weder die Übeltäter noch die Verantwortlichen für Hunger und Elend in Nordostbrasilien. Wenn Alte und Behinderte seit Jahren immer wieder auf die miserable Rente, auf die sie gleichwohl Anspruch haben, warten müssen und infolgedessen Hunger leiden, dann liegt die Schuld eben nicht bei der Dürre. Wenn Schwangere keine Mutterschaftsunterstützung … und Pächter auf anderer Leute Grund und Boden keine ausreichenden Erträge bekommen, dann lässt sich das ganze Elend doch nicht mit dem Phänomen der Trockenheit erklären."

In dieser Situation ist die Existenz von Kleinbauernfamilien extrem bedroht. Die „Bewegung zur gemeinschaftlichen Organisation", eine Partnerorganisation von „Brot für die Welt", hilft diesen Familien. Sie werden dabei unterstützt, große Tanks aus Zement zu bauen. Sie füllen sich mit Wasser, wenn es auf die Dächer regnet. Ein Problem der Region ist nämlich, dass es sehr unregelmäßig, dann aber oft heftig regnet. Mit den Tanks werden die Familien etwas unabhängiger von den Witterungsverhältnissen und vom teuren Kauf von Wasser. Dieses Programm ist so populär, dass inzwischen schon viele hundert Tanks gebaut worden sind. Auch viele Schulen sammeln mittlerweile das Regenwasser auf diese Weise. Die Eigeninitiative der lokalen Bevölkerung wird dabei mit begrenzten Finanzmitteln von außen unterstützt. Ergänzend dazu wird der Bau von sanitären Anlagen propagiert und gefördert. Außerdem wurde ein breites Beratungsprogramm aufgebaut, das von der Landwirtschafts- bis zur Ernährungsberatung reicht. Vielleicht ist das nur ein Tropfen auf einen heißen Stein. Genauer müsste man aber sagen, dass es ein großer Wassertank in einem heißen Teil der Welt ist.

Insgesamt beteiligen sich 750 Organisationen an der Initiative „Eine Million Wassertanks für die ländlichen Gebiete". Sie wurde mit dem hoch angesehenen „Super Ecology Award 2002" ausgezeichnet, der von einer brasilianischen Zeitschrift vergeben wird. Inzwischen hat das Vorhaben selbst in der Großstadtregion São Paulo Nachahmung gefunden, wo die öffentliche Wasserversorgung unzureichend ist. Vor allem zum Bewässern der Gärten, für die WC-Spülung und für die Hausreinigung kann das aufgefangene Wasser genutzt werden. Brasiliens Wasserprobleme lassen sich lösen: mit vielen kleinen Initiativen und mit dem politischen Willen, das Wasser als Quelle des Lebens zu erhalten.

Brunnen

Brunnen waren in biblischen Zeiten Orte des Streites, aber vor allem der Kommunikation. Immer wieder wird in der Bibel berichtet, wie Menschen an einem Brunnen ins Gespräch kamen. Ein solches Gespräch, das der Evangelist Johannes überliefert hat, ist die Begegnung Jesu mit einer Samariterin am Jakobsbrunnen (Johannes 4,1–42). Dass Jesus sie zur Mittagsstunde traf, deutet auf ihre soziale Situation hin. Sie lebte unverheiratet mit einem Mann zusammen und hatte Beziehungen zu anderen Männern. Das isolierte sie im Ort, und deshalb holte sie nicht zusammen mit den anderen Frauen am frühen Morgen Wasser vom Brunnen. Soziale Ausgrenzung, so zeigt dieses Detail der Geschichte, führt auch im Zugang zum Wasser zu einer Isolierung und zur Benachteiligung (die Frau musste in der Hitze des Tages zum Wasserholen gehen, diese Arbeit war also für sie noch mühsamer als für andere Frauen).

So trafen sich an diesem Mittag zwei Außenseiter am Brunnen. Die isolierte Frau und der arme Mann aus dem benachbarten, aber verfeindeten Volk, dazu noch ein armer Wanderprediger, der sich mit seiner Botschaft viele Feinde gemacht hatte. Jesus bat die Frau zu ihrer Verwunderung, Wasser für ihn zu schöpfen. Die Beziehungen zwischen samaritischer und jüdischer Bevölkerung waren so schlecht, dass man einander nicht das Wasser reichen wollte. Dadurch, dass Jesus um Wasser bat, baute er eine Beziehung zu der Frau auf, so wie einst der Knecht Isaaks mit der Bitte um Wasser das Gespräch und das Werben um Rebecca für seinen Herrn begonnen hatte (1. Mose 24).

Es ist sicher kein Zufall, dass die Begegnung Jesu mit der Samariterin am Brunnen ein Motiv aus dem Alten Testament aufnimmt. Elisabeth Moltmann-Wendel interpretiert diese Bitte um Wasser in dem Sammelband „Mit Eva predigen" so: „Gib mir zu trinken – das heißt: Gib mir Nähe, Freundschaft, Zuneigung. Gib mit Verständnis, und ich will dir Verständnis geben. Gib mir Freundschaft und ich will dir Freundschaft geben. Gib mir etwas von dir, und du wirst etwas von mir bekommen. Gib mir zu trinken." Wasser ist ein Zeichen für Gastfreundschaft und beginnende Freundschaft.

Dass die Frau dennoch zögerte, dem Fremden Wasser zu geben, lag an den sozialen und politischen Konflikten ihrer Zeit, die sich bis in so einfache Gesten wie dem Reichen von Wasser auswirkten. Jesus beantwortete ihre verwunderte Frage mit dem Hinweis auf das lebendige Wasser, das er geben konnte: „Wer von diesem Wasser trinkt, den wird wieder dürsten, wer aber von dem Wasser trinken wird, das ich ihm gebe, der wird in Ewigkeit nicht dürsten, sondern das Wasser, das ich ihm geben werde, das wird in ihm eine Quelle des Wassers werden, das in das ewige Leben quillt." (Johannes 4,13–14) Es schloss sich ein Gespräch über das Wasser des Heils an, mit dem

Ergebnis, dass die Frau zu Gottes Botin wurde und Menschen zum Heil rief: „Es glaubten aber viele der Samariter aus dieser Stadt um der Rede der Frau willen, die bezeugte: Er hat mir alles gesagt, was ich getan habe." (Johannes 4,39) Jesus blieb einige Zeit bei den Menschen in Samarien und viele fanden durch ihn zum Glauben.

Beim Gespräch am Brunnen wird deutlich, wie kostbar Wasser ist und dass Gottes Geschenk an die Menschen in dem Wasser des Lebens besteht. Olivia, eine der Frauen, die mit Ernesto Cardenal in Solentiname/Nicaragua über biblische Texte sprach, hat dies so ausgedrückt: „Es heißt, das Wasser, das Jesus uns gibt, würde in uns zu einem quellenden Brunnen. Das heißt, er gibt es, aber es quillt in uns. Es ist das Leben Gottes, das er uns gibt, das heißt, die Liebe. Er nennt es ewiges Leben, weil es das Leben Gottes ist. Aber es quillt aus uns selbst; es ist kein Brackwasser, sondern eine Liebe, aus der das Leben fließt." Elbis antwortete darauf: „Alle, die für die Befreiung kämpfen, bringen das Wasser des Lebens in alle Teile der Welt, wie eine Quelle. Die Befreiung ist wie ein Fluss des Lebens für die ganze Menschheit, der schließlich in das ewige Leben mündet."

„Die Frau am Jakobsbrunnen" von Luise Theill, veröffentlicht durch die Vereinte Evangelische Mission in einer Reihe von 14 Bildern der Künstlerin mit Frauen der Bibel. (Foto: VEM)

Über diese Überlegungen werden die Wasserprobleme im alltäglichen Leben nicht vergessen. Die Hoffnung der Samariterin, nie wieder Wasser schöpfen und ins Dorf tragen zu müssen, trifft sich mit den Hoffnungen der Menschen in Solentiname. Dazu sagte Ernesto Cardenal im Gespräch: „Auch hier in Solentiname müssen die Frauen oder Kinder noch immer Wasser holen. Die Gabe, die Jesus brachte, sollte alle Probleme der Menschheit lösen, auch die Wasserprobleme." Wie in der biblischen Geschichte vom Gespräch am Brunnen das Trinkwasser im Brunnen und das Wasser des Heils in einer Beziehung stehen, erkannten auch die Menschen in Solentiname, dass Alltag und Heil beim Wasser nicht auseinanderdividiert werden können. Beides muss zusammenkommen. Hören wir noch einmal in das Gespräch in Nicaragua hinein. Oscar: „... ich meine, das einzige, was man in den zivilisierten Teilen schon erreicht hat, ist, dass man keine Eimer mehr schleppen muss; der wirkliche Durst ist immer noch nicht gestillt, eben weil die Menschen noch nicht vereint sind. Oder vielleicht sind sie vereint, aber ohne Liebe, und an diesem Durst kann keine Wasserleitung etwas ändern."

Wie die samaritanische Frau können wir erkennen, wie wichtig neben dem Wasser aus dem Brunnen das lebendige Wasser ist, von dem wir in der Bibel erfahren. Annette Leppla hat 2003 in einem theologischen Beitrag in der Zeitschrift „eFa – Zeitschrift für evangelische Frauenarbeit" über dieses lebendige Wasser geschrieben: „Auch uns ist das lebendige Wasser geschenkt, wenn wir uns auf unserer Wanderschaft durch das Leben durstig und ausgetrocknet fühlen ... Wir dürfen allen Ballast von uns abspülen lassen. Alle Fehler, all unser Versagen, unsere Unzulänglichkeit, unsere Angst, unsere Schuldgefühle, den Druck, unter dem wir stehen, sie alle gelten nicht mehr. Wir dürfen neu ins Leben gehen. Vom lebendigen Wasser werden wir verwandelt. Lebendiges Wasser stillt unseren Durst nach Leben."

Der Bau von Brunnen in Togo

Wie viele andere Akteure des sozialen Engagements im Wasserbereich ergreifen auch kirchliche Entwicklungsorganisationen, Missionswerke und lokale Kirche zahlreiche Initiativen, um Brunnen zu bauen. Ein Beispiel dafür sind die Brunnen, die von Frauengruppen in der Evangelischen Kirche von Togo mit finanzieller Unterstützung der Norddeutschen Mission mit Sitz in Bremen gebaut werden. Anders als bei vielen früheren Wasserbauprojekten werden die Frauen bei diesen Vorhaben an der Planung, Entscheidung und Durchführung aktiv beteiligt. Das hat auch die Stellung der Frauen in ihren lokalen Gemeinschaften gestärkt. Pastorin Maryse Adubra, die Leiterin des Evangelischen Frauenverbandes für Entwicklung und Solidarität in Togo, beschreibt die Veränderung so: „Es ist wunderbar, zu sehen, mit welchen Fähigkeiten und mit welchem Selbstbewusstsein die Frauen agieren."

In den Gebieten, in denen schon Gemeinschaftsbrunnen gebaut worden sind, müssen die Frauen in der Trockenzeit nicht mehr große Strecken zurücklegen, um Wasser aus Flüssen oder Tümpeln zu holen. Sie sind, wie in vielen Gesellschaften der Welt (und auch im antiken Samarien), für die Beschaffung von Wasser zuständig. Pastorin Adubra beschreibt die Situation so: „Sie brauchen Wasser für die ganze Familie zum Trinken, Kochen, zur Körper-Hygiene, zum Wäsche waschen und zur Bewässerung der Gemüsefelder." Frauen müssen also oft Wasser holen, um diesen Bedarf zu decken, und je weiter die Wasserquelle entfernt ist, desto mehr Zeit geht für andere Aufgaben verloren. Vor allem die zunehmende Trockenheit im Norden

Togos, wo es acht Monate im Jahr nicht regnet, erfordert dringend Maßnahmen zur Verbesserung der Wasserversorgung. Mit dem Bau von Brunnen bessert sich die Gesundheitssituation der Familien, weil das Brunnenwasser sauber ist, während das Wasser aus offenen Gewässern häufig so belastet ist, dass es besonders bei Kindern Krankheiten wie Cholera verursacht.

Der finanzielle Aufwand für einen 25 Meter tiefen Brunnen ist nicht groß, 400 Euro, plus die Eigenarbeit der Dorfbewohner. Der richtige Standort wird mit Unterstützung eines erfahrenen Wünschelrutengängers gesucht. Dann werden Brunnenbauer für das Ausschachten angestellt, denn man braucht Erfahrung für diese schwierige und gefährliche Aufgabe. Die Dorfbewohner helfen mit und können vor allem bei der Herstellung von Betonringen, die zur Befestigung in den Brunnen eingelassen werden, einen eigenen Beitrag leisten. Auf Motorpumpen, die teuer und störanfällig sind, wird verzichtet. Stattdessen dienen Eimer, Seile und Rollen dazu, das Wasser zu schöpfen. Über eines dieser Brunnenprojekte hat Pastor Hannes Menke von der Norddeutschen Mission im Dezember 2003 geschrieben: „Das Motto der Evangelischen Kirche in Togo lautet: ‚Das ganze Evangelium für den ganzen Menschen.' Das Wort vom lebendigen Wasser ist bei den Frauen in Todzi-Kao angekommen. Sie erfahren, wie Gottes Liebe bei ihnen Gestalt annimmt."

Frauen in Togo haben die Initiative für den Bau von Brunnen ergriffen und damit die Lebens- und Gesundheitssituation ihrer Familien entscheidend verbessert.
(Foto: Norddeutsche Mission)

Wenn Brunnen zur tödlichen Falle werden

Es galt als einer der großen Erfolge des entwicklungspolitischen Engagements im Süden der Welt, dass in den 1970er und 1980er Jahre etwa zehn Millionen Brunnen in Bangladesch gebaut wurden. Die zunehmende Belastung des Oberflächenwassers hatte in dem südasiatischen Land verursacht, dass es zu katastrophalen Durchfall- und Choleraepidemien gekommen war. Der Bau von Brunnen, der vor allem vom UN-Kinderhilfswerk UNICEF betrieben wurde, rettete vielen Hunderttausend Menschen, vor allem Kindern, das Leben. Aber seit mehr als einem Jahrzehnt ist bekannt, dass die gewaltige Brunnenbau-Aktion zugleich die „größte Massenvergiftung in der Geschichte der Menschheit" (so die Weltgesundheitsorganisation WHO) ausgelöst hat. Es hat sich nämlich gezeigt, dass zwischen 35 und 77 Millionen Menschen in Bangladesch darunter leiden, dass das Wasser aus vielen Brunnen hochgradig mit Arsen belastet ist. Das Arsen kommt in den oberen Bodenschichten des Schwemmlandes von Bangladesch ohne menschliche Einwirkung in größeren Mengen vor. Mit den Monsunniederschlägen und dem Bewässerungswasser der Reisfelder gelangt das Arsen in das Grundwasser und von dort in die Brunnen. Ähnliche Probleme gibt es in benachbarten Regionen Indiens, aber auch in zahlreichen anderen Ländern wie Taiwan und Chile.

Arsen im Trinkwasser löst schwere Gesundheitsschäden aus, vor allem Hautkrankheiten und Hautkrebs. Es wird intensiv geforscht, mit welchen Methoden sich das Arsen aus dem Brunnenwasser entfernen lässt. Am wirksamsten, aber auch am teuersten ist eine in den USA entwickelte Methode, das Arsen an Eisenoxide zu binden und dann mit Hilfe von Elektromagneten aus dem Wasser zu entfernen. Bisher ist dies nur mit Nanopartikeln möglich, deren Herstellung kostenaufwendig ist. Alternativ kann in Bangladesch nicht belastetes Grundwasser aus tiefen Schichten gefördert werden, aber die dafür erforderlichen Tiefbrunnen und leistungsstarken Pumpen sind teuer. Die Rückkehr zur Nutzung von Oberflächenwasser setzt voraus, dass das Wasser gründlich gefiltert wird und die Filter regelmäßig gewartet und gereinigt werden. Dabei ist zu berücksichtigen, dass das Arsen keineswegs das einzige tödliche Wasserproblem von Bangladesch ist. Der Wasserverbrauch hat so stark zugenommen, dass der Grundwasserspiegel zum Beispiel in der Hauptstadt Dhaka von 1996 bis 2004 um bis zu 24 Meter gesunken ist. Vielerorts droht eine Situation, in der die Brunnen nicht einmal mehr arsenhaltiges Wasser liefern. Gleichzeitig werden die tropischen Wirbelstürme, die das Land schon immer heimgesucht haben, als Folge des Klimawandels ständig heftiger. Und die flache Küstenregion, die immer dichter besiedelt wird, ist durch das Ansteigen des Meeresspiegels akut bedroht. Wenn der Indische Ozean wie vorhergesagt in diesem Jahrhundert um einen Meter ansteigen wird, verliert Bangladesch ein Fünftel seiner Landfläche an das Meer. Zu den wenigen Hoffnungszeichen in dieser Problemsituation kann gelten, dass es erfolgreiche Initiativen dafür gibt, vermehrt Regenwasser aufzufangen und als Trinkwasser zu nutzen, um so die Abhängigkeit vom Brunnenwasser zu vermindern.

Der Brunnen auf dem Marktplatz

In Europa waren die Dorfbrunnen über Jahrhunderte eine wichtige Lebensgrundlage und zugleich Orte der Begegnung. Auch in den Städten versorgte sich ein großer Teil der Familien mit Wasser aus Brunnen, die oft auf zentralen Plätzen standen. Brunnenfeste, wie sie vor allem in Süddeutschland eine lange Tradition haben, bringen die Wertschätzung der Menschen für dieses kostbare Geschenk zum Ausdruck. Aber auch im schleswig-holsteinischen Bad Bramstedt wird ein Brunnenfest mit Gottesdienst gefeiert. Bad Sooden-Allendorf ist stolz darauf, dass das städtische Brunnenfest eines der ältesten Feste in Nordhessen ist. Es wird als Dankfest für die heilbringende Solequelle gefeiert und findet jedes Jahr Pfingsten statt. Ein Höhepunkt ist stets der Festzug mit Pfarrer und Salzträgern an der Spitze. Die 11 Brunnen der thüringischen Stadt Steinach werden aus Anlass des jährlich im Juni stattfindenden Brunnenfestes geschmückt. Die Stadt selbst schmückt sich mit dem Namen „Stadt der Brunnen". Diesen Titel könnte auch die Stadt Bayreuth für sich in Anspruch nehmen. Beim jährlichen Brunnenfest ziehen dort Sänger und Musikanten zu den zweiunddreißig Brunnen der Stadt, die aus diesem Anlass festlich geschmückt werden, und bringen ihnen ein Ständchen. Die Tradition soll darauf zurückgehen, dass die Stadtbewohner in einem sehr trockenen Sommer unter Durst leiden mussten, weil die Brunnen trocken gefallen waren. Als endlich wieder Wasser aus ihnen geschöpft werden konnte, wurden sie aus Dank geschmückt. So bieten Brunnenfeste eine Gelegenheit, sich der lebenspendenden Bedeutung des Wassers bewusst zu werden und dankbar dafür zu sein, genügend Wasser zu haben.

Die Schweizer Entwicklungsorganisation HELVETAS wollte im August 2003 deutlich machen, dass das tägliche Wasser in vielen Teilen der Welt keine Selbstverständlichkeit, sondern ein wertvolles Geschenk ist. Deshalb verhüllte sie eine Woche lang elf Brunnen in verschiedenen Teilen der Schweiz. Die Förderung von Wasserversorgungsprojekten in der Dritten Welt gehört zu den Schwerpunkten der HELVETAS-Arbeit: „Jedes Jahr erarbeiten sich in solchen Projekten eine Viertelmillion Menschen neu den Zugang zu sauberem Trinkwasser."

Dass Brunnen auch heute noch die Kommunikation und Zusammenarbeit von Menschen fördern können, beweist eine Initiative im Hamburger Stadtteil Wilhelmsburg. Zwei Kirchengemeinden und drei Moscheevereine haben eine Initiativgruppe gegründet, damit in dem Stadtteil, in dem Menschen aus vielen Ländern der Welt leben, ein „Eine-Welt-Brunnen" gebaut werden kann. In einer Grünanlage vor der Emmauskirche soll ein Brunnen mit einem symbolträchtigen Wasserspiel entstehen. Eine 1,5 Tonnen schwere Granitkugel soll als Weltkugel gestaltet werden. Sie scheint auf etwa einem Dutzend Händen aus Granit zu ruhen. Tatsächlich soll die schwere Kugel auf einem einen Zentimeter starken Wasserfilm schwimmen und sich durch Wasserdruck drehen. Auch Kinder können die auf dem Wasser schwebende Kugel bewegen. Es wird noch einige Jahre dauern, bis dieses ambitionierte Vorhaben verwirklicht werden kann. Dass Kirchengemeinden und Moscheevereine dieses Brunnenprojekt gemeinsam verwirklichen wollen, ist Teil einer intensiven interreligiösen Zusammenarbeit. In Zukunft soll das Wasser des Brunnens zu einem Symbol dieser Verbundenheit werden.

Buddhismus

„In unserer Tradition ist Wasser sehr, sehr wichtig. Die ganze Natur besteht aus vier Elementen: Wasser, Feuer, Erde und Luft. Wenn sich diese vier Elemente im Kosmos entsprechend den Gesetzen der Natur in einem Gleichgewicht befinden, dann entsteht daraus unser Wohlbefinden. Wenn sie sich nicht in einem Gleichgewicht befinden, dann ist das das Ende. Wir wachsen damit auf, das Wasser zu respektieren." So beschreibt Sulak Sivaraksa, einer der angesehensten buddhistischen Denker Thailands, das Verhältnis von Buddhistinnen und Buddhisten zum Wasser. Den Fluss bezeichnet er als „Mutter Wasser" und setzt sich damit auseinander, dass die Menschen die Flüsse und das übrige Wasser schädigen. Er verweist darauf, dass alle Menschen auf die eine oder andere Weise das Wasser verschmutzen und fügt hinzu: „Weil wir dies wissen, müssen wir das Wasser um Verzeihung bitten. Wenn du das Wasser zu sehr verschmutzt, dann ist das schlecht für dich, schlecht für Mutter Wasser ... Wir bitten um Vergebung, um die Reinigung, um die Reinigung der eigenen Person durch das Wasser und die Reinigung des Wassers durch uns. In unserer Religion lassen wir bei Vollmond im Monat November Kerzen auf dem Wasser schwimmen, um die Mutter Wasser um Vergebung dafür zu bitten, dass wir sie verschmutzt haben."

Sulak Sivaraksa gehört zu den führenden Vertretern des „Internationalen Netzwerkes Engagierter Buddhisten", die innerhalb des Buddhismus die Tradition wach halten, sich für Frieden und Harmonie in der Welt einzusetzen. Bekannt geworden sind diese Buddhisten zum Beispiel während des Vietnamkrieges, als unerschrockene Mönche in Südvietnam gegen Menschenrechtsverletzungen und für den Frieden demonstrierten. In Thailand haben engagierte Buddhisten sich gegen die Abholzung von Wäldern („Waldschutz-Mönche") und den Bau von Staudämmen zur Wehr gesetzt. Die Achtung vor der Natur und das tiefe Wissen um die gegenseitige Abhängigkeit aller Menschen, Tiere und Pflanzen auf dieser Welt bildet die Grundlage für das ökologische Engagement von Buddhistinnen und Buddhisten. Der vietnamesische Mönch Thich Nhat Hanh hat dies mit einem Beispiel erläutert: „Nehmen wir eine Blume. Eine Blume kann aus sich heraus nicht leben. Sie braucht Elemente wie den Sonnenschein, den Regen, die Erde. Und deshalb ist die Natur einer Blume das Inter-Being, das Gemeinsam-in-der-Welt-Sein." Das Vermeiden von Leiden, wie es im Buddhismus angestrebt wird, ist deshalb nur in Harmonie mit und im Engagement für die Natur möglich. Thich Nhat Hanh ist deshalb überzeugt: „Praktizierter Buddhismus ist immer engagierter Buddhismus."

Der Schutz der Natur ist tief verwurzelt im buddhistischen Streben nach Liebe und Mitgefühl. Zwischen Glaubensüberzeugungen und alltäglichem Verhalten gibt es im Buddhismus – wie in vielen anderen Religionen – aller-

Aus dem Schlamm wächst eine schöne Lotus-
blüte – im Schmutz des Alltags strebt der gläubige Buddhist nach Erleuchtung. Die Lotus-
blüte gehört zu den wichtigsten Symbolen des
Buddhismus. Verknüpft damit ist, dass Wasser
die Grundlage des Lebens bildet und unverzichtbar auf dem Weg zur Reinheit ist.
(Foto: Esther R. Suter)

dings oft eine Kluft. So sind zum Beispiel in buddhistisch geprägten Ländern wie Thailand große Regenwaldgebiete aus Gewinninteresse abgeholzt worden. Die Folgen für die Natur, für die Tierwelt und auch für zukünftige Generationen sind katastrophal. Aber es bleibt dennoch wahr, dass die buddhistische Lehre die Menschen dazu auffordert, sich in Liebe anderen Menschen, Tieren und Pflanzen zuzuwenden, und dies schließt zukünftige Generationen mit ein. Danach richten viele Gläubige ihr Leben aus.

Dafür, wie schwer engagierte Buddhisten es in ihrer Heimat haben können, ist Thich Nhat Hanh ein Beispiel. Er lebt seit dem Vietnamkrieg im französischen Exil. Beiden Kriegsparteien war der engagierte Mönch suspekt, und er konnte bis heute nicht in seine Heimat zurückkehren. Aber seine Gedanken haben einen großen Einfluss auf Buddhisten in vielen Ländern, und wie stark er in der Tradition dieser Religion verwurzelt ist, zeigt sich zum Beispiel an dieser Aussage: „Achtsamkeit ist etwas, an das wir glauben können. Es ist die Fähigkeit, uns dessen bewusst zu sein, was im gegenwärtigen Moment vor sich geht. Wenn wir ein Glas Wasser trinken und wissen, das wir ein Glas Wasser trinken, ist Achtsamkeit da." Die Konzentration auf dieses Glas Wasser bringt die Menschen in Verbindung mit der ganzen Schöpfung.

Der christliche Theologe Ulrich Dehn hat 2004 in einem Beitrag in der Zeitschrift „Entwicklungspolitik" aufgezeigt, wie sich aus diesem buddhistischen Verständnis Möglichkeiten des Dialogs eröffnen: „Für Buddhisten ist schon immer die gegenseitige Verwobenheit von allem Seienden eine in den Grundlagen angelegte Einsicht: Durch die unendliche Zahl meiner früheren Leben bin ich immer schon in Beziehung zu allen Wesen getreten und leide mit allen anderen mit. Jeder Schaden, der anderen (auch in Flora und Fauna) zugefügt wird, wird zu meinem eigenen Schmerz und Schaden. Diese Erkenntnis einer universalen Verbundenheit verschließt sich das Christentum im Dialog nicht länger."

Spiritualität und Engagement für die Schöpfung

Thich Nhat Hanh hat deutlich gemacht, dass ein solches Engagement in der Gesellschaft und für die Natur unlösbar verbunden ist mit einem Frieden, der von innen kommt: „Friedensarbeit heißt zuallererst, Friede zu sein … Frieden kann gestiftet werden, nämlich durch die Fähigkeit zum Lächeln, zum Atmen und zum Friede sein." Sulak Sivaraksa hat diesen Gedanken so formuliert: „Ohne die spirituelle Dimension werden sozial engagierte Menschen aber bald ausgelaugt sein. Wir brauchen Freude, Friede und Ausruhen in uns selbst, in unseren Familien, innerhalb unserer Nachbarschaft. Wenn wir ethische Normen und soziale Gerechtigkeit miteinander verbinden wollen, dann brauchen wir auch Zeit für die geistliche Entwicklung, Zeit für die Meditation, Zeit um Kopf und Herz in Einklang zu bringen, und schließlich auch für einige Wochen im Jahr die Zeit für Erneuerung und Rückzug, manchmal bei Lehrern, die uns helfen und hinterfragen." Mehr über diese Bewegung innerhalb des Buddhismus ist zu erfahren aus der Publikation „Wege zu einer gerechten Gesellschaft – Beiträge engagierter Buddhisten zu einer internationalen Debatte", die vom Evangelischen Missionswerk in Deutschland (EMW) in Hamburg herausgegeben wurde.

Es gibt im Buddhismus viele Tendenzen und Richtungen, und allen gemeinsam sind die Achtung vor dem Wasser und die vielen Bilder, die diese Achtung zum Ausdruck bringen. Dafür ein Beispiel:

Wer immer tugendhaft ist,
gesammelten Geistes, energisch,
mit entschlossener Seele,
der überschreitet den schwer zu überquerenden Fluss.
(Samyutta Nikaya 15)

Wasser gilt als ein Sinnbild für den Strom der buddhistischen Lehre. Wie in einem Fluss fließt die Seele der Erlösung entgegen. Auch bei der Beerdigungszeremonie hat das Wasser deshalb eine große symbolische Bedeutung. Vor den Mönchen, die neben dem Toten sitzen, wird ein Krug mit so viel Wasser gefüllt, dass es überfließt und das Wasser in eine Schale tropft. Der Übergang von einem Gefäß in ein anderes symbolisiert den Übergang von einer Welt in eine andere. Das, was dazwischen stattfindet, ist wie das fließende Wasser nicht greifbar. Dem Toten werden Gaben mit auf diesen Weg gegeben, vor allem Wasser, aber zum Beispiel auch Reis und Blumen. Dazu rezitieren die Mönche: „So wie der Regen die Flüsse füllt, die dann überfließen in den Ozean, so möge das, was hier gegeben wird, den Verstorbenen erreichen."

Wasserfeste

Das rechte Verhältnis zur Natur und seinen Elementen ist ein wichtiger Schritt auf diesem Weg zur Erlösung. Das Wasser wird zum Sinnbild für eine bessere Welt. Das spiegelt sich auch in buddhistischen Festen wider. Petra Gaidetzka hat dies 2002 in einem „Wasser"-Heft der Zeitschrift „Junge Kirche" so beschrieben:

„Viele Feste in den Religionen haben mit Wasser zu tun. So spielt Wasser beim Neujahrsfest in den buddhistisch geprägten Ländern die Hauptrolle. In Laos heißt es Pi Mai, in Thailand Songkran; es findet Mitte April statt, wenn die Regenzeit unmittelbar bevorsteht. ‚Songkran' bedeutet Übergang: von der alten Existenz in die neue. Zur Vorbereitung werden die Buddha-Statuen in den Tempeln gewaschen und die Privathäuser vom Schmutz des alten Jahres gereinigt. Die Buddha-Statuen werden mit geweihtem Wasser begossen. Man fängt einige Tropfen des Wassers in einer Schale auf und trägt sie nach Hause, um damit Personen zu segnen, die man besonders ehren möchte – zum Beispiel die älteren Familienmitglieder. Aus dieser Tradition hat sich das ‚Wasserwerfen' entwickelt, das bei jungen Leuten sehr beliebt ist. Verwandte und Freunde, Bekannte und Unbekannte werden eimerweise mit Wasser begossen. Niemand darf trocken bleiben, denn Wasser bedeutet Glück und Segen."

Buenos Aires

Als die spanischen Eroberer das heutige Argentinien erreichten, waren sie auf der Suche nach den riesigen Silbervorkommen Lateinamerikas. Und da sie hofften, auf dem gewaltigen Fluss ins Landesinnere zum Silber zu gelangen, gaben sie ihm den Namen Rio de la Plata, Silberfluss. Aber die Hoffnungen trogen, und das Silber wurde im weit entfernten bolivianischen Potosi gefunden. Es dauerte mehr als vierhundert Jahre, bis das Flusseinzugsgebiet des Rio de la Plata sich wenigstens vorübergehend als Quelle großer Gewinne erwies – durch die Privatisierung der Wasserversorgung von Buenos Aires.

Die argentinische Hauptstadt Buenos Aires wurde bis in die 90er Jahre des 20. Jahrhunderts vom kommunalen Versorgungsunternehmen „Obras Sanitarias de la Nación" (OSN) mit Trinkwasser versorgt, und dieser Betrieb war auch für die Abwasserentsorgung zuständig. Die Leistungen des Unternehmens waren durchaus zufriedenstellend, bis Millionen Menschen aus wirtschaftlichen Gründen in die Metropole strömten. Die Bevölkerung der Stadt vergrößerte sich in kurzer Zeit von drei auf mehr als zehn Millionen Anfang der 1990er Jahre. OSN war nicht in der Lage, aus den laufenden Einnahmen für die vielen neuen Bürgerinnen und Bürger eine Wasserversorgung und Abwasserentsorgung aufzubauen. Die Stadt Buenos Aires und der argentinische Staat konnten das nötige Investitionskapital auch nicht bereitstellen. Die Weltbank war bereit, Kredite zu geben – aber nur bei einer Privatisierung der Wasserversorgung.

Die argentinische Regierung unter Präsident Menem war bereit, diesen Auflagen zu entsprechen. Nicht zuletzt, um internationale Konzerne von den Gewinnaussichten nach einer geplanten Privatisierung zu überzeugen, wurden die Wasserpreise innerhalb von zwei Jahren um 62 Prozent erhöht. Die internationalen Wasserkonzerne entwickelten in der Tat Interesse an der Übernahme der Versorgung von Buenos Aires, und mehrere Konzerne gaben Angebote für die größte Privatisierung eines Wasserwerkes ab, die es bis dahin weltweit gegeben hatte. Den Zuschlag für einen 30-Jahres-Vertrag bekam 1993 ein Konsortium unter Führung des französischen Suez-Konzerns (siehe Abschnitt Suez). Auch der Suez-Konkurrent Vivendi wurde in das Konsortium eingebunden. Das ist kein untypischer Fall. Das knappe halbe Dutzend großer internationaler Wasserkonzerne konkurriert einerseits miteinander, andererseits ist man in diversen Konsortien miteinander verbunden. Das vermeidet aus der Sicht der Konzerne einen ruinösen Wettbewerb. Aus der Sicht der Kommunen, die ihre Wasserversorgung privatisieren wollen oder müssen, bedeutet es, dass die Zahl der ernstzunehmenden Interessenten auf ein Minimum sinkt (siehe Abschnitt Privatisierung).

Im Falle von Buenos Aires machte das Konsortium unter Führung von Suez ein Angebot, das durchaus attraktiv erschien. Die Wasserpreise sollten

Das Flussdelta des Rio de la Plata bei Buenos Aires. Die Wasserqualität wird durch die fehlende und unzureichende Abwasserreinigung gefährdet. Mehr als 95 Prozent der Abwässer von Buenos Aires werden ungeklärt in den „Silberfluss" geleitet.
(Foto: Helga Reisenauer)

auf einen Schlag um 26,9 Prozent gesenkt werden und dann 10 Jahre lang stabil bleiben. Außerdem sollten Milliardenbeträge in die Verbesserung der Leitungsnetze sowie den Bau von Wasserwerken und Kläranlagen investiert werden. Trotzdem gab es von vornherein Proteste gegen das Privatisierungsvorhaben, zunächst vor allem von den Beschäftigten des kommunalen Wasserbetriebs. Er wurde dadurch zum Schweigen gebracht, dass den Gewerkschaften zehn Prozent an der neuen Gesellschaft zugesagt wurden. Daraufhin stimmten die Gewerkschaftsführer, die faktisch diese Anteile unter ihre eigene Kontrolle brachten, dem Privatisierungsvorhaben zu, selbst der Reduzierung der Arbeitsplätze von 7.600 auf 4.000.

Steigende Preise und unzufriedene Kunden

Die neue Gesellschaft „Aguas Argentinas" verminderte nach der Übernahme des Wasserbetriebs tatsächlich die Wasserpreise. Die erste unangenehme Erfahrung der ärmeren Bewohner der Stadt war aber, dass all denen, die ihre Rechnungen nicht bezahlen konnten, die Anschlüsse gekappt wurden. Auf diese Weise „überzeugte" das Unternehmen 90 Prozent der Kunden, ihre Wasserrechnungen zu begleichen. Aber diese Einnahmen reichten nicht aus, und deshalb forderte Aguas Argentinas schon ein Jahr nach der Übernahme der Versorgung eine Preiserhöhung von 13,5 Prozent. Weitere Preiserhöhungen folgten. Insgesamt erhöhte sich die Wasserpreise nach Angaben von Daniel Azpiazu von der „Lateinamerikanischen Fakultät der Sozialwissenschaften" von der Privatisierung bis zum Januar 2002 um 88,2 Prozent, die Inflationsrate betrug in diesem Zeitraum lediglich 7,3 Prozent. Azpiazu erläuterte, dass die Gewinnrate des Unternehmens in dieser Zeit bei 20 Prozent lag, ein außergewöhnlich hoher Wert in der Branche: „In den Vereinigten Staaten zum Beispiel erzielten private Wasserunternehmen im Jahre 1991 einen Gewinn zwischen 6 und 12,5 Prozent. In Großbritannien wird in der Branche ein Gewinn von 6 bis 7 Prozent als vernünftig angesehen. In Frankreich gilt eine Rate von 6 Prozent auf das eingesetzte Kapital als sehr vernünftiger Ertrag."

Der private Betreiber erhöhte die Gebühr für einen Neuanschluss auf umgerechnet 800 Dollar, nicht gerade eine niedrige Hürde für die Armen der Stadt, deren Einbeziehung in die Versorgung für die Weltbank und die argentinische Regierung angeblich ein wichtiger Grund für die Privatisierung gewesen war. Nach massiven Protesten wurde die Gebühr auf 200 Dollar reduziert. Die Armenviertel blieben beim Ausbau der Versorgung trotzdem unberücksichtigt. Die britischen Entwicklungsorganisationen WaterAid und Tearfund haben 2003 die Gründe dafür in der Studie „Everyday Water Struggles in Buenos Aires" analysiert. Als einen Hauptgrund benennen sie: „Die Ausweitung des Wassersystems wird bestimmt von der kommerziellen Ertragsfähigkeit, nicht von der Bereitstellung von Wasser als Recht. Unternehmen sind am Gewinn orientiert, und deshalb sehen sie wenig Vorteile darin, das Leitungsnetz auf die Wohngebiete der Armen auszudehnen, was nach Auffassung der Unternehmen teurer ist im Blick auf den Ausbau der Infrastruktur und des Gebühreneinzugs."

Außerdem wird in der Studie angeführt, dass die Ausbaupläne nicht öffentlich diskutiert und entschieden wurden, sondern eine interne Angelegenheit des Unternehmens sei. Deshalb wirkte sich umso negativer aus, dass staatlicherseits keine klaren Vorgaben im Blick auf die Versorgung der Armen gemacht wurden. Die Vorgabe, innerhalb des Vertragszeitraums von 30 Jahren alle Haushalte mit Wasser- und Abwasseranschlüssen zu versorgen, lässt einen großen zeitlichen Spielraum, die Armenviertel für mehr als zwei Jahrzehnte unberücksichtigt zu lassen. Hinzu kommen rechtliche Probleme durch die unklaren Eigentumsverhältnisse an Land und Gebäuden in Armenvierteln. Die Studie macht andererseits deutlich, dass es in den Armenvierteln durchaus eine Bereitschaft zur Bezahlung von Wasser gibt, wenn es denn bereitgestellt würde.

Die Aufsichtsbehörde ETOSS, die die Einhaltung der Verträge durch Aguas Argentinas überwachen sollte, wurde von Präsident Menem dadurch mundtot gemacht, dass sie unter die Aufsicht der Umweltministerin Maria Julia Alsogaray gestellt wurde, die inzwischen wegen Bestechlichkeit vor Gericht steht. Sie ist in ihrer Amtszeit dreizehnmal nach Paris geflogen, dem

Sitz von Suez und Vivendi. Ob die Gerichte einen Zusammenhang zwischen diesen vielen Reisen und eventuellen Bestechungsgeldern nachweisen kann, bleibt abzuwarten. Bekannt ist, dass ETOSS den verschiedenen Preiserhöhungsforderungen von Aguas Argentinas nachgab und hinnahm, dass das Unternehmen bei weitem nicht die vereinbarten Investitionen in die Verbesserung der Infrastruktur vornahm. Rückendeckung bekam das Unternehmen immer wieder von der Weltbank, die diese Privatisierung unbedingt zu einem Erfolg machen wollte. Ein Tochterunternehmen der Weltbank beteiligte sich sogar mit fünf Prozent an Aguas Argentinas, sodass die Weltbank seither nicht nur Berater und Kreditgeber für die Privatisierung ist, sondern auch direkt an Gewinnen partizipiert.

Bis 2001 machte Aguas Argentinas beträchtliche Gewinne, aber dann brach die argentinische Wirtschaft zusammen. Die Regierung konnte den festen Wechselkurs zwischen Peso und US-Dollar nicht mehr halten, sondern es kam zu einer drastischen Abwertung des Peso. Bis dahin hatten die Eigner von Aguas Argentinas davon profitiert, dass sie keine Wechselkursrisiken tragen mussten. Nun war dieser Vorteil weggefallen, und außerdem bedeutete die Wirtschaftskrise für Aguas Argentinas wie für fast alle Unternehmen in Argentinien, dass es keine Gewinne mehr zu verteilen gab, sondern nur noch hohe Verluste. Im Falle des Wasserunternehmens wirkte sich zusätzlich aus, dass viele arbeitslos gewordene Menschen ihre Wasserrechnungen nicht mehr bezahlen konnten. Um die Währungsverluste auszugleichen, wollte das Unternehmen die Wassergebühren drastisch erhöhen, was die argentinische Regierung aber verweigerte.

Aguas Argentinas reagierte auf die Krise mit einer Beendigung der Investitionstätigkeit. Außerdem forderte das Unternehmen von der argentinischen Regierung im Blick auf die Schulden des Wasserunternehmens im Ausland eine Rückkehr zu der festen Parität von Dollar und Peso. Das hätte bedeutet, dass die argentinische Regierung mehrere Hundert Millionen Dollar hätte aufwenden müssen, um die privaten Eigner von Aguas Argentinas von den negativen Folgen der Abwertung der Währung zu entlasten. Als sie dies verweigerte, schaltete der Suez-Konzern die Agentur für Investions-Garantien ein, um seine Forderungen einzuklagen. Diese Agentur ist eine Einrichtung der Weltbank zur Schlichtung von Streitfällen zwischen Regierungen und Unternehmen. Da aber eine Weltbank-Tochtergesellschaft an Aguas Argentinas beteiligt ist, kann in diesem Fall wohl nur sehr eingeschränkt von einer neutralen Schiedsstelle gesprochen werden. Das Verfahren, bei dem Suez 300 Millionen Dollar Schadensersatz fordert, zieht sich seit mehreren Jahren hin und wurde suspendiert in der Hoffnung, dass das Unternehmen und der argentinische Staat eine Einigung erreichen.

Die Tageszeitung „Buenos Aires Herald" verwies am 6. April 2006 darauf, dass es bei der rechtlichen Auseinandersetzung auch um die Frage gehen wird, welche Leistungen Aguas Argentinas seit 1993 erbracht hat:

„Die französische Unternehmensgruppe stellt die Behauptung auf, dass zwei Millionen Haushalte an das Wasserleitungsnetz und eine Million an das Abwassernetz angeschlossen worden seien. Demgegenüber betonen Kritiker, dass die Hälfte der Haushalte in Buenos Aires keine Abwasseranschlüsse besitze und ein Drittel keine Trinkwasseranschlüsse." 300.000 Einwohner im Großraum Buenos Aires erhielten stark mit Nitrat belastetes Wasser.

Suez hat mehrfach gedroht, sich aus Aguas Argentinas zurückzuziehen. Der Konzern hat 2002 in seiner Bilanz vorsorglich 500 Millionen Dollar für Verluste aus der Buenos Aires-Konzession zurückgestellt. Da Argentinien einen Zusammenbruch der Wasserversorgung in der größten Stadt des Landes nicht hinnehmen kann, nahm die Regierung von Präsident Kirchner im Mai 2004 Verhandlungen mit den Eignern von Aguas Argentinas auf, um eine neue Grundlage für die Zusammenarbeit auszuhandeln. Erschwert wurde die Situation dadurch, dass das Wasserunternehmen eine erneute Preiserhöhung von 60 Prozent durchsetzen wollte. Das lehnte die Regierung ab, und darauf verweigerte Aguas Argentinas geplante Investitionen von 136 Millionen US-Dollar im Jahr.

Wie die Stimmung in der Bevölkerung ist, lässt sich daraus erkennen, dass im Dezember 2004 eine Initiative für ein Plebiszit gegen jegliche Privatisierung im Wasser- und Abwasserbereich angelaufen ist. Die beteiligten Organisationen argumentieren, dass „Wasser nichts ist, was gekauft und verkauft werden kann. Es ist fundamental für das Wohlergehen der jetzigen und zukünftiger Generationen, das Eigentum und die Kontrolle über die Trinkwasserreserven durch den Staat sicherzustellen, ebenso eine öffentliche, partizipatorische und nachhaltige Verwaltung dieser grundlegenden Ressource für das menschliche Leben und die wirtschaftliche Entwicklung." Bei einem ähnlichen Plebiszit im Nachbarland Uruguay hatten sich fast zwei Drittel der Bürgerinnen und Bürger gegen eine private Kontrolle der Trinkwasserversorgung ausgesprochen.

Im März 2006 entschloss sich die argentinische Regierung zum Handeln und kündigte den Vertrag mit Aguas Argentinas fristlos, weil das Unternehmen die zugesagten Maßnahmen zur Verbesserung der Versorgung von Buenos Aires nicht eingehalten und die Versorgung der armen Stadtrandgebiete vernachlässigt habe. Die Wasserversorgung und Abwasserentsorgung wurde deshalb rekommunalisiert. Ein weiteres unrühmliches Kapitel der Privatisierungspolitik im Süden der Welt ging damit zu Ende, und der Staat steht seither vor der Aufgabe, das vernachlässigte Wasser- und Abwassersystem der 10-Millionen-Stadt Buenos Aires endlich zu erneuern und auszuweiten.

Der Rio de la Plata ist von der gegenwärtigen Misere in der argentinischen Hauptstadt direkt betroffen. Denn mehr als 95 Prozent der Abwässer von Buenos Aires werden ungeklärt in den Fluss gepumpt, weil nicht in neue Kläranlagen investiert wurde. Der Silberfluss ist in manchen Bereichen zu einer Kloake geworden.

Bürgerbeteiligung

In zahlreichen Kommunen in aller Welt sind in den letzten Jahren Initiativen von Bürgerinnen und Bürgern entstanden, die sich gegen eine drohende Privatisierung der kommunalen Wasserbetriebe oder Stadtwerke zur Wehr setzen. Sie befürchten eine deutliche Erhöhung der Wasserpreise, eine Reduzierung der Beschäftigtenzahl, ein Abbau der freiwillig erbrachten Umweltleistungen, eine Verschlechterung der Trinkwasserqualität und Einsparungen bei den Wartungsarbeiten und Investitionen. Die Erfahrungen bei bisherigen Privatisierungen nähren solche Befürchtungen (vgl. unter anderem die Abschnitte Privatisierung, London und Berlin). Die Privatisierungsdebatte hat vielerorts die Identifikation der Bevölkerung mit den kommunalen Wasserbetrieben erhöht.

Das vergrößert die Chance, die Bürgerinnen und Bürger stärker an Entscheidungen über Wasserfragen zu beteiligen. Das erscheint aus verschiedenen Gründen dringend geboten. Zunächst einmal ist es ein Beitrag zur Stärkung einer demokratischen Kultur, was angesichts einer weit verbreiteten Politikverdrossenheit nicht zu unterschätzen ist. Zugleich ist die Mitwirkung der Bürgerinnen und Bürger gefragt, um eine nachhaltigere Wasserversorgung und Abwasserentsorgung durchzusetzen. Dabei geht es unter anderem um Fragen des Wassersparens. Der sinkende Wasserverbrauch in Deutschland wirft technisch und finanziell einige Probleme für die Wasserwerke auf. So sind die Leitungssysteme auf einen größeren Verbrauch ausgelegt, und eine verminderte Abwassermenge bedeutet, dass die Fließgeschwindigkeit in den Kanälen sinkt.

Dagegen hilft ein Rückbau der Systeme – oder aber eine Erhöhung des Wasserverbrauchs. Anscheinend gibt es in Deutschland mehr als genug Wasser. Warum also sparen? Bei dieser Argumentation bleibt allerdings unberücksichtigt, dass es große regionale Unterschiede bei der Verfügbarkeit von Wasser in Deutschland gibt und dass sowohl Oberflächen- als auch Grundwasser durch chemische Stoffe belastet sind und noch stärker belastet werden, wenn Schadstoffe tiefer in den Boden eindringen. Es geht deshalb in der Wasserversorgung darum, auf die naheliegende Möglichkeit zu verzichten, die Wassersparappelle zu beenden und auf einen höheren Verbrauch zu setzen. Dafür kann eine aktive Mitwirkung ökologisch bewusster Bürgerinnen und Bürger an Entscheidungen in den Ver- und Entsorgungsbetrieben nur nützlich sein.

Je stärker die Bevölkerung der Stadt sich mit den Wasserwerken identifiziert, desto größer ist auch die Bereitschaft, noch mehr Wasser zu sparen. Dazu ein Gegenbeispiel. Das 1989 privatisierte Wasserunternehmen von Yorkshire in England hat bei den Verbraucherinnen und Verbrauchern seit Jahren den denkbar schlechtesten Ruf, vor allem wegen häufiger Preiserhöhungen und einer schlechten Versorgungsqualität. Als es 1995 zu einer Dürre kam, hatte das Unternehmen Yorkshire Water Probleme, die Bevölkerung mit ausreichend Trinkwasser zu versorgen. Das Unternehmen forderte die Bevölkerung auf, Wasser zu sparen. Viele Bürgerinnen und Bürger ignorierten diese Appelle, weil sie nicht Opfer im Interesse eines Unternehmens bringen wollten, das vorher seine Monopolstellung zu immer neuen Preiserhöhungen ausgenutzt hatte. Um die Versorgung sicherzustellen, musste Yorkshire Water eine Flotte von Tanklastwagen einsetzen und Wasser aus anderen Teilen des Landes holen. Ähnnliche Erfahrungen musste Thames Water bei einer Wasserknappheit in Südengland im Jahre 2006 machen, denn viele Londoner waren nicht bereit, Wasser zu sparen, solange das private Versorgungsunternehmen das Leitungsnetz vernachlässigte und trotzdem immer höhere Wasssergebühren forderte. Es lohnt sich für Wasserbetriebe also auch finanziell, Bürgerinnen und Bürger zu haben, die sich mit dem Versorgungsunternehmen identifizieren.

Außerdem muss die Sensibilität für den Schutz des Grundwassers weiter gestärkt werden. So fördert zum Beispiel die Stadt Hamburg 40 Prozent des Trinkwassers aus relativ oberflächennahen Grundwasserschichten, die zumindest mittelfristig gefährdet sind. Das lässt sich nur durch ein gemeinsames Engagement von Privathaushalten, Unternehmen, Umweltorganisationen und Behörden verhindern. Zu einem nachhaltigen Umgang mit dem Wasser gehört auch, die Belastungen des Abwassers zu reduzieren. Dass betrifft zum Beispiel Medikamentenreste, die zum großen Teil nicht in den Klärwerken herausgefiltert werden können. Verantwortungsbewusste Kundinnen und Kunden von Wasser- und Abwasserwerken werden deshalb ihre nicht gebrauchten Medikamente nicht in die Toilette schütten, ebenso wenig andere chemische Stoffe, die das Wasser belasten.

Die positiven Erfahrungen in Porto Alegre

Es gibt also gute Gründe für eine Bürgerbeteiligung, aber wie kann sie konkret aussehen? Wenn man nach Beispielen sucht, findet man sie vor allem in Lateinamerika und nicht in Deutschland. Ein herausragendes Beispiel ist die südbrasilianische Stadt Porto Alegre. Die Industriestadt hat nach den Kriterien des UN-Entwicklungsprogramms UNDP die höchste Lebensqualität in Brasilien. Dazu trägt die gute Wasserversorgung und Abwasserentsorgung durch das „Departemento Municipal de Agua e Esgoto" (DMAE) ganz wesentlich bei. DMAE ist ein selbstständig operierender Betrieb, der im Eigentum der Stadt Porto Alegre ist. DMAE erhält keine staatlichen Zuschüsse und kann umgekehrt alle Gewinne für Investitionen nutzen. 1990 betrug der Anteil der Haushalte mit eigenem Wasseranschluss in Porto Alegre 95 Prozent, im Jahre 2001 waren es 99,5 Prozent. Die übrigen 0,5 Prozent der 1,3 Millionen Einwohnerinnen und Einwohner wurden mit Tankwagen versorgt. Auch bei der Abwasserentsorgung wurden nach dem Amtsantritt der sozialistischen Stadtregierung 1989 große Erfolge erzielt. 2004 waren 84 Prozent der Haushalte an das Netz angeschlossen, 1990 waren es erst 70 Prozent gewesen. Der Erfolg reicht nicht aus, aber dies ist immerhin einer der höchsten Werte unter brasilianischen Städten. Das hat positive Auswirkungen auf die Gesundheitssituation der Bevölkerung. In Brasilien sterben durchschnittlich 65 von 1.000 Kindern bald nach der Geburt, in Porto Alegre beträgt dieser Wert 13,8.

Der Wasserpreis von Porto Alegre gehört mit umgerechnet 0,31 US-Dollar pro Kubikmeter (2003) zu den niedrigsten in Brasilien. Eine Errungenschaft ist ein „Sozialtarif", von dem arme Familien, aber auch soziale Einrichtungen und Schulen profitieren. Mit Kunden, die die Gebühren dennoch nicht zahlen (können), werden Gespräche geführt. Nur wenn nichts hilft, wird die Versorgung unterbrochen.

Ein Schwachpunkt ist weiterhin, dass nur 27 Prozent des Abwassers geklärt werden, bevor es in den Guaiba-See fließt, aus dem an anderer Stelle auch Trinkwasser für Porto Alegre gewonnen wird. 1990 betrug dieser Anteil erst 2 Prozent. Ein neues Klärwerk soll innerhalb der nächsten fünf Jahre gebaut werden und den Anteil des gereinigten Abwassers auf 77 Prozent erhöhen. Außerdem hat das DMAE ein Programm begonnen, um zur ökologischen Rehabilitierung des Sees beizutragen. Noch nicht befriedigend ist die Reduzierung des Volumens der Wasserverluste zwischen Wasserwerk und Wasserhahn durch Leckagen und illegale Anzapfungen der Leitungen mit 34 Prozent (2001), auch wenn dies schon eine Verbesserung gegenüber den mehr als 50 Prozent Wasserverlusten im Jahre 1990 bedeutet. Jedes Jahr

Durch die Weltsozialforen ist Porto Alegre zu einem Zentrum der weltweiten Bewegung für eine andere Globalisierung geworden. Die Stadt hat sich zugleich einen Namen gemacht durch eine vorbildliche Umwelt- und Verkehrspolitik. Vor allem dank einer vorbildlichen Bürgerbeteiligung sind die städtischen Wasserwerke zu einem Modell für ganz Lateinamerika geworden. (Foto: epd-Bild)

werden etwas 50 Kilometer Leitungen erneuert. Mit Familien, die illegal die Hauptleitungen anzapfen, wird eine Legalisierung ihres Anschlusses ausgehandelt.

Die Leistungen des Wasserunternehmens werden auch von der Interamerikanischen Entwicklungsbank anerkannt, einer regionalen Finanzierungseinrichtung, die eng mit der Weltbank zusammenarbeitet. Die Entwicklungsbank hat DMAE bereits mehrfach zinsgünstige Kredite zur Verfügung gestellt. Die Kreditgeber erkennen an, dass das Wasserunternehmen trotz „Sozialtarif" für die Armen einen Gewinn macht und solide Finanzdaten vorzuweisen hat.

Worin ist der Erfolg des Versorgungsunternehmens DMAE begründet? Beobachter sind sich darin einig, dass die hohe Transparenz, die großen Partizipationsmöglichkeiten und die damit verbundene Identifikation der Bevölkerung mit ihrem Wasserbetrieb die Grundlage für die raschen Versorgungsfortschritte bilden. Eine wichtige Rolle spielt dabei der „Beratungs-Rat", in dem mehr als ein Dutzend Organisationen der Zivilgesellschaft in Porto Alegre vertreten sind, darunter die Industriekammer, die Vereinigung der Haushalte, das Rechtsanwalts-Institut und eine Gewerkschaft. Dieser Rat tritt einmal wöchentlich zusammen und berät zum Beispiel über Investitionsvorhaben, das Jahresbudget und den Wasserpreis. Alle Entscheidungen des Managements in diesen Fragen bedürfen der Zustimmung des Rates. Die Protokolle und Entscheidungen des Gremiums sind öffentlich zugänglich. Außerdem gibt es bei DMAE eine Vertretung der Beschäftigten, die Missstände zur Sprache bringt und Vorschläge für Verbesserungen machen kann. Den mehr als 2.000 Beschäftigten werden zahlreiche Fortbildungsmöglichkeiten geboten, angefangen bei Kursen für die Beschäftigten, die nicht Lesen und Schreiben können.

Ein Grund für die Erfolge ist sicher, dass die Reformen des Wasserbetriebes eingebettet sind in eine Kommunalpolitik, die eine stärkere Partizipation der Bürgerinnen und Bürger an den Entscheidungen in der Stadt sowie eine deutliche Verbesserung der Leistungen der Stadt für die Einwohner zum Ziel haben. So ist zum Beispiel auch das Nahverkehrssystem von Porto Alegre ein Vorbild für andere Städte in ganz Lateinamerika geworden.

Die Bürger können über die städtischen Mitbestimmungsgremien auf den städtischen Haushalt, aber auch auf die Politik der Wasserwerke Einfluss nehmen, zum Beispiel auf die Frage, welche Investitionsvorhaben zu Verbesserung der Versorgung Priorität haben sollen. Die Sozialistische Partei ist deshalb drei Mal hintereinander erfolgreich aus den Kommunalwahlen hervorgegangen, und die erfolgreiche Arbeit in Städten wie Porto Alegre hat den Weg geebnet für den Wahlsieg der Partei auf nationaler Ebene und die Amtsübernahme von Präsident Lula. Aber die Enttäuschung darüber, dass die neue Regierung viele Erwartungen kurzfristig nicht erfüllen konnte, führte bei den Kommunalwahlen Anfang November 2004 zur Abwahl der Sozialistischen Partei in vielen Städten, so auch in Porto Alegre.

Die Leistungen des Wasserbetriebes in Porto Alegre sind aber so überzeugend, dass er vermutlich auch unter einer neuen Stadtregierung seine Politik der Bürgerbeteiligung fortsetzen kann. In einer Studie der britischen Entwicklungsorganisationen „Tearfund" und „WaterAid" über die öffentliche Wasserversorgung in Porto Alegre aus dem Jahre 2003 werden vier Prinzipien genannt, an denen sich die Stadt bei ihrer Wasserversorgung orientiert:

–   „Die öffentliche Verwaltung kann tatsächlich so kompetent und effizient arbeiten wie private Unternehmen, wenn nicht sogar besser.

–   Die essentiellen Dienste für die Bevölkerung sind für die Nation von strategischer Bedeutung und müssen deshalb nach dem Willen der Menschen erbracht werden, der durch ihre Vertreterinnen und Vertreter zum Ausdruck gebracht wird.

–   Die grundlegenden Bedürfnisse der Menschen dürfen nicht als Quelle des Profits angesehen werden.

–   Eine gute öffentliche Unternehmensführung kann tatsächlich die Voraussetzungen dafür schaffen, dass die Öffentlichkeit bessere und preiswertere Dienstleistungen erhält."

Das Beispiel Porto Alegre macht Schule

Ähnlich funktioniert die Bürgerbeteiligung bei den Wasserwerken COR-SAN, die 6,5 Millionen Menschen in der südbrasilianischen Provinz Rio Grande do Sul versorgen (eine Ausnahme bildet die Provinzhauptstadt Porto Alegre mit einem eigenen Wasserbetrieb). Ein weiteres Beispiel ist die nordbrasilianische Stadt Recife mit mehr als 1,5 Millionen Einwohnern. Dort war die Wasserversorgung noch vor einigen Jahren katastrophal und die Unzufriedenheit der Bevölkerung groß. Unter Mitwirkung der Bürgerinnen und Bürger wurde in den letzten Jahren beraten, wie die Versorgung verbessert werden kann. Es gibt seither wie in Porto Alegre eine direkte Mitwirkung der Bürgerinnen und Bürger an den Entscheidungen des Wasserbetriebs. Erste Verbesserungen der Versorgung wurden bereits durchgeführt. Für weitere Verbesserungen brauchte man einen Kredit von 84 Millionen US-Dollar von der Weltbank. Die wollte aber 2003 die Kreditvergabe an eine Privatisierung der Wasserversorgung koppeln. Das führte zu massiven Protesten der Bevölkerung, und schließlich stellte die Weltbank den Kredit ohne eine Privatisierung zur Verfügung.

Der Widerstand gegen die Privatisierung der Wasserversorgung in der bolivianischen Provinzstadt Cochabamba im Jahre 2000 ist inzwischen in aller Welt bekannt. Nach der erfolgreichen Vertreibung des Bechtel-Konzerns übernahm die Stadt die Wasserversorgung wieder selbst. Auf Druck der Bevölkerung wurde der städtische Betrieb neu gestaltet und eine Bürgerbeteiligung institutionalisiert. Seit Mai 2002 werden drei der sieben Vorstandsmitglieder von den Bürgerbewegungen in verschiedenen Stadtteilen gewählt. Außerdem wurde die Mitbestimmung der Beschäftigten der Wasserbetriebe gestärkt. Das Unternehmen steht aber noch vor zahllosen Problemen, nachdem die Stadt die Wartung und den Ausbau des Netzes Jahrzehnte lang vernachlässigt hatte.

Es gibt überall im Süden der Welt außerdem Tausende erfolgreicher kleiner Wasserprojekte, die von der Partizipation der Bevölkerung leben. Praktisch kein Entwicklungsprojekt im Wasserbereich in Afrika, Asien und Lateinamerika funktioniert, wenn auf die Mitwirkung und Mitentscheidung der lokalen Bevölkerung verzichtet wird.

Wenig Beteiligung in Europa

In Europa ist Italien ein Vorreiter für eine Wasser-Demokratie. In Grottamare und verschiedenen anderen Kommunen sind Bürgerinnen und Bürger in den Entscheidungsgremien der Wasserbetriebe vertreten. Die skandinavischen Wasserversorgungsbetriebe bemühen sich um eine intensive Kommunikation mit den Bürgern. Aber selbst bei den insgesamt vorbildlichen Wasserversorgungs- und Abwasserentsorgungsbetriebe von Stockholm gibt es keine institutionell verankerte Bürgerbeteiligung.

In Deutschland ist die Bürgerbeteiligung im Bereich der Wasserversorgung und Abwasserentsorgung bisher kaum vorhanden. Häufig wird das Beispiel des „Hertenfonds" zitiert. Ausgangspunkt war die Verhinderung einer Privatisierung der Stadtwerke Herten. Stattdessen wurde der Investitionsbedarf durch eine Anleihe gedeckt, an der sich die Bürger vom Juli 2002 an mit Beträgen ab 1.000 Euro und bis zu 20.000 Euro beteiligen konnten. Das erwies sich als so populär, dass die Summe der Anleihe binnen weniger Wochen von 5 auf 10 Millionen Euro erhöht werden konnte. Es wird eine Verzinsung von fünf Prozent garantiert. Das lohnt für die Bürger, denn wo bekommt man heute schon fünf Prozent Zinsen? Und es lohnt für die Stadtwerke, die auf den Finanzmärkten mehr zahlen müssten. Bernd Rohm, der Geschäftsführer des Landesverbandes Nordrhein-Westfalen des „Verbandes Kommunaler Unternehmen" lobte das Projekt 2003 mit den Worten: „Wir unterstützen diesen in Deutschland einmaligen Weg."

Das Vorhaben wird unter dem Slogan der Bürgerbeteiligung propagiert. Allerdings, die Bürgerinnen und Bürger haben eine Anleihe gezeichnet und sind nicht an den Stadtwerken beteiligt. Sie haben keinerlei Einfluss auf die Entscheidungsprozesse der Stadtwerke. Um ihre Bindung an das Unternehmen zu festigen, werden sie zu Werksbesichtigungen eingeladen oder auch einmal zu einem Konzert. Mehr Bürgerbeteiligung gibt es nicht. Trotzdem wurden die Stadtwerke Herten 2002 vom „strom magazin" mit einem Preis für innovative Wege der Bürgerbeteiligung ausgezeichnet. Die Ansprüche an Bürgerbeteiligung hierzulande scheinen durchaus bescheiden zu sein.

Erwähnt werden muss auch, dass Wasser bei den Stadtwerken Herten nur eine untergeordnete Rolle hat. Die Stadtwerke sind im Kern ein Energieversorgungsbetrieb, eines mit wegweisenden Formen der Energieerzeugung etwa durch Kraft-Wärme-Koppelung und Windenergieanlagen. Die Stadtwerke betreiben auch das städtische Schwimmbad und haben ein Verfahren zum Recycling des Wassers des Schwimmbades und von Gewerbetrieben entwickelt, das eine deutliche Wasser- und Energieeinsparung ermöglicht. Ein Teil des „Hertenfonds" wird in den Ausbau des Schwimmbads in das Gesundheits- und Vitalzentrum COPA CA BACKUM investiert. Marlies Mathenia, die Geschäftsführerin der Hertener Stadtwerke, betonte die Wirtschaftlichkeit der Vorhaben, die mit den Geldern aus dem Fonds finanziert werden: „Wir haben uns auf Felder konzentriert, die uns eine gute Rendite des uns anvertrauten Geldes in Aussicht stellen. Gleichzeitig kümmern wir uns direkt um die Bedürfnisse der Hertenerinnen und Hertener, denen wir im COPA CA BACKUM eine preiswerte und professionelle Gesundheitsförderung zur Verfügung stellen möchten. Ergänzt um Fitness- und Therapieeinrichtungen sowie Gesundheitsberatung soll das jetzt schon sehr beliebte Bad zu einem einzigartigen Gesundheits- und Vitalzentrum reifen, das der zunehmenden Nachfrage nach gesundheitlicher Vorsorge nachkommt." Die Wasserversorgung von Herten wird von der kommerziellen Gelsenwasser AG betrieben. Bei allen Einschränkungen zeigt der „Hertenfonds", wie stark die Bürgerinnen und Bürger sich mit ihrem städtischen Wasserversorgungsunternehmen identifizieren.

Hier muss eine Warnung eingeschoben werden: Es führt in die Sackgasse, die Einwohnerinnen und Einwohner zu Anteilseignern der Wasserbetriebe zu machen. Denn viele derjenigen, die solche Anteile besitzen, werden rasch ein Interesse an einer möglichst hohen Rendite entwickeln. Im Interesse der Umwelt und einer nachhaltigen Wasserwirtschaft zum Wohle aller Bürgerinnen und Bürger kann eine solche Entwicklung nur als bedrohlich erscheinen. Welche Möglichkeiten gibt es dann aber? In manchen kleinen deutschen Kommunen und Stadtteilen sind Genossenschaften entstanden, die die Wasserversorgung übernommen haben. Angesichts des Trends zu größeren Betriebseinheiten scheint ihre Zukunft gefährdet, aber eine systematische Untersuchung dieser Genossenschaften fehlt meines Wissens bisher.

In der Stadt Augsburg werden erste Ansätze einer Bürgerbeteiligung im Wasserbereich erprobt. Im November 2003 wurde bekannt, dass die Stadt den kommunalen Abwasserbetrieb und ein großes Wasserschutzgebiet an die Stadtwerke GmbH verkaufen wollte, um den Haushalt kurzfristig besser finanzieren zu können. Das hätte zum Beispiel bedeutet, dass Bürgerinnen und Bürger 16 Prozent mehr für ihr Abwasser zahlen müssten, weil die Mehrwertsteuerbefreiung des kommunalen Abwasserbetriebs durch den Zusammenschluss mit den Stadtwerken verloren gegangen wäre. Eine Bürgerinitiative sammelte im Frühjahr 2004 unter dem Slogan „Wasserkreislauf in Bürgerhand" im Rahmen eines Bürgerbegehrens mehr als 20.000 Unterschriften gegen dieses Vorhaben, das als Schritt auf dem Weg zur Privatisierung der gesamten Wasserversorgung verstanden wurde.

Daraufhin entschied der Rat am 25. März 2004 einstimmig, den Plan eines Verkaufs des Abwasserbetriebes an die Stadtwerke aufzugeben. Es wurde der Beschluss gefasst, dass die Stadtwerke auch in Zukunft weder ganz noch teilweise an private Betreiber verkauft werden sollen. Außerdem konnte eine gewisse Mitwirkung der Bürgerinitiative WasserAllianz, die die Unterschriftenaktion gestartet hatte, in Angelegenheiten der Wasserversorgung erreicht werden. Dazu schrieb die Initiative selbst: „Die WasserAllianz wird als dauerhafte Interessenvertretung der Bürger gegenüber der Stadt etabliert und bekommt rechtzeitig und umfassend Informationen über wesentliche Geschäftsvorgänge hinsichtlich der Qualität und des Schutzes des Augsburger Trinkwassers." Das ist zumindest ein Anfang.

Schritte auf dem Weg zu einer stärkeren Mitwirkung von Bürgerinnen und Bürgern

Es reicht nicht aus, dass die Betriebe im städtischen Besitz sind. Es besteht zunehmend die Gefahr, dass sie wie private Unternehmen agieren, weil die Manager an der Spitze das wollen und weil die Kommunen auf hohe Gewinne hoffen und Druck in diese Richtung ausüben. Erforderlich ist eine stärkere Beteiligung der Bürgerinnen und Bürger an den Entscheidungen über die Zukunft der Wasserversorgung.

Grundvoraussetzung dafür ist eine größere Transparenz. Wenn die Bürgerinnen und Bürger systematisch im Unklaren über Planungen gelassen werden, fehlt jede Möglichkeit einer Mitwirkung. Auf der Grundlage von mehr Transparenz muss dann mehr Partizipation angestrebt werden. Das bedeutet zunächst einmal, dass die Mitwirkung der kommunalen Parlamente an den Entscheidungen im Trinkwasser- und Abwasserbereich gestärkt werden muss. Bisher ist zum Beispiel in vielen Aufsichtsgremien von Wasserbetrieben die Opposition der kommunalen Parlamente nicht vertreten. Das Motto „The winner takes it all" bedeutet aber, dass die Parlamentarier der Opposition nur eingeschränkt ihre Verantwortung für die Wasserversorgung der Bürgerinnen und Bürger wahrnehmen können.

Ein weiterer wichtiger Schritt ist die Verteidigung und Stärkung der Mitbestimmung der Beschäftigten. In einer Zeit, in der die Mitbestimmung hierzulande immer mehr in Frage gestellt wird, kann das gar nicht genug betont werden. Diese Mitbestimmung kann Fehlentscheidungen verhindern und zugleich die Identifikation der Beschäftigten mit dem Wasserbetrieb erhöhen. Der Trend scheint aber in eine andere Richtung zu gehen. Im BBU-Wasser-Rundbrief vom 20. Dezember 2004 hieß es über die Mitbestimmung in kommunalen Stadtwerken und Versorgungsbetrieben: „Dort wird die paritätische Mitbestimmung in der Regel freiwillig praktiziert, weil die meisten Stadtwerke und Versorgungsbetriebe weniger als 2.000 Beschäftigte aufweisen. Für die freiwillige Mitbestimmung in den kommunalen Versorgungsbetrieben ist vielerorts eine Kündigungsfrist nach jeder Kommunalwahl vorgesehen. In Hamburg gibt es sogar eine jährliche Kündigungsfrist. Auf Betreiben der FDP hat der Senat der Hansestadt die entsprechende Vereinbarung

„Wasser in Bürgerhand statt Konzernkontrolle!" lautet eine der zentralen Forderungen der „Aktion Schutzdeich gegen Wasserprivatisierung", zu der sich entwicklungspolitische Organisationen, Globalisierungskritiker, Umweltschutzorganisationen, Initiativen gegen die Privatisierung der Trinkwasserversorgung in Deutschland sowie die Gewerkschaft ver.di zusammengeschlossen haben. In dem Informationsblatt der Aktion heißt es: „Die Wasserversorgung gehört ebenso wie die Abwasserentsorgung den Bürgerinnen und Bürgern. Viele Generationen haben die im öffentlichen Eigentum befindlichen Anlagen bezahlt. Sie bilden einen Kernbestand der gemeinwirtschaftlichen und am Gemeinwohl orientierten Daseinsfürsorge. Ein verantwortlicher öffentlicher Umgang mit diesen Aufgaben kann nur im Rahmen demokratischer Strukturen garantiert werden."

mit den Gewerkschaften zum 31. März 2005 gekündigt." Hier sei hinzugefügt, dass eine Privatisierung der Wasserbetriebe auch im Blick auf die Mitbestimmung von Beschäftigten Probleme aufwirft. Angesichts der massiven
Angriffe der Wirtschaftsverbände und vieler Unternehmen auf die Mitbestimmung ist nicht zu erwarten, dass private Betreiber den Beschäftigten
mehr Mitwirkungsrechte einräumen werden, als jene, zu denen sie gesetzlich
verpflichtet sind.

Damit Bürgerbeteiligung mehr als ein unverbindliches Etikett ist, muss
es darum gehen, die Zivilgesellschaft zu beteiligen, also zum Beispiel die
Umwelt- und Verbraucherorganisationen. Bei den öffentlich-rechtlichen
Rundfunkanstalten ist diese Beteiligung selbstverständlich, bei den Wasserwerken muss das erst noch erreicht werden. Porto Alegre kann ein Vorbild
für europäische Kommunen sein. Bürgerbeteiligung und die Identifikation
der Bürgerinnen und Bürger mit ihrem Wasserwerk ist das Beste, was einem
kommunalen Unternehmen passieren kann.

Diese Diskussion wird international intensiv geführt, und es gibt wegweisende Beispiele dafür, wie in vielen Teilen der Welt mit Erfolg versucht wird,
die Wasserversorgung zum gemeinsamen Anliegen der Bürgerinnen und Bürger zu machen. Einige dieser Beispiele sind in dem Buch „Reclaiming Public
Water" veröffentlicht, das 2005 von „Transnational Institute" und „Corporate
Europe Observatory" herausgegeben wurde. In der Zusammenfassung der
Ergebnisse schreiben die Herausgeber: „Es existieren ganz eindeutig lebens-
fähige Alternativen zur privatisierten Wasserversorgung und zu unzureichend
arbeitenden staatlichen Versorgungsbetrieben ... Wie in diesem Buch dargestellt, ist die Beteiligung der Bürgerinnen und Bürger, Kundinnen und Kunden in vielen Städten ein unverzichtbarer Faktor dafür, dass Versorgungsunternehmen Verbesserungen auf den Gebieten Effektivität, Eingehen auf veränderte Situationen und sozial verantwortliches Handeln erzielt haben. Partizipation und Demokratisierung können verschiedene Formen annehmen.
Wassergenossenschaften in Bolivien und Argentinien ermöglichen es den
Nutzerinnen und Nutzern, direkten Einfluss auf Entscheidungen zu nehmen ...
In Porto Alegre und einer wachsenden Zahl weiterer brasilianischer Städte ist
die Beteiligung der Zivilgesellschaft verbunden worden mit innovativen
demokratischen Reformen wie einer partizipatorischen Haushaltsaufstel-
lung ... Koalitionen, die Anti-Privatisierungskampagnen in aller Welt durchführen, beschränken sich nicht auf den bloßen Widerstand. Diese Bewegungen, in denen ein breites Bündnis von Akteuren ... zusammenarbeiten,
haben oft sehr klare Visionen und konkrete Konzepte für Alternativen im
öffentlichen Sektor ... Diejenigen, die Anti-Privatisierungs-Kampagnen
durchführen, stehen vor der Aufgabe, die Verantwortlichen öffentlicher Versorgungsbetriebe zu überzeugen, dass die Partizipation der Bürgerinnen und
Bürger und eine demokratische Kontrolle dazu beitragen können, die Leistungsfähigkeit der öffentlichen Daseinsfürsorge zu verbessern."

China

400 der 670 größeren chinesischen Städte haben zu wenig Wasser. Besonders in regenarmen Sommermonaten muss dort das Wasser rationiert werden. Das ist nur eine von vielen Tatsachen, die die Krise der Trinkwasserversorgung in der Volksrepublik sichtbar machen. Natürliche Ursachen wie der Klimawandel tragen zu diesen Problemen bei, vor allem aber eine rasche Urbanisierung, die Verschwendung von Wasser und nicht zuletzt die Verschmutzung der Flüsse und des Grundwassers.

Die politische Führung Chinas sieht sich mit gewaltigen Aufgaben konfrontiert, die schwer zu bewältigen sind. Wenn 300 Millionen der etwa 1,3 Milliarden Chinesinnen und Chinesen in den nächsten 15 Jahren vom Land in die Städte ziehen werden, ist dies die größte „Völkerwanderung" in der Geschichte der Menschheit. Nicht nur müssen Wohnungen für die vielen neuen Stadtbewohner gebaut werden (zusätzlich zu Wohnungen für jetzt schlecht untergebrachte Städter), sondern auch die Infrastruktur muss im Rekordtempo ausgebaut werden, von Schulen bis zur Wasserversorgung. Außerdem hat das Land im raschen Tempo eine moderne Industrie aufgebaut, aber modern bedeutet hier nicht umweltschonend. In Konkurrenz mit anderen Niedrigpreisländern wie Bangladesch oder Indien erscheint vielen Fabrikanten jede Investition in Umweltschutzmaßnahmen als Luxus, auf den verzichtet werden kann. Die billigen Textilien und Elektroartikel in europäischen Läden haben einen Umweltpreis (und sozialen Preis), und der wird in China gezahlt. Wenn in diesem Kapitel die Wasserprobleme der Volksrepublik an Beispielen dargestellt werden, so ist in Erinnerung zu behalten, dass viele der Probleme durch einen im wahrsten Sinne des Wortes gnadenlosen internationalen Konkurrenzkampf verursacht werden, in dem China vor allem durch noch niedrigere Preise überlebt. Angesichts enormer Erwartungen der Bevölkerung auf ein steigendes Einkommen (und dies gerade in den ärmeren Regionen des Landes) steht die politische Führung unter großem Druck, Wirtschaftswachstum zu sichern, will sie keine sozialen Unruhen großen Stils riskieren.

Dass in China trotz dieser Zwänge ein Umdenken begonnen hat, zeigen die folgenden Sätze von Han Zhen, dem Bürgermeister von Schanghai gegenüber der britischen Zeitung „The Guardian" Anfang November 2004: „Wir müssen das Modell des Wirtschaftswachstums verändern. Bisher basierte dieses Wachstum auf einem zunehmenden Verbrauch von Energie und Ressourcen, aber dies ist eindeutig nicht nachhaltig. Wir suchen nach Wegen, um ein sehr viel nachhaltigeres Wirtschaftsmodell aufzubauen." Für die Wasserressourcen des Landes ist es dringend, möglichst bald ein solches Modell zu verwirklichen, denn bisher muss mehr als die Hälfte der Bevölkerung ohne Zugang zu ausreichend sauberem Trinkwasser auskommen.

Facetten einer Krise

Besonders kritisch ist die Situation im Norden Chinas. Der Gelbe Fluss, seit Jahrtausenden die Lebensader großer Provinzen, führt im Unterlauf so wenig Wasser, dass er monatelang das Meer nicht mehr erreicht, weil er vorher austrocknet. An die einstige Flussbreite von mehr als 500 Metern erinnern mancherorts nur noch die Sandbänke. Um das verbliebene Flusswasser werden zähe Auseinandersetzungen zwischen Peking und den angrenzenden Provinzen geführt. Zwar gibt es für jede Provinz eine Wasserquote, aber die nützt nicht viel, weil die Wassermenge schlicht nicht ausreicht, um alle Ansprüche zu befriedigen. Der Miyun-Stausee, der Peking mit Wasser versorgt, hatte im trockenen Sommer 2004 nur noch 0,6 Milliarden Kubikmeter Inhalt, in besseren Zeiten waren es 2,6 Milliarden Kubikmeter. Hinzu kommt, dass aus der Landwirtschaft in den angrenzenden Provinzen so viel Agrarchemie in die Flüsse gelangt, dass das Trinkwasser für die Hauptstadt aufwendig aufbereitet werden muss. Durch Übernutzung sinkt der Grundwasserspiegel in Peking rapide, allein im Jahr 1999 um 3,47 Meter.

Schanghai müsste eigentlich in einer besseren Situation sein als Peking, denn der Jangtse, der wasserreichste Fluss Chinas, fließt durch die Stadt, ebenso der Huangpu, ebenfalls einer der großen Flüsse des Landes. Aber der Huangpu, aus dem vier Fünftel des Trinkwassers entnommen werden, ist so belastet, dass das Wasser aufwendig aufbereitet und gechlort wird, bevor es den mehr als 14 Millionen Einwohnern der Wirtschaftsmetropole geliefert werden kann. Viele misstrauen diesem Leitungswasser trotzdem schon wegen seines Geruchs und kochen es ab. Andere kaufen lieber Flaschenwasser.

In Zukunft soll verstärkt Wasser aus dem Jangtse entnommen werden, aber nicht in Schanghai selbst, sondern weiter flussaufwärts, wo der Fluss noch etwas sauberer ist. Das ist relativ zu sehen, denn während die Jangtse-Quelle von einem Gletscher gespeist wird und sehr sauberes Wasser liefert, wird es auf 6.379 Flusskilometern mit Industrieabwässern, ungeklärten städtischen Abwässern und Agrarchemie so belastet, dass die Selbstreinigungskraft schon längst nicht mehr ausreicht. 400 Millionen Menschen leben im Einzugsgebiet des Jangtse, einer von fünfzehn Bewohnern der Erde. Und die Abwässer der meisten von ihnen gelangen ungeklärt in die Zuflüsse und in den Jangtse selbst. Die Belastung ist so groß, dass nach Analysen der internationalen Umweltschutzorganisation WWF der Jangtse die größte ökologische Belastung für den Pazifischen Ozean bildet.

Etwa 90 Prozent des chinesischen Wasserverbrauchs entfällt auf die Landwirtschaft und davon wiederum der größte Teil auf den Reisanbau. Besonders in der Nähe der großen Städte ist der Reisanbau bereits eingeschränkt worden, weil ausreichend Wasser fehlt. Außerdem lässt sich in stadtnahen Gebieten mit Obst und Gemüse mehr Geld verdienen. Professor

Cai Dianxiong von der Chinesischen Akademie der Landwirtschaftlichen Wissenschaften ist überzeugt, dass die Wasserknappheit die größte Gefahr für die Ernährungssicherheit in China darstellt.

Eine weitere Dimension der chinesischen Wasserprobleme ist die zunehmende Luftbelastung, die zu „saurem Regen" führt. Ende November 2004 berichtete die Zeitung „China Daily", dieses Problem sei „außer Kontrolle" geraten. Wang Jian, ein Verantwortlicher der chinesischen Umweltschutzbehörde, wurde in dem Artikel mit den Worten zitiert: „Die Umweltbelastung durch sauren Regen ist in einigen Regionen weiterhin außer Kontrolle, und am schlechtesten in einigen Städten im Süden." Die direkten finanziellen Schäden durch den sauren Regen werden auf umgerechnet 13,3 Milliarden US-Dollar geschätzt, das entspricht etwa drei Prozent des Bruttosozialprodukts der Volksrepublik. Als Ursachen wurden vor allem der hohe Kohleverbrauch sowie der zunehmende Autoverkehr diagnostiziert. Auch der übermäßige Einsatz von Kunstdünger ist nach Auffassung der chinesischen Forschungsakademie für Umweltwissenschaften mitverantwortlich für die Entstehung von saurem Regen.

Ein umstrittenes Staudammprojekt

Jedes Jahr fließen 900 Milliarden Kubikmeter Wasser den Jangtse hinunter. Da er von der Quelle in den Bergen Tibets bis nach Schanghai mehr als 3.000 Meter Höhenunterschied überwindet, scheint er ideal für den Betrieb von Wasserkraftwerken geeignet zu sein. Angesichts des gewaltigen Energiebedarfs der expandierenden Industrie liegt es aus der Perspektive der politischen Führung nahe, am Jangtse und seinen zahlreichen Nebenflüssen Staudämme zu errichten. Über 40 große Staudämme wurden bereits fertiggestellt, sind im Bau oder werden geplant. Aber wie überall auf der Welt sind auch in China solche Vorhaben umstritten (siehe auch den Abschnitt Staudämme). Dies gilt besonders für den gewaltigen Drei-Schluchten-Staudamm, der den Jangtse auf einer Länge von mehr als 600 Kilometern aufstaut. Die Staumauer ist 2,3 Kilometer lang und 185 Meter hoch. 19 Millionen Kubikmeter Beton und 196.000 Tonnen Stahl werden verbaut.

So weit die imponierenden Zahlen. Aber es ist eine der landschaftlich schönsten und (mit 1.000 archäologischen Stätten) historisch bedeutendsten Regionen Chinas in den Fluten versunken, und es gibt gravierende soziale und ökologische Langzeitwirkungen. Das erklärt, warum 1992 bei der Abstimmung über das Projekt im Volkskongress fast ein Drittel der Abgeordneten mit Nein stimmte – so etwas hatte es im chinesischen Parlament bis dahin noch nicht gegeben. Mindestens 1,2 Millionen Menschen sind für das Vorhaben umgesiedelt worden. Was für die chinesische Führung ein großer Schritt auf dem Weg zu mehr Wachstum und Erfolg in einer globalen Ökonomie ist, bedeutet für die Betroffenen, dass sie ihre Häuser, ihr Land und ihr soziales Umfeld verloren haben. Zudem fürchten sie, dass ein Teil der ohnehin nicht üppigen Entschädigungen durch die weit verbreitete Korruption verloren geht. Deshalb ist es zu offenem Protest mit Straßenblockaden gekommen. Bewohner eines Dorfes, die die Korruption öffentlich beim Namen nannten, wurden wegen des Verrats von Staatsgeheimnissen angeklagt. In einem anderen Dorf wurden im Sommer 2002 Hunderte von Polizisten eingesetzt, um friedliche Protestaktionen gewaltsam zu beenden.

Die umgesiedelten Menschen haben kostenlosen Anspruch auf ein Haus von der gleichen Qualität wie das Haus, das sie aufgegeben haben. Das klingt vernünftig, aber weil die Häuser in den neu erbauten Dörfern und Städten größer und komfortabler sind als die zurückgelassenen Häuser, müssen die umgesiedelten Familien (gemessen an ihrem Einkommen) große Summen zusätzlich zahlen, wenn sie in ihr neues Domizil einziehen.

Der Staudamm wird in China und außerhalb des Landes auch aus ökologischen Gründen heftig kritisiert, aber das hinderte weder die chinesische Regierung noch ihre ausländischen Geschäftspartner daran, das Projekt voranzutreiben. An der Lieferung der Turbinen und Stromgeneratoren durch ein internationales Konsortium ist Siemens beteiligt. Die Bundesregierung hat hierfür eine Hermes-Exportbürgschaft bereitgestellt.

Der Bau des Drei-Schluchten-Staudamms hat ein weiteres Problem am Jangtse: Müll und Abwasser. Oberhalb des Staudamms liegt die Stadt Chongqing, die nach Eingemeindungen 30 Millionen Einwohner hat. Jedes Jahr werden 1,3 Millionen Tonnen Müll ins Wasser gekippt, weil eine funktionierende Müllentsorgung in vielen Stadtteilen fehlt. Nach Schätzungen der Umweltbehörde der Stadt steigt die Müllmenge, die im Fluss „entsorgt" wird, bis zum Jahre 2010 auf jährlich 2,6 Millionen Tonnen. Da wirkt die kleine Müllsammelflotte von 17 Booten schon recht kümmerlich, aber immerhin fischt die Besatzung jedes Bootes etwa fünf Tonnen Müll am Tag aus dem Jangtse. In November 2004 wurde bekannt, dass die Behörden 13 Müllsammelboote stillgelegt hatten, weil die Stadt sie nicht weiter finanzieren kann. Der Fluss vermüllt weiter, und irgendwann landet die gesamte Müllmenge im Drei-Schluchten-Stausee.

Die Abwassermenge von Chongqing wird auf 1,3 Milliarden Tonnen im Jahr geschätzt. 90 Prozent davon gelangen ungeklärt im Jangtse und seinen Zuflüssen. Zu erwähnen sind schließlich die etwa 100.000 Schiffe, die jedes Jahr durch die Region der Drei Schluchten fahren. Die staatliche Nachrichtenagentur Xinhua News Agency berichtete im Jahre 2004, dass die Reeder gesetzlich verpflichtet seien, Abfälle und Altöl in den Häfen zu entsorgen. Tatsächlich würden aber fast 99 Prozent davon im Fluss landen.

Die Abwassersituation anderer Städte ist nicht besser. Früher besaß der Jangtse gerade im Bereich der drei Schluchten eine hohe Selbstreinigungskraft, die allerdings stark strapaziert wurde. Der Stausee hingegen kann mit den ungeklärten Abwässern von Millionenstädten wie Chongqing nicht fertig werden. Zudem führt der Industrieboom dazu, dass eine rasch wachsende Zahl von Chemie-, Papier- und Glasfabriken ihre Abwässer ungeklärt oder weitgehend ungeklärt in den Jangtse leitet. Das wird auch offiziell anerkannt, aber mit dem Bau von Kläranlagen wurde zu spät und zu zögerlich begonnen. In der „Frankfurter Allgemeinen Zeitung", die nicht für plakative Schlagzeilen bekannt ist, lautete am 21. März 2002 eine Überschrift: „Jangtse-Tal droht zur Jauchegrube zu werden".

Ein gigantischer Süd-Nord-Wassertransfer

Angesichts der dramatischen Verknappung der Wasservorräte im Norden Chinas hat die politische Führung des Landes den Plan entwickelt, Wasser aus dem Süden in den Norden umzuleiten. Jedes Jahr sollen 48 Milliarden Kubikmeter Wasser aus dem Flusseinzugsgebiet des Jangtse die Wasserknappheit im Norden vermindern, wobei die Versorgung von Peking eine Priorität hat. Dies ist das größte Wasserbauvorhaben der Welt mit Kosten von 60 Milliarden US-Dollar bis zum Jahre 2010.

Das Wasser soll auf drei Routen nach Norden geleitet werden. Die Westroute beginnt am Oberlauf des Jangtse und endet am Oberlauf des Gelben Flusses, der auf diese Weise wieder ein größeres Wasservolumen erhält. Die Mittelroute beginnt am Drei-Schluchten-Staudamm und führt bis nach Peking. Die 1.150 Kilometer lange Ostroute schließlich beginnt am Unterlauf und nutzt den alten Kaiserkanal parallel zur Küste, um Wasser bis zur Hafenstadt Tianjin zu bringen, die etwa auf der Höhe von Peking liegt. Diese dritte Route nutzt zwar einen bestehenden Kanal, dieser ist aber stark verschmutzt. Es müssen mindestens 13 riesige Klärwerke gebaut werden, um die Abwässer zu reinigen, die bisher ungeklärt in den Kanal geleitet werden. Außerdem muss das Wasser unter großem Energieaufwand Richtung Norden gepumpt werden. Für die Verwirklichung aller drei Wasserverbindungen müssen mehrere Hunderttausend Menschen umgesiedelt werden.

Neben sozialen und technischen Problemen gibt es gravierende ökologische Gefahren bei diesem Vorhaben. Das Wasser des Jangtse ist nicht sauber, und auf dem langen Transport über viele Hundert Kilometer wird es nicht sauberer. Außerdem nimmt die Wassermenge des Jangtse seit Jahren ab, sodass die zusätzliche Ableitung von Wasser für den Norden schwer vorhersehbare ökologische Auswirkungen hat. Die schlechte Nachricht vom Herbst 2004 lautet, dass Chinas Gletscher alarmierend schnell schmelzen. Die Zeitung „China Daily" berichtete, dass befürchtet wird, dass bis 2050 64 Prozent der Gletscher geschmolzen sein wird und im Jahre 2100 kein einziger Gletscher mehr vorhanden sein wird. Dieser Schmelzprozess liefert dem Jangtse und vielen seiner Zuflüsse kurzfristig mehr Wasser, längerfristig ist aber zu erwarten, dass mit den Gletschern auch die Grundlage der Wasserbildung zerstört wird. Das Projekt ist auch innerhalb der politischen

Führung Chinas umstritten. Dies wurde deutlich, als der chinesische Wasserminister Wang Shucheng am 26. Oktober 2006 in einem Vortrag an der Universität Hongkong den Plan für die Verbindung der Oberläufe von Jangtse und Gelbem Fluss als „unnötig, nicht durchführbar und nicht wissenschaftlich fundiert" bezeichnete. Die Kosten seien auf den Kubikmeter umgerechnet mehr als sechsmal so hoch wie der Aufwand für Wassersparmaßnahmen. Der Minister betonte, dies sei seine persönliche „wissenschaftliche" Auffassung, und erwähnte auch, dass die Regierung noch keine Entscheidung getroffen habe. Durchaus möglich also, dass das Vorhaben nie verwirklicht wird, von dem der Minister sagte, er kenne keinen Experten, der diesen Plan gutheißen würde.

Keine Alternative zum Wassersparen

Der Bau von Staudämmen stößt auf zunehmenden Widerstand der Bevölkerung, und auch in den zensierten chinesischen Zeitungen kann nicht verschwiegen werden, dass es immer wieder zu Protestaktionen kommt. So protestierten im Oktober 2004 mehr als 20.000 Bauern drei Tage lang in Sichuan gegen einen Staudammbau, vor allem gegen Zwangsumsiedlungen und unzureichende Entschädigungen. Erst durch den Einsatz von über 10.000 Milizionären wurden die Protestdemonstrationen gewaltsam zerschlagen. Nach offizieller Zählung gab es 2003 in China 58.000 Demonstrationen und Unruhen. Die politische Führung Chinas muss also abwägen, ob sie mit weiteren Staudammprojekten die Unzufriedenheit gerade der ländlichen Bevölkerung noch weiter steigern will.

Die Ablehnung der Staudamm-Politik ist noch dadurch gewachsen, dass immer wieder Dämme dem Wasserdruck nicht standgehalten haben und gebrochen sind. Bei Dammbrüchen in Banqulo und Shimanta im Jahre 1975 kamen mindestens 86.000 Menschen ums Leben, vielleicht waren es sogar mehr als 200.000. Insgesamt sollen seit Gründung der Volksrepublik 3.200 größere und kleinere Dämme gebrochen sein. Es gibt in China vermutlich keine Alternative dazu, für den steigenden Energiebedarf noch einige Staudämme zu bauen, aber eine grundlegende Lösung der Energie- und Wasserprobleme des Landes ist auf diesem Wege nicht möglich.

Dringender Handlungsbedarf besteht auch deshalb, weil Klimaexperten vorhersagen, dass in China in den nächsten Jahrzehnten mit einer weiter steigenden Zahl von Dürreperioden, Flutkatastrophen und anderen extremen Wetterereignissen gerechnet wird. Dazu tragen auch die großen Mengen Treibhausgase der Industrie bei. Nach dem Kioto-Protokoll ist China bis 2012 nicht verpflichtet, seine Kohlendioxidmenge zu vermindern. Der Ausstoß dieses und anderer Treibhausgase ist pro Kopf der Bevölkerung bisher deutlich niedriger als in westlichen Industrieländern, aber angesichts einer Bevölkerung von 1,3 Milliarden Menschen ist dies nur bedingt eine gute

Nachricht. Denn in absoluten Mengen ist China nach den USA der zweit-
größte Verursacher von Treibhausgasen.

Das Potenzial für Wassereinsparungen ist enorm. So verbraucht ein Einwohner Chinas durchschnittlich 248 Liter Trinkwasser am Tag, ein Einwohner Deutschlands weniger als 130 Liter. Die chinesische Zahl kommt auch
dadurch zustande, dass die Verluste durch Leckagen im Leitungsnetz bei
30 Prozent liegen, in deutschen Kommunen oft unter fünf Prozent. In der
Industrie werden die rasch steigenden Wasserpreise vermutlich wesentlich
dazu beitragen, dass Kreislaufsysteme zur mehrfachen Nutzung von Wasser
sehr viel stärker eingesetzt werden. In der Landwirtschaft führt kein Weg an
wassersparenden Bewässerungstechniken vorbei. Im Abwasserbereich sind
geradezu dramatische Veränderungen erforderlich und möglich. Wenn es
stimmt, dass 80 Prozent aller Abwässer ungeklärt in Flüsse und Kanäle
geleitet werden, dann gibt es – positiv formuliert – sehr große Möglichkeiten
der Verbesserung. Auf all diesen Gebieten geschieht schon viel. Und das
trotz unwilliger Unternehmer, zögerlicher Kleinbauern, korrupter Staatsan-
gestellter und einer eher behäbig arbeitenden Bürokratie. China hat keine
andere Wahl als der beeindruckenden wirtschaftlichen Entwicklung der letzten zwei Jahrzehnte eine ebenso beeindruckende Phase der Bewahrung der
Wasserressourcen und der übrigen Umwelt folgen zu lassen.

Malerische Bilder chinesischer Flüsse wie hier des Li-Flusses dürfen nicht darüber
hinwegtäuschen, dass die meisten großen Flüsse Chinas stark mit Schadstoffen belastet sind und dass die Wassermenge zurückgeht, weil immer mehr Wasser für die Landwirtschaft und die Versorgung der Städte genutzt wird.   (Foto: Helga Reisenauer)

Christentum

Wo in ganzen Weltregionen der Zugang zu sauberem Wasser keine Selbstverständlichkeit ist, sind vielen Christinnen und Christen die vielen biblischen Aussagen zum Wasser in den letzten Jahren wichtiger geworden. Wasser wird als Geschenk Gottes wahrgenommen (siehe Abschnitt Bibel). Jörg Zink gehört zu den Theologen, die über die Bedeutung des Wassers für Christinnen und Christen nachgedacht hat. Er schrieb 2003 in einem Beitrag der Zeitschrift „Eine Welt" über das Wasser: „Das Element ist die Kraft, aus der alle Wandlung kommt, und selbst das Symbol der Wandlungsfähigkeit. Es ist Meer, See oder Fluss, Wolke oder Tau, Regen oder Eis, Quelle oder Saft im Baum, Nässe im Grund der Erde. Wasser hat sein Besonderes darin, dass es keine feste Gestalt hat, sondern sich wandelt von einer Gestalt in eine andere, dass es aber allem, was Gestalt finden will, hilft, eben diese Gestalt zu finden. Es ist Quelle des Lebens, weil es auf die Verwirklichung einer eigenen Gestalt verzichtet. Es ist Gleichnis für den christusförmigen Menschen, der aus der Hingabe seines Eigenen und Besonderen den Wesen dieser Erde den Zugang öffnet zu den Quellen des Lebens."

In einer zunehmenden Zahl von Gottesdiensten und anderen religiösen Handlungen wird das Lebenselement Wasser in den Mittelpunkt gestellt. Ein Beispiel dafür war am Internationalen Tag des Wassers 2003 eine Zeremonie: In einem historischen Wasserwerk von Köln erbat Weihbischof Manfred Melzer Gottes Segen für das Kölner Trinkwasser und alle, die es im Wasserwerk aufbereiten und benutzen. Er erinnerte daran, dass Wasser das biblische Symbol des Lebens in seiner ganzen Fülle ist und erklärte: „Dem Wasser in Ehrfurcht zu begegnen ist ‚Kultur des Lebens'."

Den Teilnehmerinnen und Teilnehmern des Ökumenischen Kirchentages in Berlin ist eine Wasserzeremonie beim Schlussgottesdienst in eindrücklicher Erinnerung: In einem zentralen Taufbrunnen wurden Krüge mit Wasser gefüllt und dann herumgereicht. Den Teilnehmerinnen und Teilnehmern des Gottesdienstes stand es frei, ob sie sich mit dem Wasser bekreuzigen oder benetzen wollten. Die Zeremonie sollte die evangelischen und katholischen Gläubigen an ihre Taufe als wichtiger Gemeinsamkeit erinnern. Theodor Bolzenius, der katholische Pressesprecher des Ökumenischen Kirchentages, sagte zu dieser Zeremonie: „Wir haben überlegt, was unsere ökumenische Gemeinsamkeit ausmacht und haben das Wasser als Tauferinnerung in den Mittelpunkt gestellt."

Der Ratsvorsitzende der Evangelischen Kirche in Deutschland (EKD), Bischof Wolfgang Huber, hat in einem Grußwort für eine Aktion der evangelischen Kindertagesstätten zum Weltkindertag 2004 die biblische Bedeutung des Wassers so dargestellt: „In zentralen biblischen Zusammenhängen ist Wasser im Blick als Mittel zum Leben wie auch als Symbol für Gottes gute

Beim Ökumenischen Kirchentag gehörte die Wasserzeremonie im Schlussgottesdienst zu den eindrücklichen Erfahrungen.   (Foto: epd-Bild)

Absicht mit den Menschen. Die Erinnerung an dieses Grundmotiv gehört zu den wichtigen Inhalten religiöser Bildung in evangelischen Gemeinden, insbesondere auch in ihren Tageseinrichtungen für Kinder ... Einer der eindrücklichsten biblischen Namen Gottes ist ,Quelle des Lebens‘. Die Botschaft des Neuen Testaments nimmt diese Redeweise auf. Jesus Christus verspricht denen, die seinem Wort vertrauen, dass sie selbst zur Quelle für andere werden können (Johannesevangelium Kap. 4). Religiöse Erziehung und Bildung können nicht früh genug damit beginnen, Geschichten über das Wasser als Hoffnungsgeschichten zu entdecken – als Geschichten einer Hoffnung für alle."

Die Taufe

Die Taufe gehört zu den entscheidenden religiösen Ereignissen im Leben eines Christen und einer Christin. Diese Tradition geht auf die Taufe Jesu durch Johannes den Täufer (Markus 1,9) und die Aufforderung Jesu an seine Jünger zurück, die Gläubigen zu taufen: „Darum gehet hin und machet zu Jüngern alle Völker: Taufet sie auf den Namen des Vaters und des Sohnes und des heiligen Geistes und lehret sie halten alles, was ich euch befohlen habe. Und siehe, ich bin bei euch alle Tage bis an der Welt Ende." (Matthäus 28,19–20)

In den christlichen Kirchen haben sich unterschiedliche Traditionen entwickelt, wie die Taufe vollzogen wird. In den orthodoxen, den baptistischen und verschiedenen anderen Traditionen wird der Täufling in einem Wasserbecken oder Fluss untergetaucht. In den Traditionen der römisch-katholischen, lutherischen, reformierten und anderer Kirchen wird dem Täuflings dreimal Wasser über den Kopf gegossen oder seine Stirn benetzt. Manche Gemeinden dieser Kirchen beleben aber auch die Ganztaufe neu. Dazu heißt es in der Taufagenda der „Evangelischen Kirche der Union": „Jedoch wird gegenwärtig im Bereich der Ökumene und der Mission vor allem bei der Erwachsenentaufe die Zeichenhaftigkeit einer Ganztaufe betont und die Taufe in fließenden Gewässern oder entsprechend geeigneten bzw. gestalteten Taufbecken vorgesehen, was an die baulich besonders hervorgehobenen Baptisterien in und außerhalb frühmittelalterlicher Kirchen erinnert." Besonders beliebt ist die Taufe im Jordan (siehe Abschnitt Jordan). Es gibt bedeutende theologische Unterschiede im Taufverständnis, aber die meisten Kirchen teilen die Auffassung, dass dieser Schritt von Sünden reinwäscht, einen Neuanfang sichtbar macht und der Täufling in die christliche Gemeinschaft aufgenommen wird.

Die Schweizer Theologin Eva-Maria Faber hat 2003 in der Zeitschrift „Reformierte Presse" zu Taufe und Wasser geschrieben: „Die Taufe lädt ein, das Wasser wirken zu lassen – und in dieser Dynamik des Wassers zu spüren, was darüber hinausgeht: die umfassendere Lebensdynamik, die Gott schenkt. Mit dem Wasser kommt der Geist – er kommt, berührt, verschafft sich im Berühren Eingang. Sein Ziel ist die Dürre im Herzen, um sie mit Leben aus der nie versiegenden Quelle des Lebens zu beenden (Psalm 36,10). Das Wasser wird zum Symbol eines radikalen Neuanfangs."

Auf der Insel Helgoland gibt es eine Tradition, die die Kostbarkeit und den Segen des Wassers bei der Taufe besonders deutlich zum Ausdruck bringt. Bis in die 1960er Jahre waren die 1.500 Inselbewohnerinnen und Inselbewohner darauf angewiesen, Regenwasser in Zisternen zu sammeln. Reichte es nicht aus, musste ein Wasserschiff bestellt werden, das für einen hohen Preis Trinkwasser aus Wilhelmshaven auf die Insel brachte. Da Wasser sehr knapp war, holten Kinder aus dem Haus des Täuflings in Tassen Wasser und trugen es in die Kirche, um das Taufbecken zu füllen. Bis heute lebt diese Tradition fort, wobei die Kinder inzwischen häufig mit ihren eigenen silbernen Taufbechern kommen, um das Wasser zu schöpfen und in einem kleinen Zug in die Kirche zu bringen. Ursula Palm-Simonsen hat dazu Anfang September 2004 in der „Nordelbischen", der Zeitung der Nordelbischen Kirche, geschrieben: „Durch den Brauch des Wassertragens wird auf Helgoland die Bedeutung des Wassers für die Taufe hervorgehoben. Seine Kostbarkeit, seine Notwendigkeit, aber auch seine Kraft wird damit betont. Wir Menschen und das kleine Taufkind sind auf Gottes Kraft, seinen lebendigen Geist und seinen Zuspruch angewiesen, wie auf das Wasser. In der Taufe wird das für uns spürbar. Sie erinnert uns: In allen Stürmen unseres Lebens sind wir von Gott gehalten."

Geweihtes und heilendes Wasser

Es gibt viele Traditionen in den Kirchen, die die Wertschätzung des Wassers zum Ausdruck bringen. In den orthodoxen Kirchen wird das Wasser am Epiphaniastag gesegnet. Dieser Tag erinnert an die Geburt und Taufe Jesu und ist für orthodoxe Christinnen und Christen der Tag des Weihnachtsfestes. In der Hafenstadt Hamburg ist diese Wasserweihe inzwischen zu einem wichtigen ökumenischen Ereignis geworden. An der Prozession zur Elbe nehmen nicht nur orthodoxe, sondern auch evangelische und katholische Christinnen und Christen teil. Der griechisch-orthodoxe Bischof lässt von einem Segelschiff aus sein goldenes Kreuz drei Mal an einem Seil in das Elbwasser hinab. Mit dem Wasser wird die ganze Schöpfung gesegnet, und diese Weihe soll Christinnen und Christen daran erinnern, dass sie die Aufgabe haben, sich für den Schutz der Umwelt einzusetzen. Im Anschluss an den Gottesdienst sind traditionell auch Häuser, Gärten und Felder mit geweihtem Wasser besprengt worden. Auch in anderen Städten wie zum Beispiel Zürich ist inzwischen eine solche Tradition der ökumenischen Wasserweihe entstanden.

In manchen osteuropäischen Kirchen wird eine Tradition wachgehalten, die auf die ersten Jahrhunderte der Kirchengeschichte zurückgeführt wird. Ein Kreuz wird in einen Fluss oder See geworfen, und mutige junge Männer springen anschließend in das kalte Wasser, um danach zu tauchen. Wer es findet, kann zuversichtlich sein, im beginnenden Jahr Glück zu haben und gesund zu bleiben. Victor, der im Jahre 2002 diese Zeremonie in einem Fluss in der Nähe von Moskau mitmachte, betonte gegenüber der Ökumenischen Nachrichtenagentur ENI: „Dies ist eine heilige Handlung. Du tust dies aus dem Glauben an Gott heraus, und er stärkt deine Gesundheit und deinen Geist. Du tauchst wieder ein in die Heiligkeit von allem, was dich umgibt."

In der Geschichte des Christentums hat die heilende Wirkung, die von Wasser ausgehen kann, stets eine große Rolle gespielt. Dies gilt besonders für Quellen, die durch Wunderheilungen bekannt wurden. Einer der wichtigsten Orte ist Lourdes in Frankreich. In Lourdes hatte das 14-jährige Mädchen Bernadette Soubirous am 25. Februar 1858 eine Erscheinung der Mutter Maria, die sie aufforderte, in einer Grotte eine Quelle freizulegen und dem Priester zu sagen, er möge an dieser Stelle eine Kapelle errichten und eine Prozession durchführen. Seither wird dem Wasser der Quelle heilende Wirkung zugesprochen, und es ist unter den Pilgern zu vielen Spontanheilungen gekommen. Bernadette Soubirous hat trotz der heilenden Wirkung des Wassers viele Anfeindungen erleben müssen. Sie wurde vom Ortspfarrer und vom Bischof strengen Verhören unterzogen und von ihrer Mutter der

Lüge bezichtigt. Und angesichts der Tatsache, dass große Menschenmengen zum heilenden Wasser kamen, waren die Behörden von der Unruhe in der Stadt beunruhigt und drohten, die Bahnlinie an Lourdes vorbei zu legen. Bernadette Soubirous erkrankte schwer und starb bereits im Alter von 35 Jahren. Heute hat Lourdes einen Bahnhof, die Stadt lebt gut von den vielen Pilgern, die katholische Kirche stellt keine inquisitorischen Fragen mehr, Papst Johannes Paul II. kam zweimal an die heilige Quelle, und jedes Jahr hoffen fünf Millionen Pilger aus aller Welt darauf, dass das Wasser von Lourdes ihnen Gesundheit und Heilung bringt.

In Kirchen in Afrika, Asien und Lateinamerikas werden die Texte der Bibel, in denen es um Heilung in einem umfassenden Sinne geht, intensiv gelesen und ausgelegt. Dabei wird die Verbindung von Heilung und Wasser besonders stark wahrgenommen, denn hier lässt sich zum Beispiel in Afrika an viele einheimische Traditionen anknüpfen. Die Kimbanguisten, eine der traditionsreichsten und größten unabhängigen Kirchen Afrikas, hat in N'kamba im Kongo ihr religiöses Zentrum, ihr neues Jerusalem. Das Wasser der heiligen Quelle von N'kamba reinigt und erneuert die Gläubigen. Viele Kranke suchen in diesem Wasser Heilung. Und die meisten Kimbanguisten nehmen ein Fläschchen dieses heiligen Wassers mit nach Hause und tragen es ständig bei sich. Bei der Segnung eines neuen Hauses oder auch eines neuen Autos durch einen Pfarrer ist heiliges Wasser aus N'kamba unverzichtbar.

Taufe neuer Mitglieder der Kimbanguistischen Kirche. Für diese unabhängige afrikanische Kirche ist Wasser heilig und das Eintauchen in das Wasser ermöglicht eine umfassende Reinigung.   (Foto: Gisela Roland/VEM)

Damandji Banga Wa Banga, Pfarrer der Kimbanguistischen Fakultät in Lutendele (Kongo), hat die Bedeutung des heiligen Wassers in seiner Kirche in der Schweizer Zeitschrift „Auftrag" 2001 so dargestellt: „Den Gläubigen wird immer wieder gesagt, dass es Jesus ist, der heilt, dass es Jesus ist, der beschützt. Ohne den Glauben an ihn bleibt das Wasser ohne Wirkung." Er fügte hinzu: „Das Wasser ist unsere Mutter, da sie die Erde trägt, auf der wir leben, und hierfür schulden wir ihm Dankbarkeit. Seine Wichtigkeit darf nicht vernachlässigt werden, weder im täglichen, noch im religiösen Leben. Das Wasser von N'kamba symbolisiert für die Kimbanguisten Gesundheit, Genesung, Sicherheit, Schutz, Reinigung und Heil."

Wasser bewahren – eine christliche Aufgabe

In den letzten Jahren haben in vielen Teilen der Welt nicht nur die Probleme des Zugangs zu sauberem Trinkwasser und die Konflikte um das knappe Lebens-Mittel Wasser zugenommen, sondern es gibt auch zahllose Initiativen von Kirchen, kirchlichen Einrichtungen und Gruppen von Christinnen und Christen, die sich dafür einsetzen, dass alle Menschen einen Zugang zu ausreichend Trinkwasser erhalten und dass Wasser nicht zu einer Ware wie jede andere wird.

Beispiele für solche Initiativen werden in diesem Buch unter anderem in den Abschnitten über Brasilien und das Menschenrecht Wasser vorgestellt. Zu erwähnen sind auch Maßnahmen zum Wassersparen in vielen Kirchengemeinden, zahlreiche Wasserprojekte im Rahmen von Partnerschaften von Kirchengemeinden in Europa und im Süden der Welt, Wasserbauprojekte von kirchlichen Entwicklungseinrichtungen und Missionswerken sowie Programme zur Unterstützung der Opfer von Flutkatastrophen.

Seit Anfang des Jahrhunderts hat es eine große Zahl von Tagungen zum Thema Wasser in Evangelischen und Katholischen Akademien und anderen kirchlichen Bildungseinrichtungen gegeben. Als Beispiel sei hier die „Ratzeburger Sommeruniversität für die nachhaltige Entwicklung im Ostseeraum" im September 2003 erwähnt, bei der es um unterschiedlichste Wasserthemen ging. Im Ratzeburger Wassermanifest steht unter anderem: „Wasser ist Leben. Dies ist nicht nur eine elementare biologische Einsicht, sondern spielt auch für viele Religionen eine wichtige Rolle. So schöpfen Christinnen und Christen aus dem Glauben, dass ‚der Bach Gottes reichlich gefüllt ist' (Psalm 65,10) und sie in ihrem Glauben ‚lebendiges Wasser' (Johannes 4,10) finden. So fühlen sie sich auch in die Pflicht genommen, diese Welt zu bebauen und zu bewahren, dass ‚das Recht ströme wie Wasser, die Gerechtigkeit wie ein nie versiegender Bach' (Amos 4,24)."

Zu den ökumenischen Veranstaltungen zum Thema Wasser gehörte eine Versammlung des „European Christian Environmental Network" im Mai 2003 in Volos/Griechenland zum Thema „Water – Source of Life". In der

Erklärung der Versammlung wird betont, dass Wasser für Christinnen und
Christen eine tiefe spirituelle Bedeutung als Geschenk Gottes und als Grundlage des Lebens hat. Ebenso gelte es, das Menschenrecht auf Wasser anzuerkennen und zu fördern. Für die Teilnahme von Christinnen und Christen an
der gegenwärtigen Debatte über das Wasser werden in dem Dokument sieben Prinzipien herausgearbeitet: Vorsorge, Schutz vor Umweltbelastungen,
Transparenz, öffentliche Kontrolle, Partizipation der Öffentlichkeit, Partei-
nahme für die zum Schweigen Verurteilten und Entscheidungen auf lokaler
Ebene, wo immer dies möglich ist. Zu den konkreten Vorschlägen für ein
christliches Engagement für das Wasser gehört: „Kirchen haben besondere
Möglichkeiten, die Bedeutung des Wassers für das Leben der Menschen
herauszustellen. Das Thema kann größere Beachtung in regulären Gottesdiensten finden, aber es besteht auch die Möglichkeit, besondere symbolische
Handlungen auszurichten. Gottesdienste oder Meditationen können am Seeufer oder an Quellen gehalten werden. Die Taufe bietet viele Anknüpfungs-
punkte für das Thema Wasser, um symbolisch alle Bedeutungen des Wassers
zum Ausdruck zu bringen – Stillen des Durstes, Reinigung, Bedrohung und
Bewahrung des Lebens." 2006 wurde das „Ökumenische Wassernetzwerk"
(Ecumenical Water Network – ENN) ins Leben gerufen. Dieses Netzwerk
greift nationale Initiativen wie die Kampagne „Menschenrecht Wasser" von
Brot für die Welt auf und bemüht sich, das kirchliche Engagement zu bün-
deln und die Kirchen darin zu bestärken, sich gemeinsam für die Verwirklichung des Rechts auf Wasser einzusetzen. Ein Sekretariat des Netzwerkes
wurde beim Ökumenischen Rat der Kirchen in Genf eingerichtet.

Das Wasser kann auch Menschen mit unterschiedlichen religiösen Überzeugungen verbinden. Davon sind jedenfalls die Koordinatoren für Gerechtigkeit, Frieden und Bewahrung der Schöpfung des Franziskaner-Ordens
überzeugt. In ihrer Veröffentlichung „Wasser als Lebensgut" schrieben sie
2003: „Bewahrung der Schöpfung ist wesentlicher Bestandteil aller Religionen und ist ein so wichtiges Thema, das leicht zum Anlass für Dialog,
Zusammenarbeit und gegenseitiges Verständnis werden kann. Gläubige
Menschen aller Religionen teilen die Sorge um die Menschheit und um die
Erde als Trägerin des Lebens. Vor Ort und weltweit arbeiten sie Hand in
Hand zum Schutz des kostbaren Wassers auf diesem Planeten und für das
Recht aller Menschen auf Zugang zu diesem Wasser. In der gegenwärtigen
Krise müssen wir uns mit all jenen verbinden, die unter tatsächlichem oder
drohendem Wassermangel leiden, und ebenfalls mit all jenen anderen, die
für Gerechtigkeit unter den Menschen und für den Erhalt dieses kostbaren
Rohstoffes kämpfen."

Dar es Salaam

„In der Vergangenheit war üblicherweise Wasser durch die Leitungen in Tabara gekommen, einem ausgedehnten Vorort mit weiß getünchten Villen in Dar es Salaam, der größten Stadt Tansanias. Aber in diesen Tagen sind die Wasserhähne und Stahlwasserleitungen leer, und die Familien schicken ihre Kinder, um Wasser von einem Brunnen zu holen." So beschrieb Jeevan Vasagar am 27. September 2004 im britischen „Guardian" fast ein Jahr nach der Privatisierung des städtischen Wasserbetriebes von Dar es Salaam die Trinkwassersituation. Dabei sollte nach der Übernahme der Versorgung durch einen privaten Betreiber alles besser werden, war vorher angekündet worden. Was sich änderte, waren die Wasserpreise, sie stiegen um etwa 40 Prozent. Noch teurer wird es, wenn kein Wasser aus der Leitung kommt. Dann müssen die Familien umgerechnet 8 Pence für einen 20-Liter-Kanister Wasser bezahlen (zum Vergleich: Viele Menschen in Dar es Salaam leben von weniger als 50 Pence am Tag). Der Ladenbesitzer Maua Hassan beschrieb seine Situation gegenüber dem „Guardian" so: „Ich habe vier Kinder, und wir halten Kühe. Meine Kinder müssen trinken und ein Bad nehmen, und meine Kühe brauchen Wasser. Aber ich habe kein Wasser erhalten."

Vor der Privatisierung waren es vor allem arme Familien, die über den fehlenden Zugang zum Wasser klagten, im September 2004 hatte dieser Wassermangel auch relativ wohlhabende Stadtviertel wie Tabara erreicht. Das private Wasserunternehmen begründete dies mit einer Reihe von technischen Problemen in einer Wasseraufbereitungsanlage und sagte eine Besserung zu, aber das Misstrauen vieler Einwohnerinnen und Einwohner von Dar es Salaam gegen den privaten Betreiber „City Water" blieb groß.

Privatisierung als Ausweg

Das Privatisierungsvorhaben war in der Bevölkerung von Anfang an umstritten. Einigkeit bestand nur, dass eine grundlegende Verbesserung der Versorgung nötig war. Die kommunalen Wasserbetriebe waren alles andere als ein Vorzeigebeispiel für effiziente öffentliche Unternehmen. Bis 1991 war Wasser für alle kostenlos gewesen, die über einen Anschluss verfügten (außer für die Bewohner einiger reicher Viertel). Der Effekt war, dass viel Wasser verschwendet wurde und gleichzeitig die städtischen Wasserbetriebe unter chronischer Unterfinanzierung litten. Angesichts dieser Misere wurde in Dar es Salaam 1997 eine neue Versorgungsstruktur geschaffen und die halb-autonome staatliche Gesellschaft DAWASA (Dar es Salaam Water and Sewerage Authority) gegründet. Aber DAWASA erwies sich als ebenso ineffizient wie der Vorgängerbetrieb. In der 2,5 Millionen-Einwohner-Stadt waren nur 98.000 Haushalte an das öffentliche Wassernetz angeschlossen. Und nur für

26 Prozent des bereitgestellten Wassers wurden Rechnungen ausgestellt. Ein Hauptgrund war, dass 60 Prozent des Trinkwassers durch Leckagen verloren gingen, bevor es die Kunden erreichte. Das Leitungsnetz war ein halbes Jahrhundert lang kaum gewartet und erneuert worden. Weitere 11 Prozent des Leitungswassers wurden illegal von Familien abgezapft, die über keinen Wasseranschluss verfügten. Aber selbst wer über einen Anschluss verfügte, musste erleben, dass das Wasser nur unregelmäßig floss und von schlechter Qualität war. Häufiger traten wegen der schlechten Qualität des Leitungswassers und anderer Wasserquellen Cholerafälle auf. Weniger als 8 Prozent der Einwohner waren an die Kanalisation angeschlossen.

Veränderungen waren also nötig, aber ob die Privatisierung der richtige Weg war, ist bis heute umstritten. Die Privatisierung wurde von einem Teil des Regierungsapparats und einem Teil der Stadtbevölkerung unterstützt, weil sie erwarteten, dass angesichts der Misere des staatlichen Betriebes jede Alternative eine Verbesserung wäre. Für viele Beschäftigte des Wasserbetriebes bedeutete diese Alternative allerdings die Entlassung.

Der erste Versuch der Privatisierung scheiterte im Jahre 2000, weil sich kein Unternehmen fand, das bereit gewesen wäre, die Wasserbetriebe von Dar es Salaam mit ihrem maroden Leitungsnetz und die anderen technischen Anlagen zu erwerben. Daraufhin wurde in einem zweiten Schritt ein privates Unternehmen gesucht, das bereit war, den Betrieb der Wasserwerke zu übernehmen, während das Anlagevermögen in städtischem Eigentum bleiben sollte. Nur ein einziges Konsortium gab ein Angebot ab und erhielt im Dezember 2002 den Zuschlag. Das Konsortium musste lediglich ein Einstiegskapital von 2,5 Millionen Dollar aufbringen und sich verpflichten, monatlich 50.000 Dollar Mietgebühr für die Nutzung des Wassersystems zu zahlen. An dem neuen Unternehmen „City Water" beteiligten sich der britische Wasserkonzern „Biwater", die deutsche Beratungsfirma „Gauff Ingenieure" und das tansanische Unternehmen „Superdoll".

DAWASA blieb Eigentümer des Leitungsnetzes und der übrigen Anlagen, und sand weiterhin vor der Aufgabe, die erforderlichen Investitionen zu finanzieren. Nach der Privatisierung erklärten sich internationale Kreditgeber wie die Weltbank bereit, 143 Millionen Dollar für dringende Investitionen zur Verfügung zu stellen. Das Gesamtvolumen der notwendigen Investitionen wird auf 165 Millionen Dollar geschätzt. Eine Beratungsfirma hatte 1997 für Dar es Salaam berechnet, dass sogar 620 Millionen Dollar erforderlich sein würden, um das bestehende Versorgungsnetz zu sanieren und die bisher unversorgte Stadtbevölkerung einzubeziehen. Die nun vorgesehenen Investitionen sollten vor allem der Sanierung des bestehenden Leitungsnetzes dienen.

Da „City Water" die Anlagen lediglich pachtete, musste das Konsortium keine größeren Beträge investieren. Lediglich 8,5 Millionen Dollar wurden für Investitionen vorgesehen, überwiegend für Computer, Büroausstattung etc. Dieser bescheidene Betrag ist auf dem Hintergrund zu diskutieren, dass Institutionen wie die Weltbank die Hoffnung hegen, dass Privatunternehmen einen großen Teil des Kapitals aufbringen werden, das zur Finanzierung der Wasserversorgung für die Armen der Welt erforderlich ist. 2003 sagten die britischen Entwicklungsorganisationen „WaterAid" und „Tearfund" in einer Studie über die Wasserversorgung von Dar es Salaam voraus, dass „es unwahrscheinlich ist, dass der multinationale Privatsektor eine signifikante Rolle dabei spielen wird, die Milleniumsentwicklungsziele zu erreichen" (also die Zahl der Menschen auf der Welt ohne Anschluss an eine Trinkwasserversorgung und Abwasserentsorgung zu halbieren). Die Autoren kamen außerdem zum Ergebnis: „Die Studie macht sichtbar, dass das Bewusstsein der Gemeinschaft über den stattfindenden Privatisierungsprozess des Wasser- und Abwasserbereichs extrem unzureichend ist."

Der Druck der Kreditgeber

Eine Studie der Entwicklungsorganisation „ActionAid" über die Privatisierung der Wasserversorgung in Dar es Salaam, die im September 2004 erschien, analysierte im Detail, wie die Kreditgeber diesen Schritt durchgesetzt hatten. Bei der Präsentation der Studie erläuterte Billy Abimbilla, der damalige Direktor von „ActionAid Tanzania": „Geldgebende Stellen haben Druck ausgeübt für ein Projekt, durch das 98 Prozent der Investitionen in den Gebieten getätigt werden, wo die reichsten 20 Prozent der Bevölkerung leben. Dies ist ein Projekt, das den Armen helfen sollte, aber die Fakten sagen etwas anderes."

Die Studie ist um so beunruhigender, als finanzierende Stellen wie die Weltbank behaupten, sie würden nicht länger die Privatisierung zur Voraussetzung für eine Förderung der Sanierung von Wasserbetrieben machen. Tatsächlich wurde aber, so die Autoren der Studie, im Falle von Dar es Salaam massiver Druck ausgeübt. Es heißt in der Studie: „Die öffentliche Meinung wurde ignoriert: Geldgebende Stellen haben weiterhin Druck in Richtung auf eine Privatisierung ausgeübt, obwohl es in der Öffentlichkeit eine breite Ablehnung eines solches Schrittes gab. Es gab sehr wenig echte öffentliche Partizipation oder Konsultation, nur eine eingeschränkte öffentliche Debatte und keine Transparenz über den Privatisierungsprozess. Selbst die gewählten Abgeordneten des nationalen Parlaments wurden weitgehend uninformiert gelassen."

Der Druck der Weltbank sah zum Beispiel so aus, dass 1997 in einer „Country Assistance Strategy" der Regierung Tansanias Kredite in Höhe von 300 Millionen Dollar im Jahr angeboten werden, wenn sie staatliche Betriebe konsequent privatisieren würde, andernfalls nur 100 Millionen Dollar im Jahr. Für ein hoch verschuldetes Land wie Tansania bedeutete ein Unterschied von 200 Millionen Dollar Kreditsumme im Jahr mehr als ein sanfter Druck in Richtung Privatisierung. Es blieb der Regierung praktisch nichts übrig, als den Vorstellungen der Weltbank zu entsprechen, zumal klar war, dass sich auch andere kreditgebende Stellen wie die Afrikanische Entwicklungsbank an der Weltbank orientieren würden. Als Ende der 90er Jahre über eine Entschuldung Tansanias verhandelt wurde, erschien der staatliche Wasserbetrieb von Dar es Salaam auf der Liste der Betriebe, die privatisiert werden mussten, bevor ein Schuldenerlass durch den Internationalen Währungsfonds und andere Kreditgeber zu erwarten wäre. Im Jahre 2000 setzten Weltbank und Internationaler Währungsfonds durch, dass eine ausländische Managementfirma den Auftrag erhielt, die Privatisierung des Wasserbetriebes vorzubereiten.

Ein bemerkenswertes Detail des Privatisierungsprozesses ist, dass der britische Wasserkonzern „Severn Trent" beauftragt worden war, die Ausschreibung für die Privatisierung des Wasserbetriebs von Dar es Salaam vorzubereiten. Die Bedingungen, unter denen die privaten Betreiber heute operieren, wurde also von einem anderen privaten Betreiber von Wasserversorgungssystemen geplant und dies auf einem Markt, wo die wenigen weltweit agierenden Unternehmen einander gut kennen und auf vielfältige Weise miteinander verbunden sind, unter anderem durch gemeinsame Tochtergesellschaften und Konsortien. Ein weiteres Detail erfuhren die Autoren der „ActionAid"-Studie von Vertretern von „City Water": Die tansanische Regierung hatte dem Unternehmen eine Steuerfreiheit für mindestens sechs Jahre eingeräumt. In der Studie wird außerdem erläutert, dass „City Water" mit dem Vertrag ein Problem geerbt hat. Das Unternehmen musste sich verpflichten, Beschäftigte von DAWASA zu übernehmen, und so wurde aus manchen korrupten Mitarbeitern des städtischen Unternehmens nun korrupte Angestellte eines Privatunternehmens.

Eine erste Bilanz der Privatisierung

Im ersten Jahr nach der Privatisierung stiegen zwar wie erwähnt die Wasserpreise, aber die Qualität des Wassers hat sich nicht verbessert. Dass hat laut „ActionAid"-Studie dazu geführt, dass sich der Zorn vieler Wasserkunden gegen jene Angestellten von „City Water" richtete, die versuchten, die Bezahlung von Wasserrechnungen einzufordern, obwohl das Wasser oft nur stundenweise floss. Manche Angestellte sind von wütenden Kunden mit Hunden und Messern von ihren Grundstücken vertrieben worden. Als weiteres Problem kam hinzu, dass immer mehr Menschen der Anschluss gekappt worden ist, weil sie die erhöhten Wasserrechnungen nicht bezahlen konnten.

Die höheren Wasserpreise trafen nicht nur diejenigen, die einen Wasseranschluss besitzen. Die Bewohner vieler Armenviertel beziehen ihr Trinkwasser von Wasserhändlern, die mit Karren durch die Straßen ziehen (siehe Abschnitt Wasserträger). Da diese ihr Wasser häufig aus privaten Wasserhähnen holen, müssen sie deren Eigentümern jetzt selbstverständlich mehr zahlen, und das wirkt sich wiederum auf den Preis aus, den die Wasserhändler von ihren Kunden nehmen. Den gleichen Effekt hatte die Maßnahme von „City Water", Wasseruhren einzubauen, sodass der tatsächliche Verbrauch gemessen werden konnte. Das war im Kern ein richtiger Schritt, hatte aber für die Armen die Konsequenz, dass der Preis des Leitungswassers für die Zwischenhändler und damit auch für sie deutlich stiegen.

Welche Hoffnung können die Armen haben, selbst an das Leitungsnetz angeschlossen zu werden? Die Antwort für die kommenden Jahre muss wohl lauten: sehr wenig. Nur zwei Prozent der Investitionssumme zur Verbesserung der Wasserversorgung von Dar es Salaam sind im Rahmen eines Entwicklungs-Vertrages für die ungeplanten Siedlungen vorgesehen, in denen 80 Prozent der Stadtbevölkerung leben. Entwicklungsorganisationen wie „WaterAid" sollen in diesen Stadtteilen für 3–4 Millionen Dollar preiswerte Gemeinschaftswassersysteme aufbauen, aber nach Auffassung von „WaterAid" reichen die vorgesehenen Mittel bei weitem nicht aus, um die Versorgungsmisere in diesen Armenvierteln zu überwinden. In der erwähnten Studie von „WaterAid" und „Tearfund" wird konstatiert: „Die vitale Aufgabe, bisher nicht an die Versorgung mit Leitungswasser angeschlossene Gemeinschaften einzubeziehen, erfordert sehr große Investitions- und Bauprojekte, aber diese werden durch den Vertrag mit den privaten Betreibern nicht abgedeckt. Im Entwicklungs-Vertrag, in dem es um diese Fragen geht, wird nur eine kleine Summe für diesen Zweck bereitgestellt, und es gibt keine klaren Parameter für die Verwirklichung der Aufgabe."

Was es bedeutet, ohne einen eigenen Wasseranschluss zu leben, erfuhren die Verfasserinnen und Verfasser der Studie im Armenviertel Temeke, wo 1,3 Millionen Menschen leben, von denen die meisten ein Einkommen von weniger als einem Dollar am Tag haben. Zainabu Rajabu berichtete ihnen, wie sie jeden Morgen das Wasser für ihre Familie besorgt: „Ich muss sehr früh aufwachen, an jedem Tag vor fünf Uhr morgens, bevor die Leute zum Morgengebet in die Moschee gehen. Ich brauche dann etwa 30 Minuten, um fünf kleine Eimer Wasser zu holen. Wir müssen sicherstellen, dass wir den Hahn erreichen, bevor die Wasserhändler kommen, denn sie stoßen uns beiseite, um Wasser zu bekommen." Wer keinen Gemeinschaftswasserhahn in der Nähe hat und sein Wasser von einem Wasserverkäufer beziehen muss, zahlt – gemessen am geringen Einkommen – sehr viel Geld dafür, das für Einkäufe von Lebensmitteln oder für Medikamente fehlt. Als Priorität wird deshalb in der Studie genannt, die Wasserinfrastruktur in Temeke so weit auszubauen, dass es für alle Familien in höchstens 50 Meter Entfernung einen Gemeinschaftswasserhahn gibt. Das erfordert hohe Investitionen, an denen sich die privaten Betreiber nicht beteiligten. Sie hatten sich die „Rosinen" der Wasserversorgung von Dar es Salaam herausgepickt.

Die Gewinnerwartungen der privaten Betreiber erfüllten sich dennoch nicht. Als die Autoren der „ActionAid"-Studie im Juli 2004 mit leitenden Mitarbeitern von „City Water" sprachen, erwarteten diese für das laufende Jahr einen Verlust von 700.000 US-Dollar. Die Skeptiker sehen sich durch den Verlauf der Privatisierung bestätigt. Am 13. Mai 2005 beendete die tansanische Regierung den Vertrag mit den privaten Betreibern der Wasserversorgung von Dar es Salaam. Als Begründung wurden die schlechten Leistungen von City Water angegeben. Wasser-Minister Edward Lowassa erklärte bei einer Pressekonferenz: „Die Wasserversorgung von Dar es Salaam und der umliegenden Orte hat sich verschlechtert statt sich zu verbessern, seit die Firmen (gemeint sind Biwater und Gauff) diese Aufgabe vor zwei Jahren übernommen haben." Außerdem habe das Unternehmen in den ersten zwei Jahren der Privatisierung lediglich 4,1 Millionen Dollar investiert und nicht wie vertraglich vereinbart 8,5 Millionen Dollar. City Water hatte eine Revision des Vertrages zu seinen Gunsten gefordert, was die Regierung ablehnte. Die Regierung beschloss, ein neues öffentliches Unternehmen für die Wasserversorgung und Abwasserentsorgung der Stadt zu gründen. Die privaten Betreiber kündigten an, rechtliche Schritte gegen die tansanische Regierung zu ergreifen. Der britische „Guardian" erinnerte in einem Bericht über die gescheiterte Privatisierung daran, dass allein für einen Videofilm zur Propagierung der Privatisierung mehr als 250.000 Pfund britische Entwicklungshilfegelder eingesetzt worden waren. In dem Film hieß es: „Unsere alten Industrien sind trocken wie Getreide, und die Privatisierung bringt den Regen."

Am 2. November 2005 erhoben Biwater und Gauff vor dem „International Centre for Settlement of Investment Disputes" Klage gegen den tansanischen Staat. Diese Einrichtung, die zur Weltbank-Gruppe gehört, soll Konflikte zwischen ausländischen Investoren und Regierungen schlichten und kann hohe Strafen verhängen. Die Klage ist sowohl in Tansania als auch in Großbritannien auf Widerstand gestoßen. Andrew Mushi von der „Tanzania Association of Non-Governmental Organisations" erklärte: „Wir unterstützen unsere Regierung uneingeschränkt darin, dass sie den Vertrag mit Biwater gekündigt hat, und wir sind der Auffassung, dass es unfair ist, dass Biwater unsere Regierung verklagt, denn die Last für die Zahlung der Rechtskosten wird auf das tansanische Volk zurückfallen." Und Benedict Southworth, der Direktor des „World Development Movement" erklärte: „Dies ist eine absolute Schande. Tansania ist eines der ärmsten Länder der Welt, und nun werden die Bürgerinnen und Bürger Tansanias dafür bestraft, dass sie das Opfer einer verfehlten Politik wurden, die sie nicht gewollt hatten ... Biwater konnte die Leistungen nicht erbringen, so dass die Menschen vor Ort berichteten, dass sich die Wasserversorgung in vielen Gebieten verschlechterte und kein Wasser aus den Hähnen kam. Gleichzeitig hat Biwater brutale Methoden genutzt und massenweise Wasseranschlüsse gekappt."

Dessau-Wörlitzer Gartenreich

Über 17 Brücken können die Besucherinnen und Besucher gehen, um die Wörlitzer Gartenanlagen zu entdecken. Jede der Brücken ist in einem anderen Stil erbaut, manche sind Bauwerken in anderen Ländern der Welt nachempfunden. Das ist keine Laune des Erbauers des Parks, sondern Teil eines pädagogischen Konzepts. Fürst Leopold III. Friedrich Franz von Anhalt-Dessau (1740–1817) gehörte zu den Verfechtern der Aufklärung und der Volksbildung. „Unser Fürst", wie ihn manche Führerinnen und Führer durch Schlösser und Parks noch heute nennen, regierte nur ein kleines Ländchen, aber das mit viel Umsicht und Erfolg. Seine Regierungszeit begann 1758, mitten im Siebenjährigen Krieg. Aber während das benachbarte Preußen blutige Feldzüge führte, sorgte Fürst Franz für die Einführung moderner Landwirtschaftsmethoden und Schulbildung für die Landeskinder. Er wollte wirtschaftlichen Wohlstand, Bildung und eine für die Menschen förderlich gestaltete Natur miteinander verbinden und erklärte: „Ich glaubte, den äußern Menschen und seine Verhältnisse und Zustände müsse man erst verändern und bessern, dann werde der innere Mensch wohl von selbst sich regen und veredeln. Ich bin nämlich der Meinung, daß bei diesem kein Zwang angewendet werden sollte, wenn man ihn nicht um seine Freiheit bringen und seine wahre Würde verletzen will. Er muß sich selbst zu dem machen, war er sein und werden will, und dazu muß man ihm behülflich sein." Dazu sollte ein „Garten der Menschen" beitragen, der das Nützliche und das Schöne miteinander verbindet. Die vielen Bauten, Parks und Reformmaßnahmen von Fürst Franz sind um so bemerkenswerter, als sein kleines Ländchen selbst nach seiner Erweiterung 1797 nur eine Fläche von 900 Quadratkilometern mit 53.000 Einwohnern hatte.

Der Fürst öffnete seine Schlösser und Parks für das Volk und gestaltete sie so, dass sie helfen konnten, die Gedanken der Aufklärung besser zu verstehen. Im Zentrum dieser Bemühungen standen die Wörlitzer Anlagen. Diese Garten- und Parklandschaft wird durch Seen geprägt, die bei Überflutungen der nahe gelegenen Elbe entstanden waren. Fürst Franz bezog die Seen und Inseln des früheren Schwemmlandes geschickt in einen englischen Garten ein. Er hatte bei vier Reisen durch Großbritannien diese Form des Landschaftsgartens kennen gelernt, die die Einheit von Natur und Kunst in einer „verschönerten Landschaft" zum Ausdruck bringen sollten (siehe Abschnitt Gärten). Die naturnahen Parks bildeten einen deutlichen Kontrast zu den strengen Barockgärten im französischen Stil, die damals Mode waren. Der englische Landschaftsgarten in Wörlitz war der erste seiner Art auf dem europäischen Festland und wurde zum Vorbild für viele andere Gärten. Charakteristisch war der fließende Übergang von gestalteter Gartenfläche und landwirtschaftlichen Flächen. So weideten Kühe direkt neben dem Gotischen Haus, in dem der Fürst wohnte.

Ludwig Trauzettel hat die Bedeutung der fürstlichen Anlagen in dem Band „Das Gartenreich Dessau-Wörlitz" (Hamburg 2001) so hervorgehoben: „Die Wörlitzer Anlagen sind ein Gesamtkunstwerk von Gartengestaltung, Bauwerken und bildender Kunst. Durch Wörlitz gelangten der Landschaftsgarten, der Klassizismus (zwei Generationen vor Schinkel) und die Neugotik nach Kontinentaleuropa – nicht nur als Modeerscheinung, sondern als Ausdruck aufklärerisch-humanistischen Reformwillens und politischer Standpunktsuche des 18 Jahre alten Schöpfers, der ‚seinen Untertanen ein goldenes Zeitalter vorleuchtete' (Goethe)."

Auf den Seen und Kanälen des Parks brachten Fähren und Gondeln die Besucher in fremde Welten, seien es nun eine Nachbildung des italienischen Vesuvs, eine chinesische Pagode oder ein Südseepavillon, in dem Sammlungsstücke des berühmten Weltreisenden Georg Forster ausgestellt waren. Eine Synagoge wurde als Zeichen der religiösen Toleranz in das Parkensemble einbezogen (im Fürstentum herrschte Glaubensfreiheit). Von Johann Wolfgang von Goethe bis Alexander von Humboldt besuchten viele geistige Größen des 18. Jahrhunderts die Gartenlandschaft in und um Wörlitz und waren tief beeindruckt. Goethe schrieb: „Hier ists jetzt unendlich schön. Mich hats gestern Abend, wie wir durch die Seen, Kanäle und Wäldchen schlichen, sehr gerührt, wie die Götter dem Fürsten erlaubt haben, einen Traum um sich herum zu schaffen … das ganze hat die reinste Lieblichkeit."

„Die reizendste Wildnis, die ich kenne"

Zu diesem Gesamteindruck tragen bis heute Seen, Brücken und Inseln ganz entscheidend bei. Unter den 17 Brückenbauwerken sind ein einfacher geteilter Eichenstamm als frühestes historisches Hilfsmittel zur Überquerung des Wassers und eine Eisenbrücke, die 1791 im Maßstab 1:4 die zwölf Jahre vorher errichtete hochmoderne Gusseisenbrücke im englischen Coalbrookdale nachbildete, eine Brücke, die damals als Pionierleistung der Ingenieurskunst gepriesen wurde. Zu erwähnen ist auch eine Stufenbrücke nach chinesischem Vorbild, deren unregelmäßigen Stufen die Besucher in einem Bogen nach oben und dann wieder nach unten führen, für die Chinesen ein Symbol des menschlichen Lebens. Eine Sonnenbrücke bildet zusammen mit ihrem Spiegelbild im Wasser die Strahlen der Sonne ab und bringt die Kultur der Inka in den Wörlitzer Park. Eine weitere Brücke hat Hans von Trotha 2001 in der „Zeit" so beschrieben: „… eine gefährlich über Felsen schwankende Kettenbrücke, die an die Brüchigkeit des menschlichen Lebens erinnert und dem Spaziergänger das freudige Gefühl einer überstandenen Gefahr vermittelt". Eine kleine Insel wurde dem berühmten Aufklärer Jean-Jacques Rousseau gewidmet, den Fürst Franz bei einer seiner Reisen 1775 in Paris getroffen hatte.

Dass Wasser nicht nur hilfreich für die Schaffung einer Gartenlandschaft ist, sondern auch eine Bedrohung darstellt, musste Fürst Franz mitten in der Bauphase 1770/71 erfahren, als die Elbe den niedrigen Deich überflutete, der den Fluss von den Gärten trennte. Der Deich wurde anschließend erhöht, und ein kompliziertes System der Wasserzufuhr und Entwässerung der Parkanlagen entwickelt. Der Elbdeich mit seinen Wachhäusern wurde harmonisch in die gestaltete Landschaft einbezogen. Hinter dem Deich entstand ein Waldpark, über den der berühmte Gartenkenner Charles Joseph von Ligne schrieb: „Es ist die reizendste Wildnis, die ich kenne."

Der wichtigste Partner des Fürsten bei seinen Vorhaben war der Baumeister Friedrich Wilhelm von Erdmansdorff. Dessen erster Bau in Wörlitz war übrigens kein Schloss, sondern ein großes Armenhaus, ein Zeichen dafür, welche Prioritäten die beiden Verfechter der Aufklärung setzten. In fast sechs Jahrzehnten Regierungszeit schuf Fürst Franz, den das Volk dankbar Vater Franz nannte, nicht nur den Park in Wörlitz und die dortigen Gebäude, sondern auch Gärten und Schlösser an anderen Orten seines kleinen Fürstentums, fast immer an Seen. Die Parks waren durch Pappelalleen und bepflanzte Deichanlagen miteinander verbunden und bilden heute das 145 Quadratkilometer große UNESCO-Weltkulturerbe des Dessau-Wörlitzer Gartenreiches.

Im September 2006 war es dann endlich soweit: Auf der Felseninsel im Wörlitzer See spieh wieder der Vulkan. Dieser „Wunderberg" war zwischen 1788 und 1794 erbaut worden und wurde nun nach langjährigen Restaurationsarbeiten wieder in Betrieb genommen. In dem 20 Meter hohen künstlichen Berg wurde eine aufwendige Technik verborgen, um regelmäßig den einzigen Vulkanausbruch von Menschenhand inszenieren zu können. Dazu gehört ein Regenrückhaltebecken am Berghang, um ausreichend Wasser für den Lavaausbruch zu haben. Gottfried Knapp beschrieb den ersten Vulkanausbruch des erneuerten Vulkans in der „Süddeutschen Zeitung" so: „Der Vesuv probt den Ausbruch. Ein dumpfes Grummeln ist den Tag über zu hören. In der Nacht ist es dann so weit. Der Berg beginnt zu brüllen und zu bersten. Flammengarben schießen aus seiner Spitze in die Höhe, bis sich eine haushohe Feuerlohe vor dem Nachthimmel erhebt. Dann platzen die Flanken. Große Funkensalven schießen knatternd durch die Luft. Da kommt es glühend rot wie ein Sturzbach von der Höhe herabgeschossen. Ist es Lava, was da in den See hinabstürzt? Oder sind wir auf unserer phantastischen Bootsreise durch das Italien des 18. Jahrhunderts aus dem Golf von Neapel plötzlich nach Tivioli an die berühmten Wasserfälle transferiert worden? Die Elemente jedenfalls sind empört. Die Erde speit Feuer und Wasser gleichzeitig aus."

Die Bewahrung eines kulturellen Erbes

Das Elbe-Hochwasser im Sommer 2002 bedrohte auch dieses Gartenreich. Dank der Deichverstärkungen durch Feuerwehr und Technisches Hilfswerk versanken die Parks und Schlösser nicht in den Fluten. Allerdings wurden große Flächen und ganze Dörfer in der Umgebung überflutet, die durch Zuflüsse und Kanäle mit dem Wörlitzer Park verbunden sind. Deshalb gelangte eine Mischung von Fäkalien und Ölresten in den Park und musste mühsam beseitigt werden. Auch wurden bei den heftigen Niederschlägen Bäume entwurzelt, Böschungen zerstört und Wege unterspült. Zudem richtete der sehr hohe Grundwasserspiegel einige Schäden an. Im Sommer 2003 passierte dann genau das Gegenteil. Geringe Niederschläge und als Folge ein niedriger Wasserstand führten dazu, dass im Wörlitzer Park die Gondeln ihren Betrieb einstellen mussten. Inzwischen sind alle Schäden wieder weitgehend behoben.

Das Gartenreich Dessaz-Wörlitz gehört heute zum Biosphärenreservat Mittlere Elbe, einem der 14 von der UNESCO anerkannten Biosphärenreservate in Deutschland. Dies sind große Schutzgebiete, die sowohl Natur- und Landschaftsschutzgebiete als auch Wirtschaftsflächen umfassen. Es geht bei diesem Konzept neben dem Naturschutz auch um ökonomische, soziale, kulturelle und ethische Aspekte, die miteinander in Einklang gebracht werden sollen. Ein harmonisches Miteinander des wirtschaftlich tätigen Menschen mit der Natur soll erreicht werden – genau das, so hätte sicher Fürst Franz gesagt, habe ich auch angestrebt. Als ökologisch besonders wertvoll werden die Auenlandschaften angesehen, die im Urstromtal der Elbe liegen und nicht eingedeicht wurden. Bei hohem Wasserstand werden sie überflutet, bei Niedrigwasser fallen sie trocken. In diesem Lebensraum sind mehr als 1.000 Pflanzen zu Hause, ebenso Hunderte von Tierarten, darunter über 500 Schmetterlings- und 132 Bienenarten. Mehr als 150 Brutvogelarten und mehr als 50 Libellenarten wurden gezählt. Auch der Elb-Biber fand hier ein Rückzugsgebiet.

Während die Auenlandschaft sich weitgehend selbst überlassen werden kann, brauchte der Kühnauer See als weiterer Teil des Gartenreiches vor einigen Jahren dringend eine Sanierung, denn er drohte völlig zu verlanden. Der See entstand bei Eindeichmaßnahmen an der Elbe als Stillgewässer und wurde von Fürst Franz in sein Gartenreich einbezogen. Die Überdüngung des Sees und seine Teilung durch einen Damm beschleunigten die Verlandung in den letzten Jahrzehnten. In den 1990er Jahren wurden große Mengen Schlamm und Sand entfernt, verlandete Flächen wieder in den See einbezogen und der Damm beseitigt. Auf diese Weise konnte der Kühnauer See als Lebensraum für vom Aussterben bedrohte Pflanzen- und Tierarten erhalten werden. Selten gewordene Pflanzen wie die Wassernuss wurden wieder angesiedelt und auch der Elb-Biber baut hier jetzt wieder Burgen. Dies ist ein

Beispiel dafür, wie in einer vom Menschen gestalteten Landschaft immer wieder gravierende Eingriffe erforderlich sind, um sie zu erhalten. Die „verschönerte Landschaft" rund um Wörlitz braucht ständige Pflege, das hat sich seit den Zeiten „unseres" Fürsten nicht verändert, und wie damals gilt es, eine Balance zwischen natürlichen Veränderungen und menschlichen Eingriffen zu erreichen, damit die „reinste Lieblichkeit" bewahrt wird.

Ebro

„Wasserschlacht am Ebro" lautete am 30. März 2001 eine Schlagzeile in der „Frankfurter Rundschau". Die damalige spanische Regierung plante den Bau von 900 Kilometer langen Kanälen, um jährlich mehr als eine Milliarde Kubikmeter Wasser des nordspanischen Flusses umzuleiten. Ein Fünftel des Wassers sollte nach Barcelona fließen, vier Fünftel in den trockenen Süden Spaniens. Die Kanäle waren Teil eines Investitionsprogramms, das im Rahmen eines „Nationalen Wasserplans" (Plan Hidrologico National PHN) die Wasserversorgungsprobleme Spaniens lösen sollte. Es wurde unter anderem der Bau von 118 Staudämmen geplant. Auch eine Modernisierung der bestehenden Wasserversorgungssysteme wurde vorgesehen. Das gigantische Wasserprojekt sollte annähernd zwanzig Milliarden Euro kosten, wobei ein Drittel der Gelder von der EU erhofft wurde, aber die EU verzögerte eine Entscheidung und lehnte das Vorhaben schließlich ab, weil die Folgen auf das Ökosystem nicht geklärt worden waren. Dennoch wollte die Regierung Aznar das Prestigeprojekt bis 2008 fertig stellen.

Ein wichtiges Ziel des Plans war es zu verhindern, dass sich der trockene Süden Spaniens in eine Wüste verwandelt. Wie kritisch die Situation mittlerweile ist, zeigte sich im Juni 2002 bei schweren Regenfällen an der Mittelmeerküste, als der ausgedörrte Boden das Wasser nicht mehr aufnehmen konnte und so riesige Flutwellen entstanden. Diese Situation würde ein umfassendes neues Konzept der Wassernutzung erfordern, aber Kritiker warfen der spanischen Regierung unter Ministerpräsident Aznar vor, sie orientiere sich vor allem an wirtschaftlichen Zielen und sorge zudem für Aufträge für befreundete Bauunternehmer.

Zu den wirtschaftlichen Zielen des Plans gehörte es, die internationale Konkurrenzfähigkeit Spaniens durch die Wasserumleitung zu erhöhen. Tausenden Hotels und Apartmentanlagen an der Küste sollte garantiert werden, weiter ausreichend Trinkwasser zu erhalten und – so die Kritiker – weiter ungehindert verschwenderisch zu verwenden. Allein 80 Golfplätze in Andalusien sollen so unter sengender Sonne stets grün bleiben. Im Sommer werden jede Nacht drei Millionen Liter Wasser für einen Golfplatz verbraucht, damit der Rasen gedeiht. Nach Angaben der Umweltschutzorganisation WWF ist der Wasserbedarf eines Golfplatzes in Südspanien so hoch wie der einer Stadt mit 12.000 Einwohnern. Die Golfplätze liegen in einer Region, die in der Gefahr steht, sich wegen Klimaveränderung und Wassermangel in eine Wüste zu verwandeln.

„Fünf Liter Wasser für einen Salatkopf"

Offiziell sollte das Ebro-Wasser ausschließlich der Landwirtschaft zugute kommen, aber wer könnte das überprüfen? Vor allem wäre es leicht gewesen, bisher für die Landwirtschaft genutztes Wasser für andere Zwecke zu verwenden, während das Ebro-Wasser den Bedarf der Landwirtschaft gedeckt hätte. Kritik rief auch der Plan zur Ausweitung der Bewässerungslandwirtschaft um 200.000 Hektar hervor. Der Ausbau des Gemüseanbaus im heißen und wasserarmen Süden wird von vielen Menschen im Norden als unsinnig angesehen, und die spanische Tageszeitung „El Pais" gab 2001 einem Beitrag über diese Wasserverschwendung den Titel „Fünf Liter Wasser für einen Salatkopf".

Schon heute gibt es allein in der Umgebung der südspanischen Kleinstadt El Ejido mit Plastikfolien überdachte Gemüseflächen mit einer Größe von 35.000 Hektar. In der Hitze unter den Folien arbeiten fast ausschließlich Arbeiter aus Nordafrika und Osteuropa. Sie werden miserabel bezahlt und leben unter erbärmlichen Bedingungen unter Plastikfolien neben den Gewächshäusern. Im Gegensatz zu den Pflanzen ist in manchen Fällen nicht einmal ihre Versorgung mit Wasser gesichert. Dafür sind sie den Pestiziden ausgesetzt, die in dieser industrialisierten Landwirtschaft in großem Umfang verwendet werden. Viele der Arbeiter aus Marokko und Senegal sind ohne einen legalen Status in Spanien und können um so leichter ausgebeutet werden. Zugleich sind sie immer wieder Opfer rassistischer Übergriffe. Im „amnesty journal" 2/2007 wird Abdelkader Chacha, der aus Marokko eingewandert ist und heute für die Landarbeitergewerkschaft SOC arbeitet, so zitiert: „Die Immigranten, die unter dem Plastik arbeiten, sind die Sklaven von heute. Die Bauern verdienen ihr gutes Geld an uns, aber sie behandeln uns wie Dreck."

Die Betreiber der Gemüseanbaubetriebe haben den Wasserplan der spanischen Regierung vehement unterstützt. So sagte Vicente Sicilia im August 2002 einem Journalisten des britischen Rundfunksenders BBC: „Hier in Murcia haben wir ein wunderbares Klima, gutes Land und hart arbeitende Menschen. Es gibt nur eines, was fehlt – Wasser." Und der Regionalpräsident Luis Ramon Valcarcel schwärmte: „Wir haben ein Wunder in Murcia vollbracht. Wie die Israelis haben wir eine Wüste in fruchtbares Land verwandelt, und wir sollten für diesen Erfolg nicht bestraft werden." Drei Millionen Hektar werden in Spanien inzwischen für die Bewässerungslandwirtschaft genutzt. Das entspricht sechs Prozent der Fläche des Landes. Dieser Wirtschaftszweig hat einen Anteil von 70 Prozent am menschlichen Wasserverbrauch, ein Wert, der auch deshalb so hoch ist, weil wassersparende Bewässerungstechniken noch viel zu wenig verbreitet sind.

Zu den entscheidenden Ursachen dieser Ausbeutung von Natur und Menschen gehört, dass die Preise für Tomaten, Paprika und Gurken von den aus-

ländischen Handelskonzernen immer weiter gedrückt werden. Die Treibhaus-
besitzer erhalten oft gerade einmal ein Zehntel des niedrigen Endverkaufs-
preises, das erlaubt keine Investitionen in wassersparende Bewässerungssysteme und ist auch eine Ursache für die miserable Bezahlung der Tagelöhner.
Die Sonderangebote in Supermärkten in Deutschland, Österreich oder der
Schweiz haben einen hohen Preis, der in Spanien gezahlt wird.

Oliven – wie der Wasserverbrauch erhöht wird

Wie unsinnig manche der Landwirtschaftsvorhaben sind, lässt sich exemplarisch am Beispiel der Oliven zeigen. Spanien ist vor Griechenland, Italien
und Portugal das wichtigste Oliven-produzierende Land in der Europäischen
Union. Für neue Plantagen werden immer wieder illegal Waldstücke abgeholzt. Olivenbäume sind traditionell gut geeignet, auch in regenarmen Gebieten zu gedeihen und können ein halbes Jahrtausend alt werden. Dafür muss
man in Kauf nehmen, dass die Erntemenge pro Jahr natürliche Grenzen hat.
Mittlerweile wurden Olivenbäume gezüchtet, die dicht nebeneinander
gepflanzt eine 20fache Ernte je Hektar versprechen, allerdings nur dann,
wenn sie reichlich bewässert werden.

Die Zeiten von locker mit Olivenbäumen bestandenen, grasbedeckten
Landschaften gehen zu Ende. Früher standen 40 bis höchstens 50 Olivenbäume auf einem Hektar, bei den „modernen" Plantagen sind es bis zu 400.
Jeder Baum bekommt entsprechend wenig Wasser ab, wenn es einmal regnet. Also wird in großem Stil bewässert, und all dies im trockenen Süden
Spaniens. Hinzu kommt ein massiver Einsatz von Pestiziden. Die EU fördert
den Olivenanbau weiterhin massiv, sodass Ende des letzten Jahrhunderts
2,5 Prozent des gesamten EU-Haushaltes für diesen Zweck verwendet wurden. Im Juni 2001 wurde beschlossen, dieses Förderprogramm um weitere
drei Jahre zu verlängern. Die spanischen Bauern erhalten inzwischen eben-
soviel an Subventionen wie durch den eigentlichen Verkauf. Dadurch, dass
die Subventionierung sich an der produzierten Menge orientiert, werden die
ohnehin benachteiligten Kleinbauern, die oft noch mit naturschonenden
Methoden Oliven erzeugen, weiter an den Rand gedrängt.

Die Umweltschutzorganisation WWF argumentiert in der 2001 veröffentlichten Studie „EU policies for olive farming": „Der intensivierte Olivenanbau ist einer der wichtigsten Gründe für eines der größten Umweltprobleme in der heutigen EU: die weit verbreitete Bodenerosion und die Ausbreitung der Wüstengebiete in Spanien, Griechenland, Italien und Portugal. Die
Ausdehnung der auf Bewässerung beruhenden Olivenproduktion verstärkt
die Übernutzung der Wasserressourcen, die ohnehin durch andere Formen
der Landwirtschaft stark vermindert worden sind." Bald darauf gab die EU-
Kommission eine Studie in Auftrag, deren Ergebnis zur industriell betriebenen Oliven-Landwirtschaft lautete: „Die Bodenerosion ist wahrscheinlich

das gravierendste Umweltproblem. Unsachgemäße Unkrautkontrolle und Bodenbearbeitungsmethoden, kombiniert mit dem an sich schon hohen Erosionsrisiko in vielen Olivenanbaugebieten, führen zu einer großflächigen Desertifikation (Wüstenbildung) in einigen der Haupterzeugerländer sowie zu einem beträchtlichen Schwund fruchtbaren Bodens und Abfluss von Agrarchemikalien in Gewässer." Die EU ist erfreulicherweise inzwischen von einer produktionsabhängigen Subventionierung des Olivenanbaus zu festen Jahreszahlungen an die Bauern übergegangen, die Oliven erzeugen. Damit entfällt ein Motiv, um jeden Preis möglichst viel Oliven zu produzieren. Es wird allerdings vermutlich noch lange dauern, bis die einmal eingetretenen Missstände beim Olivenanbau wieder beseitigt sein werden.

Demonstrationen gegen und für die Umverteilung des Wassers

Gegen den gigantischen Plan zur Umverteilung des Ebro-Wassers sind im Frühjahr 2001 Hunderttausende von Spanierinnen und Spaniern in Saragossa, Barcelona und Madrid auf die Straße gegangen, die größten Demonstrationen in Spanien seit Jahrzehnten. Als Symbol ihres Protestes wählten die Initiatoren eine Wasserleitung mit einem Knoten. Im August 2001 fand ein „Blauer Marsch für eine neue Wasserkultur" statt, der in Brüssel endete, wo gefordert wurde, die Pläne der spanischen Regierung nicht mit EU-Mitteln zu fördern. Ein Gipfeltreffen der Europäischen Union in Barcelona im Frühjahr 2002 wurde zu großen Demonstrationen gegen die Umleitung des Wassers genutzt. Bei einer Demonstration am 15. März 2002 kamen in der Innenstadt Barcelonas etwa 350.000 Demonstranten zusammen.

Es ging bei den Protesten auch darum, dass viele nordspanische Regionen seit vielen Jahren von der Zentralregierung vernachlässigt worden sind, während die Gelder in den Ausbau des Tourismus an der Küste und die Landwirtschaft in anderen Landesteilen flossen. Zudem sind die Dürren der neunziger Jahre in Nordspanien noch in schlechter Erinnerung. Eine Rentnerin aus einem Dorf nahe Saragossa brachte die Gründe des Protestes so auf den Punkt: „Die da oben haben uns immer wieder beraubt, und jetzt wollen sie uns auch noch das Wasser wegnehmen!" Im rücksichtslosen Kampf um Gewinne und regionale Standortvorteile spielt Wasser auch in Spanien eine immer größere Rolle und birgt entsprechenden sozialen Konfliktstoff. Auch im Süden Spaniens hat es Demonstrationen gegeben – für die Ableitung von Ebro-Wasser in den Süden. In Murcia, Almeria und Valencia wurde unter dem Slogan „Wasser für alle" der Plan der Regierung von breiten Bevölkerungskreisen unterstützt. Und angesichts der widerstreitenden Positionen war in spanischen Medien von einem „guerra del agua", einem Krieg ums Wasser, zu lesen.

Ein Fluss mit langer Geschichte

Der 927 Kilometer lange Ebro mit seinen weit mehr als 300 Nebenflüssen hat sich im zurückliegenden Jahrhundert ohnehin gravierend verändert. An zehn Stellen wird er durch große Betonmauern aufgestaut, und an den Nebenflüssen gibt es 127 weitere Staudämme. Viele Orte sind in den letzten Jahrzehnten in den Stauseen des Ebros versunken, auch Orte, die im spanischen Bürgerkrieg heftig umkämpft waren, und die jetzt nur noch in den Büchern Hemingways in Erinnerung bleiben. Der Ebro war früher ein Symbol für die Fruchtbarkeit Spaniens und zugleich ein Ort der Kriege, heute ist er immer mehr zu einem Wirtschaftsweg geworden. Die Pläne zur Umleitung des Wassers haben den Anwohnern die Bedeutung des Flusses in Erinnerung gebracht. Xerta, im Oktober 1938 der Ort der furchtbarsten Kämpfe des Bürgerkrieges, wurde zum Zentrum des Widerstandes gegen die neuen Staudamm- und Kanalprojekte. An den Pyrenäen wuchs der Protest gegen Stauseen, die nicht nur Felder und Häuser überfluten würden, sondern auch einen alten Kulturraum, so eine 20 Kilometer lange Strecke des berühmten Jakobsweges. Außerdem wird der Tourismus gefährdet, der in erheblichem Umfang mit EU-Unterstützung gefördert worden ist.

Besonders bedroht fühlen sich die Fischer an der Mündung des Ebro, denn sie spüren die Folgen von Wasserbaumaßnahmen bereits. Seit dem Bau immer neuer Staudämme in den letzten Jahrzehnten und der Verladung von Ebro-Wasser auf Tankschiffe zur Ferieninsel Mallorca fehlen nicht nur wertvolle Nährstoffe, sondern es kommt auch nur noch die Hälfte des Wassers an. Deshalb kann das Meerwasser in das Flussdelta vordringen. Entschlossen stellt der Geologe Dr. Antonio Canicio Albacar, der Reis im Ebro-Delta anbaut, zum Widerstand gegen die Pläne der Regierung fest: „Der Ebro ist ja nicht irgendein Fluss. Um den Ebro wurde immer gekämpft. Aber wir haben Hoffnung, den Kampf zu gewinnen!" Die Auseinandersetzung mit den Plänen der Regierung führt dazu, nach Alternativen zu suchen. Dazu äußerte sich Ricardo Aguilar, Sprecher der Umweltorganisation Greenpeace in Spanien, so: „Wir fordern, dass man statt über Staudämme, die Häuser und den Lebensraum vieler Menschen zerstören, über Sparmaßnahmen und die sinnvolle Nutzung des Wassers redet."

Das Ende eines Plans

Der Wahlsieg der Sozialisten im März 2004 förderte im Norden Spanien die Hoffnung auf einen Stopp des gigantischen Wasserplans. Das hatte die Sozialistische Partei im Wahlkampf versprochen, aber es war nicht klar, ob diese Zusage eingehalten würde, denn die Sozialisten im Süden Spaniens beharrten darauf, dass das Wasser des Ebro umgeleitet werden müsse. Die neue Umweltministerin Cristina Narbona setzte sich vehement für die Einhaltung

Historische Brücke bei Puenta la Reina über den Rio Arga, einen der Zuflüsse des Ebro. Über die Brücke führt der Pilgerweg nach Santiago de Compostela. Der Ebro und seine Nebenflüsse waren in der spanischen Geschichte immer wieder Schauplätze von Auseinandersetzungen, aber auch großer kultureller Leistungen. In den letzten Jahren hat es wachsende Konflikte um das Wasser des Ebro gegeben.

(Foto: Helga Reisenauer)

der Zusage im Wahlkampf ein, und am 18. Juni 2004 beschloss die Regierung, den Plan zu stoppen, eine Auffassung, die die Mehrheit des Parlaments teilte. Da die abgewählte Regierung im Eilverfahren vollendete Tatsachen schaffen wollte und schon Aufträge an Baufirmen vergeben hatte, sind rechtliche Auseinandersetzungen um Schadenersatzforderungen nicht zu vermeiden, aber entscheidend ist, dass die Ableitung des Ebrowassers verhindert werden konnte. Deshalb wurde Mitte Juni 2004 am Ebrodelta drei Tage lang die Verhinderung des Wassertransfers gefeiert.

Als Ersatz für das Ebrowasser sollen an der Mittelmeerküste 15 neue Meerwasserentsalzungsanlagen gebaut werden. Außerdem sind mehr als hundert weitere Maßnahmen geplant, um eine sparsame und effiziente Wassernutzung sicherzustellen. So wird der Wasserpreis für den Tourismusbereich erhöht. Die staatlichen Investitionen für das Bündel der geplanten Maßnahmen belaufen sich auf 3,8 Milliarden Euro, also ein Bruchteil des Wasserplans der abgewählten Regierung. Umweltministerin Cristina Narbona betonte gegenüber der Presse: „Die Bürger werden schneller Qualitätswasser bekommen und das zu geringeren Kosten für die Staatskasse." Das Ende des Plans zur Wasserableitung wurde im Norden Spaniens mit großer Freude aufgenommen, während im Süden viele zornig reagierten, so der konservative Politiker Francisco Campos: „Ein politisches Versagen der Sozialisten und eine Aggression gegen Spaniens Einheit."

Es geht beim Kampf um das spanische Wasser um Wirtschafts- und Machtinteressen und entsprechend rücksichtslos werden diese Konflikte ausgefochten. Neben dem Flusswasser ist auch die Nutzung der Grundwasservorräte umstritten. Das Wasser hat sich dort über viele Tausend Jahre gesammelt, wird aber jetzt binnen weniger Jahre oder Jahrzehnte abgepumpt. Nachhaltig wäre die Wassernutzung nur, wenn sie auf die Menge begrenzt würde, die natürlich wieder aufgefüllt wird. Nach Berechnungen der Umweltschutzorganisation WWF gibt es in Spanien etwa 500.000 illegal betriebene Brunnen. Das illegal geförderte Wasser würde ausreichen, um den Wasserbedarf von 58 Millionen Menschen zu decken. Diese Zahl macht schon deutlich, dass es bei der illegalen Wassernutzung nicht primär um den heimlich betriebenen Brunnen zur Bewässerung eines Kleingartens geht, sondern um industrielle und landwirtschaftliche Großverbraucher und ebenso um große Wohnprojekte. Die Dürrekatastrophen der Jahre 2005 und 2006 führten ganz Spanien vor Augen, dass die systematische Übernutzung der Wasserressourcen und Wasserverschwendung den Prozess der Desertifikation des Landes stark beschleunigen.

Die Verhinderung des Plans der Ableitung von Ebrowasser war also erst der Anfang für eine nachhaltige Wasserpolitik. Um die Grundwasservorräte zu schonen und auch für kommende Generationen genug Wasser zu haben, sind in Spanien umfassende Sparmaßnahmen von Haushalten, Industrie, Landwirtschaft und nicht zuletzt im Tourismus erforderlich. Ein Einwohner Spaniens verbraucht täglich 278 Liter Trinkwasser, ein europäischer Spitzenwert, der u.a. durch die sehr niedrigen Wasserpreise, meist fehlenden Wasseruhren und ein gering ausgebildetes Umweltbewusstsein zu erklären ist. Die Touristen, die sich kritisch über den Umgang der Spanier mit dem Wasser mokieren, sollten bedenken, dass ein durchschnittlicher Tourist am Tag ein Drittel mehr Wasser verbraucht als ein Einheimischer. Und dabei ist der Wasserverbrauch für Swimmingpools, Golfanlagen etc. noch gar nicht eingerechnet. Ein einziger Golfplatz verbraucht so viel Wasser wie eine Stadt mit 15.000 Einwohnern.

2008 wird die Stadt Saragossa am Ebro die Expo ausrichten. Das Thema der Weltausstellung ist nicht nur für die Anwohner des Ebro relevant: Wasser und nachhaltige Entwicklung. In einer Ebroschleife wird ein 130 Hektar großer Wasserpark entstehen. Außerdem wird es zahlreiche internationale Pavillons mit Präsentationen zum Thema Wasser geben. Die Veranstalter hoffen, dass in Saragossa eine „Water Declaration" verabschiedet werden kann, die ein Konzept enthalten soll, wie die beteiligten Länder der überlebenswichtigen Ressource eine sichere Zukunft geben wollen.

Eis

Nur ein Viertel des Süßwassers der Welt ruht als Grundwasser unter der Erdoberfläche. Weniger als ein Prozent ist in Flüssen, Seen oder der Atmosphäre zu finden. Aber drei Viertel des Süßwassers sind in Schnee und Eis gebunden. Das meiste davon befindet sich in der Antarktis und der Arktis, aber die Eisflächen und Gletscher auf allen fünf Kontinenten speichern ebenfalls große Wassermengen. Sie sind für den Wasserkreislauf unverzichtbar, denn sie speisen die meisten der großen Flüsse der Welt und sorgen dafür, dass die Flüsse über das ganze Jahr hinweg nicht austrocknen. Was sich ohne Gletscher ändern würde, hat der Glaziologe Ludwig Braun im April 2003 in der Zeitschrift „natur-kosmos" so beschrieben: „Wenn die Gletscher schmelzen, bleibt das Eisschmelzwasser in heißen Sommern aus, und die Pegel der Flüsse fallen. Die Zonen entlang den Flüssen bekommen dann weit weniger Uferfiltrat, aus dem sich Trinkwasser ziehen lässt."

Martin Price vom Centre for Mountain Studies in Großbritannien stellte Mitte November 2004 beim „World Conservation Congress" in Bangkok im Detail dar, wie sich das Verschwinden der Gletscher auf den Wasserhaushalt auswirkt. Bisher ist es so, dass die Gletscher große Niederschläge im Winter als Eis speichern und dann über den Sommer verteilt in kleinen Mengen über die Flüsse abgeben: „Es ist langfristig ein großes Problem, wenn die Gletscher verschwinden, denn dann gelangt all das Wasser, das vom Himmel herunterkommt, direkt in die Flüsse." Price verwies darauf, dass manche Länder zu 95 Prozent von dem Wasser abhängen, das aus den Eisfeldern der Berge kommt, und ein Land wie Deutschland immerhin auch zu 40 Prozent. Ohne Gletscher wird aber das Wasservolumen der Flüsse je nach dem Umfang der Niederschläge in den Gebirgsregionen sehr viel stärker als heute schwanken. Deshalb müssen Länder wie Deutschland ein großes Interesse daran haben, die Gletscher zu bewahren.

Seit 1850 haben die Gletscher in der Schweiz mehr als ein Drittel ihres Volumens verloren, und die Geschwindigkeit des Gletschersterbens nimmt rasch zu. Von 1973 bis 1985 betrug der Rückgang insgesamt ein Prozent, von 1985 bis 2000 hingegen 20 Prozent der Fläche und 25 Prozent des Volumens der Gletscher. Es wird befürchtet, dass bis zum Jahre 2030 zwischen 20 und 70 Prozent der Gletscher ganz verschwunden sein werden.

In Österreich schrumpfen 95 Prozent der Gletscher. Im heißen Sommer 2003 stiegen die Temperaturen in den österreichischen Alpen selbst in 3.000 Metern Höhe auf über 20 Grad. In dieser Zeit schmolz doppelt so viel Eis des Pasterzengletschers auf dem Großglockner wie in anderen Jahren. Der Wasserstand im Speichersee unterhalb des Gletschers erhöhte sich zeitweise um 1,4 Meter am Tag. Es ist einleuchtend, dass in der Phase des Abschmelzens der Gletscher besonders viel Wasser in die Seen und Flüsse gelangt – und umso unsinniger und gefährlicher sind die Behauptungen, die hohen Wasserstände in den europäischen Gewässern würden beweisen, dass bei uns keine Wasserknappheit möglich ist.

Greenpeace und die Gesellschaft für Ökologische Forschung haben 2002 eine Fotostudie zu den Auswirkungen des Klimawandels auf die Gletscher der Alpen veröffentlicht. Sie haben Hunderte alter Fotos und Bilder mit der aktuellen Situation verglichen. Die Studie kommt zum Ergebnis, dass sich die Fläche der Gletscher seit Mitte des 19. Jahrhunderts bis 1975 um etwa ein Drittel vermindert hat und das Volumen auf die Hälfte geschrumpft ist. Seither hat das Eisvolumen noch einmal um 20 bis 30 Prozent abgenommen. Greenpeace-Klimaexperte Wolfgang Lohbeck stellte zu den Ergebnissen der Studie fest: „Der Gletscherschwund ist ein Alarmzeichen für die drohende Klimakatastrophe. Wenn die globale Erwärmung wie bisher fortschreitet, werden die Alpengletscher gegen Ende dieses Jahrhunderts fast verschwunden sein."

Weltweit schrumpfen die Gletscher

Besorgniserregend ist auch das Schmelzen der Gebirgsgletscher im Himalaja. Yao Tangdong, der führende Gletscherexperte Chinas, wurde Anfang Oktober 2004 in der „China Daily" mit dieser Prognose für Tibet zitiert: „Das großflächige Abschmelzen der Gletscher in der Plateau-Region wird schließlich zu einer ökologischen Katastrophe führen." Yao sagt voraus, dass im Jahre 2050 fast zwei Drittel der Gletscher Chinas verschwunden sein werden. Unterhalb des Gletschers Zepu in Tibet ist in den letzten drei Jahrzehnten ein neuer Fluss entstanden, so rasch schmilzt das Eis. An anderen Gletschern im Himalaja sind neue Seen entstanden. Auch vor dem Mount Everest, dem höchsten Berg der Welt, macht die globale Gletscherschmelze nicht Halt. Im November 2004 warnte eine Gruppe von nepalesischen Bergsteigern und internationalen Umweltschützern davor, dass die Gletscherflächen des Mount Everest so rasch schmelzen würden, dass die Seen im Einzugsgebiet so stark gefüllt seien, dass die Dämme zu bersten drohten.

Der amerikanische Kontinent ist von der Arktis bis Patagonien davon betroffen, dass die Schneemengen sinken und die Gletscher schmelzen. Der berühmte 5.465 Meter hohe Vulkan Popocatépetel 60 Kilometer nördlich von Mexiko-Stadt hat seit den 1950er Jahren mehr als zwei Drittel seiner Gletscherfläche verloren. Peru ist das tropische Land mit den größten Flächen „ewigen Eises". Die Fläche der Hochgebirgsgletscher in den peruanischen Anden hat sich in den letzten zwei Jahrzehnten um 20 Prozent vermindert. Der Gletscher des El Chacaltaya in Bolivien hat sogar bereits zent seiner Fläche eingebüßt und wird innerhalb der nächsten zwei Jahrzehnte ganz verschwinden. Es wird erwartet, dass das Abschmelzen der Gletscher in den Anden katastrophale Auswirkungen auf die Trinkwasserversorgung von Städten wie Lima in Peru, La Paz in Bolivien und Quito in Ecuador haben wird, ebenso auf die Landwirtschaft in der gesamten Region. Ganz im Süden des Kontinents liegen die riesigen Eisfelder Patagoniens, die 13.000 Quadratkilometer bedecken. Die Fläche nimmt aber stark ab, und die Dicke der Eisschicht hat sich allein zwischen 1991 und 1993 um 14 Meter vermindert.

Bisher prägen Gletscher viele Gebirgslandschaften wie hier in Patagonien/Argentinien. Aber die globalen Klimaveränderungen verursachen ein rasches Schmelzen vieler Gletscher, mit katastrophalen Auswirkungen für Wasserkreisläufe und Wasserversorgung.
(Foto: Helga Reisenauer)

Die globalen Klimaveränderungen wirken sich auch auf den Kilimandscharo aus. Seit der höchste Berg Afrikas 1912 das erste Mal kartiert wurde, sind 82 Prozent des Gletschers geschmolzen. Bedeckte er damals noch elf Quadratkilometer, so sind es heute nur noch zweieinhalb Quadratkilometer. Einige Bäche, die vom Schmelzwasser des Kilimandscharo gespeist wurden, sind bereits ausgetrocknet. Es wird befürchtet, dass in zwei Jahrzehnten kein Eis mehr übrig sein wird. Dass ist nicht nur ökologisch ein unübersehbares Warnsignal, sondern auch wirtschaftlich verheerend für Tansania. Viele Tausend Menschen im Norden des Landes leben davon, dass jedes Jahr 20.000 Urlauber den Berg erklimmen. Ohne seinen weißen Eiskegel hätte er aber viel von seiner Attraktivität verloren.

Wenn das „ewige Eis" schmilzt

Die globale Erwärmung hat auch Konsequenzen für die Permafrostregionen der Welt, also die Gebiete, wo die Erdoberfläche das ganze Jahr Minusgrade aufweist. Wenn der Frost verschwindet, bleibt eine Mischung von Wasser, Erde und Geröll zurück. In Gebirgen wie den Alpen besteht die Gefahr von Steinschlag und Murenabgängen. Besonders gefährlich wird es, wenn sich Gletscherseen so weit füllen, dass sie die aufgeweichten Geröllbarrieren überwinden und die Orte in den Tälern überfluten. Um solche Katastrophen zu verhindern, wurde zum Beispiel oberhalb des Ortes Pontresina unweit von St. Moritz ein 460 Meter langer und 13 Meter hoher Damm aufgeschüttet. Noch werden an einem nahe gelegenen Berghang 100.000 Tonnen Geröll vom Permafrost zusammengehalten. Wenn sich aber die Dauerfrostgrenze weiter in höhere Gebirgsregionen verschiebt, ist zu befürchten, dass sich eine Geröll- und Schlammlawine auf das Dorf zubewegt.

Es hat in den letzten Jahren bereits mehrere Bergstürze am Rande von Permafrostzonen gegeben. In den Medien Beachtung fand die Sperrung des Matterhorns für Bergsteiger im Juli 2003, als nach wochenlanger Hitze befürchtet wurde, dass sich große Gesteinsmassen lösen könnten, die bisher vom Permafrost gehalten werden. Einige Hundert Kubikmeter Gestein waren bereits in die Tiefe gestürzt. Niemand wurde verletzt oder getötet, aber 90 Bergsteiger mussten mit Hubschraubern ins Tal geholt werden. Wenn Klimaexperten Recht behalten, dass auch in Teilen des Alpenraums mit verstärktem Starkregen zu rechnen ist, steigt in Verbindung mit höheren Temperaturen die Gefahr noch, dass Geröllmassen sich lösen.

Wie es sich auswirkt, wenn Permafrostregionen in Schlamm und Matsch versinken, lässt sich bereits in Teilen Sibiriens studieren. Selbst dort, wo neun Monate im Jahr Winter herrscht und extrem niedrige Temperaturen gemessen werden, schmilzt das Eis in oberflächennahen Bodenschichten im Sommer. Geröllhalden geraten so ins Rutschen, und Häuser, die auf dem „ewigen Eis" gebaut wurden, verlieren ihren Halt. Manche Gebäude haben Risse bekommen, einige sind bereits zusammengebrochen. Auch die Ölpipelines und Abwasserleitungen nehmen Schaden, wenn sich plötzlich der Boden unter ihnen in einen Sumpf verwandelt. Dass beim Auftauen der Eisschicht große Mengen Methangas freigesetzt werden, die wiederum zur Beschleunigung der Klimaerwärmung beitragen, zeigt die ganze Dramatik der Situation.

Künstlicher Schnee als Lösung von Klimaveränderungen?

Das Abschmelzen der Gletscher und die Verminderung der Schneefälle in Bergregionen haben gravierende wirtschaftliche Auswirkungen, und dies besonders auf die Alpenregion, die in großem Umfang vom Wintersport lebt. In einer Studie der Universität Zürich zu Klimaveränderungen und Wintersport wurde 2003 geschätzt, dass allein für die Schweiz der wirtschaftliche Verlust des Tourismusbereichs durch Klimaveränderungen etwa 1,8 bis 2,3 Milliarden Schweizer Franken im Jahr betragen wird. Das entspricht circa 0,7 Prozent des Sozialprodukts des Landes.

Hoch gelegene Ferienorte mit Schneepisten in über 2.000 Metern Höhe haben zumindest in den nächsten Jahrzehnten die Gewähr, immer genug Schnee zum Skifahren bieten zu können. Aber Orte wie Kitzbühel auf einer Höhe von 760 Metern müssen fürchten, dass Wintersportler ausbleiben.

Kitzbühel hat deshalb „aufgerüstet" und setzt 200 Schneekanonen ein. Mit Druckluft wird Wasser zerstäubt, und der Wassernebel gefriert dann und kommt als Schnee auf den Boden. Wenn es Minusgrade in der Nacht gibt, können die Schneekanonen binnen drei Wochen eine 40 bis 50 Zentimeter hohe Schneeschicht produzieren. Um im Winter ausreichend Wasser für die Schneeproduktion zu haben, hat Kitzbühel drei künstliche Seen angelegt, weitere sind geplant. Die Seen sind mit Folien ausgelegt, und am Grund sind Zapfstellen angebracht, von denen aus das Wasser durch unterirdische Rohre zu den Schneekanonen geleitet wird. Um einen Hektar Abhang mit einer 30-Zentimeter-Kunstschneeschicht zu bedecken, sind eine Million Liter Wasser erforderlich, 100 Liter je Quadratmeter.

Das ganze System samt Computersteuerung ist teuer: Jeder Kubikmeter Schnee kostet drei Euro. Aber die Wintersportorte wollen ihren Gästen um jeden Preis Schnee bieten und sind inzwischen hoch verschuldet. Im Wettbewerb der Orte kann nur mithalten, wer Schneekanonen einsetzt. In Südtirol werden bereits 55 Prozent der Pisten künstlich beschneit. Franz Speer, Naturschutzreferent beim Deutschen Alpenverein, hat auf die negativen ökologischen Folgen dieses massiven Kunstschneeeinsatzes hingewiesen. Die hohe Dichte des Kunstschnees vermindere die Sauerstoffversorgung der Böden. Es könne zu Fäulnis und Schimmelbildung kommen. Außerdem werde durch die lange Kunstschneesaison die Vegetationsperiode verkürzt und das habe negative Auswirkungen auf die Artenvielfalt. Hinzu kommen die Probleme, ausreichend Wasser für die Schneekanonen bereitzustellen, zumal im südalpinen Raum eine Tendenz zu weniger Niederschlägen besteht.

Die zweite Strategie ist ebenfalls unproblematisch. Es werden in bisher unberührten Landschaften in höheren Lagen neue Pisten angelegt und Lifte gebaut. Sehr sensible und komplexe Ökosysteme werden so gravierend beeinträchtigt. Wolfgang Görl schrieb am 27. Februar 2004 angesichts solcher Entwicklungen in der „Süddeutschen Zeitung": „Im Blickwinkel der Freizeitindustrie erscheinen die Alpen als ein auf permanente Spaß- und Gewinnmaximierung ausgerichteter, gigantischer Ferienpark, in der eine gefügig gemachte Natur die Kulisse bietet fürs sportliche Treiben und Kunstschneepisten samt Gipfelzar mit Dancefloor-Almen."

Mit dem Schiff zum Nordpol?

Schmilzt das Eis der Antarktis? Diese Frage ist unter Wissenschaftlern heftig umstritten. Aber seit sich im März 2002 ein Eisberg von der Größe des Saarlandes von der Antarktis löste und in Tausende Teile zerbarst, wächst die Sorge, dass ein großer Teil des Antarktis-Eises als Folge der globalen Klimaveränderung schmelzen könnte. Das hätte einen weltweiten dramatischen Anstieg der Meeresspiegel zur Folge. Klimaforscher haben festgestellt, dass sich das antarktische Wasser zwischen 1980 und 1995 um 1,3 Grad erwärmt hat, deutlich mehr als die Luft in der Region. Es wird weiter geforscht, aber viel spricht dafür, dass sich auch in der Antarktis die globalen Klimaprobleme gravierend auswirken werden, zumal die Ozonschicht über diesem Teil der Erde dünn und löchrig geworden ist.

Besonders dramatisch ist der Rückgang des Eises in der arktischen Region. In den vergangenen 30 Jahren hat sich die Eisfläche auf dem arktischen Ozean um 990.000 Quadratkilometer vermindert, das entspricht der Fläche von Frankreich und Spanien zusammen. Im November 2004 wurde der Bericht „Arctic Climate Impact Assessment" veröffentlicht, an dem 300 Wissenschaftlerinnen und Wissenschaftler mitgearbeitet haben. Der Bericht war bereits im Oktober 2004 fertig, die offizielle Präsentation erfolgte aber erst nach den US-Präsidentschaftswahlen – auf Druck der Bush-Administration, waren die meisten der beteiligten Wissenschaftler überzeugt. Im Wahlkampf sollte nicht bekannt werden, dass die in den USA so beliebten Eisbären vom Aussterben bedroht sind, und dies vor allem wegen des hemmungslosen Energieverbrauchs und der Erzeugung von Treibhausgasen durch die US-Amerikaner. Die USA sind mit etwa 20 Prozent an den globalen Treibhausgasemissionen beteiligt. Die Bush-Administration weigert sich weiterhin, das Kioto-Protokoll zu unterschreiben. Die Regierung will kein Abkommen unterzeichnen, das das Wirtschaftswachstum im eigenen Land vermindern könnte.

Gletscherarm des Perito Moreno in Argentinien. Wenn die von Menschen verursachte Klimaveränderung nicht rasch gestoppt wird, gehören solche imposanten Gletscherlandschaften bald der Geschichte an.   (Foto: Helga Reisenauer)

Es ist zu fürchten, dass die Ergebnisse der Studie, an der auch eine ganze Reihe von US-Wissenschaftlern beteiligt waren, diese Haltung nicht verändern wird. Die Forscher sind zum Ergebnis gekommen, dass sich in den letzten 50 Jahren die durchschnittliche Jahrestemperatur in Alaska und Sibirien um zwei bis drei Grad erhöht hat. In den kommenden hundert Jahren wird eine weitere Temperaturerhöhung in diesen Regionen um vier bis sieben Grad erwartet. Über dem arktischen Wasser ist sogar mit einer Zunahme der Erwärmung um sieben bis zehn Grad zu rechnen. Damit erwärmt sich die Arktis deutlich rascher als andere Weltregionen. Das führt zum weiteren Abschmelzen des arktischen Eises. War der Pegel der Ozeane in den vergangenen 20 Jahren bereits um dramatische acht Zentimeter gestiegen, so werden es bis zum Ende des Jahrhunderts noch einmal 90 Zentimeter sein, wenn die gegenwärtigen Trends anhalten. Das gefährdet auch die Tier- und Pflanzenwelt der Region akut. Nur eine drastische Verminderung des Ausstoßes von Kohlendioxid, Methan und anderen Treibhausgasen könnte diese Entwicklung noch aufhalten.

Diejenigen, die sich an Bilanzzahlen orientieren und nicht an der Überlebensfähigkeit unseres Planeten, beschäftigen sich mit den neuen wirtschaftlichen Möglichkeiten durch das Abschmelzen der Eismassen im arktischen Raum. So wird angenommen, dass es nun leichter möglich wird, die großen Vorräte an Erdgas, Erdöl, Kupfer und anderen Bodenschätzen in der russischen Arktis zu fördern. Auch im Polarmeer ist mit vermehrten Explorationsversuchen zu rechnen, wobei schon der Streit entbrannt ist, welches Land auf welche Schätze unter dem Meeresgrund Anspruch hat. Wirtschaftlich interessant ist auch, dass die Nordwestpassage vom Atlantik zum Pazifik durch das kanadische Nordmeer nun länger im Jahr eisfrei und für Handelsschiffe befahrbar ist. Während sich die USA und Kanada darüber streiten, ob dies ein kanadischer oder internationaler Seeweg ist, befürchten Umweltschützer, dass die Durchfahrt von großen Öltankern durch die Nordwestpassage zu Umweltkatastrophen führen könnte. Ähnliche Befürchtungen bestehen im Blick auf eine Befahrbarkeit der Nordostpassage entlang der russischen Küste von Norwegen bis zur Beringsee.

In dieser Situation erheben die indigenen Völker der Arktis gemeinsam die Stimme für entschiedene Maßnahmen zur Verhinderung einer Klimakatastrophe. Nach dem Bekanntwerden der Ergebnisse der Studie „Arctic Climate Impact Assessment" erklärte Geir Tommy Pedersen vom Rat der Saami im November 2004: „Das Erste, um das wir alle Industrienationen bitten, sind Maßnahmen zur Verlangsamung der globalen Erwärmung." Sheila Watt-Cloutier, Vorsitzende der Vereinigung der Inuit der arktischen Region, sagte angesichts der Ergebnisse der Studie: „Wir befinden uns am Scheidepunkt in der Geschichte unseres Planeten. Die Erde ist im wahrsten Sinne des Wortes am Schmelzen." Und sie fügte hinzu: „Schützt die Arktis und ihr schützt diesen Planeten."

Euphrat und Tigris

An den Ufern dieser Flüsse sind einige der größten antiken Kulturen entstanden und untergegangen, die Reiche der Sumer, Assyrer und Babylonier. Ohne die Flüsse wäre diese Region eine Wüste, mit den Flüssen ist sie eine der fruchtbarsten Gebiete des Mittleren Ostens. Das große Flussdelta, in der Antike „Meerland" genannt, war über Jahrtausende so üppig mit Pflanzen bedeckt, dass angenommen wird, dass die Israeliten dort die Inspiration für die Beschreibung des Gartens Eden gewonnen haben. Möglich erscheint das, denn die älteren Teile der Bibel sind im Exil an den Ufern des Euphrat und Tigris entstanden.

Euphrat und Tigris waren für die antiken Reiche die Lebensgrundlage, aber immer auch eine Gefahr. Francis Joannès hat in der vom Katholischen Bibelwerk herausgegeben Veröffentlichung „Der Nil" diesen Fluss mit den beiden großen Flüssen Mesopotamiens verglichen. Er schreibt darin: „Auch die landwirtschaftlichen Uhren Ägyptens und Mesopotamiens liefen nicht synchron: Während im Zweistromland am Ende des Frühjahrs eine größere Flut eintrat, die mit der Erntezeit einherging, kam die Nilschwelle im Sommer und begann erst nach der Ernte. An Euphrat und Tigris erlaubte es diese Flut normalerweise, zum Transport des Erntegutes ein Netz von Kanälen zu benutzen. Sobald der Wasserstand jedoch nur geringfügig mehr anstieg, waren alle Verkehrswege blockiert. Falls die Flut vorzeitig eintrat, vernichtete sie außerdem die Getreidefelder und rief Hungersnöte hervor. Solche Katastrophen, bei denen das ganze Land durch die Hochwasser des Euphrats und noch mehr des Tigris unter einer riesigen Wasserfläche ertrank, ließen schon am Anfang der sumerischen Zivilisation den Mythos von der Sintflut entstehen. Überliefert ist er im Gilgamesch-Epos, einer Erzählung, deren Anfänge im 3. Jt. v. Chr. liegen." (siehe auch den Abschnitt Noah)

Euphrat und Tigris waren auch insofern unberechenbar, als sie ihren Verlauf immer wieder änderten. Deshalb entstanden nur wenige große Städte an den Flüssen selbst. Eine Ausnahme war die Stadt Babylon, aber auch dort halfen alle Flutschutzmaßnahmen nicht. Als der Euphrat seine Richtung wieder einmal änderte, bahnte er seinen Weg sich mitten durch die Stadt und trennte den Königspalast von der übrigen Stadt. So blieben die beiden Flüsse zugleich eine Quelle des Lebens und der Zerstörung.

Die Türkei – das Land an den Quellen

Dass Euphrat und Tigris in der Türkei entspringen, war bis ins 20. Jahrhundert für die Anrainerstaaten relativ unwichtig. Erst die Möglichkeit zum Bau großer Staudämme und damit verbundener Bewässerungssysteme hat zu Konflikten um das Wasser der beiden Ströme geführt. Die Türkei nimmt für sich in Anspruch, einen großen Teil des Wassers für die eigene Landwirtschaft und die Stromerzeugung zu nutzen. „Es sind unsere Flüsse, es ist unser Wasser, und wir machen damit, was wir wollen." So hat der 73-jährige Parlamentarier Kamran Inan die türkische Position im Oktober 2003 gegenüber einem Korrespondenten der „Neuen Zürcher Zeitung" formuliert.

Die Türkei hat es nicht bei verbalen Ansprüchen belassen. Im Rahmen des „Anatolien-Projekts" ist der Bau von 22 Staudämmen vorgesehen, von denen 14 vollendet sind. Es sollen 1,7 Millionen Hektar landwirtschaftliche Fläche bewässert werden, das entspricht mehr als der halben Fläche Belgiens. Größtes Bauwerk am Euphrat ist der Atatürk-Staudamm, mit einer Höhe von 169 Metern der sechstgrößte Staudamm der Welt. Der Stausee bedeckt eine Fläche von 800 Quadratkilometern und hat ein Volumen von 50 Milliarden Kubikmetern. Als der Staudamm 1990 das erste Mal gefüllt werden sollte, ließ die Türkei fast einen Monat lang keinen Tropfen Euphrat-Wasser in die Nachbarländer fließen. Dass der Staudamm den Namen Atatürk trägt, ist nicht nur eine Reverenz an den Gründer der modernen Türkei, sondern erinnert auch daran, dass Atatürk schon in den 1930er Jahren die Idee für große Staudammprojekte in Anatolien entwickelte. Die Inspiration dafür soll er von einem sowjetischen Ingenieur erhalten haben, der an den damaligen großen Staudammprojekten in der Sowjetunion beteiligt war.

Die Türkei verweist darauf, dass schon die ersten Phasen des Projektes zu einer deutlichen Erhöhung der Einkommen der Bauernfamilien in Anatolien geführt haben. Nach offiziellen Angaben hat sich das Prokopfeinkommen verfünffacht. 1.500 Quadratkilometer landwirtschaftliche Fläche werden mit Wasser aus den Stauseen bewässert. Es besteht die Hoffnung, dass die landwirtschaftlichen Produkte zum Ausgangspunkt für den Aufbau einer Industrie werden. Die Turbinen der Kraftwerke erzeugen ein Drittel der Elektrizität in der Türkei. Damit soll ein dauerhafter wirtschaftlicher Aufschwung in diesem armen Teil der Türkei verbunden sein. Die türkische Regierung hofft, mit einem wirtschaftlichen Aufschwung die politische Basis der Aufstandsbewegung PKK endgültig zu beseitigen.

Auch strategisch ist das Wasser für die Türkei im Streben nach regionaler Vorherrschaft wichtig. In einer Analyse von Susanne Güsten und Thomas Seibert im „Tagesspiegel" vom 4. Dezember 2001 heißt es hierzu: „Die Türkei hat zwar keine Bodenschätze wie Öl oder Gas, doch noch wichtiger könnte sich ihr reichlichster Rohstoff erweisen – Wasser. Trinkwasser hat die Türkei zu einer wichtigen Macht im Nahen Osten gemacht …" Vor allem aber geht es der Türkei darum, die Voraussetzungen für den EU-Beitritt zu schaffen. Ugur Büyükhatipoglu, der Chef des Atatürk-Staudamms, wurde im Dezember 2004 in der Presse so zitiert: „Wenn ein Land so ein Projekt verwirklichen kann, ist es reif für die EU."

Der Bau der Staudämme ist international und in der Türkei selbst umstritten. Viele der Menschen, die für die Flutung der Stauseen umgesiedelt wur-

Der Atatürk-Staudamm gehört zu einem System von mehr als 20 Staudämmen, mit denen die Türkei das Wasser des Euphrat und Tigris für die Bewässerungslandwirtschaft einsetzen will. Diese intensive Nutzung geht zu Lasten der Nachbarstaaten Irak und Syrien – und zu Lasten der Natur in der ganzen Region einschließlich des Flussdelta.   (Foto: Helga Reisenauer)

den, stehen den Großprojekten der Regierung ablehnend gegenüber, haben sie doch nur einen sehr unzureichenden Ausgleich für ihre Vertreibung erhalten. Außerdem zeigt sich, dass der übermäßige Einsatz von Bewässerungswasser zu einer Versalzung der Böden führt. Das Wasser ist kostenlos und wird so im Übermaß auf die Felder geleitet, statt dass die teurere, aber nachhaltige Tröpfchenbewässerung eingesetzt wird. Außerdem ist das Wasser, das von den Feldern zurück in den Euphrat und Tigris geleitet wird, stark mit Agrarchemie belastet, ein Problem vor allem für die Nachbarn am Mittel- und Unterlauf der Flüsse. Jetzt wird über den Bau von Klärwerken nachgedacht, ein schwacher Trost für die heutigen Wassernutzer im Irak und in Syrien.

Viele internationale Finanzierungseinrichtungen und einige Baukonzerne wie der britische Balfour Beatty-Konzern haben sich aus den Vorhaben zurückgezogen, weil sie die ökologischen und sozialen Folgen des Gesamtprojekts anders einschätzen als die türkische Regierung und weil sie fürchten, dass ein Bau weiterer Staudämme die Konflikte mit den Nachbarstaaten Syrien und Irak verschärfen wird.

Zu den Kritikern gehört die „Erklärung von Bern", ein Schweizer Bürgerbündnis, dem vor allem Christinnen und Christen angehören. Angesichts des starken Engagements Schweizer Industrie- und Bankkonzerne an dem

Vorhaben in der Türkei und vor allem am geplanten Illisu-Staudammbau forderte die „Erklärung von Bern" im Oktober 2001 einen Rückzug aus diesem Projekt. Sie verwies auf ein Gutachten von internationalen Umwelt- und Umsiedlungsexperten, die zu einer negativen Einschätzung der Planungen gekommen waren. So sei der Umweltverträglichkeitsbericht für das Staudammvorhaben widersprüchlich, unvollständig und argumentiere voreingenommen. Ein Umsiedlungsplan fehle (es ist umstritten, wie viele Menschen umgesiedelt werden müssen, nach offiziellen türkischen Angaben sind es 10.000, nach anderen Schätzungen eine um das Mehrfache höhere Zahl). Zudem sei zu befürchten, dass Syrien und Irak in der trockenen Jahreszeit kein Flusswasser mehr bekämen. Diese und andere Gründe führten zu der folgenden Erklärung: „Die Erklärung von Bern fordert, dass die schweizerische Regierung, die ERG (schweizerische Exportgarantie) und die UBS (eine Schweizer Großbank) ihre soziale Verpflichtung wahrnehmen und dem Projekt aufgrund der Menschenrechtsverletzungen sowie der gravierenden ökologischen, sozialen und politischen Konsequenzen unverzüglich eine klare Absage erteilen und jegliche finanzielle Unterstützung ablehnen." Im März 2002 erklärte UBS, man werde sich aus der Finanzierung des umstrittenen Staudammprojekts zurückziehen. Als Grund wurde angegeben, man fürchte das „Reputationsrisiko".

Wenn der Ilisu-Staudamm gebaut wird, versinken nicht nur zahlreiche Kleinstädte und Dörfer in den Fluten des Tigris, sondern auch Hasankeyf, eine Stadt an der Seidenstraße, deren Geschichte und Bauwerke bis in die Antike zurückreichen. Heute ist sie ein muslimischer Pilgerort. Unvergessen ist international der Untergang der römischen Stadt Zeugma im Wasser eines Euphrat-Stausees im Jahre 2000. In der Garnisonsstadt an der Ostgrenze des Römischen Reiches lebten einst etwa 70.000 Menschen. Noch in buchstäblich letzter Minute wurde mit finanzieller Unterstützung eines amerikanischen Millionärs gerettet, was zu retten war, aber da stieg der Wasserstand des Stausees bereits stetig an. Das österreichische Bauunternehmen Verbundplan GmbH war nicht bereit, die Flutung zu stoppen. Sie hatte mit dem türkischen Staat einen so genannten BOT-Vertrag („build, operate, transfer") geschlossen. Das Unternehmen hat den Staudamm errichtet, kann 15 Jahre Gewinn mit der Elektrizität machen und übergibt das Bauwerk dann an den türkischen Staat. Um in der Laufzeit des Vertrages die Kosten zu amortisieren, zählt für das Unternehmen jede Woche. Dennoch wurde die Flutung doch für drei Tage unterbrochen. Der türkische Präsident Ecevit hatte seinen Besuch angesagt und wollte gern die berühmten Bodenmosaike sehen. Als er wieder abgereist war, versanken die einzigartigen Kulturdenkmale in den Fluten des Stausees.

Gegen den Bau des Ilisu-Staudamms hat sich inzwischen in der Türkei selbst und international Widerstand formiert. In Deutschland ist die Frage von Hermes-Bürgschaften zum zentralen Punkt der Auseinandersetzungen geworden. Im Dezember 2006 wurde bekannt, dass die Bundesregierung dem Bauunternehmen Züblin eine grundsätzliche Zusage für eine Hermesbürgschaft für die Beteiligung am Bau des Ilisu-Staudamms erteilt hat. Angeblich sollen bei dem Vorhaben die Umwelt geschützt und die Interessen der lokalen Bevölkerung beachtet werden. „Als Umwelt- und Menschenrechtsorganisation lassen wir uns nicht mit nicht nachprüfbaren Versprechungen ruhig stellen", betonte Heike Drillich von der globalisierungskritischen Organisation WEED bei einer Demonstration gegen staatliche Hermesbürgschaften für das umstrittene Vorhaben am 10. Februar 2007 in Berlin. Ercan Ayboga von der Bürgerinitiative gegen den Staudammbau in der überwiegend kurdisch besiedelten Südosttürkei betonte: „55.000 Menschen vor Ort fordern Mitsprachemöglichkeiten über ihr weiteres Schicksal. Die Bundesregierung darf ihre Rechte nicht mit Füßen treten." Praktisch niemand vor Ort befürworte das Projekt.

Birgit Cerha war für die konservative Wochenzeitung „Rheinischer Merkur" in Hasankeyf und kam mit eindeutigen Ergebnissen zurück. In ihrem Bericht unter dem Titel „Gefährliche Machtspiele" in der Ausgabe vom 14. Dezember 2006 steht unter anderem: „... wehren sich die meisten der 3.500 Bürger dieses einst so blühenden Ortes an der Seidenstraße gegen den vom Staat geplanten Untergang ... Der Ilisu-Staudamm, 1.800 Meter breit und 135 Meter hoch, soll den Tigris, einen der wenigen noch weitgehend unberührten Flüsse der Türkei, auf einer Breite von fast zwei Kilometern stauen ... Der kulturhistorisch wertvolle untere Teil von Hasankeyf soll mit 15 anderen Kleinstädten und 52 Dörfern in den Fluten ertrinken. Das am Staudamm geplante Kraftwerk soll eine Stromleistung von 1.200 Megawatt haben und damit den wachsenden Wohlstand in der Westtürkei garantieren."

Internationale Konflikte

Jeder neue Stausee bedeutet, dass weniger Wasser als früher im Irak und in Syrien ankommt, denn bei den hohen Temperaturen in der Region verdunstet sehr viel Wasser, und ein großer Teil des aufgestauten Wassers dient zur Bewässerung türkischer Felder. Die Türkei hat sich vertraglich verpflichtet, 500 Kubikmeter Euphratwasser pro Sekunde über die syrische Grenze zu leiten. Dieser Wert wird vermutlich eingehalten, als Durchschnittswert. Aber im Sommer, wenn die syrischen Bauern das Wasser dringend brauchen, kommt weniger über die Grenze, zu anderen Zeiten, wenn beiderseits der Grenze ein geringerer Bedarf besteht, mehr.

Diese Wasserpolitik der Türkei hat zur Konsequenz, dass die Entwicklungsmöglichkeiten der Landwirtschaft in den Nachbarstaaten Syrien und Irak ganz entscheidend eingeschränkt werden. Die Türkei beruft sich auf die Vereinbarungen mit beiden Staaten und interpretiert diese im eigenen Interesse. Die Nachbarn sind machtlos. Der Irak ist militärisch, politisch und wirtschaftlich so geschwächt, dass er sich dem türkischen Diktat beugen muss. Syrien hat versucht, die eigene Machtposition zu stärken und dafür unter anderem die PKK unterstützt, um die Türkei zu schwächen. Aber die dank der NATO hochgerüstete Türkei ist militärisch überlegen, und konnte Syrien zwingen, die Unterstützung für die PKK einzustellen. Syrien muss sich mit den Wassermengen zufrieden geben, die die Türkei übrig lässt. Die Türkei hofft auch dank der landwirtschaftlichen Expansion, den Anschluss an die EU zu finden und damit in den Club der „Sieger" der Globalisierung aufgenommen zu werden, während die Nachbarn froh sein können, dass ihnen die Wasserversorgung nicht ganz genommen wird.

Zu diesem politischen Kalkül gehört für die Türkei auch die Zusammenarbeit mit Israel, dem Feind Syriens. Diese Zusammenarbeit reicht so weit, dass Israel in Zukunft von der Türkei Trinkwasser beziehen wird, das am Fluss Manavgat gewonnen und per Tankschiff über das Mittelmeer transportiert werden soll. Eine Pipeline und ein Terminal für die Verladung des Flusswassers wurden schon gebaut. Umgekehrt verkauft Israel Rüstungsgüter wie Panzer und Kampfjets an die Türkei. Der Vertrag hat eine Laufzeit von 50 Jahren.

Die Türkei ist auch bereit, anderen Mittelmeeranrainerstaaten Wasser zu verkaufen. Der frühere türkische Staatspräsident Turgut Özel erklärte: „Einige Länder verkaufen Öl. Wir werden Wasser verkaufen." Syrien weigert sich, in Verkaufsverhandlungen einzutreten. Es fordert, dass die Türkei mehr Euphrat-Wasser über die Grenze fließen lässt, aber damit ist nicht zu rechnen.

Die Situation wird noch dadurch kompliziert, dass es auch zwischen Syrien und Irak zu Auseinandersetzungen um das Wasser des Euphrats gekommen ist. Als Syrien 1973 begann, den großen Assad-Stausee zu füllen, zog der Irak Truppen an der gemeinsamen Grenze zusammen, und es bedurfte intensiver Friedensbemühungen arabischer Staaten und der Sowjetunion, um einen Krieg zu verhindern. Und zusätzlich zu all diesen Problemen sind die Konflikte um das Wasser von Euphrat und Tigris untrennbar verwoben mit den übrigen Nahostkonflikten. Aber die drei Staaten des Flusseinzugsgebietes wissen um die Brisanz der Konflikte, und so gibt es inzwischen intensive Gespräche unter den Regierungen, um zu einvernehmlichen Lösungen zu gelangen. So besuchte der syrische Staatspräsident Baschar al-Assad im Januar 2004 die Türkei, der erste Besuch eines syrischen Staatsoberhaupts in Ankara. Dass auch der Handel zwischen beiden Staaten boomt (mit Zuwachsraten von bis zu 70 Prozent im Jahr), lässt hoffen, dass das Wasser die beiden Staaten eines Tages mehr verbindet als trennt.

Welche Auswirkungen die politischen und wirtschaftlichen Konflikte in der Region heute noch haben, zeigt sich im Mündungsdelta von Euphrat und Tigris. Der Garten Eden ist nicht wiederzuerkennen. Von der Schilfrohrlandschaft von der Größe Sachsen-Anhalts ist kaum noch etwas übrig. Das Feuchtgebiet wurde nach dem ersten Golfkrieg vom Regime Saddam Husseins systematisch trockengelegt, weil sich dort eine größere Zahl von schiitischen Rebellen versteckt hatte. Außerdem sollten Vorbereitungen für die leichte Erschließung der Ölquellen getroffen werden. Mit mehr als 30 Dämmen und Kanälen wurde das Wasser von Euphrat und Tigris umgeleitet und das Feuchtgebiet zu über 90 Prozent zerstört. Auch viele der ursprünglichen Dörfer wurden vernichtet. Eine Renaturierung ist sehr schwierig, schon deshalb, weil der Wind große Teile der oberen Bodenschichten weggetragen hat und der Versalzungsgrad der Oberfläche hoch ist. Erfreulicherweise zeigen die ersten Maßnahmen zur Wiederherstellung des Feuchtgebiets sehr positive Effekte. Nicht nur nimmt die Fläche des Marschlandes wieder zu, sondern auch die für diese Region typischen Tierarten kehren zurück. Manche Wissenschaftler sprechen schon vom „Wunder Mesopotamiens". Es wird allerdings auch darauf verwiesen, dass immer weniger Flusswasser im Delta ankommt, seit die Türkei, Syrien und der Irak immer mehr Wasser in Stauseen sammeln und für die Landwirtschaft einsetzen. Muss der Garten Eden wegen Wassermangels geschlossen werden?

Feuchtgebiete

„Seen und Moore, feuchte Wiesen und Wälder gehören zu den artenreichsten Ökosystemen. Zugleich speichern, filtern und reinigen sie unser wichtigstes Lebensmittel, das Trinkwasser." So beschreibt die Umweltschutzorganisation WWF auf ihrer Website, welch große Bedeutung Feuchtgebiete auf der Welt haben und warum es wichtig ist, sich in einem speziellen Programm für die Erhaltung dieser Ökosysteme zu engagieren.

Die Feuchtgebiete sind in aller Welt oft der einzige oder einzig verbliebene Lebensraum für zahlreiche Tier- und Pflanzenarten. Sie haben aber auch in den Wasserkreisläufen eine zentrale Bedeutung, weil sie große Mengen Regenwasser speichern, das entweder in den Boden sickert und zu Grundwasser wird oder langsam an Bäche und Flüsse abgegeben wird. Ein gutes Beispiel sind die riesigen Sumpfgebiete und Seen am Oberlauf des Weißen Nils, die dafür sorgen, dass nach starken Niederschlägen nicht plötzlich sehr viel Wasser in den Fluss eingespeist wird. Die Feuchtgebiete sind also auch wichtig für die Flutregulierung, eine Funktion, die oft erst erkannt wird, wenn diese Ökosysteme zerstört sind. In ariden Gebieten sorgen die Feuchtgebiete dafür, dass nach plötzlichen heftigen Regenfällen das Wasser nicht sofort abfließt, sondern in der Region bleibt und für lange Trockenzeiten zur Verfügung steht. Außerdem reinigen die Feuchtgebiete das Wasser von Schadstoffen, jedenfalls so lange, wie nicht giftige Chemiecocktails in großen Mengen eingeleitet werden. Manche biologischen Pflanzen-Klärsysteme leisten das im Kleinen, was die Feuchtgebiete seit Jahrtausenden in der Natur vollbringen. Schließlich ist die Bedeutung der Feuchtgebiete für das lokale Klima zu erwähnen. So können sie in der Nähe von Großstädten dazu beitragen, dass sich die Luft weniger stark erwärmt, als das im Stadtklima sonst üblich ist.

Bedrohte Feuchtgebiete in Deutschland und anderen Teilen der Welt

An Flussufern sind in Deutschland noch einige Auenwälder erhalten, die mühelos damit fertig werden, dass sie zeitweise meterhoch im Wasser stehen. Auch andere Feuchtwälder, etwa in Moorgebieten, gedeihen, auch wenn sie von Zeit zu Zeit „nasse Füße" bekommen. Baumarten wie Erlen, Weiden und Pappeln sind in diesen Wäldern in großer Zahl zu finden. Es gibt eine Vielzahl von Pflanzen- und Tierarten, die sich den Lebensbedingungen im Feuchtwald ideal angepasst haben. So nistet zum Beispiel der Kranich gern in diesen Wäldern, und auch Moorfrösche und Ringelnattern kommen hier in großen Zahlen vor. Leider ist ein Großteil der Feuchtwälder in Deutschland mit Entwässerungsmaßnahmen zerstört worden, um Land für den

Ackerbau, für Fischteiche oder für eine unter kommerziellen Gesichtspunkten erfolgreiche Waldwirtschaft zu schaffen.

Umweltschutzorganisationen wie der WWF kaufen in Deutschland teilweise zerstörte Feuchtwaldgebiete auf und versuchen, sie wieder in intakte Ökosysteme zu verwandeln, etwa durch das Schließen von Entwässerungsgräben. Ähnliche Programme gibt es für verbliebene Feuchtwiesen, die ebenfalls durch Entwässerungsmaßnahmen bedroht sind. In den letzten Jahrhunderten sind auch die hiesigen Moore systematisch zerstört worden, um Torf zu gewinnen und landwirtschaftliche Nutzflächen zu schaffen. Von den ursprünglich 500.000 Hektar Hochmoorflächen in Deutschland sind noch etwa 30.000 Hektar übrig. Ausgerechnet auf großen deutschen Truppenübungsplätzen finden sich heute noch große Feuchtgebiete, die es zu erhalten gilt, wenn die Bundeswehr diese Flächen nicht mehr benötigt.

Zu den weltweit beeindruckendsten Feuchtgebieten gehören die Everglades in Florida, das von den ursprünglichen Bewohnern „Pa-hay-okee" genannt wurde, Fluss aus Gras. Der Fluss, der durch das größte Feuchtgebiet der USA fließt, verzweigt sich in zahllose kleine Wasserwege. Das Wasser legt nur 30 Meter am Tag zurück und braucht deshalb vier Jahrzehnte, bis es den Golf von Mexiko erreicht. In der Nähe der Küste wird das Flusswasser zu Brackwasser, also eine Mischung von Süß- und Salzwasser. Hier haben sich große Mangrovenwälder gebildet. Weiter im Landesinneren sind Zypressensümpfe und eine flache Binsengraslandschaft entstanden. Mitten in den Sumpfgebieten haben sich kleine Inseln gebildet, auf denen Mahagoni und andere Hartholzbäume wachsen. In den Everglades leben mehr als 50 Meeres- und Landsäugetierarten, über 50 Reptilienarten, 300 Vogel- und 500 Fischarten. Zu den größten Tieren gehören die bis zu 300 Kilogramm schweren Meeresschildkröten, die bis zu sechs Meter langen Amerikanischen Alligatoren, die Seekühe und die Florida-Panther. Die vielfältige Pflanzenwelt reicht von Orchideen bis zu Königspalmen.

Die zunehmende Besiedlung der Randgebiete der Everglades und eine steigende Umweltbelastung gefährden dieses ebenso vielfältige wie empfindliche Ökosystem. Dass US-Pioniere in den 40er Jahren des 20. Jahrhunderts die natürlichen Zuflüsse der Everglades verschlossen, um das Gebiet einer ertragreichen landwirtschaftlichen Produktion zuzuführen, wirkt bis heute nach. Im Nordteil der Everglades wurden zudem Zuckerrohrfarmen angelegt, die den natürlichen Wasserhaushalt zerstörten. Auch die Pestizide und Düngemittel einer intensiven Bewässerungslandwirtschaft fließen in die Everglades. Zudem dehnen sich die Großstädte Miami und Orlando immer weiter in das ursprüngliche Gebiet der Everglades aus. Die US-Administration versucht nun mit einem 8,4-Milliarden-Dollar-Programm die Everglades wieder in ihren natürlichen Zustand zu bringen. Genauer muss man sagen, dass es allenfalls noch um ein Siebtel der ursprünglichen Fläche geht, das als Naturschutzgebiet vor einer völligen Entwässerung und Besiedlung bewahrt werden soll. Aber die Everglades waren ein so komplexes Ökosystem, dass Zweifel bestehen, ob die vorgesehene Summe für dieses Vorhaben ausreicht.

Im Süden der Welt hat die systematische Zerstörung von Feuchtgebieten später begonnen als in Europa und Nordamerika, aber dieser Prozess hat inzwischen ein beängstigendes Tempo angenommen. So sind in nur 30 Jahren vier Fünftel der Feuchtgebiete an der Küste der Philippinen zerstört oder schwer geschädigt worden. Zu einem solchen Zerstörungswerk tragen Entwicklungsprojekte wie die Umwandlung von Feuchtgebieten in Flächen für die Bewässerungslandwirtschaft wesentlich bei. Auch wirkt sich der Entzug von immer mehr Flusswasser für die städtische Trinkwasserversorgung und Bewässerungsprojekte zerstörend auf die Feuchtgebiete in den Deltaregionen großer Flüsse aus. Dies gilt zum Beispiel für die Zuflüsse des Aralsees (siehe Abschnitt Aralsee). Dabei sind die Feuchtgebiete nicht nur für die Tier- und Pflanzenwelt unverzichtbar, sondern selbst unter wirtschaftlichen Gesichtspunkten wichtig für die Menschen. Ein Beispiel ist das Pantanal-Feuchtgebiet in der Grenzregion von Brasilien, Paraguay und Bolivien, das drei Mal so groß wie Irland ist und wo bis zu acht Millionen Stück Vieh grasen. In vielen anderen Feuchtwäldern und Sümpfen findet die lokale Bevölkerung reichlich Beute zum Jagen und zum Fischen. In den letzten Jahrzehnten sind Feuchtgebiete wie das 30.000 Quadratkilometer große Okavanga-Delta in Botswana zu wichtigen Zielen für den Tourismus geworden. Und wenn die Besucher nicht wie in den Everglades mit lautstarken „Airboats" durch die Naturschutzgebiete rasen, lässt sich ein Zusammenleben von Menschen und Tieren in solchen Regionen durchaus erreichen.

Dass Feuchtgebiete eine spirituelle Bedeutung haben, lässt sich selbst aus einem Arbeitspapier der Weltbank zu „Wetlands Management" entnehmen, das 2003 erschienen ist. Darin heißt es: „Feuchtgebiete haben Möglichkeiten zur spirituellen Bereicherung und Erholung geboten … Feuchtgebiete haben eine bedeutende Rolle in der Entwicklung vieler Zivilisationen gespielt, ihre historische Bedeutung ist enorm. In manchen Regionen sind viele Generationen in der Nähe von oder in Feuchtgebieten aufgewachsen, die ein wichtiges Merkmal ihrer Kunst, Literatur und Religionen geworden sind."

Bedrohte Mangrovenwälder

Ökologisch besonders wichtig und zugleich besonders bedroht sind die Mangrovenwälder in den tropischen Küstengebieten. Sie haben sich auf unterschiedlich hohe Wasserstände und das Brackwasser eingestellt, das durch die Mischung von Meeres- und Süßwasser in den Küstenregionen entsteht. In den Luft- und Stelzwurzeln der Mangroven finden viele Jungfische in den ersten Wochen ihres Lebens Schutz vor Raubfischen und zugleich reichlich Nahrung, sodass die Mangrovenwälder so etwas wie die Kinder-

Mangrovendickicht in Ecuador – diese Feuchtgebiete ermöglichen Jungfischen ein Überleben und sind auch als Lebensraum für Tausende Pflanzen und Tiere unverzichtbar. Die Tsunami-Katastrophe in Asien hat zudem gezeigt, wie groß die Bedeutung der Mangroven für den Schutz der Küsten und der Küstenbewohner ist.
(Foto: EMW-Archiv/Norbert Schnorbach)

gärten des Meeres sind. Für die Bevölkerung in den Küstenregionen sind die Wälder wichtig für die Holzgewinnung zum Hausbau und als Brennholz. Auch finden sie in den Wälder Früchte und Heilpflanzen. Mangrovenwälder schützen die Küstenregionen vor schwere Schäden durch Stürme und verhindern, dass die obere Bodenschicht ins Meer gespült wird. So verliert Vietnam nach der Zerstörung vieler Mangrovenwaldgebiete durch die US-Armee mit dem Herbizid „Agent Orange" heute große Küstenflächen an das Meer und hat mit einer systematischen Wiederaufforstung begonnen.

Die Tsunami-Katastrophe vom 26. Dezember 2004 hätte sich nach Auffassung der „World Conservation Union" weniger verheerend ausgewirkt, wenn nicht so viele Mangroven zerstört worden wären. Dies gilt besonders für die Touristenzentren, die in früheren Küstenwaldgebieten angelegt wurden, und wo nur noch einzelne Bäume übrig gelassen wurden und die Küste in einen langen Strand verwandelt wurde. Dort, wo die Mangrovenwälder noch weitgehend intakt waren, haben sie wie Wellenbrecher gewirkt und die Zahl möglicher Opfer und den Umfang der Schäden stark reduziert. Dies war zum Beispiel in Sri Lanka auch die Beobachtung der lokalen Bevölkerung, die im Schutz der Mangrovenwälder lebt. Abgesehen von besonders stark betroffenen Gebieten auf Sumatra haben die Mangrovenwälder selbst weniger Schaden genommen, als man befürchten musste. Das Fazit in einer Erklärung der „World Conservation Union" vom 7. Januar 2005: „Mangrovenwälder, die sich im Tidegebiet zwischen See und Land befinden, haben eine vitale Rolle bei der Stabilisierung der Küstenlinien und zum Schutz gegen Tsumanis, Zyklone und andere extreme Wetterereignisse."

Auch diese Erfahrung ist ein Grund dafür, die Mangrovenwälder zu erhalten oder wieder herzustellen. Auf der südphilippinischen Insel Samal unterstützt die deutsche Umweltinitiative „Rettet den Regenwald" die Wiederherstellung eines Mangrovenwaldes. Das ist ein mühsames Unternehmen, denn in einem intakten Mangrovenwald wachsen junge Bäume oft in der zweiten Reihe im Schutz großer Mangroven. Bei der Neuanpflanzung sind sie aber schutzlos Meereswellen, Stürmen und Treibholz ausgesetzt. Auch Plastikmüll und andere Umweltbelastungen behindern das Entstehen eines neuen Waldes. Aber immerhin sind in drei Jahren schon mehrere Tausend Setzlinge angewachsen und haben eine Größe von 1,50 Meter erreicht. „Rettet den Regenwald" kann auf Samal mit der staatlichen Umweltbehörde zusammenarbeiten, deren gewachsene Sensibilität für die Bedeutung des Mangrovenwaldes auch darin zum Ausdruck kommt, dass die noch intakten Waldgebiete geschützt werden und zum Beispiel der Erweiterungsantrag einer Fischfarm abgelehnt wurde, weil damit eine Zerstörung von Mangroven verbunden gewesen wäre.

Shrimps-Farmen – eine Bedrohung von Feuchtgebieten

Der weltweit rasch wachsende Shrimps-Konsum hat zur Zerstörung der Mangrovenwälder wesentlich beigetragen. Von Ecuador bis Bangladesch sind die Bäume abgeholzt worden, um Platz für Shrimps-Farmen zu machen. Dabei ist die Zerstörung der üppigen Wälder an den Ufern tropischer Meere und Flüsse überall verboten, aber wo lukrative Geschäfte mit den Shrimps (auch Garnelen genannt) winken, finden sich immer Unternehmer, die Beamte bestechen, und Beamte, die das Geld annehmen und das Zerstörungswerk ignorieren.

In Ecuador sind bereits zwei Drittel der Mangrovenwälder verschwunden. Damit geht eine Verarmung der lokalen Bevölkerung einher, etwa der Muschelsammler am Fluss Bolivar. Als Folge der Zerstörung von Uferzonen und des massiven Einsatzes von Tiermedikamenten auf den Shrimps-Farmen ist der tägliche Ertrag der Muschelsammler auf weniger als ein Drittel gesunken. Außerdem verlieren die natürlich vorkommenden Shrimps mit den Mangrovenwäldern ihren Lebensraum.

Vor ähnlichen Problemen stehen die Menschen in den Mangrovengebieten an der Südküste von Bangladesch, die Sundarbarns. Auch hier entstehen immer mehr Shrimps-Farmen, und die ursprüngliche Bevölkerung wird vertrieben, nicht selten mit Gewalt. Die Nutzung von Meerwasser für die Zucht-

teiche hat eine Versalzung des Bodens zur Folge. Der Einsatz von großen
Mengen Pestiziden und Tiermedikamenten schädigt die Umwelt im weiten
Umkreis der Shrimps-Farmen. Nach acht bis zehn Jahren müssen die Teiche
aufgegeben werden, und das nächste Stück Mangrovenwald wird vernichtet.
Versalzung und Vergiftung des Bodens machen es unmöglich, diese Fläche
anschließend landwirtschaftlich zu nutzen. Umso erschreckender ist es, dass
die Shrimps-Farmen in Asien ursprünglich von der Welternährungsorganisation
sation WHO und der Weltbank kräftig gefördert worden sind, weil die Hoffnung bestand, mit den Garnelen den Eiweißmangel der unterernährten
Bevölkerung zu beseitigen. Aber rasch zeigte sich das, was man sich schon
vorher hätte überlegen können: Den Armen fehlte das Geld zum Kauf der
Garnelen. Stattdessen wurden sie zu einem wichtigen Exportartikel in reiche
Länder.

Es lohnt sich, sich vor einem Kauf näher nach der Herkunft der Shrimps
zu erkundigen, zum Wohle der Umwelt, der Menschen in den Küstenregionen der Tropen – und der eigenen Gesundheit, denn wer möchte mit den
schmackhaften Meerestieren zugleich einen Chemiecocktail zu sich nehmen.
Wie groß diese Gefahr ist, wurde deutlich, als im Herbst 2002 in Shrimps,
die nach Deutschland importiert wurden, das Krebs erregende und verbotene
Antibiotikum Nitrofuran gefunden wurden. Im Januar 2002 erschien in der

Wie hier in Esmeralda/Peru sind in vielen tropischen Küstengebieten die Mangrovenwälder zerstört worden, um Platz für Shrimps-Farmen zu schaffen. Große Pumpanla-
gen sorgen dafür, dass die Teiche mit Meerwasser versorgt werden. Dies hat eine Versalzung der Böden zu Folge.   (Foto: EMW-Archiv/Norbert Schnorbach)

Zeitschrift „Ökotest" der Bericht über eine Untersuchung, in der in 7 von 20 Shrimps-Produkten das bei uns verbotene Antibiotikum Chloramphenicol nachgewiesen wurde. Greenpeace hat ein Verkaufsverbot für derart belastete Shrimps-Produkte gefordert.

Michael Netzhammer schrieb in einem Beitrag der Zeitschrift „Eine Welt" über Shrimps-Farmen in Ecuador Anfang 2001: „Sinnvoll – das sind sich die Umweltorganisationen einig – wäre eine Krabbenzucht, die sich auf ausgewiesene Gebiete beschränkt, die den Küstenbewohnern Raum zum Leben lässt und die als Ziel nicht kurzfristige Gewinne formuliert, sondern ökologische Standards einzuhalten bereit ist. Darüber entscheiden nicht zuletzt die Konsumenten in Deutschland. Schauen sie wie bisher hauptsächlich auf den Preis, unterstützen sie damit jene, die sich zugunsten einer billigen Produktion über soziale und ökologische Bedenken hinwegsetzen."

Es gibt Alternativen zu dieser zerstörerischen Produktion von Billig-Shrimps für den Weltmarkt. So ist es Cesar Ruperti gelungen, in Ecuador die erste ökologische Shrimps-Farm der Welt aufzubauen, für die keine Mangroven zerstört werden und die keine Pestizide einsetzt. Er hatte von seinem Vater eine konventionelle Shrimps-Farm geerbt und erkannt, dass eine solche Shrimps-Zucht wegen des massiven Chemieeinsatzes vor unlösbaren Problemen stand. Er entschloss sich deshalb, Methoden einzuführen, die in Einklang mit der Natur standen. Seine Nachbarn waren skeptisch, aber nach einigen anfänglichen Rückschlägen gelang es Ruperti, einen wirtschaftlich erfolgreichen ökologischen Betrieb aufzubauen. Während in konventionell betriebenen Teichen bis zu 100 Garnelen pro Quadratmeter wachsen sollen, sind es bei Ruperti nicht mehr als 20. Antibiotika und andere Chemikalien sind Tabu, ebenso Fischmehl als Nahrung. Ruperti setzt mit Erfolg pflanzliche Proteine ein, um die Garnelen aufzuziehen und hat dafür inzwischen auch die richtige Mischung gefunden.

Ein wichtiger Schritt auf dem Weg zu wirtschaftlichem Erfolg war die Zertifizierung als ökologisch arbeitende Shrimps-Farm durch den deutschen Öko-Verband „Naturland". Der entwickelte für diesen Zweck ökologische Richtlinien für Aquakultur-Betriebe. In Ecuador selbst, aber zum Beispiel auch in Vietnam und Indonesien, wächst die Zahl der Betriebe, die nach ökologischen Prinzipien arbeiten und dies zertifizieren lassen wollen. Es ist ein Markt für Öko-Shrimps entstanden, der stetig wächst. Cesar Ruperti hat mittlerweile auch begonnen, Mangroven zu pflanzen, um den Schaden auszugleichen, den sein Vater beim Anlegen der Shrimps-Farm verursacht hatte.

Initiativen zur Erhaltung von Feuchtgebieten

Die Fläche der Feuchtgebiete auf der Welt wurde im 20. Jahrhundert halbiert. In dieser Situation gewinnen selbst von Menschen geschaffene Feuchtgebiete wie Reisfelder oder Kanäle eine große Bedeutung als Rückzugsräume für bedrohte Tier- und Pflanzenarten. Seit Anfang der 1970er Jahre wird international verstärkt versucht, die noch bestehenden Feuchtgebiete zu erhalten. 1971 trafen sich in der iranischen Stadt Ramsar Regierungsvertreterinnen und -vertreter und unterzeichneten am 2. Februar 1971 eine Konvention über den Schutz der Feuchtgebiete. Der 2. Februar ist seither der Weltfeuchtgebietetag. Das Abkommen wurde bis heute von mehr als 150 Ländern der Welt unterzeichnet und damit zu verbindlichem Recht erklärt. Zu den Pflichten der Unterzeichnerstaaten gehören unter anderem die Anmeldung von mindestens einem Gebiet für die „Liste international bedeutender Feuchtgebiete" und der Schutz der angemeldeten Gebiete. Die Ramsar-Konvention schuf die Grundlage dafür, dass heute mehr als 1.600 Feuchtgebiete in aller Welt wegen ihrer internationalen Bedeutung unter Schutz gestellt worden sind. Im Januar 2007 betrug die Gesamtfläche der geschützten Feuchtgebiete etwa 146 Millionen Hektar, das entspricht der Größe Südafrikas. Größtes Schutzgebiet ist das Okawango-Delta in Botswana mit einer Fläche von fast sieben Millionen Hektar.

Die Staaten verpflichten sich zu einer „wohlausgewogenen Nutzung" („wise use"). Bei einer Konferenz der Vertragsstaaten in Regina/Kanada im Jahre 1987 verständigte man sich auf folgende Definition: „Unter wohlausgewogener Nutzung von Feuchtgebieten ist ihre nachhaltige Nutzung zum Wohle der Menschheit in einer mit dem Erhalt der Naturgüter des Ökosystems im Einklang stehenden Weise zu verstehen." Es gilt, einen Einklang zwischen Erhaltung und nachhaltiger Nutzung zu erreichen. Dafür ist eine Förderung des Bewusstseins in der Bevölkerung für die Bedeutung des jeweiligen Feuchtgebiets ebenso erforderlich wie eine Mitsprache und Mitwirkung dieser Menschen an der Verwirklichung schonender Nutzungsarten. Zu den Konferenzen der Vertragsstaaten muss jeder einzelne Staat einen Bericht darüber vorbereiten, wie das Abkommen umgesetzt worden ist, zum Beispiel, welche Schutzmaßnahmen ergriffen worden sind. Österreich gehört zu den Ländern, die sich auf vielfältige Weise um die Umsetzung des Ramsar-Konvention sowie Bildungsarbeit zu dieser Thematik bemühen. Das Lebensministerium hat eine Website zu dieser Thematik eingerichtet (www. feuchtgebiete.at).

Flaschenwasser

„Coca-Cola zapft Mineralwasser aus der Leitung" – so lautete am 3. März 2004 eine Überschrift in der „Financial Times Deutschland". In dem Beitrag wird dann über das stille Wasser „Dasani" ausgeführt: „Es handelt sich um schlichtes Leitungswasser. Dieses Eingeständnis hat in Großbritannien zu einem beispiellosen PR-Desaster geführt." Es kam noch schlimmer für Coca-Cola. Die Firma gab an, das Wasser aufwendig zu behandeln. Zuerst würden alle Mineralien, Chemikalien und andere Schadstoffe entfernt, dann neue Mineralien hinzugesetzt, um einen „erfrischenden" Geschmack zu erzielen. Da in England vorgeschrieben ist, dass alle Mineralwässer Calcium enthalten müssen, wurde auch Calciumchlorid zugesetzt, und das enthielt einen hohen Anteil Bromid. Bromid gilt aber als Krebs erregend, und so sah Coca-Cola sich gezwungen, eine halbe Million Dasani-Flaschen zurückzurufen.

Das „Manager-Magazin" berichtete Anfang März 2004 über das Coca-Cola-Produkt „Bonaqa", das vom Hersteller als Tafelwasser der Spitzenklasse angepriesen wird. Die wichtigsten Merkmale seien „sein klarer, abgerundeter Geschmack", so das Unternehmen. Das Wirtschaftsmagazin erläuterte dazu: „Bonaqa, für das der prominente TV-Entertainer Johannes B. Kerner als Werbefigur in den Ring stieg, ist ein Tafelwasser, das zu 99,9 Prozent aus normalem Leitungswasser besteht und von den regionalen Wasserwerken geliefert wird. Beispiel Soest: Das Coca-Cola Werk ist eines von zehn Abfüllbetrieben für Bonaqa in Deutschland. Es wird von den Stadtwerken Soest mit gechlortem Leitungswasser beliefert …"

Flaschen mit dem vielversprechenden Etikett Tafelwasser dürfen in Deutschland eine Mischung unterschiedlichster Wässer enthalten. Die billigste Art, die Flaschen zu füllen, besteht in der Verwendung von Leitungswasser. Der einzige größere Aufwand besteht dann darin, die potenziellen Kundinnen und Kunden zu überzeugen, dass sie zur Flasche greifen sollen, statt den Wasserhahn aufzudrehen – und dies, obwohl Flaschenwasser bis zu 1.000 Mal so teuer ist wie Leitungswasser.

An natürliches Mineralwasser werden in Deutschland höhere Anforderungen gestellt. Es muss aus einer einzigen Quelle stammen, und das Wasser muss im natürlichen Zustand Mineralien enthalten. An Quellwasser wird nur die Anforderung gestellt, dass das Wasser aus einer einzigen Quelle stammen muss. Heilwasser muss besonders hohe Anforderungen erfüllen.

Wasser aus der Flasche – gut für die Gesundheit und die Umwelt?

Die Anbieter des Flaschenwassers schwimmen auf der Wellness- und Lifestyle-Welle. Gern werden die Reichen und die Schönen der Welt mit dem teuren Wasser aus der Flasche in Verbindung gebracht. So wird in den Medien gestreut, dass Racquel Welch ihr Haar mit Evian-Wasser wäscht und Michael Jackson badet sogar darin – aber diese Nachricht ist seit dem Gerichtsverfahren gegen ihn vielleicht nicht mehr für eine PR-Aktion geeignet. Es werden auch religiöse Themen aufgegriffen, wenn es in der Werbung beispielsweise heißt: „Aquarel von Nestlé. Quelle des Lebens", „Römerwall: So rein wie das Wasser im Paradies" oder „Das Wasser des Lebens. Prickelnd. Reginaris".

Verschiedene Untersuchungen haben ergeben, dass das Trinken von Mineralwasser in der Regel nicht mehr zu empfehlen ist als der Genuss des viel preiswerteren Leitungswassers. Von der Weltgesundheitsorganisation WHO über die Umweltorganisation WWF bis zum Umweltbundesamt weisen viele Organisationen darauf hin, dass Flaschenwasser oft keine bessere Qualität hat als das Wasser aus der Leitung. Die Nachrichtenagentur Reuters berichtete am 1. November 2004 über eine Studie der Gesundheitsabteilung der Universität Nijmegen, bei der Flaschenwasser aus neun europäischen und sieben nicht-europäischen Ländern analysiert wurde. In 40 Prozent der Proben wurden beträchtliche Belastungen durch Bakterien oder Pilze gefunden. Doktor Rocus R. Klont sagte zu den Ergebnissen: „Wir fanden einen hohen Grad bakterieller Kontamination in kommerziellem Flaschen-Mineralwasser." Weitere kritische Analysen könnten hier noch zitiert werden, die zumindest starke Zweifel aufkommen lassen, ob Mineralwasser tatsächlich gesünder als Wasser aus der Leitung ist.

Schmeckt Wasser aus der Flasche besser als Wasser vom örtlichen Wasserwerk? Die Zeitung „Der Standard" in Österreich lud Ende März 2004 zu einem Geschmackstest des norwegischen Edelwassers „Voss" (Norwegisch „Wasserfall"). „Schmeckt exakt wie Wasser" gehörte zu den freundlichsten Reaktionen, aber auch die Bemerkung „Leitung schmeckt frischer" war zu hören. Dabei kostet jede 0,4 Liter-Flasche in einem Wiener Geschäft um zwei Euro. Im Beitrag des „Standard" vom 2. April 2004 über den Test heißt es dann: „Das Konzept ‚Designerwasser' blieb den (sich an die Stirn tippenden) Voss-Verkostern verschlossen." Zum Thema Geschmack von Mineralwasser schrieb die Stiftung Warentest in einer Meldung vom 24. Januar 2002: „Schaler Beigeschmack: Fast die Hälfte der Wässer schmeckte nach Acetaldehyd, Kunststoff oder Karton. Schuld sind die Flaschen oder Verschlüsse." Besonders geschmacksbelastet ist Mineralwasser, das in PET-Flaschen geliefert wird. Der Test erbrachte weitere kritische Ergebnisse, sodass der Testbericht in der Februarausgabe 2002 der Zeitschrift „test" den Titel „Ein trübes Ergebnis" hatte.

Gerade in Ländern des Südens ist das Flaschenwasser nicht immer von gesundheitlich unbedenklicher Qualität. Das gilt besonders dann, wenn die Flaschen einfach im nächsten Fluss gefüllt werden. Die internationalen Marken wie „Pure Life" profitieren davon, dass sie zu Recht im Ruf stehen, gesundheitlich unbedenklich zu sein und preisen ihre Wasser gern als ideal für die Zubereitung von Babynahrung an. Allerdings, dieser Ruf erhielt einen Schlag, als Perrier 1990 weltweit 280 Millionen Flaschen zurückrief, weil in Flaschen Benzolreste entdeckt worden waren. Die Rückholaktion kostete 133 Millionen Dollar – globale Wirtschaftsmacht hat einen Preis, diesmal für die Produzenten des edlen Wassers.

Die Ökobilanz von Flaschenwasser ist sehr ungünstig. Für die Produktion der Flaschen wird allein 1,5 Millionen Tonnen Plastik im Jahr verbraucht. Hinzu kommt der Aufwand für die Herstellung der Glasflaschen. Auch die Transportkosten sind zu berücksichtigen, nicht zuletzt der Transport der Flaschen der Edel-Marken in Nachbarländer oder auf andere Kontinente. Ein Viertel aller Flaschen überschreitet mindestens eine Landesgrenze, bevor es die Käufer erreicht. Die Wiederverwendungsrate ist in vielen Ländern gering, und wo es erfolgt, entsteht ein erheblicher Aufwand an Reinigungsmitteln und Wasser, bevor die Flaschen erneut gefüllt werden können.

Angesichts der heutigen Produktions- und Vertriebsformen kann die Perspektive nur erschrecken, dass die globalen Marktführer Nestlé, Danone, Coca-Cola und PepsiCo viele Hundert Millionen Dollar einsetzen, um die Menschheit zu überzeugen, dass das wahre Leben nicht ohne Wasser aus der Flasche zu denken ist. Matt Philips von „Friends of the Earth" vertritt die Auffassung: „Flaschenwasser ist ein ökologischer Wahnsinn. Es ist völlig absurd, dieses sehr schwere und zugleich preiswerte Produkt in Flaschen zu füllen, die fast so viel wie der Inhalt wiegen, und das Ganze dann um die Welt zu schicken."

Der weltweite Siegeszug des Flaschenwassers

Menschen in allen Kulturen der Welt sind inzwischen davon überzeugt worden, mit dem Kauf von Flaschenwasser etwas für ihre Gesundheit zu tun, selbst dann, wenn das Wasser aus der Leitung eine hohe Qualität hat. Dies ist ein Erfolg des gewaltigen Werbeaufwandes der Produzenten. Flaschenwasser ist zum Statussymbol geworden, wird mit Sauberkeit, Reinheit und den geradezu magischen Kräften von Quellen und Flüssen in Verbindung gebracht. Da die reinen Produktionskosten minimal sind (die Flaschen sind teurer als ihr Inhalt), kann viel Geld für eine Werbung ausgegeben werden, die auch noch die abgelegensten Dörfer der Welt mit der Botschaft erreicht: Das wirklich gute Wasser kommt in Flaschen. Die Coca-Cola-Flasche als Symbol des globalen „Supermarktes" hat Verwandte bekommen, die leicht blau getönten Kunststoffflaschen, die mit Wasser gefüllt in großen Batterien vor den Läden stehen und geleert die Straßenränder dieser Erde säumen.

Es gibt kaum einen anderen Lebensmittelbereich, der weltweit so rasch expandiert wie der Verkauf von Flaschenwasser. 2004 wurden 154 Milliar-

den Liter Wasser in Flaschen verkauft, eine Steigerung von 57 Prozent in
fünf Jahren (so das Ergebnis einer Untersuchung des Earth Policy Institute,
die im Februar 2006 veröffentlicht wurde). Davon entfallen allein 26 Milliarden Liter auf die USA, gefolgt von Mexiko mit 18 Milliarden Liter. Flaschenwasser ist mittlerweile ein Geschäft von mehr als 40 Milliarden Euro.
Deutschland kam mit etwas mehr als 10 Milliarden Litern nach China, Brasilien und Italien auf Platz sechs. Der Prokopfverbrauch ist in Italien mit
184 Litern im Jahr am höchsten, das entspricht zwei Gläsern am Tag. Ver-
brauchte ein durchschnittlicher Bundesbürger in den 70er Jahren erst
12,5 Liter Mineral- und Heilwasser im Jahr, so ist dieser Wert bis 2003 auf
128 Liter gewachsen.

Beherrscht wird der globale Markt von Nestlé (Schweiz), Danone (Frankreich) und den US-Konzernen Coca-Cola und PepsiCo. Wie hart der Konkurrenzkampf unter diesen „global players" ist, deutet diese Überschrift in
der „Financial Times Deutschland" vom 4. Dezember 2003 an: „Coca-Cola
will Nestlé und Danone das Wasser abgraben". Neben den vier großen Konzernen gibt es viele Hundert lokale Anbieter von Flaschenwasser. Angesichts
der Liberalisierung zahlreicher Volkswirtschaften gelingt es den „global
players" immer häufiger, die kleinen Konkurrenten aufzukaufen. Oft bleiben
die Marken erhalten, und wer ahnt zwischen Flensburg und Durban schon,
dass so unterschiedliche Marken wie Perrier, Vittel, Fürst Bismarck Quelle
und San Pellegrino alle zu einem Konzern gehören: Nestlé. Binnen vier Jahren kaufte Nestlé Ende der 90er Jahre und Anfang des neuen Jahrhunderts
weltweit 32 Konkurrenten im Flaschenwasserbereich.

Von 1997 bis 2002 hat sich die Zahl der verkauften Wasserflaschen in
den USA von 3,3 Milliarden auf 15 Milliarden erhöht. Betrug die Recyclingrate Mitte der 1990er Jahre mehr als 50 Prozent, so sind es inzwischen
weniger als 20 Prozent. 40 Millionen Flaschen landen inzwischen täglich im
Müll. Die Märkte im Süden der Welt sind ebenfalls lukrativ. In Südafrika
wächst der Flaschenwassermarkt um jährlich 20 Prozent. Deshalb hat Coca-
Cola Anfang 2003 die erfolgreichste lokale Marke Valpré gekauft. Die
nächsterfolgreiche Marke Valvita ist Teil des Nestlé-Imperiums.

Der asiatische Markt wird erobert

Wegen der wachsenden relativ kaufkräftigen Mittelschichten und der oft
relativ schlechten Qualität des Leitungswassers gilt Asien als der Zukunfts-
markt für Flaschenwasser. Deshalb waren die 90er Jahre dadurch geprägt,
dass Danone und Nestlé zwischen China und Indonesien zahlreiche neue
Betriebe eröffneten und kleinere Konkurrenten aufkauften.

Seit Ende der 90er Jahre versucht Nestlé, international ihre preiswerte
Marke „Pure Life" durchzusetzen. Pakistan war ein Testmarkt, auf dem die
neue Marke mit großem Werbeaufwand eingeführt wurde. Auf riesigen

Transparenten war zum Beispiel zu lesen: „Pure Life. Pure Trust. The ideal water. From Nestlé with love." Den Werbeaufwand des Schweizer Konzerns konnten sich die lokalen Konkurrenten nicht leisten. Außerdem gelang es Nestlé, ein landesweites Vertriebssystem von Tankstellen bis zu Straßenverkäufern in abgelegenen Dörfern aufzubauen.

Auch Rukhsuma Akhtar, Telefonistin in Lahore, kauft inzwischen dieses Wasser. Sie sagt, das Leitungswasser sei zu schlecht zum Trinken und mache krank. Zum Flaschenwasser erklärt sie: „Es ist teuer, aber die Kinder brauchen es, wenn sie krank sind." Zur Nestlé-Strategie gehörte es, Gesundheitsseminare zum Thema Wasser zu finanzieren. Dort wurde auf die schlechte Qualität des Leitungswassers in Pakistan eingegangen, ebenso die zweifelhafte Qualität mancher lokaler Flaschenwasser-Sorten. Beides stimmt weitgehend, und so legte sich nahe, ohne dass bei den Seminaren dafür aggressiv Werbung gemacht wurde, zu „Pure Life" zu greifen. Diese Form der Verkaufsförderung war der Konzernführung von Nestlé allerdings zu brisant. Zu heftig war die Kritik an Gesundheitsseminaren zur Propagierung von Nestlé-Babynahrung gewesen. Also wurden die Wasserseminare nach einiger Zeit abgesetzt – aber sie hatten Nestlé in den pakistanischen Medien schon viel Aufmerksamkeit eingebracht. Binnen sechs Monaten konnte „Pure Life" einen Marktanteil von 50 Prozent in Pakistan erreichen, zur puren Freude des Konzerns.

Zu welchen logistischen Leistungen multinationale Lebensmittelkonzerne inzwischen fähig sind, bewies der Unilever-Konzern in Indien. Sein neues Flaschenwasser wurde 2001 gleichzeitig in 850.000 Läden in mehr als einer halben Million indischer Orte angeboten. Bei der Bewunderung solcher Verkaufserfolge ist allerdings die Frage, ob die ganze Richtung stimmt. Mit einem Bruchteil der Ausgaben für Flaschenwasser ließen sich die Trinkwassersysteme vieler Länder auf einen hohen Stand bringen. So zeugen die Berge von leeren Plastikflaschen am Rande vieler Straßen im Süden der Welt vor allem von einem verfehlten Entwicklungskonzept. Das Geld, das arme Familien für den Kauf des Flaschenwassers einsetzen, fehlt in anderen Bereichen wie Ernährung, Gesundheit und Bildung. Dass es nicht überall sauberes Trinkwasser aus der Leitung gibt und dass es auch andernorts der Werbung gelingt, Wasser aus der Flasche als unentbehrlich darzustellen, hat also gravierende Konsequenzen für die, die im globalen Wettkampf um Erfolg und Einkommen ohnehin schon verloren haben. Wasser für alle oder Wasser für alle, die Geld haben – das sind heute die Alternativen.

Konflikte in Indien

In Indien wird besonders hart um die Vorherrschaft auf dem Flaschenwassermarkt gekämpft, denn es geht um mehrere Hundert Millionen potenzieller Käuferinnen und Käufer. Noch vor wenigen Jahren beherrschte das einheimische Flaschenwasser „Bisleri" 80 Prozent dieses Marktes. Aber mit der Liberalisierung der Wirtschaft und der Expansion internationaler Getränkekonzerne ist der Anteil auf unter 40 Prozent gesunken. Coca-Cola vermarktet aggressiv seine Marke „Kinley", Pepsi mit der Marke „Aquafina". Nestlé hat den Vorteil, gleich mit mehreren Marken für unterschiedliche Käuferschichten präsent zu sein. Die Marke „Pure Life" wird lokal abgefüllt und billig über Supermärkte, kleine Geschäfte und Straßenhändler vertrieben. Es ist die Marke für alle, die gerade genug Geld haben, um sich Flaschenwasser zu leisten. Die Edelmarke „Perrier" hingegen richtet sich an die Reichen des Landes, die mit den teuren blauen Flaschen aus der Schweiz ihre Zugehörigkeit zur globalen Konsumwelt sichtbar machen.

Zum Problem wird zunehmend die Beschaffung der riesigen Mengen Wasser, die zum Reinigen der Flaschen und zu ihrer Füllung erforderlich sind. Seit einiger Zeit sieht sich Coca-Cola in Indien mit massiven Protesten im Bundesstaat Kerala konfrontiert, weil die Fabrik in Plachimada so viel Grundwasser für die Produktion von Softdrinks und Flaschenwasser entnimmt, dass die Brunnen in den Dörfern der Umgebung trocken fallen und auch die Landwirtschaft (u.a. Reisanbau und Kokospalmen) von dem rasch sinkenden Grundwasserspiegel stark betroffen ist. Auch in Zeiten der Wasserknappheit hat Coca-Cola mindestens 600.000 Liter Grundwasser am Tag gefördert. Bernhard Wiesmeier hat für „Brot für die Welt" Anfang Januar 2004 den Ort mit einem internationalen Untersuchungsteam besucht und die Behauptungen der Kritiker bestätigt gefunden. Er hat festgestellt: „Plachimada gilt mittlerweile als Symbol für den Widerstand gegen den Ausverkauf der Wasservorräte. Nicht nur national, auch international wurde dem Fall große Beachtung geschenkt. Das hat dazu geführt, dass auch der Gemeinderat von Plachimada lieber heute als morgen die Fabrik schließen würde. Er ist vor das Regionalgericht in Palakkad gezogen und hat Coca-Cola verklagt, weil sie zu viel Wasser von ihrem Grundstück entnehmen … Der Konzern darf jetzt nur noch so viel Wasser nutzen, wie für die gleiche Fläche benötigt würde, wenn dort Landwirtschaft betrieben würde. Viele meinen, das sei das Ende einer wirtschaftlichen Coca-Cola-Fabrik in Plachimada."

Die Arroganz der Mächtigen kommt in diesen Sätzen eines Coca-Cola-Sprechers (vor dem Gerichtsurteil) gegenüber der indischen Presse zum Ausdruck: „Wir haben das Land gekauft. Es gibt kein Gesetz, das uns durch Auflagen daran hindert, unser Wasser zu nutzen." Anfang Juni 2005 wurde es Coca-Cola gestattet, die Produktion mit weniger als einem Drittel der geforderten Wassermenge fortzuführen. Auch in der Nähe anderer Coca-Cola-Fabriken bekommen die Anwohner zu spüren, wie der Erfolg von „Kinley" und anderen Getränken sich auf den Wasserspiegel auswirkt. Dr. S. Janakarajan vom Institut für Entwicklungsstudien in Madras stellt fest: „In diesem Fall hat die lokale Gemeinschaft den Zugang zu Trinkwasser und Wasser für landwirtschaftliche Zwecke verloren zum Wohle der Versorgung von Coca-Cola. Ähnliches ist in anderen Orten passiert, wo die Industrie gemeinsame Grundwasservorräte privatisiert und verschmutzt hat."

Ein wachsender Markt – keine gute Nachricht

Nicht nur in Indien, sondern auch in anderen Ländern wachsen die Proteste gegen die Nutzung wertvoller Wasserressourcen für die Produktion von Flaschenwasser. Ein Beispiel dafür sind die Proteste in Big Rapids im US-Bundesstaat Michigan gegen ein Abfüllwerk von Nestlé. Die Entnahme großer Mengen Grundwasser schädige die Umwelt, erklärten die Kritiker. Sie bekamen vor Gericht Recht, und es wurde Nestlé untersagt, Grundwasser zu entnehmen, das andernfalls für Feuchtgebiete und einen Fluss zur Verfügung stehen würde. Nestlé ging in die Revision. Terry Swier, die Leiterin der Initiative, wurde im September 2004 vom Umweltrat von Michigan für ihr Engagement mit einem Preis ausgezeichnet. Im benachbarten Kanada gibt es heftige Debatten darüber, dass sauberes Quell-, Fluss- und Seenwasser in großen Mengen abgepumpt und in Flaschen gefüllt wird. Umweltschützer konnten Anfang 2004 in Ontario zumindest durchsetzen, dass diese Wassergewinnung nicht mehr kostenlos ist. Die Erhebung einer Gebühr hat auch den Nebeneffekt, dass die Behörden endlich einen Überblick darüber gewinnen, wie viel Wasser tatsächlich der Natur entnommen wird.

Die schlechte Wasserversorgung in vielen wirtschaftlich armen Ländern verheißt den Flaschenwasserkonzernen auch in Zukunft gute Geschäfte, vorausgesetzt, sie haben selbst Zugang zu ausreichend sauberem Wasser für ihre Produktion. Das hat schon vor Jahren der damalige Nestlé-Chef Helmut Maucher erkannt, als er erklärte: „Wasser wird weltweit immer knapper. Deshalb wollen wir die Hand auf die Quellen halten." Als Nestlé allerdings versuchte, sich den Zugriff auf die Quellen Schweizer Gemeinden zu sichern, löste das heftige Debatten in dem Land aus, das sich selbst als „Wasserschloss Europas" bezeichnet. Flaschenwasser-Produzenten sind in die Kritik geraten, in der Schweiz und anderswo, und so überlegen sich viele Verbraucherinnen und Verbraucher, ob das Wasser aus der Leitung nicht doch die bessere Alternative ist.

Frauen

„Frauen sind die ersten Leidtragenden der Wasserknappheit. Sie werden zusätzlich belastet, wenn die Wasserversorgung nicht funktioniert. Es kann ein Viertel des Arbeitstages in Anspruch nehmen, den täglichen Wasserbedarf heranzuschaffen." So beschrieb Puthrika Iromi Moonesinghe bei einer Veranstaltung von Friedrich-Ebert-Stiftung und Marie-Schlei-Verein in Bonn am 10. November 2003 die Erfahrungen von Frauen im Süden der Welt. Sie arbeitet für die Agromat-Stiftung in Sri Lanka, die Frauen hilft, mit Regenwasserauffangsystemen die Trinkwasserversorgung grundlegend zu verbessern. Eine der srilankischen Frauen, die sich an diesen Initiativen beteiligen, hat die Verbesserungen ihrer Lebenssituation so beschrieben: „Die bessere Wasserversorgung hilft Zeit zu sparen, ist weniger anstrengend und hat mir neue Perspektiven eröffnet. Die gesamte im Haushalt erforderliche Wassermenge zum Trinken, Kochen und Waschen kann aus dem Sammelbehälter gedeckt werden." Ihre Kinder leiden jetzt seltener unter Krankheiten und die früher für das Wasserholen erforderliche Zeit kann sie jetzt nutzen, um das Familieneinkommen zu erhöhen.

Es gibt Tausende solcher Fraueninitiativen zur Verbesserung der Wasserversorgung in Afrika und dem Nahen Osten, Asien und dem pazifischen Raum, Lateinamerika und der Karibik. Es lässt sich nicht bezweifeln, dass die Trinkwasserversorgung der Armen der Welt in einem noch viel katastrophaleren Zustand wäre, wenn es den umsichtigen Umgang der Frauen mit dem kostbaren Nass und die zahllosen Fraueninitiativen nicht gäbe, die auf lokaler Ebene Regenwasser sammeln, Brunnen graben und Quellen einfassen. Puthrika Iromi Moonesinghe berichtete in Bonn über diesen Beitrag der Frauen: „Eigentlich ergibt sich das Potenzial der Frauen, zweckmäßige und funktionierende Wassersysteme einzurichten, logisch aus ihrer traditionellen Rolle in der Unterhaltung der Wassersysteme und -versorgung. Sie sind für das Wasser in der Familie zuständig und entscheiden, woher das Wasser geholt wird, wie viel und wofür es verbraucht wird, wie es transportiert, gespeichert und in der Familie aufgeteilt wird und nicht zuletzt, wie man es am sparsamsten verwendet … Bei Wasserknappheit sind Frauen die ersten, die den Wert einer zuverlässigen Wasserversorgung auch für die Gemeinde erkennen. Die Frauen gehen entsprechend sparsam mit dem Trinkwasser um. Sie treffen auch Vorkehrungen, die eine angemessene Nutzung, den Betrieb und die Unterhaltung der Wasserquellen sicherstellen und drängen gegebenenfalls die Männer, neue Brunnen zu graben oder andere Verbesserungen vorzunehmen."

In vielen Ländern ist die Landwirtschaft die Domäne von Frauen, sei es, weil dies traditionell immer schon so war, sei es, weil die Männer auf Arbeitssuche in die Städte gezogen sind. Weltweit wird mehr als die Hälfte aller

Nahrungsmittel von Frauen angebaut. Dabei achten sie darauf, nicht mehr Wasser als nötig zu nutzen, und dies allein schon deshalb, weil sie wissen, wie begrenzt die Wasserressourcen sind und wie schwierig es ist, Wasser aus größeren Entfernungen heranzuschaffen. Sie haben aber auch im Blick, wie sie so wirtschaften können, dass sie die umgebende Natur nicht zerstören.

Die „moderne" Landwirtschaft hat die Welt der Motorpumpen und Exportproduktion auch in abgelegene Dörfer getragen. Die Pläne dafür werden von Männern in weit entfernten Verwaltungsbüros gemacht, und die Bedienung und Wartung der Motorpumpen ist auch Sache von Männern. Die Ergebnisse sind oft enttäuschend: Verlust der Selbstversorgung durch die Konzentration auf Exportprodukte, Absinken des Grundwasserspiegels wegen übermäßiger Wasserentnahme und Verseuchung der Flüsse mit Pestiziden und Düngemitteln. Inzwischen wächst die Einsicht, dass das Wissen, die Erfahrungen und Einsichten der Frauen nicht ignoriert werden können, wenn eine wirklich nachhaltige Landwirtschaft betrieben werden soll. Frauen sehen sehr viel stärker als Männer das Wasser und die übrige Natur als Grundlage des Lebens an und nicht lediglich als auszubeutende Produktionsfaktoren.

Wasserprojekte und die Privatisierung des Wassers

Trotz solcher Einsichten sind die Erfahrungen und Auffassungen von Frauen bei Entwicklungsprojekten zur Verbesserung der Wasserversorgung häufig ignoriert worden. Das ist ein Hauptgrund dafür, dass so viele dieser Projekte gescheitert sind. Inzwischen hat bei vielen Entwicklungsorganisationen ein Umdenken stattgefunden, ebenso in lokalen Organisationen, die Wasserprojekte durchführen. Besonders Vorhaben zur Verbesserung der ländlichen Versorgung werden ohne eine aktive Beteiligung der Frauen nicht mehr geplant, finanziert und durchgeführt. Aber je größer die Vorhaben sind, desto stärker werden sie von einflussreichen Politikern und Staatsangestellten geplant, und in diesen Kreisen ist die Zahl von Frauen gering. Frauen vor Ort werden bei solchen Großprojekten nicht konsultiert. Oft wird die lokale Bevölkerung sogar ganz bewusst erst in letzter Minute informiert und muss dann die Konsequenzen der in der fernen Hauptstadt entwickelten Pläne tragen, so immer noch bei vielen Staudammprojekten.

Frauen sind in besonderer Weise die Opfer einer verfehlten Privatisierungspolitik im Wasserbereich. Steigende Wasserpreise und ein sehr zögerlicher Ausbau der Versorgung in Armenvierteln der Städte, ganz zu schweigen von ländlichen Gebieten, haben zur Konsequenz, dass Frauen schmerzliche Entscheidungen treffen müssen, wie sie das wenige verfügbare Geld für Essen, Miete, Schulgeld … und die Bezahlung der Wasserrechnung aufteilen sollen. Deshalb kann es nicht überraschen, dass sich eine große Zahl von Frauen in den Anti-Privatisierungs-Initiativen engagiert.

In der bolivianischen Stadt Cochabamba war der Widerstand gegen einen privaten Betreiber der Wasserversorgung und seine Politik massiver Preiserhöhungen erfolgreich. Elisabeth Peredo von der bolivianischen Stiftung Solon hat aus diesem Erfolg die Einsicht gewonnen: „Die Erfahrung von Cochabamba hat uns gelehrt, dass wir dann einen nachhaltigen Umgang mit der Ressource Wasser finden, der die Rechte der Menschen und auch der Natur respektiert, wenn wir uns an lokaler Perspektive und Wissen orientieren, am gemeinschaftlichen Wissen, an den Bedürfnissen der Bevölkerung und an deren Regeln, die im Zusammenleben mit der Natur entstanden sind." Sie fügt hinzu: „Die von Frauen aus ihrer spezifischen Sicht entwickelten Visionen müssen sichtbar gemacht und zurückgewonnen werden. Die von indigenen Frauen entwickelten weiblichen Perspektiven für Wasser und Respekt und die wechselseitige Beziehung zur Natur fordern die kommerziellen Visionen und einseitigen Denkweisen heraus, deren einziges Ziel es ist, die Natur aus Profitgründen zu plündern."

Frauen mischen sich in die Wasserpolitik ein

Frauen haben erkannt, dass es nicht nur erforderlich ist, in lokalen Wasserprojekten ihre Perspektiven und Auffassungen einzubringen, sondern dass es auch gilt, auf politische und wirtschaftliche Entscheidungen zu Wasserfragen auf nationaler und internationaler Ebene Einfluss zu nehmen. Ebenso gilt es, den Austausch von Erfahrungen und Einsichten von Frauen in verschiedenen Teilen der Welt zu fördern. Aus diesen Gründen hat sich im Juni 2000 die „Gender and Water Alliance" gebildet, die international unter anderem mit ihrem „Gender and Water Development Report 2003" Beachtung fand. In diesem Bericht wird zunächst herausgearbeitet, dass eine andere Betrachtungsweise im Umgang mit dem Wasser erforderlich ist: „Wenn es um das Wasser für die Natur geht, leben wir in einer Identitätskrise. Es wird rasch wahrgenommen, dass Wasser für Landwirtschaft, Industrie und Haushalte zur Verfügung stehen muss. Einrichtungen, die in diesen Bereichen tätig sind, erhalten deshalb Priorität bei der Entwicklung und beim Management von Wasserressourcen. Wasser für die Natur erscheint dabei als Rest-Kategorie, und der Wasserbedarf für die Erhaltung der Umweltqualität und eines dauerhaft bestehenden Ökosystems wird oft überhaupt nicht wahrgenommen."

Diese Erkenntnis ist ein Beispiel dafür, dass die Gender-Perspektive auch die Bewahrung der Umwelt einschließt. Damit verknüpft ist das Wissen um die Auswirkungen einer verschlechterten Wassersituation und verfehlter Wasserprojekte auf Frauen wie auf Männer: „Lokale Gemeinschaften leiden unter den Folgen der Ableitung von Wasser, des Baus von Kanälen, der Eindeichung von flachem Land, der Drainage von Feuchtgebieten, des Baus von Staudämmen und der Auswaschung von Agrarchemikalien." In dem Bericht wird an Beispielen ausführlich belegt, wie solche Ergebnisse einer verfehlten Wasserpolitik die Menschen, Pflanzen und Tiere vor Ort treffen und existenziell bedrohen. Eine Gender-Perspektive kann helfen, das Wasser, das für die Natur erforderlich ist, in die Beratungen und Entscheidungen über die Wassernutzung einzubeziehen.

Ein zweites zentrales Thema im „Gender and Water Development Report 2003" ist das Fehlen von sanitären Einrichtungen für weit mehr als zwei Milliarden Menschen auf der Welt. Obwohl Frauen besonders stark von dieser Situation betroffen sind, werden sie nur selten an der Planung von Vorhaben beteiligt, die diesen Missstand beseitigen sollen. Dies beginnt sich unter dem Druck von Frauenorganisationen erst allmählich zu verändern. Dabei gilt: „Bessere sanitäre Verhältnisse bringen echte Vorteile für Frauen in Form von größerer Privatheit, angenehmerem Leben, Sicherheit und Würde sowie sicheren hygienischen Verhältnissen für die ganze Familie."

Bisher geben Entwicklungsorganisationen und Regierungsbehörden der Verbesserung der sanitären Verhältnisse aber eine zu geringe Priorität. Besonders wichtig ist nach Auffassung der Autorinnen des Berichts die Verbesserung der sanitären Verhältnisse in Schulen. Ihr Fehlen oder ihr schlechter Zustand belastet vor allem Mädchen und verursacht viele Gesundheitsrisiken. Zur Lösung dieser und vieler anderer Probleme in der sanitären Versorgung der Bevölkerung ist es erforderlich, sehr viel stärker Gender-Perspektiven und Frauen in die politischen Entscheidungsprozesse einzubeziehen. Erfreulicherweise gibt es von Indien bis Südafrika positive Beispiele dafür, wie sanitäre Systeme so ausgebaut werden können, dass die Bedürfnisse von Frauen und Mädchen berücksichtigt werden.

Für die Frauen in Kenia bedeutet der Bau von Brunnen, dass die langen Wege zum nächsten Fluss entfallen. Auch wird es möglich, Gemüse am Haus anzubauen. Dieser Brunnen enstand in Selbsthilfe mit Unterstützung einer anglikanischen Partnerorganisation von „Brot für die Welt" im Westen Kenias.
(Foto: Frank Kürschner-Pelkann)

Ganges

Unter den heiligen Flüssen Indiens nimmt der Ganges eine Sonderstellung ein. „Mother Ganga" ist die Personifizierung der Göttin Ganga, der Tochter des Berggottes Himalaja. Im Deutschen ist aus der Göttin ein männlicher Ganges geworden. Für Inderinnen und Inder ist Ganga eine Mutter, die tröstet und hilft. Die Göttin wird als die Quelle des Lebens verehrt und ziert in Gestalt eines jungen Mädchens mit einem Krug und einem Schirm viele Hindu-Tempel. Ihrem Fluss werden heilende Wirkungen zugesprochen, ein Bad im Ganges reinigt aber auch von geistiger Verschmutzung und wenn die Asche eines Toten in den heiligen Fluss gestreut wird, hat er die Hoffnung auf ein Ende des Kreislaufs des Lebens in dieser Welt, auf die Erlösung. Ein Gebet zu Ehren der Göttin Ganga lautet:

O Ganga, die du in Brahmas Krug geboren wurdest,
von dort in Strömen in Shivas Haupthaar flossest,
aus Shivas Haar zu Vishnus Füßen,
von dort auf die Erde herab,
um die Sünden der Menschen zu tilgen,
um sie zu läutern und glücklich zu machen.
Du bist der Hort und der Halt aller lebendigen Kreatur.

Der Ganges entspringt am Gaumuk („Kuhmaul"), einem Gletschertor des Himalaja.
(Foto: Helga Reisenauer)

Jeder Tropfen des Wassers des Ganges verkörpert die Gottheit, und so darf bei Hochzeiten und anderen Festlichkeiten bei vielen hinduistischen Familien in ganz Indien Wasser aus dem Ganges nicht fehlen. Die Schriftstellerin und Umweltschützerin Vandana Shiva schreibt in ihrem Buch „Der Kampf um das blaue Gold": „Ich wurde im Doon-Tal geboren und wuchs dort auf. Das Doon-Tal liegt zwischen dem Ganges im Osten und dem Yamuna im Westen. Die Flüsse nährten mich und formten meinen Sinn für das Heilige von Kindesbeinen an. Zu meinen bewegendsten Erlebnissen der letzten Jahre gehört, wie wir die Asche meines Vaters bei Rishikesh dem Ganges übergeben haben."

In der nordindischen Stadt Allahabad wird das größte Fest der Welt gefeiert, Maha Kumbh Mela. Dort, wo der Yamuna und Ganges zusammenfließen, sollen die Götter bei der Schaffung der Welt einige Tropfen Nektar vergossen haben, und dieses wertvolle Lebenselixier sorgt schon seit Jahrtausenden dafür, dass Menschen, die hier baden, von ihren Sünden befreit werden. Ständig sind Menschen in der Stadt zu finden, die sich durch rituelle Bäder von dem lösen, was sie belastet. Höhepunkt ist aber alle zwölf Jahre das Fest Kumbh Mela, das sich über mehrere Wochen im Januar und Februar hinzieht. Für 30 Millionen Menschen entsteht dann eine riesige Zeltstadt, größer als London oder Paris. 2001 zog es besonders viele Menschen nach Allahabad, denn die Sterne standen so günstig wie schon 144 Jahre nicht mehr. An einem Neumondtag versammelten sich deshalb 28 Millionen Menschen zu einem gewaltigen Pilgerzug auf den Punkt zu, an dem die beiden Flüsse zusammenfließen. Was in vielen Ländern eine Panik mit vielen Toten ausgelöst hätte, wurde in Allahabad ein großes fröhliches und wohl geordnetes Fest. Alle Menschen stiegen in das eiskalte Wasser und formten mit ihren Händen Krüge, aus denen sie Wasser aus dem heiligen Fluss schöpften und tranken – und nahmen sich vor, ein besseres Leben zu führen.

Es gibt viele heilige Orte am Ganges. Die Stadt Varanasi (auch Benares genannt) ist die heiligste Stadt Indiens, seit 3.500 Jahren für Hindus die „Stadt des Lichts", weil die Götter Brahma, Vishnu und Shiva diesen Ort besucht haben. Seit Jahrtausenden ist Varanasi ein vielbesuchter Ort, aus religiösen Gründen, nicht wegen seiner Schönheit. Das hatte schon Mark Twain Ende des 19. Jahrhunderts bemerkt, als er über die Stadt schrieb: „Benares ist älter als die Geschichte, älter als Traditionen, sogar älter als die Legenden. Und es sieht noch einmal doppelt so alt aus, wie alles drei zusammen." Mindestens einmal im Leben soll jeder Hindu in diese Stadt kommen, um sich im Ganges von seinen Sünden reinzuwaschen. Und so kommen jeden Tag bis zu 60.000 Pilger in die Stadt, besuchen einen oder mehrere der 2.000 Tempel und steigen über die Stufen der Uferbefestigung in den Ganges. Sie schöpfen Wasser des Ganges in Kupferkrüge und nehmen das heilige Wasser mit zurück in ihre Heimat. Manche gläubige Hindus kommen an diesen heiligen Ort, um hier zu sterben, denn sie glauben, dass sie auf diese

Weise den ewigen Kreislauf von Tod und Wiedergeburt beenden können. So warten Menschen in Sterbehäusern am Ufer des Ganges darauf, diese letzte Reise an diesem heiligen Fluss anzutreten. Im modernen indischen Englisch ist dies der „expressway to heaven". Die Toten werden von den Verwandten verbrannt und die Asche in den Fluss gestreut. Aber wenn das Geld für ausreichend Brennholz nicht reicht, werden auch die halbverkohlten Körper der Toten dem Fluss übergeben.

Ein heiliger Fluss wird zur Kloake

Mit einer Länge von 2.510 Kilometern und einem Flusseinzugsgebiet von einer Million Quadratkilometern gehört der Ganges zu den größten Flüssen Asiens, aber auch zu den am stärksten mit Schadstoffen belasteten. Mark Twain schrieb über den heiligen Fluss: „An einer Stelle, wo wir eine Weile anlegten, ergoss sich ein stinkender Strom aus einem Abzugskanal (Abwasserkanal) und machte das Wasser rings umher trübe und schmutzig; auch ein angeschwemmter Leichnam kreiste dahin und tauchte auf und nieder."

Heute liegen 29 Städte mit mehr als 100.000 Einwohnern am Ganges, und das meiste Abwasser dieser und vieler kleinerer Städte wird ungeklärt in den Fluss geleitet. Der Ganges muss annähernd eine Milliarde Liter Abwasser am Tag verkraften. Hinzu kommen die Abwässer der Lederindustrie in der Region von Kumpur, die große Mengen Chrom enthalten. Belastend sind auch die „Errungenschaften" der modernen Landwirtschaft wie Insektizide und Pestizide. Der Ganges hat eine besonders große Selbstreinigungskraft aufgrund von radioaktiven Mineralien, aber mit diesen Einleitungen wird auch er nicht fertig. Dass der Fluss eine große Reinigungskraft besitzt, haben Bakteriologen schon im 19. Jahrhundert mit wissenschaftlichen Methoden nachgewiesen, wusste auch Mark Twain. Er überlegte in seinem Reisebericht, ob die Inder dieses Geheimnis schon vor vielen Jahrhunderten bakteriologisch erkannt hatten und fügt hinzu: „Wir wissen es nicht. Nur soviel wissen wir, dass sie bereits eine Zivilisation besaßen, als wir noch tief in der Barbarei steckten."

Der Widerspruch zwischen der Reinheit des Flusses im religiösen Verständnis und seiner realen Verwandlung in eine Kloake hat den Ingenieur Veer Bhadra Mishra Anfang der 1980er Jahre veranlasst, eine Umweltorganisation für die Reinhaltung des Ganges zu gründen, die „Sankat Mochan Foundation". Die Stiftung hat wesentlich dazu beigetragen, dass die Reinigung des heiligen Flusses zu einem nationalen Thema wurde. Seit 1986 sind im Rahmen des „Ganga Action Plan" große Summen investiert worden, um den Fluss wieder in einen biologisch und chemisch reinen Fluss zu verwandeln. In 25 Städten wurden für 600 Millionen Euro Kläranlagen gebaut, auch in der heiligen Stadt Varanasi. Allerdings: Oft fällt der elektrische Strom aus, und dann werden die Abwässer der Großstadt ungeklärt in jenen Fluss geleitet, in den Hunderttausende eintauchen, um sich von ihren Sünden zu befreien.

Michael Netzhammer hat die Folgen des Ausfalls des Stroms auf die Prozesse in den Klärwerken von Varanasi 2003 in der Zeitschrift „Eine Welt" so beschrieben: „Durch den ausbleibenden Wasserzufluss sterben die Bakterienkulturen in den Klärwerken ab. Die Fäkalien fließen nahezu ungeklärt durch die Anlage und dann flussabwärts in den Ganges. Dort enthält das Wasser 15.000 Mal mehr Kolibakterien als erlaubt. Die Anwohner, die auf das Gangeswasser angewiesen sind, leiden unter Hautausschlägen, Cholera, Hepatitis und Durchfall. Auf mit dem ‚geklärten' Wasser bewässerten Feldern wachsen riesige Kartoffeln, die kurz nach der Ernte verfaulen."

Am Ganges, dem heiligsten Fluss Indiens, gibt es viele Plätze wie hier der Hemkund-See, wo Pilger auf Erlösung hoffen. Auch Sikhs hoffen hier auf Erlösung, denn an diesem See soll der berühmte Sikh Govind Singh meditiert haben.
(Foto: Helga Reisenauer)

Angesichts solcher Erfahrungen plädiert Veer Bhadra Mishra für ein alternatives Konzept der Reinigung der Abwässer, das ohne Elektrizität auskommt und mit Algen, Sauerstoff und Licht arbeitet. In den USA wurde es bereits erfolgreich erprobt, aber am Ganges verhindern die Behörden bisher seine Nutzung, wobei es vor allem um Fragen der Zuständigkeit und des Einflusses geht. Aber der gläubige Hindu Mishra gibt den Kampf nicht auf, denn er fürchtet: „Wenn wir unser Wasser nicht mehr trinken, unsere rituellen Bäder nicht mehr nehmen können, werden wir unsere Identität verlieren."

Im Januar 2007 war die Verschmutzung des Ganges auch den heiligen Männern in Allahabad zu viel: Einer von ihnen, Naga Baba Triveni Puri, erklärte einem Journalisten der Nachrichtenagentur Reuters: „Das Wasser ist schmutziger als beim letzten Mal. Es ist so, als würde man meine Mutter völlig vernachlässigen. Dabei ist dieser Fluss die Quelle allen Lebens." Er und andere heilige Männer drohten, beim Kumbh Mela Fest aus Protest nicht in das Wasser des Ganges zu steigen. Die indischen Behörden waren alarmiert, es drohte ein Skandal. Daraufhin wurde angeordnet, dass die zahlreichen Gerbereien oberhalb der heiligen Stadt für einige Tage ihren Betrieb einstellen mussten. Außerdem wurde sauberes Wasser aus Stauseen und Reservoirs in den Ganges geleitet, um den Fluss zumindest für die Festtage sauberer zu machen. Die heiligen Männer lenkten ein und stiegen in das Wasser des Ganges und mit ihnen Millionen Menschen. Aber ein Graffiti am Alten Fort von Allahabad wirkte wie ein Zeichen an der Wand: „Der Ganges ist so schmutzig – wie kannst Du darin Deine Hände waschen?"

Der gestaute und abgeleitete Fluss

Der Ganges und seine Nebenflüsse werden an zahlreichen Stellen aufgestaut, um Energie zu erzeugen, Wasser für die Landwirtschaft zu gewinnen und die Städte mit Trinkwasser zu versorgen. Die erste Ableitung großer Mengen Gangeswassers wurde bereits 1854 durch die britischen Kolonialherren eingeleitet. Der „Obere Gangeskanal" diente vor allem der Bewässerung von Feldern und entzog dem Fluss so viel Wasser, dass auf größeren Strecken die Schifffahrt eingestellt werden musste.

Die Staudammprojekte des 20. Jahrhunderts haben eine weitere Reduzierung der Wassermenge verursacht, die aus den nordindischen Flüssen in die Küstenregionen gelangt. Davon ist auch die Stadt Kalkutta am Bhagirathi-Fluss betroffen. Das Salzwasser dringt weiter in das Flussdelta vor und die Versandung des Unterlaufs des Flusses nimmt zu. Um diesen Prozess aufzuhalten, hat Indien am Ganges oberhalb der Grenze zu Bangladesch den Farakka-Staudamm errichtet und leitet von dort aus in einem Kanal große

Pilger im Ganges: Wenn der Ganges weiterhin mit Abwässern belastet wird, steigt die Gefahr, dass die Menschen, die durch ein Bad in diesem Fluss nach Reinheit streben, zu Opfern von wasserbedingten Krankheiten werden.
(Foto: Helga Reisenauer)

Wassermengen in den Bhagirathi-Fluss. Das vermindert die Probleme am Unterlauf dieses Flusses, hat aber auch zum Ergebnis, dass noch weniger Gangeswasser in Bangladesch ankommt. Kalkutta beansprucht fast so viel Wasser am Tag, wie in Farakka in der Trockenzeit ankommt. Das hat zu heftigen politischen Konflikten zwischen den beiden Ländern geführt, ebenso zu einer Migrationswelle von Bangladesch nach Kalkutta und ins übrige indische Westbengalen.

Aber es droht nicht nur ein immer niedrigerer Wasserstand des Ganges, sondern auch eine große Flut noch nicht gekannten Ausmaßes. Denn die Gletscher des Himalaja, die seit Jahrtausenden dafür sorgen, dass der Ganges immer ausreichend Wasser führt, schmelzen rasch. Dies ist ein Effekt der globalen Klimaveränderungen. Die Gefahr ist groß, dass einige der großen Bergseen im Himalaja so viel Schmelzwasser aufnehmen, dass die Dämme bersten und urplötzlich gewaltige Wassermassen in die Täler strömen und die Millionenstädte rechts und links des Ganges überfluten. Und noch eine Gefahr ist nicht zu übersehen: Sind die Gletscher einmal geschmolzen, dann verliert der Ganges den Ursprung seines Wassers. Dann wird er nur noch dann Wasser führen, wenn es im Himalaja kräftig regnet oder schneit. Die Auswirkungen sind nicht exakt vorhersehbar, aber auf jeden Fall katastrophal für die Menschen am Fluss.

Welche Probleme auf Menschen, Tiere und Pflanzen am Ganges zukommen, das lässt sich heute schon in den Sundarbarns studieren. Das sind die Sumpfgebiete im Delta des Ganges. Sie stehen auf der indischen und der bangladeschischen Seite unter Naturschutz. Aber die undurchdringlichen Mangrovenwälder und Sümpfe werden zunehmend zerstört. Nach der Teilung des indischen Subkontinents fanden viele Flüchtlinge aus Ostbengalen (heute Bangladesch) nur auf dem indischen Teil der Sundarbans einen Ort zum Leben und machten zahlreiche Inseln unter großen Entbehrungen urbar. Weitere landlose Familien kamen hinzu. In der Monsunzeit wird Reis angebaut, in der Trockenzeit Gemüse und Früchte. Aber die Felder sind klein, und die Armut ist groß. Neue Probleme entstehen dadurch, dass das Meerwasser immer stärker vordringt, weil weniger Flusswasser den Ganges hinunterkommt. Die Welthungerhilfe unterstützt die Bauernfamilien der Sundarban-Inseln dabei, die landwirtschaftlichen Flächen anzuheben und durch Dämme vor dem Einfluss des Meerwassers zu schützen. Die Gräben, die zur Trockenlegung der Inseln dienen, lassen sich zugleich für die Fischzucht nutzen. Das ist dringend nötig, denn auf den Inseln ist Unterernährung weit verbreitet. Die Mutter Ganga ist für 400 Millionen Menschen die Ernährerin. Das so viele von ihnen in tiefster Armut leben, liegt nicht am Fluss, sondern an denen, die ihn verschmutzen und so lenken wollen, dass sie möglichst hohe Gewinne machen.

Der japanische Schriftsteller Shusaku Endo, der als Kind Christ wurde, aber ganz in den asiatischen Kulturen und Religionen zu Hause war, hat in seinem Roman „Wiedergeburt des Ganges" die Erlebnisse und Einsichten einer japanischen Reisegruppe in Indien dargestellt. In dem 1994 erschienenen Roman nimmt Mitsuko, umgeben von zahlreichen Indern, ein rituelles Bad im Ganges:

> „In der Ferne, da wo der Ganges außer Sicht geriet, beschrieb er eine sanfte Kurve. Licht funkelte dort, und es sah aus, als nehme an dieser Stelle die Ewigkeit selbst ihren Anfang.
>
> Ich weiß jetzt, dass es einen Fluss der Menschheit gibt. Wenngleich ich immer noch nicht weiß, was am Ende dieses Flusses liegt. Aber ich habe das Gefühl, dass ich durch all die Fehler der Vergangenheit endlich ein wenig begriffen habe, wonach ich mich immer gesehnt habe …
>
> Woran ich glauben kann, das ist der Anblick all dieser Menschen hier, die, gebeugt von individuellem Leid, im tiefen Fluss beten. *Unversehens verwandelten sich die Worte, die sie in ihrem Herzen sprach, in die Worte eines Gebets.* Ich glaube, dass dieser Fluss die Menschen in seine Arme nimmt und mit sich fortträgt. Der Fluss der Menschheit. Die Trauer, die den Fluss der Menschheit erfüllt. Und ich bin ein Teil des Ganzen."

Gärten

„Und Gott der Herr nahm den Menschen und setzte ihn in den Garten Eden, dass er ihn bebaute und bewahrte." Paradiesische Zustände, das bedeutet nach biblischen Maßstäben nicht faulenzen, sondern das Bebauen und Bewahren eines Gartens. Auch wer heute mit einem Garten leben will, muss ihn intensiv bearbeiten, soll die gezähmte Natur nicht binnen kurzer Zeit in ihren wilden Urzustand zurückkehren. Der Gärtner und die Gärtnerin als Kämpfer gegen das Chaos, das war schon in biblischen Zeiten eine alltägliche Erfahrung. Die andere Erfahrung war, dass alles Mühen und Plagen ohne ausreichend Wasser vergeblich ist. Helga Volkmann schreibt in ihrem Gartenbuch „Unterwegs nach Eden" zu den Garten- und Wassererfahrungen in biblischen Zeiten: „Den Wüsten und Wäldern, dem Zuwenig oder Zuviel an Vegetation, mussten die umhegten Orte gedeihlichen Wachstums mühevoll abgerungen werden. Das war in den Trockengebieten des Vorderen Orients, wo die Idee des Gartens sich erstmals zu symbolischen Bildern verdichtete, primär ein Wasserproblem. Paradiesisch, das stand für wasserreich. Erst das Wasser setzt in der Erde die Wirkungskette von Vegetation und Fruchtbarkeit in Gang, es ist das belebende Elixier zur Aktivierung dessen, was wir heute das ‚Ökosystem' nennen. Das Wasser war bei den Völkern der Bibel und des Koran, im Gegensatz zur Sonne, dem anderen Ur-Stimulus, rar, unzuverlässig und von daher kostbar. Intelligent eingefangenes, gefälliges Wasser – als Voraussetzung für schattendes Blattwerk – bildete das Grundelement der Gartengestaltung."

Solche Erfahrungen der Menschheit mit dem Hegen und Pflegen von Gärten und der unerlässlichen Versorgung mit Wasser reichen viele Tausend Jahre zurück und begannen bald nachdem die ersten Sippen sesshaft geworden waren. Kleine Stücke Land, die mit Ästen und Stämmen vor wilden Tieren und Haustieren geschützt wurden, standen am Anfang einer Gartenentwicklung, an deren vorläufigem Ende postmoderne Kreationen stehen, die allen erdenklichen Zwecken dienen, nur nicht mehr der Versorgung mit lebenswichtigem Obst und Gemüse. Dazwischen liegen Jahrtausende der Gartenkunst, einer Kunst allerdings, die dank des Wachstums der Pflanzen einem stetigen Wandel unterworfen und vergänglich war.

In antiken Beschreibungen realer und mythischer Gärten kommt dem Wasser immer eine große Bedeutung zu. Vor mehr als 3.000 Jahren war ein großer Aufwand erforderlich, um mitten in der Wüste blühende Gärten entstehen zu lassen. Etwas erleichtert wurde diese Arbeit im antiken Ägypten durch die Entwicklung eines von Ochsen angetriebenen Wasserrades. Neben den prächtigen Palastgärten der Pharaonen wurden zahllose kleine Gärten am Nil angelegt, die dem Gemüseanbau dienten. Der Garten am Haus war für ärmere Familien die wichtigste Lebensgrundlage.

In Mesopotamien entstanden in ähnlicher Weise sowohl Gärten für die tägliche Versorgung als auch herrschaftliche Gärten, die der Darstellung von Macht und Reichtum und der Erholung reicher Familien dienten. Die hängenden Gärten der Semiramis über dem Tal des Euphrats fanden zahllose Bewunderer. Es gibt ausführliche antike Beschreibungen dieser Gärten beim Palast von König Nebukadnezar II. Vermutlich wurde mit Gewölbebauten eine terrassenartige Anlage errichtet, und auf jeder der Stufen ein Garten angelegt. Nebukadnezar ließ Pflanzen aus allen Teilen der damals bekannten Welt nach Babylon holen, sodass ein botanischer Garten entstand. Kletterpflanzen stellten eine optische Verbindung zwischen den Terrassen her, sodass der Eindruck eines einzigen Gartens entstand. Antike Besucher waren von den „hängenden Gärten" so beeindruckt und beschrieben sie in ihren Reiseberichten so begeistert, dass diese Gärten als Nummer zwei in die Liste der sieben antiken Weltwunder aufgenommen wurden.

Möglich wurde dieses Wunder erst durch eine aufwendige Bewässerungstechnik, denn es galt, große Mengen Wasser bis zur höchsten Terrasse zu transportieren, um den üppigen Garten zu bewässern. Wasserpumpen, die von Archäologen gefunden wurden, zeugen vom hohen Stand der antiken Wassertechnik an Euphrat und Tigris. Allerdings, als die arbeitsintensive Bewässerung nicht mehr regelmäßig durchgeführt wurde, war dies das Ende der Pflanzenpracht unter sengender Sonne. Es ist heute nicht einmal mehr bekannt, wo die Gärten lagen.

Im Römischen Weltreich wurde der Gartenbau von England bis Nordafrika systematisch ausgebaut, schon um die kaiserlichen Legionen zu ernähren. Es wurden aber auch viele Gärten angelegt, die dem Vergnügen der reichen Besitzer dienten. Springbrunnen und Wasserspiele, Bäder und Bassins waren Zeichen des Überflusses, konnten aber nur betrieben werden, weil ausgedehnte Leitungssysteme gebaut wurden, um Wasser aus größeren Entfernungen in die Städte und zu den Gärten zu leiten. Einige erhaltene Aquädukte zeugen noch von der hoch entwickelten römischen Wassertechnik.

Europäische Gartenkultur seit dem Mittelalter

Die mittelalterlichen Klöster wurden zu Zentren der europäischen Gartenkultur. Klostergärten wie der berühmte Garten des Klosters St. Gallen mit seinem Heilkräutergarten und dem Küchengarten waren Orte der Kontemplation und der Ehrfurcht vor der Schöpfung, aber zugleich auch wichtig für die Ernährung der Klostergemeinschaften. Die meisten Klostergärten haben eine Kreuzform, und häufig bildet ein Brunnen das Zentrum der Anlage, mit dessen Wasser die Pflanzen bewässert wurden, aber dieses kostbare Nass war zugleich ein Zeichen für das Wasser des Lebens, das Gott schenkt. Diese Klostergärten waren auch Lehrgärten für die Bevölkerung der Umgebung, und sie inspirierten die Landbewohner zur Anlage von Bauerngärten, in denen Gemüse, Kräuter und Blumen zu einem harmonischen Ganzen vereint wurden, begrenzt durch Buchsbaumhecken. Wenn irgend möglich durfte ein Schöpfbrunnen nicht fehlen, der den Mittelpunkt des Gartens bildete. Um mehr Wasser zur Verfügung zu haben, wurde häufig das Regenwasser, das auf die Dächer des Bauerngehöftes fiel, in Regentonnen gesammelt.

Vom 15. Jahrhundert an erlebte die Gartenkultur in Italien eine neue Blüte. Reiche Familien wie die Medicis ließen prachtvolle Gärten nach klassischen Vorbildern anlegen, die in ganz Europa bewundert wurden. Der berühmteste Garten war der Pratolino in Florenz, und dies vor allem wegen seiner zahlreichen Wasserspiele. Nichtsahnende Gäste, die in einer Grotte saßen, wurden von allen Seiten mit Wasser bespritzt und liefen, wenn sie flüchten wollten, direkt auf noch mehr Wasserstrahlen zu. Solche Wasserspiele wurden bald in ganz Europa imitiert. Bewundert wurden auch jene Wasserspiele, die hydraulisch Musik und Geräusche erzeugten. Vom Pratolino selbst ist nichts mehr übrig, aber seine Wasser-Wirkung reicht bis nach Nordeuropa.

Nördlich der Alpen wurden die Niederlande vom 16. Jahrhundert an ein Zentrum der Gartenkultur. Reiche Kaufleute konnten sich eigene Gärten anlegen lassen, die sich an klassischen Vorbildern orientierten. Den örtlichen Wasserverhältnissen angepasst wurden Gräben, die der Entwässerung dienten, zu einem wichtigen Gestaltungselement dieser niederländischen Gärten. Het Loo gehört zu den beeindruckendsten Gärten, der vor allem wegen seiner Brunnen und Wasserfälle bekannt wurde. Wasserfälle anzulegen, war in den flachen Niederlanden eine besondere gartenbauliche und auch finanzielle Herausforderung. Der englische Besucher Walter Harris schrieb 1699 über Het Loo: „Die Gärten sind äußerst prachtvoll und üppig mit unzähligen edlen Brunnen, Kaskaden, Blumenbeeten, Kies- und Wiesenwegen, Alleen, Statuen, Urnen, Bildwerken und einer angenehmen Aussicht ausgestattet." Berühmt sind zwei Brunnen, die von der himmlischen und der irdischen Weltkugel gekrönt werden. Der Wasserstrahl des Königsbrunnens erreichte eine Höhe von 13 Metern, für die damaligen hydraulischen Möglichkeiten eine viel beachtete technische Meisterleistung.

In Konkurrenz zu den Niederlanden wurde Frankreich im 17. Jahrhundert zu einem europäischen Zentrum der Gartenpracht. Ludwig XIV. ließ in Versailles den größten und prächtigsten Barockgarten aller Herrscherfamilien anlegen. Bevor das teuere Gartenvorhaben verwirklicht wurde, beschrieb der Herzog von Saint-Simon das Gebiet von Versailles als „den traurigsten und unfruchtbarsten Ort, den man sich vorstellen kann, ohne Wasser und ohne Wald". Wer heute durch das Gartenreich wandert, kann sich diesen tristen Zustand kaum noch vorstellen. Möglich wurde die Verwandlung nur dadurch, dass von 1680 an ein gewaltiges Pumpwerk mit 14 Wasserrädern an der Seine gebaut wurde, das am Tag 5.000 Kubikmeter Wasser in 162 Meter

Die Gartenanlagen von Versailles mit ihren strengen Formen wurden zum Vorbild für viele andere herrschaftliche Gärten in Frankreich wie hier dem Garten von Villandry im Loire-Tal.   (Foto: Helga Reisenauer)

Höhe pumpen konnte. Das Wasser wurde in ein Reservoir oberhalb der Gärten von Versailles geleitet und versorgte von dort aus zahlreiche Wasserspiele, 1.400 Brunnen, große Bassins und einen künstlich angelegten See. Für kleine Bootsausflüge der Hofgesellschaft wurde ein Kanal mit einer kleinen Flottille von aufwendig gestalteten Booten geschaffen. Angesichts des immensen Wasserbedarfs all dieser Anlagen gab es ein Wassersparprogramm. Nach einem ausgeklügelten Plan wurden die Fontänen und Wasserspiele nur in dem Teil der Parklandschaft in Gang gesetzt, in dem sich die königliche Familie gerade befand. Barockgärten nach dem Vorbild von Versailles entstanden unter anderem in Herrenhausen (Hannover), Sanssouci (Potsdam) und Schönbrunn (Wien).

Dieser perfekten, mit dem Lineal entworfenen Barock-Gartenwelt stellten englische Landschaftsarchitekten ihr Konzept von einer „kunstvoll wilden Natur" entgegen, so der Literat und Verfechter naturnaher Gärten Alexander Pope. Von ihm ist auch der folgende Satz überliefert: „Bei allem vergiss niemals die Natur." Die Natur sollte aber nicht wild wuchern wie sie wollte, sondern eben „kunstvoll". Deshalb wurde die Natur unter großem Aufwand so gestaltet, dass sie den Idealvorstellungen der Schöpfer dieser Gartenlandschaften entsprach. Anders als in barocken und vielen anderen Gärten der Welt gab es keine klare Abgrenzung des Gartenareals mit Zäunen, Hecken oder Mauern, sondern der ganze Landbesitz samt Wiesen und Feldern wurde in die Gartengestaltung einbezogen. Die Prachtexemplare unter diesen Gärten waren zugleich Arbeitsbeschaffungsmaßnahmen, denn es wurden 100 und mehr Gärtner benötigt, um die Natur gemäß dem Gartenplan unter Kontrolle zu behalten.

Wasserläufe und -flächen spielen in diesen englischen Gärten eine wichtige Rolle. Besonders prominent sind sie in dem Garten Studley Royal im

Norden von Yorkshire. Der Garten wurde ab 1722 von John Aislabie angelegt, der als Geschäftsmann gescheitert war, aber als Gartengestalter sein wahres Talent entdeckte. David Joyce schreibt in seinem Buch „Große Gärten der Welt" über Studley Royal: „Unter Einbeziehung des Flusses Skell wurde ein hervorragender architektonischer Wassergarten geschaffen, zu dem ein großer See, Grottenquellen, ein langer Kanal und die Mondweiher – einer rund und zwei sichelförmig – gehörten, neben denen der ‚Tempel der Frömmigkeit' steht." Die Wörlitzer Gartenanlagen sind ein Beispiel dafür, wie die Vorstellungen von einem Landschaftsgarten auf dem Kontinent aufgenommen wurden (siehe Abschnitt Dessau-Wörlitzer Gartenreich).

Gärten der Welt

Es sollen wenigstens noch einige der Gartenkulturen aus anderen Teilen der Welt vorgestellt werden. Auf die islamisch geprägten Gärten des Mittleren Ostens, die zu Höhepunkten internationaler Gartenkunst gehörten und gehören, wird im Abschnitt „Islam" eingegangen, sodass der indische Subkontinent die erste Station dieser Garten-Reise ist. Dort gibt es eine Jahrtausende alte Tradition privater Nutzgärten, aber auch viele Gärten, die der Erholung und Erbauung dienen. Letztere sind neben buddhistischen Klöstern und hinduistischen Tempeln zu finden. Vom 16. Jahrhundert an begann mit der politischen Vorherrschaft der Muslime in weiten Teilen Indiens eine Blütezeit islamisch geprägter Gärten. Vor allem iranische Gärten mit klaren geometrischen Formen, Terrassen, Wasserfällen, großen Wasserflächen und einer hohen Außenmauer dienten als Vorbild, aber die Gartengestaltung wurde den ganz anderen Klimaverhältnissen in Indien angepasst. In Agra wurde in der Nähe des Taj Mahal einer der ersten prächtigen Mogulgärten angelegt. Ein großer Ziehbrunnen, ein Aquädukt und Bewässerungskanäle sorgten dafür, dass der Garten immer ausreichend bewässert werden konnte. Von den mehreren Hundert Mogulgärten auf dem indischen Kontinent sind nur noch wenige erhalten, darunter der Garten in Achabal im Kaschmirtal. Eine Quelle lieferte dort so viel Wasser, dass es möglich war, einen großen Wasserfall anzulegen und das Wasser anschließend durch zahlreiche Becken und Kanäle des Gartens zu leiten.

Die historischen Gärten in China wurden durch Konfuzianismus und Taoismus bestimmt. Die Planung und Anlage eines Gartens war eine höchst komplizierte Angelegenheit, bei der Feng Shui-Bewandere eine wichtige Rolle spielten. Wasser war unverzichtbar, nicht nur für die Bewässerung, sondern auch als Symbol des Reichtums. Ein gewundener Wasserlauf und große Becken gehören zu den wichtigsten Gestaltungselementen größerer Gärten. Damit der Reichtum nicht mit dem Wasser davon fließt, wird die Stelle, an der das kostbare Nass aus dem Garten tritt, möglichst unauffällig gestaltet und oft hinter Felsen verborgen.

Das „Steinerne Schiff" oder „Marmorschiff" in einem See des kaiserlichen Sommerpalastes bei Peking diente für Festlichkeiten der kaiserlichen Familie. Eigentlich war
das Geld, das Ende des 19.-Jahrhunderts für den Ausbau des Palastes verwendet
wurde, für den Bau einer Kriegsflotte bewilligt worden. Dieses Kunstwerk erinnert an
die Zweckentfremdung durch die Kaiserin, eine Maßnahme, die militärische Nieder-
lagen und den Niedergang des Kaiserreiches beschleunigte. (Foto Helga Reisenauer)

In kaiserlichen Gärten floss das Wasser besonders reichlich. In dem Park
Hua Qing Gong wurde beispielsweise ein Pavillon errichtet, bei dem das
Wasser in den vier Eckpfeilern eines Pavillons hochgeleitet und dann an
allen vier Seiten an Stelle fester Wände einen kühlenden Wasserschirm bildete. In Peking zeugen Wassergärten vom Reichtum und vom Wasser-Reich-
tum der Kaiserfamilie, so der „Garten der Überschäumenden Quelle". Weit
über China hinaus berühmt sind die Gärten des Sommerpalastes mit ihrer
Seenlandschaft und künstlich geschaffenen Inseln.

Letzte Station dieser kleinen Gartenreise sind die schwimmenden Gärten
von Xochimilco, die die Azteken dort anlegten, wo sich heute die Metropole
Mexiko-Stadt befindet. Die Azteken nannten die zahlreichen in einer flachen
Seenlandschaft rund um die Hauptstadt Tenochtitlán angelegten Inseln den
„Ort der Blumenfelder". Um neue kleine Inseln entstehen zu lassen, wurden
Pfähle in den Untergrund gerammt, mit Flechtwerk verbunden und dann so
lange mit Schlamm, Erde und Pflanzenresten aufgeschichtet, bis die neue
Insel über den Wasserspiegel des Sees hinausragte. Die Inseln waren sehr
fruchtbar, ließen mehrere Ernten im Jahr zu und konnten die etwa 250.000
Einwohner der Azteken-Hauptstadt ernähren.

Die spanischen Eroberer hatten kein Verständnis für diese Gartenwelt und legten sie weitgehend trocken. Heute sind nur noch kleine Reste der Gärten von Xochimilco vorhanden. Die beliebte Touristenattraktion ist stark gefährdet. Es ziehen immer mehr Menschen in das Gebiet, das so seinen Charakter als Gartenlandschaft verliert. Andere Gefährdungen hat Walter Schmidt im Oktober 2004 in der „Süddeutschen Zeitung" so beschrieben: „... im Wasser treiben immer wieder tote Fische, Getränkedosen, Plastikflaschen und anderer Müll, den die Bewohner entlang der Kanäle hinterlassen. Anstelle von Frischwasser ... werden seit 1950 Haushaltsabwässer in die Kanäle geleitet. Seit 1990, als die Wassergärten von Xochimilco zum ‚Städtischen Ökologie-Park' ausgerufen wurden, werden die Einleitungen immerhin halbwegs geklärt, wenn die Anlagen funktionieren."

Moderne Gartenwelten

Die Gärten des 20. und 21. Jahrhunderts werden geprägt durch den technischen Fortschritt und den Prozess der Globalisierung. Rasenmäher, Pumpen und viele andere Hilfsmittel haben die Arbeit der Gärtnerinnen und Gärtner erleichtert, und die Verfügbarkeit von Pflanzen aus aller Welt sowie die Übernahme von Stilelementen aus weit entfernten Kulturen haben zu einer

Die schwimmenden Gärten von Xochimilco wurden von den Azteken angelegt. Heute sind die Reste dieser großen Gartenlandschaften eine Touristenattraktion, die allerdings durch die hohe Schadstoffbelastung des Wassers bedroht ist.
(Foto: Helga Reisenauer)

größeren Vielfalt geführt, gewissermaßen zum Multikulti-Garten. Zugleich ist die Wertschätzung alter Gärten wieder gestiegen, sodass historische Gärten unter großem Aufwand wieder hergestellt werden. Viele Gartenbesitzerinnen und -besitzer orientieren sich bei der Anlage ihrer Hausgärten an historischen Vorbildern wie den Bauerngärten. Andere stellen die Gestaltung unter ein Thema und gestalten zum Beispiel einen Wassergarten.

Ein international berühmter Landschaftsarchitekt, der Wassergärten gestaltet, ist der Neuseeländer Anthony Paul, der in Südengland lebt. Anthony Paul bezieht stehendes und fließendes Wasser in perfekter Weise in seine naturnahen Gärten ein. Teiche und Wasserläufe tragen wesentlich zur Lebendigkeit seiner Schöpfungen und dazu bei, dass ein zentrales Anliegen seiner Arbeit erfüllt wird: „Wenn man kein Glück im Garten findet – wo könnte man es dann finden?" Dem würde der japanische Gartenkünstler und Zenpriester Shummyo Masuno sicher zustimmen, auch wenn seine Gärten gänzlich anders aussehen. In einem seiner berühmtesten Gärten, dem Garten des Kochimachi Kaikan, hat er Wasser, das in Kaskaden eine Mauer hinabströmt, verbunden mit einem Trockenlandschaftsgarten, in dem die Wellen des Wassers mit Steinen nachempfunden werden, die in eine Landschaft von Felsbrocken eingefügt sind. Masuno nimmt japanische und buddhistische Traditionen auf und will gestressten Großstadtbewohnern mit seinen Wassergärten mitten im Getriebe der Großstädte Oasen der Ruhe und Besinnlichkeit anbieten. Auch in Deutschland hat Wasser eine große Bedeutung in neu gestalteten Gärten, etwa dem „Garten der Elemente" des Architekten Jacques Eric Richard für eine Gartenausstellung in Karlsruhe im Jahre 2006. Ein Brunnen steht im Zentrum dieses Gartens, und dass Wasser eine entscheidende Rolle spielt, begründet der Gartenkünstler so: „Wasser ist die Stimme des Gartens."

Bei der ganzen Vielfalt moderner Gärten ist die biblische Erfahrung erhalten geblieben, dass die Bewahrung eines Paradieses mit viel Arbeit verbunden ist, nicht zuletzt mit dem Wässern der Pflanzen in niederschlagarmen Zeiten. Zu den Dichtern der Neuzeit, die die Bedeutung des Bewässerns für sich entdeckt haben, gehörte Bertolt Brecht. Im kalifornischen Exil wässerte er gern und intensiv den Garten und schrieb ein Gedicht zum Thema „Vom Sprengen der Gärten":

O Sprenget den Garten, das Grün zu ermutigen!
Wässern der durstigen Bäume! Gib mehr als genug. Und
Vergiss nicht das Strauchwerk, auch
Das beerenlose nicht, das ermattete
Geizige! Und übersieh mir nicht
Zwischen den Bäumen das Unkraut, das auch
Durst hat. Noch gieße nur
Den frischen Rasen, oder den versengten nur:
Auch den nackten Boden erfrische du.

GATS

Die Welt als ein einziger großer „Supermarkt", das ist die Vision derer, die den Globalisierungsprozess voranbringen wollen. Nicht nur Waren, sondern auch Dienstleistungen sollen in diesem „Supermarkt" angeboten werden. Dafür ist GATS ein wichtiger Schritt. Die vier Buchstaben stehen für „General Agreement on Trade in Services". Dies ist ein Vertrag im Rahmen der Welthandelsorganisation (World Trade Organisation – WTO). Die WTO entstand 1995 und hat als wichtige Ziele, den Welthandel zu fördern, Handelsbarrieren abzubauen und eine Liberalisierung der internationalen Wirtschaftsbeziehungen zu erreichen. Dienstleistungen bilden dabei einen der Schwerpunkte. Ihr Anteil am Welthandel ist mit etwa 20 Prozent noch gering (nach WTO-Berechnungen immerhin 1,5 Billionen Dollar im Jahre 2001), aber es besteht ein großes Wachstumspotenzial. In vielen Industrieländern trägt der Dienstleistungsbereich mehr als zwei Drittel zum Sozialprodukt bei.

Am 1. Januar 1995 trat der GATS-Vertrag in Kraft. Es war ein Vertrag auf Zukunft gebaut, denn es war von vornherein geplant, die Liberalisierung des Dienstleistungsbereichs in weiteren Verhandlungsrunden auszuweiten. Bis zum 30. Juni 2002 sollte jedes Land seine weiteren Liberalisierungserwartungen an andere Länder auflisten. Bis zum 31. März 2003 sollten die Länder dann Angebote machen, zu welchen Liberalisierungsschritten sie selbst bereit waren. Auf der Grundlage beider Listen werden seither Verhandlungen geführt. Sie sind ins Stocken geraten, weil sich Industrie- und Enwicklungsstaaten nicht darauf verständigen können, in welcher Form der Prozess der Liberalisierung der Weltwirtschaft im Rahmen von WTO-Vereinbarungen fortgeführt werden soll. Es geht um die Öffnung von Märkten, den Abbau von Exportsubventionen für westliche Agrarprodukte, den Handel als Instrument der Entwicklungsförderung und viele andere Themen, die in sehr komplexen Interessenkonflikten miteinander verwoben sind. Die Frage der Liberalisierung des Dienstleistungssektors spielt dabei eine wichtige Rolle, und es lohnt deshalb zu durchschauen, was dabei auf dem Spiel steht.

Die Auswirkungen der Liberalisierung im Dienstleistungsbereich

Die mehr als 140 Staaten, die den GATS-Vertrag unterschrieben haben, müssen eine Reihe von Grundprinzipien akzeptieren. Zu den wichtigsten Prinzipien gehören: Ausländischen Dienstleistungsanbietern soll der Marktzugang eröffnet werden, ausländische Dienstleistungsunternehmen sollen genauso wie einheimische behandelt werden und Handelsvergünstigungen, die einem Land gewährt wird, müssen auch allen anderen Ländern eingeräumt werden.

Ausgenommen von der Liberalisierung sind laut GATS-Vereinbarungen jene Dienstleistungen, die „in Ausübung hoheitlicher Gewalt" erbracht werden. Das sind öffentliche Dienstleistungen, die der Befriedigung grundlegender gesellschaftlicher Bedürfnisse dienen. Dazu gehört jede Dienstleistung, der „weder zu kommerziellen Zwecken noch im Wettbewerb mit einem oder mehreren Dienstleistungserbringern erbracht wird". Nachdem immer mehr Länder unter dem Druck internationaler Organisationen wie der Weltbank dazu gezwungen worden sind, Wasserversorgungsbetriebe zu privatisieren, fällt dieser Sektor in den Geltungsbereich von GATS. Entsprechend groß ist der Druck, den Wassersektor in die internationalen Liberalisierungsprozesse einzubeziehen. Die internationalen Wasserunternehmen sind vor allem an der Liberalisierung des Wassersektors in Industriestaaten und relativ wohlhabenden Ländern in Afrika, Asien und Lateinamerika interessiert, weil hier genügend zahlungskräftige Kunden für gewinnorientiert arbeitende Wasserbetriebe zu finden sind.

Einmal gemachte Zugeständnisse im Rahmen des GATS-Prozesses sind faktisch nicht mehr zurückzunehmen, weil ein Ausgleich in Form von neuen Handelsliberalisierungen zugunsten der Länder erfolgen muss, die durch die Zurücknahme benachteiligt werden. Im Bericht der Enquete-Kommission des Bundestages zu Globalisierungsfragen aus dem Jahre 2002 wird zu GATS festgestellt: „Eine wesentliche Funktion dieses Abkommens wird … darin gesehen, Liberalisierungsfortschritte, die auf bilateraler oder regionaler Ebene erzielt wurden, zu multilateralisieren. Die Wiedergewinnung staatlicher Regelungskompetenzen ist nach erfolgter Festschreibung im Prinzip nicht vorgesehen. Im Gegenteil: Das GATS-Konzept der fortschreitenden Liberalisierung sieht eine sukzessive Ausweitung von Marktöffnungsverpflichtungen vor."

Subventionen dürfen nach einer internationalen Liberalisierung zu keinen Verzerrungen auf dem Markt führen. Wenn ein internationaler Wasserkonzern die Versorgung der Hauptstadt übernommen hat, muss eine Regierung mit rechtlichen Auseinandersetzungen vor der WTO-Schiedsstelle rechnen, wenn sie nichtprivatisierten Wasserbetriebe in anderen Teilen des Landes weiterhin subventioniert. Ein Ende der Zuschüsse würde allerdings zu Lasten der ärmeren Teile der Bevölkerung gehen, deren Zugang zu sauberem und bezahlbarem Trinkwasser noch weniger zu erreichen wäre.

Es geht in den Debatten um die Liberalisierung des Dienstleistungsbereichs im Kern um die Frage, ob alle Lebensbereiche den Gesetzen des Marktes unterworfen werden. Die GATS-Kritiker beharren darauf, dass alle Menschen den Zugang zu den Grundgütern des Lebens und öffentlichen Dienstleistungen wie die Wasserversorgung haben müssen. Ebenso gilt es, die Notwendigkeiten einer nachhaltigen Entwicklung zu beachten.

Die Europäische Union als Akteur im GATS-Prozess

Einer der Hauptförderer einer internationalen Liberalisierung aller Lebensbereiche ist die Europäische Union. Da Unternehmen aus der EU führende Positionen auf dem internationalen Wassermarkt einnehmen, bestehen hier große Erwartungen an den GATS-Liberalisierungsprozess. An den GATS-Verhandlungen nimmt die EU-Kommission als Vertretung der EU teil. Im Dienstleistungsbereich ist schon so weitgehend ein gemeinsamer europäischer Markt entstanden, dass die EU nur als Gemeinschaft anderen Staaten Liberalisierungen anbieten kann. Dank ihrer Wirtschaftskraft besitzt die EU bei den GATS-Verhandlungen ein großes Gewicht, das zugunsten weiterer Liberalisierungen genutzt wird.

Die EU-Kommission stellt für die GATS-Verhandlungen eine gemeinsame Liste der Wünsche an andere Staaten sowie eigene Angebote zusammen. Darüber wird auf Ministerebene beraten und entschieden, wobei es keine Vetomöglichkeit für einzelne Regierungen gibt. In Deutschland liegt die Federführung für die Verhandlungen beim Bundeswirtschaftsministerium in Berlin.

Wenn die EU im Rahmen des GATS-Prozesses Verpflichtungen eingeht, gelten sie automatisch für alle Mitgliedsstaaten, ohne dass nationale Parlamente einen Einfluss darauf haben. Auch das Europäische Parlament hat in GATS-Fragen keine Entscheidungskompetenz, sodass die zuständigen Ministerien in den Mitgliedsstaaten und die EU-Bürokratie in einem Ausschuss faktisch allein festlegen, auf welchen Gebieten liberalisiert werden und auf welche Staaten Druck ausgeübt werden soll, ihre Märkte zu öffnen.

Die EU hat die großen europäischen Dienstleistungskonzerne dazu ermutigt, ein „European Services Forum" zu bilden, das nun als Lobbyorganisation in Brüssel fungiert. EU-Kommission und das Forum stimmen sich eng ab, um die Interessen der europäischen Unternehmen international möglichst wirksam zu vertreten. Ganz im Gegensatz zu den sozialen Bewegungen und Gewerkschaften werden die Unternehmen von der EU laufend über die GATS-Verhandlungen informiert und können ihre Interessen einbringen.

Der Einfluss der Wasserkonzerne auf die EU-Handelspolitik wurde durch Indiskretionen bekannt. Anfang 2003 veröffentlichte das „Canadian Centre for Policy Alternatives" auf der Grundlage zahlreicher vertraulicher, aber inzwischen bekannt gewordener Briefe eine Analyse der engen Zusammenarbeit von EU-Administration und europäischen Wasserunternehmen. Es wird deutlich, dass die EU sich bei den GATS-Verhandlungen an den Interessen der Branche orientiert. So wurden die Unternehmen zum Beispiel nach Ländern gefragt, in denen sie im Wasserbereich expandieren wollen und wo sie auf administrative Hindernisse gestoßen sind, die es zu überwinden gilt. In der kanadischen Studie wird zusammenfassend festgestellt: „Die Europäische Kommission nimmt die aggressivste Position in Fragen der Liberalisierung von Wasserdienstleistungen von allen WTO-Mitgliedern ein ..."

Die EU versucht zu erreichen, dass Wasserdienstleistungen explizit in die Liste der Dienstleistungen aufgenommen werden, für die im Rahmen der GATS-Verhandlungen eine Liberalisierung angestrebt wird. Dass Wasser dort bisher fehlt, schließt Liberalisierungen in diesem Bereich zwar nicht aus, aber der Druck in Richtung auf Liberalisierungen würde bei einer ausdrücklichen Erwähnung wachsen. Die EU hat bereits in ihren „requests" von insgesamt 72 Ländern gefordert, ihren Wasserbereich gegenüber der europäischen Wirtschaft zu öffnen. Zu den Ländern gehören Industriestaaten wie die USA und Japan, aufstrebende asiatische Staaten wie Hongkong und Singapur, aber auch wirtschaftlich arme Länder wie Lesotho und Tansania. Die Liste spiegelt die Interessen der europäischen Wasserunternehmen wider. In Tansania zum Beispiel wurde zum Zeitpunkt der Aufstellung der Liste von einem Konsortium, zu dem ein deutsches und ein britisches Unternehmen gehören, darüber verhandelt, den Betrieb der Wasserversorgung von Dar es Salaam zu übernehmen. Das Konsortium erhielt den Zuschlag (siehe Abschnitt Dar es Salaam). Wenn Tansania nun seinen Wassersektor liberalisieren sollte, würden die beteiligten Unternehmen von Regelungen profitieren, die zum Beispiel eine Andersbehandlung ausländischer Unternehmen verbieten.

Interessanterweise hat die EU zwar Forderungen zur Liberalisierung des Wassersektors an mehr als siebzig Staaten gestellt, unter den eigenen Liberalisierungsangeboten taucht der Wasserbereich aber nicht auf. Solche Forderungen durch andere Länder sind aber zu erwarten. Dazu stellt die Enquete-Kommission des Bundestages zur Globalisierung fest: „Wenn die (EU-)Kommission mit Verweis auf eigene Liberalisierungsfortschritte hohe Forderungen an Drittstaaten stellt, werden diese weitreichende Begehrlichkeiten gegenüber der EU formulieren."

Wie laufen die Entscheidungsprozesse über Liberalisierungen? In der Welthandelsorganisation hat jedes Land eine Stimme, ein beachtlicher Fortschritt im Vergleich zu Weltbank und Internationalem Währungsfonds, wo die Stimmrechte bei den westlichen Industriestaaten konzentriert sind. Allerdings gibt es bei den GATS-Verhandlungen ein großes Ungleichgewicht zwischen wirtschaftlich mächtigen und armen Ländern. So haben mehr als 20 Vertragsstaaten keine ständigen Delegationen bei der WTO in Genf, nehmen also an den Verhandlungen allenfalls sporadisch teil. Andere Länder haben so wenige Vertreter nach Genf gesandt, dass diese keine Möglichkeit haben, die zahlreichen Sitzungstermine wahrzunehmen und sich in alle Sachverhalte einzuarbeiten. Die sehr viel größeren Delegationen der westlichen Industriestaaten können auf das Fachwissen großer Ministerien und angeschlossener Forschungseinrichtungen in der Heimat sowie den EU-Apparat in Brüssel zurückgreifen. Außerdem sind Wirtschaftsverbände und große Unternehmen nur zu gern bereit, sie zu beraten und mit Fachwissen zu versorgen. Wenn die großen WTO-Konferenzen stattfinden, ist vieles schon vorab unter den einflussreichen Staaten vereinbart worden, und es gibt zudem wie in Genf ein großes Ungleichgewicht im Blick auf die Größe und Möglichkeiten der einzelnen Delegationen.

Die internationale Debatte über GATS

Seit Ende der 90er Jahre wächst weltweit der Protest und Widerstand gegen den internationalen Liberalisierungsprozess im Rahmen des GATS-Vertrages. Große internationale Beachtung fanden die Proteste beim WTO-Ministertreffen in Seattle 1999 gegen den gesamten Liberalisierungsprozess. Seither hat sich weltweit eine GATS-kritische Bewegung formiert, zu der auch die bekannte indische Umweltschützerin und Trägerin des Alternativen Nobelpreises Vandana Shiva gehört. Sie beschreibt in ihrem Buch „Der Kampf um das blaue Gold" die Auswirkungen des GATS-Abkommens auf ihre Heimat so: „Die Welthandelsorganisation missachtet und unterläuft hart erkämpfte Errungenschaften wie die indische Verfassung. Das GATS fungiert als Instrument zur Rückgängigmachung demokratischer Dezentralisierung, wie sie in vielen Gesellschaften angestrebt wurde und wird. Es bietet die rechtliche Handhabe, um Entscheidungen der zentralen, regionalen und lokalen Regierungsinstanzen ebenso in Frage zu stellen wie Beschlüsse nichtstaatlicher Organisationen. Die GATS-Regeln sind der Privatwirtschaft wie auf den Leib geschneidert und lassen die Anliegen von Nichtregierungsorganisationen, kommunalen Entscheidungsträgern und nationalen Regierungen völlig außer Acht."

Die internationale Umweltschutzorganisation „Friends of the Earth" hat sich in einem Arbeitspapier mit den Auswirkungen einer GATS-Liberalisierung auf den Wasserbereich beschäftigt. In dem Papier wird festgestellt: „GATS wird wahrscheinlich den Schutz der Umwelt unterhöhlen, weil es nur sehr eng gefasste Ausnahmen in Umweltfragen enthält. Regierungen könnten durchaus feststellen, dass Gesetze und Bestimmungen, die sie zum Umweltschutz und zum Schutz des Wassers eingeführt haben, als Hindernisse für den Handel eingeordnet und von der WTO verworfen werden." Die Umweltschutzorganisation verweist darauf, dass Einschränkungen der Liberalisierungspolitik laut WTO-Bestimmungen nur dann erlaubt sind, wenn Leben oder Gesundheit bedroht sind. Bestimmungen zum vorbeugenden Gewässerschutz fallen zum Beispiel nicht in diese Kategorie und können als Handelshindernis interpretiert werden, wenn sie Wasserversorgungsunternehmen auferlegt werden.

In Deutschland hat sich ein GATS-Aktionsbündnis gebildet, dem unter anderem attac, Gewerkschaften, studentische Organisationen sowie kirchliche und entwicklungspolitische Gruppen angehören. Die Träger der Kam-

pagne fordern ein Moratorium der Liberalisierungsverhandlungen und erklären: „Nein zu GATS: Unsere Welt ist keine Ware".

Im Bundestag hat es 2003 zwei Entschließungen zu GATS-Fragen gegeben. Am 13. März 2003 sprach sich die Mehrheit des Bundestages dafür aus,
dass die Bundesregierung nur noch dann den Angeboten der EU an andere
Staaten zustimmen dürfe, wenn das Parlament dem vorher zugestimmt habe.
Im zweiten Beschluss vom 3. Juli 2003 ging es darum, dass die Bundesregierung bei der damals anstehenden WTO-Konferenz in Cancún auf die EU
einwirken sollte, damit keine Liberalisierungsangebote im Bereich von
öffentlichen Dienstleistungen gemacht werden, wobei Wasser explizit
genannt wurde. Im Blick auf die „requests" an andere Staaten heißt es im
Bundestagsbeschluss, die Bundesregierung solle „sich dafür einsetzen, dass
die EU keinen Druck erzeugt, den Bereich Wasser im Rahmen des GATS-
Abkommens zu regeln. Die EU sollte auf Forderungen bei der Wasserversorgung an die Entwicklungsländer verzichten."

Welche Konsequenzen hatten die Parlamentsbeschlüsse? Dazu schreibt
Christina Deckwirth in ihrer Studie „Sprudelnde Gewinne? Transnationale
Konzerne im Wassersektor und die Rolle von GATS" (herausgegeben von
WEED): „Die Praxis zeigt allerdings, dass die Bundesregierung sich in der
internationalen Handelspolitik nicht an die Vorgaben des Bundestages hält.
Dies wurde auf der WTO-Ministerkonferenz in Cancún sehr deutlich: Dort
orientierten die deutschen Unterhändler sich wenig an den Beschlüssen des
eigenen Parlaments."

In den letzten Jahren hat sich die Situation in der EU dadurch etwas verändert, dass die großen europäischen Wasserkonzerne weniger Interesse als
früher an einem Engagement in armen Ländern des Südens der Welt zeigen.
RWE Thames Water, einer der großen Drei im internationalen Wassergeschäft, zog daraus die Konsequenz, sich öffentlich von der Welthandelsorganisation zu distanzieren. In der RWE Thames Water-Broschüre „Planet
Water" aus dem Jahre 2003 ist überraschenderweise zu lesen: „RWE Thames
Water unterstützt keine Initiativen der Welthandelsorganisation oder anderer
multilateraler Organisationen, die die Liberalisierung des Marktes für öffentliche Dienstleistungen erzwingen sollen. Die verantwortlichen Behörden
müssen nach unserer festen Überzeugung selbst darüber entscheiden können, ob und in welchem Umfang sie bei der Bereitstellung von Dienstleistungen mit in- und ausländischen Firmen zusammenarbeiten." Um jedes Miss-
verständnis zu vermeiden, heißt es weiter in der Broschüre: „Thames Water
möchte geschäftliche Beziehungen zu Menschen unterhalten, die mit uns
Geschäfte tätigen wollen, nicht mit Menschen, die gezwungen werden, gegen
ihren Willen mit dem Privatsektor zu verhandeln."

Es ist nicht zu erwarten, dass sich die europäischen Wasserkonzerne
gänzlich aus Afrika, Asien und Lateinamerika zurückziehen werden. Besonders die französischen Konzerne Veolia, Suez und Saur verfügen über ein

breit gefächertes Engagement im Süden der Welt. Sie engagieren sich vor allem dann, wenn ihr Risiko und ihr Kapitaleinsatz mit Entwicklungshilfegeldern minimiert werden (siehe Abschnitt Privatisierung). Eine Absicherung der Wirtschaftsinteressen durch GATS-Vereinbarungen ist zusätzlich willkommen, aber zumindest RWE möchte dafür nicht in das Zentrum der internationalen Kritik geraten.

Es gibt Alternativen

Die GATS-Debatte zur Liberalisierung im Wassersektor hat deutlich gemacht, wie wichtig es ist, lebenswichtige Dienstleistungen auch denen zukommen zu lassen, die über keine nennenswerte Kaufkraft verfügen. Das setzt sowohl national als auch international grundlegende Veränderungen der Wirtschaftsstrukturen und Wirtschaftspolitik voraus. Um solche Reformen durchzusetzen, ist es erforderlich, die GATS-Verhandlungen kritisch zu beobachten und Einfluss auf die Entscheidungen auszuüben. Dies ist nur möglich bei transparenten und öffentlichen Verhandlungen über Angebote und Zusagen der einzelnen Länder. Zwar macht die WTO alle eingegangenen nationalen Verpflichtungen im Internet zugänglich, aber die Verhandlungen, die die Entscheidungen vorbereiten, werden streng vertraulich geführt. Die Öffentlichkeit in praktisch allen Ländern der Welt weiß nicht, was die Regierung an Dienstleistungsliberalisierungen anbieten will, bis die Angebote offiziell abgegeben sind und dann faktisch nicht mehr zurückgenommen werden können. Eine größere Transparenz und mehr Mitwirkung der Bevölkerung würde auch dazu führen, dass die Argumente von Gewerkschaften, sozialen Bewegungen, Kirchen und vieler anderer Gruppen der Zivilgesellschaft in die Debatte einfließen.

Kirchen und soziale Bewegungen können versuchen, ihre Regierungen und die Öffentlichkeit zu informieren und zu sensibilisieren, worum es bei GATS geht. Gefordert werden kann zum Beispiel, dass alle Angebote der Regierung für eine Liberalisierung im Dienstleistungsbereich vorher öffentlich diskutiert werden müssen. In diesen Debatten muss es auch darum gehen, den Umweltschutz zu einem wichtigen Kriterium dafür zu machen, ob und in welcher Form liberalisiert wird. Besonders für den lebenswichtigen Bereich der Wasserversorgung gilt es, die Gefahren des GATS-Prozesses deutlich zu machen. Christina Deckwerth zieht am Ende ihrer Studie zu GATS und Wasser das Fazit: „Das GATS lässt sich demnach als ein Abkommen klassifizieren, das die Interessen der Wasserkonzerne in den Mittelpunkt stellt und die Bedenken zivilgesellschaftlicher VertreterInnen sowie die Interessen der lokalen Bevölkerung vor Ort vernachlässigt."

Gedächtnis des Wassers

Es war schon ein merkwürdiges Trio, das die Labors des staatlichen französischen Instituts „Inserm" in Paris betrat: John Maddox, Chefredakteur der renommierten Wissenschaftszeitschrift „Nature", James Randi, berühmter Zauberkünstler, und Walter Steward, Fälschungsexperte. Sie hatten sich auf die Reise begeben, um die Stichhaltigkeit der Behauptungen des Immunologen Jacques Benveniste zu überprüfen, der in einem Beitrag in „Nature" dargestellt hatte, wie ihm der Nachweis gelungen sei, dass Wasser ein Gedächtnis habe. Er hatte eine Lösung mit Blutkörperchen so stark verdünnt, dass kein Blutkörperchen mehr in dem untersuchten Wasser vorhanden war. Trotzdem habe er die Wirkung der Blutkörperchen nachweisen können: „All das geschieht so, als ob sich das Wasser daran erinnere, einmal das Molekül gesehen zu haben." Wichtige Voraussetzung dafür sei, dass das Wasser geschüttelt werde. Zudem habe nur Wasser diese Eigenschaft, Informationen aufzunehmen und für eine gewisse Zeit zu speichern.

Der Beitrag löste 1988 lebhafte Debatten in der Wissenschaftswelt aus, und so machte sich der „Nature"-Chefredakteur auf den Weg nach Paris, um die Ergebnisse in einem Test zu überprüfen – und damit nicht gemogelt werde, nahm er den Zauberer und den Fälschungsexperten mit. Von dem, was in dem Labor geschah, gibt es unterschiedliche Versionen: Hat die Assistentin von Professor Benveniste bei der Durchführung der Versuche geschummelt, waren die Laborberichte unzuverlässig geführt, gab es keinerlei Nachweis dafür, dass das Wasser ein Gedächtnis hat … Jedenfalls veröffentlichte „Nature" in seiner nächsten Ausgabe, der Beweis für ein Gedächtnis des Wassers sei nicht gelungen. Jacques Benveniste stand nun als Scharlatan und Betrüger da. Er verlor seinen Posten im „Inserm" und sah sich als Opfer einer Attacke im „McCarthy-Stil". Benveniste kämpfte aber hartnäckig weiter um die Rettung seines Rufes und für seine Behauptung, das Gedächtnis des Wassers lasse sich wissenschaftlich nachweisen. Er eröffnete ein neues Institut. Der Nobelpreisträger Georges Charpark erklärte sich bereit, in einer Serie von Experimenten zu prüfen, ob die Behauptungen Benvenistes sich wissenschaftlich nachweisen ließen. Aber Charpark gelang es nicht, einen überzeugenden Beweis zu erbringen. Alles Scharlatanerie? Es gab auch Untersuchungsergebnisse, die die Thesen des französischen Wissenschaftlers plausibel erscheinen ließen. Als Benveniste am 3. Oktober 2004 starb, wurde in der Wissenschaftswelt weiter debattiert, ob es ihm nun gelungen sei, bahnbrechende Erkenntnisse über das Wasser zu gewinnen oder ob seine Versuche ein Schlag ins Wasser waren.

Bei der Debatte ging und geht es nicht allein um den Ruf eines Wissenschaftlers oder eine abstrakte naturwissenschaftliche Erkenntnis. Es geht vor allem um das Verständnis der Natur und besonders des Wassers – und um viel Geld. Warum Geld? Wenn Benveniste Recht hatte, dann ist nach zwei Jahrhunderten der wissenschaftliche Nachweis erbracht, dass die Homöopathie wirksam sein kann, und das hätte zumindest mittelfristig Auswirkungen auf die Anerkennung homöopathischer Heilmittel. Daran kann die Pharmaindustrie kein Interesse haben, denn damit würde ihr Anteil an den Gesundheitsausgaben drastisch sinken. Schon heute, wo die Homöopathie von den Krankenkassen meist nicht bezahlt wird, haben schon 38 Prozent der Bundesbürger laut einer Untersuchung des „Stern" Anfang 2004 mindestens einmal Erfahrungen mit diesen Heilverfahren gemacht, weitere 20 Prozent interessieren sich dafür. Mit allgemeiner wissenschaftlicher und kassenärztlicher Anerkennung wäre also zu erwarten, dass noch mehr Erkrankte auf die Kügelchen und Flüssigkeiten der Naturheilkundler und weniger auf die Produkte der großen Pharmakonzerne vertrauen würden.

Mit Wasser heilen

Die Homöopathie beruht auf den Erkenntnissen des Arztes Samuel Hahnemann Ende des 18. Jahrhundert, dass Ähnliches mit Ähnlichem behandelt werden kann. Er verdünnte Ursubstanzen immer weiter, bis in einem Fläschchen der Flüssigkeit kein Molekül der Substanz mehr zu erwarten war. Bei diesem Prozess der Verdünnung werden auch heute die Flüssigkeiten genau nach den Anweisungen Hahnemanns geschüttelt. Dadurch übertragen sich die Informationen der Ursprungssubstanz als Energie auf Wasser und Alkohol, so die Überzeugung der Anhänger der Homöopathie. Wird also eine Wirkung erzielt, obwohl die ursprüngliche Substanz in der Flüssigkeit, mit der ein Patient behandelt wird, nicht mehr vorhanden ist? Ohne ein Gedächtnis des Wassers wäre das nicht möglich, mit einem solchen Gedächtnis aber sehr plausibel.

Hahnemann erzielte zahlreiche Heilerfolge, und das überzeugte viele, auch wenn seine Methoden in der damaligen „Fachwelt" umstritten waren – aber die arbeitete mit Methoden wie Aderlass und der Behandlung mit Quecksilber und Blei, die heute glücklicherweise längst aus der Medizin verbannt sind. Die Kritik an der Homöopathie hat die Jahrhunderte überdauert. In einer Sendung des Südwestdeutschen Rundfunks am 15. April 2001 zum Thema „Wasser mit Gedächtnis" äußerte zum Beispiel Dr. Jürgen Windeler vom Institut für Biometrie in Heidelberg: „Die Homöopathie an sich halte ich für ein Verfahren mit unbelegter Wirksamkeit und für ein völlig spekulatives, fehlgeleitetes, in überhaupt keinem Detail jedenfalls belegtes Theoriegebäude. Und ich denke deswegen auch nicht, dass sich wissenschaftlich begründete Medizin und Homöopathie da irgendwo in der Mitte ... treffen können."

Warum aber könnte die Homöopathie viele Heilerfolge aufweisen, wenn die Substanzen tatsächlich wirkungslos sein sollten und das Wasser sich an

nichts erinnert? Das liegt vor allem am Placebo-Effekt, behaupten die Gegner dieser Methoden. Die Patienten würden glauben, dass die Medikamente
helfen würden, und das trage zu ihrer Gesundung bei. Außerdem seien Spontanheilungen zu berücksichtigen, die Patienten wären also auch ohne den
Besuch beim Heilpraktiker gesund geworden. Ob das alle Erfolge der Homöopathie erklären kann, ist sehr umstritten. Immerhin muss die „Schulmedi-
zin" sich ernsthafter fragen, warum so viele Menschen auf die Homöopathie
vertrauen, für die sie neben ihren Krankenkassenbeiträgen bezahlen müssen,
und nicht auf die herkömmliche Medizin.

Das Geheimnis des Wassers

Aber gibt es nun dieses Gedächtnis des Wassers? Ein international bekannter
Verfechter dieser These ist der Japaner Masaru Emoto, der mit Bildern von
Eiskristallen viel Beachtung findet. Nachdem er Wasser negativen oder posi-
tiven Informationen ausgesetzt hat, lässt er es bei minus 20 Grad Celsius
gefrieren und macht anschließend Fotos von den entstandenen Kristallen.
Während bei klassischer Musik schön geformte sechseckige Kristalle entste-
hen, sind die Formen unter dem Einfluss von Heavy Metal Music defekt.
Diese Wirkung trat zum Beispie auch auf, wenn neben dem Wasser ein
Gewaltvideo vorgeführt wurde. Auch die Schadstoffbelastung hat großen
Einfluss auf die Bildung der Kristalle. Sauberes Quellwasser bildet schöne
sechseckige Kristalle, verschmutztes Wasser gar keine oder nur deformierte
Kristalle.

Positive Gedanken haben, so Dr. Emoto in einem Interview mit der Zeitschrift „Natur und Heilen" 2002, einen positiven Einfluss auf das Wasser:
„Als ich die Schriftzeichen ‚Liebe und Dankbarkeit' auf Wasser übertrug,
zeigte das Wasser die allerschönsten Kristallbilder. Die Reaktion des Wassers ist ein Liebesgeständnis der Natur selbst. So ist mir bewusst geworden,
dass die Lebensphänomene in der Natur auf Liebe und Dankbarkeit beruhen." Da der Mensch zu mehr als 70 Prozent aus Wasser besteht, ist Dr. Emoto
überzeugt, dass die negativen oder positiven Einflüsse, denen wir ausgesetzt
sind, ebenfalls Einfluss auf unseren Körper haben: „Mozart, Beethoven oder
Bach waren also nicht nur große Musiker, sondern auch große Heiler." Mit
guten Gedanken können wir nach der Überzeugung des japanischen Wissenschaftlers auch das beeinflussen, was wir essen und trinken: „Das ist der
Grund dafür, warum in einigen Religionen empfohlen wird, vor dem Essen
zu beten. Die Kraft der Gedanken verändert Wasser in den Speisen und
natürlich auch die Struktur des Wassers, das wir trinken."

Das klingt schön, aber lassen sich diese Behauptungen auch nachweisen?
Die Frage ist mit einem klaren Jein zu beantworten. Ein Nachweis in einem
herkömmlichen wissenschaftlichen Labor mit einem Dutzend mehr oder
minder skeptischer Wissenschaftler ist kaum möglich. Wenn die Behaup-

tungen von Masaru Emoto zutreffend sein sollten, kann das nicht verwundern, denn dann wirken viele Faktoren auf das Wasser ein, auch die skeptischen bis ablehnenden Einstellungen von Beteiligten. Das ist umgekehrt noch kein Beweis dafür, dass Emotos Kristallversuche zutreffend sind. Immerhin kann er auf Zehntausenden Fotos verweisen, mit denen er seine Beobachtungen untermauert, von denen einige in seinem Buch „Die Botschaft des Wassers" abgebildet sind.

Zur Quelle des Lebens zurückkehren

Auf einem gänzlich anderen Weg kam der Österreicher Viktor Schauberger, in den ersten Jahrzehnten des 20. Jahrhunderts zu Erkenntnissen über das Gedächtnis des Wassers. Als Förster beobachtete er intensiv die Natur und wunderte sich zum Beispiel darüber, wie Forellen es schafften, in starker Strömung bewegungslos zu stehen. Auch flüchteten sie bei Gefahr nicht auf dem anscheinend einfachen Weg flussabwärts, sondern flussaufwärts. Viktor Schauberger kam zum Ergebnis, dass es eine steigende, lebensaufbauende Bewegung auf der Welt gibt, die mit spiralförmigen und schwingenden Bewegungen verbunden ist. Deshalb sprach er sich vehement gegen die Begradigung der schwingenden Form von Bächen und Flüssen und ihre Kanalisierung in geraden künstlichen Flussbetten aus. Welche Kraft aus geschwungenen Formen entsteht, bewies er ausgerechnet bei Gewässern zum Holzflößen. Unter dem Kopfschütteln vieler Zeitgenossen, die zum Flößen den Bächen eine schnurgerade Gestalt gaben, baute Schauberger eine Flößstrecke, die sich ins Tal schlängelte. Er wählte einen eiförmigen Durchmesser für den Bach, versah ihn mit kleinen „Flossen" zur Optimierung des Wasserflusses und führte alle paar Hundert Meter zusätzliches Wasser hinzu. Das Ergebnis war frappierend. Es bildete sich in der Mitte des Gewässers ein Spiralsog, der dafür sorgte, dass die Baumstämme sehr schnell und ohne an die Ränder zu stoßen ins Tal geschwemmt wurden. Es ließ sich sogar Holz flößen, dessen spezifisches Gewicht größer als das des Wassers war.

Es ging Viktor Schauberger nicht nur darum, Holz möglichst rasch ins Tal zu bringen, sondern mit den Anlagen wollte er auch beweisen, dass Wasser, das sich natürlich und das heißt spiralartig und in Kurven bewegen kann, Kraft gewinnt. Diese Lebenskraft gibt es an die Menschen weiter, die es trinken. Deshalb sah er mit Besorgnis, wie das Wasser immer stärker geradlinig geleitet wurde. Seine Versuche, der Wasserzerstörung die Wasserveredlung entgegenzusetzen, stießen bei vielen auf Widerspruch oder Desinteresse. Er blieb ein Mahner in der Wasserwüste. Aber, in der heutigen Zeit, wo Flüsse und Bäche wieder renaturiert werden, würde man sich wünschen, man hätte früher auf Sätze Schaubergers wie diesen gehört: „Wir Menschen … machen das Dümmste, was nur denkbar ist, indem wir uns ständig bemühen, diese Wasserläufe vom Ufer her zu regulieren, also mechanisch zu beeinflussen, statt das Wasser als Wesen zu begreifen … Die großen Ströme, wie die Donau, der Rhein, der Tagliamento, die Etsch, die Garonne, der Mississippi usw. geben Zeugnis, wie unrichtig die mit ungeheuren Kosten und Fleiß durchgeführten Regulierungsmaßnahmen sind … Je mehr der Techniker sich bemüht, das Wasser, dessen Sinn und Wesen er bis heute nicht kennt, auf geradem und kürzestem Wege ins Meer zu führen, desto mehr legt sich der Wasserlauf in die Kurve, desto länger wird sein Weg und desto schlechter wird das Wasser."

Schauberger plädierte dafür, Quellwasser zu trinken, „zur Quelle des Lebens, zum sauberen Wasser" zurückzukehren, Wasser, das in der richtigen physikalischen Zusammensetzung aus der Erde sprudelt. In seinem Buch „Unsere sinnlose Arbeit" schrieb Viktor Schauberger: „In jedem Tropfen guten Wassers wohnt eine Welt von Möglichkeiten. Auch das, was wir uns unter Gott vorstellen, hat in jedem Tropfen Wasser seine Heimat. Zerstören wir das Wasser, nehmen wir ihm seine Wiege, den Wald, so berauben wir uns der höchsten Güter des Lebens, der Gesundheit, und verlieren damit auch die Stätte unseres Schaffens, die Heimat." Deshalb setzte sich Schauberger immer wieder dafür ein, sorgsam mit dem kostbaren Wasser umzugehen, das mehr sei als eine chemische Verbindung. Es gelte, diesen Lebensspender zum Wohle der Menschen zu pflegen.

Belebtes Wasser

Dass Wasser mehr ist als H_2O, hat in der zweiten Hälfte des 20. Jahrhunderts dann auch Johann Grander angetrieben, sich für die Bewahrung des Wassers und die Wiederherstellung seiner natürlichen Qualität und Kraft einzusetzen. Als wichtiges Mittel auf diesem Wege hat er das Grander-Wasser propagiert, Wasser, das durch ein Gerät mit natürlichen Magneten geleitet wird und so zu „belebtem Wasser" wird. Wie das Wasserbelebungsgerät funktioniert und dem Wasser verlorene Energie zurückgibt, ist ein Geheimnis der Familie Grander, dass es funktioniert, davon sind Millionen Menschen in vielen Teilen der Welt überzeugt. Von österreichischen Wellness-Hotels bis zu chinesischen Pflanzenbaubetrieben nutzen viele Unternehmen die Technologie, weil sie zum Beispiel Pflanzen schneller wachsen lässt. Warum das so ist, das scheint auch der Familie Grander noch ein Geheimnis zu sein, denn auf der Website zum Grander-Wasser ist zu lesen: „Zwar gibt es noch keine wissenschaftliche Erklärung, warum die Grander Wasserbelebung wirkt. In vielen Untersuchungen konnte aber die Feststellung gemacht werden, dass durch die Einwirkung der Grander-Technologie es zu einer signifikanten Veränderung in den Auswirkungen kommt."

In der Selbstdarstellung im Internet wird das Verfahren so beschrieben: „Die Original Grander-Technologie ist eine Technologie der Informationsübertragung. Es wird dem Wasser nichts zugesetzt und nichts entnommen.

Das Außergewöhnliche dabei ist, dass ein auf diese Weise belebtes Wasser Fähigkeiten erlangt, die in der Natur selbst nur mehr wenige Wässer aufweisen: Es wird im Wasser eine besonders hohe Widerstandskraft aufgebaut, die es gegen äußere Einflüsse resistent macht." Damit sei zum Beispiel eine verstärkte Selbstreinigungskraft verbunden.

Wie Viktor Schauberger hat auch Johann Grander stets Vorbehalte gegen das gehegt, was als „Fortschritt" gepriesen wurde. Er sagte: „Die verantwortungsbewussten Menschen auf dieser Erde hätten viel mehr die perfekte Natur und deren Schöpfer als Lehrmeister nehmen sollen, dann wären wir heute auf dem richtigen Weg mit höherem Wohlstand und ohne Umweltkatastrophen."

Das Geheimnis bleibt

Die Debatte um das Gedächtnis des Wassers geht weiter. 2003 trug der Ingenieur Bernd H. Kröplin mit der Ausstellung „Welt im Tropfen" in Berlin zum Pro und Contra Gedächtnis bei. Als Professor an der Fakultät für Luft- und Raumfahrt der Universität Stuttgart konnte er mit seinen Erkenntnissen nicht einfach in die esoterische Ecke abgeschoben werden. Wie er und seine Mitarbeiter zu ihren überraschenden Ergebnissen gekommen waren, beschrieb die Zeitschrift „natur-kosmos" im August 2003 so: „Was war geschehen? Die Forscher hatten eine Wasserprobe zwei Minuten lang dem Feld eines eingeschalteten Mobiltelefons ausgesetzt. Danach wurden die Tropfen unter einem Mikroskop mit 400-facher Vergrößerung beim Trocknen beobachtet. Eine Fotokamera hielt die Strukturen in den Rückständen des Wassers fest. Kröplin … und seine Mitarbeiter waren verblüfft. Gegenüber dem unbestrahlten Wasser zeigten sich deutliche Veränderungen. Um völlig sicher zu gehen, wiederholten sie das Experiment mehrere Mal, auch mit menschlichem Speichel. Das Fazit von Kröplins Arbeitsteam: ‚Bei jedem Test mit Mobiltelefonen konnten wir feststellen, dass nach Einwirkung des Handy-Felds die Vielfalt der Strukturen von Wasser und Speichel abnahm.'"

Allerdings, eine direkte Reproduktion der Ergebnisse erwies sich als nicht möglich. Kröplin ist überzeugt, dass in den Strukturen auch die Beziehung zwischen dem Wassertropfen und dem Menschen sichtbar wird, der das Experiment ausführt: „Der trockene Tropfen erzeugt, wie ein Spiegel, ein Bild des Experimentators." Selbst der emotionale und psychische Zustand des Experimentators werde vom Wasser aufgenommen und erzeuge andere Strukturen. Christoph Drösser und Ulrich Schnabel schrieben hierzu in der „Zeit" 49/2003: „Sollte wirklich jeder Tropfen mit der Körperflüssigkeit des Experimentators kommunizieren, wäre es kein Wunder, dass skeptische Forscher andere Ergebnisse erhalten als jene, die inbrünstig etwa an ein ‚Gedächtnis des Wassers' glauben. So wird vermutlich auch weiterhin jeder im Wasser den Spiegel seiner eigenen Seele erblicken."

Vielleicht weisen die Vorstellungen von einem Gedächtnis des Wassers in die richtige Richtung, auch wenn ein im engen Sinne wissenschaftlicher Beweis (noch?) fehlt. Mit allen dargestellten Ansätzen, dem Geheimnis dieses Gedächtnisses auf die Spur zu kommen, ist eine tiefe Achtung vor dem Wasser und seinen Geheimnissen verbunden. Eine fanatische Reduzierung der Wirklichkeit dieser Welt auf das, was mit festgelegten wissenschaftlichen Methoden gemessen werden kann, scheint keine sinnvolle Alternative zur Ehrfurcht vor der Lebenskraft des Wassers und seinen Geheimnissen zu sein. Das letzte Wort soll in diesem Abschnitt der englische Dichter D. H. Lawrence haben, der 1929 schrieb: „Wasser ist H_2O, zwei Teile Wasserstoff, ein Teil Sauerstoff. Aber da ist noch ein Drittes, das erst macht es zu Wasser, und niemand weiß, was das ist."

Gesundheit

Der schlechte Zustand der Wasserversorgung und Abwasserentsorgung in vielen Teilen der Welt hat einen hohen Preis. So sterben nach Schätzungen der Weltgesundheitsorganisation WHO jedes Jahr etwa 1,8 Millionen Menschen an Durchfallerkrankungen, davon 90 Prozent Kinder. Durchfallerkrankungen sind der häufigste Grund für den Tod von Kindern in armen Ländern. Gäbe es sauberes Wasser, Wasseranschlüsse und eine Abwasserentsorgung für alle, würde sich diese Zahl um zwei Drittel vermindern. An Malaria sterben jedes Jahr mehr als eine Million Menschen, die meisten von ihnen in Afrika. Nach UN-Schätzungen sterben jedes Jahr fünf Millionen Menschen an wasserbedingten Krankheiten, zehnmal so viel wie durch alle Kriege auf der Welt.

Eine der häufigsten wasserbedingten Krankheiten ist die Cholera. Dass dies eine Krankheit der Armen ist, zeigte sich in Europa bis ins 20. Jahrhundert. Ein Beispiel dafür war die Choleraepidemie in Hamburg im Jahre 1892 (siehe Abschnitt Hamburg), die vor allem in den Wohnvierteln der Ärmsten viele Todesopfer forderte. Während Cholera in Europa und anderen wohlhabenden Teilen der Welt mittlerweile weitgehend ausgemerzt ist, treten 97 Prozent der weltweiten Cholerafälle in Afrika, Asien und Lateinamerika auf. „Cholera ist die Krankheit der Armut", stellte kürzlich Claire-Lise Chaignat fest, die in der Weltgesundheitsorganisation WHO für das Programm zur Bekämpfung der Armut verantwortlich ist. Angesichts der Ausbreitung von Cholera in Westafrika, die im Jahre 2004 von Guinea und Sierra Leone aus bis in den Senegal reichte, erklärte sie: „Gebiete mit einer hohen Bevölkerungsdichte sind besonders gefährdet für den Ausbruch von Cholera." Slumgebiete ohne ausreichende Wasser- und Abwassersysteme und ohne Müllabfuhr seien besonders stark betroffen. Angesichts einer zunehmenden Mobilität der Bevölkerung breitet sich die Krankheit von einem Slumgebiet zum nächsten aus.

Krankheiten wie Cholera bedeuten nicht nur großes persönliches Leiden und Leid, sondern sind in ohnehin armen Familien und armen Ländern auch mit großen wirtschaftlichen Rückschlägen verbunden. 2004 kamen die Weltgesundheitsorganisation WHO und das UN-Kinderhilfswerk UNICEF in einer gemeinsamen Studie zum Ergebnis, dass jeder im Wasser- und Abwasserbereich investierte Dollar einen wirtschaftlichen Nutzen von 3 bis 34 Dollar bringt. Wirtschaftliche Not vermindert aber wiederum die Möglichkeit, die Ursachen wasserbedingter Krankheiten zu bekämpfen. 2003 erklärte die tansanische Gesundheitsministerin Anna Abdallah, dass in dem ostafrikanischen Land für die Behandlung von Menschen, die an Malaria erkrankt sind, 3,4 Prozent des Bruttosozialprodukts aufgewendet werden. 30 bis 40 Prozent der Krankenhauspatienten litten unter dieser Krankheit. Umgekehrt würde eine Überwindung der wasserbedingten Krankheiten ein enormes Wirtschaftspotenzial freisetzen. Die WHO schätzt, dass dann 5,6 Milliarden Arbeitstage mehr im Jahr produktiv genutzt werden könnten. Allein in Afrika würde ein wirtschaftlicher Nutzen von 44 Milliarden Dollar im Jahr entstehen, wenn alle Zugang zu einer Wasserversorgung und Abwasserentsorgung hätten.

Wachsende Gesundheitsrisiken

Arme philippinische Familien haben sich im Hafengebiet von Manila Hütten gebaut, die auf Stelzen im Wasser stehen. Viele Kinder fischen im schmutzigen Hafenwasser nach verwertbarem Müll, um so zum minimalen Einkommen ihrer Familien beizutragen, während die Väter ihre Netze in den trüben Gewässern auswerfen. Die Hütten mussten inzwischen der Hafenerweiterungen im Rahmen der Containerisierung des Seehandels weichen.
(Foto: EMW-Archiv/Gerhard Köberlin)

So anmutig es für Touristen aussehen mag, wenn Frauen mit großer Eleganz 20-Liter-Kanister voll Wasser auf dem Kopf tragen: Für die Rücken der Frauen ist dies auf Dauer sehr schädlich. Für Kinder sind solche Transporte noch gesundheitsgefährdender. Außerdem reichen 20 Liter nicht weit, und selbst wenn Frauen und Kinder mehrmals am Tag Wasser holen, ist es schwierig, damit zu kochen, ein Minimum an Körperpflege zu ermöglichen und noch genug Wasser für den Anbau von etwas Gemüse übrig zu behalten. Eine unzureichende Wasserversorgung und ein Mangel an Vitaminen und anderen lebenswichtigen Ernährungsstoffen hängen aufs Engste zusammen.

Wachsende Risiken für die Wasserqualität und die Gesundheit entstehen durch den übermäßigen Einsatz von Pestiziden und anderen Agrarchemikalien (siehe Abschnitt Landwirtschaft). Besonderen Risiken sind auch indigene Völker im Süden der Welt ausgesetzt, denn ihre Rückzugsräume sind inzwischen für die

Rohstoffgewinnung interessant geworden. So werden Flüsse mit Zyanid verseucht, das zur Goldgewinnung verwendet wird. Auch die Gewinnung von Bauxit und anderen Bodenschätzen ist oft mit einer extrem großen Belastung angrenzender Flusssysteme verbunden. Indigene Völker sind meist politisch machtlos und haben deshalb große Schwierigkeiten, sich gegen diese Angriffe auf ihre Gesundheit zur Wehr zu setzen. Ein Beispiel dafür sind die massiven Umweltverseuchungen, die vom Goldabbau des Newmont-Konzerns in Indonesien ausgehen (siehe Abschnitt Zyanid).

Gesundheitsrisiken durch die globalen Klimaveränderungen

Fachleute befürchten, dass die globalen Klimaveränderungen zu einer stärkeren Ausbreitung der wasserbedingten Krankheiten führen können. So wird erwartet, dass es in niederschlagsarmen Regionen der Welt in Zukunft noch weniger regnen wird, die Wasserknappheit also noch zunimmt. Auch wird die Ausbreitung von Keimen im Wasser begünstigt, wenn dessen Temperatur steigt. Dies gilt besonders für stehende Gewässer.

Gleichzeitig wird die Zahl von Extremsituationen wie starke Taifune und Flutkatastrophen steigen. All dies fordert viele Menschenleben, und die gesundheitliche Situation vieler Millionen Menschen wird sich dadurch verschlechtern. Allein zwischen 1991 und 2000 wurden 2.557 Naturkatastrophen auf der Welt registriert. In 90 Prozent der Fälle spielte Wasser eine Rolle bei diesen Katastrophen. Die Zahl der Todesopfer betrug mindestens 665.000, davon 97 Prozent in Entwicklungsländern. Während die wirtschaftlich reichen Länder die Hauptverantwortung dafür tragen, dass die Zahl der Katastrophen zunimmt, sind vor allem die Menschen in armen Ländern die Leidtragenden (siehe Abschnitt Klima). Aber auch in den klimatisch gemäßigten Zonen steigen die Gesundheitsrisiken, etwa dadurch, dass Moskitos bei höheren Temperaturen hier einen neuen Lebensraum finden.

Wasser für alle – Schritte zur Verbesserung der Gesundheit

Die deutsche WasserStiftung ist in Eritrea auf den Esel gekommen, um Trinkwasserprobleme zu lösen. Dazu schrieb die Stiftung: „Wer einen Esel besitzt, der 80 Liter Wasser tragen kann, muss seine Gesundheit nicht länger durch das Wasserschleppen ruinieren und kommt mit der vierfachen Menge Wasser nach Hause. Die Familien können den Wasserüberschuss verkaufen, mit den Nachbarn teilen oder für den Nahrungsmittelanbau nutzen. Häufig hängt davon das Überleben ganzer Familien ab und auch, ob die Kinder zur Schule gehen können statt Wasser zu schleppen. Die WasserStiftung hilft besonders Bedürftigen, indem sie ihnen einen Esel schenkt."

Nachdem bis zum Frühjahr 2004 mehr als 600 Esel finanziert worden waren, musste das Projekt auf Druck eritreischer Regierungsstellen beendet werden. Die eritreische Regierung bevorzugte ein Eselprojekt einer Initiative in Berlin, das eng mit der Eritreischen Frauenunion zusammenarbeitet. Die WasserStiftung engagiert sich seither für Eselprojekte in Äthiopien und Burkina Faso. In Eritrea wird nun ein Kamelprojekt gefördert. In der Tiefebene und Küstenregion des Landes, wo bis zu 50 Grad Temperatur herrschen und Esel keine Überlebensmöglichkeit haben, übernehmen Kamele den Wassertransport von weit entfernten Wasserquellen zu den Dörfern. Ein Effekt aller Esel- und Kamelprojekte ist, dass Mädchen von der Arbeit des Wassertragens befreit werden und die Möglichkeit erhalten, Schulen zu besuchen.

In städtischen Armenvierteln sind die Gesundheitsrisiken durch fehlende Wasserversorgung und Abwasserentsorgung lebensgefährlich hoch. Das Chloren des Leitungswassers, das in Ländern wie Deutschland möglichst vermieden wird, ist in solchen Situationen ein Schritt zur Verbesserung der Gesundheitssituation, weil so viele gesundheitsgefährdende Mikroorganismen getötet werden. Gute Erfahrungen wurden auch mit der Behandlung des Trinkwassers mit UV-Licht gewonnen, wobei die Elektrizität mit Solaranlagen gewonnen werden kann. Oft helfen einfache Schritte zur Verminderung des Risikos der Ansteckung mit wasserbedingten Krankheiten. Durch Händewaschen und die Benutzung von Seife ließe sich die Zahl dieser Erkrankungen um ein Drittel vermindern. In armen Ländern gibt es inzwischen zahlreiche Initiativen, um das Händewaschen mit Seife zu propagieren. So sinnvoll diese Vorhaben sind, so muss es doch etwas irritieren, wenn internationale Waschmittelkonzerne solche Initiativen kräftig sponsern, weil sie neue Märkte für ihre Produkte schaffen wollen. In manchen Vorhaben wird aber auch die Verwendung lokaler Alternativen wie Kräuter oder Asche vorgeschlagen, wenn Seife nicht zur Verfügung steht.

Auch gegen Malaria gibt es kostengünstige Präventionsmöglichkeiten. Noch leiden weltweit jedes Jahr etwa 400 Millionen Menschen an Malaria. Mit Insektiziden behandelte Moskitonetze würden die Erkrankungsrate drastisch senken. Tansania gehört zu den afrikanischen Ländern, wo die Nutzung von Moskitonetzen mit wachsendem Erfolg propagiert wird. Es wird geschätzt, dass 60 Prozent der Einwohnerinnen und Einwohner über ein Moskitonetz verfügen, von denen die meisten mit einem Insektizid imprägniert sind. Gleichzeitig gilt es, die Ursachen der Malaria zu bekämpfen. Durch Umstellungen in der Bewässerungslandwirtschaft lässt sich weitgehend verhindern, dass die bewässerten Felder zu Brutplätzen für Moskitos werden. All dies ist längst erforscht und in Ländern wie Indonesien auch erfolgreich erprobt. Dort werden die Reisfelder zu bestimmten Zeiten gezielt trocken gelegt, um die Entwicklung der Mücken zu stoppen, die die Krankheit übertragen. Aber vielerorts auf der Welt hapert es noch bei der Umsetzung dieser Erkenntnisse. Mangelnde landwirtschaftliche Ausbildung spielt dabei ebenso eine Rolle wie der unsichere Zugang zu Wasser für die Bewässerung. Wer schon froh sein kann, überhaupt Wasser für seine Felder zu

Durch die Belüftung wird die Qualität des Trinkwassers in Hamburg verbessert. Das Wasser aus der Leitung kann in Deutschland unbedenklich getrunken werden. Wer täglich eineinhalb bis zwei Liter dieses preiswerten Lebens-Mittels trinkt, sorgt für eine ausreichende Flüssigkeitsversorgung des Körpers.

(Foto: Hamburger Wasserwerke)

erhalten, der wird nicht versuchen, durch gezielte Bewässerung und Trockenlegung die Moskitovermehrung zu verhindern. Aber angesichts der großen Verbreitung von Malaria besteht ein starker Handlungsdruck, etwas gegen die Ursachen der Krankheit zu tun.

In den Städten ist der Bau einfacher Abwassersysteme ein wichtiger Schritt zur Verbesserung der Gesundheitssituation. Der aufwendigere Teil der Arbeit besteht darin, das Abwasser nicht nur zu sammeln und weiterzuleiten, sondern auch in Klärwerken gründlich zu reinigen, bevor es in Flüsse und Seen gelangt (siehe Abschnitt Abwässer).

Sowohl auf dem Lande als auch in den Städten ist die grundlegende Verbesserung der Wasserversorgung und Abwasserentsorgung ein zentraler Beitrag zur Verbesserung der Gesundheitsversorgung. Die südafrikanische Politik, allen armen Familien 6.000 Liter Trinkwasser kostenlos zukommen zu lassen, ist – bei allen Einschränkungen in der Praxis – ein bedeutsamer Schritt in diese Richtung (siehe Abschnitt Südafrika). Es gibt kaum eine Investition, die so hohe Renditen für eine Gesellschaft und die Volksgesundheit bringt, wie die Investition in die Verbesserung der Wasserversorgung und Abwasserentsorgung in armen Ländern der Welt.

Wasser trinken – ein wichtiger Beitrag zur Gesundheit

Auch in reichen Ländern ist das Wassertrinken zu einem Problem geworden. Wenn der Mensch 15 Prozent des Wassers in seinem Körper verliert, führt das zum Tod. Und wer mehrere Tage keine Flüssigkeit zu sich nimmt, stirbt, während wir eine ganze Reihe von Tagen oder sogar Wochen ohne feste Nahrung auskommen können. Dennoch war bis in die 1960er Jahre hierzulande auch bei Ärzten die Auffassung weit verbreitet, sparsames Trinken sei gut für die Gesundheit. Dass dies ein Irrtum ist, wurde mittlerweile in zahlreichen Studien nachgewiesen. Reichliches Trinken von Wasser (circa 1,5 bis 2 Liter am Tag, bei intensiver körperlicher Tätigkeit mehr) hat viele positive Wirkungen auf die Gesundheit. Nur einige davon sollen hier genannt werden: Erhöhung der Leistungsfähigkeit und der Aufmerksamkeit, Entschlackung des Körpers, in vielen Fällen Beseitigung von Kopfschmerzen und Müdigkeit, Verminderung des Risikos von Blasen- und Dickdarmkrebs. Auch die Tatsache, dass Wasser weder Zucker noch andere Kalorien enthält, macht es für gesundheitsbewusste Menschen zu einem idealen Getränk. Im Oktober 2004 wurden die Ergebnisse einer Studie der Berliner Charité veröffentlicht, die belegen, dass Wasser hilft, schlank zu bleiben oder wieder schlanker zu werden. Wer täglich zwei Liter Wasser trinkt, verbraucht 36.500 Kalorien im Jahr, was bis zu fünf Kilogramm Fettgewebe entspricht.

Ebenfalls im Oktober 2004 wurden die Ergebnisse einer Umfrage zu den Trinkgewohnheiten der Deutschen bekannt. 51 Prozent der Befragten tranken weniger Wasser, als von Ernährungswissenschaftlern empfohlen wird. Besonders ältere Menschen sind in Gefahr, so bestätigte die Umfrage, zu wenig Wasser zu trinken, weil im Alter das Durstgefühl deutlich nachlässt. Das Gehirn des Menschen besteht übrigens zu 90 Prozent aus Wasser, und wer kein „Stroh" im Kopf haben will, tut sicher gut daran, die Wasserzufuhr zum Kopf und zum übrigen Körper sicherzustellen. Flaschenwasser ist dafür in Mitteleuropa nicht erforderlich. Das Leitungswasser hat fast überall eine gute Qualität, nicht selten sogar eine bessere als das Wasser aus der Flasche (siehe Abschnitt Flaschenwasser).

Wie wichtig Wasser für die Gesundheit und Gesundung von Menschen ist, hat Pfarrer Sebastian Kneipp im 19. Jahrhundert erkannt und zum Beispiel kalte Duschen und Wassertreten empfohlen. Kneipp war überzeugt, dass Wasser die Selbstheilungskräfte des Körpers mobilisiert und die Leistungsfähigkeit erhöht. Auch Heilquellen tragen wesentlich zur Gesundheit bei. In Finnland schwört man schon seit Langem auf die gesundheitsfördernde Wirkung von heißem und kaltem Wasser und geht jede Woche mindestens einmal in die Sauna. Wasser sorgt für Gesundheit und Wohlbefinden, das ist die Erfahrung von Völkern in aller Welt. Heute erlaubt die internationale Kommunikation, die Erfahrungen anderer Kulturen und Gesellschaften bei der Nutzung des Wassers für die Gesundheit kennen zu lernen.

Ghana

„Die Regierung Großbritanniens bindet ihre Entwicklungshilfe an die Privatisierung der Wasserversorgung in Ghana." Mit dieser Überschrift einer Pressemeldung machte die kirchliche Hilfsorganisation „Christian Aid" in London im November 2001 darauf aufmerksam, dass Großbritannien massiven Druck auf das westafrikanische Land ausübte, internationale Wasserkonzerne ins Land zu holen. Seit mehr als einem Jahrzehnt wird in Ghana über eine Privatisierung der Wasserversorgung debattiert. Der Hauptgrund für die Privatisierungspläne ist, dass die Weltbank und einige westliche Regierungen durchsetzen wollen, dass die Aufgabe privaten Unternehmen übertragen wird. So wurde zum Beispiel 1998 von einer Gruppe von US-amerikanischen und britischen Experten ein Gutachten erstellt, das Vorschläge für eine Überführung der Wasserversorgung in den Privatsektor machte. Um die Öffentlichkeit positiv für eine solche Privatisierungspolitik zu stimmen, wurde mit Geldern der Weltbank in dem für Wasserfragen zuständigen Ministerium ein „Water Sector Restructuring Secretariat" eingerichtet. Der Pressesprecher, der von der Weltbank ausgewählt wurde, wirbt unermüdlich für die Segnungen einer Privatisierung der Wasserversorgung.

Wie groß der Druck in Richtung auf eine Privatisierung ist, kann man daran ermessen, dass der „National Patriotic Party" in der Opposition die Privatisierungspolitik vehement ablehnte, aber seit sie im Jahr 2000 an die Regierung kam eine Kehrtwende vollzog und nun versucht, diese Politik durchzusetzen. Dabei scheinen die Voraussetzungen für das Geschäft mit dem Wasser in Ghana nicht günstig zu sein. Das beginnt damit, dass die Kaufkraft der Bevölkerung niedrig ist. Das durchschnittliche Pro-Kopf-Einkommen der Mehrheit der Bevölkerung liegt bei kaum mehr als umgerechnet einem US-Dollar am Tag. Davon lässt sich kein kostendeckender Wasserpreis plus Gewinn des privaten Betreibers finanzieren.

Ein weiteres Problem ist, dass die „Ghana Water Company" das Leitungsnetz und die anderen Anlagen weder in der Hauptstadt Accra noch in anderen Kommunen ausreichend gewartet und erneuert hat. Die Leitungen wurden noch während der Kolonialzeit verlegt und sind seither schlecht gewartet und nicht ersetzt worden, sodass es inzwischen häufig zu Versorgungsunterbrechungen kommt. Außerdem warten Millionen Menschen in den städtischen Armenvierteln und den ländlichen Gebieten bisher vergeblich auf Wasseranschlüsse. Mehr als ein Drittel der Stadtbewohner und weit mehr als die Hälfte der Menschen auf dem Lande hat keinen Zugang zu sauberem Trinkwasser. Um die Abwasserentsorgung steht es noch schlechter. Eine Folge ist, dass 70 Prozent aller Krankheiten in Ghana mit verursacht werden durch die unzureichende Trinkwasser- und Abwassersituation. Der Investitionsbedarf wird auf weit mehr als eine Milliarde Dollar geschätzt.

Dafür hat das staatliche Versorgungsunternehmen keine Mittel, sondern es hat hohe Schulden angehäuft. So kann also kein Zweifel daran bestehen, dass dringend etwas geschehen muss. Die Weltbank ist überzeugt, dass eine Privatisierung der richtige Weg ist, und dies vor allem für große Städte wie Accra.

Als eine erste Voraussetzung für eine Privatisierung wurde von der Weltbank angesehen, die Wasserpreise zu erhöhen, um einen höheren Grad von Kostendeckung zu erreichen und damit die Attraktivität einer Übernahme für private Unternehmen zu erhöhen. Ein Nebeneffekt ist, dass das staatliche Unternehmen und nicht der spätere private Betreiber die Preiserhöhung vornimmt und so die Privatisierung in einem besseren Licht erscheint. Im Falle von Accra wurden die Wasserpreise im Mai 2001 um 95 Prozent erhöht. Das hatte unmittelbare Auswirkungen auf die Kunden des Wasserunternehmens, aber ebenso auf diejenigen, die ihr Wasser über Zwischenhändler bezogen. Denn selbstverständlich haben diese Händler ihre Preise ebenfalls drastisch erhöht, denn sie müssen jetzt mehr für das Leitungswasser bezahlen, das sie in Tankwagen pumpen und verkaufen. Eine Untersuchung der Entwicklungsorganisation „Integrated Social Development Centre" hat ergeben, dass viele Familien in Armenvierteln von Accra inzwischen 18 bis 25 Prozent ihres Einkommens für Wasser ausgeben müssen.

Widerstand gegen die Privatisierungspolitik

Im Mai 2001 gründeten die Gegner der Privatisierungspolitik die „Ghana National Coalition Against Privatization of Water", abgekürzt „CAP of Water". An dieser Initiative beteiligten sich unter anderem Frauengruppen, Lehrer, Gewerkschaften, Kirchen, Umweltgruppen, Behindertenorganisationen sowie Studentinnen und Studenten. Angesichts der breiten Ablehnung einer Privatisierung der Wasserversorgung in der Bevölkerung gelang es „CAP of Water" binnen kurzer Zeit, eine breite Protestbewegung zu organisieren. Rudolf Amenga Etego, der entscheidend zur Gründung und zum Erfolg des Bündnisses beigetragen hat, wurde 2004 mit dem „Goldman Umweltpreis" ausgezeichnet, einer internationalen Auszeichnung, die hohes Ansehen genießt. Auch der Christenrat Ghanas nahm 2001 entschieden gegen die Privatisierungspolitik Stellung, wies auf die Folgen für die Armen hin und erklärte: „Das Recht auf Wasser ist ein grundlegendes von Gott gegebenes Recht aller Menschen, die auf der Welt leben." Der Widerstand der Privatisierungsgegner trug entscheidend dazu bei, dass die ghanaische Regierung 2003 die Pläne für eine Privatisierung der Wasserversorgung erst einmal aufgab.

Der andere Grund war, dass die finanziellen Erwartungen an die privaten Betreiber der Wasserversorgung immer weiter heruntergeschraubt werden mussten. Dass sich fünf internationale Unternehmen für die Übernahme der

Versorgung interessierten, war eine günstige Ausgangslage gewesen, gab es doch zum Beispiel im tansanischen Dar es Salaam nur ein einziges Konsortium, das die Wasserversorgung übernehmen wollte. Aber alle fünf Unternehmen machten gegenüber der ghanaischen Regierung deutlich, dass sie nicht bereit waren, 70 Millionen Dollar eigenes Kapital einzusetzen, um dringend erforderliche Investitionen in das Versorgungsnetz zu tätigen. Da die ghanaische Regierung unter dem Druck der Weltbank und anderer Kreditgeber stand, die Privatisierung durchzuführen, reduzierte sie die Investitionserwartung auf 30 Millionen Dollar. Auch dazu war im Juni 2002 keiner der fünf internationalen Wasserkonzerne bereit. Alle fünf bestanden darauf, kein eigenes Kapital zu investieren. Daraufhin brach die ghanaische Regierung im Februar 2003 enttäuscht die Verhandlungen ab.

Proteste der Bevölkerung und die fehlende Bereitschaft der internationalen Wasserunternehmen, eigenes Kapital in die ghanaische Wasserversorgung zu investieren, hatten also die Pläne der Weltbank erst einmal zum Scheitern gebracht. Das war nicht das Ende der Bemühungen. Im Juli 2003 kamen ghanaische Regierungsvertreter und Vertreter der Weltbank zu einer neuen Vereinbarung. Vom Jahre 2005 an, so der Plan, soll ein privates Wasserunternehmen einen 5-Jahres-Vertrag erhalten, um dem weiterhin staatlichen Unternehmen Managementdienstleistungen bereitzustellen. Dieses ausländische Unternehmen soll kein eigenes Kapital einbringen, aber großen Einfluss auf den Betrieb des ghanaischen Wasserversorgungsunternehmens haben. Nach fünf Jahren soll ein Konzessionsvertrag über 10 bis 25 Jahre abgeschlossen werden. Es ist also ein Übergang zu einer Privatisierung in zwei Stufen vorgesehen, offenbar in der Hoffnung, dass nach fünf Jahren der Widerstand der Bevölkerung nachgelassen haben wird. Schon die bisherigen Veränderungen der Wasserversorgung sieht Rudolf Amenga Etego als bedrohlich für die Armen an: „Wasser ist in Ghana zunehmend zu einer Ware geworden – eine Ware, die sich viele Menschen in den Städten und auf dem Lande nicht regelmäßig leisten können." Es kann deshalb nicht überraschen, dass der neue Plan ebenfalls auf Widerstand stößt. Ein Wasseringenieur, der ungenannt bleiben wollte, stellte die Frage: „Wenn die ausländischen Managementfirmen besser sein sollten, lasst sie kommen und unter denselben Bedingungen arbeiten wie ihre ghanaischen Counterparts. Dann können wir die Leistungen vergleichen." Aber das ist nicht vorgesehen. Die ausländischen Experten werden mehrfach höhere Gehälter erhalten, und sie können mit den Investitionsmitteln arbeiten, die dem staatlichen Wasserversorgungsbetrieb in den letzten Jahren verweigert wurden.

„CAP of Water" lehnte die neuen Pläne entschieden ab. Die Gegner der Privatisierung weisen darauf hin, dass staatliche Stellen in den nächsten Jahren für die Kreditaufnahme- und Rückzahlung allein verantwortlich sein werden. Dennoch betrieb die ghanaische Regierung das Vorhaben weiter. Verschiedene Unternehmen zeigten Interesse an dem Management-Vertrag, wobei der britische Konzern Biwater nach den schlechten Erfahrungen in Dar es Salaam/Tansania (siehe Abschnitt Dar es Salaam) sein Angebot zurückzog. Den Zuschlag für den Kontrakt für fünf Jahre erhielt ein Konsortium des südafrikanischen Unternehmens Rand Water und des niederländischen Unternehmens Vitens. Die internationalen Unternehmen beteiligen sich nicht am wirtschaftlichen Risiko, sondern erhalten von Mitte 2006 an feste Zahlungen von insgesamt 10 Millionen Euro für eine fünfjähige Tätigkeit. Diese Gelder und vorgesehene Investitionen werden mit einem Weltbank-Kredit an die ghanaische Regierung von 103 Millionen Dollar finanziert (hinzu kommen 4 Millionen Dollar vom Nordic Development Fund sowie Eigenmittel der ghanaischen Regierung von 12 Millionen Dollar).

Wie zu erwarten, löste die Umsetzung des Vertrages erhebliche Konflikte aus. Nicht nur sind breite Kreise der Öffentlichkeit gegen die schleichende Privatisierung der Wasserversorgung, sondern es gibt auch einen beträchtlichen Widerstand der Beschäftigten gegen das neue Management. Die ausländischen Manager verdienen ein Vielfaches der ghanaischen Beschäftigten, und sie setzten – wie von den Gewerkschaften befürchtet – eine Halbierung der Zahl der einheimischen Beschäftigten durch. Die verbliebenen Beschäftigten kämpften Anfang 2007 um angemessene Löhne und Arbeitsbedingungen. Entsprechend schlecht war das Betriebsklima, und allein schon deshalb ist nicht zu erwarten, dass die ausländischen Management-Unternehmen ihre Zusagen zur Verbesserung der Effizienz und zum zügigen Ausbau des Leitungsnetzes einhalten können. Auffällig ist, dass die Niederlande Anfang Februar 2007 Kredite für den Ausbau der Wasserversorgung in der Wa-Region zur Verfügung stellten, nachdem einige Monate vorher ein niederländisches Unternehmen maßgeblich am Management des nationalen ghanaischen Wasserversorgungsunternehmens beteiligt wurde. Dass ein anderes niederländisches Unternehmen die Arbeiten ausführen wird, dürfte kein Zufall sein. Ob solche Maßnahmen dazu führen werden, dass die erste Stufe des Privatisierungsvorhabens zum Erfolg wird, bleibt abzuwarten. Die ghanaische Tageszeitung „Public Agenda" berichtete am 22. Januar 2007, dass ein halbes Jahr nach der privaten Übernahme des Managements kein einziger Meter neue Wasserleitung verlegt worden war.

Die Ablehnung der Privatisierung bedeutet nicht, dass „CAP of Water" alles beim Alten lassen will. Mohammed Bingle Yakubu, der als Koordinator für das Bündnis tätig ist, erklärte Mitte September 2004: „Wir brauchen öffentliche Dienstleistungen, die transparent erbracht werden auf der Grundlage der Bedürfnisse und Prioritäten der Öffentlichkeit, denen diese Dienste zur Verfügung stehen sollen." Es gibt keine Alternative dazu, eine effiziente öffentliche Verwaltung und effizient arbeitende öffentliche Betriebe aufzubauen. Bei einer Gewerkschaftsversammlung fragte Rudolf Amenga Etego: „Sollten wir unsere Regierung privatisieren, wenn sich herausstellt, dass sie ineffektiv arbeitet?"

Hamburg

„Die Berner Au, sonst ein munter fließender Bach – jetzt hat die Dauerhitze sie fast ausgetrocknet. Muscheln und Flusskrebse mussten sich in die vereinzelten Wasserlachen zurückziehen, viele sind verendet. Durch die hohen Temperaturen der letzten Tage ist das Wasser des Flusslaufes zum größten Teil verdunstet ... Auch die Wandse in Rahlstedt ist abschnittsweise fast völlig ausgetrocknet – und so sieht es mit den meisten Hamburger Gewässern aus." Diese Zeilen stammen nicht aus einem Roman zu Umweltproblemen im Jahr 2030, sondern aus dem „Hamburger Abendblatt" vom 9. August 2003. Es herrschte „gutes Wetter" in Hamburg, aber der Sonnenschein brachte ans Licht, wie schwierig die Situation der Gewässer der Stadt mittlerweile ist.

Dabei entstand Hamburg an den sumpfigen Ufern von Elbe, Bille und Alster. Die Landschaft wurde bestimmt durch zahlreiche Bäche und Feuchtgebiete. An viele Bäche und Brunnen erinnern heute nur noch Straßennamen, und aus Sümpfen und feuchten Wiesen sind bevorzugte Wohngegenden geworden. Schon 1189 erfolgte ein erster entscheidender Eingriff in die Natur. Ein Müller erhielt die Genehmigung, den Fluss Alster aufzustauen und eine Wassermühle zu betreiben. Auf diese Weise entstand im Norden des damals noch kleinen Ortes ein See, der später geteilt wurde und heute als Binnen- und Außenalster das Bild der Stadt prägt.

Der Unterlauf der Alster und die Elbe wurden so gestaltet, wie es für den wachsenden Hafen erforderlich erschien. Zum Beispiel wurde mehr Flusswasser in den nördlichen Arm der Elbe geleitet, damit die Schiffe immer genug Wasser unter dem Kiel hatten. Das Stadtzentrum wurde von Alsterarmen und Kanälen durchzogen, auf denen Boote und kleinere Schiffe die Waren direkt zu den Kaufmannshäusern bringen konnten. Hamburg wurde durch seine Lage an Flüssen reich, und Hamburger Schiffe verkehrten bald in großer Zahl auf Nord- und Ostsee und bald auch auf den Weltmeeren.

Wasser bedeutete aber auch Gefahr, vor allem durch hohe Fluten, die besonders die Bewohner der Elbinseln immer wieder trafen. Deshalb wurde der Deichbau schon früh zu einer wichtigen städtischen Aufgabe und ist es bis heute geblieben. Mittelalterliche Sturmfluten verliefen gemessen an den heutigen Fluten harmloser, weil das Elbtal bei Hamburg und bis zur Nordsee breit war und das Wasser sich über große Flächen verteilen konnte. Das hat sich durch die Eindeichungen der letzten Jahrhunderte und besonders der letzten Jahrzehnte stark geändert, was zu einem wesentlichen Teil erklärt, warum die Sturmfluten von 1961 und 1976 sich so katastrophal auswirkten. Hamburg liegt in dem Bereich der Elbe, in den kein Meerwasser mehr vordringt, wo aber das hereindrückende Nordseewasser bei Flut in den Unterlauf des Stroms eindringt und das Flusswasser stoppt. Es gibt deshalb in

Hamburg, etwa 80 Kilometer von der Elbmündung entfernt, einen deutlichen Tidenhub, also einen großen Unterschied zwischen dem Wasserstand bei Ebbe und bei Flut.

Wasser bedeckt heute acht Prozent der Fläche der Hansestadt Hamburg, wovon etwa die Hälfte auf die Elbe und die Hafenbecken entfallen. Nur 2,2 Prozent des Elbufers auf Hamburger Gebiet sind noch „eingeschränkt naturnah".

Wasser aus der Leitung zunächst nur für die Reichen

Hamburg ist seit dem Mittelalter eine selbstständige Stadt, deren Geschicke Jahrhunderte lang wirtschaftlich und politisch von einigen Kaufmannsfamilien bestimmt wurden. Diese hatten das Interesse, ihre Steuerbelastung niedrig zu halten und staatliche Ausgaben auf ein Minimum zu beschränken. Deshalb war die Wasserversorgung bis Mitte des 19. Jahrhunderts Privatangelegenheit. Bereits 1370 schlossen sich reiche Bürger zu einer „Feldbrunnen-Interessentschaft" zusammen. Sie erhielten ihr Wasser von einer Quelle außerhalb der Stadtwälle durch eine Rohrleitung aus Holz. Die ärmere Stadtbevölkerung schöpfte ihr Trinkwasser vor allem aus den Fleeten, also den Alsterarmen und Kanälen, die die Stadt durchzogen. Diese Fleete dienten allerdings auch für die Entsorgung der Abwässer. Dass mit diesem Wasser auch das seit dem Mittelalter berühmte Hamburger Bier gebraut wurde, erklärt vielleicht seine vielgelobte Würze. Mit wachsender Bevölkerung stiegen hygienische Probleme und Wasserbedarf. Für die Reichen und Wohlhabenden der Stadt wurde daher die private Wasserversorgung ausgebaut, wofür auch Wasser aus der Binnenalster genutzt wurde. Das Alsterwasser wurde allerdings auch immer schlechter, seit sich im 19. Jahrhundert an dem Hamburger Binnensee Fabriken ansiedelten, vor allem eine große Kattunfabrik. Den Ärmeren blieben die Fleete oder der Kauf von Wasser von Wasserträgern, die es von den Quellen oder – wenn sie bequem waren – aus den Fleeten holten. Das berühmte Stadtoriginal Hummel war einer dieser Wasserträger (siehe Abschnitt Wasserträger).

Erst nach dem großen Brand von 1842, der weite Teile der Stadt in Schutt und Asche legte, wurde auf Initiative des britischen Ingenieurs David Lindley eine zentrale Wasserversorgung geplant. Es gab heftige öffentliche Debatten darüber, ob diese Versorgung privat bleiben oder von der Stadt wahrgenommen werden sollte. Lindley und die anderen Verfechter der öffentlichen Versorgung konnten sich durchsetzen. Die Argumente des englischen Ingenieurs sind bis heute aktuell geblieben. Es gelte eine Versorgung sicherzustellen, „die Rücksicht auf die unvermögenden Classen der Bevölkerung" nimmt. Lindley fügte hinzu: „Es bedarf bei dem letztgenannten Punkte keiner Auseinandersetzung der wohlthätigen Folgen, welche eine reichliche Wasserversorgung auf die Gesundheit äußert, wohl aber eine Her-

Mitte des 19. Jahrhunderts entstand in Rothenburgsort am Rande Hamburgs die „Hamburgische Stadtwasserkunst". Das Elbwasser floss durch Ablagerungsbecken, bevor es mit zwei großen Pumpen ins Leitungsnetz gelangte. Der Turm diente als Schornstein für die Dampfmaschinen, hier wurde aber auch das Druckrohr untergebracht, durch das das Wasser hochgepumpt und dann durch ein Fallrohr ins Leitungsnetz eingespeist wurde. Der Turm hat längst seine Funktion verloren, bildet aber auch heute noch ein Wahrzeichen des Stadtteils Rothenburgsort und steht unter Denkmalschutz. (Foto: Hamburger Wasserwerke)

vorstellung des Unterschiedes zwischen einer Überlassung des Wassers an die Unvermögenden entweder durch den Staat oder durch eine Interessentenschaft." Lindley schlug vor, die Armen kostenlos mit Wasser zu versorgen, aber diese Idee nahmen die politisch Verantwortlichen in der Kaufmannsstadt Hamburg nicht auf. Immerhin wurde eine Wasserversorgung in kommunaler Trägerschaft aufgebaut.

Es wurden ein städtisches Wasserwerk an der Elbe oberhalb von Hamburg und ein Leitungsnetz gebaut.1848 nahm die „Stadt-Wasserkunst" die Versorgung auf. Daraus sind später die Hamburger Wasserwerke geworden. Es entstand eines der modernsten Versorgungssysteme Europas, nur in England gab es Vergleichbares. Das Elbwasser wurde durch große Becken geleitet, wo die Schwebstoffe sich absetzen konnten, bevor das Wasser in einen Wasserturm gepumpt und über ein Leitungsnetz verteilt wurde. Aus Kostengründen verzichtete man allerdings auf eine Filterung des Wassers, wie es Lindley vorgeschlagen hatte. Das war dem Senat der Stadt zu teuer.

Diese Kosteneinsparung wirkte sich fatal aus. Zwar lag das Wasserwerk oberhalb der Stadt, aber bei Flut wurde das Elbwasser einschließlich der städtischen Abwässer flussaufwärts gedrückt und gelangte so auch in das Trinkwasser. Das gab der Cholera-Epidemie von 1892 erst ihre katastrophalen Ausmaße. Zwar hatte man zu diesem Zeitpunkt mit dem Bau von Filteranlagen begonnen, aber sie wurden nicht mehr rechtzeitig fertig, um die Katastrophe zu verhindern. 8.000 Menschen starben an der Cholera.

Dass sich die Krankheit so rasch ausbreitete, lag auch daran, dass noch Ende des 19. Jahrhunderts unbeschreibliche hygienische Verhältnisse in den ausgedehnten Armenvierteln der Stadt herrschten. In nur fünfzig Jahren hatte sich die Bevölkerung Hamburgs verdreifacht. Die Stadt hatte nun mehr als 600.000 Einwohner. Wie in den heutigen Metropolen im Süden der Welt lebten viele Menschen in Slums, die man in Hamburg Gängeviertel nannte. Baufällige, feuchte Häuser standen dicht zusammen, und zwischen ihnen blieben nur schmale Gänge, in die selten ein Sonnenstrahl drang. Das Leben in diesen Vierteln war hart, gefährlich und ungesund. Bis hierhin reichte die öffentliche Wasserversorgung nicht, sodass viele Bewohner sich in Eimern das Wasser aus den Fleeten holten. Diese Wohnquartiere sollten abgerissen werden, galten sie doch als Schandfleck der Stadt. Nachdem er die Zustände in den armen Wohnquartieren der Stadt kennen gelernt hatte, erklärte der berühmte Arzt Robert Koch: „Ich vergesse, dass ich mich in Europa befinde." Und er fügte hinzu: „Ich habe noch nie solche ungesunde Wohnungen, Pesthöhlen und Brutstätten für jeden Ansteckungskeim angetroffen wie in den Gängevierteln …" Aber auch das Trinkwasser aus der Leitung war von zweifelhafter Qualität, sodass ein Zoologe 1885 eine wissenschaftliche Arbeit zum Thema „Die Fauna der Hamburger Wasserleitung" veröffentlichen konnte.

Die Choleraepidemie bedeutete für die Stadt auch einen großen wirtschaftlichen Schaden, weil eine Quarantäne verhängt wurde und der Außenhandel völlig zum Erliegen kam. Deshalb wurden die Filteranlagen für das Trinkwasser nun rasch fertig gestellt. Aber da sich immer mehr Industrieunternehmen am Ober- und Mittellauf der Elbe ansiedelten und die rasch wachsenden Städte große Mengen ungeklärten Abwassers in den Fluss einleiteten, sank die Wasserqualität ständig. Deshalb wurde im hundert die Unabhängigkeit vom Elbwasser für die Wasserversorgung Hamburgs angestrebt. Es wurden systematisch neue Grundwasserwerke gebaut, aber erst von 1964 an wurde kein Elbwasser und anderes Oberflächenwasser mehr für die Trinkwasserversorgung genutzt.

Hohe Qualität zu stabilen Preisen

Im Hamburg waren Wasserversorgung und Abwasserentsorgung bisher auf zwei selbstständige Betriebe aufgeteilt, die Hamburger Wasserwerke (HWW) und die Hamburger Stadtentwässerung. Die HWW versorgen die Hansestadt und 26 Gemeinden im Umland mit Trinkwasser. Die HWW sind das größte kommunal betriebene Wasserunternehmen in Deutschland, nachdem die Berliner Wasserbetriebe vor einigen Jahren teilprivatisiert worden sind (siehe Abschnitt Berlin).

Die Hamburger Wasserwerke betreiben 18 Grundwasserwerke, von denen einige in Schleswig-Holstein und Niedersachsen liegen. Es gibt 473 Förderbrunnen mit einer Tiefe von bis zu 430 Metern, aus denen jährlich 120 Millionen Kubikmeter Wasser gefördert werden. Die HWW haben 1.200 Beschäftigte, vor einigen Jahren waren es noch deutlich mehr.

Die HWW sind stolz darauf, dass sie ausschließlich Grundwasser für die

In Hamburg gehen weniger als fünf Prozent des Wassers zwischen Wasserwerk und Wasserhahn verloren. Damit dieser sehr günstige Wert erhalten bleibt, muss das Leitungsnetz laufend gewartet und erneuert werden.
(Foto: Hamburger Wasserwerke)

Trinkwasserversorgung heranziehen. In der Broschüre „Unser Trinkwasser" erläutern die HWW: „Grundwasser ist nicht nur in der Hamburger Region das beste, zugleich aber auch das letzte noch einigermaßen unbeeinträchtigte Wasservorkommen. Die allgemeine Schadstoffbelastung macht vor dem Grundwasser nicht Halt. So werden die oberflächennahen Grundwasserstockwerke zunehmend in Mitleidenschaft gezogen … Eine zukünftige Versorgung des Ballungsgebietes Hamburg mit einwandfreiem Trinkwasser erfordert deshalb einen verstärkten Ressourcenschutz und ein verändertes Verbraucherverhalten."

Um die Trinkwasserqualität langfristig zu sichern, sind in Hamburg zahlreiche Maßnahmen ergriffen worden. Dabei wirkt sich die enge Zusammenarbeit von kommunalem Wasserunternehmen und Umweltbehörde sehr positiv aus. Eine wichtige Maßnahme ist der Schutz der Trinkwasserschutzgebiete, in deren Umgebung landwirtschaftliche und gewerbliche Tätigkeiten nur eingeschränkt möglich sind. Die HWW haben landwirtschaftliche Flächen in ihrem Eigentum im Nordosten Hamburgs bewusst an einen ökolo-

Mit moderner Technik und großem personellem Aufwand setzen die Hamburger Wasserwerke Maßstäbe dafür, wie schonend mit der Umwelt umgegangen und Gesundheitsrisiken vermieden werden können. Angesichts von Negativbeispielen wie London fürchten viele Hamburgerinnen und Hamburger, dass eine Privatisierung der Wasserversorgung zu einer Gefährdung dieser Standards führen würde.   (Foto: Hamburger Wasserwerke)

gisch wirtschaftenden Landwirt verpachtet, um sicherzustellen, dass es zu keinem Einsatz von Pestiziden etc. kommt.

Ein großes Problem stellen in der Industriestadt Hamburg die Bodenbelastungen mit Schadstoffen dar. Dies betrifft sowohl Deponien als auch die Flächen, die von Industriebetrieben genutzt werden oder wurden. In der Deponie Georgswerder in der Nähe eines damaligen Wasserwerkes wurden 1987 große Mengen Schwermetalle entdeckt. Seither kann nur unter Einsatz von Millionenbeträgen verhindert werden, dass die zahlreichen giftigen Stoffe, die unter den Hausmüll gemischt wurden, in das Grundwasser eintreten. Dieses technisch aufwendig gestaltete Sanierungsprojekt hat Modellcharakter in Deutschland. Insgesamt gibt es in Hamburg aber 2.200 Flächen, bei denen der Verdacht besteht, dass sie mit industriellen Altlasten die Umwelt und besonders das Trinkwasser gefährden.

Trotz solcher Gefahren hat sich die Gewässerqualität in Hamburg in den letzten Jahren deutlich verbessert. Ein wichtiger Grund ist, dass in Tschechien und den neuen Bundesländern große Investitionen zur Verminderung der schädlichen Einleitungen in den Fluss getätigt wurden. Aber auch die Industriebetriebe in Hamburg selbst erfüllen inzwischen höhere Umweltanforderungen. Sämtliche Einleitungen in die Elbe und ihre Nebenflüsse wurden auf Hamburger Gebiet entweder gestoppt oder werden auf ihre Inhalte überprüft.

Sinkender Wasserverbrauch – ein Erfolg der Umweltpolitik

Es gehört zu den großen Erfolgen der Hamburger Behörden, der Wasserwerke, der Industrie und der Haushalte, dass die Wasserförderung seit 1980 um rund 60 Prozent gesenkt werden konnte. Viele Industrieunternehmen haben wassersparende Produktionsverfahren eingeführt und betriebsinterne Wasserkreisläufe aufgebaut, um das Wasser mehrfach zu nutzen. Diese Einsparungen haben den Effekt gehabt, dass die Grundwasserstände in vielen Stadtteilen wieder merklich angestiegen sind.

Auch der verminderte private Trinkwasserverbrauch hat diesen Erfolg ermöglicht. Betrug er in Hamburg 1992 pro Kopf und Tag noch 136 Liter, so war er 2004 auf 113 Liter gesunken. Er nimmt weiter ab und liegt deutlich unter dem Bundesdurchschnitt. Dazu haben die vielfältigen Initiativen der Wasserwerke zur Bewusstseinsbildung in der Öffentlichkeit wesentlich beigetragen. Eine weitere erfolgreiche Maßnahme zur Verminderung des Wasserverbrauchs war die Bestimmung, dass alle Häuser und Wohnungen bis zum 1. September 2004 mit Wasserzählern ausgestattet werden mussten. So wird nicht nur für Hauseigentümer, sondern auch für alle Mieterinnen und Mieter ein finanzieller Anreiz geschaffen, Wasser zu sparen.

Die HWW haben trotz sinkender Absatzmenge die Preise pro Kubikmeter Wasser von 1996 bis 2003 konstant halten können. Anfang 2004 wurden sie um knapp 1,5 Prozent erhöht, während sie bei den von privaten Unternehmen geführten Berliner Wasserbetrieben um 15 Prozent stiegen. Seither sind die Wasserpreise in Hamburg sehr moderat, in Berlin hingegen deutlich stärker gestiegen. Die HWW sind ein überzeugendes Beispiel dafür, dass kommunale Wasserunternehmen sehr effizient arbeiten können.

Das wird auch dadurch belegt, dass im 5.500 Kilometer langen Leitungsnetz der HWW deutlich weniger als fünf Prozent des Wassers nicht bei den Kunden ankommen, also durch Leckagen verloren gehen. Damit liegt Hamburg weit vor anderen Großstädten. Der Vergleich mit dem privatisierten Londoner Wasserunternehmen Thames Water, das inzwischen zum RWE-Konzern gehört, ist eindeutig. Dort belaufen sich die Wasserverluste auf mindestens 30 Prozent (siehe Abschnitt London).

Dass in Hamburg weiterhin Trinkwasser umsichtig verbraucht werden muss, wird dadurch belegt, dass größere Mengen des kostbaren Nasses aus der Nordheide nach Hamburg gepumpt werden. Zu den Auswirkungen der Wasserentnahme in der Nordheide gibt es diametral entgegengesetzte Bewertungen. Die Hamburger Wasserwerke stufen die Entnahme als ökologisch unbedenklich ein. Die Interessengemeinschaft Grundwasserschutz Nordheide (IGN) berichtet hingegen, dass der Wasserspiegel in der Umgebung des Wasserwerkes sinkt. Im Juni 2002 erklärte die Initiative, dass „trotz des vielen Regens die Bäche wenig Wasser führen".

Privatisierungsdebatte in Hamburg

Die HWW haben bisher zu den Verfechtern einer kommunalen Wasserversorgung gehört. Im Geschäftsbericht 2002 wird auf die Forderung nach einer Anerkennung des Menschenrechts auf Wasser eingegangen: „Diese Forderung richtet sich vor allem auf die gesicherte Verfügung über ausreichend Wasser in Drittweltländern zu Bedingungen, die auch für die armen Bevölkerungsmehrheiten Wasser nicht zum Luxusgut werden lassen. Sie berührt damit die Kriterien internationaler Wirtschafts- und Finanzorganisationen für die Entwicklung der Wasserinfrastruktur und die Frage ausschließlich profitorientierter Aneignung von Ressourcen und deren Kontrolle."

In einem Vortrag in der Evangelischen Akademie Loccum im Februar 2001 vertrat HWW-Geschäftsführer Hanno Hames diese Linie: „Die Wasserversorgung stellt eine langfristig angelegte Daseinsfürsorge auf qualitativ hochwertigem Niveau bei sozial-verträglichen Preisen mit Verantwortung für die lokale und regionale Wasserwirtschaft und den Schutz der Umwelt dar. Kurzfristige Gewinnmaximierung ist mit diesen Zielen nicht vereinbar … Die Kunden als Bürger sind in gewisser Weise Eigentümer der Wasserversorgungsanlagen in ihrem Versorgungsgebiet. Deshalb sollte in den Kommunen mit mehr Verantwortungsbewusstsein als nur mit einem Blick auf die Deckung der jeweiligen Haushaltslücke gehandelt werden. Es darf nicht zu einer kurz- und langfristigen Substanzschwächung der kommunalen Wirtschaft kommen. Das gesellschaftliche Kapital, das in der öffentlichen Wirtschaft verwirklicht ist, muss erhalten werden."

Bundesweite Aufmerksamkeit in der Branche löste im Herbst 2001 der HWW-Austritt aus dem Bundesverband der deutschen Gas- und Wasserwirtschaft (BGW) aus. HWW-Geschäftsführer Hanno Hames begründete dies mit der Haltung des Verbandes in Privatisierungsfragen: „Trotz vieler Bemühungen, die Interessen der Wasserwirtschaft im BGW besser zur Geltung zu bringen und der Auslieferung der Wasserversorgung an Marktinteressen entgegenzuwirken, muss ich weiterhin eine unklare, widersprüchliche und an Einzelinteressen ausgerichtete Verbandspolitik feststellen." Auch in der HWW-Verbraucherzeitschrift „Wasser-Magazin" wurde immer wieder auf die Privatisierungsfrage eingegangen. In einem Beitrag vom Mai 2001 wird klar Position bezogen. Es heißt über das Trinkwasser: „Es sollte ein Quell der Gesundheit bleiben und nicht ein Quell beliebiger Bereicherung werden. Deshalb sind die HWW ein erklärter Gegner einer so genannten Liberalisierung oder Marktöffnung der Wasserversorgung."

Solche eindeutigen Positionsbestimmungen haben Überlegungen im Senat der Stadt über eine HWW-Privatisierung nicht verhindert. Wegen großer Haushaltsprobleme hat Hamburg – wie andere deutsche Kommunen – in den letzten Jahren begonnen, das „Tafelsilber" zu verkaufen, das heißt städtische Grundstücke und Betriebe. Dass die HWW auf einer Liste des Senats für mögliche Privatisierungen oder Teilprivatisierungen auftauchte, löste bei Oppositionsparteien und in der Öffentlichkeit Proteste aus. Verschiedene Hamburger Initiativen und Organisationen, darunter attac-Hamburg, die Menschenrechtsorganisation FIAN, die Verbraucherzentrale und das Eine-Welt-Netzwerk haben sich zum Aktionsbündnis „Unser Wasser

Hamburg" zusammengeschlossen. Die Initiative lehnt nicht nur eine Privatisierung der HWW ab, sondern auch, dass die Wasserwerke ihrerseits auf „Einkaufstour" gehen.

„Unser Wasser Hamburg" machte sich deshalb auf den in Hamburg langen Weg eines Bürgerbegehrens. Als erster Schritt wurden bis zum Juli 2003 fast 22.000 Unterschriften für eine Volksinitiative gegen eine Privatisierung oder Teilprivatisierung der Wasserwerke gesammelt. In der zweiten Stufe mussten von Ende August 2004 an innerhalb von zwei Wochen über 60.000 Unterschriften für das Volksbegehren geleistet werden. Tatsächlich kamen weit mehr als 140.000 Unterschriften gegen eine Privatisierung der Hamburger Wasserwerke zusammen, ein eindeutiges Zeichen für die breite Ablehnung eines solchen Schrittes in der Hamburger Bevölkerung. Das Ergebnis ist umso bemerkenswerter, als der Senat während der zwei Wochen, in denen Unterschriften gesammelt wurden, immer wieder erklärte, die Initiative sei überflüssig, weil man die Wasserwerke nicht verkaufen wolle (der Senat war allerdings auch nicht bereit, die HWW aus der Liste der eventuell zu verkaufenden städtischen Betriebe zu streichen). Nach diesem Erfolg einigten sich die in der Bürgerschaft vertretenen Parteien im November 2004 darauf, in einem Gesetz festzulegen, dass die HWW weder privatisiert noch teilprivatisiert werden dürfen. Allerdings verabschiedete die CDU-Mehrheit in der Hamburger Bürgerschaft im September 2006 ein Gesetz, in der die Volksbegehren-Formulierung „unter uneingeschränkter Verfügung" der Freien und Hansestadt Hamburg allerdings nicht aufgenommen wurde. Damit werde, so die Volksinitiative „Unser Wasser Hamburg" ein späterer Verkauf von Vermögensteilen der Hamburger Wasserwerke oder eine Übertragung von Versorgungsaufgaben an Privatunternehmen möglich.

Es zeichnet sich zudem die Gefahr ab, dass die HWW zwar im staatlichen Eigentum bleiben, aber immer stärker nach kommerziellen Prinzipien arbeiten. Diese Gefahr besteht für den gesamten deutschen Wasserbereich in kommunaler Regie, denn die Städte erwarten immer höhere Gewinne und Abgaben der Wasserbetriebe. 2003 erhielt die Stadt Hamburg 50,8 Millionen Euro Gewinn und Konzessionsabgabe von den HWW, die außerdem den Verlust der Bäderland AG (der Betreiberin der städtischen Schwimmbäder) trugen. HWW-Geschäftsführer Hanno Hames konnte im Juni 2004 zu diesen Finanzdaten seines Unternehmens feststellen: „Das ist ein stolzes Ergebnis. Wir haben unsere Umsatzrendite binnen fünf Jahren von 9,6 Prozent auf 21,4 Prozent gesteigert." Das „Hamburger Abendblatt" schrieb dazu am 18. Juni 2004: „Das ist für den alleinigen Eigentümer, die Stadt Hamburg, offenbar noch zu wenig. Denn erneut wird es eine Preiserhöhung geben." Auch ohne eine Privatisierung kann in Kommunen also das Problem entstehen, dass die politisch Verantwortlichen die Wasserwerke als sprudelnde Quelle für die städtischen Kassen betrachten und nicht als Betriebe, die dafür da sind, kostengünstig zur Daseinsfürsorge beizutragen. Dass der neue

HWW-Geschäftsführer Michael Beckereit nach seiner Berufung im Juli 2004 erklärte, er halte auch internationale Zukäufe für möglich, etwa im Iran, vermehrte die Besorgnis der Privatisierungsgegner hinsichtlich der zukünftigen Geschäftspolitik der Hamburger Wasserwerke. Die Auseinandersetzung um die Hamburger Wasserversorgung geht also weiter.

Umstritten war auch der Zusammenschluss der Hamburger Wasserwerke und der Hamburger Stadtentwässerung zum neuen Konzern „Hamburg Wasser" am 1. Januar 2006. Rechtlich bleiben die beiden bisherigen Unternehmen erhalten, was vor allem erforderlich war, um die Umsatzsteuerbefreiung für das Entsorgungsunternehmen als öffentlich-rechtliche Anstalt zu wahren. Auf diesem Hintergrund wurde die Unternehmensform eines „Gleichordnungskonzerns" gewählt. Beide Unternehmen haben eine personenidentische Geschäftsführung und werden bestimmte Abteilungen zusammenlegen, zum Beispiel auf dem IT-Gebiet und im Personalwesen. Es soll, betonte der zuständige Senator, keine betriebsbedingten Kündigungen geben, eine Verminderung der Gesamtzahl der Beschäftigten wird allerdings nicht ausgeschlossen. Senator Michael Freytag kommentierte den Zusammenschluss: „Wir haben uns bewusst gegen eine Privatisierung entschieden. Während andere Städte mit dem Verkauf ihres Wassers Haushaltslöcher stopfen, bleibt bei uns alles zu 100 Prozent im Besitz der Stadt." Skeptischer äußerte sich der „Unser Wasser Hamburg"-Sprecher Joachim Schöfer zur Fusion: „Die Überschneidungen zwischen den Arbeitsbereichen Wasserversorgung und Abwasserentsorgung sind gering. Wenn nicht nur das Management, sondern auch sensiblere Unternehmensbereiche zusammengeführt und qualifizierte Mitarbeiter entlassen werden, geht das zu Lasten von Qualität und Versorgungssicherheit." Debatten lösen auch die Expansionspläne von „Hamburg Wasser" im Umland und international aus. Ein erstes Beispiel der regionalen Expansion ist der im Juli 2006 abgeschlossene Vertrag über die Lieferung von jährlich drei bis fünf Millionen Litern Trinkwasser an die Stadtwerke Lübeck. International soll ein Kompetenzzentrum für Wasserver- und Abwasserentsorgung das Know-how und die Erfahrungen von „Hamburg Wasser" verkaufen und zwar unter anderem in den baltischen Staaten, im Nahen Osten und in Fernost. Ob dies ein Nord-Süd-Austausch zwischen kommunalen Wasserbetrieben wird oder die Hamburger Wasserbetriebe nun als privatwirtschaftlich agierender Akteur im internationalen Wassergeschäft auftreten werden, bleibt abzuwarten.

Hinduismus

Wasser ist das Leben aller Wesen,
durch das alle Kreaturen gedeihen,
aber auch vergehen,
wenn sie von ihm verlassen sind ...

Dieses Verständnis des Wassers ist im heiligen Hinduepos Mahabharata überliefert, das vor mehr als zwei Jahrtausenden entstand. Wasser ist für Hindus der Urquell des Lebens und wird als einziges Element als „unsterblich" angesehen. Der Gott Vishnu sagt über sich: „Ich bin der uranfängliche Erzeuger, er, der Wasser ist, das erste Wesen, die Quelle des Lebens." In den heiligen Hinduschriften gibt es einen Bericht, der davon erzählt, wie Manu, der erste Mensch, bei einer großen Flut gerettet wurde. Der Gott Brahma in Gestalt eines Fisches bewahrte Manu vor einem größeren Fisch und gab ihm den Auftrag, ein großes Boot zu bauen, in das er Saat und Tiere aufnehmen sollte. Dieses Boot zog der Fisch zu den Bergen des Himalajas, wo es ankerte, bis der Wasserstand wieder fiel. Nur Manu und die Tiere im Boot überlebten die Katastrophe.

Nach der Vorstellung gläubiger Hindus ist das Wasser vom Himmel auf die Erde geflossen. Es trägt auch die Seelen zum Ort des ewigen Lebens oder bis zu einer irdischen Wiedergeburt zu einer Existenz als Ahne. Der Wasserkreislauf ist ein Ausdruck des ewigen Kreislaufs der Welt. Das Wasser kommt als Regen auf die Welt und wird von den Pflanzen aufgenommen, die von den Menschen gegessen werden. Durch das Verbrennen verstorbener Menschen kehrt das Wasser zurück in den Himmel, und der Kreislauf kann neu beginnen. Es gibt auch Wasser, das sich tief in der Erde befindet, wo die Wassergeister in einer Welt des Überflusses leben. In wenigen Religionen hat das Wasser eine ähnlich große Bedeutung wie im Hinduismus.

Nach hinduistischem Verständnis hängt es vom letzten Leben ab, in welcher Gestalt man gegenwärtig auf der Erde lebt. Das jetzige Leben entscheidet wiederum über das nächste, und das entscheidet sich nicht zuletzt am Umgang mit Wasser. Zu den religiösen Pflichten der Gläubigen gehört es, sich morgens zu waschen, verbunden mit Morgengebeten. Sodhana, Reinigungsrituale, sind im Laufe des Tages erforderlich, wenn man sich verunreinigt hat, wozu für Angehörige der höheren Kasten auch zählt, aus einem Trinkgefäß eines Menschen aus einer niedrigeren Kaste zu trinken. Auch vor dem Betreten eines Tempels ist eine Reinigung des Körpers erforderlich. Durch das Bad an heiligen Stätten oder durch das rituelle Waschen mit heiligem Wasser können Sünden abgespült und die Seele gereinigt werden. Heiliges Wasser heilt auch von Krankheiten und kann Jugend und Schönheit zurückbringen.

Gleichzeitig wird im Hinduismus die große Bedeutung des Wassers für Mensch und Natur wahrgenommen und geschätzt. Dies gilt auch für die beruhigende Wirkung des Wassers, die der indische Dichter und Nobelpreisträger Rabindranath Tagore in seinem Buch Tapovan so in Worte gefasst hat: „Die besten philosophischen Ideen Indiens entstanden fernab der Menge, dort wo sich der Mensch in der vertrauten Nähe von Bäumen, Flüssen und Seen aufhielt. Der Friede des Waldes förderte die geistige Entwicklung des Menschen und die Kultur der indischen Gesellschaft stets aufs Neue."

Heiliges Wasser

Es gibt überall in Indien zahlreiche Flussabschnitte, Seen und Teiche, die als heilig angesehen werden. Ira Stubbe-Diarra schreibt hierüber in dem Sammelband „Wasser in Asien" (Asienhaus, Essen 1997): „Zahlreiche Badeplätze, heilige Seen und Teiche stehen in dem Ruf, ein Bad in ihnen führe direkt zur Erlösung. Diese Badeplätze sollen mit Nektar-Wasser gefüllt sein, das den Gläubigen langes Leben, Gesundheit und die Erlösung der Seele bringen soll. Mit jedem dieser Badeplätze ist ein Mythos verbunden, der die Heiligkeit und die Nektarhaltigkeit des Wassers erklärt. Diese Pilgerorte werden Tirtha und Kshetra genannt. Tirtha ist der Name für einen heiligen Ort am Ufer eines Flusses, am Meeresstrand oder am Rande eines Sees und

Pilger baden bei Sonnenaufgang in Varansi (Benares) im Ganges. Ein Bad im heiligen Fluss sollen den Gläubigen ein langes Leben, Gesundheit und Erlösung bringen.
(Foto: EMV-Archiv/Norbert Schnorbach)

Pilger versammeln sich schon frühmorgens am Ganges, der zur Reinheit führen soll,
aber durch Abwässer immer schmutziger wird.
(Foto: EMW-Archiv/Norbert Schnorbach)

gilt als eine Stätte der Kraft. Die Bedeutung des Wortes Kshetra ist ‚Furt,
Passage‘, was die religiöse Symbolik des Wassers als Träger der Seele von
einem in den anderen Zustand andeutet. Das Fließen des Wassers gilt als
Fluss des Lebens, der in innerer Bewältigung durchschritten werden kann.“

Besonders viele dieser heiligen Orte finden sich entlang des Ganges (siehe
Abschnitt Ganges), und das Wasser dieses heiligen Flusses, bewahrt in kleinen Gefäßen, ist auch bei Hochzeiten und anderen feierlichen Gelegenheiten
unentbehrlich. Schon der Anblick des Flusses soll genügen, um von Sünden
befreit zu werden. Die Asche der Toten wird in den Ganges gestreut und die
Reise der Seele soll zur Erlösung führen.

Religiöse Feste

Pilgerreisen sind eine wichtige Form des religiösen Lebens. Sie sind oft Tausende Kilometer lang, dauern Wochen und können sehr beschwerlich sein.
Sie führen zu großen Tempeln, heiligen Flüssen und religiösen Festen. Es
gibt in Indien viele Feste, bei denen die Götter verehrt werden. Ein besonders großes und prächtiges Fest wird alle zwölf Jahre im nordindischen Allahabad gefeiert. Der göttliche Heiler Dhanvantari, der Hüter des Paradieses,
soll an dieser Stelle vier Tropfen des Trankes der Unsterblichkeit verschüttet
haben. Hier, am Zusammenfluss von drei heiligen Flüssen, versammeln sich

Millionen Menschen zu einer großen Prozession und begeben sich dann feierlich zur rituellen Reinigung ins Wasser.

Ein weiteres Beispiel ist das Durga Puja-Fest. Es erinnert an eine Begebenheit in der hinduistischen Mythologie. Vor langer Zeit herrschte der Dämon Mahischasura über die Erde, und die Götter Brahma, Shiva und Vishnu wurden zu Hilfe gerufen. Sie sandten gemeinsam kosmische Strahlen aus, die sich zur Göttin Durga verdichteten. Diese Göttin besiegte den Dämon und wurde zur Verkörperung des Guten. Jedes Jahr wird ein zehntägiges Fest zu ihren Ehren gefeiert. Neben Prozessionen und Gebeten haben rituelle Bäder bei diesem Fest eine große Bedeutung.

Es gibt im Hinduismus also viele religiöse Überzeugungen, Feste und Zeremonien, die die Bedeutung des Wassers betonen und an die bei der Verteidigung des Rechts auf Wasser angeknüpft werden kann. Vandana Shiva, bekannte Umweltschützerin und Trägerin des alternativen Nobelpreises, hat die Bedeutung des Wassers für Hindus in ihrem Buch „Der Kampf um das blaue Gold" in diese Worte gefasst: „Heilige Wasser führen uns in eine Welt jenseits des Marktes, eine Welt voller Mythen und Legenden, voller Glauben und Hingabe, voller Kultur und religiöser Feierlichkeiten. Dies sind die Welten, die uns fähig machen, Wasser zu bewahren und zu teilen und Knappheit in Überfluss zu verwandeln."

Indische Auswanderer haben ihr Verständnis vom Wasser auch nach Bali gebracht. Brunnengöttinnen sorgen dafür, dass immer ausreichend Wasser fließt.

(Foto: Helga Reisenauer)

Kastensystem und Zugang zu Wasser

Allerdings, es gibt auch die andere Seite des Hinduismus. Das Kastensystem, das laut indischer Verfassung abgeschafft ist, wird im Alltag immer noch praktiziert und hindert vor allem Dalits (sogenannte „Unberührbare") und Adivasi (die so genannte „Stammesbevölkerung") daran, uneingeschränkt Zugang zu Trinkwasserquellen zu erhalten. Viele Wasserquellen haben die Angehörigen der höheren Kasten für sich reserviert. Die Vorstellung von Reinheit und Unreinheit hat also unmittelbare Konsequenzen für den Zugang zum Wasser. Die Soziologin Lyla Mehta hat vor einigen Jahren am Beispiel des Dorfes Merka in der Region Kutch untersucht, wie sich das Kastensystem konkret auf Dalits auswirkt (der Beitrag ist auf Deutsch in der Ausgabe 173 der Zeitschrift „Solidarische Welt" erschienen). Hier einige Auszüge aus ihrer Analyse:

„Sehr wenig Land ist in den Händen der Hirten. Und die meisten ‚Unberührbaren' sind immer noch landlos. Diese verzerrte Landverteilung wurde durch Landreformen nicht korrigiert und wird wahrscheinlich noch zunehmen. Die Frage, wer das Land kontrolliert und Zugang dazu hat, ist zentral für die Wasserfrage. Offensichtlich sind es die Landbesitzer, die am ehesten profitieren, wenn die Kanalbewässerung Kutch erreicht ... Merka hat flache Brunnen, die zur Bewässerung genutzt werden. Sie sind in Privatbesitz und unter privater Verwaltung. Wer es sich leisten kann, gräbt oder vertieft ständig Brunnen ... Seit der Staat Wasser durch Tankwagen liefert, wurden einige der ältesten Beschränkungen für die niedrigen Kasten aufgelöst. Bis vor kurzem holten Kastenlose Wasser aus einem eigenen Brunnen und bevorzugen bis heute diese Quelle, um Konflikte und Streit zu vermeiden. Im Prinzip haben alle Gruppen die gleichen Rechte auf staatlich geliefertes Wasser. Aber in der Wirklichkeit sind es die Mächtigen, die den besten Zugang genießen."

Die Benachteiligung der Dalit- und Adivasibevölkerung beim Zugang zum Wasser ist weiterhin stark verbreitet. Die indische Gesellschaft wird dadurch geprägt, dass hochmoderne Wirtschaftszweige wie die Softwareentwicklung für zahlreiche internationale Konzerne einher geht mit dem Festhalten an Traditionen, die von den Opfern als krasse Formen der Diskriminierung erlebt werden. Es ist sogar so, dass aus dem raschen Modernisierungs- und Globalisierungsprozess in Indien neue Nachteile für die Dalit- und Adivasibevölkerung entstehen, etwa dadurch dass in ihren Wohngebieten neue Staudämme errichtet werden (siehe Abschnitt Indien).

Es gibt mit langsam wachsendem Wohlstand in Indien auch mehr Möglichkeiten, die ökonomischen und sozialen Benachteiligungen der Ausgegrenzten zu vermindern – vorausgesetzt, die Bereitschaft hierzu ist vorhanden. Bis dahin ist es allerdings so, dass Jahrtausende alte Ausgrenzungen erhalten bleiben. Der indische Theologe James Massey verweist darauf, dass die Gegner der Dalits es nicht dabei belassen haben, die Gruppe als Ganze zu diskriminieren, sondern nach dem Prinzip „teile und herrsche" zahlreiche Untergruppen eingeführt haben: „Die Dalits werden nach Berufsgruppen unterteilt, wobei einige höher und andere niedriger stehen, je nach dem Grad ihrer Reinheit oder Unreinheit. So sind diejenigen, die Straßen und Toiletten reinigen, als am niedrigsten stehend angesehen." Angesichts solcher krassen Formen der Unterdrückung – und einer beeindruckenden Bewegung zur Befreiung von Dalits und Adivasi von dieser religiösen und sozialen Ausgrenzung – ist es bedauerlich, dass Vandana Shiva in ihrem in vieler Hinsicht wegweisenden Buch „Der Kampf um das blaue Gold" im Abschnitt über heilige Gewässer und den Hinduismus kein Wort über die Diskriminierung der Dalit- und Adivasibevölkerung in Indien schreibt, obwohl in dem Land allein etwa 200 Millionen Dalits leben.

Brigitte Voykowitsch hat in der Zeitschrift der „Kindernothilfe" 2004 die Situation von Dalit-Kindern so dargestellt: „Nur ein Drittel aller Dalit-Kinder lebt in Haushalten mit Elektrizität, und lediglich zehn Prozent wohnen in Haushalten mit Sanitäranlagen. In den meisten der rund 600.000 indischen Dörfer leben die Unberührbaren weiter in einer eigenen Siedlung am Rand, und die wird oft benachteiligt, wenn der Staat die Versorgung mit Strom, Sanitäranlagen oder sauberem Trinkwasser in Angriff nimmt … Mehr als die Hälfte aller Dalit-Kinder kommt aus Familien, die unterhalb der Armutsgrenze leben. Hunger gehört für sie zum Alltag."

HIV/AIDS

„Die Hauptursache ist die Massenarmut", betonte Winston Zulu von der sambischen Organisation „Mit HIV/AIDS leben" im Jahre 2000 gegenüber einem deutschen Journalisten. „Das ist anders als bei euch in Europa. Ihr müsst nicht über sauberes Wasser nachdenken oder wirksame Medizin." Jeden Tag sterben 8.000 Menschen auf der Welt an AIDS. 90 Prozent der 38 Millionen Menschen mit einer HIV-Infektion leben in wirtschaftlich armen Ländern, davon allein 25 Millionen in Afrika südlich der Sahara. Jedes Jahr stecken sich 4,8 Millionen Menschen mit dem tödlichen Virus an. In Botswana ist in den letzten zwei Jahrzehnten als Folge von AIDS die Lebenserwartung von fast 65 auf 40 Jahre gesunken. Hinter diesen Zahlen stehen unendlich großes persönliches Leid und eine tiefe Krise vieler Gesellschaften. Es ist in dieser Situation schwer verständlich, dass man im sehr umfangreichen Weltwasserbericht der Vereinten Nation „Water for People – Water for Life" (2003) im Index vergeblich nach den Stichworten HIV oder AIDS sucht. Im zweiten Weltwasserbericht der Vereinten Nationen „Water – a shared responsibilty" (2006) gibt es lediglich einige Hinweise zu HIV/AIDS in Zusammenhang mit den UN-Millenniumszielen. Im „Bericht über die menschliche Entwicklung 2006" zum Thema „Nicht nur eine Frage der Knappheit: Macht, Armut und die globale Wasserkrise" des UN-Entwicklungsprogramms UNDP habe ich keine Erwähnung der Zusammenhänge zwischen HIV/AIDS und den Wasser- und Sanitärproblemen im Süden der Welt gefunden. Zweifellos wirkt sich hier die Fragmentierung von Zuständigkeiten innerhalb des UN-Systems aus.

Ein Effekt der zunehmenden Ausbreitung von HIV/AIDS ist, dass das Ziel der Vereinten Nationen, bis zum Jahre 2015 die Zahl der Menschen ohne Anschluss an eine Wasserversorgung und Abwasserentsorgung zu halbieren, noch schwerer erreichbar sein wird. Ein Hauptgrund dafür ist, dass die Produktivität der Bevölkerung sinken wird, weil gerade junge Erwachsene von der Krankheit betroffen sind, die viel zur Entwicklung ihrer Länder beitragen könnten. Volkswirtschaftlich sind die Verluste schwer zu berechnen, aber das große südafrikanische Bergbauunternehmen AngloGold schätzt, dass seine jährlichen Gesamtkosten durch AIDS um etwa drei Prozent steigen. Die volkswirtschaftlichen Kosten in armen Ländern durch die Krankheit dürften noch weit höher liegen, sodass die Aussichten zur Überwindung von Armut und Elend sich weiter vermindern. Damit steht auch weniger Geld zum Ausbau der Wasserversorgung zur Verfügung.

Ein oft verdrängtes Thema ist, dass auch Wasser- und Abwasserbetriebe Vorsorge dafür treffen müssten, dass eine größere Zahl ihrer Beschäftigten von HIV/AIDS betroffen ist oder in Zukunft betroffen sein wird. Zu dieser Vorsorge gehört es, mehr junge Leute auszubilden, als tatsächlich für den

Betrieb der Wasserwerke und Kläranlagen benötigt werden, weil damit zu rechnen ist, dass viele der Ausgebildeten nach einigen Jahren an AIDS erkranken werden. Viele Industrieunternehmen in afrikanischen Ländern haben sich auf die Situation eingestellt und bilden mehr Menschen aus, weil sie wissen, dass viele der Fachkräfte an AIDS sterben werden. In Sambia, wo die Infektionsrate sehr hoch ist, erklärte im Jahre 2000 ein Manager der Barclays Bank: „Wir bilden inzwischen für jeden Arbeitsplatz drei Leute aus." Gleichzeitig versuchen die Unternehmen, durch Aufklärung die Zahl der Beschäftigten klein zu halten, die an HIV/AIDS erkranken. Zu diesem Konzept der Vorsorge für den Fall zahlreicher Erkrankungen unter den Beschäftigten und eine gleichzeitige intensive Aufklärungsarbeit scheint es für die Wasserbetriebe kurzfristig keine Alternative zu geben. Es ist niemandem damit gedient, wenn wegen fehlender Vorsorge zusätzlich zu allen anderen Auswirkungen von HIV/AIDS auch noch die ohnehin unzureichende öffentliche Wasserversorgung und Abwasserentsorgung zusammenbricht.

Es gibt bisher nur wenige Wasserbetriebe, die solche Initiativen ergreifen. Dabei muss befürchtet werden, dass die Infektionsrate von Wasserfachleuten besonders hoch ist, weil sie häufiger über längere Zeit im Lande unterwegs sind. Eine Studie in Malawi hat vor einigen Jahren ergeben, dass die Beschäftigten der Wasserabteilung die höchste Infektionsrate von allen staatlichen Ministerien hatten. Solche Ergebnisse erfordern sowohl eine verstärkte Aufklärungsarbeit unter den Beschäftigten als auch Vorsorgemaßnahmen für die kommenden Jahre, wenn eine große Zahl von Beschäftigten erkranken und sterben wird. Evelien Kamminga und Madeleen Wegelin-Schuringa haben sich in der 2003 veröffentlichten Studie „HIV/AIDS, water, sanitarian and hygiene" des „International Water and Sanitarian Centre" (Delft, Niederlande) mit diesem Problem beschäftigt und sind zum Ergebnis gekommen: „Die Antwort der Wasser- und Abwasserorganisationen auf die HIV/AIDS-Epidemie ist bisher gering. Es wurde kein Beispiel im Wasser- und Abwasserbereich gefunden, wo man sich auf systematische Weise mit den Auswirkungen auf die Programme und Dienstleistungen beschäftigt hat oder wo untersucht wurde, welche Auswirkungen die eigenen Programme auf die Ausbreitung von HIV/AIDS haben." Nötig sei zum Beispiel, Wasser- und Abwassersysteme so auszulegen, dass sie ohne ständige Wartung funktionieren können für den Fall, dass die Zahl des ausgebildeten Personals von Wasser- und Abwasserbetrieben drastisch zurückgehen sollte.

Wasser für AIDS-Kranke

Ein gesundes Leben kann den Ausbruch der Krankheit verzögern, während fehlender Zugang zu sauberem Trinkwasser und wasserbedingte Krankheiten das Risiko einer Schwächung des Körpers und eines raschen Ausbruchs der Krankheit für HIV-positive Menschen sehr erhöhen. Gemüse und

Obst aus dem eigenen Garten stärken die Abwehrkräfte, aber für den Anbau fehlt vielen Familien in niederschlagsarmen Regionen der Welt das Wasser. Die Chancen von Babys von Müttern, die HIV positiv sind, nicht angesteckt zu werden, steigen durch die Verwendung von Babynahrung aus Tüten oder Flaschen, aber auch das setzt voraus, dass genügend sauberes Wasser zur Verfügung steht.

Ist die Krankheit ausgebrochen, sind die Patienten und die Familien auf viel sauberes Wasser angewiesen. Das beginnt damit, dass Tabletten nun mit Wasser eingenommen werden können. Auch ist es bei fortschreitender Krankheit erforderlich, die Patienten, ihr Bettzeug und ihre Kleidung häufiger zu waschen. Muss jeder Kanister Wasser aus fünf oder sechs Kilometern Entfernung auf dem Kopf zum Haus getragen werden, steigt die Belastung für die pflegenden Familienangehörigen so sehr, dass Erschöpfungszustände immer häufiger werden. Davon sind Frauen, aber auch Mädchen betroffen. Wie sich Armut auf Familien mit AIDS-Erkrankten auswirkt, hat die katholische Expertin für HIV/AIDS Dr. Sonja Weinreich so beschrieben: „Armut heißt auch, leben, krank sein und sterben in ganz beengten Wohnverhältnissen, in der kalten Jahreszeit nicht genügend Decken zu haben und immer wieder Malaria, da man nichts für die Prophylaxe tun kann. Es heißt, alle Wege, oft stundenlang in der Hitze zu Fuß zurücklegen zu müssen, da man sich das Geld für den Bus nicht leisten kann. Es heißt für die Frauen, alle Hausarbeit unter anstrengendsten Bedingungen erledigen zu müssen, zum Beispiel Wasser und Holz auf stundenlangem Weg zu holen."

Evelien Kamminga und Madeleen Wegelin-Schuringa schreiben in ihrer Studie über die Auswirkungen einer solchen Lebenssituation auf die Töchter: „Die Rate des Schulbesuchs von Mädchen geht in Gemeinschaften mit hohen Infektionsraten nach unten, weil die Mädchen in größerem Umfang Aufgaben im Haushalt übernehmen müssen. Das aber vermindert ihre Informationsmöglichkeiten, ihr Wissen und ihre Aussichten auf Einkommen schaffende Tätigkeiten – und das wiederum erhöht die Anfälligkeit für eine Infektion." Die Autorinnen verweisen auch darauf, dass die Gefahr von Vergewaltigungen bei langen Wegen zum Wasserholen hoch ist. Eine Wasserversorgung im Haushalt oder in der Nähe erhöht also die Aussichten von Mädchen, zu mehr Bildung und besseren Berufsaussichten zu kommen und eine Infektion in jungen Jahren zu vermeiden.

Verunreinigtes Wasser, das getrunken wird, erhöht das Risiko von Cholera oder Durchfallerkrankungen. AIDS-Patienten sterben an solchen sekundären Krankheiten, denen das geschwächte Immunsystem keinen Widerstand entgegensetzen kann. Ist aber sauberes Trinkwasser in ausreichender Menge im Haushalt vorhanden, erleichtert das Leben der Patienten und der pflegenden Familienangehörigen (fast immer Frauen und Mädchen) sehr und macht es möglich, würdig Abschied vom Leben zu nehmen.

Die meisten Erkrankten werden von Familienangehörigen gepflegt, weil es in den armen Ländern bei weitem nicht genug Plätze für Millionen Erkrankter in den Krankenhäusern gibt und weil viele Erkrankte im Kreis ihrer Familie sterben möchten. Deshalb werden in der Gesundheitspolitik Konzepte für die häusliche Pflege gefördert. Das muss Konsequenzen für die Wasserpolitik haben. Da an AIDS erkrankte Menschen besonders in Afrika häufig zu ihren Familien in ländliche Gebiete zurückkehren, muss in Ländern mit einer hohen HIV-Infektionsrate und vielen AIDS-Patienten alles getan werden, um die ländliche Wasserversorgung grundlegend zu verbessern. Dabei muss berücksichtigt werden, dass das an sich sinnvolle Konzept der Selbsthilfe zum Beispiel beim Brunnenbau nicht angemessen ist für Familien, die durch die Pflege von AIDS-Patienten zusätzlich zu allen anderen Aufgaben ohnehin völlig überlastet sind. Auch steigt in manchen von der Krankheit besonders betroffenen Regionen die Zahl der Haushalte, die nur aus Kindern und Heranwachsenden bestehen. Diesen Menschen den dringend erforderlichen Zugang zu Trinkwasser zu ermöglichen, erfordert Konzepte, die Abschied nehmen von der Vorstellung, jeder Haushalt könne und müsse zum Bau und zum Unterhalt von Versorgungssystemen beitragen.

Betriebswirtschaftlich orientierte Konzepte zur Lösung von Wasserstress stoßen dort an ihre Grenzen, wo kein Markt und keine Kaufkraft mehr vorhanden sind, sondern Mitgefühl und Solidarität mit denen gefordert sind, die durch den Tod der Eltern und vieler Verwandter große Leiden ertragen mussten und nun oft am Ende ihrer eigenen Kräfte sind. Deshalb müssen in Gebieten mit vielen AIDS-Erkrankten jene Konzepte besonders gründlich überdacht werden, die eine Kostendeckung bei der Wasserversorgung zum Ziel haben.

In städtischen Armenvierteln gibt es ähnliche Probleme, nur ist hier die Zahl der Menschen größer, die ohne oder ohne regelmäßige Pflege durch eine Großfamilie leben müssen. Ihnen hilft es wenig, wenn einige Hundert Meter entfernt ein Gemeinschaftswasserhahn steht, an dem eine lange Schlange von Menschen darauf wartet, den Eimer oder Kanister zu füllen. Diesen Menschen helfen nur stadtteilbezogene Basisgesundheitsprojekte, und ein wichtiger Bestandteil solcher Projekte ist eine ausreichende und leicht zugängliche Trinkwasserversorgung für alle Bewohner.

Genauso wichtig ist ein Ausbau der sanitären Einrichtungen. Weltweit ist die Zahl der Menschen, die keinen Zugang zu einer sanitären Versorgung haben, doppelt so hoch wie die Zahl der Menschen, die ohne sauberes Trinkwasser in ihrer Umgebung auskommen müssen. Man schätzt, dass mehr als zwei Milliarden Menschen auf den Anschluss an ein sanitäres System irgendeiner Art warten (siehe auch den Abschnitt Toiletten). Die meisten von ihnen gehören zu den Armen und Verarmten, und das sind wiederum die Menschen, die besonders häufig an AIDS erkranken. Nkululeko Nxesi von der „Nationalen Vereinigung der Menschen, die in Südafrika mit HIV/AIDS leben" betont: „Wenn Menschen sich der letzten Phase der Krankheit nähern, bedeutet dies auch, dass sie häufig zur Toilette müssen. Es ist für sie deshalb besonders wichtig, eine Toilette in der Nähe zu haben. Diese Menschen können keinen weiten Weg bis zu einer entfernten Toilette zurücklegen. Ein fehlender Zugang zu Wasser und sanitären Einrichtungen bedeutet einen Verlust der eigenen Würde."

Es gibt viele AIDS-Programme, die dazu beitragen, dass Menschen positiv mit einer Infizierung leben und in Würde krank sein und sterben können. Eine wichtige Komponente solcher Programme besteht darin, die Wasserversorgung und Abwasserentsorgung der betroffenen Familien zu verbessern. Wenn Wasser vorhanden ist, können viele AIDS-Kranke in frühen Stadien der Erkrankung im häuslichen Garten mitarbeiten und so nicht nur zur Nahrungsmittelversorgung der Familie beitragen, sondern auch neue Würde und neuen Lebensmut gewinnen. Positiv Leben mit HIV/AIDS bleibt hingegen eine hohle Phrase, wenn die Lebensgrundlagen für die betroffenen Menschen fehlen, und dazu gehört ganz entscheidend Wasser.

Indien

Ist Indiens berühmtestes Grabmahl gefährdet? Die Türme des Taj Mahal neigen sich zur Seite, ganz langsam, aber stetig. Die Behörden wiegeln allerdings ab, und der Chefkonservator erklärt, es bestehe kein Grund zur Beunruhigung, denn die Neigung der Türme habe sich seit 1965 nicht verändert. Es lässt sich aber nicht leugnen, dass die schlanken Türme um bis zu 21 Zentimeter aus dem Lot gekommen sind und dass sich Sprünge in den Gewölben des Marmorbaus zeigen. Der Grund ist nach der Überzeugung vieler Wissenschaftler eindeutig: Als das Taj Mahal vor etwa 350 Jahren gebaut wurde, trug der Fluss Yamuna zur Stabilität des riesigen Kuppelbaus bei, indem er Gegendruck lieferte. Aber heute halten Staudämme neun Monate im Jahr so viel Flusswasser zurück, dass der Yamuna keinerlei Druck mehr erzeugen kann. Dass ein wesentlicher Teil des verbliebenen Wassers ungeklärtes oder kaum geklärtes Abwasser der Großstädte ist, die ihr Trinkwasser aus den Stauseen beziehen, verschlechtert die ökologische Situation dieses Zuflusses des Ganges noch. Nur wenn wieder 365 Tage im Jahr so viel Wasser wie früher den Yamuna hinunterfließt, ist das Taj Mahal langfristig zu retten, erklären Kritiker der Regierungspolitik. Aber das würde eine gänzlich veränderte Wasserpolitik erfordern, und davon ist Indien weit entfernt.

Die indische Bürokratie steht nicht im Ruf, sich durch besondere Entschlusskraft und Dynamik auszuzeichnen, und in Wasserfragen ist sie besonders schwerfällig. Sechs Ministerien in Delhi haben Zuständigkeiten auf diesem Gebiet, dazu die Verwaltungen sämtlicher Bundesstaaten mit all ihren

(Foto: Frank Kürschner-Pelkmann)

Ministerien. Und dann gibt es noch die Rivalitäten zwischen den Bundesstaaten um das kostbare Wasser der Flüsse. Dabei müsste in kurzer Zeit viel
geschehen, um einen nachhaltigen Zugang zum Wasser für Menschen, Tiere
und Pflanzen des Subkontinents zu sichern. 17 Prozent der indischen Bevölkerung haben keinen Zugang zu ausreichendem und sauberem Trinkwasser,
in den städtischen Armenvierteln sind es 38 Prozent. 69 Prozent der Menschen fehlt eine Abwasserentsorgung. Deshalb kann es nicht überraschen,
dass 80 Prozent der indischen Kinder an Krankheiten leiden, die durch den
Zustand der Trinkwasserversorgung und der Abwasserentsorgung verursacht
werden. 700.000 Kinder sterben jedes Jahr an diesen Krankheiten. Diese
Zahlen nennt Ruchi Pant in seiner Studie über das Recht auf Wasser in
Indien, die im Oktober 2003 erschienen ist.

Die Privatisierung eines Flusses

Ruchi Pant weist in seiner Arbeit nach, dass bisherige Privatisierungsprojekte in Indien zu Lasten der Armen des Landes gegangen sind. Deshalb
wachse der Widerstand gegen eine solche Politik. Exemplarisch dafür steht
der Kampf gegen die Privatisierung des Sheonath-Flusses im Bundesstaat
Chhattisgarh im Oktober 1998. Das Unternehmen Radius Water Limited,
das im Besitz von Kailash Soni ist, bekam durch den Vertrag ein Monopol
für die Wasserversorgung der Industrieunternehmen in der Region rechts
und links des Flusses und gleichzeitig die Kontrolle über den Fluss selbst.
Auf einer Strecke von 23,6 Flusskilometern dürfen die Bauern nun ohne
Genehmigung des Unternehmens kein Wasser mehr entnehmen. Zur Was-
serregulierung wurde ein Damm errichtet. Der Vertrag übertrug auch das
Grundwasser an Radius Water, mit dem unmittelbaren Effekt, dass industrielle Großverbraucher jetzt an das private Unternehmen für das entnommene
Grundwasser zahlen müssen.
    Zwar kann das Unternehmen nicht lückenlos kontrollieren, wer Wasser
aus dem Fluss entnimmt, aber es sorgt dafür, dass die Industrie immer genug
Wasser erhält. Seit der Damm errichtet wurde, kommt flussabwärts weniger
Wasser an. Und als im Sommer 2003 bei Niedrigwasser die Versorgung der
Industrie gefährdet zu sein schien, kappten Angestellte von Radius Water
den Bauern die Wasserzuleitungen zu ihren Feldern. Auch sind die Erträge
aus dem Fischfang nach Angaben der lokalen Bevölkerung seit dem Bau der
Staumauer und der Ableitung von großen Mengen Wasser für die Industrie
drastisch zurückgegangen. Zudem ist das Fischen offiziell nicht mehr gestattet. Die Erhöhung der Wasserpreise durch das Unternehmen trifft auch Stadtbewohner, die an die Wasserversorgung angeschlossen sind, denn ein lokales
Wasserwerk bezieht das Wasser von Radius Water.
    Ruchi Pant schreibt in seiner Studie über die Effekte der Privatisierung
auf die ländlichen und städtischen Armen: „Tausende von Menschen, die seit

Generationen mit dem Wasser des Flusses überlebt haben, leiden jetzt unter Hunger und verlieren ihre Existenzgrundlage … Die Erhöhung der Wasserpreise trifft vor allem die städtischen Armen, die in Slumgebieten leben. Anders als Regierungsstellen haben Privatunternehmen wie Radius keine soziale Verantwortung dafür, sauberes und bezahlbares Trinkwasser für alle bereitzustellen." Gegen die Folgen der Privatisierung des Flusses bildete sich in der Region ein breites Bündnis des Widerstandes. In einem Land, in dem Flüsse als heilig angesehen werden, ist keine Zustimmung dafür zu erwarten, dass ein Fluss einem Unternehmen übereignet wird, damit dieses einen möglichst hohen Gewinn erzielen kann. Ein Film über die Privatisierung des Wassers in Indien von K. P. Sasi, in dem diese Flussprivatisierung eine wichtige Rolle spielt, trägt den Titel „Die Quelle des Lebens steht zum Verkauf".

Offenbar zu seiner Überraschung geriet der Unternehmer Soni ins Kreuzfeuer der Kritik: „Über Nacht hat mich jedermann zum Feind erklärt. Ich wurde als Angehöriger der Wasser-Mafia porträtiert, als Wasserherrscher, als übler Kapitalist, der Profite mit dem Wasser macht." Gegenüber der Tageszeitung „The Indian Express" hatte Kailash Soni im Juli 2002 auf einem Motorboot auf „seinem" Fluss erklärt: „All das Wasser, dass sie sehen, ist unser privates Eigentum. In barem Geld ist das Wasser auf einem Gebiet von 23,5 Quadratkilometern 40 Millionen Rupien wert. Ich kann es behalten, es verkaufen oder es flussabwärts fließen lassen. Die Käufer sind bereit, mir den Preis zu zahlen, der für industrielle Großabnehmer vereinbart wurde." Wie lange dieses Geschäft noch läuft, bleibt abzuwarten. Der Protest gegen die Privatisierung des Sheonat-Flusses war so vehement, dass der Premierminister des Bundesstaates Chhattisgarh im April 2003 ankündigte, der Staat wolle um jeden Preis die Privatisierung des Flusses rückgängig machen. Seither wird verhandelt, aber laut Vetrag müsste die Regierung des Bundesstaates dem Unternehmer eine hohe Kompensation zahlen, um den auf 22 Jahre abgeschlossenen Vertrag vorzeitig zu beenden. Gegenwärtig gibt es in vielen größeren indischen Städten Debatten um eine Privatisierung der Wasserversorgung, wobei der Widerstand gegen solche Vorhaben wächst.

Ein gigantisches Kanalprojekt

Neben der Frage der Privatisierung der Wasserversorgung löst ein zweites Thema heftige Diskussionen aus: die Verbindung der großen Flüsse Indiens durch ein Kanalnetz. Ziel ist es, das Wasser der Flüsse so zu verteilen, dass es optimal für die Versorgung der Menschen und für die Landwirtschaft genutzt werden kann. Es kommt immer wieder vor, dass es in einer Region des Subkontinents Flutkatastrophen gibt, während in einer anderen Region eine große Dürre herrscht. Während die Landwirtschaft in großen Teilen des Landes vergeblich auf ausreichend Wasser für die Bewässerung der Felder wartet, fließt der weitaus größte Teil des Flusswassers ungenutzt in den Indischen Ozean. Durch die Vernetzung der Flusssysteme vom Himalaja bis nach Südindien soll diese Situation grundlegend verändert werden. 1.000 Kilometer Kanäle sowie 300 Reservoirs und Staudämme sollen dafür gebaut werden. Staudämme sollen die Regulierung der Wassermengen erleichtern und zugleich große Mengen Elektrizität erzeugen. Etwa 120 Milliarden US-Dollar soll das Vorhaben kosten, das nach den Erwartungen seiner Befürworter die Wasserprobleme Indiens lösen kann.

Kritiker sehen diesen „River-Link" als Ausdruck einer Gigantomanie, die in weiten Teilen der indischen Politik vorherrscht. Ganz uneigennützig sei die Begeisterung vieler Politiker für die geplanten Großprojekte nicht, denn es sei üblich, dass bei solchen Vorhaben größere Bestechungszahlungen an Politiker flössen. Statt über Möglichkeiten zur Wassereinsparung nachzudenken, würde die weitere Wasserverschwendung geradezu ermutigt. Vor allem seien die ökologischen Auswirkungen der Ableitung und Zuleitung großer Wassermengen auf die einzelnen Flusssysteme schwer vorhersehbar, aber alles andere als unproblematisch. So schädigt die Reduzierung der Wassermenge die Flussdeltas und begünstigt das Vordringen von Salzwasser.

Zu berücksichtigen sei auch, dass es schon heute heftige Konflikte zwischen benachbarten Bundesstaaten um Wasser gibt. Wenn große Mengen der wertvollen Ressource aus einem Bundesland in ein anderes transferiert werden sollen, sind Konflikte vorprogrammiert, vor allem dann, wenn nicht Überfluss, sondern Knappheit zu verteilen sei. Hinzu komme, dass auch das Nachbarland Bangladesch von den gigantischen Umleitungsplänen betroffen wäre. Schon heute leitet Indien große Mengen Wasser aus grenzüberschreitenden Flüssen ab, was vor allem die Landwirtschaft in Bangladesch schwer schädigt. Wenn das Kanalsystem gebaut wird, muss das Nachbarland mit noch weniger Flusswasser auskommen (siehe dazu den Abschnitt Ganges).

Der Kampf gegen Staudämme

Dass mit dem „River-Link" der Bau weiterer Staudämme verbunden sein würde, erhöht das Konfliktpotenzial. Es gibt bereits gegenwärtig in Indien zahlreiche Auseinandersetzungen um den Bau von Dämmen und die Vertreibung von vielen Tausend Menschen durch die Flutung von Stauseen. Zu einer wichtigen Sprecherin der Bewegung gegen die „Ver-Dammung" Indiens ist die Schriftstellerin Arundhati Roy geworden, der Autorin des weltberühmten Romans „Der Gott der kleinen Dinge". Sie engagiert sich seit einer ganzen Reihe von Jahren gegen den Bau von Staudämmen im Narmada-Tal und hat dafür auch Gefängnisstrafen in Kauf genommen. In ihrem Buch „Das Ende der Illusion" rechnet sie mit der Staudamm-Euphorie in Indien ab: „In den fünfzig Jahren seit der Unabhängigkeit wurde in Indien der Bau von Dämmen zum Synonym für den Aufbau der Nation. Schon das hätte misstrauisch

machen müssen. Man baute nicht nur neue Dämme, man entzog den Dorfge-
meinschaften auch die Kontrolle über die kleinen, traditionellen Bewässerungssysteme und ließ sie verkümmern. Als Ergebnis brüstet sich Indien
heute damit, der drittgrößte Dammbauer der Welt zu sein. Wir haben 3.600
Dämme, die als groß bezeichnet werden können, weitere 1.000 befinden sich
im Bau. Trotzdem hat ein Fünftel unserer Bevölkerung kein sauberes Trinkwasser und haben zwei Drittel keinen Zugang zu den elementarsten sanitären
Einrichtungen. In der ersten Welt werden vergleichbare Bauvorhaben stor-
niert und Dämme gesprengt. Dass sie mehr schaden als nützen, ist inzwischen keine bloße Vermutung mehr. Große Dämme sind veraltet, nicht mehr
zeitgemäß. Sie sind undemokratisch. Man nimmt den Armen dreist Wasser,
Land und Bewässerung weg und schenkt es den Reichen. Die Stauseen
machen ganze Völker heimatlos und stürzt sie ins Unglück."

Ein Beispiel ist der Konflikt um den Tehri-Staudamm nordöstlich von
Delhi, der 2002 fertig gestellt wurde und mit dem Bhagirati einen der Quellflüsse des Ganges aufstaut. 100.000 Einwohner der Stadt Tehri und benachbarter Orte verloren ihr Zuhause. Trotz aller Proteste wurden ihre Strom-
und Telefonverbindungen gekappt und der Stausee geflutet, obwohl Menschen in der Stadt ausharrten. Ihnen blieb nichts übrig, als vor dem anstei-
genden Wasser zu flüchten.

Der deutsche Siemens-Konzern lieferte die Schaltanlage für die Stromerzeugung des Staudamms. Obwohl es auch in der rot-grünen Koalition in
Bonn Widerspruch dagegen gab, wurde im Oktober 2001 für dieses 25-Mil-
lionen-Euro-Geschäft eine Hermes-Kreditbürgschaft zur Verfügung gestellt.
Angelika Köster-Lossack, die entwicklungspolitische Sprecherin der Grü-
nen-Fraktion im Bundestag, nannte die Entscheidung einen Schlag gegen die
Glaubwürdigkeit der erst ein halbes Jahr vorher getroffenen Entscheidung
der Bundesregierung zur Reform der Hermes-Bürgschaften. Auch der
Außenminister und die Entwicklungshilfeministerin hatten schwere Bedenken gegen die Absicherung des Siemens-Geschäftes, aber der Kanzler setzte
sich durch. Die Bürgschaft wurde vergeben, obwohl bekannt war, dass der
Staudamm in einer erdbebengefährdeten Region liegt. Sollte bei einem Erdbeben die 260 Meter hohe Staumauer zerstört werden, wären Millionen
Menschen im Einzugsgebiet des Ganges von einer riesigen Flutwelle gefährdet. Bekannt war zum Zeitpunkt der Bewilligung außerdem, dass für das
Vorhaben 100.000 Menschen vertrieben und in ein sehr viel ungünstiger
gelegenes Gebiet umgesiedelt wurden. Nach der Bewilligung der Bürgschaft
erklärte der indische Energieminister Suresh Prabhu vor deutschen und
indischen Geschäftsleuten, nun könnten keine Zweifel mehr an diesem Projekt bestehen.

Der deutsche Journalist Arne Perras hat die durch den Staudamm vertriebenen Menschen besucht und berichtete darüber in der „Süddeutschen Zeitung" vom 13. April 2002: „Arbeitsplätze? ‚Nichts haben wir hier bekom-

men', schimpft Laxmi Naudiyal, eine zierliche junge Frau, deren Familie wegen des Damms nach Neu-Tehri umgesiedelt wurde. Das ist eine Kunststadt, die einige hundert Meter oberhalb des alten Ortes aus dem Boden gestampft wurde. Ein eisiger Wind pfeift um die Hausmauern, und drinnen, in der engen Zweizimmerwohnung, schart sich die Familie Naudiyal um ein Elektroöfchen … ‚Unten war es freundlich und viel wärmer', klagt die Tochter, ‚hier oben will keiner wirklich leben'."

Der sorgsame Umgang mit Wasser

Mit dem für den „River-Link" vorgesehenen Geld ließen sich in allen Regionen Indiens lokale Lösungen der Wasserprobleme fördern. Dazu gehören zum Beispiel Kleinprojekte zum Auffangen von Regenwasser von Dächern. Solche Anlagen kosten für ein Einfamilienhaus umgerechnet etwa 60 US-Dollar, einfache Bausätze für Slumhütten sogar nur 4 Dollar. Das Auffangen von Regenwasser bewährt sich auch in ländlichen Regionen. Ein Beispiel ist das Dorf Thanda im südindischen Bundesstaat Andhra Pradesh. Die lokale Organisation REEDS hat den Dorfbewohnern mit Geldern der britischen Entwicklungsorganisation WaterAid geholfen, einfache Anlagen zu bauen, um das Regenwasser aufzufangen, das auf die Dächer prasselt. Vorher war die Wasserversorgung immer prekärer geworden. Die Übernutzung des Grundwassers für Landwirtschaft und Haushalte ließ den Grundwasserspiegel sinken, sodass viele Brunnen trocken fielen. Die Abholzung der Wälder und globale Klimaveränderungen sind vermutlich die Ursache dafür, dass es in dem Dorf nur noch 15 bis 20 Tage im Jahr regnet und nicht mehr wie früher etwa 60 Tage. Die Gesamtregenmenge hat sich nicht verändert, aber der Regen fällt jetzt innerhalb weniger Tage. Umso wichtiger ist es, möglichst viel von dem kostbaren Nass aufzufangen und für Zeiten langer Trockenheit zu speichern. Als weitere Maßnahme wird das Abwasser jetzt mit einfachen Sandfiltern gereinigt und versickert dann im Boden. Das hat dazu beigetragen, dass aus den Brunnen des Dorfes jetzt wieder mehr Wasser gefördert werden kann, was den Familien stundenlange Wege zu den nächsten Trinkwasserquellen erspart.

Die „Brot für die Welt"-Partnerorganisation KRUSHI in Rayalaseema im Bundesstaat Andhra Pradesh bemüht sich mit Erfolg darum, die lokale Bevölkerung für so genannte „Watershed"-Programme zu gewinnen. Ein „Watershed" ist ein Gebiet, das vom Berghang, wo Wasserquellen entspringen, bis ins Tal reicht. Viele „Watersheds" haben in den letzten Jahrzehnten darunter gelitten, dass sie entwaldet wurden und die wertvolle Humusschicht bei starken Niederschlägen ins Tal geschwemmt wurde. Deshalb hat KRUSHI die lokale Bevölkerung überzeugt, Erosionsrinnen zu füllen, Hänge zu bepflanzen, Gräben zum Sammeln des Wassers anzulegen und Regenwassersammelbecken zu bauen. Eine besonders große Unterstützung finden die

Initiativen bei den Dalit, den so genannten „Unberührbaren", die an die steilen Berghänge verdrängt wurden und deshalb als erste davon profitieren, wenn die Erosion gestoppt und die Berghänge wieder nutzbar gemacht werden.

In einer „Brot für die Welt"-Darstellung der Projekte heißt es: „Weitaus schwieriger sind die höherkastigen Landbesitzer im Tal davon zu überzeugen, dass auch sie davon profitieren, wenn sie zusammen mit den Landlosen planen, mit welchen Maßnahmen möglichst viel Wasser im gemeinsam genutzten Watershed zurückgehalten werden kann." Da die Erfolge der Verhinderung weiterer Erosionsprozesse und der Speicherung von Wasser aber unübersehbar sind, beteiligen sich auch die Mitglieder höherer Kasten an den Arbeiten, ein wichtiger Schritt auf dem Weg zur Überwindung sozialer Schranken. KRUSHI hat sich auch zum Ziel gesetzt, Frauen gleichberechtigt an den Vorhaben zu beteiligen, und nach intensiven Gesprächen ist es gelungen, Frauen in gleicher Zahl wie Männer in Dorfkomitees und an konkreten Vorhaben mitwirken zu lassen. Durch die Maßnahmen sind nicht nur die Ernteerträge gestiegen, sondern es wurden auch Schritte auf dem Weg zur Überwindung von krassen sozialen Unterschieden unternommen und das Gemeinschaftsgefühl gestärkt (siehe auch den Abschnitt Hinduismus).

Alle Bemühungen um die Bewahrung des Wasserreichtums Indiens werden vergeblich sein, wenn es nicht gelingt, den Wassereinsatz in der Landwirtschaft zu vermindern. Traditionell gab es viele bewährte Methoden des Wasserbewahrens und der umsichtigen Nutzung begrenzter Wassermengen in der Landwirtschaft. Aber die Einführung von Motorpumpen und moderner Bewässerungslandwirtschaft hat die Situation grundlegend verändert. Es gibt inzwischen 21 Millionen Motorpumpen und andere Maschinen zur Wasserförderung und -verteilung. Jedes Jahr kommen mehrere Millionen hinzu. Jeder Grundbesitzer nimmt für sich in Anspruch, so viel Wasser aus Brunnen zu fördern, wie er möchte. In Zeiten, wo die Brunnen mit der Hand gegraben und das Wasser in Eimern nach oben befördert wurden, war ein Missbrauch dieses traditionellen Rechtes weit gehend ausgeschlossen. Aber im Zeitalter der maschinell gegrabenen Tiefbrunnen und der leistungsstarken Motorpumpen ist das Ergebnis, dass weit mehr Grundwasser gefördert wird, als nach Niederschlägen neu entsteht. Die Folge ist ein dramatisches Absinken der Grundwasserspiegel. Deshalb gibt es viele Initiativen, zu alten Methoden der Wassernutzung zurückzukehren und bei modernen Methoden wassersparende Maßnahmen zu ergreifen.

Es gibt Bewässerungssysteme wie die Tröpfchenbewässerung, bei denen das Wasser direkt an die Pflanzen geleitet wird und so die eingesetzte Wassermenge drastisch vermindert werden kann. Dies erfordert erhebliche Investitionen, aber die sind trotzdem gering im Vergleich mit den hohen Kosten für neue Staudämme und andere aufwendige Wasserbaumaßnahmen. Zudem ist zu berücksichtigen, dass weniger Wassereinsatz auch die Risiken der Versalzung des Bodens stark vermindert.

Auch in der indischen Industrie kann viel getan werden, um den Einsatz der Wassermenge zu reduzieren und – was fast noch wichtiger ist –, die Abwasserbelastung zu vermindern. Im besonders regenarmen Rajasthan gehört die Marmorgewinnung und -verarbeitung zu den wichtigen Wirtschaftszweigen. Die Marmorbetriebe verbrauchen bisher aber viel Wasser, eine einzige Fabrik 10.000 Liter am Tag. Das Wasser dient vor allem zur Kühlung der Marmorblöcke beim Schneiden. Die Fabriken fördern für diese Zwecke Grundwasser, mit dem Effekt, dass den lokalen Bauernfamilien das Wasser ausgeht. Der Landwirt Gopal Gujar sagte im Herbst 2004 einem BBC-Journalisten: „Sie verbrauchen so viel Wasser, dass für uns kaum genug übrig bleibt zum Waschen, ganz zu schweigen von der Bewässerung unserer Felder." Inzwischen gehen die Marmorfabriken aber dazu über, das Wasser zu recyceln und ihren Verbrauch auf diese Weise drastisch zu vermindern. Außerdem fangen sie zunehmend den Marmorstaub auf und lagern ihn ein, um zu verhindern, dass er weiterhin in weitem Umkreis der Fabriken den Boden bedeckt. Diese Umweltbelastung hatte auch den Effekt, dass das Regenwasser schlechter in den Boden eindringen konnte und somit die Grundwasserbildung eingeschränkt wurde. Umweltschützer beklagen, dass die jetzigen Maßnahmen viel zu spät kommen, aber sie sind immerhin ein Anfang zum Schutz der knappen Wasserressourcen Rajasthans.

Das indische Unternehmen Grasim Industries Ltd. ist 2004 für den vorbildlichen Umgang mit natürlichen Ressourcen wie Wasser in seiner Viskose-Produktion ausgezeichnet worden. Grasim Industries hat einen Weltmarktanteil von 24 Prozent an der Herstellung dieses Ausgangsprodukts der Textilindustrie. Seit Anfang der 1980er Jahre wurde der Einsatz von Wasser um 85 Prozent vermindert, der Einsatz von Elektrizität um 43 Prozent. Die Wasserersparnis wurde durch die Einführung von Wasserkreisläufen und Recyclingprozessen möglich. Wenn das Wasser die Fabrik verlässt, ist es so sauber, dass es in der Bewässerungslandwirtschaft eingesetzt werden kann. Die „Stockholm Water Foundation" hat das Unternehmen deshalb mit dem „2004 Stockholm Industry Water Award" ausgezeichnet. Dieses Beispiel widerspricht dem Klischee, dass alle Fabriken im Süden der Welt die Umwelt stark belasten. Die Umweltkatastrophe in der Chemiefabrik des US-amerikanischen Konzerns Union Carbide am 3. Dezember 1984, bei dem Tausende Menschen starben und auch das Wasser in der weiten Umgebung vergiftet wurde, ist ein Beispiel dafür, dass internationale Konzerne immer die besseren Hochglanzbroschüren über ihre Umweltleistungen haben, aber nicht immer die Umwelt besser schützen als einheimische Unternehmen.

Industrie

Weltweit beträgt der Anteil der Industrie am Wasserverbrauch etwa 20 bis 22 Prozent. Dieser Durchschnittswert sagt aber wenig. In den Ländern mit einem hohen Prokopfeinkommen beläuft sich der Anteil nämlich auf 59 Prozent, in Ländern mit einem niedrigen Prokopfeinkommen dagegen nur auf 10 Prozent. In Ländern wie Deutschland, der Schweiz und Österreich haben starke Umweltschutzbewegungen, einsichtige Politiker und zunehmend auch verantwortungsbewusste Unternehmer den Wasserverbrauch der Industrie drastisch reduziert und – was noch wichtiger ist – den Zustand verbessert, in dem das Abwasser in die Flüsse oder die Kanalisation geleitet wird. In Hochglanzbroschüren verkünden mittlerweile viele Unternehmen, dass sie Kreislaufsysteme für das Wasser eingeführt haben, also das kostbare Nass mehrfach verwenden. Es gibt Fälle, wo das Wasser 50 Mal genutzt wird, bevor es in geklärtem Zustand in Flüsse gelangt. Auch nimmt die Verwendung von gereinigtem Brauchwasser für die Industrie zu.

Die Gefahren für das Wasser durch die Industrie gehen hierzulande meist nicht von den Fabrikgeländen aus, sondern von der Herstellung der Vorprodukte sowie von den erzeugten Gütern. Der schmutzige Teil der Industrieproduktion wird immer stärker in die Länder des Südens verlagert. Im Abschnitt über das Aluminium wird das in diesem Buch dargestellt. Die Zellulose- und Papierproduktion ist ein weiteres Beispiel (siehe unten). Die Regierungen wirtschaftlich armer Länder sind häufig froh, wenn sie überhaupt ausländische Investoren finden, da können keine „übermäßigen" Umweltanforderungen gestellt werden. Oft fehlt es an strikten Umweltgesetzen und noch häufiger an Instrumenten, um sie durchzusetzen. Kommt hinzu, dass sich immer wieder Beamte finden, die ihr kleines Gehalt durch die Annahme von Bestechungsgeldern aufbessern. Internationale Konzerne zahlen regelmäßig Bestechungsgelder und bieten sie an, um „Probleme" aller Art zu vermeiden, zum Beispiel die Anwendung von Umweltgesetzen – und diese Zahlungen können die Unternehmen dann manchmal sogar in der Heimat von ihrer Steuerlast abziehen.

Viele lokale Industrieunternehmen in armen Ländern tun ebenfalls wenig für den Umweltschutz. Kapitalmangel und ein harter Wettbewerb mit ausländischen Konkurrenten spielen dabei ebenso eine Rolle wie Verantwortungslosigkeit. Ein Beispiel dafür ist die afrikanische Lederindustrie, in verschiedenen Ländern des Kontinents ein florierender Wirtschaftszweig. Beim Gerben des Leders und anderen Verarbeitungsstufen werden große Mengen chemischer Stoffe wie Chrom eingesetzt. Oft landet ein Drittel des verwendeten Chroms im Abwasser, aber durch umweltschonende Methoden kann diese Menge um 90 Prozent vermindert werden. Berücksichtigt man, dass die meisten Abwässer afrikanischer Städte nicht oder völlig unzureichend gereinigt werden, lässt sich ahnen, wie wichtig umweltschonendere Produktionsverfahren in der Lederindustrie sind. Deshalb unterstützt die UN-Industrieorganisation UNIDO afrikanische Lederbetriebe bei dieser Umstellung, wozu auch ein verminderter Wassereinsatz gehört. Im ersten Weltwasserbericht der Vereinten Nationen „Water for People – Water for Life" (2003) wird ein Beispiel aus dieser Arbeit vorgestellt. In den 1980er und 1990er Jahren hat sich die Wasserqualität des Lake Nakuru in Kenia stark verschlechtert, wozu das Gerberei-Unternehmen „Nakuru Tanners" wesentlich beitrug. Ein Indiz für diese Umweltprobleme war ein starker Rückgang der Flamingo-Population. „Nakuru Tanners" erklärte sich bereit, umweltschonender zu produzieren und die verbleibenden Abwässer zu klären. Das führte seit Ende der 1990er Jahre zu einer Verbesserung der Wasserqualität des Sees und einem Anwachsen der Zahl der Flamingos. (In letzter Zeit geht die Zahl der Flamingos allerdings dramatisch zurück, was vermutlich vor allem mit dem Schrumpfen des Sees auf etwa die Hälfte und den Abwässern der Orte am See zusammenhängt.)

Es gibt auch zahlreiche Beispiele dafür, wie Industriebetriebe im Süden der Welt dank Beratung und wassersparender Technologien ihren Wasserverbrauch um mehr als die Hälfte gesenkt haben. In einer schwierigen Situation sind die kleinindustriellen Betriebe des informellen Sektors, die in vielen Städten im Süden der Welt mitten in Armenvierteln entstanden sind. Sie haben alle wenig Kapital, sehr oft keinen legalen Status, selten einen Anschluss an ein funktionierendes Abwassersystem und noch seltener den Zugang zu umweltschonenden Technologien. Die Konsequenz ist, dass zum Beispiel in den Armenvierteln der kenianischen Hauptstadt Nairobi viele kleinindustrielle Betriebe ihre Abwässer in den Boden versickern lassen oder in Gräben leiten, die bei starken Niederschlägen die Umgebung überfluten.

Ein weiteres Problem: Die zunehmende Wasserknappheit in vielen Ländern führt zu einer harten Konkurrenz zwischen Landwirtschaft, Industrie und Städten um das verbliebene Trinkwasser. Dabei verweist die Industrie gern darauf, dass ihre Wertschöpfung pro 1.000 Tonnen eingesetztem Wasser durchschnittlich 14.000 US-Dollar beträgt, die Wertschöpfung beim Weizenanbau aber lediglich etwa 200 Dollar. Solche Berechnungen helfen allerdings nicht, die nationalen und globalen Wasserprobleme zu lösen. In der Industrie, in der Landwirtschaft und in privaten Haushalten gibt es sehr große Einsparpotenziale beim Wasserverbrauch, und die gilt es zu nutzen.

Der zweite UN-Weltwasserbericht „Water – a shared responsibility" (2006) enthält einen ausführlichen Abschnitt über die Wassernutzung in der Industrie. Die Ergebnisse dieser Darstellung werden so zusammengefasst: „Für die Mehrheit der Weltbevölkerung sind eine blühende Wirtschaft, eine Verbesserung der Lebensqualität und ein besserer Zugang zu Konsumgütern eng miteinander verbunden. Wachsende lokale Industrien schaffen dringend benötigte Jobs, sodass die Menschen ein höheres verfügbares Einkommen haben, um industrielle Produkte zu kaufen. Der Preis dafür sind oft eine Vergrößerung des Volumens der Abfälle, eine Verschlechterung der Wasserqualität sowie eine erhöhte Luftverschmutzung, wenn unbehandelte Schadstoffe auf das Land, ins Wasser und in die Luft abgegeben werden. Aber der Zusammenhang zwischen Industrie und Umweltbelastung ist nicht unauflöslich. Der Zweck dieses Kapitels ist es zu zeigen, dass industrielle Produktionsprozesse gleichzeitig sauber und profitabel sein können. Tatsächlich kann die Industrie den Weg weisen für eine Preisgestaltung des Wassers entsprechend seinem wahren Wert, auch kann sie wertvolle Wasserressourcen bewahren. Eine verantwortungsbewusste Regierungspolitik ist von großer Bedeutung dafür, die Bedingungen für die Entwicklung eines gesunden und nachhaltigen industriellen Wachstums zu schaffen ... Ein sehr breites Spektrum von Regulierungsinstrumenten, freiwilligen Maßnahmen, Ausbildungsprogrammen und Beratungsangeboten steht zur Verfügung, um Industriemanagern zu helfen, die Produktivität der Wassernutzung zu erhöhen und die Emissionen in die Umwelt auf ein sehr niedriges Niveau zu senken. Gleichzeitig können diese Instrumente dazu beitragen, die Effizienz der Produktion zu erhöhen, den Rohstoffeinsatz zu vermindern, die Wiedergewinnung nützlicher Stoffe zu verstärken und eine große Ausweitung der Wiederverwendung und des Recyclings zu erlauben."

Die Spuren der Papierproduktion

Ein besonders umweltbelastender Wirtschaftszweig sind die zahlreichen Zellulose- und Papierfabriken in Afrika, Asien und Lateinamerika. Viele dieser Unternehmen zerstören skrupellos die letzten Urwaldgebiete ihrer Heimat, um sie zu Toilettenpapier zu verarbeiten. Eine dieser Fabriken besuchte Dr. Jochen Motte, Referent für Gerechtigkeit, Frieden und Bewahrung der Schöpfung der Vereinten Evangelischen Mission, im Jahre 2004 auf der indonesischen Insel Sumatra. Das TPL-Unternehmen betont, abgeholzte Flächen wieder aufzuforsten, aber dafür verwendet man ausgerechnet Eukalyptus. Diese Baumart ist dafür bekannt, schnell zu wachsen (was sie attraktiv für den Papierproduzenten macht), aber auch große Mengen Wasser zu verbrauchen. Nachdem durch das Abholzen des Regenwaldes der natürliche Wasserkreislauf zerstört wurde, werden dem Gebiet nun mit Eukalyptus die letzten Wasservorräte entzogen. Auch wird weiterhin tropischer Regenwald für die Papierproduktion zerstört. Reiche Leute mit guten Beziehungen zu Militär und Polizei würden auf diese Weise lukrative Geschäfte machen. „Wer dagegen etwas unternimmt, lebt gefährlich", erfuhr der Besucher aus Deutschland.

Mitglieder der „Christlich-Protestantischen Toba-Batakkirche" treten trotz der Risiken für eine Schließung der Fabrik ein. Neben der Bewahrung der letzten Urwälder geht es auch um die Verhinderung weiterer Umweltbelastungen durch die Fabrik. Über ein Gespräch im Gemeindehaus des Ortes Porsea nahe der Fabrik schrieb Jochen Motte: „Sie berichteten uns, dass seit Beginn der Produktion die Ernten zurückgegangen sind, die Fische aus dem

Fabrikgelände einer Papierfabrik bei Porsea auf Sumatra.

(Foto: Siegfried Zöllner/VEM)

Fluss verschwanden, Hautausschläge und andere Krankheiten sich häuften. 1993 war es besonders schlimm, als ein mit Chlor gefüllter Tank explodierte. Die Arbeiter flüchteten damals aus der Firma. Kein Mensch informierte die Menschen in Porsea über mögliche Gefahren."

Die Fabrik war während der Regierungszeit des autoritär herrschenden Präsidenten Suharto genehmigt worden. Nach seinem Sturz wurde sie geschlossen, erhielt aber zwei Jahre später die Erlaubnis zur Wiederaufnahme der Produktion. Dagegen gab es massive Proteste der lokalen Bevölkerung. Mehrere hundert Menschen wurden verhaftet, einige sind noch immer im Gefängnis. Dennoch haben sich die Menschen nicht mit der Fabrik abgefunden. Einen der Gründe dafür konnte Jochen Motte bei einer Betriebsbesichtigung riechen und sehen: „Man zeigt uns alles und berichtet ausführlich. Quintessenz der Botschaft ist: Es gibt keine Probleme. Als wir die riesigen Klärbecken besichtigen, von denen aus das gereinigte Wasser in den Fluss geleitet wird, reizt beißender Geruch die Schleimhäute. In einem kleinen Teich, gefüllt mit Abwasser aus der Kläranlage, schwimmen angeblich Fische, die beweisen, dass alles sauber ist. Die Fische kann man allerdings nicht sehen, da das Wasser so trüb ist, dass es keinen Blick tiefer als zwei Zentimeter unter die Oberfläche erlaubt."

Die Fabrik bei Porsea ist nur eine von verschiedenen Betrieben in Indonesien, die Urwaldbäume zerkleinern und in Papier verwandeln. Jens Wieting, Mitarbeiter von „Robin Wood", hat ebenfalls Zellulose- und Papierfabriken und Holzeinschlagsgebiete besucht. Anfang 2004 äußerte er gegenüber der Zeitschrift „Regenwald Report": „Die Lage in Sumatra ist noch bestürzender als ich erwartet hatte. Im Tiefland der Provinz Riau sind die natürlichen Waldökosysteme bis auf kleine Gebiete verschwunden. Trotzdem wird auch der Rest in atemberaubendem Tempo entwaldet. Als ob ein Wettkampf um die letzten Holzreserven entbrannt ist, bei dem keiner darauf vertraut, dass morgen noch ein Baum stehen könnte."

Wie im Falle der Fabrik bei Porsea gibt es auch in der Fabrik des Zellulose- und Papierkonzerns „Asian Pulp & Paper" (APP) sowohl bei der Holzgewinnung als auch bei der Produktion gravierende ökologische Probleme. Die Fabrik leitet ihr Abwasser in den Fluss Siak, aus dem etwa 11.000 Menschen ihr Trinkwasser holen und in dem sie baden. Hautkrankheiten sind ein deutliches Zeichen dafür, wie belastet das Wasser ist, ebenso die Tatsache, dass die Fische des Flusses sterben. Für die Papierproduktion will APP bis 2007 weitere 160.000 Hektar tropischen Regenwald einschlagen und dort anschließend Plantagen-Wälder anpflanzen. In einer Studie von „Robin Wood" wird geschätzt, dass APP und das benachbarte Unternehmen APRIL etwa 18 Millionen Kubikmeter Holz jährlich verbrauchen, davon etwa 12 Millionen aus Naturwald. Aber der für ganz Indonesien von der Regierung genehmigte Holzeinschlag betrug 2003 nur 5,7 Millionen Kubikmeter. Der Anteil des illegal eingeschlagenen Holzes wird landesweit auf 73 bis 88 Prozent geschätzt.

Angesichts dieser systematischen Zerstörung der tropischen Regenwälder und der Umweltbelastungen durch die Fabriken selbst fordern Umweltschutzorganisationen in Deutschland, kein Papier aus diesen Fabriken zu kaufen und auch keine staatlichen Kredite oder Exportbürgschaften für solche Vorhaben zur Verfügung zu stellen. Importeure von Zellulose und Papier aus Ländern wie Indonesien und Brasilien verweisen darauf, dass das Holz aus Plantagen stamme und dafür keine tropischen Regenwälder zerstört würden. Das ist schwer zu überprüfen, und außerdem ist zu berücksichtigen, dass für die Anpflanzung der Plantagen erst einmal Regenwald zerstört wurde und dass die Monokultur-Plantagen unter ökologischen Gesichtspunkten sehr problematisch zu beurteilen sind. Die Tier- und Pflanzenwelt der Region findet hier keine Heimat, und der Einsatz von Düngemitteln und Pestiziden belastet Boden und Wasser.

Obwohl die wirtschaftlich armen Länder einen großen Teil der ökologischen und sozialen Lasten einer ungehemmten Ausweitung der Papierproduktion tragen, haben viele Kinder aus armen Familien keine Schulbücher

Für die Herstellung von Zeitungen, Papiertaschentüchern und WC-Papier in vielen
Ländern der Welt werden die Urwälder Sumatras zerstört.

(Foto: Siegfried Zöllner/VEM)

und Schulhefte. 80 Prozent des weltweiten Papierverbrauchs sind auf 20 Prozent der Weltbevölkerung in wohlhabenden Ländern konzentriert. Die deutschen Bürgerinnen und Bürger gehören mit etwa 230 Kilogramm im Jahr zu den weltweit größten Verbrauchern von Papier. Ein Mensch in Indien kommt 50 Jahre mit dieser Papiermenge aus. Der deutsche Pro-Kopf-Verbrauch hat sich seit 1950 versiebenfacht. Rund 90 Prozent des in Deutschland verbrauchten Zellstoffs werden importiert, annähernd vier Millionen Tonnen im Jahr. Deutschland ist das zweitwichtigste Importland von Papier und das drittwichtigste Importland von Zellstoff. Die Folgen hat die Umweltschutzorganisation „Robin Wood" stellte am 8. Februar 2007 in einer Pressemitteilung fest: „Inzwischen landet fast jeder zweite, von der Holzindustrie irgendwo auf der Welt eingeschlagene Baum in der Papierproduktion."

Hinzuzufügen ist, dass nicht nur in tropischen Ländern wie Indonesien und Brasilien die ursprünglichen Wälder der Zellulose- und Papierindustrie zum Opfer fallen, sondern auch in Kanada und Russland. In Kanada haben „Greenpeace Canada" und der „Natural Resources Defence Council" (NRDC) im November 2004 eine Kampagne gestartet, um das Bewusstsein dafür zu wecken, dass die Produzenten von Kleenex und Papiertaschentüchern eine große Verantwortung dafür tragen, dass die ursprünglichen Wälder in den nördlichen Regionen Kanadas zerstört werden. Dr. Allen Hershkowitz, der leitende NRDC-Naturwissenschaftler, betonte zum Auftakt der Kampagne: „Die Papierindustrie ist der drittgrößte Verursacher des Prozesses der globalen Erwärmung und der größte Verschmutzer von Süßwasser." Er fügte hinzu: „Die Tragödie ist, dass es längst ökologisch überlegene Alternativen gibt, so die Herstellung von Papiertaschentüchern mit einem hohen Anteil von Altpapier."

In Deutschland setzten sich Organisationen wie „Greenpeace", „Robin Wood" und „Rettet den Regenwald" dafür ein, kein Papier und keine Zellulose zu importieren, die aus dem Holz ursprünglicher Wälder in nördlichen Ländern wie Kanada und Russland gewonnen werden. Die Post erklärte sich vor einiger Zeit bereit, kein Papier mehr zu verkaufen, dessen Zellulose aus Tropenholz gewonnen wurde. Im Frühjahr 2004 konnte „Robin Wood" allerdings mit einer Faseranalyse nachweisen, dass in den Postfilialen verkauftes Kopierpapier aus Tropenholz entstanden war. Die Post sagte daraufhin zu, die Überprüfungen zu verbessern, um sicherzustellen, dass nicht noch einmal Papier aus Regenwald oder anderen schützenswerten Urwäldern verarbeitet werde.

Am 9. Oktober 2006 blockierten Aktivisten von „Robin Wood" die Zufahrt zur Proctor & Gamble-Fabrik in Neuss, Nordrhein-Westfalen. Sie protestierten dagegen, dass der US-Konzern einen großen Teil des Zellstoffs für die Produktion von „Tempo"-Taschentüchern und „Charmin"-Toilettenpapier von dem brasilianischen Konzern Aracruz bezieht. Aracruz hat im Süden Brasiliens auf einer Gesamtfläche von 250.000 Hektar Eukalyptusplantagen angelegt. Eukalyptus gehört zu den Pflanzen, die einen sehr hohen Wasserverbrauch haben und weltweit die Grundwasservorräte schrumpfen lassen und Fließgewässer stark schädigen. Hinzu kommt im Falle von Aracruz, dass das Unternehmen sich 11.000 Hektar indianisches Land angeeignet hat und sich weigert, es an die ursprünglichen Besitzer zurückzugeben. Zu den ökologischen Folgen stellte Robin Wood fest: „Der international agierende Konzern Proctor & Gamble kauft den Zellstoff für seine Tempo-Taschentücher in Brasilien. Wo es früher eine vielfältig genutzte Landschaft gab, erstrecken sich jetzt Eukalyptus-Monokulturen bis zum Horizont." (Im März 2007 hat Proctor & Gamble die Traditionsmarke Tempo-Taschentücher verkauft.)

Ein wichtiger Schritt zum Schutz der ursprünglichen Wälder auf der Welt und der Wasserressourcen besteht darin, den Papierverbrauch zu vermindern. Daneben ist ein umweltbewusster Papiereinkauf sinnvoll und notwendig. Wie auf vielen industriellen Gebieten gibt es inzwischen auch beim Papier umweltschonende Alternativen, in diesem Falle vor allem das Recyclingpapier. Für die Produktion von einem Kilogramm Frischfaserpapier werden 100 Liter Wasser gebraucht, für ein Kilogramm Recyclingpapier dagegen nur 15 Liter. Die Abwasserbelastung beläuft sich beim umweltfreundlichen Papier auf kaum mehr als 1/20 der Belastung bei herkömmlichem Papier (so die Angaben von Greenpeace).

Auch die übrigen Umweltwerte sind sehr viel günstiger, bis hin zur Produktion von Treibhausgasen in der konventionellen Papiererzeugung. In der deutschen Papierproduktion wird inzwischen zwei Drittel Altpapier verwendet, aber da diese Quote beim importierten Papier sehr viel niedriger ist, beträgt der Recyclinganteil am verbrauchten Papier nach Berechnungen von „Robin Wood" bestenfalls 50 Prozent. Deshalb sind noch deutliche Steigerungen möglich, zumal von der Stiftung Warentest bis zum Öko-Institut eine große Einigkeit über die Qualität herrscht, die Recyclingpapier inzwischen erreicht hat. Solche Argumente überzeugen auch große Handelskonzerne, sodass „Metro" im August 2004 nach Protesten von „Robin Wood" auf Papier des indonesischen Unternehmens APP verzichtet. In Zukunft soll nur noch Papier verkauft werden, das nachweislich nicht aus schutzwürdigen Waldgebieten stammt.

Islam

Der Islam hat seinen Ursprung in den Wüstenregionen Arabiens, und dort war man sich stets der Leben spendenden Kraft des Wassers sehr bewusst. Wasser verkörpert Leben, Fruchtbarkeit und Vegetation. Trockenheit hingegen steht für Wüste und Tod. Es gehört, so Professor Nadia Mahmoud Mostafa von der Universität Kairo, zu den Pflichten der Gemeinschaft auf nationaler und internationaler Ebene, für die Bewahrung von natürlichen Ressourcen wie Wasser zu sorgen, „aber dies ist nicht alles, sondern wir müssen vor allem Entwicklung und ein besseres Leben für alle fördern". Der Islam, wie viele andere Religionen der Welt, verpflichtet Gläubige zum Eintreten für die Bewahrung der lebenswichtigen Wasserressourcen. Ahmad El Khalifa hat in einem Beitrag für die Website der deutschen Entwicklungsorganisation „muslime helfen" die Bedeutung von Vorhaben im Wasserbereich so begründet: „Denn für uns alle ist der Zugang zu sauberem Wasser ein Menschenrecht und der verantwortungsvolle Umgang mit dem Wasser ein Schöpfungsauftrag."

Wasser – ein Geschenk Allahs

Wasser wird von Muslimen als Geschenk Allahs angesehen, so wird an einer ganzen Reihe von Stellen im Koran deutlich. Das Wort „Ma", Wasser, kommt mehr als 60 Mal im Koran vor. In Sure 50 heißt es: „Und wir senden vom Himmel Wasser, das voller Segen ist, und bringen damit Gärten hervor und Getreide für die Ernte." In Sure 35 steht: „Siehst du nicht, dass Gott Wasser vom Himmel niedersendet? Dann bringen wir damit Früchte von vielfacher Farbe hervor." Am Jüngsten Tag wird der Prophet Mohammed die Angehörigen seiner Umma (Gemeinschaft) an einem Wasserbecken erwarten, aus dem die Gläubigen trinken und ihren Durst löschen können. Und in Sure 47 wird angekündigt: „Allah wird jene, die glauben und gute Werke tun, in Gärten führen, die Ströme durchfließen ..." In den islamischen Paradiesvorstellungen kommt dem kühlenden Wasser eine wichtige Rolle zu. Das arabische Wort, das für Paradies verwendet wird, lässt sich auch mit Garten übersetzen. Und in der Tat ist das islamische Paradies ein herrlicher Garten, durch den zwei große Ströme fließen: Kawthar und Salsabil. Zur Erfrischung gibt es viele Springbrunnen.

Die islamischen Mystiker vergleichen Allah mit einem grenzenlosen Ozean, den Menschen in seiner Vergänglichkeit aber mit einem zerbrechlichen Boot, das in den Wellen treibt. Allah schenkt den Menschen, allen anderen Lebewesen und den Pflanzen das Wasser. Die Oase in einer lebensfeindlichen Wüste ist ein Sinnbild der Zuwendung Allahs zu den Menschen.

Das Trinken aus einer heiligen Quelle in der Nähe von Mekka gehört zu den religiösen Pflichten jedes Pilgers. In der muslimischen Geschichtsschreibung wird diese Quelle in Verbindung gebracht mit Ismael, dem ältesten Sohn Abrahams, der mit seiner Mutter Hagar fortgeschickt wurde und in der Wüste fast verdurstete. Zur Rettung von Mutter und Sohn entsprang plötzlich eine Quelle unter den Füßen Ismaels, die heilige Quelle des Zamzam. Der bedeutende Historiker at-Tabari (838–923) berichtet, dass Ismael das Wunder selbst ausgelöst hat: „Ismael begann zu weinen, wie es alle Kinder tun, wenn sie sich ohne Mutter finden, und als er mit seiner Ferse gegen den Boden schlug, wie es Kinder ebenfalls tun, erschien unter seiner Ferse eine Quelle." Hagar fasste die neue Quelle ein, damit sie nicht im Sand verloren gehen konnte. Der Name der Quelle Zamzam soll darauf zurückgehen, dass Hagar bei dieser Arbeit wiederholt „Zummi, Zummi" gesagt haben soll, was bedeutet, Wasser vor Verschwendung zu bewahren und einzudämmen. Hagar blieb mit ihrem Sohn an dieser Stelle wohnen. Genau an diesem Ort entstand später Mekka. Dem Wasser der Zamzam-Quelle wird eine heilende Wirkung zugesprochen. Viele Pilger nehmen Wasser aus dieser Quelle mit zurück in ihre Heimat, um Familienangehörige und Freunde an dessen Kraft teilhaben zu lassen.

Zu vielen Moscheen der Welt gehört ein Brunnen, um den Gläubigen vor dem Betreten eine rituelle Reinigung zu ermöglichen. Vor der Alabaster-Moschee in Kairo wurde wie vor vielen anderen Moscheen ein Brunnenhaus errichtet.
(Foto: Helga Reisenauer)

Wasser ist im Islam das Urbild des Reinen, und die Waschungen vor dem Gebet dienen der äußeren und inneren Reinigung. Ghusl, die Reinigung des ganzen Körpers, wird vor dem Freitagsgebet empfohlen und ist verpflichtend vor dem Berühren des Korans vorgeschrieben. Wudu, die Reinigung des Gesichtes, eines Teils des Kopfes, der Hände, der Unterarme und der Füße bis zu den Knöcheln, ist vor den fünf täglichen Gebeten vorzunehmen. Jede Moschee bietet deshalb nach Geschlechtern getrennte Möglichkeiten, sich unter fließendem Wasser zu reinigen. Da Springbrunnen ein Zeichen der Reinheit sind, findet man sie vor vielen Moscheen. Sollte kein Wasser vorhanden sein, etwa in der Wüste, ist eine Reinigung mit sauberem Sand möglich.

„Istiqua", das Gebet um Regen, ist seit jeher für Muslime (gerade im Mittleren Osten) von großer Bedeutung. Wasser steht den Gerechten und Rechtgläubigen reichlich zur Verfügung, während Allah den Ungerechten das Wasser entzieht und ihre Gärten vertrocknen lässt. Es gibt also zumindest für die Gläubigen ein verbrieftes Recht auf Wasser, das ihnen nicht durch staatliche Verordnungen oder die private Aneignung genommen werden kann.

Gärten als Sinnbilder des Paradieses

Wie erwähnt nimmt Wasser in islamischen Paradiesvorstellungen eine wichtige Rolle ein. Der Garten, durch den sauberes, kühles Wasser fließt, ist bereits auf Erden ein Sinnbild dieses Paradieses. Der Schriftsteller Dzevad Karahasan aus Sarajewo hat in seinem Buch über die Gärten in Islam und Christentum „Das Buch der Gärten" die Gärten als Versprechen bezeichnet, „mit denen die Erde uns versichert, dass das Paradies möglich ist". Die prächtigen Gärten in trockenen arabischen Ländern sind Zeichen des Glaubens an Allah und seiner Verheißung des Lebens im Paradies. Die Beschreibungen dieses Paradieses im Koran werden zum Vorbild dieser Gartenanlagen, und die Wasserspiele sind Ausdruck der Großzügigkeit, mit der Allah den Lebewesen das kostbare Nass schenkt. Die irdischen Gärten sollen bereits einen Vorgeschmack auf das erhoffte Leben im Jenseits geben. In diesen Gärten kommt dem Wasser eine herausragende Bedeutung zu.

In der persischen Tradition wurde Wert auf eine Vierteilung der Gärten gelegt, oft markiert durch Kanäle. Und da es im Paradies Wasser im Überfluss gibt, wurde großer Aufwand betrieben, um die Gärten zuverlässig mit viel Wasser zu versorgen. Diese Gartenparadiese haben eine klare Abgrenzung von der übrigen Welt in Gestalt hoher Mauern. Diese islamische Gartenkultur verbreitete sich mit der Religion bis nach Indien. Als Muslime im 8. Jahrhundert große Teile Spaniens eroberten, brachten sie neben ihrer Kultur und Wissenschaft auch ihre Vorstellungen von Gärten mit auf die iberische Halbinsel. Und wie wichtig Wasser in diesen Vorstellungen ist, lässt sich heute noch in den maurischen Gärten von Granada bewundern. Berühmt ist die Alhambra, eine königliche Residenz mit großen Gärten auf einem Bergplateau oberhalb von Granada, die im 13. Jahrhundert entstanden ist. Große Wasserbecken und Brunnen werden eingerahmt von Gärten, Arkaden und Innenhöfen. Der unermesslich erscheinende Wasserreichtum gibt dieser paradiesischen Gartenwelt ein besonderes Gepräge. Der europäische Islam, hier hat er seinen Anfang genommen. Und auch die Entwicklung der europäischen Gartenkultur seit dem Mittelalter wäre ohne den Einfluss der muslimischen Gärten nicht denkbar.

Brücke über den Fluss Zajndeh-Rud in Isfahan. (Foto: Helga Reisenauer)

1598 wollte der persische Schah Abbas I. seine Hauptstadt Isfahan nach den Paradiesvorstellungen des Korans gestalten. Die Oase Isfahan inmitten der Salzwüste wurde rasch zu einem bedeutenden politischen, religiösen und kommerziellen Zentrum an den Handelswegen zwischen China, dem Nahen Osten und Europa. Die Verbindung von geistlichem und weltlichem Reichtum wird auf dem Madjan oder Meidan-e Imam („Garten der Ebene") sichtbar, mit einer Länge von 500 Metern und einer Breite von 150 Metern einer der größten Plätze und zugleich Parks der Welt. Rosemarie Noack hat 1999 in der „Zeit" geschrieben: „Seinen ganzen Zauber jedoch entfaltet das blaue Wunder Isfahan am Meidan-e Imam-Platz, einem mit Springbrunnen bestückten Park von monumentaler Größe … Hier präsentiert sich ein grandioses Architektur-Ensemble als Schöpfungsakt aus einer Hand." Eingerahmt wird der Platz vom Palast, zwei Moscheen und Basar. Der Palast ist verbunden mit einem prächtigen Garten, der wie das Paradies des Korans aus vier Gärten besteht, für die zwei Quellen das Wasser liefern. Teiche, Brunnen, Gräben und wasserspeiende Löwen wurden in eine üppige Gartenlandschaft einbezogen, die wie ein Paradies auf alle gewirkt haben muss, die nach einer langen Wüstenreise in Isfahan eintrafen.

Die Ufer des Zajndeh Rud-Flusses säumen kilometerlang Grünanlagen, deren Bäume den von vielen ersehnten Schatten spenden. Hier befanden sich früher weitere königliche Gärten. Die Prachtstraße Chahar-Bagh-Allee war früher 75 Meter breit. In der Mitte lief ein Kanal, der viele Becken und Springbrunnen speiste. Im 17. Jahrhundert hieß es: „Wer Isfahan nicht gesehen hat, hat die Hälfte der Welt nicht gesehen."

Jakarta

„Die befragten Konsumentinnen und Konsumenten hatten ein großes Interesse daran, eine bessere Wasserversorgung zu erhalten. Die meisten von ihnen vertraten die Auffassung, dass es in den zurückliegenden fünf Jahren keine Verbesserung der Versorgung gab, während gleichzeitig die Wasserpreise in dieser Zeit mehrfach erhöht worden seien. Die Hauptsorgen sind das nicht korrekte Ablesen der Wasseruhren, die schlechte Qualität des Wassers, der niedrige Wasserdruck, Verzögerungen bei der Ausstellung von Wasserrechnungen, langsame Reaktion auf Beschwerden von Verbraucherinnen und Verbrauchern sowie fehlende Informationen über bevorstehende vorübergehende Unterbrechungen der Wasserversorgung."

So fasste Nur Endah Shofiani die Ergebnisse der Befragung im Rahmen einer Studie zum Thema „Reconstruction of Indonesia's Drinking Water Utilities" mit dem Schwerpunkt auf Jakarta zusammen, die 2003 in Schweden erschien. Nach einem halben Jahrzehnt Wasserprivatisierung in der indonesischen Hauptstadt konnte die Bilanz kaum negativer ausfallen. Da konnte die Nachricht nicht völlig überraschen, dass der RWE-Konzern, der zu diesem Zeitpunkt noch über sein Tochterunternehmen Thames Water an diesem Privatisierungsprojekt beteiligt war, Ende September 2006 einen Verkauf der Beteiligung am Wasserversorgungsunternehmen in Jakarte bekannt gab. Wie mittlerweile schon häufig hat die Privatisierung von Wasserversorgungsbetrieben im Süden der Welt auch in Jakarta zu einer Situation geführt, wo weder die Verwaltung noch die Kundinnen und Kunden noch die beteiligten internationalen Konzerne mit den Ergebnissen zufrieden sind. Wie ist es in Jakarta zu dieser Misere gekommen?

Einigkeit herrschte Mitte der 90er Jahre, dass die Wasserversorgung der 12-Millionen-Stadt grundlegend verbessert werden musste. Der staatliche Wasserbetrieb PAM Jaya arbeitete mit zu geringer Effizienz, und das Leitungsnetz wurde nicht rasch genug ausgeweitet, um in absehbarer Zeit alle Einwohner mit Trinkwasser aus der Leitung zu versorgen. Immerhin stieg die Zahl der Anschlüsse um 10,5 Prozent im Jahr. Mit diesem Erfolg vergrößerte sich allerdings das Problem der Wasserbeschaffung. Die Trinkwasserreserven auf ganz Java werden übernutzt, und in der Hauptstadt ist das Problem besonders gravierend. Eine Versorgung wird nur dadurch aufrechterhalten, dass die Grundwasservorräte stark übernutzt werden, das heißt es wird weit mehr Wasser entnommen als sich neu bildet. Umso ärgerlicher war es, dass in den 1990er Jahren mehr als die Hälfte des Leitungswassers auf dem Weg vom Wasserwerk zu den Kunden entweder durch Leckagen verloren ging oder illegal abgezapft wurde. Erforderlich gewesen wäre ein nachhaltiges Wassermanagement, gekoppelt mit einem effizienten Wasserbetrieb und drastischen Wassereinsparungen bei den Haushalten, die bereits Leitungswasser bezogen, sowie den Gewerbebetrieben. Aber ein solch langfristiges Konzept wurde nicht entwickelt. Als Maßnahme zur Verbesserung der Versorgung wurde seit Mitte der 90er Jahre eine Übergabe der Wasserversorgung an Privatunternehmen geplant.

Das Interesse an einer Privatisierung der Wasserversorgung

Die Weltbank hat in Indonesien wie in anderen Ländern in den 90er Jahren massiv auf eine Privatisierung der Wasserversorgung gedrängt. Die – so die Erwartung der Weltbank – erfolgreiche Privatisierung der Wasserversorgung von Jakarta sollte weitere Privatisierungsvorhaben im übrigen Land einleiten. Neben der Weltbank und einigen einflussreichen westlichen Entwicklungsministerien waren es vor allem die internationalen Wasserkonzerne, die auf eine Privatisierung drängten. Dabei konzentrierten sie sich auf die „Rosinen" des Wasserbereichs, während sie die Versorgung armer ländlicher Regionen gern den Staaten selbst überlassen wollten. Eine solche „Rosine" im Wasser„kuchen" war Mitte der 90er Jahre Jakarta. Es gab (vor der asiatischen Wirtschaftskrise) in der indonesischen Hauptstadt eine wachsende wohlhabende Mittelschicht, die bereit sein würde, mehr Geld für das Trinkwasser zu bezahlen, wenn die bis dahin schlechte Versorgung deutlich verbessert würde.

Vor allem zwei Konzerne zeigten Interesse an der Übernahme der Versorgung. Das privatisierte Londoner Wasserunternehmen Thames Water wollte seine Gewinne in England für eine internationale Expansion nutzen und stieg in den 90er Jahren in kurzer Zeit zu einem der führenden „global player" im Wassergeschäft auf (siehe Abschnitt London). Ebenfalls Interesse zeigte der französische Suez-Konzern, der schon in den 80er Jahren mit einer internationalen Expansionspolitik begonnen hatte und nun seine Position in der boomenden ost- und südostasiatischen Region ausbauen wollte (siehe Abschnitt Suez).

Thames Water und Suez waren erfolgreich und konnten im Februar 1998 für 25 Jahre die Versorgung der Bevölkerung im Ostteil und im Westteil der Stadt übernehmen. Wie es zu diesem Kontrakt kam, hat die beiden Konzerne allerdings in Indonesien selbst und international in die Kritik gebracht. Thames Water gründete ein gemeinsames Unternehmen mit Sigit Harjojudanto, dem ältesten Sohn des damaligen Präsidenten Suharto. So wie die politischen Verhältnisse damals waren, garantierte dies, den Zuschlag für einen Vertrag zu erhalten. Aber auch Suez hatte sich einflussreiche Geschäftsleute im Umfeld des Präsidenten als Partner gesucht, und das erklärt, warum die Wasserversorgung von Jakarta zwischen den beiden Konzernen aufgeteilt wurde. Wie solche Geschäfte damals liefen, hat Andreas Harsano in einer Studie des Asienhauses in Essen 2004 über die Aktivitäten von RWE Thames Water in Jakarta so beschrieben: „Im Indonesien Suhartos hatten

ausländische Unternehmen normalerweise Schwierigkeiten, wenn sie größere Investitionen tätigen wollten, ohne vorher Partnerschaften zu den
Suharto-‚Cronies‘ aufgebaut zu haben. Das war notwendig, um bürokratische
Hürden zu überwinden. Die Suhartos waren dabei stille Gesellschafter. Sie
vermieteten nur ihren Einfluss. Suharto selbst aber regierte sein Land umso
tatkräftiger. Oppositionelle Parteien wurden unterdrückt, und die Presse
wurde zensiert. Für beinahe drei Jahrzehnte war niemand imstande, Suharto
herauszufordern.“ Die Privatisierung der Wasserversorgung von Jakarta
wurde zusätzlich dadurch vorangetrieben, dass die Weltbank nur noch Kredite an das öffentliche Versorgungsunternehmen PAM Jaya mit dem Ziel
vergab, es fit für eine Privatisierung zu machen.

Ein Versorgungsunternehmen wird privatisiert

Präsident Suharto ordnete am 5. Juni 1995 eine Privatisierung der Wasserversorgung der Hauptstadt Jakarta an. Dass es dann noch zwei Jahre bis zur
tatsächlichen Privatisierung dauerte, war vermutlich auf den hinhaltenden
Widerstand bei PAM Jaya und im Staatsapparat gegen diese Maßnahme
zurückzuführen. Die Gesetze Indonesiens ließen keine Beteiligung ausländischer Unternehmen an der Wasserversorgung zu, aber auf Anordnung des
Innenministers wurde diese Bestimmung außer Kraft gesetzt. Das Thames
Water-Konsortium konnte die Wasserversorgung im Osten der Stadt übernehmen, Suez und seine Geschäftspartner im Westen.

Das öffentliche Unternehmen PAM Jaya, das bis dahin für die Wasserversorgung der Metropole zuständig war, trat etwa 80 Prozent seiner Beschäftigten in Jakarta an die neuen Unternehmen ab, blieb aber Eigentümerin der
Wasserwerke, Wasserleitungen und Gebäude. Die privaten Betreiber nutzen
dieses Anlagevermögen und zahlen dafür an PAM Jaya eine Pacht. Dieses
weiterhin öffentliche Unternehmen wurde zugleich beauftragt, die Leistungen der privaten Betreiber zu überwachen. Die Weltbank war überzeugt, dass
diese Privatisierung zu einem Erfolg werden würde und dachte in einem
Arbeitspapier laut darüber nach, wie auch die übrigen 300 Wasserbetriebe
Indonesiens privatisiert werden könnten.

Pech für die privaten Betreiber: Kurz nach Übernahme der Wasserversorgung brach die Asienkrise aus, die alle Umsatz- und Gewinnprognosen
hinfällig werden ließ. Als weitere schlechte Nachricht für Thames Water und
Suez folgte am 21. Mai 1998 der Sturz von Präsident Suharto. Die geschäftlichen Verbindungen zum ältesten Sohn des gestürzten Despoten wurden für
Thames Water nun zu einer Belastung, ebenso die Umstände des Vertragsab-
schlusses.

Die Tage nach dem Machtwechsel verliefen dramatisch. Es gab in Jakarta
zahlreiche Demonstrationen und gewaltsame Auseinandersetzungen. Die
europäischen Manager der Tochterunternehmen von Suez und Thames Water

flüchteten nach Singapur. Jakartas neuer Gouverneur, ein General, wies die Behörden an, wenn erforderlich den Betrieb der Wasserversorgung unter öffentlicher Kontrolle fortzuführen. Die in Jakarta anwesenden indonesischen leitenden Manager der beiden Wasserversorgungsbetriebe sowie die Verantwortlichen von PAM Jaya wurden am 23. Mai 1998 zu einem Treffen beordert, bei dem die Militärs mit Waffen erschienen, um sichtbar zu machen, wer das Sagen hatte. Die Vertreter der privaten Versorgungsbetriebe wurden aufgefordert, ein Dokument zu unterzeichnen, mit dem der Betrieb der Wasserversorgung an PAM Jaya zurückgeben werden sollte. Als die Manager ohne eine Autorisierung ihrer Konzernzentralen dazu nicht bereit waren, kam es zu lautstarken Auseinandersetzungen. Schließlich sahen sich die Firmenvertreter gezwungen, das Dokument zu unterzeichnen, das die Privatisierung erst einmal beendete.

Die Beschäftigten jubelten über diesen Erfolg, allerdings nur für kurze Zeit. Die beiden internationalen Wasserkonzerne wehrten sich gegen diesen erzwungenen Verzicht und hatten damit Erfolg. Der neuen indonesischen Regierung unter Präsident Habibie wurde unmissverständlich deutlich gemacht, dass Indonesien mit einem solchen Vorgehen ausländische Investoren verschrecken würde. Die brauchte Indonesien aber angesichts von Wirtschaftskrise, hoher Auslandsverschuldung und einer instabilen politischen Situation dringender denn je, und so stimmte die Regierung einer Fortführung des privaten Betriebs der Wasserversorgung in Jakarta zu, wobei Suez und Thames Water einige Zugeständnisse machen mussten. Sie waren gezwungen, die Zusammenarbeit mit dem Suharto-Sohn und den Suharto-Vertrauten zu beenden und sich neue lokale Geschäftspartner zu suchen.

Schwieriger war es für Suez und Thames Water, mit den Folgen der Asienkrise fertig zu werden. Die Kaufkraft der Bevölkerung sank drastisch, und die starke Abwertung der indonesischen Währung auf weniger als ein Viertel bedeutete, dass die Erlöse der Tochtergesellschaften in Indonesien umgerechnet in Dollar oder Pfund sehr viel weniger Wert waren. Probleme mit dem Transfer von Gewinnen hatte man nicht, denn Gewinne entstanden nicht und waren erst bei drastischen Erhöhungen des Wasserpreises zu erwarten. Dazu war die politische Führung Indonesiens nur zögerlich und in kleinen Schritten bereit, denn der Wasserpreis ist – wie der Benzinpreis – in dem verarmten Land zu einem politisch sehr sensiblen Thema geworden.

Zwischenbilanz des Privatisierungsprozesses

Drastisch höhere Wasserpreise machten Suez und Thames Water zur Voraussetzung dafür, das Versorgungsnetz zügig auszubauen, wobei eine Wasserversorgung für die Armen in den Slumgebieten sich für ein privates Unternehmen ohnehin nicht rechnen würde. Immerhin hat Thames Water nach eigenen Angaben den Anteil der Bevölkerung mit einem Wasseranschluss von 43 Prozent im Jahre 1997 auf 53 Prozent im Jahre 2003 erhöht. Suez war auf diesem Gebiet noch etwas erfolgreicher, aber beide Unternehmen verfehlten die ursprünglich vorgesehene Rate von 70 Prozent für das Jahr 2002. Sie konnten auch den Anteil des nicht bezahlten Wassers (das vor allem durch Leckagen verloren geht) auf 47 Prozent reduzieren, angestrebt worden waren aber 35 Prozent. Voll im Plan sind lediglich die konsequente Ausstellung von Wasserrechnungen und die Eintreibung des Geldes.

Eine Erwartung an internationale Betreiber von Wasserbetrieben im Süden der Welt ist die Einführung neuer Technologien. Nach den Feststellungen von Nur Endah Shofiani haben Thames Water und Suez in Jakarta lediglich neue Informationstechnologien eingeführt, aber keine neuen Technologien in Bereichen wie der Wasseraufbereitung und dem Leitungssystem.

Nur Endah Shofiani hat auch die Qualität der Wasserversorgung studiert und dazu u.a. ein Gespräch mit dem Management des Thames Water-Tochterunternehmens geführt. Das Ergebnis war, dass es auch nach Auffassung des Managements weiterhin Probleme im Blick auf die Qualität des Wassers, den Ablauf der Reinigungsprozesse und den Zustand des Leitungsnetzes gab. Ein großer Teil des Rohwassers wird aus dem Jatiluhur-Stausee gewonnen, der aber durch private und industrielle Abwässer stark belastet ist. Hinzu kommt, dass die Abläufe in den Wasserwerken störanfällig sind. Um die gesetzlichen Normen für Trinkwasser einzuhalten, wird das Wasser stark gechlort. Verbessert hat sich in vielen Stadtteilen die Zuverlässigkeit der Bereitstellung des Leitungswassers, es gibt aber weiterhin Klagen.

Als Problem bleibt, dass viele Beschäftigte, die von PAM Jaya übernommen wurden, der Privatisierung der Wasserversorgung weiterhin ablehnend gegenüberstehen. Die Tatsache, dass fast ein Drittel der Beschäftigten entlassen wurde und engagierte Gewerkschafter oben auf der Entlassungsliste standen, hat das Betriebsklima nicht verbessert. Außerdem hat sich unter den indonesischen Beschäftigten herumgesprochen, wie hoch die Gehälter der ausländischen Manager im Vergleich zu ihren eigenen sind. Es gibt ausländische Manager, die 100.000 US-Dollar im Jahr verdienen und zusätzliche Zahlungen für Autos, Kosten der Familie etc. erhalten. Demgegenüber verweigerte das Management den indonesischen Beschäftigten die Gehaltserhöhungen, die sie erhalten hätten, wenn sie noch im öffentlichen Dienst tätig gewesen wären. Die Beschäftigten des früheren Wasserbetriebes, die bei PAM Jaya verblieben waren, erhielten eine Gehaltserhöhung, die Beschäftigten des Thames Water-Tochterunternehmens aber nicht. Angesichts einer hohen Inflationsrate ist verständlich, dass dies eine große Verbitterung auslöste. Es kam wiederholt zu Protestaktionen. Offenbar unter dem Einfluss von RWE, dem neuen Eigentümer von Thames Water, wurde in den letzten Jahren versucht, das Betriebsklima zu verbessern.

Als positives Beispiel für die Ausweitung der Wasserversorgung hat Thames Water immer wieder den Bau eines Versorgungsnetzes in Marunda angeführt, einem armen Viertel am nördlichen Rand von Jakarta an. Bis Ende der 90er Jahre war man dort auf teures Wasser aus Tanklastwagen angewiesen. Bis Mitte 2001 waren etwa 1.600 Haushalte an das Wasserversorgungsnetz angeschlossen, eine deutliche Verbesserung der Lebensqualität für die betroffenen Familien, wobei aber zu berücksichtigen ist, dass die Zahl der Begünstigten angesichts der Millionen Menschen in Jakarta ohne Anschluss an eine Wasserversorgung minimal ist. In einer Analyse des Projektes durch das weltweite Netzwerk „Building Partnerships for Development in Water and Sanitatian" wird zudem festgestellt, dass eine Beteiligung der Zivilgesellschaft an dem Vorhaben gefehlt hat. Trotzdem wurde das Projekt für eine Auszeichnung mit dem „Shell Award for Sustainable Development" nominiert. Um so peinlicher war, dass die Bewohner von Marunda im Juli und August 2003 eine Reihe von Protestaktionen durchführten, weil die Versorgung wegen des zu niedrigen Wasserdrucks immer wieder zusammenbrach. Als Reaktion erhielten sie erneut Wasser aus Tanklastwagen.

Thames Water investierte nach eigenen Angaben von 1998 an mehr als 50 Millionen US-Dollar in den Ausbau der Wasser-Infrastruktur in Jakarta. Stellt man diese Summe in Relation zu den Milliardenbeträgen, die investiert werden müssen, um das internationale Ziel zu erreichen, bis 2015 die Zahl der Menschen auf der Welt ohne Trinkwasserversorgung zu halbieren, wird verständlich, warum Thames Water die Erwartungen dämpfen will, die privaten Wasserkonzerne könnten einen großen Teil dieser Investitionssummen aufbringen. Tatsächlich gehört das Projekt in Jakarta zu den relativ wenigen Fällen in armen Ländern, wo Thames Water überhaupt einen Vertrag zum Betrieb eines Wasserversorgungssystems unterschrieb und eigenes Kapital investierte.

Anfang November 2003 wurde bekannt, dass Thames Water in den zurückliegenden drei Jahren pro Monat fast eine Million Pfund Verlust in Jakarta gemacht hatte und vehement die Zustimmung der Behörden zu einer deutlichen Erhöhung der Wasserpreise forderte. In diesem Zusammenhang war auch von einem möglichen Rückzug aus dem Vertrag die Rede. Am 4. November 2003 berichtete die „Jakarta Post", dass der britische Botschafter Richard Gozney in Jakarta bei der Regierung zugunsten von Thames Water für eine Erhöhung der Wasserpreise interveniert habe. In einem Gespräch mit dem indonesischen Vizepräsidenten Hamzah Haz hat der Botschafter, so berichtete der indonesische Politiker anschließend vor der Presse, darauf hingewiesen, dass Thames Water innerhalb der zurückliegenden drei Jahre einen Verlust von 58 Millionen US-Dollar gemacht hatte. Die Preiserhöhung sei deshalb dringend erforderlich. Das zweite private Versorgungsunternehmen Suez intervenierte beim Gouverneur von Jakarta und drohte an, aus dem Kontrakt auszusteigen, wenn die Preiserhöhung nicht genehmigt würde.

Tatsächlich wurden die Wasserpreise Anfang Januar 2004 um 30 Prozent erhöht. Wie die „Jakarta Post" am 6. Januar 2004 berichtete, hatte der Gouverneur von Jakarta der Preiserhöhung am 31. Dezember für den folgenden Tag zugestimmt, und diese Entscheidung sei offenbar so kurzfristig gefällt und bekannt gegeben worden, um die sonst zu erwartenden öffentlichen Proteste zu vermeiden. Der Stadtrat hatte der Preiserhöhung schon im November 2003 zugestimmt, was aber der Öffentlichkeit verborgen blieb. Seit April 2003 war dies bereits die dritte Erhöhung der Wasserpreise.

Anfang November 2004 fand eine Anhörung der Nationalen Ombuds-Kommission zu den Preissteigerungen der privaten Wasserunternehmen in der indonesischen Hauptstadt statt, die auf einer Initiative der „Gemeinschaft der Wasserverbraucherinnen und -verbraucher" beruhte. Obwohl ein Gericht schon die Preiserhöhungen vom Dezember 2003 für nichtig erklärt hätte, seien die Preise seither weiter erhöht worden. Die Initiative brachte zahlreiche Briefe von Kundinnen und Kunden mit zur Anhörung, in denen sie sich über die schlechte Qualität der Wasserversorgung beklagten. Die Kommission sagte zu, sich mit den einzelnen Beschwerden zu befassen. Staatsangestellte, die sich über die Beurteilung eines Falls durch die Kommission hinwegsetzen, müssen nach indonesischem Recht mit einer Bestrafung rechnen, die bis zur Entlassung reichen kann.

Die Weltbank räumt inzwischen ein, dass die Privatisierung der Wasserversorgung von Jakarta unter einigen „Geburtsfehlern" leidet, so der fehlenden Transparenz bei der Vergabe der Konzession, dem Verzicht auf Preiserhöhungen vor der Privatisierung und dem Fehlen einer wirkungsvollen unabhängigen Regulierungsbehörde in der ersten Phase.

Angesichts der Erfahrungen in Jakarta wehren sich Umweltorganisationen in Indonesien gegen ein Gesetz, das auch die Privatisierung der Wasserversorgung in anderen Teilen des Landes ermöglichen soll. Ismid Hadad von der Umweltstiftung Kehati erklärt: „Wir lehnen das Gesetz ab, weil es ernste Konsequenzen haben wird, sowohl für die Umwelt als auch für die Armen." Im März 2003 kam es zu einer Studentendemonstration in Jakarta gegen die Privatisierungspolitik der Regierung, wobei die Privatisierung der Wasserversorgung eine wichtige Rolle spielte.

In einem Gespräch mit Andreas Harsano, dem Autor einer der erwähnten Studien, äußerte sich Achmad Lanti von der inzwischen eingerichteten unabhängigen Regulierungsbehörde zum Stand der Zusammenarbeit beziehungsweise Nichtzusammenarbeit der Beteiligten bei diesem Privatisierungsprojekt, das zu einem Modell hätte werden sollen. Andreas Harsano fasst die Aussagen Lantis in seiner Studie so zusammen: „Sowohl PAM Jaya als auch die Beauftragten der Konsortien misstrauen einander selbst beim Austausch einfachster Daten. Schlimmer noch, beide Parteien, besonders die Konsortien, misstrauen ihrerseits der Regulierungsbehörde in einem Ausmaß, dass sich beide geeinigt haben, eine dritte Partei, ein Team von ‚internationalen Fachleuten' einzuladen, nach Indonesien zu kommen und alles durchzurechnen." In einer Ehe würde man in einer solchen Situation wohl von zerrütteten Verhältnissen sprechen, die eine Scheidung rechtfertigen, bei einer Privatisierung der Wasserversorgung bleibt wohl nur das Urteil: gescheitert.

Nach der Entscheidung von RWE Thames Water, die Anteile am Wasserversorgungsunternehmen PT Thames PAM Jaya zu verkaufen, entstanden Ende 2006 neue Schwierigkeiten. Denn der Käufer, das Unternehmen Acuatico, ist nicht wie ursprünglich angenommen im Eigentum indonesischer Unternehmer, sondern gehört zwei britischen Finanzunternehmen mit Sitz auf den Jungferninseln in der Karibik. Der Vorsitzende des staatlichen Genehmigungsgremiums erklärte daraufhin am 30. November 2006: „Acuatico muss wirklich eindeutig seine Eigentumsverhältnisse und seine Tätigkeitsfelder erläutern, um uns von seinem Engagement und seiner Expertise zu überzeugen." Hintergrund waren Zweifel sowohl an der Bereitschaft des Unternehmens, die erforderlichen Investitionen in die Wasserversorgung von Jakarta vorzunehmen, als auch an der fachlichen Kompetenz, ein Versorgungsunternehmen zu managen. Anfang Januar 2007 stimmten die Behörden nach zwei Ablehnungen schließlich zu, dass Acuatico die Anteile von Thames Water übernehmen konnte. Der neue Betreiber sagte zu, 15 Millionen Dollar in die Verbesserung der Versorgung zu investieren und die Versorgungsqualität zu verbessern. Ob die Finanzunternehmen mit Sitz in der Karibik bessere Versorgungsleistungen erbringen werden als das Londoner Wasserunternehmen, ist offen. Auf jeden Fall decken die zugesagten 15 Millionen Dollar nur einen Bruchteil der dringend erforderlichen Investitionen ab.

Jordan

Mit einer Länge von 320 Kilometern (nach anderen Angaben 252 Kilometern) gehört der Jordan zu den kleineren grenzüberschreitenden Flüssen der Welt, und auch von der Wassermenge her ist er sehr weit von Flüssen wie dem Amazonas entfernt. Der Jordan zeichnet sich durch einen anderen (traurigen) Rekord aus: Um keinen anderen Fluss auf der Welt hat es in den letzten Jahrzehnten so viele Auseinandersetzungen gegeben, die zudem häufiger gewaltsame Formen annahmen. Von den weltweit 37 Wasserstreitigkeiten, bei denen in der zweiten Hälfte des 20. Jahrhunderts Waffen eingesetzt wurden, fanden 27 zwischen Israel und Syrien statt. Der Jordan wird aus Flüssen und Bächen aus dem Libanon, Syrien, Jordanien und Israel gespeist, und alle vier Staaten erheben Ansprüche auf das knappe Wasser des Flusseinzugsgebiets.

Der Jordan in biblischen Zeiten

Der Jordan liegt in einer konfliktreichen Region, und dies war schon in biblischen Zeiten so. Nach der langen Wanderung durch die Wüste unter Moses Führung kamen die Israeliten am Jordan an, berichtet die Bibel. Hier begann die konfliktreiche Landnahme. Wie beim Auszug aus Ägypten teilte sich das Wasser und die Israeliten konnten trockenen Fußes ins gelobte Land gelangen (vgl. das Kapitel Josua 4). Im jüdischen Volksglauben ist der Jordan der Eingang zum Paradies. „Über den Jordan gehen" bedeutet deshalb, ins Jenseits zu schreiten. In biblischen Zeiten gab es keine Brücken über den Jordan, aber eine Reihe von Furten, eine davon ganz in der Nähe von Jericho. Es spricht viel dafür, dass die Israeliten nach ihrer langen Wanderung durch die Wüste eine dieser Furten durchquert haben. Die Beschreibung der Durchquerung des Jordans trockenen Fußes in der biblischen Überlieferung sollte wahrscheinlich die Verbindung zur Durchquerung des Roten Meeres bei der Flucht aus Ägypten herstellen.

Umgeben von Wüste wurde der Jordan zu einem Symbol für die Leben spendende Kraft des Wassers. Der See Genezareth, durch den der Jordan fließt, hatte bereits in der Antike eine große wirtschaftliche Bedeutung. Das zeigte sich zum Beispiel daran, dass während der römischen Herrschaft Fische am See eingesalzen, ans Meer gebracht und von dort nach Rom verschifft wurden. Unterhalb des Sees schlängelt der Fluss sich 250 Kilometer durch das Jordan-Tal, bevor er das Tote Meer erreicht. Mit der Stadt Jericho, dem religiösen Zentrum Qumran und der Festung Masada bildete das Westufer von Jordan und Totem Meer eine wichtige Region der jüdischen Geschichte.

Das Wasser des Jordan hatte nach Überzeugung der Israeliten eine reinigende und heilende Kraft. Das wird in einem Bericht über den Propheten Elisa deutlich, dem Nachfolger des Propheten Elia. Elisa bekam Besuch von Naaman, dem Feldhauptmann des Königs von Aram, über den es in der Bibel heißt: „… ein trefflicher Mann vor seinem Herrn und wert gehalten". Weiter wird über ihn berichtet: „Und er war ein gewaltiger Mann, jedoch aussätzig." (2. Könige 5,1) Als er mit Rössern und Wagen vor der Tür des Propheten hielt, ließ dieser ihn durch einen Diener bitten, sich sieben Mal im Jordan zu waschen. Der Feldhauptmann war zunächst über diese Nachricht zornig, weil er nicht akzeptieren wollte, dass der Jordan eine größere Heilkraft haben sollte als die Flüsse in seiner Heimat. Er stieg dann aber doch ab und tauchte sieben Mal unter im Jordan: „Und sein Fleisch wurde wieder heil wie das Fleisch eines jungen Knaben, und er wurde rein." (2. Könige 5,14)

Gretel Rieber hat in einem ausführlichen Rundfunkbeitrag, den der Deutschlandfunk am 14. Mai 2005 gesendet hat, die Bedeutung von Jordan und See Genezareth für die Christen, aber ebenso für die Juden dargestellt: „… auch die Juden haben hier Pilgerstätten, im ehemals römischen Tiberias mit den heißen Heilquellen gibt es die Gräber von jüdischen Gelehrten, von dem berühmten Rabbi Meir Ba'al Ha Ness, von Rabbi ben Akiba und vor allem das Grab des wohl bekanntesten jüdischen Gelehrten des Mittelalters, Maimonides … In Tiberias wird derzeit ein archäologischer Park angelegt, der die 3000 Jahre alte Geschichte der Stadt dokumentieren wird, hier haben Juden, Griechen, Römer, frühe Christen, Byzantiner, Osmanen und Kreuzritter gelebt und ihre Spuren hinterlassen. Eine Legende besagt, dass die Heilquellen von Tiberias, die auch Maimonides empfahl, von König Salomo angelegt wurden … Aber die Menschheitsgeschichte der Jordan- und Seeregion ist sehr viel älter: Menschliche Knochenfunde einer Variante der Oldowai-II-Kultur zeigen, dass der ‚homo habilis' hier bereits siedelte und Werkzeuge aus Stein herstellte … Später gründeten Griechen und Römer hier Siedlungen und errichteten Heiligtümer, in Banyas, an den Quellen eines der Zuflüsse des Jordan, wurde ein Heiligtum für den Gott Pan errichtet, es war der wichtigste Pan-Tempel außerhalb von Griechenland. Herodes, der das Quellgebiet von dem römischen Kaiser Augustus geschenkt bekommen hatte, erbaute dem Kaiser dort einen Tempel."

Jesus am Jordan

Im Leben Jesu waren Jordan und See Genezareth von großer Bedeutung. So wurde Jesus von Johannes dem Täufer im Wasser des Jordan getauft. „Und alsbald, als er aus dem Wasser stieg, sah er, dass sich der Himmel auftat und der Geist wie eine Taube herabkam auf ihn. Und da geschah eine Stimme vom Himmel: Du bist mein lieber Sohn, an dir habe ich Wohlgefallen." (Markus 1,10–11) Es ist nicht bekannt, wo die Taufstelle genau lag. Manche nehmen an, dass sie sich am Ausfluss des Jordan aus dem See Genezareth befand. An dieser Stelle lassen sich heute immer noch Christinnen und Christen taufen, das heißt nicht genau an der Stelle, denn im Dumont-Kunst-Reiseführer „Heiliges Land" von Erhard Gorys habe ich die folgende Information gefunden: „Da die traditionelle Taufstelle Johannes' des Täufers nur an bestimmten Festtagen zugänglich ist, hat das israelische Tourismusministerium 1981 einige hundert Meter südlich des Sees Genezareth kurzerhand eine neue Taufstelle mit allen Annehmlichkeiten (Parkplatz, bequemer Zugang, Geländer im Fluss, Souvenirshop, WC usw.) eingerichtet. Viele Pilger lassen sich hier taufen." Andere Christinnen und Christen vermuten die Taufstelle Jesu ohnehin weiter flussabwärts beim heutigen griechisch-orthodoxen St. Johanneskloster.

Wasser aus dem Jordan wird auch in anderen Teilen der Welt gern für Taufen verwendet. So wurde zum Beispiel die am 7. Dezember 2003 geborene niederländische Prinzessin Amalia mit Jordanwasser getauft. Im Januar 2006 wurde die Tochter des spanischen Kronprinzenpaares, Leonor von Borbon und Ortiz ebenfalls mit Jordanwasser getauft, das man für diesen Zweck nach Madrid fliegen ließ. Auch Peter Ustinov sollte mit Jordanwasser getauft werden, so jedenfalls die Auffassung seiner Großmutter in Jaffa. Was daraus wurde, hat der berühmte Schauspieler 2003 in einem Interview mit der Zeitschrift „Chrismon" so beschrieben:

„Meine Großmutter wollte unbedingt, dass ich in den Wassern des Jordan getauft wurde. Da das meinem Vater zu weit von London weg war, einigte man sich sozusagen, sich in der Mitte zu treffen. Und das war dann Schwäbisch Gmünd.

Chrismon: Und das Jordan-Wasser ...

... das brachte meine Großmutter in einer alten Keramikwärmflasche mit. Dummerweise hatte der Pfarrer in Schwäbisch Gmünd Parkinson im Anfangsstadium. Er zitterte so sehr, dass er die Flasche fallen ließ und sie auf dem Kirchenboden zersprang. Man sah auf dem Boden, hat man mir gesagt, genau, wie schmutzig das Jordanwasser war, mit allerlei Amöben und Dreck. Und so wurde ich in ganz normalem Leitungswasser getauft."

Zurück zu biblischen Zeiten. Jesus wohnte im Ort Kafarnaum (oder Kapernaum) am See Genezareth, nachdem er Nazareth verlassen hatte (vgl. Matthäus 4,13). Unter den Fischern am See Genezareth fand Jesus seine ersten Jünger. Matthäus berichtet in Vers 18 des 4. Kapitels seines Evangeliums: „Als nun Jesus am Galiläischen Meer entlangging, sah er zwei Brüder, Simon, der Petrus genannt wird, und Andreas, seinen Bruder; die warfen ihre Netze ins Meer, denn sie waren Fischer. Und er sprach zu ihnen: Ich will euch zu Menschenfischern machen! Sogleich verließen sie ihre Netze und folgten ihm nach." Noch zwei weitere Fischer, Jakobus und Johannes, schlossen sich Jesus an. Lukas schildert die Berufung im fünften Kapitel seines Evangeliums ausführlicher. Hier forderte Jesus Simon auf, seine Netze auszuwerfen. Nachdem sie in der vorherigen Nacht nichts gefangen hatten, sahen die Fischer in diesem großen Fang ein Wunder und erschraken: „Und Jesus sprach zu Simon: Fürchte dich nicht! Von nun an wirst du Menschen fangen." (Lukas 5,10)

In der Synagoge von Kapernaum kam es nach dem Evangelium des Markus zum ersten Heilungswunder, der Heilung eines Menschen, der von einem unreinen Geist besessen war (Markus 1,21–26). Und nach diesem Wunder versammelte sich die ganze Stadt vor seiner Tür: „Und er half vielen Kranken, die mit mancherlei Gebrechen beladen waren ..." (Markus 1,34) Im nächsten Kapitel berichtet Markus noch einmal von einer Heilung in Kapernaum und davon, dass Jesus am See predigte. Die Region am See Genezareth wurde zur wichtigsten Wirkungsstätte Jesu. Im Neuen Testament wird von einer ganzen Reihe von Heilungen in Kapernaum berichtet, so hat Matthäus am Anfang des 9. Kapitel überliefert, dass Jesus in „seiner Stadt" Kapernaum einen Gelähmten heilte. Und auch der berühmte „Rangstreit" unter den Jüngern fand in dieser Stadt am See Genezareth statt (Markus 9,33ff.). In der Synagoge von Kapernaum hielt Jesus die Rede vom Brot des Lebens: „Ich bin das Brot des Lebens. Wer zu mir kommt, der wird nicht hungern; und wer an mich glaubt, den wird nimmermehr dürsten." (Johannes 6,35)

Sehr bekannt ist auch der biblische Bericht von der Überfahrt Jesu mit seinen Jüngern über den See. Er schlief, als ein Sturm ausbrach und wurde von seinen verängstigten Jüngern geweckt: „Da sagt er zu ihnen: Ihr Kleingläubigen, warum seid ihr so furchtsam? Und stand auf und bedrohte den Wind und das Meer. Da wurde es ganz still." (Matthäus 8,26) Zu den weiteren dramatischen Berichten des Neuen Testaments gehört die Beschreibung, wie Jesus nachts auf dem See Genezareth wanderte, um seine Jünger zu erreichen, die mitten auf dem See im Sturm in Not geraten sind. Die Evangelisten Matthäus, Markus und Johannes berichten, wie die Jünger sich ängstigten, als sie sahen, dass Jesus auf dem See gehend zu ihnen kam. Er beruhigte sie, und was dann geschah, hat Matthäus so beschrieben: „Petrus aber antwortete ihm und sprach: Herr, bist du es, so befiehl mir, zu dir zu kommen auf das Wasser. Und er sprach: Komm her! Und Petrus stieg aus dem Boot und ging auf dem Wasser und kam auf Jesus zu. Als er aber den starken Wind sah, erschrak er und begann zu sinken und schrie: Herr, hilf mir! Jesus aber streckte sogleich die Hand aus und ergriff ihn und sprach zu ihm: Du Kleingläubiger, warum hast du gezweifelt?" (Matthäus 14,28–31) Noch ein letztes Mal findet ein wichtiges Ereignis am See statt, der von den Juden wegen seiner Größe auch als Meer bezeichnet wurde: Jesus erschien seinen Jüngern dort als Auferstandener. Und wieder forderte er sie auf, das Netz auszuwerfen. Bei Johannes lesen wir dann: „Da warfen sie es aus und konnten nicht mehr ziehen wegen der Menge der Fische." (Johannes 21,6) Das Netz zerriss trotz des großen Fangs nicht, und Jesus teilte noch einmal Brot und Fisch mit seinen Jüngern.

Das Wasser des Jordan als Streitobjekt

Streit um das Wasser des Jordan war Ende des 19. Jahrhunderts zu erwarten, als zionistische Organisationen die ersten Pläne für eine jüdische Besiedlung des Landes zwischen Jordan und Mittelmeer entwickelten und sich dabei bewusst waren, wie wichtig es war, ausreichend Wasser für die geplanten Siedlungen zur Verfügung zu haben. Dieses Wasser, so wurde bald klar, sollte zu einem erheblichen Teil vom Jordan kommen. Diese Pläne blieben nicht unbekannt, und in den 1930er Jahren wurden auch arabische Pläne zur Wassernutzung im Jordantal erarbeitet.

Seit der Gründung des Staates Israel 1948 wurden der Jordan und seine Zuflüsse zum permanenten Gegenstand von Konflikten zwischen den Anrainerstaaten. Die US-Regierung ergriff in den 50er Jahren die Initiative für einen Vermittlungsplan, um zukünftige Konflikte und Kriege um das Wasser des Jordan zu verhindern. Der US-Diplomat Eric Johnston reiste vom Oktober 1953 bis zum Oktober 1955 von Hauptstadt zu Hauptstadt, um einen Konsens für einen Plan zu erreichen, der die Ansprüche der einzelnen Anrainerstaaten auf die Nutzung von Jordanwasser festlegen sollte. Daraus entstand der so genannte Johnston-Plan, der von den beteiligten Staaten nie ratifiziert wurde, aber dennoch die Grundlage für die Aufteilung des Wassers bildete.

Israel baute eine 130 Kilometer lange „Nationale Wasserleitung", die durch Tunnel und offene Kanäle das Wasser vom See Genezareth bis in den Süden Israels leitete, um die israelischen Haushalte, Industriebetriebe und vor allem die Landwirtschaft mit Wasser zu versorgen. Am Austritt des Jordans aus dem See wurde von Israel eine Schleuse eingebaut, um sicherzustellen, dass immer genug Wasser für die Ableitung in das israelische Wasserversorgungsnetz im See vorhanden war. Dies hatte den Effekt, dass unterhalb des Sees kaum noch Wasser ankam. Die Wassermenge sank von 650 Millionen auf 40 Millionen Kubikmeter im Jahr. Als der Libanon und Syrien nun ihrerseits oberhalb des Sees Genezareth Wasser aus den Zuflüssen ableiten wollten, bombardierte Israel die Baustellen wiederholt. Jordanien baute 1958 mit Unterstützung der USA den „East Ghor-Kanal", der Wasser aus dem Yarmuk in den trockenen Süden des Landes leitet. Der Yarmuk fließt unterhalb des Sees Genezareth in den Jordan, und die Verminderung seiner Wassermenge hat deshalb keinen Einfluss auf die israelische Wasserentnahme aus dem See. Aber die Tatsache, dass sowohl Syrien als auch Jordanien große Mengen Wasser aus dem Yarmuk entnehmen, hat zur Folge, dass noch weniger Wasser durch den Unterlauf des Jordan fließt.

In biblischen Zeiten wurde der See Genezareth mit seiner Länge von 21-Kilometern als Meer angesehen. In den letzten Jahrzehnten ist die Wassermenge des Sees stark zurückgegangen, weil immer mehr Wasser des Jordan und seiner Zuflüsse zur Trinkwasserversorgung und für die Landwirtschaft genutzt wird.
(Foto: Alexander Schick© www.bibelausstellung.de)

Israel hat sich im Krieg von 1967 die Kontrolle über das syrische Golangebiet und damit viele Quellen der Jordanzuflüsse gesichert. Ebenso nutzt Israel jetzt die Wasservorräte des Westjordanlandes intensiv zur Deckung des eigenen Wasserbedarfs, insbesondere für die Landwirtschaft. Die Palästinenser haben demgegenüber den Zugang zum Jordan verloren, der militärisches Sperrgebiet ist. Gleichzeitig wurden ihre Möglichkeiten, Grundwasser des Westjordanlandes und des Gazastreifens zu nutzen, stark eingeschränkt. Palästinensische Brunnen fallen trocken, während die israelischen Siedlungen über eine große Zahl von Tiefbrunnen verfügen. Die Genehmigung für das Bohren neuer Brunnen wird der palästinensischen Bevölkerung meistens verweigert. Ihre Wasserversorgung hat sich deshalb seit 1967 dramatisch verschlechtert.

Der 21 Kilometer lange See Genezareth, aus dem ein wesentlicher Teil des Trinkwassers Israels gewonnen wird, wies in den letzten Jahren in den Sommermonaten einen bedrohlich niedrigen Wasserstand auf. In einer Wasser-Schwerpunktausgabe der Zeitung „Das Parlament" vom 7. Januar 2000 schrieb Ingo Günther über den Zustand des Sees: „Heutzutage muss man nicht Jesus sein, um über den See Genezareth zu wandeln. Dort, wo vor einem Jahr noch seichte Wellen an das Ufer schwappten, holt man sich nun

Die Festung Massada oberhalb des Toten Meers ist eines der vielen Zeugnisse dafür, wie historisch bedeutsam die Region am Jordan war, aber auch, wie viele Kriege es um das Land und das Wasser zwischen dem Fluss und dem Mittelmeer gegeben hat.
(Foto: Helga Reisenauer)

nicht einmal mehr nasse Füße. Ein teils 100 Meter breiter Streifen trockenen Grunds hat sich zwischen Wasser und Badestrände geschoben."

In einem BBC-Bericht am 13. März 2000 kam ein israelischer Landwirt zu Wort, dem die Wasserversorgung für seine Felder um 40 Prozent gekürzt worden war. Tal Adler sagte: „Ich glaube, dass die da oben gar nicht wissen, wovon sie reden. Ich meine, dass die Landwirtschaft nötig ist. Wir können es erreichen, dass wir im Blick auf unsere Nahrungsmittelversorgung unabhängig von der übrigen Welt sind. Wir sollten unsere Nahrungsmittel selbst herstellen." Mit Bitterkeit mussten er und andere Landwirte wahrnehmen, dass ihnen die Wasserzuteilung gekürzt wurde, während in den Städten keine Einschränkung der Wasserverschwendung durchgesetzt wurde.

Das Tote Meer – bald tot?

Der Jordan fließt ins Tote Meer. So steht es in den Geografiebüchern. Aber heute kommt nur noch ein Zehntel der früheren Wassermenge dort an, und dieses Wasser ist zudem stark durch ungeklärte oder unzureichend geklärte Abwässer belastet. Früher gab es ein Gleichgewicht zwischen dem Zufluss von Wasser aus dem Jordan und der Verdunstung. Mittlerweile sinkt der Wasserspiegel jährlich um etwa einen Meter. Die Länge des Meeres ist

Die Steine der Festung von Massada oberhalb des Toten Meers können eine Mahnung sein, Konflikte friedlich auszutragen, statt Kriege mit vielen Opfern zu führen.
(Foto: Helga Reisenauer)

inzwischen von 80 auf 50 Kilometer zurückgegangen. Hotels auf der israelischen Seite des Meeres, die früher direkt am Wasser standen, sind heute bereits mehrere Hundert Meter von der Wasserlinie entfernt. Wenn nichts geschieht, ist absehbar, dass das Tote Meer bald wirklich tot sein wird.

Das Absinken des Wasserspiegels des Toten Meers hat auch Auswirkungen für die Wasserversorgung in Israel und Jordanien. Dazu schrieb Harald Zaun am 1. Juni 2002 in der „Frankfurter Allgemeinen Zeitung": „Für die nicht gerade mit Grund- und Trinkwasser verwöhnten Anrainerstaaten des Toten Meeres geht dieser Prozess mit einer anderen unheilvollen Entwicklung einher. Denn das Absinken des Salzwasserspiegels bewirkt, dass das frische Grundwasser zugleich das neue entstandene Gefälle ausgleicht. Fließt es ins Tote Meer, verdunstet es. Dies hat zur Folge, dass Israel und Jordanien jährlich 375 Millionen Kubikmeter Grundwasser verlieren."

In den letzten Jahren wurden von israelischer und jordanischer Seite Pläne entwickelt, um Wasser aus dem Roten Meer über eine Pipeline ins Tote Meer zu leiten. Das Wasser muss zunächst auf eine Höhe von 200 Metern gepumpt werden, bevor es dann 617 Meter in die Tiefe geleitet werden kann, dann das Tote Meer liegt 417 Meter unter dem Meeresspiegel des Roten Meers. Das Gefälle soll genutzt werden, um Elektrizität zu erzeugen, die auch dazu dienen soll, einen Teil des Wassers aus dem Roten Meer zu entsalzen und in der Region des Toten Meeres als Trinkwasser zu nutzen. Technisch gesehen scheint dies ein spannendes Vorhaben zu sein, aber es birgt ökologische Risiken. So wird der Salzgehalt des Toten Meeres vermutlich sinken. Über die Folgen berichtete Gidon Bromberg von „Friends of the Earth Middle East" bei einem Vortrag am 28. November 2002 in Berlin: „Algen könnten vermehrt wachsen. In einem Experimentierteich auf der israelischen Seite mischten Forscher ein Drittel Wasser aus dem Roten Meer mit zwei Drittel Wasser aus dem Toten Meer. Dieses Wasser ist rot, und wegen der Algen riecht es nach faulen Eiern." Ein stinkendes Totes Meer würde aber den bisher wichtigen Tourismus vermutlich zum Erliegen bringen. Zudem würde es nach einer Studie des israelischen Umweltministeriums aus dem Jahre 2003 etwa 10 bis 20 Jahre bis zur Verwirklichung des Vorhabens dauern, in dieser Zeit sei der Wasserspiegel des Toten Meeres um weitere 10 bis 20 Meter gesunken. Und wann angesichts der politischen Spannungen in der Region mit dem Projekt begonnen werden könnte, ist noch offen. Immerhin verständigten sich Israel, Jordanien und die Palästinensische Autonomieverwaltung im Mai 2005 auf die Durchführung einer Machbarkeitsstudie.

„Friends of the Earth" hat mit EU-Unterstützung eine Kampagne unter dem Motto „Let the Dead Sea Live" („Lasst das Tote Meer leben") begonnen, die die Weltöffentlichkeit über die dramatische Verschlechterung der Situation des einzigartigen Meeres aufklären soll. Die Arbeit wird durch die Verschärfung des israelisch-palästinensischen Konfliktes erschwert. So musste ein Büro der Umweltschutzorganisationen in Ost-Jerusalem, in dem Israelis und Palästinenser zusammenarbeiteten, 2001 nach zahlreichen Morddrohungen geschlossen werden.

Die Suche nach einer friedlichen Lösung der Konflikte

Die ökologischen Probleme des Jordan können letztlich nur durch eine regionale Zusammenarbeit aller Anrainerstaaten gelöst werden, aber die politischen Voraussetzungen für eine solche Lösung sind nicht günstig. Selbst der vielversprechende jordanisch-israelische Friedensvertrag vom 26. Oktober 1994, der auch eine Zusammenarbeit in Wasserfragen vorsah, hat zu keiner Lösung der akuten Konflikte in der Region geführt.

Wasser ist zu einem konfliktverschärfenden Moment im Nahostkonflikt geworden. Das zeigte sich auch bei den israelisch-palästinensischen Friedensverhandlungen der letzten Jahre von Madrid über Oslo bis nach Camp David. Israel ist nicht bereit, die Kontrolle über große Teile des Grundwassers unter der Westbank aufzugeben, während die palästinensische Seite die Ansprüche auf das Wasser nicht aufgeben konnte, ohne jede Unterstützung in der Bevölkerung zu verlieren.

Ein Frieden zwischen Israel und Syrien wird vor allem dadurch verhindert, dass Israel nicht bereit ist, die im Krieg von 1967 besetzten Golanhöhen und damit die Kontrolle über wichtige Quellflüsse des Jordan wieder aufzugeben. Die israelische Regierung fürchtet, das Nachbarland könnte dann die Pläne wieder aufnehmen, ein Teil dieses Wassers abzuleiten, um trockene Regionen Syriens zu bewässern. Syrien seinerseits beharrt auf der Rückgabe der besetzten Gebiete und damit seiner legitimen Rechte am Wasser des Golan. In dem Konflikt spielen auch wirtschaftliche Gründe eine wichtige Rolle. Israel nutzt die Kontrolle über das Wasser, um die eigene Landwirtschaft auszubauen und die Exporte zu steigern, Syrien sieht sich um Entwicklungsmöglichkeiten gebracht, die mit der Nutzung des Wassers verbunden wären.

Im Nahen Osten hat sich die zur Verfügung stehende Wassermenge seit der Antike nicht wesentlich verändert, aber die Bevölkerung ist um ein Vielfaches gestiegen, ebenso der Pro-Kopf-Verbrauch an Wasser. In dieser Situation muss ein sparsamer Umgang mit dem knappen Gut Wasser, wie er in den Religionen und Kulturen der Region verwurzelt ist, zum gemeinsamen Wohlergehen neu belebt werden. Es gilt, das knappe Wasser optimal zu verteilen und zu nutzen und so die Grundlage für ein Überleben auch für zukünftige Generationen und für die Natur zu schaffen.

Es gibt viele Möglichkeiten, die menschliche Nutzung des Wassers des Jordans und seiner Zuflüsse zu reduzieren, statt sie wie bisher auszuweiten. So ist es möglich, Abwasser so zu reinigen, dass es unbedenklich in der Bewässerungslandwirtschaft genutzt werden kann. Dies wird in beschränktem Umfang bereits in Israel und Jordanien praktiziert, könnte aber sehr stark ausgeweitet werden. Auch wäre es möglich, noch stärker wassersparende Bewässerungstechniken zu verwenden. Auch in den privaten Haushalten und in der Industrie sind Wassereinsparungen möglich. Allerdings hängt ein wirksamer Schutz der Wasserressourcen des Jordan letztlich daran, dass die Anrainerstaaten konstruktiv zusammenarbeiten. Ob das Wasser des Jordan die Menschen in der Region in Zukunft verbindet oder noch stärker trennt, ist offen.

Judentum

Dass Wasser ein Geschenk Gottes ist, ohne dass es kein Leben geben kann, war für das jüdische Volk schon in biblischen Zeiten eine alltägliche Erfahrung. Beim bekannten Zug durch die Wüste nach der Flucht aus Ägypten rebellierten die Menschen sogar, als sie fürchteten, dass sie verdursten würden. In Israel selbst waren und sind die Niederschläge bis auf einige Regionen im Norden so niedrig, dass es immer wieder zu Wasserknappheit gekommen ist. Umgekehrt führten heftige Niederschläge zu gefährlichen Überschwemmungen. Diese Erfahrungen von Wasserknappheit und Gefahren durch Fluten, aber vor allem das Angewiesensein auf Gottes segensreiches Handeln spiegeln sich in den Texten der Bibel wider (siehe Abschnitt Bibel). Das hat das religiöse Leben geprägt. Beim Wallfahrtsfest Schemini Atzereth bitten die Gläubigen in einem Gebet um Regen. So wird zum Ausdruck gebracht, dass Wasser im regenarmen Israel ein Sinnbild des Segens Gottes ist.

Wasser war aber zugleich auch immer Anlass zu Konflikten und ist es bis heute geblieben. Über den Streit um Brunnen und den Zugang zum Wasser wird in der Bibel berichtet, über die heutigen Konflikte zwischen Israelis und Palästinensern berichten die Tageszeitungen. Auch zwischen Israel und seinen Nachbarn Libanon, Syrien und Jordanien hat es wiederholt Konflikte um das Wasser gegeben (siehe Abschnitt Jordan). Ob Wasser die Menschen weiter trennt oder Versöhnung fördert, hängt auch davon ab, wie Juden, Muslime und Christen ihre heiligen Schriften lesen und verstehen. Im Judentum gibt es eine große Fülle von religiösen Vorschriften und Traditionen, in denen die Achtung vor dem von Gott geschenkten Wasser zum Ausdruck kommt. Dafür sollen zwei Beispiele gegeben werden.

Reinheit in der Mikwe

Tahara, rituelle Reinheit, hat in der jüdischen Glaubenstradition eine große Bedeutung. Als unrein wurden im alten Israel vor allem Menschen angesehen, die mit Toten in Berührung gekommen waren, die körpereigene Substanzen (hauptsächlich männliches Ejakulat und weibliches Menstruationsblut) verloren hatten oder die an Geschlechtskrankheiten litten. Menschen, die diese rituelle Reinheit nicht mehr besaßen, mussten sich vorübergehend von der Gemeinschaft trennen und Reinigungsrituale vornehmen. Zu diesen Ritualen gehörte es, in einem Fluss oder einem Tauchbecken, einer Mikwe, unterzutauchen. Das fließende Gewässer wurde als lebendiges Wasser angesehen.

Im traditionsbewussten Judentum haben sich vor allem die Reinheitsgebote für die Frauen erhalten. So gehen sie sieben Tage nach der Menstruation

Die Mikwe im thüringischen Sondershausen stammt aus der Zeit um 1300 und gehört zu den ältesten erhaltenen in Deutschland. (Foto: epd-Bild)

in die Mikwe, bevor sie den Geschlechtsverkehr wieder aufnehmen können. In orthodoxen Familien haben die Frauen eine besondere Verantwortung für die rituelle Reinheit.

Früher war in jüdischen Gemeinden in Deutschland eine Mikwe, ein Tauchbad, unverzichtbar, und mit der Zahl neuer Gemeinden steigt auch die Zahl der Tauchbäder wieder. Eine Mikwe muss „lebendiges Wasser" enthalten, also Wasser, das direkt aus Quellen oder dem Grundwasser in das Tauchbecken geleitet wird. Auch gesammeltes Regenwasser kann für diesen Zweck dienen. Die meisten Tauchbäder befinden sich unterhalb von Häusern in tiefen Kellern, um einen direkten Zugang zum Grundwasser oder zu einer Quelle zu haben.

Die Mikwe wird im 15. Kapitel des Buches Levitikus und im 19. Kapitel des Buches Numeri erwähnt. Geboten ist ein rituelles Bad nach jüdischer Tradition, wenn sich ein Mann oder eine Frau in einem Zustand der „Unreinheit" befinden. Frauen sollen sich nicht nur nach der Menstruation, sondern zum Beispiel auch nach der Geburt eines Kindes in der Mikwe reinigen, und auch für Männer gibt es verschiedene Anlässe für ein rituelles Bad, etwa vor einigen hohen Feiertagen und vor wichtigen Übergängen des Lebens, zum Beispiel vor der Heirat. Für Konvertiten zum Judentum ist das reinigende Bad vorgeschrieben. Im Talmud wird auf die Mikwe und die Notwendigkeit, sich in ihr rituell zu reinigen, ausführlich eingegangen. Für die körperliche

Reinigung hat dieses Tauchbad keine Bedeutung, denn vor dem Bad ist eine intensive Reinigung des ganzen Körpers vorgeschrieben.

Susanne Ruerup schreibt in einem Beitrag des jüdischen Internet-Angebots www.HaGalil.com über die gegenwärtige Bedeutung der Mikwe: „Bis ins zwanzigste Jahrhundert war die Mikwe ein maßgeblicher Teil des Gemeindelebens – ohne Mikwe keine Gemeinde. Heute benutzen nur wenige, meist streng orthodoxe Menschen, auch hier in Deutschland, die wenigen Mikwen, die noch in Betrieb sind. Diese Minderheit ist oft dem Vorurteil ausgesetzt, rückständig und frauenverachtend zu sein … In Amerika breitet sich zunehmend ein neuer Trend unter jüdischen Reformerinnen und Konservativen und Jüdinnen der Jewish-Renewal-Bewegung aus: die Wiederentdeckung der Mikwe. Mit der zweiten Welle des Feminismus kam auch die Mikwe zurück, die bis dahin den ‚Frommen‘ und den zum Judentum Konvertierten überlassen war. Unter dem Aspekt der Frauengesundheit, der Möglichkeit eines Rückzugsraumes, der spirituellen Erneuerung und der Rückbesinnung auf traditionelle Frauenräume im Judentum wurde die Mikwe neuerlich interessant. Sie wird zunehmend im Kontext der Vielfältigkeit der Lebenserfahrungen von Frauen gesehen und genutzt.“

Carolin Hannah Reese hat sich in einem Aufsatz mit dem „Streitfall Mikveh" beschäftigt, der unter www.talmud.de zugänglich ist und 2003 auch im Materialdienst des Evangelischen Arbeitskreises Kirche und Israel in Hessen und Nassau erschien. Sie schreibt unter anderem: „Zugegeben: Nicht wenige moderne jüdische Frauen lehnen die Mikveh gänzlich ab. War es nicht zumindest auch die Unreinheit der Frau, der Zustand der nidda (Abgesonderten), der dazu führte, dass die Frau aus dem öffentlichen Leben ausgeschlossen wurde, nicht zur Torah gerufen wurde, nicht das Rabbineramt bekleiden konnte? … Doch auch im Reformjudentum, sogar in radikal-liberalen Kreisen hat die Mikveh leidenschaftliche Anhängerinnen. Ein feministischer Zweig amerikanischer Jüdinnen sieht darin ein Frauenritual, das gemeinsam begangen wird. In den USA erinnert mancherorts nur wenig an die traditionelle Zweckmäßigkeit, ja Schäbigkeit der europäischen Ritualbäder. Im Gegenteil, hier entstanden ganze Wellness-Center, in denen der Mikveh-Gang eher ein spielerisches Element auf dem Weg zum Wohlfühl-Erlebnis ist.“

Das Laubhüttenfest

Das Laubhüttenfest, hebräisch Sukkot, gehört zu den wichtigsten jüdischen Festen. Fromme jüdische Familien verbringen in dieser Festwoche viele Stunden in der Laubhütte. Hier wird gegessen und hier wird vor allem die Thora studiert. Das Fest wird im Herbstmonat Tschri gefeiert und hält die Erinnerung an die Wüstenwanderung nach dem Exodus aus Ägypten wach.

Das Dach aus Zweigen und Ästen zeugt von dem Vertrauen auf den Schutz Gottes und ist die Behausung von Menschen auf der Wanderschaft.

Das Fest ist ein Anlass für die Bitte um Regen und zum Dank für die eingebrachte Ernte. Im Buch Secharja wird im 14. Kapitel zu diesem Fest gesagt: „Und alle, die übrig geblieben sind von allen Heiden, die gegen Jerusalem zogen, werden jährlich heraufkommen, um anzubeten den König, den Herrn Zebaoth, und um das Laubhüttenfest zu halten. Aber über das Geschlecht auf Erden, das nicht heraufziehen wird nach Jerusalem, um anzubeten den König, den Herrn Zebaoth, über das wird's nicht regnen." Die Teilnahme am Fest bildet also die Grundlage dafür, dass es regnen wird.

Als der Tempel in Jerusalem noch stand, beging man im Rahmen des Laubhüttenfestes die Feier des Wassergießens. Dr. Michael Rosenkranz beschreibt dieses Fest so: „Von der Schiloach-Quelle wurde Wasser zum Tempel hochgetragen und als Wassergussopfer auf dem Altar ausgegossen. Der Anblick dieses Wassergießens löste bei den von der sommerlichen Trockenheit ermatteten Menschen unbeschreibliche Freude aus. Sie jubelten, sangen und tanzten." Das Laubhüttenfest wird manchmal auch als das „Wasserschöpffest" bezeichnet.

Am letzten Tag des Festes wird das Regengebet gesprochen, das unter anderem die folgenden Zeilen enthält:

Gedenke des im Schilfmeer aus
dem Wasser Gezogenen (Moses),

den man bat, Wasser zu schöpfen
und der die Herde tränkte,

und als Deine Auserwählten (Israel)
nach Wasser dursteten,

schlug er auf den Felsen,
da kam Wasser heraus,

um seines Verdienstes willen
beschere Wasserfülle ...

Denn Du bist der Ewige, unser Gott,
der den Wind wehen lässt
und den Regen niederbringt.

Das Laubhüttenfest wurde und wird auch von jüdischen Familien in Deutschland gefeiert, nur fehlt hier die Trockenheit Israels, und wer in der Laubhütte sitzt, hofft öfter eher auf ein Ende des prasselnden Regens. Miriam Gillis-Carlebach, die Tochter des berühmten Hamburger Oberrabbiners Joseph Carlebach, hat sich in ihren Lebenserinnerungen „Jedes Kind ist mein einziges" an die Laubhüttenfeste in ihrer Kindheit in den 1920er und 1930er

Jahren erinnert. Diese Hütten bestanden aus Tannenzweigen, und bei Regen gab es ein Schutzdach:

„Das zusätzliche zweiteilige Dach war mit Teerpappe bedacht und konnte mittels Stricken auf- und zugezogen werden. Wenn es nun regnete oder gar stürmte, sollte das zusätzliche Dach vorsichtig herabgelassen werden, was aber wegen seines schweren Gewichts nicht immer gelang. Die Seile machten sich dann ‚selbstständig‘, die geteerte Pappe polterte auf das Laubdach herunter, und die erschütterten Tannenzweige verloren einen Teil ihrer Nadeln, die in unseren Suppentellern landeten. Die Hauptsache war, dass der Segensspruch über den Wein bei offenem Dach, also vor dem Regenguss gesprochen wurde, denn dann konnte man mit der feierlichen Mahlzeit beginnen … Es war ein abenteuerliches und heimisches Gefühl zugleich – den prasselnden Regen auf dem Teerpappendach zu hören und die Suppe zwischen den Tannennadeln so schnell und so heiß wie möglich auszulöffeln. Manchmal klebten die Tannennadeln an den Kräppchen fest; diese Sukkor-Suppeneinlage bestand aus kleinen, mit Hackfleisch gefüllten Teigtaschen, die in der Suppe mit den Tannennadeln um die Wette schwammen.“

Klima

Heute wird kaum noch bestritten, dass sich das globale Klima rasch verändert und dass dies gravierende Auswirkungen auf alle Bereiche des Lebens einschließlich der Höhe der Meeresspiegel und der Kreisläufe des Wassers in der Natur hat. Eine wichtige Rolle spielen bei diesem negativen Prozess die so genannten Treibhausgase. Die Kohlendioxidkonzentration in der Atmosphäre hat sich aufgrund menschlicher Aktivitäten in den letzten 150 Jahren um ein Drittel erhöht. Kohlendioxid und andere Treibhausgase bewirken, dass von der Oberfläche der Erde kommende Wärme zum Teil nicht im bisherigen Umfang in den Weltraum abgestrahlt, sondern zur Erde zurückgestrahlt wird. Damit wird das Gleichgewicht zwischen der Aufnahme von Sonnenenergie und der Abstrahlung von Wärme in den Weltraum gestört, und es kommt zu einer Erwärmung der Atmosphäre und in der Folge der Erdoberfläche und der Ozeane. Die Erwärmung der Ozeane und Meere führt zur Ausdehnung der Wassermassen und damit zu einem Anstieg der Meeresspiegel. Dieser Prozess wird noch dadurch verstärkt, dass die Erwärmung der Atmosphäre ein verstärktes Abschmelzen des arktischen und antarktischen Eises auslöst (siehe Abschnitt Eis). Das hat dazu geführt, dass der weltweite Meeresspiegel in den letzten 100 Jahren um 10 bis 15 Zentimeter gestiegen ist, für die nächsten 100 Jahre wird im günstigen Fall mit einem Anstieg von 80 Zentimentern gerechnet. Dieser Anstieg wird allein durch die Ausdehnung des Volumens des Meerwassers durch die Erwärmung verursacht, so hat es der Kieler Klimaforscher Professor Mojib Latif berechnet. Wahrscheinlich wird die Erhöhung aber durch das Schmelzen des Eises noch stärker ausfallen. Und die Erwärmung des Meerwassers hat einen weiteren Effekt, betont Professor Latif: „In dem Maße, in dem sich die Meere erwärmen, nimmt die Fähigkeit, CO_2 aufzunehmen, ab." Das verstärke den Treibhauseffekt dann noch. Wenn sich die pessimistische Version der Berechnungen des UN-Klimarats IPCC, die Anfang Februar 2007 veröffentlicht wurden, erfüllen, würde sich dieser Prozess weiter beschleunigen, denn dann stiegen die globalen Temperaturen in diesem Jahrhundert um 6,4 Grad.

Das globale Klima wird durch zahlreiche Faktoren beeinflusst, zum Beispiel die Strahlungsleistung der Sonne. Deshalb sind äußerst komplizierte Berechnungen erforderlich, um die Auswirkungen der Klimaerwärmung für die kommenden Jahrzehnte zu berechnen. Es sind so viele Faktoren und deren Beziehungen zueinander zu berücksichtigen, dass selbst mit modernsten Computern nur annäherungsweise zu berechnen ist, was auf unseren Planeten zukommt. So ist unklar, wie das Abschmelzen von Teilen des arktischen Eises und andere Faktoren den Verlauf des Golfstroms beeinflussen werden, der bisher für ein relativ mildes Klima in West- und Zentraleuropa sorgt. Im November 2005 wurden die Ergebnisse von Forschungsarbeiten des Zentrums für Ozeanographie in Southampton bekannt. Während vorher Computermodelle für die Veränderungen des Golfstroms vorlagen, haben die britischen Forscher seit 1957 die tatsächlichen Veränderungen der Meeresströmungen im Nordatlantik gemessen. Ein Ergebnis ist, dass die Menge des in großen Tiefen nach Süden fließenden kalten Wassers sich seither um 50 Prozent vermindert hat. Gleichzeitig ist die Menge des warmen Wassers, das in subtropischen Zonen zirkuliert und nicht mehr in den Nordatlantik strömt um die Hälfte gewachsen. Würde sehr viel weniger warmes Meerwasser mehr in den Nordatlantik fließen, wäre hierzulande mit einer neuen Eiszeit zu rechnen. Ganz große Optimisten gehen davon aus, dass sich die Faktoren, die zu einer Erwärmung in Deutschland führen, und jene, die eine größere Kälte verursachen, ausgleichen, aber angesichts der extrem komplexen Klimaprozesse wäre das so etwas wie sechs Richtige im Lotto. Es wäre deshalb extrem leichtsinnig, diese Hoffnung zu verbreiten und nichts für den Klimaschutz zu tun.

Folgen der Erwärmung von Atmosphäre und Wasser

Wie schwerwiegend Klimaveränderungen sind, zeigt sich zum Beispiel darin, dass erste Wirbelstürme im Südatlantik aufgetreten sind, einer Region, wo es diese Wetterphänomene seit Menschengedenken nicht gab. Auch haben neuere wissenschaftliche Studien gezeigt, dass es nicht nur im Verlauf von Jahrhunderten und Jahrtausenden, sondern auch innerhalb weniger Jahre zu gravierenden klimatischen Veränderungen kommen kann. Der Klimafor-

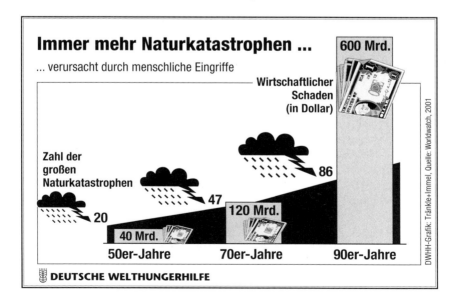

Immer mehr Naturkatastrophen ...
... verursacht durch menschliche Eingriffe

Wirtschaftlicher Schaden (in Dollar)

Zahl der großen Naturkatastrophen

20   47   86

40 Mrd.   120 Mrd.   600 Mrd.

50er-Jahre   70er-Jahre   90er-Jahre

DWHH-Grafik: Tränkle-Immel, Quelle: Worldwatch, 2001

DEUTSCHE WELTHUNGERHILFE

scher Stefan Rahmstorf sagte im Mai 2004 in einem Interview mit der „Frankfurter Rundschau": „Eine viel diskutierte Frage lautet, wie stabil das west-antarktische Eisschild ist, in dem riesige Wassermassen gespeichert sind. Sollte es ins Meer abrutschen, bekämen wir einen beschleunigten Meeresspiegelanstieg – auf Dauer um bis zu fünf Meter. Ein weiterer kritischer Faktor sind die Monsunniederschläge. Davon, dass sie pünktlich eintreten, hängt in Asien ein großer Teil der Landwirtschaft ab. Dieses System ist sehr fragil und könnte aus dem Gleichgewicht kommen."

Der Hamburger Klimaforscher Guy Brasseur erläuterte in einem „Zeit"-Interview im Frühjahr 2001 die Folgen des Klimawandels für den Süden der Welt: „Mit einem Grad mehr hier in Hamburg könnte ich gut leben. Aber die Temperaturveränderungen sind nicht das Wichtigste. Vieles spricht dafür, dass der Meeresspiegel steigt und die Zahl der Hurrikans zunimmt. Für Bangladesch oder Indien kann das verheerend sein. Wir greifen mit unseren Emissionen ins Klima ein und riskieren damit auf Dauer, dramatische Fernwirkungen auszulösen. Zehntausend Hurrikanopfer, das ist fast wie ein Atombombenabwurf. Es ist inakzeptabel, weiterzumachen wie bisher."

Besonders dramatisch sind die Folgen des steigenden Meeresspiegels auf die Inseln und Atolle des Pazifiks, die oft weniger als einen Meter aus dem Ozean ragen (siehe Abschnitt Pazifische Inseln). Aber man täusche sich nicht: Der Überlebenskampf der Menschen im Pazifik ist erst der Anfang. Leserinnen und Leser der Hamburger Lokalzeitung „Hamburger Abendblatt" erfuhren bereits im Oktober 1996 mit Verweis auf die Klimaveränderungen: „Sylt ist nicht zu retten".

Das US-Verteidigungsministerium hat sich in den letzten Jahren unter dem Gesichtspunkt der politischen Auswirkungen mit den Klimaveränderungen befasst. Im März 2004 wurde ein Bericht des Pentagon bekannt, der dramatische Veränderungen der Klimaverhältnisse und große soziale Konflikte erwarten lässt. Es wird befürchtet, dass Dürrekatastrophen und steigende Meeresspiegel 400 Millionen Menschen in den armen Ländern der Welt zwingen werden, ihre Heimat zu verlassen. Viele würden versuchen, nach Europa oder Nordamerika zu gelangen, und die Länder in diesen Regionen würden sich in Festungen verwandeln. Auch sei zu erwarten, dass es aufgrund der Flucht vor Umweltkatastrophen vermehrt zu Kriegen kommen werde. Wie immer man die politischen Überlegungen bewerten mag, die zur Veröffentlichung einer solchen Studie geführt haben, eindeutig ist, dass selbst das Pentagon nicht mehr an einer Verharmlosung kommender Probleme mitwirkt.

Der bereits erwähnte Kieler Klimaexperte Mojib Latif kommt zu einer recht ähnlichen Vorhersage, wenn die globale Klimaerwärmung nicht gestoppt werden sollte. Er rechnet in diesem Fall damit, dass bis in den Mittelmeerraum die Vegetation vertrocknen und das Trinkwasser knapp wird.

Ganze Landstriche würden unbewohnbar: „Der Klimawandel würde eine riesige Völkerwanderung auslösen."

US-amerikanische Klimatologen haben sich mit den Auswirkungen der Klimaerwärmung auf die großen Flüsse der Welt beschäftigt und ihre Ergebnisse im Mai 2004 in der Zeitschrift „New Scientist" veröffentlicht. Sie kommen zum Ergebnis, dass wichtige Flüsse wie Nil, Mekong und Mississippi in den kommenden 300 Jahren immer weniger Wasser führen werden. Schon heute sei ein Rückgang der Pegelstände einiger afrikanischer Flüsse festzustellen. Viele Millionen Menschen an den Ufern dieser Flüsse würden bei der Fortsetzung dieser Entwicklung ihre Existenzgrundlage verlieren und zu Opfern von Hungerkatastrophen.

Es gibt zahlreiche weitere Studien, die die dramatischen Auswirkungen der Klimaveränderungen besonders auf den Süden der Welt nachweisen. Als ein letztes Beispiel sei hier auf eine Untersuchung der Universitäten von Kapstadt, Witwatersrand und Pretoria zu den Auswirkungen der Klimaveränderungen auf die Landwirtschaft und die Wasserversorgung in Südafrika hingewiesen, die noch nicht abgeschlossen ist. Erste Ergebnisse liegen aber vor und besagen, dass Südafrika in Zukunft mehr Flutkatastrophen und mehr Dürreperioden zu erwarten hat. Die Daten belegen, dass die Western Cape-Region in den letzten 10 Jahren 10 Prozent seiner Wasserressourcen verloren hat. Ein Effekt der Erwärmung, so fürchten die Wissenschaftler, wird in den kommenden 50 Jahren ein dramatischer Anstieg der Erkrankungen an Malaria und Cholera sein.

Die Armen: die ersten Opfer der Katastrophen

Die Zahl der Menschen, die bei Naturkatastrophen sterben, steigt stetig. 1998 waren es mindestens 40.000 Menschen, ein Jahr später mindestens 50.000 Menschen. 97 Prozent der Toten sind in den armen Ländern der Welt zu beklagen. Wohlhabende Länder wie Deutschland investieren Milliardenbeträge in den Deichbau und andere Maßnahmen des Küstenschutzes, Wirtschaftlich arme Länder wie Bangladesch können sich das nicht leisten. Ebenso sind die Hilfsmöglichkeiten für Opfer von Katastrophen auf der Welt sehr ungleich verteilt, besonders deutlich abzulesen an der Zahl der Hubschrauber, die Menschen bei einer Flutkatastrophe retten können.

Der materielle Schaden durch Naturkatastrophen nimmt ständig zu. 1990 betrugen diese Schäden weltweit 30 Milliarden US-Dollar, 1999 waren es mehr als doppelt so viel, 70 Milliarden Dollar. In westlichen Ländern sind die finanziellen Schäden wegen der großen vorhandenen Sachwerte besonders hoch. Umgekehrt werden arme Länder in ihren Entwicklungsbemühungen durch Katastrophen stark zurückgeworfen. In einigen Fällen sank das Sozialprodukt um bis zu 10 Prozent. In Mosambik haben die Flutkatastrophen der letzten Jahre das Sozialprodukt sogar um 23 Prozent vermindert.

Regional haben die wirtschaftlichen Schäden auch in Industriestaaten eine sehr negative Auswirkung auf die Bevölkerung. Hierfür kann die Elbflut des Jahres 2002 als Beispiel angeführt werden und ebenso die Dürre in den Vereinigten Staaten im Jahre 1988, die eine Einkommenseinbuße der Landwirte von 13 Milliarden Dollar verursachte.

Der weitaus größte Teil der Naturkatastrophen auf der Welt hängt mit dem Lebenselement Wasser zusammen. Von den 2.200 dieser Ereignisse in der Zeit von 1990 bis 2001 waren die Hälfte Flutkatastrophen, 13 Prozent Dürren und Hungersnöte, 28 Prozent Epidemien durch wasserbedingte Krankheiten wie Cholera und 9 Prozent Erdrutsche und Lawinen. Dürrekatastrophen fordern besonders viele Todesopfer, während Flutkatastrophen einer sehr großen Zahl von Menschen Schaden zufügen und vielen von ihnen die Existenzgrundlage rauben. Die Flutkatastrophen in Bangladesch und die Tsunami-Katastrophe Ende 2004 forderten aber auch mehrere hunderttausend Menschenleben. Internationale Studien haben ergeben, dass in Ländern mit durchschnittlich geringen Niederschlägen wie Algerien und Jemen die Zahl der Menschen, die durch plötzliche heftige Niederschläge und Flutwellen sterben, höher ist als die Zahl derer, die in Dürrezeiten an Hunger sterben. Starke Niederschläge und Taifune wirken sich in tropischen Ländern deshalb besonders verheerend aus, weil die ursprüngliche Vegetation in vielen Regionen zerstört wurde, vor allem der tropische Regenwald.

Die Folgen der Klimaveränderungen in Europa

Bei uns hat die Kanalisierung der Flüsse einen verstärkenden Einfluss auf Flutkatastrophen. Das zeigte sich exemplarisch bei der Elbflut im Jahre 2002. Hinzu kam, dass viele Häuser in Flussniederungen gebaut wurden, wo bei hohen Wasserständen eine Überflutung zu erwarten war.

Auch Dürreperioden können bei uns auftreten. Vielleicht war der (für Sonnenanbeter) „herrliche" Sommer 2003 ein Zeichen dafür, der wärmste Sommer in Europa seit mindestens 500 Jahren. Albert Göttle, Präsident der bayerischen Wasserwirtschaftsämter, sagte im Mai 2004 in einem Interview mit dem „Deutschlandradio" zu den Erfahrungen 2003: „Wir hatten eine große Hitze und kaum Niederschläge – vielerorts 60 Prozent weniger als im Jahresdurchschnitt. Die Grundwasserstände waren zu Beginn des Jahres durch den vorausgegangenen Zeitraum sehr hoch. Wenn dieses Jahr eine ähnliche Hitzewelle käme, sieht es wesentlich ernster aus: Die Grundwasserstände sind jetzt schon niedriger als vor einem Jahr, und entsprechende Reduktionen würden uns dann unter die Minimalwerte führen, was für die Wasserversorger bedeuten kann, dass sie ihre Brunnen nicht genügend fördern können und wir uns weiter über Notverbünde und Zusatzversorgung Gedanken machen müssten."

Es hat bekanntlich im Sommer 2004 mehr geregnet als im Jahr davor, aber wenn zwei aufeinander folgende trockene Sommer so gravierende Auswirkungen auf unsere Trinkwasserversorgung haben können, dann gibt das Anlass zur Zurückhaltung gegenüber den Behauptungen, bei uns gäbe es mehr als genug Trinkwasser und deshalb sei Wassersparen überflüssig. Auf jeden Fall ist deutlich, dass auch die hiesige Wasserwirtschaft sich darauf einstellen muss, dass ein Effekt der Klimaveränderungen stärker ausgeprägte Wetterextreme sein werden, also entweder lang anhaltende heftige Niederschläge oder aber längere Perioden ohne nennenswerte Niederschläge.

Auch wenn noch nicht alle Folgen der Klimaveränderung abzusehen sind, spricht vieles dafür, dass in den Regionen der Welt, in denen es schon bisher wenig regnet, in Zukunft die Niederschläge noch geringer werden, während es in Regionen, die bereits hohe Niederschläge aufweisen, noch häufiger regnen wird. Es ist also – wenn sich nichts grundlegend ändert – zu erwarten, dass die Menschen in den wohlhabenden Ländern der Welt, die in hohem Maße die Klimakatastrophe verursachen, zunächst deutlich weniger von deren Folgen betroffen sein werden als die Menschen in armen Ländern.

Wird alles nicht so schlimm?

Trotz zahlreicher ebenso fundierter wie beunruhigender Studien geht der Prozess der Verunsicherung der Weltbevölkerung darüber weiter, was auf uns zukommt. Die Schwierigkeiten bei der Berechnung der genauen Folgen der Klimaveränderungen machen sich jene zunutze, die medienwirksam bezweifeln, dass es eine signifikante Klimaveränderung gibt, die von den Menschen verursacht wird. In einer Mediengesellschaft, wo noch so unseriöse Positionen dazu qualifizieren, in Talkshows eingeladen zu werden, kann persönliche Eitelkeit ein Motiv sein, solche Thesen zu verfechten. Aber das ist nicht das einzige Problem. Der Klimaforscher Stefan Rahmstorf schrieb in der „tageszeitung" vom 13. September 2003: „Obwohl unter den Klimaforschern weltweit Einhelligkeit in dieser Einschätzung (der Erderwärmung aufgrund menschlichen Handelns) besteht, kann ein Laie leicht den gegenteiligen Eindruck gewinnen. Grund dafür ist die Lobbytätigkeit von industrienahen Interessengruppen, die durch die Präsentation dubioser Studien den Eindruck zu erwecken suchen, der Klimawandel sei stark umstritten. Vor allem in den USA hat dieser Lobbyismus in den vergangenen Jahren professionelle Formen angenommen und erheblichen Einfluss auf die Politik gewonnen. Eine Untersuchung amerikanischer Politologen kommt zu dem Schluss, dass die Lobbytätigkeit von über einem Dutzend industrienaher und deshalb bestens finanzierter Organisationen die Wende in der US-Klimapolitik und zum Ausstieg aus dem Kiotoprotokoll beigetragen hat."

Aber selbst wenn die Fakten anerkannt werden, besteht oft die Tendenz, die dramatische Entwicklung zu verharmlosen. Es gelte, so heißt es, einer

Panikmache entgegenzuwirken, so als gäbe es die ganz reale Panik der vielen Millionen Menschen rund um den Globus nicht, die von der wachsenden Zahl von Flutkatastrophen, Dürren und anderen Katastrophen betroffen sind.

Es ist bemerkenswert, wie manche Meteorologen in Interviews immer noch das zu relativieren zu versuchen, was dank globaler Kommunikationsstrukturen die Menschen überall selbst erleben oder in Fernsehberichten sehen, nämlich eine dramatische Veränderung der Klimasituation binnen weniger Jahre und Jahrzehnte. In einer Situation, in der die Gründe für die beginnende globale Katastrophe kaum noch zu bestreiten sind, wird nun auf den langfristigen Charakter von Klimaveränderungen hingewiesen. Und die Unternehmen und Volkswirtschaften stehen im harten globalen Wettbewerb. Also bleibt es meist bei halben Maßnahmen, die den Wählern nicht zu sehr wehtun und doch den Eindruck erwecken, es würde etwas getan.

In jüngster Zeit wird ein Argument stärker in den Mittelpunkt gestellt: Wir können die Klimaveränderungen der nächsten Jahrzehnte ohnehin nicht mehr verhindern. Das globale Klimasystem reagiere mit Verzögerung auf menschliche Eingriffe, und so würden heutige Maßnahmen sich erst in vielen Jahren auswirken. Das erhöht nicht gerade die Motivation vieler Menschen, etwas für den Klimaschutz zu tun – und die Motivation jener Politiker, die in Legislaturperioden denken, schon gar nicht. Die Alternative zu einer langfristig angelegten Umweltschutzpolitik besteht aber in einer wortwörtlichen Verwirklichung des Slogans „Nach uns die Sintflut". Dabei gibt es viele Maßnahmen, die sich schon in relativ kurzer Zeit positiv auswirken. So würde eine Reduktion des Schadstoffausstoßes der Industrie und des Autoverkehrs auf ein Minimum die Gesundheitssituation der Bevölkerung deutlich verbessern, das Waldsterben verlangsamen und das regionale Klima beeinflussen. Das ist bereits eine ganze Menge, selbst wenn die Auswirkungen auf das globale Klima sich erst mit Verzögerung zeigen sollten.

Ist die Klimakatastrophe unser Schicksal?

In einer globalen Wirtschaft erhalten diejenigen, die sich für tief greifende Veränderungen einsetzen, Unterstützung von einer zunächst vielleicht überraschenden Seite: von der Versicherungswirtschaft. Die Versicherungsunternehmen registrieren nämlich eine wachsende Zahl von Schadensfällen aufgrund der globalen Klimaveränderungen, unter anderem eine rasch steigende Zahl von Flutschäden. Aus einer Studie der „Münchner Rückversicherungsgesellschaft" geht hervor, dass sich die Summe der von den Versicherungen weltweit auszugleichenden Schäden im Jahre 2004 gegenüber 2003 fast verdreifacht hat, und dies noch ohne Berücksichtigung der Schäden durch die Tsunami-Katastrophe. Gerhard Berz, der Chefrisikoforscher des Konzerns erklärte Ende Dezember 2004 gegenüber der Presse: „Dazu führt mit hoher

Sicherheit der von Menschen ausgelöste Klimawandel, an dessen Beginn wir stehen." Angesichts der globalen Verflechtung des Versicherungs- und Rückversicherungswesens registrieren diese Unternehmen genau, wie dramatisch ihr Versicherungsrisiko steigt. So geht die Umweltbehörde, die in England und Wales für Flutwarnungen zuständig ist, davon aus, dass sich die Zahl dieser Ereignisse im 21. Jahrhundert verzehnfachen wird.

In Deutschland werden Milliardenbeträge investiert, um die Bevölkerung vor den Folgen der Klimakatastrophe zu schützen, vor allem durch den Ausbau des Deichsystems an der Nordsee und des Flutschutzes an den großen Flüssen. Aber wenn die globale Erwärmung zur Folge hat, dass die Eismassen der Antarktis, am Nordpol und in Grönland schmelzen, würde der Meeresspiegel um mehrere Meter steigen, und da das Wasser bei Sturmfluten noch einige Meter höher aufläuft, würde der Deichbau hier an seine Grenzen stoßen. So gibt es keine vernünftige Alternative dazu, jetzt die notwendigen Schritte zur Verminderung der Klimakatastrophe zu ergreifen.

Dazu gehört die drastische Reduzierung des Ausstoßes von Kohlendioxid und anderen Treibhausgasen. Der Wissenschaftliche Beirat der Bundesregierung Globale Umweltveränderungen (WBGU) warnte im November 2003 in seinem Sondergutachten „Über Kioto hinaus denken – Klimaschutzstrategien für das 21. Jahrhundert": „Gefährliche Klimaveränderungen sind nur noch vermeidbar, wenn die derzeit international vereinbarten Klimaschutzziele deutlich höher als bisher angesetzt werden." Sonst bestehe die Gefahr, dass die Klimaerhöhung in diesem Jahrhundert höher als zwei Grad ausfalle – mit nicht mehr hinnehmbaren Schäden am globalen Naturerbe. Die Fachleute fügen hinzu: „Auch für die weltweite Ernährungssicherheit scheint die Grenze in diesem Bereich zu liegen, denn oberhalb dieses Wertes ist mit klimabedingten weltweiten Verlusten der Agrarproduktion sowie mit einem starken Anstieg der Anzahl der vom Wassermangel bedrohten Menschen zu rechnen." In manchen Weltregionen sei schon unterhalb dieser Zweigradgrenze mit „intolerablen Belastungen" zu rechnen.

Der Wissenschaftliche Beirat ist überzeugt, dass der von Menschen verursachte Ausstoß von Kohlendioxid weltweit bis zum Jahre 2050 um 45 bis 60 Prozent gegenüber dem Stand von 1990 vermindert werden muss. Die im Rahmen des Kioto-Protokolls vereinbarte Reduzierung des Ausstoßes von Treibhausgasen um fünf Prozent bis 2020 reiche deshalb nicht aus. Außerdem müssten auch die Emissionen der anderen Treibhausgase wie Methan deutlich vermindert werden. Von dem Beirat wird unter anderem eine höhere finanzielle Belastung des internationalen Flug- und Schiffsverkehrs vorgeschlagen. Es kann von einzelnen Menschen und von den Gesellschaften sehr viel getan werden, um eine globale Klimakatastrophe zu verhindern, aber dafür ist nicht mehr viel Zeit.

Konflikte

Die Konflikte um das Wasser sind fast so alt wie die Geschichte der Menschheit – bei genauerer Betrachtung war das Wasser aber meist nicht der Grund von Kriegen, sondern wurde von den Kriegführenden als Waffe eingesetzt. Bekannt ist die Zerstörung eines Aquädukts durch Truppen von König Nebukadnezar im Jahre 596 v. Chr., um die belagerte Stadt Thyrus zur Aufgabe zu zwingen. Ein ähnliches Ziel verfolgte das bemerkenswerte Team von Leonardo da Vinci und Machiavelli, als sie 1503 in einem Krieg zwischen Florenz und Pisa die Ableitung des Flusses Arno vorschlugen, um so den Bewohnern von Pisa im wahrsten Sinne des Wortes das Wasser abzugraben. Eine andere Strategie verfolgte der chinesische Staatschef Chiang Kai-shek 1938, als er die Deiche des Gelben Flusses zerstören ließ, um die vorrückenden japanischen Truppen zu stoppen. Tatsächlich kamen einige Tausend japanische Soldaten in den Fluten ums Leben, aber auch Zehntausende Chinesinnen und Chinesen, die in dem überfluteten Gebiet gewohnt hatten. Im Zweiten Weltkrieg wurden systematisch Staudämme bombardiert, um Flutkatastrophen auszulösen. Im Vietnamkrieg bombardierten die USA gezielt Deiche in Nordvietnam und lösten damit Flutwellen und anschließende Hungerkatastrophen aus. Im Kosovokrieg vergifteten die serbischen Truppen Brunnen im Kosovo, westliche Bomber zerstörten im Gegenzug moderne Wasseraufbereitungsanlagen in Belgrad. Im ersten und im zweiten Irakkrieg wurden zahlreiche Wasserversorgungsanlagen zerstört, die nun von dem US-Konzern Bechtel für 680 Millionen Dollar wieder aufgebaut werden sollen. Die Liste der Zerstörung von Wasseranlagen in Kriegen ist lang. Für die Zukunft ist die entscheidendere Frage, ob die Wasserknappheit und die Auseinandersetzungen um dieses knappe Gut zur Ursache kriegerischer Auseinandersetzungen werden.

„Im 20. Jahrhundert wurden die Kriege um Öl geführt – bei den Kriegen des 21. Jahrhunderts wird es um Wasser gehen", sagte Ismael Srageldin, langjähriger Vizepräsident der Weltbank, Anfang des Jahrtausends voraus. Er steht mit dieser Prognose nicht allein. Viele Experten für internationale Politik erwarten, dass es in diesem Jahrhundert zu Kriegen um das Wasser kommen wird. Andere Experten bestreiten diese These und verweisen darauf, dass es bisher keinen der angekündigten Kriege um Wasser gegeben hat. Der US-amerikanische Geograf Aaron Wolf vertritt die Auffassung, dass es den letzten Krieg um Wasser vor 4.500 Jahren zwischen zwei Stadtstaaten Mesopotamiens gegeben habe. „Seither hat Wasser in internationalen Auseinandersetzungen immer wieder eine Rolle gespielt, doch ebenso gibt es viele verfeindete Staaten, die sich über Wasserfragen geeinigt haben, obwohl sie sich über andere Themen weiterhin heftig streiten …"

Die Oregon State University hat 1.831 Wasserkonflikte im letzten halben Jahrhundert untersucht. 1.324 wurden gütlich geregelt, und von den übrigen Konflikten führten nur 37 zur Gewaltanwendung. In 30 dieser gewaltsamen Konflikte waren Israel und seine Nachbarstaaten verwickelt, zwei weitere fanden ebenfalls in der nahöstlichen Region statt. Besonders um das Wasser des Jordans und seiner Zuflüsse gab es immer wieder gewaltsame Auseinandersetzungen. So zerstörten israelische Kampfbomber 1965 und 1966 syrische und libanesische Projekte zur Ableitung von Wasser der Quellflüsse des Jordan. Seit 1967 kontrolliert Israel die syrischen Golanhöhen und damit die wichtigsten Quellflüsse des Jordan. 1974 zog der Irak Truppen an der Grenze zu Syrien zusammen, und es drohte ein militärischer Konflikt, weil die irakische Führung dem Nachbarland vorwarf, der neu erbaute syrische al-Thawra-Staudamm reduziere die Menge des Euphrat-Wassers, das über die Grenze fließt, drastisch.

Weit über 200 Flüsse überschreiten wie der Ganges mindestens eine nationale Grenze. Das schafft Konflikte, eröffnet aber auch Möglichkeiten zur grenzüberschreitenden Zusammenarbeit.   (Foto: Helga Reisenauer)

Julius Georg Luy, der Beauftragte der Bundesregierung für umwelt- und biopolitische Fragen vertrat 2003 die Auffassung, dass in den kommenden zehn Jahren bewaffnete Konflikte um das Wasser nicht zu erwarten seien. Allerdings könne Wasser „der Tropfen sein, der ein Problemfass zum Überlaufen bringt". Ein wichtiger Faktor scheint zu sein, wie dramatisch die Wasserknappheit in einigen Regionen der Welt wird. Weltweit hängt mehr als ein Viertel des Ackerlandes von künstlicher Bewässerung ab, wobei deren Anteil an der Produktion durch zwei oder drei Ernten im Jahr noch höher ist. Man schätzt, dass mindestens zwei Fünftel aller Nahrungsmittel von bewässerten Flächen kommen. Entsprechend groß ist die politische und ökonomische Bedeutung einer regelmäßigen Wasserversorgung für die Landwirtschaft und entsprechend hart sind die Verteilungskämpfe um das Wasser von mehr als 200 größeren Flüssen, die durch mehrere Länder fließen. Etwa 40 Prozent der Menschheit leben an einem dieser grenzüberschreitenden Gewässersysteme. Es gibt aber auch Konflikte um Grundwasservorkommen, die Ländergrenzen überschreiten, denn ein Land muss Nachteile hinnehmen, wenn das Nachbarland übermäßig Wasser aus dem gemeinsamen unterirdischen Vorkommen fördert. In diesem Zusammenhang ist zu erwähnen, dass alle Staaten der Sahara-Region Grundwasservorkommen mit Nachbarstaaten teilen müssen, und diese Vorkommen werden immer wertvoller, je knapper die Versorgung mit Oberflächenwasser und oberflächennahem Grundwasser wird.

Besonders im Nahen Osten gibt es eine ganze Reihe von Konflikten um Wasserrechte, die durchaus Kriege auslösen könnten (siehe Abschnitt Jordan). In anderen Weltregionen verhindern Verträge den Ausbruch von offenen Konflikten oder sogar Feindseligkeiten. Ein positives Beispiel ist der Vertrag zwischen Indien und Pakistan über die Nutzungsrechte des Wassers des Indus und seiner Nebenflüsse aus dem Jahr 1960. Indien verpflichtete sich, auf alle wasserbaulichen Maßnahmen am Oberlauf des Indus zu verzichten, die die Wassermenge vermindern würden. Das sichert die pakistanische Nutzung von Indus-Wasser. Dafür hat Indien vertraglich das Recht erhalten, die östlichen Zuflüsse des Indus allein nutzen zu können, insbesondere für Bewässerungsvorhaben. Dieser Vertrag hat trotz Kriegen und Gefechten zwischen den Armeen beider Staaten seit mehr als vier Jahrzehnten Bestand. Auch die vertragliche Zusammenarbeit der meisten Staaten am Mekong hat sich selbst in Krisenzeiten als stabil erwiesen (siehe Abschnitt Mekong).

An anderen Flüssen gilt das „Recht des Stärkeren", das heißt, dass einer der Anrainer des Flusssystems militärisch so überlegen ist, dass die anderen sich fügen müssen. Wenn Verträge existieren, spiegeln sie dieses Machtverhältnis wider. Das ist zum Beispiel an Euphrat und Tigris der Fall, wo die Türkei militärisch weit überlegen ist (siehe Abschnitt Euphrat und Tigris), ebenso am Nil, wo Ägypten jeden Krieg gegen seine Nachbarn am Nil gewinnen würde (siehe Abschnitt Nil). Grundsätzlich sind die Staaten an den Oberläufen der Flüsse in einer besseren Ausgangsposition, weil sie Wasser stauen und für Bewässerungszwecke nutzen können, während den Anrainer am Unterlauf nicht viel mehr übrig bleibt, als dies hinzunehmen, wenn sie nicht zum extremen Mittel eines Krieges greifen wollen. Ist der Staat am Oberlauf dazu noch militärisch so stark wie zum Beispiel Indien, hat ein Land wie Bangladesch am Unterlauf des Ganges wenig Aussichten, seine Wasseransprüche gegen den mächtigen Nachbarn zu wahren.

Die sehr unterschiedlichen Interessen der zahlreichen Staaten, die an grenzüberschreitenden Flüssen liegen, haben es bisher schwer gemacht, zu weltweit verbindlichen Regelungen über die Rechte und Pflichten von Staaten an diesen Flüssen zu kommen. In UN-Gremien bilden so unterschiedliche Staaten wie die Türkei und Äthiopien eine Koalition der Oberanlieger von Flüssen, denen ein mindestens so heterogenes Bündnis der Unteranlieger gegenübersteht, zu dem zum Beispiel Syrien, die Niederlande und Brasilien gehören. Ein Einvernehmen ist so allenfalls auf der Basis des kleinsten gemeinsamen Nenners zu erwarten – und der ist bei diesem konfliktreichen Thema sehr klein.

Wasserknappheit verschärft Konflikte

Vertragssysteme können in Zukunft labil werden, wenn einzelne Völker den Eindruck gewinnen, sie müssten um das Wasser als Quelle des Überlebens kämpfen oder untergehen. Es ist zu befürchten, dass die wachsenden sozialen Gegensätze und Konflikte auf der Welt die Konflikte um das Wasser verschärfen werden. Wo es nur noch „Sieger" und „Verlierer" der Globalisierung gibt, wird der Kampf der einzelnen Menschen, aber auch von Staaten um das kostbare Gut härter. Der Zugang verspricht Unternehmen und Volkswirtschaften ein höheres Sozialprodukt beziehungsweise höheren Umsatz und größere Gewinne.

Der immer härter werdende ökonomische Wettkampf bestimmt zum Beispiel auch die Konflikte zwischen Farmern in den USA und Mexiko um das Wasser des Grenzflusses Rio Grande/Rio Bravo (siehe Abschnitt Rio Grande/

Der Senegal-Fluss kann in der Trockenzeit mühelos auf einem Damm durchquert werden. Dass viele Flüsse in ohnehin wasserarmen Ländern immer weniger Wasser führen, verschärft nationale und internationale Konflikte.   (Foto: EMW-Archiv)

Bewässerungssysteme wie hier in Mali erhöhen die landwirtschaftliche Produktion, erfordern aber eine aktive Einbeziehung der lokalen Bevölkerung und nicht selten auch der Nachbarorte oder sogar Nachbarländer. Sonst besteht die Gefahr, dass neue Konflikte entstehen, die in ungünstigen Fällen sogar gewaltsam ausgetragen werden.
(Foto: EMW-Archiv)

Rio Bravo). Auch innerhalb von Ländern mit Wasserknappheit nehmen die Konflikte um das kostbare Nass zu. Die Auseinandersetzungen um das Wasser des Ebro sind ein Beispiel dafür. Die spanische Regierung unter Ministerpräsident Aznar wollte große Mengen Wasser des nordspanischen Flusses in den trockenen Süden des Landes pumpen, um dort den Wasserbedarf der Landwirtschaft und des Tourismus besser decken zu können. Das stieß auf den massiven Widerstand der Bevölkerung am Ebro, und der Plan wurde schließlich aufgegeben – was aber zu Demonstrationen in Südspanien gegen die neue Wasserpolitik führte (siehe Abschnitt Ebro).

In wirtschaftlich armen Ländern, die unter Wasserknappheit leiden, wird der Zugang zu Wasser zu einer existenziellen Frage. Dies gilt zum Beispiel für den Norden Kenias, wo Hirtenfamilien und Ackerbauern um das noch verfügbare Wasser streiten. Diese Konflikte werden dadurch angeheizt, dass große bewässerte Landwirtschaftsflächen an Flussbereichen angelegt werden, wo die Nomaden traditionell ihre Tiere zum Trinken hingeführt haben (siehe Abschnitt Landwirtschaft). Konflikte gibt es ebenso zwischen Ackerbauernfamilien, die ihre Felder mit Grundwasser bewässern, und wo diejenigen wirtschaftlich überleben, die die tiefsten Brunnen und die stärksten Pumpen haben. Viele Millionen Menschen in armen Ländern wandern aus den Regionen mit fortdauernder Wasserknappheit in die großen Städte ab, was das soziale Konfliktpotenzial in diesen Ländern erhöht. Besonders in Afrika sind die schwachen Staatsapparate immer weniger in der Lage, auf solche Konflikte anders als durch Repression zu antworten, was die Gefahr von Bürgerkriegen heraufbeschwört.

Wachsende Konflikte gibt es schließlich durch die Konkurrenz zwischen ländlicher Bevölkerung und gewerblichen und industriellen Unternehmen. Dank Tiefbrunnen und moderner Pumpen graben manche Betriebe der lokalen Bevölkerung das Wasser ab. Ein Beispiel dafür sind Produzenten von Flaschenwasser. International bekannt geworden ist der Widerstand der Dorfbewohner in der Umgebung des indischen Ortes Plachimada dagegen, dass Coca-Cola große Mengen Wasser aus Tiefbrunnen nutzt und die Brunnen der Dorfbewohner deshalb trocken fallen (siehe Abschnitt Flaschenwasser).

Es ist zu befürchten, dass sich vor allem die innergesellschaftlichen Konflikte um Wasser in ärmeren Ländern weiter verschärfen werden. Maßnahmen zum Abbau der Konflikte und des Wasserstresses sind deshalb ein wichtiger Beitrag zum gesellschaftlichen Frieden. Es muss sowohl um Maßnahmen zu einer effizienteren Wassernutzung als auch um eine sozial gerechte Verteilung des vorhandenen Wassers gehen. Dieses zweite Ziel wird nicht gefördert, wenn Wasser zu einer Ware wie jede andere gemacht wird, die nur die in ausreichender Menge kaufen können, die über eine entsprechende Kaufkraft verfügen. Es muss damit gerechnet werden, dass die sozialen Konflikte schärfer werden, wenn die Armen zu der Auffassung gelangen, dass ihnen nun auch noch das lebenswichtige Wasser vorenthalten wird. Eine Wasserpolitik, die zum gesellschaftlichen Frieden beitragen will, kann deshalb nicht darauf setzen, dass der Markt für eine gerechte Verteilung des knappen Gutes sorgen wird.

In den zwischenstaatlichen Konflikten um Wasser gibt es wie erwähnt viele positive Beispiele dafür, die Nutzung von Flusswasser vertraglich zu regeln. Ein weltweites Vertragswerk würde die militärisch und wirtschaftlich schwächeren Anrainerstaaten vor der Willkür ihrer Nachbarn schützen und ist deshalb dringend erforderlich. In schwelenden Konflikten, die zu militärischen Konfrontationen werden können, gilt es für die internationale Staatengemeinschaft und die Regierungen der betroffenen Länder, Vereinbarungen zu erreichen, die eine einvernehmliche Nutzung des Wassers ermöglichen, um so zu einer Deeskalation beizutragen. Zugleich sollte den Ländern geholfen werden, durch wassersparende Bewässerungstechniken, das systematische Sammeln von Regenwasser etc. eine akute oder chronische Wasserknappheit zu vermeiden beziehungsweise zu überwinden. Wenn es in Zukunft zu Kriegen um Wasser kommen sollte, dann wäre dies die Folge einer verfehlten Wasserpolitik.

Kostendeckung

Müssen die Verbraucher alle Kosten für die Wasserversorgung und Abwasserentsorgung bezahlen und so eine Kostendeckung der Betriebe ermöglichen? Diese Frage ist unter internationalen Experten im Blick auf wirtschaftlich arme Länder heftig umstritten. Die Weltgesundheitsorganisation WHO und das UN-Kinderhilfswerk UNICEF argumentieren, dass Wasserversorgung und Abwasserentsorgung zu den öffentlichen Aufgaben gehören, die für die Gesundheit und das Wohlergehen der Bürger von zentraler Bedeutung sind. Deshalb sollten staatliche Gelder und Entwicklungshilfemittel eingesetzt werden, wenn sonst ein Wasser- und Abwasserpreis verlangt werden müsste, den die Armen nicht bezahlen können. Es sollte aber angestrebt werden, zumindest die laufenden Kosten der Betriebe dadurch abzudecken, dass diejenigen, die wirtschaftlich dazu in der Lage sind, für die Wasserdienstleistungen bezahlen. Eine radikalere Position besagt, dass Wasser für alle kostenlos sein sollte, weil es ein gemeinsames Gut der Menschheit ist.

Die Weltbank und andere Befürworter einer Kostendeckungspolitik sind der Auffassung, dass nicht zu erwarten sei, dass Regierungen und Entwicklungshilfeeinrichtungen auf Dauer für hohe Defizite von Wasserbetrieben aufkommen würden und die Versorgung danach mangels Zuschüssen immer schlechter würde. Bei einer Kostendeckung durch die Wassergebühren der Kunden sei hingegen eine finanzielle Eigenständigkeit gegeben. Außerdem sei zu berücksichtigen, dass viele Arme, die noch nicht an das Leitungsnetz angeschlossen sind, bei Wasserverkäufern viel mehr für das Trinkwasser zahlen als die Kunden der Wasserwerke, die das Wasser zu einem subventionierten Preis erhalten.

Michael Klein, Vizepräsident der Weltbank für die Entwicklung des Privatsektors, sagte im Mai 2003 in einem BBC-Beitrag: „Der größte Vorteil für die meisten Menschen entsteht durch den Zugang zu Wasser, nicht durch die niedrigeren Verbrauchspreise. Erforderlich sind mehr Investitionen, bessere Wartung und ein guter laufender Betrieb. Damit das geschieht, muss jemand für die Kosten der Wasserleitungen, Wasseraufbereitungsanlagen, für die Wartung, den laufenden Betrieb und so weiter bezahlen. Das bedingt angemessene Verbrauchergebühren, die auch tatsächlich bezahlt werden. Wo Regierungen in der Lage sind, die Wasserversorgung zu subventionieren, sollten sie dies mit dem Ziel tun, den Zugang der Armen zu einer Trinkwasserversorgung zu verbessern, aber heute nützen die meisten Subventionssysteme jenen, denen es besser geht." Wenn arme Familien einen Wasser- und Abwasseranschluss erhielten, wäre es für sie immer noch günstiger, die Wasserrechnungen zu bezahlen als der Wasserkauf von Straßenverkäufern. Ist die Konsequenz, die Wasserpreise so zu erhöhen, dass die Kosten gedeckt werden?

Hohe Wasserrechnungen und niedrige Zahlungsbereitschaft

Es gibt unterschiedliche Methoden, nach denen Kostendeckung berechnet wird. Unstrittig ist, dass die laufenden Kosten der Wasserversorgung und Abwasserentsorgung gedeckt werden sollen. Aber wie steht es mit bisherigen Investitionen, Zinsen auf aufgenommene Kredite, Abschreibungen und Rücklagen für zukünftige größere Investitionen? In vielen Ländern wäre schon viel erreicht, wenn zumindest die laufenden Kosten aus den Wasser- und Abwassergebühren finanziert werden könnten. Ein Haupthindernis ist, dass viele Kunden ihre Wasserrechnungen nicht bezahlen. So weigern sich zum Beispiel in vielen westafrikanischen Ländern staatliche Stellen hartnäckig, die Rechnungen zu begleichen. Die Verantwortlichen wissen, dass sich kein Wasserwerk trauen wird, dem Präsidentenpalast oder einer Armeekaserne die Versorgung zu verweigern. Dass viele Gewerbebetriebe und Privathaushalte ihre Rechnungen nicht bezahlen, liegt auch am unzureichenden System des Gebühreneinzugs. Außerdem sind viele Kunden nicht bereit, hohe Wasserrechnungen zu zahlen, wenn die Hälfte des Trinkwassers gar nicht die Kunden erreicht, sondern durch Leckagen auf dem Weg vom Wasserwerk zum Wasserhahn verloren geht. Eine schlechte Trinkwasserqualität, eine unzuverlässige Versorgung und bekannt gewordene Fälle von Korruption in Wasserbetrieben vermindern die Zahlungsmoral weiter. Und schließlich gibt es viele Millionen Menschen, denen schlicht das Geld fehlt, um die Wasserrechnungen zu bezahlen.

Dass arme Familien die Wasserrechnungen nicht bezahlen, bedeutet häufig nicht, dass sie gar kein Geld haben. Aber sie müssen die schwierige Entscheidung treffen, ob sie mit dem wenigen Bargeld etwas zu Essen kaufen, die Schulgebühren für die Kinder zahlen oder ein Kleidungsstück erwerben. Auch kann es notwendig werden, Medikamente zu kaufen oder eine Busfahrkarte ins Heimatdorf zu finanzieren, weil dort ein Verwandter gestorben ist. Die Liste der finanziellen Notwendigkeiten ist lang, und so bleibt die Wasserrechnung oft unbezahlt. Dies ist auch deshalb so, weil viele Menschen das Wasser als gemeinsames Gut ansehen, für das nicht bezahlt werden muss. Das ist in den religiösen und kulturellen Vorstellungen vieler Völker tief verwurzelt. Ökonomen der Weltbank mögen ins Feld führen, es werde ja nicht das Wasser bezahlt, sondern die Dienstleistung, dieses Wasser zu gewinnen, zu reinigen und zu den Kunden zu transportieren, aber diese Argumentation kommt bei den Armen nicht an. Sie sehen sich angesichts von Arbeitslosigkeit, Wirtschaftskrise, steigenden Preisen etc. so sehr in einer existenzbedrohenden finanziellen Krise, dass sie nicht auch noch die Leistungen der Wasserwerke bezahlen wollen, schon gar nicht steigende Wasserpreise. Entsprechend groß ist der Zorn, wenn ihnen der Wasseranschluss gesperrt wird. Besonders groß sind Verbitterung und Widerstand, wenn die Wasserversorgung privatisiert wird und die Preise auch deshalb steigen, weil neben den Kosten ein Gewinn finanziert werden soll.

Der Preis hoher Wasserpreise

Wenn die Menschen das Leitungswasser nicht mehr bezahlen können und wieder Wasser aus den Flüssen und Seen holen müssen, sind die Gesundheitsrisiken hoch, denn die ungeklärten Abwässer haben viele Gewässer in Kloaken verwandelt. So war die Choleraepidemie in der südafrikanischen Provinz KwaZulu-Natal im Jahre 2000 ein Ergebnis der unzureichenden Wasserversorgung und Abwasserentsorgung in diesem besonders armen Teil Südafrikas. In KwaZulu-Natal blieb die Wasserversorgung in staatlicher Verwaltung, wurde aber kommerzialisiert und auf ein Kostendeckungsprinzip umgestellt. Zwar hatten die Versorgungsbetriebe viele Hundert Kilometer neue Wasserleitungen verlegt, aber wem das Geld fehlte, dieses Wasser zu bezahlen, der holte es notgedrungen aus Flüssen.

Zwischen der Einführung von Gebühren für die Armen in KwaZulu-Natal im Jahre 1990 und dem Ausbruch der Cholera besteht ein deutlicher Zusammenhang. Dr. David McDonald von der Universität in Kingston, Kanada, der eine Studie zur Wasserversorgung in Südafrika durchgeführt hat, stellte zum Choleraausbruch fest: „Es gibt überzeugende Belege dafür, dass die erstrebte Kostendeckung dafür ein Hauptfaktor war, und auch der für Wasserfragen zuständige Minister hat zugegeben, dass dies die Choleraepidemie verursacht hat." Die volkswirtschaftlichen Kosten der Krankheit, ganz zu schweigen vom persönlichen Leiden der Betroffenen, waren wesentlich höher als die zu erwartenden Einnahmen aus den Wassergebühren der armen Bevölkerung. David McDonald stellte hierzu fest: „Wir stehen erst am Anfang, wenn es darum geht, die sozialen, ökologischen und anderen Kosten zu erkennen, die in Zusammenhang mit der Bereitstellung von sozialen Dienstleistungen stehen. Wir müssen das Wohlergehen der Gemeinschaft stärker in Betracht ziehen. Dies ist auch eine moralische Frage."

Das bedeutet nun nicht, dass Wasserwerke auf das Ziel einer Kostendeckung verzichten sollten. Sie muss aber sozialverträglich erreicht werden. Südafrika hat inzwischen jeder armen Familie eine kostenlose Grundmenge von 6.000 Litern Wasser zugesagt. Nur das darüber hinaus verwendete Wasser muss bezahlt werden. Bei der Verwirklichung dieses Konzepts ergibt sich das Problem, dass immer noch Millionen Menschen nicht an die öffentliche Wasserversorgung angeschlossen sind und deshalb auch kein kostenloses Wasser erhalten. Auch reichen die 6.000 Liter für große Haushalte nicht aus. Aber die kostenlose Mindestversorgung ist insgesamt gesehen ein Schritt in die richtige Richtung (siehe Abschnitt Südafrika). In anderen Ländern wird eine Quersubventionierung angestrebt. Die Reichen müssen mehr für ihr

Wasser bezahlen und finanzieren damit zum Teil die Versorgung der Armen mit, die niedrige Wasserpreise zahlen.

Kosten vermindern – die Voraussetzung für eine Kostendeckung

Um Wasserversorgungsnetze finanziell tragfähig zu machen, ist es von entscheidender Bedeutung, dass die Investitionskosten und vor allem die laufenden Kosten niedrig gehalten werden. Das bedeutet in aller Regel, auf kostenaufwendige Lösungen zu verzichten, wie sie in Europa üblich sind, und nach einfachen Konzepten zu suchen. Das kann bei einem dörflichen Wasserprojekt zum Beispiel bedeutet, auf eine Motorpumpe zu verzichten und eine Handpumpe zu wählen, deren Investitions- und Betriebskosten sehr viel geringer sind. Auf dieser Grundlage hat die britische Entwicklungsorganisation WaterAid in Zusammenarbeit mit einer lokalen Stiftung 1993 ein ländliches Trinkwasserprogramm in Zimbabwe gestartet. Die lokalen Gemeinschaften erhalten 30 Prozent der Kosten für den Bau eines Brunnens mit Handpumpe von außen und finanzieren 70 Prozent selbst. Dank der relativ niedrigen Investitionskosten ist dies möglich, und die Gemeinschaften kommen auch für die laufenden Kosten auf. Dadurch können mit den begrenzten Finanzmitteln aus dem Ausland zahlreiche neue Brunnen finanziert werden. Nach Berechnungen von WaterAid sind bei der Nutzung einfacher Technologien nur 25 Milliarden Dollar im Jahr erforderlich, um bis 2015 die Zahl der Menschen zu halbieren, die ohne Trinkwasserversorgung und Abwasserentsorgung leben müssen. Das wäre nur ein Sechstel der Summe, die in Europa jährlich für alkoholische Getränke und Zigaretten ausgeben wird.

Die Aussicht, dass auch arme Gemeinschaften für die laufenden Kosten solcher Ver- und Entsorgungseinrichtungen aufkommen, steigt sprunghaft, wenn die Menschen an der Planung und Verwirklichung der Vorhaben aktiv beteiligt werden. Dann sind die Menschen auch bereit, ihre Arbeitskraft dafür einzusetzen, ein Vorhaben kostengünstig zu verwirklichen. Es werden ihre Wasserleitung und ihr Brunnen und nicht ein Projekt der weit entfernten Regierung oder eines privaten Unternehmens. Die Erfahrung in vielen Wasserprojekten zeigt, dass es unabdingbar ist, die Frauen an den Diskussionen und Entscheidungen zu beteiligen, denn sie verfügen über die größten Erfahrungen in der Wasserversorgung (siehe Abschnitt Frauen). In Ländern wie Kenia gibt es viele Beispiele dafür, dass solche in der lokalen Bevölkerung verankerten Projekte Erfolg haben. Auch in städtischen Armenvierteln können kostengünstige Versorgungsnetze aufgebaut werden, wenn die Bevölkerung aktiv mitarbeitet und wenn einfache Technologien gewählt werden. Eine drastische Reduzierung der Verluste durch Leckagen kann die verfügbare Wassermenge um 50 Prozent und mehr erhöhen und Möglichkeiten schaffen, niedrige Preise für die Armen einzuführen.

Es zeigt sich also, dass bei der Debatte über die Kostendeckung im Wasser- und Abwasserbereich entscheidend ist, die Anlagen so zu planen, dass zumindest die laufenden Kosten von der lokalen Gemeinschaft getragen werden können. Ebenso wichtig ist es, die Betroffenen zu Subjekten des Prozesses werden. Dagegen funktioniert es in armen Gesellschaften nicht, mit privaten Betreibern teure Versorgungskonzepte zu verwirklichen und dann von der Bevölkerung zu erwarten, dass sie einen kostendeckenden Wasserpreis zahlt.

Beim Bau von Wasserleitungen wie hier in Ecuador werden oft einfache Technologien genutzt. Das schafft Arbeitsplätze und ermöglicht oft eine Reduzierung der Kosten. Werden hingegen High-Tech-Lösungen verwirklicht, ist es illusorisch, eine Kostendeckung durch die Wassergebühren der armen Bevölkerung zu erwarten.

(Foto: EMW-Archiv/Norbert Schnorbach)

Kunst

Biblische Geschichten und Legenden gehörten zu den wichtigsten Themen in der Malerei des Mittelalters in Europa. In diesem Rahmen wurde auch Wasser immer wieder zu einem Thema der Kunst. Die Flüsse des Paradieses, die große Flut und die Arche des Noah, die Flucht aus Ägypten, die vielen Gespräche an Brunnen, die Taufe Jesu ... Es fehlte nicht an Motiven für Wasserbilder. Auch christliche Legenden boten viele Wasserassoziationen. Besonders beliebt war die Legende, dass Christopherus den kleinen Jesus durch einen reißenden Fluss. In der Alten Pinakothek in München befindet sich ein kleiner Flügelaltar, dessen Bilder der niederländische Maler Dirk Bouts in der zweiten Hälfte des 15. Jahrhunderts gemalt hat. Auf einem der Flügel trägt Christopherus Jesus durch einen Fluss, und anders als bei früheren Darstellungen dieses Themas, wo Christophorus und das Jesuskind die Darstellung beherrschten, hat Bouts dem Fluss eine starke eigene Bedeutung gegeben. In einem Ausstellungskatalog zum Thema „Wasser in der Kunst" (Überlingen 2004) schreibt Claudia Däubler-Hauschke über dieses Altarbild: „Im Fall der Christophorus-Tafel liegt das Hauptinteresse des Malers auf dem ausgedehnten Flusslauf – nicht auf der Titelgestalt wie traditionell üblich. Begrenzt durch steile Felsufer erstreckt sich der breite Fluss unter einem Abendhimmel in die Tiefe. Das Licht des Sonnenuntergangs spiegelt sich gegen den Horizont im gleißenden Schimmer des Wassers wider. Mit Worten schwer zu beschreiben ist dessen Farbe. Das ungewöhnlich leuchtende Stahlblau im Vordergrund wird in der Entfernung immer heller, bis es sich in ein fast nicht mehr wahrnehmbares Gold auflöst."

Auch Albrecht Dürer und Leonardo da Vinci befassten sich intensiv mit der Darstellung des Wassers, etwa die Lichtwirkung eines herannahenden Gewitters auf Dürers Bild „Weiher im Wald" und die berühmten Darstellungen der Sintflut von da Vinci. Die Sintflut taucht sehr häufig als Thema damaliger Kunstwerke auf. Dazu schreibt Claudia Däubler-Hauschke: „Vor allem das Meer galt als Heimstatt des Bösen. Die Angst des Menschen vor dem Wasser ist ein unbestimmtes Gefühl, das sich nur schwer bildhaft umsetzen lässt. Albrecht Dürer hält in einer Aquarellskizze und einer persönlichen Notiz von 1525 einen Albtraum auf Papier fest, der ihm wohl im Nachklang einer allgemeinen Sintflutpanik zu Beginn des 16. Jahrhunderts heimgesucht hatte."

Im 17. Jahrhundert erlebte die flämische und niederländische Malerei einen großen Aufschwung, verbunden mit Namen wie Rubens und Rembrandt. Beiden Künstlern gelangen sehr eindrückliche Sturmszenen, in denen die Schiffe wie Nussschalen erscheinen. Auf Peter Paul Rubens Altarbild „Das Schiffswunder der hl. Walpurga" ähnelt das kleine Schiff mit den verzweifelt um ihr Leben kämpfenden Ruderern tatsächlich einer Nussschale in einem sehr realistisch dargestellten tosenden Meer. Rembrandt van Rijn hat das biblische Thema „Christus mit den Jüngern auf dem See Genezareth" auf eine sehr dramatische Weise dargestellt, die vermittelt, warum die Jünger furchtsam wurden und ihren Meister weckten. Diese Gemälde sollten sichtbar machen, wie Glaubensstärke gerade in Augenblicken höchster Not erforderlich ist, wo nur noch das Vertrauen in göttliche Hilfe eine Rettung verspricht.

Neben biblischen und anderen religiösen Motiven fertigten niederländische Maler in dieser Zeit eine große Zahl von Schiffsporträts an und wurden damit zu ersten Vertretern der Marinemalerei. Dieses Genre lebte und lebt von Auftragsarbeiten von Reedern, vom Interesse an Seeschlachten und von der Dramatik des Kampfes gegen die Urgewalt des Meeres. Sybille Rettner schreibt hierzu in dem schon erwähnten Ausstellungskatalog „Wasser in der Kunst": „Gerade beim Thema des Schiffbruchs und Untergangs wird der Betrachter nicht nur in das Drama verwickelt, wird aufgefordert, am Schicksal des Schiffes und seiner Mannschaft Anteil zu nehmen, sondern der Schiffbruch wird zum Symbol für Vergänglichkeit und Tod. Ein zerfetztes Segel steht als Zeichen des Scheiterns oder ein ausgemustertes Boot als Allegorie des Alterns."

Im 18. Jahrhundert wurden italienische Landschaftsgemälde zu einer wichtigen künstlerischen Bereicherung der Schlösser, Herrenhäusern und Wohnhäuser reicher Bürger. Neben antiken Ruinen gehörten Wasserfälle zu den beliebtesten Motiven dieser Malerei, so die berühmten Wasserfälle von Tivoli in der Nähe von Rom, die bis ins 19. Jahrhundert hinein immer wieder Künstler anzogen. Ein Beispiel für die Ausstellung dieser Kunst ist der Emkendorf-Saal im Schloss Ahrensburg bei Hamburg, wo zwei Ölbilder von Philipp Hackert aus dem Jahre 1789 hängen, „Die Wasserfälle von Tivoli" und „See bei Neapel", aufwirbelndes Wasser wird der Ruhe eines spiegelglatten Sees gegenübergestellt. Aber beide Bilder sind Ausdruck der Sehnsucht der gebildeten Kreise in Deutschland nach dem fernen Italien. Auch Alpenlandschaften mit großen Gletscher- und Schneeflächen sowie Küstenlandschaften, Häfen und flämische Kanäle inspirieren Künstler zu ihren Werken, wobei sie oft eine idealisierte Landschaft darstellen.

In der barocken Malerei finden wir das ganze Spektrum von Wasserthemen von den Wolken über das Meer bis zu Flussufern, an denen vornehme Gesellschaften lagern. Auch in der Gartenkunst des Barock wird das Wasser zu einem zentralen Thema der Gestaltung (siehe Abschnitt Gärten). Der Bau von Brunnen wurde zum Anlass genommen, um Wasserwelten zu inszenieren. Ein Beispiel dafür ist der „Galeonen-Brunnen" in den vatikanischen Gärten, dessen Zentrum ein annähernd fünf Meter langer Dreimaster bildet, aus dessen Kanonen und Takelage kleine Fontänen sprühen.

In der Malerei des 19. Jahrhunderts lässt sich nachvollziehen, wie der Mensch sich das Wasser immer stärker dienstbar machte. Die noch idyllisch

dargestellte Mühle am Bach wurde abgelöst durch Industriebetriebe an kana-
lisierten Flussläufen. Auch die Verschmutzung des Wassers nahm zu. Während sich manche Künstler mit dieser industriellen Realität auseinander
setzten, suchten andere bewusst nach den Orten, an denen die Natur noch
erhalten war. Mit wachsendem bürgerlichem Wohlstand wurden die Fischer-
dörfer am Meer zu Orten der Erholung, ein Wandel, den Künstler wie Max
Liebermann auf Gemälden dargestellt haben.

Eisige Zeiten

Zu den bedeutendsten Wasserbildern der europäischen Kunst des
19. Jahrhunderts gehört das Gemälde „Das Eismeer" von Caspar David
Friedrich (1774–1840). Heute zählt es zu den Schmuckstücken der Hamburger Kunsthalle, zu Lebzeiten des Künstlers ließ es sich nicht verkaufen. Als
es 1823/24 entstand, passte das Bild von einer Schiffskatastrophe im Eismeer nicht in die Biedermeier-Idylle. Den Anstoß für das Gemälde hat vermutlich die gescheiterte Nordmeerexpedition des Engländers Edward William Parry gegeben, über die damals in den Zeitungen ausführlich berichtet

Das Gemälde „Das Eismeer" von Caspar David Friedrich entstand 1823/24. Der
Künstler wollte nicht nur die Gefahren des arktischen Eismeers darstellen, sondern
auch die Gefahren, die von der eisigen Restaurationszeit nach dem Ende der napoleo-
nischen Kriege ausgingen.

wurde. Der Maler hat das Eismeer nie gesehen, sondern das Eistreiben auf der Elbe bei Dresden studiert, um einen Eindruck davon zu bekommen, wie sich Eisschollen übereinander schieben. Es ging Caspar David Friedrich nicht primär darum, das Eis des Nordmeers darzustellen, sondern er wollte, so wird heute vermutet, die „politische Vereisung" in Europa nach dem Wiener Kongress von 1815 ins Bild und Bewusstsein bringen. Das hoffnungsvoll aufgebrochene Schiff der Menschen, die im Kampf gegen Napoleon nach Freiheit strebten, wird zerdrückt von einer eisigen politischen Restauration. Das Gemälde Friedrichs ist mit der Bezeichnung „gescheiterte Hoffnung" in die Kunstgeschichte eingegangen.

Im eisigen Klima dieser Restaurationszeit hatte Caspar David Friedrich es schwer. Er litt seit der Kindheit unter Depressionen, und dafür war ein traumatisches Wassererlebnis mitverantwortlich: Nachdem Caspar David ins Wasser gefallen war, rettete ihn ein Bruder vor dem Ertrinken, aber bei dieser guten Tat kam er selbst ums Leben. Als Maler hatte Friedrich zunächst großen Erfolg, der für alle dadurch sichtbar wurde, dass der Kronprinz Friedrich Wilhelm von Preußen von 1810 an einige Gemälde des jungen Künstlers erwarb. Aber nach 1815 stieß Caspar David Friedrich auf zunehmende Ablehnung, die Ursache neuer Depressionen und mehrerer Schlaganfälle. Auch die Berufung zum außerordentlichen Professor an der Kunstakademie Dresden durch den sächsischen König im Jahre 1824 half nicht viel, weil die Hochschule ihm wegen seiner unkonventionellen Auffassungen untersagte, Vorlesungen zu halten. In dieser persönlich und politisch schwierigen Zeit entstand das Gemälde „Das Eismeer". Der Maler dieser berühmten und heute fast unbezahlbaren Werke starb in tiefer Armut und tiefer Depression. Die Eiswüste seines wohl berühmtesten Bildes war die vorherrschende Erfahrung seines Lebens, aber dass der Himmel über dem „Eismeer" sich aufhellt, ist vielleicht ein Zeichen dafür, dass Caspar David Friedrich die Hoffnung auf ein Ende der Eiszeit nicht aufgegeben hatte.

Wasserwelten Göschenen

Ein gelungenes Beispiel, wie Wasserkunst in die Natur einbezogen wird, sind die „Wasserwelten Göschenen" in der Schweiz. Am Nordportal des vielbefahrenen Gotthardt-Tunnels erwartet niemand eine Naturidylle, aber einige Kilometer von dem historischen Passdorf Göschenen entfernt befindet sich „eines der weltfernsten Hochtäler der Zentralalpen", so die „Neue Zürcher Zeitung" am 24. Juli 2003 in einem Bericht über „eine Perle am Wegrand".

In seinem natürlichen Zustand ist das Tal allerdings nicht mehr, denn nach dem Zweiten Weltkrieg wurde ein Staudamm gebaut, und die Bewohner wurden in höhere Teile des Tals umgesiedelt. Aber rund um den heutigen Stausee ist eine Landschaft erhalten, die zu den besonders schönen Flecken der Schweizer Bergwelt gehört. Davon können die drei Dutzend Bewohner

Das Labyrinth „Die Gabe des Herzens" von Heidi Gisler-Brun gehört zu den gelun-
genen Beispielen dafür, wie mit den „Wasserwelten Göschenen" Natur und Kunst miteinander verbunden werden.   (Foto: Wasserwelten Göschenen)

der Alpensiedlung Gwüest allein nicht leben, und es kamen zu wenig Urlauber in ihre abgelegene Gegend, um die Existenz der Einheimischen zu
sichern. Um dies zu ändern und Göschenen selbst wieder attraktiver zu
machen, wird seit einigen Jahren das Konzept der „Wasserwelten Göschenen"
verwirklicht. Es entstand ein Erlebnis- und Bildungspfad mit 90 Stationen
entlang der Bergbäche des Göschener Tals. Naturerlebnis, Umweltbildung
und sanfter Tourismus sollen hier miteinander verbunden werden. Geschäftsführer Bruno Zwyssig erläutert das Konzept so: „Der Wanderer kann an
einem beliebigen Ort in das Thema Wasser eintauchen: beim Gletscher oder
Hochmoor, beim Staudamm oder Kraftwerk, beim Biotop oder einer Aue,
bei einer Schwemmebene oder Schlucht, beim Quellwasser oder der Kläranlage, beim Lawinenzug oder der Uferverbauung, beim Karsee oder bei einem
Tümpel."
     Zum Konzept gehört die enge Verbindung von Wasser und Kunst. Die
Besucherinnen und Besucher werden eingeladen, die Schönheit des Wassers
in der Natur und in Kunstwerken zu entdecken. Besondere Angebote gibt es
für Schulklassen in der „Wasserschule". Dazu finden Kunstausstellungen
statt, und Studierende werden eingeladen, sich vom Wasser des Tals zu eigenen Werken inspirieren zu lassen.
     Ein Beispiel für die Einbeziehung der Kunst in die Natur ist das Laby-
rinth „Die Gabe des Herzens" von Heidi Gisler-Brun. Auf spielerische Weise

können Kinder und Erwachsene ins Zentrum, in die eigene Mitte, vordringen und den Weg zurück in die Welt draußen finden. Auf dem Weg kann das Element Wasser in unterschiedlichster Weise kennen gelernt werden. Teile des Labyrinth-Weges sind mit Wasser gefüllt, es geht durch Schlamm und über einen Bachlauf. Die „KelchForm", die in das Labyrinth einbezogen ist, soll die Kostbarkeit des Wassers zeigen. Die Spiralform des begehbaren Kunstwerks steht für die Unendlichkeit des Lebensflusses, in den wir alle eingebunden sind.

Die Gipsskulptur „Welle" von Gabi Haas symbolisiert die Kraft des Wassers, seine Dynamik, aber auch die der Wellenbewegung innewohnende Harmonie und Schönheit. Die Bäche, die im Göschener Tal entspringen, fließen auf das Meer zu, und das Gletscherwasser wird zu Meereswellen. In das Kunstobjekt eingefügt sind diese Zeilen des taoistischen Weisen Kuan-tzu, der im 4. Jahrhundert vor Christus lebte: „Wasser ist also, das alles vermag? Es ist das Wasser. Nicht eines der mannigfaltigen Dinge gibt es, das nicht aus ihm hervorgeht. Nur wer mit seinen Prinzipien umzugehen weiß, kann in rechter Weise handeln … Für den Weisen ist daher das Wasser der Schlüssel zur Wandlung der Welt. Wenn das Wasser unvergiftet ist, ist das Herz der Menschen befriedet. Ist das Herz des Menschen lauter, so ist nichts Böses in ihrem Wandel. Wenn der Weise daher die Welt regiert, so lehrt er nicht jeden einzelnen Menschen …, sondern nimmt sich das als Schlüssel."

Wasserkunst in Leipzig und Addis Abeba

Seit mehr als zwei Jahrzehnten lebt Solomon Wija in Leipzig und arbeitet hier inzwischen als freischaffender Künstler. Aber er hat den Wassermangel in seiner Kindheit in Addis Abeba/Äthiopien nicht vergessen. Deshalb hat der Maler und Grafiker das Projekt „Wasserhahn" gestartet. Gegenüber der „Leipziger Volkszeitung" sagte er im November 2004 über das Vorhaben: „Wasser ist überall auf der Welt ein Thema. Es ist auch für Kinder einfach zu verstehen. Dennoch herrschen in vielen Ländern unterschiedliche Vorstellungen darüber." Der Künstler und die drei weiteren Initiatoren des Projektes haben Kinder und Jugendliche in Leipzig dazu motiviert, das Thema Wasser auf Plakaten, Postkarten und Zeichnungen zu gestalten. In einer Selbstdarstellung des Projektes ist zu lesen: „Alles was mit Wasser zu tun hat, kann umgesetzt werden, Wasser als Grundlebensmittel, als Kraftquelle, als Naturschönheit und Naturgewalt, und in den Religionen. Wasser als Medium für Bewegung, Wasser als Ressource überall, gutes Wasser für alle. Das Problem der unterschiedlichen Verteilung der Wasserressourcen auf der Welt soll in den Mittelpunkt des Projekts gerückt werden."

Solomon Wija sagte der Zeitung über die Arbeit der jungen Künstlerinnen und Künstler: „Manchmal kommen über 20 Jugendliche hierher. Die verwendete Technik spielt keine Rolle. Linol- oder Holzschnitt, Radierung,

Plastik oder Bleisatz sind möglich. Mitmachen kann jeder im Alter zwischen 8 und 16 Jahren."

Ort der Arbeit ist die Grafikwerkstatt der „Werk II – Kulturfabrik Leipzig", und so werden viele Werke mit Unterstützung eines Diplomgrafikers gleich als Postkarten gedruckt. Diese Karten hat Solomon Wija im Januar 2004 mit nach Äthiopien genommen, wo an drei Schulen in Addis Abeba ein paralleles Projekt durchgeführt wird. Auch hier gestalten Kinder Wasserbilder. Im Reisebericht des Künstlers steht über seinen Aufenthalt in der „Jerusalem Primary Public School" in einem Stadtteil, wo viele Kinder zu Hause keinen Wasseranschluss haben: „Die Arbeit mit 45 ausgewählten Kindern lief sehr gut. Ich hatte die Bibliothek der Schule bereitgestellt bekommen, eine Baracke, ca. 30 qm groß, mit Wellblech. Sonst müssen dort 90 Kinder Platz finden. Alles war so vorbereitet, dass mit dem bereitgestellten Material gut gearbeitet werden konnte. Bevor die Kinder mit viel Eifer und Liebe an die praktische Arbeit gingen, führten wir Gespräche. Und als wir am Ende den Raum verlassen, sehe ich in lachende, hoffnungsvolle Gesichter."

Aus den afrikanischen und deutschen Werken wurden zum Ende des einjährigen Projektes Ausstellungen in Addis Abeba und Leipzig veranstaltet, unter anderem in der Gnadenkirche Wahren. Während der Ausstellungszeit und bei der Abschlussveranstaltung des Projekts in Leipzig wurden Spenden für die Verbesserung der Wasserversorgung an drei äthiopischen Schulen gesammelt, ebenso für die Erweiterung einer Schulbibliothek. Mit den Ergebnissen des Kunstprojekts wurden ein Buch mit Kunst und Texten der Kinder zum Thema Wasser zusammengestellt. Neben „Wasserhahn" steht auf dem Titel der entsprechende amharische Ausdruck: Yäweha boneboa.

Mit „Overtures" zur EXPO 2008

Die EXPO 2008 in Zaragoza/Spanien wird das Thema „Wasser und nachhaltige Entwicklung" haben. Eines der Projekte zu diesem Thema trägt den Titel „Overtures". Ein Gruppe internationaler Künstler, Kuratoren und Wissenschaftler wird verschiedene europäische Länder besuchen und dort kennenlernen, wie mit der „Ressource Wasser" umgegangen wird. Erste Station war im Herbst 2006 Island, das wasserreichste Land Europas. Die Gruppe besuchte unter anderem Kraftwerke, Wasserfälle und Geysire und führte Gespräche mit Künstlern, aber zum Beispiel auch mit Energiefachleuten. In der isländischen Gesellschaft umstrittene Vorhaben wie der Bau weiterer Wasserkraftwerke waren ebenso Thema wie die Beschäftigung isländischer Künstler mit dem allgegenwärtigen Wasser. Die isländische Künstlerin Rúri hat 2003 bei der Bienale in Venedig viel Beachtung gefunden mit ihrem Werk „Endangered Water", allerdings mit ihrer Kritik an der Zerstörung der isländischen Natur wenig Sympathie bei der Regierung und Industriekreisen gefunden. Die angereisten Künstlerinnen und Künstler stellten in Island auch eigenen Werke und Auffassungen zur Diskussion, so dass ein wirklicher Dialog möglich wurde. Die interdisziplinäre „Overtures"-Gruppe wird außerdem Norwegen, Deutschland und die Türkei besuchen, und dann im Dorf Aragon bei Zaragossa 2008 die Ergebnisse ihrer Beschäftigung mit der Ressource Wasser präsentieren.

Landwirtschaft

„Das tägliche Massaker" lautete am 16. Oktober 2004 die Überschrift eines Artikels in der „Frankfurter Rundschau", in dem es um die weiterhin wachsende Zahl hungernder Menschen auf der Welt ging. 842 Millionen Menschen leiden gegenwärtig unter Unterernährung. Das Ziel der Vereinten Nationen, die Zahl der Hungernden zwischen den Jahren 1990 und 2015 zu halbieren, scheint in weite Ferne gerückt. Wenn man sich fragt, wie eine bessere Nutzung von Wasser dabei helfen könnte, die Hungerprobleme auf der Welt zu lösen, muss man sich zunächst eines klar machen: Es gibt genügend Nahrungsmittel auf der Welt für alle Menschen. Das Problem ist die Verteilung dieser Nahrungsmittel, genauer muss man sagen, dass den Hungernden das Geld fehlt, um sich etwas zu Essen zu kaufen. Erst so werden aus Naturkatastrophen wie Dürren menschliche Tragödien riesigen Ausmaßes. Wenn die Betroffenen dieser Katastrophen ausreichend Geld hätten, wären sie begehrte Kunden internationaler Nahrungsmittelkonzerne, so aber können sie allenfalls auf die Unterstützung karitativer Organisationen hoffen. Deren Mittel reichen bei weitem nicht aus, um 842 Millionen unterernährte Menschen zu versorgen, und die Zahl der Hungernden auf der Welt steigt seit einigen Jahren wieder an. Es kommt bei der Nutzung von Wasser zur Lösung der Ernährungskrise in vielen Regionen der Welt also nicht nur darauf an, mehr Nahrungsmittel zu produzieren, sondern es muss vor allem um Nahrungsmittel gehen, die den Armen zugänglich sind.

Kann die Bewässerungslandwirtschaft die globalen Ernährungsprobleme lösen?

In der Agrarpolitik vieler Entwicklungsländer und in der westlichen Entwicklungspolitik kommt der Förderung der Bewässerungslandwirtschaft eine zentrale Bedeutung zu. Nur ein Viertel der bewässerten Landwirtschaftsflächen befinden sich in Industriestaaten, aber drei Viertel in ärmeren Ländern im Süden der Welt. Dabei verfügt Afrika südlich der Sahara über sehr viel weniger bewässerte Flächen als Asien, was auch die wirtschaftlich schwächere Situation des afrikanischen Kontinents widerspiegelt. Die Kosten für den Bau von Bewässerungssystemen belaufen sich auf 1.000 bis 15.000 Dollar pro Hektar. Darin sind die Kosten für die Gewinnung des Wassers noch nicht enthalten. Aus dem „Weltwasserbericht" der Vereinten Nationen aus dem Jahr 2003 geht hervor, dass die Kosten pro Hektar in Afrika am höchsten sind, vor allem deshalb, weil hier die zusammenhängende bewässerte Fläche in der Regel kleiner ist als in anderen Teilen der Welt. Gleichzeitig sind die Kosten für Landerschließung und Wassergewinnung besonders hoch. In allen Weltregionen gilt, dass die Erträge in der

Bewässerungslandwirtschaft in der Regel deutlich höher sind als im Regenfeldbau. Das Potenzial und der erforderliche Finanzaufwand für die Bewässerungslandwirtschaft scheinen also zu rechtfertigen, sich in der Entwicklungspolitik auf diese Form der Landwirtschaft zu konzentrieren.

Reisanbau auf Bali. Die Bewässerungslandwirtschaft nutzt den größten Teil des Wassers, das den Menschen zur Verfügung steht. Eine entscheidende Frage lautet, in welchem Zustand das Wasser nach der Nutzung in die Natur zurückgegeben wird. Je mehr Agrarchemie eingesetzt wird, desto problematischer ist dies anschließend für Natur und Menschen.
(Foto: EMW-Archiv/Norbert Schnorbach)

Die regelmäßige Bewässerung von Feldern war eine Voraussetzung für die „grüne Revolution" seit den 1970er Jahren. Sie wird deshalb auch als „Motorpumpen-Revolution" bezeichnet. Die neu gezüchteten Hochleistungspflanzen sind auf eine regelmäßige Wasserzufuhr angewiesen. Dann sind die Ernteerträge hoch, andernfalls verkümmern die Pflanzen. Gerade in Ländern mit einem wenig effizienten Wassermanagement müssen die Bauernfamilien befürchten, dass die Versorgung gerade zum ungünstigsten Zeitpunkt zusammenbricht und die Pflanzen verdorren. Deshalb tendieren sie dazu, so viel Wasser wie möglich auf ihre Felder zu leiten, wenn es verfügbar ist. Die Folge ist aber eine rasche Versalzung der Böden. Weltweit sind nach Schätzungen der Welternährungsorganisation FAO bereits 30 Prozent der bewässerten Flächen durch Versalzung geschädigt. Ein bis zwei Prozent der bewässerten Anbaufläche wird jedes Jahr durch die Versalzung für die Landwirtschaft ganz unbrauchbar. Moderne Verfahren wie die Tröpfchenbewässerung, die mit sehr viel weniger Wasser auskommen, sind für einen großen Teil der Bauern in armen Ländern zu teuer.

Der Anbau der Hochleistungssorten ist zudem mit einem beachtlichen Einsatz von Düngemitteln und Pestiziden verbunden. Das Wasser, das nicht von den Pflanzen aufgenommen wird und nicht verdunstet, versickert und wird zu Grundwasser oder wird in Bäche und Flüsse abgeleitet. Damit gelangen auch die Düngemittel und Pestizide in die Wasserkreisläufe. Nur der kleinste Teil der Nitrate erreicht tatsächlich die Pflanzen, der Rest „bereichert" den Boden und das Wasser. Wenn so belastetes Grundwasser ungereinigt getrunken und im Haushalt genutzt wird, sind damit hohe Gesundheitsrisiken verbunden. Das ist einer der Gründe, warum ökologisch verantwortungsbewusste Landwirtschaft kein Luxus für arme Länder ist, sondern die Voraussetzung dafür, Grund- und Flusswasser sowie die übrige Umwelt zu schonen und damit die Zukunft der Menschen in der Region zu sichern.

Um den steigenden Wasserbedarf der Bewässerungslandwirtschaft zu decken, wird in vielen Ländern das Brauchwasser aus den Städten gereinigt und auf die Felder geleitet. Etwa ein Zehntel der bewässerten Flächen soll auf diese Weise ohne Grund- und Oberflächenwasser auskommen. Probleme entstehen aber, wenn das Abwasser der Städte nicht genügend gereinigt wird, zumal auch in den Ländern des Südens immer mehr Haushaltschemie in den Wohnungen der Stadtbewohner verwendet wird.

Konflikte um das knappe Gut Wasser

Der Wasserbedarf der Bewässerungslandwirtschaft lässt sich in zahlreichen Ländern mit Wasserstress immer weniger decken. 70 Prozent des Wassers, das Menschen aus Flüssen, Seen und dem Grundwasser entnehmen, wird für Bewässerungszwecke in der Landwirtschaft eingesetzt. In vielen Ländern des Südens der Welt ist dieser Anteil sogar noch höher. In Afrika sind es 85 Prozent.

Die Welternährungsorganisation FAO hat berechnet, dass schon 10 der 93 untersuchten Entwicklungsländer mehr als 40 Prozent der sich jährlich erneuernden Wassermenge für die Bewässerungslandwirtschaft verwenden. In Chinas Kornkammer, den Ebenen im Norden, werden jedes Jahr 30 Kubikkilometer mehr Grundwasser an die Oberfläche gepumpt als durch Niederschläge erneuert werden. Ein Weltbankexperte sagte angesichts solcher Probleme in verschiedenen Regionen der Welt schon vor Jahren: „Die Leute pumpen, als gäbe es kein morgen." Für viele Grundwasservorräte ist die Motorpumpe das geworden, was die Motorsäge für die Urwälder dieser Welt ist. Die Folge der sinkenden Grundwasserspiegel ist ein gnadenloser Verdrängungswettbewerb. Im indischen Bundesstaat Gujarat wurde das Wasser noch vor einer Generation aus handgegrabenen Brunnen geschöpft. Heute holen die Pumpen es aus 300 Meter Tiefe.

Die indische Schriftstellerin Vandana Shiva, die für ihr Engagement für die Umwelt mit dem alternativen Nobelpreis ausgezeichnet wurde, hat in ihrem Buch „Der Kampf um das blaue Gold" ausführlich die Folgen dieses von der Weltbank geförderten Pumpen-Booms in ihrer Heimat beschrieben. Hier ein kurzer Auszug: „Im Dorf Belewati wurden in den letzten zehn Jahren 500 Rohrbrunnen gebaut, von denen nur fünf in Betrieb sind, die anderen liegen trocken. Im Dorf Ismailkhada wurden im Laufe der vergangenen sieben Jahre 1.000 Rohrbrunnen in den Boden getrieben; die 12 Teiche, die der Gemeinde Jahrhunderte lang als Wasserquelle dienten, trockneten aus. Nun müssen sich die Einwohner ihr Wasser in zwei Kilometer Entfernung holen."

Wenn die alten Brunnen trocken fallen, haben die große Vorteile, der sich tiefere Brunnen leisten können, die anderen haben verloren. Mit dem Wassermangel ist eine finanzielle Katastrophe verbunden. Viele arme Bauernfamilien setzen ihr letztes Geld ein, um Saatgut und Pestizide zu kaufen. Sie zahlen für Kredite bei Geldverleihern Wucherzinsen von 60 Prozent und mehr im Jahr. Fällt dann die Ernte aus, sehen viele keinen anderen Ausweg mehr, als sich das Leben zu nehmen, so wie der Bauer Chetavat Ratan, über den der Journalist Hilmar König im April 2000 in einem Beitrag im „Hamburger Abendblatt" schrieb:

„Chetavat Ratan, ein Kleinbauer im südindischen Bundesland Andhra Pradesh, wusste nicht mehr ein noch aus. Er nahm sich einen Strick und erhängte sich. Der 30-Jährige aus dem Dorf Immunlanarva erscheint auf den ersten Blick als Opfer der Dürrekatastrophe, die seit Wochen große Teile Indiens heimsucht. Beim genaueren Hinsehen hat nicht die Natur, sondern eine skrupellose Gesellschaft Ratan in den Tod getrieben. Er hatte sich bei der lokalen Kreditkooperative 20.000 Rupien (etwa 500 Euro) und bei einem privaten Geldverleiher, der 120 Prozent Zinsen verlangte, nochmals 10.000 Rupien geliehen. Davon kaufte er eine Motorpumpe und Saatgut. Dann wartete er auf die Ernte der angebauten Hülsenfrüchte. Aber die Dürre machte ihm einen Strich durch die Rechnung. Alles verdorrte am Halm. An eine Rückzahlung der Schulden in diesem Jahr war nicht zu denken. Die Kreditkooperative baute die Motorpumpe ab. Der Geldverleiher wollte Chetavat Ratans Frau kidnappen, um sie bei sich im Haus als eine Art Sklavin zu beschäftigen. Das war zu viel für den verzweifelten Farmer. Er nahm sich das Leben." Allein im Bundesstaat Andra Pradesh haben sich zwischen 1998 und 2004 bis zu 6.000 Bauern das Leben genommen, weil sie keinen anderen Ausweg mehr wussten.

Die Bewässerungslandwirtschaft verschärft also die Konflikte um das knappe Wasser. Dies zeigt sich auch in Ländern, wo Ackerbauern und Viehzüchter schon traditionell Konflikte um das Wasser hatten. Je mehr bewässerte Ackerflächen rechts und links der Flüsse in Ländern wie Kenia entstehen, desto weniger Zugang haben die Viehzüchter mit ihren Herden zu den Flüssen. Besonders in längerer Trockenheit kann dies gewaltsame Auseinandersetzungen zwischen Bevölkerungsgruppen auslösen. Aber auch die Konflikte zwischen ländlichen und städtischen Regionen wachsen. Israel mit knappen Wasserressourcen und einer ausgedehnten Bewässerungslandwirtschaft ist ein Beispiel hierfür.

Exportproduktion und Ernährungssicherung

Auch zwischen dem Anbau unterschiedlicher Getreide-, Gemüse-, Obst- und Blumensorten gibt es vielerorts einen harten Konkurrenzkampf. Meistens setzen sich die Großbauern durch, die für den Export produzieren. Sie gelten als moderne Landwirte, die dringend benötigte Devisen ins Land bringen. Demgegenüber werden die Bauern, die vor allem für den eigenen Bedarf und den Nahrungsmittelbedarf der Umgebung sorgen, als rückständig angesehen. Bei dieser Bewertung spielt eine Rolle, dass die Regierung durch die Exportproduktion ihre Zoll- und Steuereinnahmen erhöht. Auch fließen bei Exportgeschäften häufig Bestechungsgelder an die wirtschaftlich und politisch Mächtigen. Außerdem eröffnet die Exportlandwirtschaft Politikern die Möglichkeit, Verwandten zu Chefs von Exportfirmen oder staatlichen Einrichtungen zur Exportförderung zu machen. Bei der Nahrungsmittelproduktion zur lokalen Versorgung fehlen all diese für Politiker und Manager attraktiven Möglichkeiten.

Der Preis für die einseitige Bevorzugung der Produktion und des Wassereinsatzes für den Export ist in vielen Ländern hoch. Dort, wo immer mehr fruchtbares Land und kostbares Wasser für den Anbau von Blumen, Bananen oder Baumwolle für den Export reserviert werden, leidet die Eigenversorgung mit Lebensmitteln. So ist vor allem in Afrika schon häufiger die Situation entstanden, dass ein Land große Mengen von Agrarerzeugnissen nach Europa und Nordamerika exportiert, während gleichzeitig Getreide im Rahmen der Katastrophenhilfe in den Häfen ankommt, um die hungernde Bevölkerung zu versorgen.

Der Effekt der Bewässerungslandwirtschaft für die Ernährungssicherung wird überschätzt, betont Peter Rottach, der Landwirtschaftsfachmann von „Brot für die Welt": „Mit Ausnahme des Nassreises wird die Bewässerungslandwirtschaft allerdings nicht … prioritär zur Ernährungssicherung herangezogen. Schon aus Kostengründen zielt sie auf Exportkulturen wie Baumwolle oder auf Sonderkulturen wie Obst und Gemüse ab. Nicht allein der Bau, sondern auch Instandsetzung und Betriebskosten von Bewässerungsanlagen verschlingen immense Summen. Für Selbstversorgungslandwirtschaft kommt Bewässerung deshalb nur dann in Frage, wenn sie keine Kosten verursacht. Selbst das Getreide ist heute kaum noch ein Grundnahrungsmittel, sondern größtenteils ein Rohstoff für die Veredlungswirtschaft. 70 Prozent der Weltgetreideproduktion werden zu Futtermitteln verarbeitet."

Besonders dramatisch ist die Wassersituation in Ländern des Nahen Ostens, wo Wasser aus sehr tiefen Schichten hochgepumpt und eingesetzt wird, um Getreide- und Gemüsefelder zu bewässern. Es werden Wasserressourcen geplündert, die sich vielen Tausend Jahren gebildet haben und sich bei den heutigen minimalen Niederschlägen in der Region nicht wieder erneuern. Durch die Verdunstung ist der Wasserbedarf je Hektar in diesen

Ländern zudem sehr hoch. Für eine wasseraufwendige landwirtschaftliche Produktion opfern die Regierungen also die Wasserressourcen, die zukünftigen Generationen fehlen werden. Libyen ist ein Beispiel dafür. Dort werden jeden Tag sechs Millionen Kubikmeter Wasser aus Wasserlagerstätten unter der Sahara über große Entfernungen in Küstenregionen gepumpt, wo sie für den häuslichen Bedarf und riesige bewässerte Anbauflächen genutzt werden. 135.000 Hektar Wüste werden so in grüne Felder verwandelt – solange das Wasser reicht. Weltweit steigt die bewässerte Anbaufläche jährlich um etwa zwei Prozent, und auch immer mehr Befürworter der Bewässerungslandwirtschaft fordern, dass der Wasserverbrauch für diese Zwecke begrenzt werden muss. Ihr Slogan lautet: „Mehr Ernte pro Tropfen" („More Crop per Drop"), denn bei ineffizienten Bewässerungssystemen erreicht nur ein Fünftel des Wassers tatsächlich die Pflanzen.

Trotz der geschilderten Probleme wäre es falsch, nur die Nachteile der Bewässerungslandwirtschaft zu sehen. Ohne die großen Produktionssteigerungen dank moderner Bewässerungstechniken und Hochertragssorten wären vor allem in Asien die Hungerprobleme sehr viel größer, als sie es heute sind. Auch muss berücksichtigt werden, dass auf diesem Wege die Preise landwirtschaftlicher Produkte weniger stark gestiegen oder sogar gesunken sind. Davon profitieren auch die ärmeren und armen Bewohner der Städte im Süden der Welt. Außerdem hat die Bewässerungslandwirtschaft den großen Vorteil, dass die Abhängigkeit von ausreichend Niederschlägen in der Wachstumsphase der Pflanzen stark vermindert ist, jedenfalls so lange, wie genügend Wasser für die Bewässerung zur Verfügung steht. Es gibt aber gute Gründe, nicht allein und nicht primär auf den Ausbau der Bewässerungslandwirtschaft zu setzen, ein gewichtiger Grund ist die Tatsache, dass in vielen Ländern schlicht das Wasser fehlt, um diese Form der Landwirtschaft immer weiter auszuweiten.

Der vernachlässigte Regenfeldbau

„So führt zur Ernährungssicherung kein Weg am so genannten Regenfeldbau vorbei. Er stellt den Versuch dar, mit den natürlichen Niederschlägen ein Optimum an Pflanzenwachstum zu erzielen. Grundsätzlich ist diese Art Landwirtschaft erheblich weniger umweltbelastend und gleichzeitig kostengünstiger als Bewässerung." So begründet Peter Rottach in einem Arbeitspapier das Engagement von „Brot für die Welt" für die Verbesserung des Regenfeldbaus. In den Entwicklungsländern entfallen 60 Prozent der landwirtschaftlichen Produktion auf diese Anbauform. 80 Prozent und mehr der Ackerbaufläche werden auf diese Weise genutzt. Der Nachteil des Regenfeldbaus ist, dass er stark abhängig von Niederschlägen ist und zwar nicht von der durchschnittlichen Regenmenge in einer Region, sondern davon, dass es dann regnet, wenn die Pflanzen das Wasser für das Wachstum dringend benötigen. Aber es gibt Jahrtausende alte Sorghum- und Hirsesorten, die mit wenig Wasser auskommen können. Auch gibt es bewährte Methoden, um den Wasserbedarf zu vermindern, die zum Teil auch hiesigen Gärtnern bekannt sind. So reduziert ein regelmäßiges Auflockern der oberen Bodenschichten die Verdunstung, weil der Kapillarfluss an die Oberfläche unterbrochen wird. Auch Mulchen hält Wasser im Boden. Bei Versuchen im westafrikanischen Burkina Faso wurde der Wasserbedarf von Feldern durch das Mulchen auf $^1/_{16}$ gegenüber Anbauflächen vermindert, die ohne Mulch der Sonne ausgesetzt waren.

Der Regenfeldbau hat vor allem für die Ernährung der ländlichen Bevölkerung in ärmeren Ländern Afrikas, Asiens und Lateinamerikas eine zentrale Bedeutung. Während viele Exportprodukte unter Einsatz von aufwändigen Bewässerungssystemen erzeugt werden, bauen Millionen Kleinbauernfamilien das Getreide und Gemüse für den heimischen Bedarf ohne Bewässerungssysteme an. Auch ein großer Teil der Nahrungsmittel für den Verkauf im Lande selbst wird gerade in Afrika im Regenfeldbau erzeugt. Wenn man den Hunger auf der Welt besiegen will, ist eine Förderung und Verbesserung dieser Anbauform deshalb von zentraler Bedeutung. Auch hat der Regenfeldbau unter ökologischen Gesichtspunkten eine ganze Reihe von Vorteilen. In der Regel wird sehr viel weniger Agrarchemie eingesetzt, sodass Böden und Wasser weniger belastet werden. Auch werden knappe Wasserressourcen geschont. Zudem entfallen die negativen Auswirkungen von Staudammbauten zur Gewinnung von Wasser für die Bewässerungslandwirtschaft oder die Ausplünderung von Grundwasservorräten.

Es gibt durchaus Möglichkeiten, die Risiken des Regenfeldbaus zu vermindern. Durch „rain water harvesting", also zum Beispiel das Sammeln des Regenwassers von Wellblechdächern, kann vielerorts genügend Wasser bereitgestellt werden, um die Gemüsepflanzen des häuslichen Gartens in längeren Trockenperioden zu wässern. Auch lässt sich Regenwasser durch Terrassen auf den Feldern halten beziehungsweise von einem Feld zum nächsten weiterleiten. Leider geschieht zu wenig, um den Regenfeldbau noch effizienter zu gestalten und mit Entwicklungshilfemitteln zu fördern.

Ein großes Risiko für den Regenfeldbau stellen die globalen Klimaveränderungen dar. Es spricht viel für die These, dass die Niederschläge in den ohnehin trockenen Regionen der Welt noch abnehmen werden. Außerdem gibt es eine Tendenz, dass heftige Regenfälle zunehmen, gefolgt von längeren Trockenperioden, und dass die jahreszeitliche Regelmäßigkeit von niederschlagsreichen und niederschlagsarmen Zeiten abnimmt, dass es also unberechenbarer wird, wann der nächste Regen kommt.

Schritte zur Überwindung des Hungers

Beim Versuch, den Hunger auf der Welt zu überwinden, muss nicht nur bei der Produktion und dem Zugang zu Nahrungsmitteln in armen Ländern angesetzt werden. Einen großen und meistens negativen Einfluss auf die Situation haben auch die Verbrauchsstrukturen. Um den täglichen Lebensmittelverbrauch eines durchschnittlichen US-Bürger zu erzeugen, werden 5.400 Liter Wasser eingesetzt. Dafür ist vor allem der hohe Fleischverbrauch verantwortlich. Die US-Konsummuster scheinen sich nicht zuletzt als Folge der Expansion von US-amerikanischen Fast-Food-Ketten überall auf der Welt durchzusetzen. In den Entwicklungsländern steigt der Fleischverbrauch jedes Jahr durchschnittlich um 5 bis 6 Prozent. Allerdings entfällt der Zuwachs weitgehend auf einige Länder, etwa Brasilien und China, während in Afrika eine Stagnation oder sogar ein Rückgang zu verzeichnen ist. Der Grund ist nicht eine Zunahme der Anhänger des vegetarischen Gedankens in Afrika, sondern das fehlende Geld für den Kauf von mehr Fleisch. Wie im Abschnitt „Virtuelles Wasser" dargestellt wird, kann ein verändertes Verbraucherverhalten den Wasserbedarf für landwirtschaftliche Zwecke drastisch vermindern. Da Länder wie Deutschland, Österreich und die Schweiz große Mengen Futtermittel und auch Fleisch aus Afrika, Asien und Lateinamerika importieren, haben unsere Ernährungsgewohnheiten direkte Auswirkungen auf die Landwirtschafts- und Ernährungssituation in weit entfernten Ländern.

Einsparungen des Wasserverbrauchs durch ein verantwortungsbewusstes und dabei zugleich auch gesundes Ernährungsverhalten der Wohlhabenden und Reichen der Welt plus eine effiziente Bewässerungslandwirtschaft und ein gezielt geförderter Regenfeldbau eröffnen die Chance für eine nachhaltige Wassernutzung in der Landwirtschaft. Das garantiert noch nicht die Überwindung des Hungers auf der Welt, dafür sind auch Landreformen, eine Wirtschaftspolitik mit dem Ziel der Armutsbekämpfung, die Schaffung von Arbeitsplätzen für den ärmsten Teil der Bevölkerung und weitere Schritte erforderlich. Aber eine an den Bedürfnissen der Armen orientierte Wasserpolitik in der Landwirtschaft kann wichtige Voraussetzungen dafür schaffen, dass niemand mehr hungern muss.

Im „Bericht über die menschliche Entwicklung 2006" zum Thema „Nicht nur eine Frage der Knappheit: Macht, Armut und die globale Wasserkrise" des UN-Enwicklungsprogramms UNDP heißt es im Landwirtschaftskapitel: „Angesichts der zunehmenden Besorgnis über die globale Wasserversorgung und die Verfügbarkeit von Nahrungsmitteln sollten die Regierungen den Blick über die Knappheitsaspekte hinaus auf die umfassenden Fragen der menschlichen Entwicklung richten. Der Zugangsgerechtigkeit und der Stärkung der Nutzer in den Managementstrukturen einen wichtigeren Platz einzuräumen, wäre ein Anfang."

Lesotho

In Lesotho, einem kleinen Land im südlichen Afrika, wird seit Jahren am größten Infrastrukturprojekt des Kontinents gebaut, das erst im Jahre 2020 abgeschlossen sein soll. Anlass für dieses Vorhaben, das mindestens acht Milliarden Euro kosten wird, ist der große Wasserbedarf der südafrikanischen Region rund um die Millionenstadt Johannesburg. Um diesen Bedarf zu decken, wird das Wasser von Gebirgsflüssen in Lesotho in großen Stauseen gesammelt und von dort aus nach Südafrika gepumpt. Mit dem aufgestauten Wasser wird außerdem Elektrizität für Lesotho erzeugt, und das arme Land erhält für die nächsten 50 Jahre etwa 25 Millionen Euro pro Jahr für die Wasserlieferungen ins Nachbarland.

Zunächst wurde der 186 Meter hohe Katse-Staudamm errichtet, der höchste Staudamm Afrikas. Der anschließend fertiggestellte Muela-Staudamm dient vor allem der Elektrizitätserzeugung, während der im Bau befindliche Mohale-Staudamm wie der Katse-Staudamm vor allem zur Wasserspeicherung gedacht ist. 260 Kilometer lange Tunnel verbinden die Stauseen mit der Region von Johannesburg.

Als die Weltbank sich für eine Bereitstellung von Krediten für dieses Staudammvorhaben entschloss, verkündete Pamela Cox, die Weltbank-Repräsentantin für Südafrika und Lesotho im Juni 1998: „Das Lesotho Highlands Water Project bietet die einzige Quelle für eine Entwicklung in Lesotho." Sie fügte hinzu, dass das Vorhaben auch die kostengünstigste Wasserversorgungsmöglichkeit bedeuten würde: „Dies ist ein ausgezeichnetes Beispiel für eine regionale Zusammenarbeit zum beiderseitigen Nutzen – es wird eine wirkliche win-win-Lösung für dringende Probleme beider Länder erreicht." In einer Pressemitteilung zur Kreditvergabe wird die Behauptung aufgestellt, das Vorhaben habe die Unterstützung der Nichtregierungsorganisationen und der Gemeinden in Lesotho.

Die sozialen und ökologischen Auswirkungen der Staudämme

Die Ableitung des Wassers in Lesotho verändert das Senqu-Oranje-Flusssystem (der Fluss heißt in Lesotho Senqu, in Südafrika Oranje) gravierend. Die Hälfte des Wassers des Oranje-Flusses stammt aus Lesotho, und durch das Staudammprojekt wird diese Menge um 40 Prozent vermindert. Südafrika bezieht also nicht nur Wasser durch das Lesotho Highlands Water Project, sondern verliert auch Wasser des Oranje, der durch eine besonders trockene Region des Landes fließt. Später bildet der Oranje die Grenze zwischen Südafrika und Namibia, bevor er in den Atlantik fließt. Die Zustimmung Namibias zu dem Projekt der Wasserableitung wurde eingeholt, allerdings zu einem Zeitpunkt, als das Land noch unter südafrikanischer Herrschaft stand. Später hat die Regierung des unabhängig gewordenen Namibia ebenfalls dem Vorhaben zugestimmt. Die Auswirkungen der Umleitung eines beträchtlichen Teils des Wassers des Senqu-Oranje-Flusssystems werden sich erst in einigen Jahren zeigen. Sie betreffen ein großes niederschlagsarmes Gebiet im südlichen Afrika.

Der deutsche Baukonzern HOCHTIEF erhielt im Rahmen eines Konsortiums zunächst den Auftrag für den Bau eines 32 Kilometer langen Verbindungstunnels zwischen zwei Stauseen und dann 1997 einen weiteren Auftrag für den Bau eines Wehrs und eines Überleitungsstollens. HOCHTIEF sieht das Lesotho Highlands Water Project als Beispiel für die Lösung städtischer Probleme und hat es entsprechend aus Anlass der Weltkonferenz URBAN 21 im Jahre 2000 bekannt gemacht.

Eine gänzliche andere Auffassung zu dem gewaltigen Staudammprojekt hat das „International Rivers Network" (IRN), eine internationale Menschenrechtsorganisation, die sich unter anderem mit den sozialen und ökologischen Folgen von Staudämmen beschäftigt. 2001 hat IRN eine Studie von Ryan Hoover zu den Folgen des Staudammprojekts in Lesotho unter dem Titel „Pipe Dreams" veröffentlicht. IRN hat sich mit der Situation der fast 20.000 Menschen befasst, die durch die ersten beiden Stauseen ihre Heimat verloren haben (weitere 7.000 kommen durch die Flutung des dritten Stausees hinzu). Die durch Überflutungen betroffene Fläche ist kleiner als bei vielen anderen Großstaudamm-Projekten im Süden der Welt. Es ist aber zu berücksichtigen, dass Lesotho zu den am dichtesten besiedelten Regionen Afrikas mit einem für die Bevölkerung unzureichenden Angebot an Acker- und Weideland gehört. Nur acht Prozent des Gebirgslandes Lesotho ist für den Ackerbau geeignet, und davon geht ein Prozent durch das Staudammvorhaben verloren.

Zwar sind höhere Ausgleichszahlungen als für Staudammprojekte in anderen Ländern des Südens vorgesehen worden, aber es hat offenbar Verzögerungen bei der Auszahlung gegeben, und die Infrastruktur wurde nur in kleinen Schritten verbessert. Die Studie kommt zum Ergebnis, dass die Staudammprojekte die Armut der örtlichen Bevölkerung vergrößert haben und zudem die gefährliche Tendenz begünstigen, sich ganz auf Ausgleichszahlungen und andere Gelder von außen zu verlassen.

Ein Effekt der Spreng-, Tunnelbau- und Straßenbauprojekte in der Region war, dass eine Reihe von Quellen versiegte und die Menschen sich jetzt aus größeren Entfernungen Wasser holen müssen. Für die Menschen unterhalb des Katse-Damms hat sich die Versorgungssituation drastisch verschlechtert, weil das Flusswasser nun so stark mit Schadstoffen belastet ist, dass es nicht mehr als Trinkwasser verwendet werden kann. Die Bewohner in mehreren der umgesiedelten Dörfer klagten darüber, dass sie immer noch nicht an eine Wasserversorgung angeschlossen waren. Zusagen für einen raschen

Anschluss an eine Trinkwasserversorgung wurden nicht eingehalten und zum Zeitpunkt der Studie war die Verwirklichung dieser Pläne bereits fünf Jahre hinter den ursprünglichen Zusagen zurückgeblieben. Vertraulich teilte ein leitender Projektmitarbeiter dem Verfasser der Studie mit, man habe die Probleme bei der Bereitstellung des Trinkwassers für die umgesiedelte Bevölkerung unterschätzt. Das Unternehmenskonsortium war nicht bereit, Wasser aus dem Stausee in die höher gelegenen Dörfer zu pumpen, weil dies zu teuer wäre – allerdings wurde Wasser in die ebenfalls oberhalb des Sees gelegene Siedlung der Ingenieure des Bauvorhabens gepumpt und reichte dort sogar für das Füllen von Swimming Pools. Ausgerechnet das größte Projekt zur Verbesserung der Wasserversorgung im südlichen Afrika hat also dazu geführt, dass sich die Versorgungssituation von Menschen in der unmittelbaren Umgebung des Projektgebietes verschlechtert hat.

In der IRN-Studie wird der Schüler Mpho, der zum Zeitpunkt des Gesprächs die siebte Grundschulklasse besuchte, so zitiert: „Es gibt nichts Schlimmeres, als hart zu arbeiten und dann ansehen zu müssen, wie jemand kommt und alles zerstört. Wir waren zufrieden damit, wie wir unsere Arbeit taten. Wir bauten Mais und Bohnen an und aßen den frischen Mais. Auch hatten wir Bäume und Feuerholz, das die Leute von uns gekauft haben. So nahmen wir Geld ein, und es war möglich, zur Schule zu gehen. Als das Lesotho Highlands Water Project kam und alles zerstörte, was meiner Familie wichtig war, wurden wir arm. Der Damm hat uns unsere Felder und unsere Bäume genommen. Damit verloren wir unser Geld. Wir müssen uns jetzt sehr bemühen, um das Geld für den Schulbesuch aufzubringen … Wenn ich jetzt auf den Damm sehe, werde ich sehr zornig."

Die „World Commision on Dams" hat vor einigen Jahren strikte Richtlinien vorgeschlagen, die beim Bau von Staudämmen eingehalten werden müssten (siehe Abschnitt Staudämme). Die IRN-Studie kommt zum Ergebnis, dass die Staudämme in Lesotho nach diesen Maßstäben vermutlich nie hätten gebaut werden dürfen. Und dies schon deshalb nicht, weil sie weder gegenwärtig noch in den nächsten Jahren benötigt würden. Der Bedarf in der Region um Johannesburg sei zu hoch berechnet worden. Außerdem hätte die Möglichkeit bestanden, durch eine konsequente Beseitigung von Leckagen im Leitungsnetz und durch Wassersparmaßnahmen den Verbrauch drastisch zu reduzieren. Genau solche Maßnahmen hatte die „World Commission on Dams" vorgeschlagen, bevor neue Staudämme mit großen ökologischen und sozialen Folgelasten gebaut werden. Auch hätten die „stakeholders", also die direkt Betroffenen, sehr viel stärker in Planungen und Entscheidungen einbezogen werden müssen und es hätte sichergestellt werden müssen, dass sie angemessen an den Einnahmen beteiligt werden.

Welche ökologischen Folgen es haben wird, wenn wirklich einmal die vorgesehen Menge Wasser von Lesotho durch Pipelines nach Südafrika abgeleitet wird, ist nicht absehbar. Erkennbar ist aber die wachsende Wasserknappheit in Lesotho selbst. Im März 2004 meldete die britische Entwicklungsorganisation „Christian Aid", dass Lesotho das dritte Jahr hintereinander von einer Dürre betroffen sei, die nicht nur die Landwirtschaft beeinträchtige, sondern auch Auswirkungen auf Brunnen und Flüsse habe. 600.000 bis 700.000 Menschen, ein Drittel der Bevölkerung, benötige Nahrungsmittelhilfe. Die Weltbank stellte im Oktober 2004 einen Kredit von 14,1 Millionen Dollar zur Verfügung, um das Wasserversorgungssystem Lesothos zu verbessern und akute Versorgungsprobleme zu überwinden. Dieses Projekt zur Verbesserung der Wassersituation der lokalen Bevölkerung wurde eineinhalb Jahrzehnte nach dem Beginn des großen Staudammvorhabens bewilligt.

Die Beteiligung deutscher Unternehmen

HOCHTIEF und seine Tochtergesellschaft Concor sind wie erwähnt an dem Vorhaben wesentlich beteiligt und tragen daher auch eine Mitverantwortung für die Folgen. Zum Zeitpunkt der Planung und Durchführung der ersten Phasen des Projektes war HOCHTIEF mehrheitlich im Eigentum des Energie- und Wasserkonzerns RWE (siehe Abschnitt RWE). Die Beteiligung von RWE an diesem umstrittenen Vorhaben reichte darüber hinaus, denn der Essener Konzern hielt auch 24,9 Prozent an der Ingenieurs- und Beratungsfirma Lahmeyer International. Außerdem bestehen Geschäftsbeziehungen zwischen RWE und der Beratungsfirma. Lahmeyer International ist nach eigenen Angaben in mehr als 140 Ländern tätig und unterhält Auslandsbüros und Vertretungen in 40 Ländern.

In den letzten Jahren ist Lahmeyer International aber nicht wegen seiner technischen und wirtschaftlichen Planungs- und Beratungsleistungen von der internationalen Presse beachtet worden, sondern wegen seiner Verwicklung in einen Korruptionsskandal in Lesotho. Unstrittig ist, dass der frühere Direktor des Lesotho Highland Water Projects, Masupha Sole, Bestechungsgelder in Höhe von etwa zwei Millionen US-Dollar angenommen hat. Dafür ist er von einem Gericht in Lesotho zu einer 18jährigen Gefängnisstrafe verurteilt worden. Die südafrikanische Wirtschaftszeitung „Business Day" veröffentlichte am 29. Juli 1999 eine Liste der Unternehmen, die die Bestechungssumme aufgebracht haben. Sie liest sich wie ein Who's Who der internationalen Staudamm-Branche. Neben Lahmeyer International sind auch HOCHTIEF und Concor mit konkreten Beträgen aufgelistet. Die Unternehmen haben unisono die Vorwürfe bestritten. Bisher sind zwei Unternehmen von Gerichten verurteilt worden, der kanadische Baukonzern Acres International und Lahmeyer International. Acres International wurde im Oktober 2002 mit einer Strafe von 2,25 Millionen US-Dollar belegt, weil das Gericht den Vorwurf der Korruption als erwiesen ansah. Der Richter erklärte in seiner Urteilsbegründung, die Höhe der Strafe sei auch als Abschreckung für andere Unternehmen gedacht. Die Weltbank hat das kanadische Unternehmen für drei Jahre von allen Verträgen ausgeschlossen, die von dem internationalen Finanzierungsinstitut mitfinanziert werden. Diese Sanktion erfolgte im Rahmen der Antikorruptionsbemühungen der Weltbank und unter ausdrücklicher Berufung auf die Verurteilung des Unternehmens durch das oberste Gericht von Lesotho.

Nach dem Beschluss der Weltbank erklärte Korinna Horta von der US-Umweltorganisation „Environmental Defence": „Die Weltbank muss sich nun in umfassender Weise mit dem Scheitern des Projektes im Blick auf seine Umwelt- und Sozialzusagen befassen. Dass ein großer Teil des Flusswassers Lesothos abgeleitet wird, hat gravierende Auswirkungen auf die Menschen und das Ökosystem weiter unten an den Flüssen. Es gibt klare Anzeichen dafür, dass Lesotho und Südafrika ihre Vertragsverpflichtungen gegenüber den verarmten Menschen im Hochland von Lesotho nicht erfüllen."

Lahmeyer International wurde im Juni 2003 verurteilt, weil das Unternehmen sich seinen Anteil an den Planungs- und Bauaufträgen durch die Zahlung von etwa 150.000 US-Dollar Bestechungsgeldern gesichert hatte. Nach der Verkündung des Urteils äußerte das Unternehmen „Enttäuschung". Gegenüber der „Süddeutschen Zeitung" erklärte der Geschäftsführer Rainer Bothe, dass es zwar offenbar Schmiergeldzahlungen eines „freien Mitarbeiters" des Unternehmens gegeben habe, dies sei aber nicht im Auftrag von Lahmeyer International geschehen („Süddeutsche Zeitung", 20.6.2003). Das Gericht sah in der Einschaltung eines Mittelsmanns lediglich den Versuch, die Bestechung zu verschleiern. Der von Lahmeyer International und Acres International beauftragte Mittelsmann starb noch vor der Eröffnung des Prozesses an einem Herzanfall. Das Gericht in Lesotho verurteilte Lahmeyer International wegen Bestechlichkeit, dagegen ging das Unternehmen in Berufung. Das Oberste Gericht bestätigte die Verurteilung und verhängte im April 2004 eine Strafe von umgerechnet etwa 1,1 Millionen Euro.

Nach dem Gerichtsurteil in Lesotho ermittelte die Weltbank gegen Lahmeyer und schloss das Ingenieursunternehmen Anfang November 2006 wegen Korruption für sieben Jahre von allen Projekten aus, die von der Weltbank finanziert werden. Dieser Zeitraum kann auf drei Jahre reduziert werden, wenn das Unternehmen sich kooperativ zeigt. Lahmeyer hat inzwischen Besserung gelobt. „Wir haben damals den Fehler gemacht, der Forderung nach Schmiergeldzahlungen nachzugeben", mit dieser Aussage zitierte die „tageszeitung" am 8. November 2006 Henning Nothdurft, den Geschäftsführer von Lahmeyer International. Nach Jahren des Leugnens gestand das Unternehmen das ein, was Gerichte und Weltbank längst nachgewiesen hatten.

Ob in Lesotho jemals alle Unternehmen vor Gericht gestellt werden, ist unklar, weil die personell schlecht ausgestatteten Gerichte des Landes mit den aufwendigen Wirtschaftsprozessen an die Grenzen ihrer Möglichkeiten gelangt sind. Im März 2004 beklagte der Generalstaatsanwalt von Lesotho, Fine Maema, dass es zwar Ankündigungen von Institutionen wie der Weltbank gegeben habe, sich finanziell an den Kosten der gerichtlichen Untersuchen zu beteiligen: „Leider ist davon noch nichts angekommen."

Concor und HOCHTIEF haben zudem den Vorteil, dass sie Teil eines Konsortiums sind und es nicht einfach sein wird, jedem einzelnen beteiligten Unternehmen seine spezifische Schuld nachzuweisen. Für die Unternehmen steht viel auf dem Spiel, denn ihnen droht nicht nur eine Millionenstrafe, sondern es besteht auch das Risiko, dass sie ebenfalls von Projekten ausgeschlossen werden, die von der Weltbank mitfinanziert werden. Wenn der Weltbank-Kodex gegen alle Konzerne angewandt würde, die am Korruptionsfall in Lesotho beteiligt gewesen sein sollen, müsste die Weltbank sich vermutlich aus der Förderung von Staudammprojekten zurückziehen, weil zahlreiche Große der Branche wie zum Beispiel auch ABB (Schweden/ Schweiz) betroffen sind.

Dass die Beteiligung deutscher Unternehmen an dem Staudammprojekt durch staatliche Hermes-Kredite abgesichert worden ist, wirft einmal mehr die Frage nach den Kriterien und den Konsequenzen dieser Form der Absicherung der Auslandsgeschäfte der deutschen Industrie auf. An der Finanzierung des Dammbauprojektes haben sich die Dresdner Bank und die Kreditanstalt für Wiederaufbau beteiligt. Vielleicht sollten vor ähnlichen Kreditvergaben die betroffenen Menschen befragt werden, im Falle von Lesotho zum Beispiel Anna Moepi, die am 7. August 2003 in einer BBC-Radiosendung zu Wort kam. Sie hat durch das Staudammprojekt ihre kleine Farm verloren. Zwar wurde ihr oberhalb des Stausees ein neues Haus gebaut, aber dort ist es sehr kalt, und sie hat kein Land erhalten, das sie bebauen könnte. So lebte sie nun vom illegalen Bierverkauf. Und Mapitsi Suhole fügte hinzu: „Sie haben uns glauben gemacht, dass wir ein besseres Leben haben würden, aber tatsächlich hungere ich nun."

London

Ginge es nach dem Alter der Hauptleitungen, London hätte einen Spitzen-platz in der Welt, denn mehr als ein Drittel der heute genutzten Wasserlei-tungen sind älter als 150 Jahre. Sie stammen also aus der Zeit der Königin Victoria. Wenn solche Antiquitäten nicht gepflegt werden, rächt sich das allerdings. Die Wasserverluste zwischen Wasserwerk und Wasserhahn betra-gen in London mehr als 30 Prozent. Das ist ein Wert, der sonst nur noch in maroden Wasserversorgungssystemen in armen Ländern Afrikas erreicht wird. Die Wasserverluste in London würden ausreichen, um eine 2,5 Millio-nen-Stadt mit Trinkwasser zu versorgen. Wie konnte es zu einer solchen Misere kommen?

Thames Water geht auf einen der traditionsreichsten Wasserversorgungs-betriebe Europas zurück. Bereits im 13. Jahrhundert wurde Quellwasser aus der Umgebung nach London geleitet, und schon 1712 die erste Dampfma-schine im Wasserbereich eingeführt. Wenn die gewaltigen Dampfmaschinen heute im „Kew Bridge Steam Museum" in London angeworfen werden, begeistern sie immer noch die Besucher und sind ein Beleg für die führende Rolle Großbritanniens im Zeitalter der Industrialisierung. Londons Wasser-versorgung war einmal Weltspitze. Bereits in den 30er Jahren des 19. Jahr-hunderts wurde das Trinkwasser gefiltert, sehr viel früher als in Kontinental-europa. Auch mit der – heute in vielen Fällen als problematisch angesehenen – Chlorung des Trinkwassers beschritt das Londoner Wasserunternehmen im zweiten Jahrzehnt des 20. Jahrhunderts neue Wege. Größtes Vorhaben der 80er und 90er Jahre des 20. Jahrhunderts war der Bau eines Ringkanals rund um die Innenstadt von London, die es ermöglichte, die Millionenstadt auch bei Ausfällen von Leitungen zuverlässig mit Wasser zu versorgen.

Die Folgen einer Privatisierung

Thames Water liefert heute im Großraum London etwa 13 Millionen Men-schen das Trinkwasser. Es ist die größte der zehn Wassergesellschaften in England und Wales, die 1989 während der Regierungszeit von Margaret Thatcher privatisiert wurden. Die Bedingungen der Privatisierung waren für die neuen Eigentümer ausgesprochen günstig. So wurden vorher die Alt-schulden getilgt, Betriebskapital bereitgestellt und regionale Monopole für die neuen Gesellschaften geschaffen. Die Wasserpreise können allerdings nur mit Zustimmung einer staatlichen Regulierungsbehörde erhöht werden, aber in den ersten Jahren nach der Privatisierung fanden die zehn Gesell-schaften eine einfache Möglichkeit, Preiserhöhungen durchzusetzen. Sie fügten in die Kalkulation der Kosten des kommenden Jahres hohe Investiti-onsbeträge ein und konnten so drastische Preiserhöhungen begründen. Ein erheblicher Teil der Investitionen wurde allerdings nie getätigt, sondern das Geld floss den Aktionären zu, diente zur Finanzierung hoher Managergehälter und wurde von Chile bis Indonesien eingesetzt, um Thames Water zu einem „global player" auf dem Wassermarkt zu machen.

Die britische Tageszeitung „Daily Mail" gab 1994 einem Beitrag über die Preiserhöhungen der privatisierten Wasserunternehmen den Titel „The Great Water Robbery". Die Regulierungsbehörde prüfte in den ersten Jahren die tatsächlich getätigten Investitionen nicht, aber seit die fiktiven Investitionen als Form der wundersamen Gewinnvermehrung bekannt wurden, sind die Wasserpreise und damit auch die Gewinne der Wasserunternehmen von der Regulierungsbehörde drastisch gesenkt worden. Allein 1999–2000 wurde eine Senkung der Preise um 12 Prozent verordnet, seither steigen sie nur in deutlich geringerem Maße als von den Wassergesellschaften beantragt. Nun rächt sich, dass in den zurückliegenden Jahren zu wenig für die Wartung und Reparatur der Leitungsnetze und der Wasserwerke getan wurde. Das „Handelsblatt" beschrieb die Folgen am 26. September 2000 so: „Nach der vor 10 Jahren eingeleiteten Privatisierung versickerte in kaum einem anderen europäischen Land so viel Wasser in die Erde wie in Großbritannien."

Die Folgen zeigen sich besonders deutlich bei Thames Water mit einem der ältesten noch in Betrieb befindlichen Wasserversorgungssysteme der Welt. Mangelnde Wartung führte zu traurigen Rekorden. 1995 gingen bei einer Wasserknappheit und der Unterbrechung der Wasserlieferung an viele Haushalte binnen 24 Stunden 5.500 Beschwerden von Kunden ein. 1999 und 2000 stand Thames Water an der Spitze der wegen Umweltvergehen bestraften britischen Unternehmen. 1999 mussten Strafen in Höhe von insgesamt 319.000 Pfund bezahlt werden, im folgenden Jahr waren es 288.000 Pfund. Hinzu kommen die hohen Wasserverluste durch Leckagen. Im März 2003 gab die Aufsichtsbehörde OFWAT bekannt, dass mehr als ein Viertel aller Wasserverluste in England und Wales auf Thames Water entfielen, obwohl das Unternehmen nur 15 Prozent der Kunden versorgt. Beunruhigend ist, dass die Wasserverluste durch Leckagen von 1999 bis 2002 Jahr für Jahr weiter stiegen, und erst 2003 eine leichte Verbesserung eintrat. Aber die Verluste von Thames Water lagen immer noch weit über den Normen der Umweltbehörde, die weitere Maßnahmen fordert.

Auch das Abwassersystem Londons bietet Anlass zu Beschwerden. BBC berichtete im September 2002: „Die Verantwortung für die Abwässer von London liegt inzwischen bei Thames Water … Das einzige Problem besteht darin, dass bei manchen Kunden das, was sie sicher weggespült zu haben meinten, die Gewohnheit entwickelt, zu ihnen zurückzukehren. Einwohner von Hampstedt hatten genau dieses Problem, als ihre Straßen und Wohnungen Anfang August überflutet wurden. Sandra Seaman musste feststellen, dass selbst ihre Haustür zerstört war, aber alles, was sie von Thames Water zu hören bekam, war, dass dies ein ‚act of God' sei. Als Mieterin hat

Sandra nicht nur all ihren Besitz, sondern auch ihre Wohnung verloren ...
Thames Water sagt, dass die Abwasserflut in Hampstedt auf unvorherseh-
bare schwere Regenfälle zurückgehe, die die Abflüsse und Abwasserkanäle
überlastet hätten."

In einem anderen Gebiet gab es innerhalb von zwei Jahren viermal solche
Abwasser-Überflutungen. Thames Water wollte keine Fahrlässigkeit einräumen und war deshalb nur bereit, die Abwassergebühren des Jahres von
96 Pfund zurückzuzahlen, nicht aber für die entstandenen Schäden aufzu-
kommen. Ein Sprecher des Konzerns räumte gegenüber BBC ein, dass größere Investitionen in das Abwassersystem von London erforderlich seien und
32 Millionen Pfund eingesetzt würden, um die Zahl der Fälle von Abwasser-
überflutungen zu reduzieren.

Es sind auch verschiedene Fälle dokumentiert, wo Abwasser ungereinigt
in Wasserläufe geriet und Thames Water dafür Strafen zahlen musste. So
wurde Thames Water mit 5.000 Pfund dafür bestraft, dass vom 13. bis
16. April 2002 Abwasser in einen Wasserlauf in Hatfield gelangte. Außerdem wurde dem Unternehmen vorgeworfen, dass es die Umweltbehörde
nicht umgehend informiert hatte und dass mehr Abwasser als von Thames
Water zugegeben in den Flusslauf gelangte. Die Pflanzen- und Tierwelt des
Flusses wurde schwer geschädigt. Am 1. Oktober 2004 wurde bekannt, dass
Thames Water 12.000 Pfund Strafe zahlen musste, weil ungeklärtes Wasser
in den Hertfordshire-Fluss geflossen war. Der Fall wog umso schwerer, als
schon etwa ein Jahr zuvor Abwasser in den Fluss gelangt war und Thames
Water offenbar die Ursachen in der Zwischenzeit nicht beseitigt hatte. Beson-
ders schlimm ist die Situation, wenn es in London heftig regnet, denn dann
reicht die Kapazität des Abwassersystems nicht aus und eine Mischung aus
Regenwasser, Fäkalien und gewerblichen Abwässern landet ungeklärt in der
Themse. Joanne McCartney, die Vorsitzende des Gesundheitsausschusses im
Londoner Stadtrat, machte nach einem dieser Vorfälle Mitte September 2004
ihrem Ärger Luft und erklärte, es könne nicht länger hingenommen werden,
dass in der Weltklasse-Stadt London bis zu 60 Mal im Jahr ungereinigtes
Abwasser in die Themse geleitet wird.

RWE als Eigentümer des Londoner Wasserversorgungs-
unternehmens

Trotz des schlechten Rufs von Thames Water in England erwarb der deutsche Konzern RWE im Jahre 2000 das Londoner Wasserunternehmen und
zahlte den Aktionären sogar einen Aufpreis von 43 Prozent auf den damaligen Aktienkurs. Der Grund war, dass der RWE-Vorstand große Gewinne
im internationalen Wassergeschäft erwartete und durch die Thames Water-
Aktivitäten in mehr als 40 Ländern in den Kreis der „global player" auf
einem Gebiet aufsteigen wollte, wo man bis dahin nur durch einige Beteili-

gungen in Deutschland und Osteuropa präsent war (siehe Abschnitt RWE). Das Wissen um den schlechten Zustand des Leitungsnetzes hat es den britischen Aktionären von Thames Water erleichtert, das Übernahmeangebot von RWE anzunehmen. RWE zahlte 4,3 Milliarden Pfund für das Londoner Unternehmen, ein glänzendes Geschäft für die bisherigen Aktionäre.

Allerdings, der schlechte Ruf von Thames Water in England erwies sich als Handicap bei der weiteren internationalen Expansion. Bei der Übernahme von American Water Works durch RWE gab es 2002 in den USA viele Kritiker, die sich darauf beriefen, das RWE-Tochterunternehmen Thames Water sei der „schlimmste Umweltverschmutzer" in England, so die Bürgerrechtsorganisation Public Citizen im Oktober 2002. Die US-Stadt Lexington erwog, die Wasserwerke von American Water Works zurückzukaufen, um eine Übernahme der Wasserversorgung durch RWE zu verhindern.

Das Grundproblem von Thames Water in London scheint darin zu bestehen, dass in den ersten Jahren nach der Privatisierung die Erneuerung des Wasser- und Abwassersystems vernachlässigt wurde. Dies rächt sich nun, ein Beispiel dafür, dass im Wasser- und Abwasserbereich ein kontinuierlich hoher Wartungs- und Erneuerungsstandard eingehalten werden muss, um auf Dauer wirtschaftlich zu arbeiten. Das war schon vor der Privatisierung ein Problem, aber im letzten Vierteljahrhundert ist daraus ein katastrophaler Zustand geworden.

Mittlerweile hat Thames Water festgestellt, dass allein von 2005 bis 2010 ein Investitionsbedarf von sechs Milliarden Euro besteht, um Umweltschutzauflagen zu erfüllen, vor allem für die Erneuerung von Leitungen. Der Bau von 1.000 Meilen neue Leitungen ist geplant. Aber auch die Gewinnung von Trinkwasser aus dem salzhaltigen Brackwasser der Flussmündung der Themse wurde angedacht, aber vom Londoner Bürgermeister brüsk abgelehnt. Das Unternehmen solle erst einmal die riesigen Verluste durch die Leckagen abstellen. Inzwischen geht dem Versorgungsunternehmen das Wasser aus. Dazu tragen die erwähnten hohen Wasserverluste durch Leckagen bei. Außerdem ist der Wasserverbrauch eines durchschnittlichen Londoners in den letzten zwei Jahrzehnten um 15 Prozent auf 163 Liter am Tag gestiegen, während dank Erfolgen von Wassersparkampagnen in anderen europäischen Metropolen der Verbrauch der Bürger stetig sinkt.

Das Fatale für Thames Water ist, dass man in finanziell guten Zeiten nicht in das Leitungsnetz investiert hat und nun mit der Aufsichtsbehörde um Wasserpreiserhöhungen ringen muss, die halbwegs die Erneuerung des Leitungsnetzes abdecken. 2004 schlug der Versuch spektakulär fehl, obwohl der RWE-Vorstandsvorsitzende Harry Roels extra nach London geflogen war, um die Aufsichtsbehörde zu überzeugen, eine drastische Preiserhöhung zu genehmigen. Nur eine Preiserhöhung von 22 Prozent wurde genehmigt und nicht die erhofften 38 Prozent. Bis zu einem bestimmten Punkt müssten die Eigentümer von Thames Water erst einmal selbst für Investitionen aufkommen, ließ die Aufsichtsbehörde verlauten. Bei dem genehmigten Preis ließen sich die hohen Gewinne nicht erwirtschaften, die die Konzernspitze in Essen vorgab. Deshalb entschloss sich RWE, Thames Water wieder zu verkaufen. Als vorbereitenden Schritt bekamen die Thames Water-Manager die Order, die Auslandsaktivitäten außerhalb Europas und Nordamerikas zu reduzieren und Tochterunternehmen zu verkaufen. Mit diesem internationalen Engagement ließen sich nicht die erhofften hohen Gewinne erwirtschaften, und RWE Thames Water geriet zudem immer wieder negativ in die Schlagzeilen, vor allem mit der Beteiligung an der Wasserversorgung der indonesischen Hauptstadt Jakarta (siehe Abschnitt Jakarta). Im März 2005 geriet Thames Water in England selbst noch stärker in die Kritik, weil der Umweltausschuss der „London Assembly" die Misere der Wasserversorgung von London schonungslos in einer ausführlichen Analyse offen legte. Die „London Assembly" ist das zentrale Beratungsgremium des Oberbürgermeisters der britischen Hauptstadt, und befasst sich u.a. mit Umweltfragen. In der Analyse wird dargestellt, dass im Jahre 2004 jeden Tag fast eine Milliarde Liter Wasser durch Leckagen verloren gegangen sind und schlimmer noch –, dass sich die Wasserverluste in London seit 1999 um 43 Prozent erhöht haben. Inzwischen gehe fast 40 Prozent des Wassers verloren, bevor es die Kunden erreiche, und dies in einer Situation, wo innerhalb der nächsten zehn Jahre mit einem gravierenden Wassermangel in der Region London zu rechnen sei. Dass Thames Water bis zum Jahre 2010 850 Meilen Wasserleitungen ersetzen will, wird zwar begrüßt, aber es wird daran erinnert, dass das gesamte Leitungsnetz 18.750 Kilometer umfasst, von denen die Hälfte mehr als 100 Jahre alt ist. Die geplanten Erneuerungen werden also nicht ausreichen, um die vorhandenen Probleme zu lösen. Es sei ein Plan erforderlich, alle überalterten Leitungen zu ersetzen. Die Analyse und die Schlussfolgerungen der Kommission stellen ein vernichtendes Urteil nach mehr als eineinhalb Jahrzehnten Privatisierung der Londoner Wasserversorgung dar.

Auch die Abwasser-Leistungen von Thames Water gerieten im Frühsommer 2005 erneut in die Kritik, als die EU rechtliche Schritte gegen Großbritannien vorbereitete, weil weiterhin Millionen Tonnen ungeklärten Abwassers in die Themse eingeleitet werden. In den britischen Medien wurde befürchtet, dieser zum Himmel stinkende Zustand könnte die Aussichten Londons bei der Auswahl des Austragungsortes der Olympischen Spiele 2012 vermindern. Ein hoher Regierungsangestellter, der ungenannt bleiben wollte, wurde mit der Bemerkung zitiert: „Es besteht das Risiko, dass der Tag der Eröffnungszeremonie dadurch geprägt sein könnte, dass Dreck den Fluss auf- und abgeschwemmt wird und überall Fische sterben." RWE hat mit all dem juristisch gesehen nichts mehr zu tun. Mit Wirkung vom 1. Dezember 2006 wurde Thames Water an ein Konsortium unter Führung der australischen Bank Macquarie verkauft.

Madeira

Madeira, der „Blumentopf" im Atlantik, gehört zu den beliebtesten Reisezielen der Deutschen. Und Wanderungen entlang der Levadas zählen zu den geschätzten Urlaubsaktivitäten. Diese Levadas sind eines der eindrucksvollsten Bewässerungssysteme in Europa. Notwendig sind sie, weil ein Gebirgsmassiv den Norden und den Süden der Insel teilt, und es nur im Norden viel regnet (etwa 2.000 mm im Jahr). Das Regenwasser sickert in den porösen vulkanischen Boden und tritt in zahlreichen Quellen wieder an die Oberfläche. Der Norden ist aber der weniger fruchtbare Teil des Landes, und um eine landwirtschaftliche Nutzung des niederschlagsarmen Südens (700 mm im Jahr) zu ermöglichen, wurde ein weit verzweigtes System von Bewässerungskanälen gebaut. Die Bewässerung wurde umso dringender, als bald nach der portugiesischen Entdeckung im Jahre 1418 große Teile der Lorbeerwälder abgeholzt und damit das Klima und die Wassersituation auf der Insel nachteilig verändert wurden. Madeira heißt auf Portugiesisch Holz, aber heute ist nur noch ein Fünftel der Insel mit Lorbeerwäldern bedeckt.

Von der Mitte des 15. Jahrhunderts an wurde auf Madeira in großem Stil Zuckerrohr angebaut, aber nach kaum einem Jahrhundert war dieser Boom vorbei, weil es nun billiger war, auf großen Flächen in Brasilien Zuckerrohr anzupflanzen und von schwarzen Sklaven ernten zu lassen. Madeira blieb aber wichtig als Versorgungsstation der portugiesischen Schiffe mit Obst und Gemüse, bevor sie sich auf den langen Weg zu anderen Kontinenten machten. Wichtigste Exportprodukte wurden Wein und Bananen. Besonders die Bananen benötigen viel Wasser, 1.000 Liter für jedes geerntete Kilogramm Früchte. Ohne die Levadas wäre der Bananenanbau auf der Insel nicht möglich.

Die ersten Bewässerungskanäle entstanden schon bald nach dem Beginn der portugiesischen Besiedlung im 15. Jahrhundert. Die gebirgigen Regionen im Zentrum der Insel stellten eine große Herausforderung für die damalige Wasserbaukunst dar. Auf vielen Strecken mussten die Kanäle mit Spitzhacke, Hammer und Meißel aus dem Fels herausgehauen oder herausgesprengt werden. Viele Levadas führen in schwindelerregender Höhe durch die Küstengebirge, einige auch durch Bergtunnel. An manchen Stellen mussten die Arbeiter in Körben an den Felswänden heruntergelassen werden, um Rinnen in das Gestein zu schlagen. Für diese gefährlichen Arbeiten wurden vor allem maurische Sklaven aus Nordafrika eingesetzt. Viele von ihnen kamen beim Bau der Levadas ums Leben. Selbst beim Bau weiterer Levadas im 20. Jahrhundert gab es noch einige Tote. Die letzte Levada wurde 1978 fertig gestellt.

Diese Levadas sind Meisterwerke der Baukunst. Da viele Quellen auf der Nordhälfte der Insel, die die Levadas speisen, nur geringfügig höher liegen als die Terrassen im Süden, konnte nur ein sehr leichtes Gefälle eingebaut werden, sodass auch die Wege entlang der Wasserkanäle fast eben sind. Diese Wege wurden für die etwa 500 staatlichen Wärter („Levadeiros") angelegt, die mit Schaufel und Besen dafür sorgen, dass die Levadas nicht durch Zweige, Blätter oder Müll verstopfen und das Wasser die Felder erreicht. Außerdem überwachen die Levadeiros, dass jeder Bauer nur so viel Wasser aus den Levadas abzweigt, wie ihm zusteht. Da auch nachts Wasser auf die Felder geleitet wird, müssen die Levadeiros auch zu diesen Zeiten darauf achten, dass niemand zu lange Wasser auf seine Felder leitet. Um vor Ort zu sein und eventuellen Missbrauch festzustellen, übernachten die Wächter in kleinen Häusern an den Levadas. Der Wasserwärter Manuel Rocha sagte vor einigen Jahren einer deutschen Journalistin: „In den letzten 30 Jahren habe ich noch nie jemanden erwischt. Das Aufregendste, was hier passiert ist: Wir haben für unsere Leute ein neues Haus gebaut."

Parallel zum Bau der Levadas galt es, in mühevoller Kleinarbeit Hunderte von Terrassen anzulegen und so auch noch kleinste Stücke Land zu nutzen. So kann es nicht überraschen, dass ein Sprichwort auf der Insel lautet: „Kauf dir Land, und du kaufst dir Arbeit." Manche dieser Terrassen liegen an steilen Abhängen oberhalb des Meeres und waren früher nur von See her mit Booten zu erreichen. Die Terrassen ermöglichten nicht nur eine gute Landausnutzung, sondern auch eine optimale Verwendung des mühevoll zu den Feldern geleiteten Wassers. Die meisten der kleinen Felder waren im Eigentum von Großgrundbesitzern, die von ihren Pächtern die Hälfte der Ernte verlangten. Außerdem wurden die Pächter gezwungen, Exportprodukte anzubauen, mit denen die Grundbesitzer zu hohen Geldeinnahmen kommen konnten. Darüber wurde der Anbau von Getreide vernachlässigt, sodass es auf der Insel im 19. Jahrhundert zu Hungersnöten kam und viele arme Familien auswandern mussten.

Eine gescheiterte Privatisierung

Heikel war stets die Frage, wer die Kontrolle über das kostbare Wasser der Levadas haben würde. Bereits 1471 wurde vom Staat festgelegt, dass das Wasser von Madeira auch dann kein Privateigentum ist, wenn eine Quelle auf dem eigenen Land entspringt. Bald darauf wurde zusätzlich vom König festgelegt, dass niemand den Bau einer Levada über sein Land verhindern oder daraus Ansprüche auf das Wasser ableiten durfte. 1914 wurde dann der Privatbesitz am Wasser erlaubt. Was dann geschah, hat Ulli Langenbrinck in seinem Buch „Madeira" so geschrieben: „In der Folge entwickelte sich dieses lebenswichtige Element zum Spekulationsobjekt, was fatale Konsequenzen hatte. Manche Eigentümer besaßen Land, andere hatten Wasser, aber kein Land, und die Bauern und Pächter waren von den Wasserbesitzern völlig abhängig, da die Preise der ‚Wasserstunden', also der Wasserzuteilungen, und die Gebühren für Nutzungsrechte völlig der staatlichen Kontrolle entzogen waren – die ‚Wassermafia' hatte die Insel in der Hand." 1943 wurde diese Privatisierung wieder zurückgenommen und die allermeisten Levadas sind heute im öffentlichen Eigentum.

Die Levadas heute – Attraktion und Lebensader einer Insel

„Anstatt Levadawandern als Extremsport zu betreiben, bleiben die meisten Urlauber und Urlauberinnen an den schönsten Stellen in der Sonne sitzen – oder im Schatten, je nach Jahreszeit. Sie genießen es, in der Natur, in der Stille und Einsamkeit zu rasten. Mit dem blauen Atlantik unter blauem Himmel und den unzähligen Nuancen der Farbe grün an den Hängen und in den Wäldern. Auch unter den Madeirensern nimmt die Zahl der Levadawanderer zu – wenn auch langsam. Sie entdecken die vergessene Schönheit ihrer Heimat und die Intelligenz des traditionellen Bewässerungssystems." So beschreibt die virtuelle „Madeira-Zeitung" (www.madeira-zeitung.com) die weiter zunehmende Begeisterung für das Wandern an den Bewässerungskanälen. Der Weg entlang der Levadas zum „Tal der 25 Quellen" mit beeindruckenden Wasserfällen wird jedes Jahr von Tausenden Besuchern gegangen.

Insgesamt hat das Levadanetz heute eine Länge von 2.150 Kilometern, davon 40 Kilometer in Tunneln. Da Madeira nur knapp 60 Kilometer lang ist, lässt sich ahnen, wie dicht das Netz der Levadas die Insel überzieht. Hinzu kommen die Abzweigungen, die zu den einzelnen Feldern führen, noch einmal 3.000 Kilometer kleine Kanäle. Das Wasser einiger hochgelegener Quellen dient zunächst zum Antrieb von Turbinen für die Elektrizitätserzeugung, bevor es Bewässerungszwecken zugeführt wird. Das milde Klima und das Wasser der Levadas sorgen dafür, dass Madeira als Blumeninsel gerühmt werden kann mit Strelitzien und Weihnachtssternen, Bougainvillea und Hibiskus, Magnolien und Trompetenblumen. Insgesamt wurden 800 Pflanzenarten auf der Insel gezählt, und einige von ihnen blühen das ganze Jahr über in dem milden Klima mit einer Durchschnittstemperatur von 21 Grad.

Der Wasserreichtum und das milde Klima haben es auch ermöglicht, viele schöne Gärten und Parks anzulegen, darunter Blandy's Garten, den eine reiche englische Familie gegen Ende des 19. Jahrhunderts im Stil der Heimat, aber mit Pflanzen der Insel anlegen ließ. Kamelienhecken und Rosen, Proteas aus Südafrika, Lilien und Azaleen erfreuen jedes Jahr viele Tausend Besucherinnen und Besucher. Der Garten des Monte-Palastes oberhalb von Funchal mit einer großen Azaleensammlung und vielen seltenen Farnen gehört zu den wichtigen Touristenattraktionen der Hauptstadt von Madeira. Ähnlicher Beliebtheit erfreut sich der Botanische Garten mit Pflanzen aus aller Welt, darunter prachtvolle Orchideen.

Es wird auf Madeira erzählt, dass Gott Mitleid mit den Menschen hatte, die er aus dem Paradies vertrieben hatte, und deshalb Madeira als neues Paradies für sie schuf. Skeptiker sagen, dass dann die Menschen gekommen seien und hässliche Hotelklötze an die Küste dieses Paradieses gebaut haben, aber vielleicht werden solche Bemerkungen der Schönheit Madeiras nicht gerecht. Was man auf der Insel auf jeden Fall studieren kann, ist die Bedeutung des Wassers für eine Pflanzenwelt, die zumindest an das Paradies erinnert.

Die Pfade neben den Levadas sind in den letzten Jahrzehnten zu beliebten Wanderwegen für Touristinnen und Touristen geworden. (Foto: Christa Schick)

Manila

„Vielfach sind unsere Bäche, Flüsse, Flussmündungen und in manchen Fällen auch unsere Seen zu Müllhalden geworden. Die Menge an industriellem Giftmüll – abermillionen Tonnen jährlich –, die in unsere Wasserwege geschüttet werden, ist einfach grauenhaft. Einige unserer Flüsse sind schon tot oder im absterben." So steht es in einem Hirtenbrief der katholischen Bischofskonferenz der Philippinen vom 5. Juli 2000 zum Thema „Wasser ist Leben".

Wenn es eine Stadt gibt, in der die Situation noch viel dramatischer ist als im philippinischen Landesdurchschnitt, dann ist es der Großraum Manila. Besuchern fallen vor allem die extrem hohe Schadstoffbelastung in der Luft und der chaotische Verkehr auf. Was nicht gleich auffällt, ist, dass ein Viertel der mehr als 12 Millionen Stadtbewohner keinen privaten Wasseranschluss hat und die große Mehrheit keinen Abwasseranschluss. Für diese Misere gibt es viele Gründe. Drei seien nur kurz erwähnt: Es fehlt dem Staat an Geld, um die Wasserversorgung und Abwasserentsorgung auszubauen; die städtischen Wasserwerke haben jahrzehntelang ineffizient gearbeitet, so wie viele staatliche Einrichtungen in der Zeit der Marcos-Diktatur; und die städtischen Wasserwerke zögerten lange, Wasserleitungen in die nicht legal entstandenen Slumgebiete zu legen, weil die Politiker fürchteten, die Slumbewohner könnten daraus ableiten, sie seien als Besitzer der Grundstücke anerkannt worden.

Zwei Konzerne übernehmen die Wasserversorgung

Nicht zuletzt unter dem Einfluss der Weltbank wurde Mitte der 90er Jahre von der politischen Führung der Philippinen beschlossen, die Wasserversorgung von Manila zu privatisieren. Das war eine Zeit, als sowohl die Weltbank als auch einflussreiche Kreise in der westlichen Entwicklungspolitik überzeugt waren, private Unternehmen könnten die Wasserprobleme großer Städte im Süden der Welt sehr viel besser lösen als staatliche Versorgungsbetriebe. Da es im Bereich der Wasserversorgung keine Konkurrenz, sondern regionale Monopole gibt, beschlossen die Philippinen auf Empfehlung eines Weltbank-Tochterunternehmens, die Stadt in zwei Konzessionsgebiete aufzuteilen, um die Leistungen der beiden privaten Betreiber vergleichen zu können.

Das Ausschreibungsverfahren endete mit der Auswahl von zwei Konsortien, und beide spiegelten das politisch-wirtschaftliche Kräfteverhältnis des Landes wider. Für den Osten von Manila erhielt ein Konsortium unter dem Namen „Manila Water Company" den Zuschlag, zu dem sich der Bechtel-Konzern aus der früheren Kolonialmacht USA mit dem japanischen Autokonzern Mitsubishi, der philippinischen Industriellenfamilie Ayala, der

Viele Slumbewohner von Manila, die keine Wasseranschlüsse haben und deren Abwässer auf den Straßen landen, warten bisher vergeblich auf eine Verbesserung ihrer Lebenssituation.   (Foto: EMW-Archiv/Gerhard Köberlin)

Bank of the Philippine Islands und dem internationalen Wasserkonzern United Utilities zusammengeschlossen hatten. Den Westen Manilas übernahm „Maynilad Water Services", ein gemeinsames Unternehmen des französischen Suez-Konzerns und der Benpres Holding der philippinischen Industriellenfamilie Lopez. Mit Mai Flor gewann Suez eine Managerin, die vorher im Stab des philippinischen Präsidenten Ramos gearbeitet hatte, der die Privatisierung in Gang gebracht hatte.

Im Sommer 1997 war die Privatisierung perfekt, und die Bedingungen schienen für die Stadt Manila und ihre Bürger geradezu ideal zu sein. Die privaten Betreiber erklärten sich bereit, hohe Konzessionsabgaben zu zahlen, damit der bisherige öffentliche Wasserbetrieb „Metropolitan Waterworks and Sewerage Systems" (MWSS) seine Altschulden im Ausland von etwa 880 Millionen US-Dollar zurückzahlen könnte. Maynilad übernahm wegen des größeren Versorgungsgebiets und der vermuteten besseren Geschäftsperspektiven 90 Prozent dieser Konzessionsabgabe. Der Aufsichtsrat von MWSS wurde zugleich dafür zuständig, Preiserhöhungen der beiden privaten Betreiber zu genehmigen, was eine komplizierte Interessengemengelage ergab, denn diejenigen, die die Betreiber beaufsichtigen sollten, hingen zugleich von ihnen ab, wollten sie ihre Schulden jemals zurückzahlen. Kommt hinzu, dass MWSS der Lieferant des Rohwassers der beiden privaten Versorgungsunternehmen ist.

Maynilad und Manila Water sagten zu, innerhalb des Vertragszeitraums von 25 Jahren eine Summe von 7,5 Milliarden Dollar in die Verbesserung des Ver- und Entsorgungssystems zu investieren. So sollte es auch rasch möglich werden, die Wasserverluste zwischen Wasserwerk und Wasserhähnen von 60 auf 30 Prozent zu vermindern. Innerhalb von zehn Jahren sollte es Wasser für alle Haushalte geben – und bei all dem sollten die Wassergebühren halbiert werden. Erfahrene internationale Unternehmen schienen also der Misswirtschaft von MWSS ein Ende zu machen und endlich dafür zu sorgen, dass alle Wasser zu günstigen Preisen erhalten würden. Die Weltbank, die aus dem Hintergrund die Privatisierung vorangetrieben hatte, lobte das gerade erst begonnene Vorhaben schon einmal kräftig und die Wassertochtergesellschaft von Suez, Ondeo, verkündete in Hochglanzbroschüren, nun werde „Wasser für alle Armen" bereitgestellt werden.

Das rasche Ende der Illusionen

Der Traum von dem billigen Wasser für alle zerplatzte schon binnen weniger Monate. Die Asienkrise traf auch die Philippinen hart. Ein Effekt war eine Halbierung des Devisenkurses des philippinischen Peso. Das bedeutete, dass die MWSS-Schulden, die in Dollar zurückzuzahlen waren, sich auf einen Schlag in lokaler Währung verdoppelten. Diese Tilgung sollte wie erwähnt über eine Konzessionsabgabe von den Betreibern finanziert werden. Die Betreiber setzten durch, dass sie die Wasserrechnungen der Kunden für diesen Zweck und als Ausgleich für eigene Mehrkosten durch den ungünstigen Wechselkurs erhöhen konnten. Das bedeutete eine große Belastung für die ohnehin von der Wirtschaftskrise geschädigten Bewohnerinnen und Bewohner Manilas. Es sollte nicht die einzige Preiserhöhung bleiben, sodass die Kunden von Maynilad inzwischen über 500 Prozent mehr für ihr Wasser zahlen als vor der Privatisierung, so die „Freedom of Debt Coalition" in Manila am 13. Mai 2005. Die Preise von „Manila Water" sind ähnlich stark gestiegen, weitere Preiserhöhungen sind fest eingeplant.

Trotzdem macht Maynilad keine Gewinne, sondern erhebliche Verluste. Das liegt unter anderem daran, dass hohe Gehälter für ausländische Manager finanziert werden müssen und dass die Wasserverluste sich von 60 auf 69 Prozent erhöht haben sollen. Es sind übrigens nicht nur arme Slumbewohner, die illegal Wasser abzapfen, sondern auch Hotels sowie Konzerne wie Coca-Cola und Unilever wurden schon überführt, ihre Wasserrechnungen dadurch zu vermindern, dass sie sich an nicht vorgesehenen Stellen des Leitungssystems mit Wasser bedienten. Der größte Teil des in das Leitungssystem eingespeiste Wasser wird also nicht bezahlt. Es geht durch Leckagen oder durch das illegale Anzapfen von Leitungen verloren. Außerdem wird dem Management des Wasserversorgers grobes Missmanagement vorgeworfen.

Angesichts der Verluste reduzierte Maynilad die Investitionssumme auf ein Viertel des vorgesehenen Betrages, was dazu beitrug, dass das Wasserver- und -entsorgungssystem noch maroder wurde. Außerdem zahlte Maynilad vom März 2001 an keine Konzessionsabgabe an MWSS, obwohl das Unternehmen den Verbrauchern über die Wasserrechnung diese Kosten weiterhin in Rechnung stellte. Wie die „Manila Times" am 17. Juli 2004 veröffentlichte, berechnet das Unternehmen den Kunden außerdem weiterhin den erwähnten Zuschlag für Verluste des Unternehmens nach der Abwertung des Peso als Folge der Asienkrise, obwohl dieser Zuschlag von der Regulierungsstelle bis Dezember 2000 begrenzt war und nur bis 2002 verlängert wurde. Die Kunden zahlen also ungerechtfertig mehr als genehmigt, und der philippinische Staat muss wegen der ausbleibenden Konzessionsabgabe die Zinsen und Tilgungsraten für die Auslandsschulden von MWSS übernehmen. Angesichts der hohen Verluste sank zudem die Kreditwürdigkeit des privaten Betreibers Maynilad, worauf das Unternehmen Bürgschaften des Staates für neue Kredite forderte – eine Spirale nach unten, die von Privatisierungsbefürwortern immer den öffentlichen Versorgungsbetrieben vorgeworfen wird.

Suez verabschiedet sich aus Manila

Als die Regulierungsstelle der Regierung eine weitere drastische Preiserhöhung verweigerte, kündigte Maynilad im Dezember 2002 an, das Vertragsverhältnis zu beenden. Wegen angeblicher Vertragsverletzung der staatlichen Partner wollte Maynilad Ansprüche in Höhe von mehr als 300 Millionen Dollar gegen MWSS geltend machen. Das staatliche Unternehmen seinerseits bestritt, dass Maynilad ein Recht habe, vorzeitig den Vertrag zu kündigen. Der Konflikt wurde dem Schiedsgericht der Internationalen Handelskammer vorgelegt. Das Schiedsgericht gab im November 2003 MWSS weitgehend Recht. Es wurde Maynilad untersagt, aus dem Vertrag auszusteigen, und MWSS wurde bestätigt, einen Anspruch auf die entgangene Konzessionsabgabe zu haben. Es folgten langwierige juristische Auseinandersetzungen vor philippinischen Gerichten.

In dieser Situation erwies es sich für MWSS als günstig, dass die Eigentümer von Maynilad bei Vertragsabschluss bei internationalen Banken 120 Millionen Dollar als Sicherheit für den Fall hinterlegen mussten, dass sie ihren Vertragsverpflichtungen nicht nachkommen würden. MWSS hatte jetzt Anspruch auf Zahlungen aus den hinterlegten Geldern. Allerdings, in dieser Situation zeigte sich, wie erpressbar ein Staat wird, wenn er seine Wasserversorgung einmal privatisiert hat. Der philippinische Staat und die Stadt Manila sind nun darauf angewiesen, dass Maynilad seine Tätigkeit weiterhin für die Bevölkerung wahrnimmt, und deshalb muss man den finanziellen Erwartungen der Konzerne entgegenkommen. Aus diesem Grunde haben immer wieder Verhandlungen über die finanziellen Bedingungen der Zusammenarbeit stattgefunden. Dabei ist auch zu berücksichtigen, dass die Lopez-Familie über einen großen politischen Einfluss verfügt, den sie für eine günstige Regelung für Maynilad nutzen kann.

Inzwischen sind alle desillusioniert, nicht zuletzt die privaten Betreiber. Die erwähnte Suez-Managerin Mai Flor wird in der Presse mit dem Satz zitiert: „Dabei waren wir anfangs so voller Hoffnung." Auch die Hoffnungen der philippinischen Regierung, private Betreiber würden das desolate Wasserversorgungssystem von Manila effizient und kostengünstig sanieren, haben sich als Illusion erwiesen, selbst wenn im Osten der Stadt die Manila Water Company deutlich besser arbeitet als Maynilad. Aber auch dieses Unternehmen bleibt hinter den zugesagten Leistungen zurück und setzte drastische Preiserhöhungen durch. Der Parlamentsabgeordnete Joel Villanueva räumte ein, unter der staatlichen Verwaltung habe die Wasserversorgung auch nicht gut funktioniert: „Aber Regierungen sind zur Transparenz verpflichtet. Man kann sie reformieren. Und vor allem: Man kann sie abwählen." Der Misswirtschaft privater Unternehmen aber sei man ausgeliefert.

Desillusioniert bis zornig sind vor allem die Bewohner von Manila, die immer mehr Geld für das Leitungswasser zahlen müssen oder, schlimmer noch, die weiterhin vergeblich auf einen Anschluss warten. Das „Water for the People Network", zu dem sich über 100 soziale Organisationen der Philippinen zusammengeschlossen haben, fordert in dieser Situation die Regierung auf, die Möglichkeiten zu prüfen, wie die Privatisierung der Wasserversorgung von Manila zurückgenommen werden kann.

Im Januar 2005 hatte MWSS es endlich geschafft, Zugriff auf die 120 Millionen Dollar Sicherheiten zu erlangen, die die Maynilad-Eigner hinterlegt hatten. Das Geld dient als Ausgleich für die Schulden, die Maynilad bei MWSS hat. Im Juni 2006 blieb der philippinischen Regierung nichts übrig, als die knapp 84 Prozent der Anteile der Lopez-Familie an Maynilad zu übernehmen, um sicherzustellen, dass der Westen Manilas weiterhin eine Wasserversorgung erhalten blieb. Diese Anteile wurde privaten Unternehmen gegen Höchstgebot zum Kauf angeboten. Bei diesem Bieterverfahren setzte sich Ende 2006 ein Konsortium von zwei philippinischen Konzernen (der Baukonzerns DMCI Holdings und der Holding-Konzern Metro Pacific Investment) durch. Mit einem Angebot von 503 Millionen US-Dollar boten sie über 40 Millionen Dollar mehr als das zweite Bieterkonsortium um die Eigner von Manila Water. Die neuen Betreiber von Maynilad versprachen umgehend eine sichere und zuverlässige 24-Stunden-Wasserversorgung – aber erst einmal stiegen die Wasserpreise zum 1. Januar 2007 ein weiteres Mal an.

Mekong

Der Fluss Tonle Sap fließt jedes Jahr einige Wochen flussaufwärts. Dieses Naturereignis ist für die Menschen in der kambodschanischen Hauptstadt Phnom Penh der Anlass zu einem großen Fest. Zu diesem „Wasserfest" gehören Bootsrennen, Festessen und schwimmende Lichter auf dem Fluss. Dass der Tonle Sap seine Richtung ändert, liegt an der Kraft der Wassermassen des Mekong in der Regenzeit. Das Wasser des Nebenflusses hat keine Möglichkeit, in den gewaltigen Strom vorzudringen, sondern wird zurückgeschoben bis in den Tonle Sap-See, der in dieser Zeit auf die fünffache Größe anwächst. Er hat die Funktion eines „Rückhaltebeckens", sorgt also dafür, dass während der Regenzeit weniger Wasser im Flussdelta des Mekong ankommt, während in der Trockenzeit das Wasser des Sees die Wassermenge im Unterlauf des Flusses erhöht. Heutzutage würden sich Wasserbauingenieure lange mit der Konstruktion eines solchen genialen Systems beschäftigen, vor Jahrtausenden hat die Natur dafür gesorgt, dass die Fluten nicht zu heftig und die Wasserstände in der Trockenzeit nicht zu niedrig werden.

Die Dankbarkeit für diesen Ausgleich der Natur bringen die Menschen in Phnom Penh dadurch zum Ausdruck, dass sie sich an einem Abend des „Wasserfestes" vor dem Königspalast der kambodschanischen Hauptstadt versammeln. An einem Altar werden zahllose Kerzen angezündet, auf Miniaturboote gesetzt und mit Gebeten auf die Reise flussaufwärts geschickt. Heike Löschmann hat in einem Beitrag des Buches „Wasser in Asien" über die Bedeutung dieser Zeremonie geschrieben, „dass die Menschen ihren Dank an Erde und Wasser ausdrücken wollen und sich dafür entschuldigen möchten, dass beide Ressourcen wie selbstverständlich genutzt werden. Im Zusammenhang damit steht natürlich der Wunsch nach einer guten Ernte, die in der Reiskultur Kambodschas wesentlich vom Wasser abhängt."

Den Mekong nennen die Kambodschaner das „große Wasser". In der Regenzeit macht der Fluss diesem Namen alle Ehre und überflutet große Teile Kambodschas. Mit dem Wasser gelangen fruchtbare Erde und Nährstoffe auf das Land, eine kostenlose Düngung ohne die Nebenwirkungen moderner chemischer Düngemittel. Auch im benachbarten Thailand wird der Fluss so geschätzt, dass man ihn als „Göttin aller Wasser" bezeichnet.

Pnom Penh ist mit 1,3 Millionen Einwohnern die einzige Millionenstadt an den Ufern des Mekong. Dabei ist dieser Fluss weltweit auf dem achten Platz, was die Wassermenge angeht, und auf dem zwölften Platz, was die Länge betrifft. Dass nur wenige Städte am Mekong entstanden sind, erklärt sich vor allem daraus, dass die Uferregionen nach starken Niederschlägen großflächig überschwemmt werden und dass zahlreiche Stromschnellen das Navigieren auf dem Oberlauf erschweren. Dafür hat sich der Mekong so im Gegensatz zu den meisten anderen großen Flüssen der Welt viel von seiner

Im Norden Thailands ist der Mekong so breit, dass hier Schiffe verkehren können. Das Ufer wird bisher noch an vielen Abschnitten von tropischen Wäldern gesäumt, aber die „Modernisierung" verändert auch hier die Landschaft.   (Foto: Helga Reisenauer)

ursprünglichen Schönheit erhalten können. Er fließt auf weiten Strecken noch dort, wo er sich vor Jahrtausenden seinen Weg gebahnt hat und wurde nicht in einen betonierten Schifffahrtsweg verwandelt. Nachdem vorher schon spanische und niederländische Eroberer vergeblich versucht hatten, auf dem Mekong nach China vorzudringen, waren die französischen Kolonialherren im 19. Jahrhundert intensiv bemüht, den Oberlauf des Flusses endlich schiffbar zu machen. An einer Stelle kapitulierten sie vor den Stromschnellen und bauten eine kurze Eisenbahnstrecke. Die Waren mussten vom Schiff auf die Bahn umgeladen und jenseits der Stromschnellen wieder auf ein Schiff geladen werden – ein aufwendiger Transportweg, und so sind die Schienen längst verschwunden und die letzte französische Lokomotive rostet vor sich hin.

Ein Fluss wird aufgestaut

Der Mekong entspringt in den Bergregionen Tibets, durchquert dann die Yunnan-Provinz und fließt durch Burma, Laos, Thailand und Kambodscha, bis er nach 4.800 Kilometern in einem großen Delta in Vietnam ins Südchinesische Meer mündet. Der Strom hat ein Einzugsgebiet von fast 800.000 Quadratkilometern und durchquert eine Region mit dem größten Bevölkerungswachstum Asiens und einem hohen Wirtschaftswachstum. Das verändert den Fluss seit einigen Jahren dramatisch. Zwar wurde erst 1993 der erste

Staudamm am Mekong (in China) fertig gestellt und erst 1994 die erste Brücke über den Unterlauf eingeweiht, aber seither ändert sich das Geschehen am Fluss rasch. Besonders deutlich wird dies beim Staudammbau. China hat eine ganze Serie von Dämmen gebaut und in Planung. Laos will den Mekong und dessen Nebenflüsse stauen, um Elektrizität an Thailand verkaufen zu können und verschiedene Anrainerstaaten wollen die Bewässerungslandwirtschaft mit dem Wasser des Mekong ausbauen.

Bisher ist die Landwirtschaft der wichtigste Wirtschaftszweig am Fluss. Für die meisten der etwa 60 Millionen Menschen, die im Einzugsgebiet des Mekong leben, ist Reis die Lebensgrundlage (siehe auch Abschnitt Reis). Rechts und links des Mekong wird so viel Reis angebaut, dass davon 300 Millionen Menschen ernährt werden können. Seit dem ersten Jahrhundert n. Chr. wird Flusswasser auf die Felder geleitet, und inzwischen gibt es etwa 12.500 Bewässerungssysteme am Mekong. Allein im Deltagebiet werden jedes Jahr etwa 16 Millionen Tonnen Reis geerntet. Es gibt mehr als 1.000 traditionelle Reissorten, die speziell für diese Region gezüchtet wurden. Manche Reissorten erreichen mit dem steigenden Wasserstand eine Höhe von bis zu drei Metern. Zusätzlich sind in den letzten Jahrzehnten Shrimps-Farmen sowie ein intensiver Anbau von Blumen und Gemüse aufgebaut worden. Zwischen den zahllosen kleinen Inseln des Deltas sind Boote das wichtigste und oft auch das einzige Verkehrsmittel. Heute werden sie meist mit knatternden Außenbordmotoren angetrieben. Das ist weniger romantisch, aber schneller.

Die Folgen der menschlichen Eingriffe

Der Staudammboom wird von Vietnam mit Sorge betrachtet, denn jede neue Staumauer hat großen Einfluss auf den Fluss und besonders auf sein Delta. Bisher kommt vor allem in der Regenzeit sehr viel fruchtbare Erde mit den Wassermassen ins Delta und sorgt dort für fruchtbare Reisfelder. Zunehmend lagert sich aber die kostbare Erde in Stauseen des Mekong und seiner Nebenflüsse ab und erreicht Vietnam nicht mehr. Gleichzeitig wird die Wassermenge, die den Mekong hinunterfließt, reguliert, richtet sich also vor allem danach, wie viel Elektrizität und Wasser für die Landwirtschaft gerade benötigt werden. Der Effekt ist, dass die Fluten, die Jahrtausende die Landschaft und Landwirtschaft des Flussdeltas geprägt haben, ihre Kraft verlieren und zugleich unberechenbarer werden. Besonders als Folge der Abzweigung von immer mehr Wasser für die Landwirtschaft sowie durch die Verdunstung von Flusswasser in den Stauseen nimmt die Gesamtmenge des Wassers ab, das die Mündung erreicht. Allein Laos hat die bewässerte landwirtschaftliche Fläche in den 1990er Jahren verachtfacht.

Noch ein anderer menschlicher Eingriff wirkt sich gravierend auf den Fluss aus: die Abholzung der Regenwälder im gesamten Flusseinzugsgebiet.

An diesem Geschäft verdienen nicht nur Holzkonzerne, sondern auch Militärs und Politiker, die sich bestechen lassen, damit sie beide Augen schließen, während der natürliche Reichtum ihrer Länder geplündert wird. Die Bäume speichern aber große Mengen Regenwasser, ebenso die übrigen Pflanzen und der Boden des Regenwaldes. Sind die Wälder zerstört, läuft das Regenwasser schnell ab und verändert damit die Wasserverhältnisse im Mekong. Die Folgen sind unberechenbare Flutkatastrophen, bei denen in Kambodscha und Vietnam schon zahlreiche Menschen ums Leben gekommen sind. Als „Naturkatastrophen" sind diese Ereignisse nicht einzuordnen, sondern sie sind ein Ergebnis groß angelegten Umweltfrevels. Dazu gehören als Folge der Zerstörung der Wälder auch Klimaveränderungen, die heute erst erahnt werden können.

Seit 1965 hat sich die Wassermenge in der Mündung des Mekong während der jährlichen Flutperioden um 12 Prozent vermindert. Der Effekt ist, dass das Meerwasser immer weiter in das Flussdelta eindringen kann – mit verheerenden Folgen für die Natur und den Reisanbau. Die Weltbank hat Pläne entwickelt, wie das Mekongdelta durch den Bau von Deichen und Fluttoren vor dem Meerwasser geschützt werden kann. Aber diese Pläne werden von Umweltschützern heftig kritisiert. Sie werfen der Weltbank vor, durch die Förderung des Baus von Staudämmen die Probleme mitgeschaffen zu haben, die jetzt mit technischen Mitteln gelöst werden sollen. Außerdem ist nicht absehbar, welche Folgen es hat, wenn bisherige große Brackwasserzonen, also Regionen mit einer Mischung von Fluss- und Meerwasser, künstlich zu reinen Südwasserzonen gemacht werden und bisher regelmäßig überflutete Landgebiete hinter Deichen verschwinden.

Die Staudämme haben auch den Effekt, dass die Fische nicht mehr zum Laichen den Fluss hinaufziehen können. Außerdem hängt das Leben der Fische von den Nährstoffen ab, die mit der Flut den Fluss hinuntergeschwemmt werden. Es kommt hinzu, dass viele Feuchtgebiete an den Ufern, in denen vor allem junge Fische bisher Schutz finden, im Rahmen von Stauseebauten und damit verbundenen Flussregulierungen beseitigt werden. Der Mekong verfügt bisher über einen enorm großen Fischreichtum. Es gibt mehr als 1.300 Fischarten, und die gefangene Fischmenge ist größer als in der ganzen Nordsee. Allein in Kambodscha hängen mehr als eine Million Menschen völlig vom Fischfang ab. Aber die Staudämme, die Flussregulierungsmaßnahmen und die Überfischung haben dazu geführt, dass einige Fischarten bereits vom Aussterben bedroht sind und die Fänge zurückgehen.

Es gibt Anzeichen für ein Umdenken bei den politisch Verantwortlichen. Laos, Thailand, Kambodscha und Vietnam arbeiten eng in der „Mekong River Commission" zusammen. China und Burma haben einen Beobachterstatus. Im Rahmen der Zusammenarbeit werden systematische wissenschaftliche Studien durchgeführt, um besser zu verstehen, wie das natürliche Gleichgewicht des Mekong entsteht und wie sich menschliche Eingriffe auswirken. Auch werden Maßnahmen, die den Lauf des Flusses verändern, miteinander abgestimmt. Der Mekong soll zu einem „Fluss des Wohlstands" werden, und über die Region hinaus gilt der „Mekong-Geist" der Zusammenarbeit als Beispiel dafür, wie Länder ihre Wasserkonflikte friedlich lösen können. Es wird allerdings befürchtet, dass China erst dann der Kommission beitreten wird, wenn der letzte der geplanten Staudämme fertig gestellt ist und man nicht mehr erwarten muss, dass sich die anderen Anrainerstaaten des Flusses in diesen Fragen „einmischen". Auch bleibt abzuwarten, ob nicht der kleinste gemeinsame Nenner unter den Anrainern zulasten der „Göttin aller Wasser" geht.

Das Leben an den Ufern des Mekong hat sich über Jahrtausende wenig verändert. Die Menschen lebten im Einklang mit der Natur. Die traditionelle Lebensweise ist heute ebenso bedroht wie die Pflanzen- und Tierwelt. (Foto: Helga Reisenauer)

Menschenrecht auf Wasser

Man sucht es vergebens in der Allgemeinen Erklärung der Menschenrechte von 1948 und in den UN-Menschenrechtspakten der 60er Jahre zu den bürgerlichen und politischen sowie zu den wirtschaftlichen, sozialen und kulturellen Rechten: das Recht auf Wasser. Das ist vor allem damit zu erklären, dass es damals noch nicht die heutigen Konflikte um den Zugang zum Wasser gab und dass die Debatte um Wasser als Ware noch nicht begonnen hatte. Wasser galt – ähnlich wie die Luft – als unveräußerliches gemeinsames Gut, auf das jeder und jede einen Anspruch hat.

Bei genauerer Betrachtung zeigt sich, dass das Recht auf Wasser implizit in diesen Menschenrechtskonventionen enthalten ist. So ist schon in der Präambel der Allgemeinen Erklärung der Menschenrechte von der Schaffung einer Welt die Rede, die frei von Not ist, und das lässt sich ohne ausreichend sauberes Wasser offenkundig nicht verwirklichen. Gleiches gilt für die in den Menschenrechtsvereinbarungen geschützten Rechte auf Gesundheit und Ernährung.

In den letzten Jahren hat es in der internationalen Menschenrechtsdiskussion verstärkte Bemühungen gegeben, das Recht auf Wasser völkerrechtlich zu verankern. Hilfreich war, dass in verschiedenen internationalen Übereinkünften dieses Recht bereits aufgenommen worden ist, so im Übereinkommen zur Beseitigung jeglicher Diskriminierung der Frau sowie im Übereinkommen über die Rechte von Kindern. Ein weiterer wichtiger Schritt auf diesem Weg war 2001 die Berufung eines UN-Sonderberichterstatters zum Recht auf Wasser durch den UN-Unterausschuss zur Förderung und zum Schutz der Menschenrechte, El Hadji Guissé. Er wird dem Ausschuss regelmäßig berichten, in welchem Umfang das Menschenrecht bisher verwirklicht werden konnte.

Im November 2002 verabschiedete der UN-Ausschuss für wirtschaftliche, soziale und kulturelle Menschenrechte den „Allgemeinen Kommentar Nr. 15" zum Recht auf Wasser. Diese Kommentare sind Auslegungen der internationalen Menschenrechtsvereinbarungen. Es sind also keine völkerrechtlich verbindlichen Verträge, aber die Kommentare haben doch eine große Bedeutung dafür, das Völkerrecht zu interpretieren und Vorgaben für die Umsetzung der Rechte in den einzelnen Ländern zu machen.

In dem Kommentar Nr. 15 wird dem Recht auf Wasser eine zentrale Bedeutung eingeräumt. Es heißt in der Einführung: „Das Menschenrecht auf Wasser ist unumgänglich, wenn Menschen in Würde leben wollen. Es ist eine Vorbedingung für die Verwirklichung anderer Menschenrechte." Worin besteht das Recht auf Wasser? Dazu heißt es im Kommentar: „Das Menschenrecht auf Wasser berechtigt jedermann zu ausreichendem, ungefähr-

lichem, sicherem, annehmbarem, physisch zugänglichem und erschwing-
lichem Wasser für den persönlichen und den häuslichen Gebrauch."

In der Frage, ob Wasser eine Ware wie jede andere ist, wird im Artikel 11
des Kommentars eine eindeutige Position bezogen: „Wasser muss als soziales und kulturelles Gut behandelt werden und nicht in erster Linie als Wirt-
schaftsgut." Wenn die Versorgung privatisiert sein sollte, gilt nach Artikel
24: „Wenn Wasserversorgungseinrichtungen (wie Wasserrohrnetze, Wasser-
tankwagen, Zugang zu Flüssen und Brunnen) von Dritten betrieben oder
kontrolliert werden, so müssen die Vertragsstaaten diese daran hindern, den
gleichberechtigten, erschwinglichen und physisch möglichen Zugang zu ausreichendem, sicherem und annehmbarem Wasser zu gefährden." Hierfür
müsse ein Regulierungssystem eingeführt werden. Dazu gehöre eine unabhängige Beobachtung der Tätigkeit privater Akteure im Wasserbereich, eine
echte Beteiligung der Öffentlichkeit und bei Zuwiderhandlungen die Aufer-
legung von Strafen.

Große Aufmerksamkeit wird im Kommentar der Frage der Preisgestaltung geschenkt. Es heißt im Artikel 27 unter anderem: „Jedwede Zahlung
für Wasserversorgung muss auf dem Grundsatz der Billigkeit beruhen, und
es muss sicher gestellt werden, dass diese Versorgungsleistung unabhängig
davon, ob sie privat oder öffentlich erbracht wird, für alle erschwinglich ist,
einschließlich sozial benachteiligter Gruppen. Die Billigkeit verlangt, dass
ärmere Haushalte im Vergleich zu reicheren Haushalten nicht unverhältnis-
mäßig mit Wasserkosten belastet werden."

Aus dem Recht auf Wasser entstehen für die Staaten auch Verpflichtungen gegenüber anderen Staaten. So dürfen sie nichts unternehmen, was
die Menschen in anderen Ländern daran hindert, in den Genuss dieses
Rechtes zu kommen. Insbesondere dürfen keine Embargos oder ähnliche
Maßnahmen verhängt werden, die dazu führen, dass die Wasserversorgung
oder die Versorgung mit Waren und Dienstleistungen zur Sicherung des
Rechts auf Wasser verhindert werden (Artikel 31). Ein solches Problem
stellte sich aus der Sicht vieler Kritiker bei den Sanktionen gegen den Irak
nach dem ersten Golfkrieg Anfang der 90er Jahre, wo zum Beispiel der
Import von Chemikalien für die Wasseraufbereitung verhindert wurde.

Die Pflichten der Staaten reichen noch weiter. So heißt es in Artikel 33:
„Die Vertragsstaaten müssen Schritte unternehmen, um zu verhindern, dass
ihre eigenen Staatsbürger und Firmen das Recht von Einzelnen und Gemeinschaften in anderen Ländern verletzen." Wenn also zum Beispiel ein Wasserkonzern durch seine Preispolitik große Teile der armen Bevölkerung in einer
Großstadt in Asien oder Lateinamerika von der Versorgung ausschließen
sollte, ginge dies auch die Regierung des Landes an, in dem dieser Konzern
seinen Sitz hat.

Im Artikel 34 wird betont, dass die Vertragsstaaten verpflichtet sind, „die
Verwirklichung des Rechts auf Wasser in anderen Ländern (zu) fördern, bei-

spielsweise durch Bereitstellung von Wasserressourcen, finanzieller und technischer Hilfe, und sie müssen, wenn erforderlich, die notwendige Hilfe leisten". Im Blick auf Organisationen wie die Weltbank und die Welthandelsorganisation ist Artikel 36 wichtig: „Die Vertragsstaaten müssen dafür sorgen, dass ihr Handeln als Mitglieder internationaler Organisationen das Recht auf Wasser angemessen berücksichtigt." Im Artikel 60 wird noch einmal auf die Rolle der internationalen Organisationen eingegangen und es wird unter anderem festgestellt: „Die internationalen Finanzinstitutionen, insbesondere der Internationale Währungsfonds und die Weltbank, müssen das Recht auf Wasser bei ihrer Kreditvergabepolitik, bei Kreditvereinbarungen, Strukturanpassungsprogrammen und sonstigen Entwicklungsprogrammen berücksichtigen ..."

Engagement für das Recht auf Wasser

Der Allgemeine Kommentar Nr. 15 hat den Bemühungen Auftrieb gegeben, das Menschenrecht auf Wasser sowohl international als auch in einzelnen Ländern zu verankern. Ein Beispiel ist Kanada, wo sich das „Polaris Institute", „The Council of Canadians" und andere Initiativen und Organisationen dafür einsetzen, dass das Recht auf sauberes Trinkwasser als grundlegendes Menschenrecht verankert wird. Sie können sich in diesem Engagement darauf berufen, dass bei einer Umfrage Ende März/Anfang April 2004 84 Prozent der Kanadierinnen und Kanadier dafür aussprechen, dass dieses Recht eine umfassende nationale Wasserpolitik prägen sollte.

Aber bisher weigert sich die kanadische Regierung, dieses Menschenrecht anzuerkennen. Als einziger Staat hat Kanada 2002 und 2003 in der UN-Menschenrechtskommission gegen Initiativen zur Verankerung des Menschenrechts auf Wasser gestimmt. Diese Ablehnung der internationalen Verankerung des Menschenrechts auf Wasser wurde zum Beispiel von der „Canadian Catholic Organisation for Development and Peace" (die offizielle internationale Solidaritätsorganisation der katholischen Kirche Kanadas) mit deutlichen Worten verurteilt. Diese Weigerung „unterhöhle die weltweiten Bemühungen, dass Wasser zu einem Rechtsanspruch wird und nicht zu einer kommerziell gehandelten Ware oder eine rein humanitäre Dienstleistung". Mehr als 175.000 Kanadierinnen und Kanadier unterschrieben eine Petition der katholischen Organisation, dass der Zugang zu sauberem Wasser als grundlegendes Menschenrecht angesehen werden sollte.

Am Internationalen Tag des Wassers 2004 fand eine Protestdemonstration gegen die kanadische Haltung in der UN-Menschenrechtskommission zum Recht auf Wasser statt, die von verschiedenen kirchlichen und nichtkirchlichen Organisationen getragen wurde. Tony Clarke vom Polaris Institute erklärte vor dem kanadischen Parlamentsgebäude: „Heute übernehmen gewinnorientierte Unternehmen überall auf der Welt öffentliche Wasserversorgungssysteme auf der Basis der ‚Fähigkeit zu zahlen', nicht des Menschenrechts."

In Deutschland hat die Aktion „Brot für die Welt" 2003 eine Kampagne zum Menschenrecht auf Wasser begonnen, die das öffentliche Bewusstsein für dieses Recht stärken sollte und mit konkreten Forderungen an die Bundesregierung verbunden ist. In einer Darstellung der Kampagne heißt es zu den politischen Zielen:

„Brot für die Welt fordert mit seiner Kampagne die Bundesregierung auf,

1. Das Menschenrecht auf Wasser auf nationaler und internationaler Ebene zu respektieren.

2. Die Wasserversorgung aus den WTO/GATS-Verhandlungen herauszunehmen.

3. Die knappen Entwicklungshilfegelder für die Verbesserung der Wasserversorgung der Ärmsten auf dem Land und in den Slums der Städte zu verwenden.

4. Die Wasserversorgung als elementare Aufgabe der öffentlichen Daseinsfürsorge zu schützen.

5. Innerhalb der EU dafür einzutreten, dass Wasser als soziales Gut und Menschenrecht in öffentlicher Verantwortung der Mitgliedsländer bleibt."

An einer Postkartenaktion an die Bundesregierung zur Unterstützung dieser Ziele beteiligten sich 35.000 Bürgerinnen und Bürger mit ihrer Unterschrift. Am 1. Juni 2004 wurden die Karten der Ministerin für wirtschaftliche Zusammenarbeit und Entwicklung, Heidemarie Wieczorek-Zeul, als Flaschenpost in einer mannshohen Flasche übergeben. Die Kampagne wurde nach dem Abschluss dieser Aktion fortgesetzt und dann 2006 abgeschlossen. Außerdem hat „Brot für die Welt" seine 46. Aktion 2004/2005 unter das Thema „LebensMittel Wasser" gestellt. 2006 wurde die Kampagne abgeschlossen, „Brot für die Welt" engagiert sich aber weiterhin im weltweiten „Ökumenischen Wassernetzwerk", zu dessen wichtigsten Forderungen die Anerkennung des Menschenrechts auf Wasser gehört.

Inzwischen hat das Engagement für das Menschenrecht auf Wasser dazu geführt, dass es in Ländern wie Deutschland von breiten politischen und gesellschaftlichen Kreisen gefordert und anerkannt wird. Ein Beispiel dafür ist eine Pressemitteilung der CDU/CSU vom 21. März 2005. Sie trägt die Überschrift „Gröhe: Wasser ist Leben – Wasser ist ein Menschenrecht". Im Text wird Hermann Gröhe, der Sprecher für Menschenrechte und Humanitäre Hilfe der CDU/CSU-Bundestagsfraktion, so zitiert: „Dieses Recht für jeden durchzusetzen, muss grundlegendes Ziel einer umfassenden Menschenrechts-, Entwicklungs- und Sicherheitspolitik sein." Kurz darauf erklärte die IG Bauen-Agrar-Umwelt am 13. April 2005 anlässlich einer UN-Konferenz zur Nachhaltigen Entwicklung: „Der Zugang zu Wasser ist ein Menschenrecht und darf nicht privatisiert werden." Auch bei internationalen Konferenzen schwindet der Widerstand dagegen, Wasser als Menschenrecht anzuerkennen. Während vorher auf Weltwasserforen, die stark von der Industrie geprägt werden, der Gedanke eines Menschenrechtes auf Wasser nicht mehrheitsfähig war, hieß es in einem Bericht von Mirjam Gehrke über das Weltwasserforum in Mexiko-Stadt für die „Deutsche Welle" vom 22. März 2006: „Das Menschenrecht auf Wasser ist grundsätzlich nicht mehr in Frage gestellt. Auf dem Weltwasserforum in Mexiko ist man dem Ziel, das Recht auf Wasser verbindlich im Rahmen der UNO zu verankern, ein Stück näher gekommen." Im November 2006 forderte der UN-Menschenrechtsrat das UN-Hochkommissariat für Menschenrechte auf, eine detaillierte Studie durchzuführen, welche Menschenrechtsverpflichtungen es im Blick auf den Zugang zu sauberem Trinkwasser und Abwasserentsorgung in den internationalen Menschenrechtsinstrumenten gibt. Unter den Mitgliedern des Menschenrechtsrates fand diese Initiative eine breite Unterstützung, und es ist zu erwarten, dass daraus verbindliche Beschlüsse zu diesem Menschenrecht folgen werden.

In Ländern wie Südafrika (siehe Abschnitt Südafrika) ist das Menschenrecht auf Wasser in der Verfassung als grundlegendes Recht anerkannt. In anderen Ländern wird die verfassungsrechtliche Verankerung dieses Menschenrechts gefordert. Damit ist selbstverständlich nicht automatisch verbunden, dass alle Menschen dieses Recht auch wahrnehmen können. Wenn dieses Recht in der Verfassung steht, ist es aber in der öffentlichen politischen Debatte möglich, sich darauf zu berufen, um staatliches Engagement in diesem Bereich einzufordern und zu verhindern, dass die Wasserversorgung und Abwasserentsorgung einfach den Gesetzen des Marktes überlassen werden. In einer Welt, in der mehr als eine Milliarde Menschen keinen Zugang zu sauberem Wasser und etwa doppelt so viele über keine Abwasserentsorgung verfügen, ist die Durchsetzung des Menschenrechts auf Wasser ein langer Prozess. Dass zunehmend anerkannt wird, dass es dieses Recht gibt, ist ein wichtiger Schritt auf diesem Weg.

Nil

Der Nil ist mit 6.650 Kilometern der längste Fluss der Welt. Der „Blaue Nil" entspringt in Äthiopien mit Zuflüssen aus Eritrea, der „Weiße Nil" kommt aus dem Victoria-See, der wiederum aus Flüssen gespeist wird, die in Kenia, Uganda, Tansania, Kongo, Ruanda und Burundi entspringen. Der Blaue und der Weiße Nil vereinigen sich im Sudan und fließen dann durch Ägypten bis ins Mittelmeer. Insgesamt leben etwa 160 Millionen Menschen im Nilbassin, ein Gebiet von drei Millionen Quadratkilometern. Das ist ein Zehntel der Fläche des afrikanischen Kontinents.

Der Nil fließt sehr bedächtig durch Ägypten, denn auf einer Länge von 1.200 Kilometern beträgt der Höhenunterschied gerade einmal 83 Meter. Ein schmaler Streifen grünen Landes rechts und links des Flusses inmitten der Wüste ist der Lebensraum für die meisten Einwohner Ägyptens.

Hier entstand eine der ältesten Kulturen der Welt. Der griechische Geschichtsschreiber Herodot erkannte vor 3.500 Jahren: „Ägypten ist ein Geschenk des Nils." Die jährlichen Fluten des Nils bedeuteten Gefahr, ermöglichten aber vor allem eine intensive Landwirtschaft. Dass mit dem Wasser auch fruchtbarer Schlamm auf die Felder rechts und links des Flusses gelangte, sicherte gute Ernten. Deshalb verehrten die Ägypter jene Götter, die nach ihrem Glauben für das lebensspendende Wasser des Nils sorgten. Der Schöpfungsgott Chnum hatte die Welt aus dem Nilschlamm geformt, und die regelmäßigen Fluten wurden als eine jedes Jahr wiederkehrende Erneuerung der Schöpfung verstanden. So kann es nicht überraschen, dass Hapi, die göttliche Inkarnation der Nilflut, einen besonderen Platz in der ägyptischen Götterwelt einnahm und sogar als „Vater der Götter" bezeichnet wurde. Ein Gebet zu Hapi begann mit den Zeilen: „Sei gegrüßt, Nilflut! Die der Erde entspringt, gekommen, um Ägypten zu beleben!" Kam die Nilflut, war das Anlass zu Opfergaben, die in das Wasser geworfen wurden, und für ein fröhliches Fest. Das kostbare Wasser zu verschwenden, war gleichbedeutend mit dem Verlust von Leben. Auch die Israeliten waren von der Leben spendenden Kraft des Nils so beeindruckt, dass dieser Fluss in der biblischen Schöpfungsgeschichte durch das Paradies fließt.

Schon vor Jahrtausenden waren aufwendige Maßnahmen erforderlich, die Überflutung des Landes durch den Nil so zu steuern, dass möglichst viel Land bewässert wurde und zugleich Wasservorräte für die Trockenzeiten angelegt werden konnten. Das geschah schon vor der Entstehung des Reiches der Pharaonen. Aber als sich ein zentralisierter Staat bildete, übernahm dieser die Verantwortung für die überlebenswichtige Aufgaben. Der Nil prägte die politische, militärische und kulturelle Entwicklung der Region. Besonders wichtig waren Bau und Unterhalt von Bewässerungskanälen und Rückhaltebecken. Zu den Wasserbaumaßnahmen, die von den Pharaonen angeordnet wurden, gehörten zum Beispiel der Bau von Kanälen zu den bedeutenden Begräbnisstätten und ein Bewässerungssystem für die Fayum-Senke. Auch wurde ein Kanal vom Nil zum Roten Meer gebaut, um den Schiffsverkehr vom Fluss bis in den Indischen Ozean zu ermöglichen.

In Sadd el-Kafara, etwa 30 Kilometer südlich von Kairo, entstand etwa 2700 v. Chr. einer der ältesten Staudämme der Welt, mehr als 100 Meter lang und etwa 14 Meter hoch. Er sollte vor plötzlichen Fluten schützen, die sich nach heftigen Niederschlägen immer wieder aus dem Trockental des Wadi Garawi in die Nilebene ergossen und dort Dörfer bedrohten. Kurz vor der Fertigstellung des Bauwerks kam es zu einer neuen Flutwelle, der der Staudamm nicht standhielt. Daraufhin wälzte sich das aufgestaute Wasser als gewaltige Flutwelle ins Tal und zerstörte mehr als jemals zuvor. Nach dieser Katastrophe wurde der Damm nicht erneuert.

Segelschiff auf dem Nil im Sudan.
(Foto: Helga Reisenauer)

Die Pharaonen hatten nicht nur die Verantwortung für Wasserbaumaßnahmen, sondern ließen auch große Getreidelager anlegen, um für Jahre vorzusorgen, wo die Flut des Nils so niedrig war, dass die Felder nicht überflutet wurden und die Ernte weitgehend ausfiel. Die biblische Geschichte von den sieben fetten und den sieben mageren Jahren erinnert an diese Vorratshaltung.

Die Israeliten am Nil

Im 37. Kapitel des 1. Buches Mose wird berichtet, dass Josef von seinen Brüdern nach Ägypten verkauft wurde, dort in hohe Regierungsämter aufstieg und als Traumdeuter des Pharaos hohes Ansehen genoss. Der Pharao träumte eines Nachts, dass sieben fette Kühe aus dem Wasser stiegen und danach sieben magere Kühe. Die offiziellen Traumdeuter waren nicht in der Lage, die Botschaft dieses Traums zu interpretieren. Die Anweisungen Gottes an

Josef in Ägypten lauteten, er möge dafür sorgen, dass in den sieben fetten Jahren genügend Getreide eingelagert würden, damit die Menschen in den sieben dürren Jahren genug Nahrung haben würden. Und diese kluge Vorsorge bewahrte das Land, so berichtet die Bibel, vor einer Hungerkatastrophe und mehrte so das Ansehen von Josef, des Beraters des Pharaos.

In einer Dürrezeit in der Heimat holte Josef seine Brüder und ihre Leute aus Kanaan nach Ägypten (1. Mose 47). Sie wurden vom Pharao freundlich aufgenommen und erhielten bestes Land. Aber auch in Ägypten ereilte die Migranten eine Hungersnot, die die bisher freien Menschen zu Leibeigenen des Pharaos machte. Dieser Bericht ist sicher nicht historisch authentisch. Aber nachgewiesen ist, dass in Zeiten der Dürre Familien aus Kanaan nach Ägypten einreisen durften. So heißt es in einem Bericht eines ägyptischen Grenzbeamten an seinen Pharao: „Wir haben die Leute bis zu den Teichen passieren lassen, um sie und ihr Vieh durch den guten Willen des Pharaos am Leben zu erhalten."

Wie die Hirten, die in relativ gleichberechtigten Sippen lebten, auf die Begegnung mit der Leibeigenschaft im Gastland reagierten und sie zu erklären suchten, können wir aus dem biblischen Bericht erkennen. Unter Moses Führung setzten sich die Israeliten gegen diese Ausbeutung zur Wehr und verlangten, in ihre Heimat zurückkehren zu können. Theologen und Historikern debattieren kontrovers, ob es diesen Moses gab und in welchem Umfang der biblische Bericht auf historischen Tatsachen beruht. Diese Diskussion soll hier nicht fortgeführt werden. Ob es sich also um einen Tatsachenbericht

Nil-Katarakt im Sudan.   (Foto: Helga Reisenauer)

handelt, dass Moses als kleines Kind in einem Weidenkörbchen auf dem Nil treibend von der Tochter des Pharaos aufgenommen wurde, muss offen bleiben, ebenso sein weiterer Lebensweg, wie ihn die Bibel beschreibt. Es ist aber plausibel, dass die unzufriedenen und aufbegehrenden Migrantenfamilien sich um einen charismatischen Führer sammelten, der dann als Moses in die biblische Geschichte eingegangen ist.

Im 2. Mosebuches wird geschildert, wie Gott den Israeliten half, sich aus der Knechtschaft zu befreien. Um die Ägypter dazu zu bringen, die Israeliten ziehen zu lassen, soll Gott das Wasser des Nils in Blut verwandelt haben, „und die Fische im Strom starben, und der Strom wurde stinkend, sodass die Ägypter das Wasser aus dem Nil nicht trinken konnten" (2. Mose 7,21). Unrecht und Ausbeutung führen zur Vernichtung des Reichtums an sauberem Wasser, können wir heute aus dieser Geschichte der Bibel lernen. Es folgte der Aufbruch der Migrantenfamilien aus der ägyptischen Knechtschaft, weniger spektakulär als dies die Schreiber der Bibel später dargestellt haben, aber doch ein Aufbruch, der als Befreiung in die Geschichte des entstehenden Volkes eingegangen ist – und der bis heute Menschen inspiriert und Kraft gibt, sich aus Situationen der Unterdrückung zu befreien.

Ein monumentaler Staudamm und seine Folgen

Hier trennten sich die Geschichten der Ägypter und der Israeliten, und wenn die Völker wieder aufeinander trafen, war dies nicht selten in Kriegen. Aber Ägypten blieb ein Land, in das die Menschen in der Not flüchteten und in der auch Maria und Josef mit ihrem Kind Asyl gefunden haben sollen. Am Nil selbst bestimmten weitere Jahrtausende lang die Überflutungen der Uferregionen durch das Flusswasser, die regelmäßig um den 19. Juli begannen, den Alltag der Menschen. Seit Ende der 60er Jahre des 20. Jahrhunderts ist dies anders, denn der Bau des Assuan-Staudamms im Süden Ägyptens hatte zur Konsequenz, dass seither das Wasser reguliert wird, das am Unterlauf des Flusses ankommt. Der Staudamm dient vor allem der Stromerzeugung und der Bewässerung großer landwirtschaftlicher Flächen. Das Projekt ist wie alle großen Staudämme der Welt umstritten (siehe Abschnitt Staudämme). So verliert der 480 Kilometer lange Stausee, der etwa 160 Millionen Kubikmeter Wasser fasst, durch Verdunstung große Wassermengen. Dies verändert auch die Klimaverhältnisse in der Umgebung und vermindert die Wassermengen, die unterhalb des Staudamms zur Verfügung stehen.

Dass die früheren Überflutungen des Landes am Unterlauf des Nils nicht mehr stattfinden, hat tief greifende Konsequenzen für die Kleinbauern rechts und links des Flusses. Die neu eingeführte moderne Bewässerungslandwirtschaft ist vor allem für die Bauern von Vorteil, die über große Ländereien und Kapital zum Kauf von leistungsfähigen Pumpen verfügen. Während die größeren Wasserkanäle von Regierungsstellen verwaltet werden, ist die Ver-

Der Assuan-Staudamm hat eine große Bedeutung für die Elektrizitätsgewinnung und
für die Bewässerungslandwirtschaft Ägyptens.   (Foto: Helga Reisenauer)

teilung des Wassers auf die lokalen Felder eine Sache der dörflichen Gemeinschaften. Das System hat sich in Zeiten von ausreichend Wasser bewährt,
aber zeigt jetzt Schwächen. Jetzt gilt das Gesetz des Stärkeren, also des Bauern, der am meisten politischen Einfluss auf die Verteilung des Wassers nehmen kann und der die stärksten Pumpen hat, um das Wasser vom Kanal auf
seine Felder zu leiten. Wer wenig Land hat und sich keine Pumpen leisten
kann, sondern sie sich leihen muss, gerät in Abhängigkeit von Großbauern
und ist schließlich in vielen Fällen gezwungen, sein weniges Land zu verkaufen. Die Umverteilung des Wassers zugunsten der markt- und exportorien-
tierten Landwirtschaft und der Städte hat nach den Gesetzen der Marktwirt-
schaft ihre Logik und ihren Sinn, für die armen Kleinbauern bedeutet dieser
Prozess aber, dass sie ihre Lebensgrundlage verlieren. Diese Familien ziehen
in die Armenviertel am Rande der großen Städte. Die Hoffnung, dort eine
bezahlte Anstellung zu finden, erfüllen sich oft nicht.
     Konkurrenz um das Wasser gibt es nicht nur zwischen den Bauern, son-
dern auch zwischen der Landwirtschaft und den großen Städten. Der städtische Wasserverbrauch in Ägypten hat sich seit den 70er Jahren mehr als
verzehnfacht. Es ist zu befürchten, dass der weiter wachsende Wasserbedarf
von Landwirtschaft, Industrie und Haushalten in den kommenden Jahren zu
großen sozialen und politischen Verteilungskonflikten führt.
     Die politische Führung Ägyptens steht angesichts einer rasch wachsen-
den Bevölkerung, hoher Arbeitslosigkeit und zunehmender Konsumerwar-

tungen unter großem Druck, wirtschaftliches Wachstum zu fördern. Sonst ist mit einer weiter zunehmenden Unzufriedenheit und heftigen sozialen und politischen Auseinandersetzungen zu rechnen. Angesichts der Integration Ägyptens in weltweite Wirtschaftsstrukturen gilt es, eine bessere Position im globalen Wettstreit um Exporte und Investitionen zu erreichen. Das Nilwasser ist für all das unabdingbar, und so achtet die ägyptische Führung sorgsam darauf, dass Länder wie der Sudan und Äthiopien keinen hohen Anteil des Nilwassers für sich in Anspruch nehmen.

Internationale Konflikte um das Wasser des Nils

Das Wasser des Nils ist zu einem Konfliktstoff in der Region geworden. Ägypten hängt zu über 95 Prozent seiner Versorgung vom Wasser des Nils ab und nimmt für sich in Anspruch, dass ein Großteil des Wassers des Flusses für die eigene Bevölkerung und Landwirtschaft zur Verfügung stehen muss. Dabei beruft sich die Regierung auf einen Vertrag von 1929, der von Ägypten und Großbritannien als damaliger Kolonialmacht des Sudan geschlossen wurde und der die Wassernutzungsrechte unter den beiden Anrainerstaaten des Nils aufteilt. Die übrigen Anrainer waren an den Vertragsverhandlungen nicht beteiligt (die meisten der Staaten waren damals Kolonien). Nichtsdestoweniger wurde im Vertrag geregelt, dass es anderen Staaten als Ägypten und dem Sudan untersagt ist, Projekte durchzuführen, die die Menge des Nilwassers, das in Ägypten ankommt, vermindern würden. Der Vertrag wurde 1959 von Ägypten und dem inzwischen unabhängigen Sudan in leicht veränderter Form erneuert. Ägypten stehen nach dem Vertrag 87 Prozent des Nilwassers zu, dem Sudan 13 Prozent. Die anderen Anrainerstaaten erkennen diese Verträge, an deren Abschluss sie nicht beteiligt waren, für sich nicht als bindend an.

Ägypten hat in der Vergangenheit Bemühungen Äthiopiens blockiert, internationale Gelder für den Bau von größeren Staudämmen und Bewässerungssystemen zu erhalten. Als mit dem Bau von Staudämmen begonnen werden sollte, drohte ein Krieg zwischen den beiden Ländern. Der damalige ägyptische Präsident Anwar el-Sadat verkündete 1979: „Das Einzige, wofür Ägypten noch einmal Krieg führen würde, ist Wasser." Es war zu befürchten, dass Ägypten äthiopische Staudämme bombardieren könnte. Daher hofften die Hungernden in Äthiopien vergeblich auf eine ausgedehnte Bewässerungslandwirtschaft. Acht Jahre später erklärte der damalige ägyptische Außenminister und spätere UN-Generalsekretär Boutros Boutros-Ghali: „Der nächste Krieg in unserer Region wird wegen des Nilwassers geführt werden." Es blieb zunächst dabei, dass nur ein minimaler Anteil des Wassers des Blauen Nils in Äthiopien als Trinkwasser und für Bewässerungszwecke genutzt wurde, aber 80 bis 85 Prozent in Ägypten. Als Kenia erklärte, es erkenne den Vertrag nicht an, erklärte der ägyptische Wasserminister Anfang Dezember 2003, dies sei „ein Akt des Krieges".

Auch der Sudan sieht sich ägyptischen Pressionen ausgesetzt, seine Nutzung des Nilwassers zu begrenzen. Innerhalb des Sudan spielt der Kampf ums Wasser ebenfalls eine wichtige Rolle. Nicht zufällig begann der Bürgerkrieg zwischen Norden und Süden damit, dass Rebellen der SPLA im Süden eine gewaltige Baggermaschine in die Luft sprengten, mit der ein Kanal gegraben werden sollte, um Wasser in den Norden zu lenken. Bei den Friedensverhandlungen zwischen der Regierung in Khartum und den Rebellen im Süden wurde die Wasserfrage weitgehend ausgeklammert. Yoannes Ajawin, ein Vertreter der politischen Führung des Südsudan, sagte im November 2004 über das Wasser: „Dies ist die Ressource des Sudan, über die am wenigsten gesprochen wurde ... aber es ist eine sehr ernste Frage." Das lässt große Spannungen für die Zeit der Autonomie des Südens erwarten, zumal die ägyptische Regierung in dieser Frage mitreden wird. Ägypten hat ein durchaus konfliktreiches Verhältnis zur Regierung in Khartum, aber bisher kein Interesse an der Entstehung eines unabhängigen Staates im Süden des Sudan gezeigt, der im Gegensatz zum angrenzenden Sudan direkten ägyptischen Beeinflussungen oder Pressionen in Sachen Wasser weitgehend entzogen wäre.

Fellachenhaus am Ufer des Nils. Die Felder der Kleinbauern wurden früher durch die jährliche Nilflut bewässert und mit Nährstoffen versorgt. Seit dem Bau des Assuan-Staudamms ist dies anders. Jetzt brauchen viele von ihnen Pumpen, und wer in dem oft rücksichtslosen Kampf um das kostbare Wasser unterliegt, muss in eines der städtischen Slumgebiete ziehen.   (Foto: Helga Reisenauer)

Es gibt bei allen Konflikten auch positive Entwicklungen. Alle zehn Anrainerstaaten des Nils und seiner Zuflüsse haben sich 1999 zur „Nile Basin Initiative" zusammengeschlossen. Die Umweltorganisation „International Rivers Network" stellte in einer ausführlichen Analyse im Dezember 2003 fest, diese Initiative „löst in gleichem Umfang Hoffnung und Skepsis aus". Ein Zeichen der Hoffnung ist, dass sich die Länder über eine größere Zahl von Projekten zur Nutzung des Nilwassers in den einzelnen Anrainerstaaten verständigt haben. Allerdings handelt es sich vor allem um Staudammprojekte mit durchaus problematischen Effekten wie der Vertreibung vieler Tausend Menschen. Umso bedenklicher ist, dass die Zivilgesellschaft in den betroffenen Ländern praktisch nicht an der Planung der Vorhaben beteiligt ist. Vor allem aber ist zu befürchten, dass bei der Verwirklichung aller Staudamm- und Bewässerungsprojekte kein Nilwasser mehr das Flussdelta am Mittelmeer erreichen wird.

So hat Ägypten damit begonnen, ein 420.000 Hektar großes Wüstengebiet zu bewässern und dort Dörfer und Städte für die rasch wachsende Bevölkerung zu bauen. Im Rahmen des „Toshka-Projektes" wird ein 350 Kilometer langer Kanal in die Wüste gebaut, von dem dann zahlreiche kleine Kanäle und Bewässerungsgräben abzweigen, die ein grünes Paradies entstehen lassen sollen. Allein eine große Pumpstation, die Nilwasser in den Kanal befördert, kostete 500 Millionen Euro, und bis aus der trockenen Wüstenregion eine blühende Landschaft geworden ist, werden noch Milliardenbeträge erforderlich sein. Drei Millionen Menschen sollen dort eine neue Heimat finden: ein gigantisches Projekt, das zum Desaster würde, wenn nicht dauerhaft genügend Wasser zur Verfügung stehen sollte. Kritik gegen das Mammutprojekt gibt es in Ägypten wenig, ist es doch ein Vorhaben, das Staatspräsident Mubarak zu seinem Lebenswerk erklärt hat und von dem er sagt, es sei „die Hoffnung des 21. Jahrhunderts".

Wenn sich die Bevölkerungszahlen Ägyptens, des Sudan und Äthiopiens tatsächlich von heute 150 Millionen Menschen auf 340 Millionen Menschen im Jahre 2050 erhöhen sollte, dann könnte das Nilwasser nicht für alle reichen. Das ist auch die große Sorge der anderen Anrainerstaaten des Flusses. Hinzu kommt, dass die Folgen der globalen Klimaerwärmung auf die Region noch nicht abzusehen sind. Zu befürchten sind längere Trockenperioden und sporadische Flutkatastrophen mit dramatischen Auswirkungen. Es besteht die Möglichkeit, dass die Wassermenge des Nils deutlich zurückgehen wird.

Es gibt also weiterhin viel Konfliktstoff, und vielleicht werden vor allem die internationalen Konzerne, die die Staudämme bauen, von den Milliardenbeträgen profitieren, die in die Staudammprojekte fließen sollen. Ägypten scheint sich damit abzufinden, dass auch die anderen Anrainerstaaten verstärkt das Wasser des Nils nutzen werden. Der ägyptische Wasserminister erklärte bei einem Treffen der „Nile Basin Initiative" im März 2004 in Nairobi: „Ägypten wird nicht im Weg stehen, wenn eines der Länder der Nil-

Becken-Initiative das Wasser des Viktoriasees oder des Nils nutzen will."
Die Behauptung, sein Land würde einen Krieg um das Wasser des Nils führen, sei „eine Übertreibung" der Medien. Länder wie Kenia und Uganda
könnten so viel Wasser entnehmen, wie sie wollten. Doch noch Hoffnung für
eine friedliche Entwicklung am Nil?

Das Wasser des Viktoriasees

An einer der Quellen des Nils bahnen sich neue Konflikte an. In den letzten
Jahren ist der Wasserspiegel des Viktoriasees um mehr als einen Meter
gesunken, und die Anrainerstaaten des mit 68.800 Quadratkilometern größten Binnensees Afrikas debattieren, welche Ursachen dies hat. Uganda wird
vorgeworfen, zu viel Wasser aus dem Viktoriasee in den Weißen Nil zu leiten, um so den Energiebedarf des Landes zu decken. In den 1950er Jahre
wurde am Abfluss des Sees in den Nil der „Nalubaale-Staudamm" zur Stromerzeugung gebaut. 2002 wurde zusätzlich der „Kiira-Staudamm" fertiggestellt, durch dessen Turbinen weiteres Wasser aus dem Viktoriasee in den Nil
fließt. Uganda hat sich vertraglich verpflichtet, den Abfluss aus dem See so
zu regulieren, dass der Wasserstand stabil bleibt.

Dass der Wasserstand des Sees aber tatsächlich sinkt, bedeutet eine deutliche Behinderung des Schiffsverkehrs und gefährdet das ökologische
Gleichgewicht. Die österreichische Umweltschutzorganisation GLOBAL
2000 stellte am 14. Februar 2006 in einer Pressemeldung fest: „Das Seeufer
in Kisumu, der größten kenianischen Stadt am Viktoriasee, ist innerhalb
weniger als eines Jahres um bis zu 15 Meter zurückgegangen. Weil Feuchtgebiete vom Hauptsee durch ausgetrocknete Sandflächen abgetrennt wurden,
verlieren Buntbarsche und andere Fischarten ihre lebenswichtigen Laich-
plätze. Es gibt bereits Anzeichen für einen Rückgang der Fischbestände.
Dies hätte dramatische Auswirkungen für die bereits in großer Armut leben-
den Menschen am See, deren Hauptnahrungs- und Einnahmequelle Fisch
ist."

Nach Auffassung der Elektrizitätsgesellschaft und der Regierung Ugan-
das ist der Wasserverlust allein auf klimatische Veränderungen zurückzuführen, die zur Konsequenz haben, dass weniger Wasser aus den Zuflüssen
in den See gelangt und gleichzeitig bei höheren Temperaturen die Verdunstung steigt. Aber der ugandische Ingenieur und Hydrologe Hillary Onek
wurde in der ugandischen Presse so zitiert: „Aus Ingenieurs-Perspektive
sollte Kiira ein Ersatz für Nalubaale sein, weil erwartet wurde, dass die Leistung von Nalubaale (wegen alter Turbinen) langsam zurückgehen würde ...
Als beide Dämme fertig waren, haben die Politiker beschlossen, beide Kraftwerke parallel zu betreiben." Frank Muramuzi von der Nationalen Vereinigung professioneller Umweltschützer in Uganda fasst die Situation so zusammen: „Der Staudamm-Komplex zieht den Stöpsel aus dem Viktoriasee."

Unter internationalem Druck entschloss sich die ugandische Elektrizitätsgesellschaft am 6. Februar 2006, die Energieerzeugung aus der Wasserkraft des Viktoriasees von 170 auf 140 MW zu vermindern, obwohl es schon vorher zu wenig Elektrizität für die wachsende Wirtschaft gab. Die Folge sind noch häufigere Stromsperren, die nicht nur private Haushalte hart treffen, sondern auch die Industrie und die übrige Wirtschaft.

Nicht übersehen werden darf bei den Problemen am Viktoriasee, dass neben dem hohen Abfluss aus dem See zur Energieerzeugung auch die klimatischen Veränderungen zur gegenwärtigen Krise beitragen. Eine Studie des „Global Nature Fund" ist zum Ergebnis gekommen, dass sich die Durchschnittstemperatur in der Region bis 2080 um 3,6 Grad erhöhen wird. Udo Gattenlöhner, Direktor des GNF, erklärte dazu: „Wir erleben erste Auswirkungen des Klimawandels am Viktoriasee und an weiteren Seen überall auf der Erde. Ohne eine schnelle Reduktion des Treibhausausstoßes durch die Industrieländer ist die Lebensgrundlage von Millionen Menschen in naher Zukunft bedroht."

Noah

Flutkatastrophen sind eine Strafe Gottes – davon waren die Israeliten in biblischen Zeiten überzeugt. Das kommt besonders in der Geschichte von der Sintflut und der Arche des Noah zum Ausdruck. Von gewaltigen Fluten wird auch in vielen Religionen und Kulturen berichtet, und allein in Mesopotamien gab es mehrere solche Mythen, von denen das Gilgamesch-Epos der berühmteste ist. Er entstand in der heute verbreiteten Form etwa 1250 vor Christus und war im ganzen Vorderen Orient gut bekannt. Es kann deshalb davon ausgegangen werden, dass die Verfasser der biblischen Noah-Geschichte dieses Epos kannten und sich von ihm inspirieren ließen. Hier eine gekürzte Überlieferung des Gilgamesch-Mythos, entnommen aus der Sammlung „Wasser – Elixier des Lebens" von Martin Sandkühler:

„Alles, was ich hatte, nahm ich mit, den ganzen Ertrag meines Lebens lud ich ein in das Fahrzeug; Familie und all die Verwandten, die Tiere des Feldes, das Vieh von der Weide und Leute vom Handwerk, alle schiffte ich ein.

Ich bestieg das Fahrzeug und verschloss die Tür. Als der junge Tag strahlend heraufzog, ballte fern sich am Horizont eine schwarze Wolke. Tageshelle wird plötzlich zur Nacht, der Bruder sieht den Bruder nicht mehr, das Volk des Himmels kann sich nicht mehr erkennen.

Die Götter waren voll Furcht vor der Flut, sie flohen und flüchteten bis zum Himmel des Anu, die Götter kauerten, Hunden gleich, an der Wand und lagen still. Sechs Tage und sechs Nächte lang schwollen Sturm und Flut, herrschte Orkan über das Land. Als der siebente Tag anbrach, da legte sich der Sturm, es glättete sich die Flut, die wie ein Kriegsheer gewütet; sanft wurden die Wogen, der Sturmwind ließ nach, und die Flut stieg nicht mehr.

Ich hielt Ausschau nach dem Wasser, verstummt war sein Tosen, zu Lehm alle Menschen geworden! Bis zu Daches Höhe reichte der Sumpf!

Ich schaute nach Land, nach dem Horizonte des Meeres, fern, ganz fern, tauchte ein Eiland auf. Bis zum Berge Nissir gelangte das Fahrzeug, am Berge Nissir fuhr es auf und stand wie verankert. Als der siebente Tag anbrach, entsandt' ich eine Taube, ich schickte sie aus, sie flog davon und kehrte wieder, meine Taube, weil sie kein Ruheplätzchen fand, kam sie zurück.

Ich sandte eine Schwalbe aus, ich ließ sie fliegen, sie flog davon und kehrte wieder, meine Schwalbe, weil sie kein Ruheplätzchen fand, kam sie zurück.

Ich sandte einen Raben aus, ich ließ ihn fliegen, er flog davon, der Rabe, sah, dass der Spiegel des Wassers sich senkte; er frisst, er fliegt umher, er krächzt und kehrt nicht mehr zurück.

Da ließ ich alle hinaus nach allen vier Winden und brachte ein Lamm zum Opfer dar, Opferkörner streute ich auf dem Gipfel des Berges, verbrannte Zedernholz und Myrte."

Die Ähnlichkeiten zwischen biblischer Geschichte und Gilgamesch-Epos sind nicht zu übersehen. So gibt es in beiden Fällen ein schwimmfähiges Gefährt, in dem einige Menschen und eine große Zahl von Tieren vor den Fluten gerettet werden. Die Flutkatastrophe wird in drastischen Worten geschildert, und an ihrem Ende werden Vögel ausgesandt, um festzustellen, ob die Überflutung der Erde zu Ende ist. Schließlich wird in beiden Fällen ein Dankopfer dargebracht. Es gibt aber auch gravierende Unterschiede zwischen mesopotamischem Mythos und biblischer Geschichte. Im Gilgamesch-Epos sind die Götter selbst voller Furcht, in der Bibel ist Gott der Handelnde, und es wird auch deutlich, warum er den größten Teil seiner Schöpfung vernichtet.

Keine Wassergeschichte der Bibel hat die Menschen so zu immer neuen Erzählungen und Bildern inspiriert wie die Geschichte vom Bau eines Kastens, einer großen Flut, der Rettung, dem Regenbogen und dem Anfang eines neuen Lebens. Selbst in Geschichten vom Untergang Rungholts in der nordfriesischen Inselwelt schwingt noch etwas mit von der Furcht, dass Gott ein sündiges und hochmütiges Leben mit der Vernichtung durch die Gewalt des Wassers bestraft. Der letzte Vers von Detlev von Liliencrons berühmtem Rungholt-Gedicht lautet:

Ein einziger Schrei – die Stadt ist versunken,
Und Hunderttausende sind ertrunken.
Wo gestern noch Lärm und lustiger Tisch,
Schwamm andern Tags der stumme Fisch.
Heut bin ich über Rungholt gefahren,
Die Stadt ging unter vor sechshundert Jahren.
Trutz, Blanker Hans.

Die Rettung im „Kasten"

Am Anfang der Noah-Geschichte steht Gottes Reue, die Menschen gemacht zu haben, deren „Bosheit groß war auf Erden" (1. Mose 6,5). Deshalb beschloss Gott, die Menschen von der Erde zu tilgen. Er machte eine Ausnahme: „Aber Noah fand Gnade vor dem Herrn." (1. Mose 6,8) Noah war ein frommer Mann und ohne Tadel, und deshalb sollten er und seine Familie gerettet werden. Auf Anweisung Gottes baute Noah einen „Kasten", in dem er, seine Familie und je ein Paar aller Tiere, die auf der Erde lebten, vor der Flut bewahrt werden. Oft wird die Arche als winziges Schiff dargestellt, aber wenn man die exakten biblischen Maße zur Grundlage macht und davon ausgeht, dass ägyptische Ellen gemeint waren, dann handelte es sich immerhin um ein Schiff von 135 Meter Länge, 23 Metern Breite und 13 Metern Höhe. Danach brachte es der „Kasten" auf etwa 13.900 Bruttoregistertonnen und hätte noch im ersten Drittel des 20. Jahrhunderts zu den großen Frachtschiffen gehört. Aber, die Arche ist nie gebaut worden, ist nie geschwommen – und steht doch in einem tieferen Sinne für die ganze Wahrheit der Bibel. Es ist eine Geschichte, aus der viel über göttliches Handeln, menschliche Schwäche und das Überleben dieser Erde gelernt werden kann.

Der brasilianische Theologe Marcelo Barros erinnert in seinem Buch „Gottes Geist kommt im Wasser" daran, dass Gott bei der Schöpfung die Wasser vom Himmel und aus der Tiefe voneinander getrennt hat: „Die Beschreibung der Sintflut in der Genesis erscheint wie ein gleichsam umgekehrter Schöpfungsbericht. In der Schöpfung, von der das Buch Genesis spricht, hat Gott durch die Trennung der Wasser die bedrohlichen Wasser beherrscht und das Chaos besiegt. Jetzt gerät das Universum außer Kontrolle. Die Wasser treten aus den ihnen zugewiesenen Bereichen und vermischen sich wie vor der Schöpfung. Bei diesem Bild muss man sich vor Augen halten, wie die Propheten und Priester von der babylonischen Gefangenschaft sprachen. Die Erfahrung des Exils wird kosmisch ausgeweitet. Die Schöpfung selbst rebelliert."

Es ging den biblischen Autoren also nicht darum, einen historisch genauen Bericht darüber zu geben, dass Noah wirklich ein gewaltiges Schiff baute, um dort seine Familie und Tiere aufnehmen zu können. Das ist schon deshalb auszuschließen, weil in der Bibel zwei Geschichten vereint wurden, die sich im Blick auf die Zahlenangaben unterscheiden, in einem wird von jeweils einem Paar berichtet und im anderen von sieben Tieren. Dazu schreibt der Theologe Jürgen Ebach in seinem Buch „Noah": „Es handelt sich dabei offenkundig nicht um eine einlinige Erzählung, sondern um ein kunstvolles Gewebe aus mehreren unterschiedlichen Fäden. Dieser Gewebecharakter ist im überlieferten Text erkennbar geblieben, ja man hat offenkundig lose Enden stehen lassen und Verknüpfungsstellen kenntlich gemacht … Diese Widersprüche sind im Text bewusst erhalten geblieben. Wer das bestreiten wollte, müsste ja buchstäblich annehmen, dass die alten Tradenten nicht bis drei zählen konnten …"

Zu welchen Überlegungen man kommt, wenn man versucht nachzuweisen, dass die Sintflut tatsächlich stattgefunden hat, kann man im Internet nachlesen, wenn man das Stichwort Noah eingibt. Dann stößt man zum Beispiel auf den Beitrag von Fred Hartmann und Reinhard Junker, die sich mit der Frage befassen: „Passten alle Tiere in die Arche Noah?". Sie berechnen, dass alle Tierarten in die Arche passten, einmal abgesehen von den Wasserlebewesen, die im Wasser überleben konnten. Die Autoren kommen auf circa 21.100 mitzunehmende Wirbeltiere. Damit alle Tiere hineinpassen konnten, wird vermutet, dass Noah von großen Tieren wie Elefanten Jungtiere mitgenommen haben könnte, die weniger Platz brauchten. Das Futterproblem lösen die Autoren mit einem allgemeinen Winter- beziehungsweise Sommer-schlaf und kommen so zum Ergebnis, dass die historische Glaubwürdigkeit der Geschichte von der Arche nicht zu erschüttern sei. Mitte 2006 verkünde-ten dann US-Archäologen, sie hätten im Elburz-Gebirge die Überreste der Arche Noah gefunden. In mehr als 4.00 Metern Höhe hätten sie eine Gesteinsformation entdeckt, die an versteinerte Schiffsplanken erinnert, das versteinerte Holz der berühmten Arche. Dass andere Wissenschaftler es für unmöglich halten, dass der Wasserstand selbst beim Abschmelzen aller Glet-scher und des Poleises eine solche Höhe erreichen konnte, ficht die US-For-scher nicht an. Und immerhin fand die Zeitschrift „National Geographic" ihren „Fund" berichtenswert. Man sieht, dass es sehr unterschiedliche Zugänge zur Noah-Geschichte gibt.

Nachdem der Kasten fertig war, passierte, so berichtet die Bibel, eine Katastrophe globalen Ausmaßes. Es öffneten sich „alle Brunnen der großen Tiefe" und es „taten sich alle Fenster des Himmels auf" (1. Mose 7,11), mit dem Ergebnis, dass alle Menschen und Tiere vernichtet wurden, außer den Bewohnern des Kastens: „Da ging alles Fleisch unter, das sich auf Erden regte", heißt es in im Vers 21, und in den beiden folgenden Versen wird noch einmal bekräftigt, dass alle Lebewesen auf der Erde starben. Die ganze Dra-matik der Situation wird auch in diesem Vers deutlich: „Und die Wasser wuchsen gewaltig auf Erden hundertfünfzig Tage."

In vielen Darstellungen der Noah-Geschichte – besonders in Kinderbi-beln und Kinderbüchern – tritt die Vernichtung von vielen Millionen Men-schen und Tieren in den Hintergrund, es wird eine reine Rettungsgeschichte erzählt, und der friedlich auf den Wassern schaukelnde Holzkasten lässt nicht mehr ahnen, was sich darunter abspielt.

Warum hat Noah geschwiegen?

Vor allem jüdische Autorinnen und Autoren haben hingegen in den letzten Jahrzehnten ihr Augenmerk auf das Schicksal all derer gerichtet, die keinen Platz in der Arche fanden. Die Überlebenden des Holocaust haben sich gefragt, warum gerade sie noch am Leben sind und was sie zur Rettung anderer hätten tun können. Der Schriftsteller und Friedensnobelpreisträger Elie Wiesel hat dies in seinem Buch „Noah oder die Verwandlung der Angst" eindrücklich herausgearbeitet. Er schreibt unter anderem: „… viele Überle-bende sind immer wieder verfolgt, ja gepeinigt von ungerechtfertigten Schuldgefühlen. Auch Noah musste sich eines Tages fragen: ‚Warum ich?' Sicher hat er nicht gedacht, er sei auserwählt, weil er besser als andere sei. Er kann nicht so eitel gewesen sein, um dies zu denken. Oder weil er eine bes-sere gesellschaftliche Stellung innehatte? Andere hatten höhere Positionen. Wieder und wieder muss Noah diese schmerzliche Frage gestellt haben:

Heutige Künstlerinnen und Künstler haben sich wieder häufiger der Noah-Geschichte zugewandt wie hier die Künstlerin Brigitte Kranich mit dem Gemälde „Die Rückkehr der Taube" aus ihrem Bibelzyklus.

‚Warum ich?' Zugegeben, er hat seine Frau und seine Kinder gerettet. Aber was ist mit seinen Verwandten, seinen Bekannten? Tot, alle tot."

Warum hat Noah seine Mitmenschen nicht gewarnt? Geradezu unerträglich erscheint in diesem Zusammenhang das Schweigen Noahs. Im ganzen biblischen Bericht sagt er kein Wort, wortlos, so scheint es, nahm er Gottes Auftrag entgegen, einen Kasten zu bauen, wortlos baute er dieses gewaltige Fahrzeug, wortlos nahm er Abschied von der Welt, die dem Untergang ausgeliefert war, und wortlos kehrte er aus seiner Arche auf den festen Boden zurück.

Interessanterweise schweigt Noah im Koran nicht, sondern versucht, die Menschen für ein Leben in Hingabe an Gott zu gewinnen. Er stößt aber nur auf Ablehnung. Erst danach kam die Flut. Amir Zaidan hat diesen Zusammenhang bei einer Dialogtagung zu Noah (islamisch Nuh) im Februar 2000 in Berlin so dargestellt: „Weil die Angehörigen des Volkes von Nuh trotz dieser extrem langen Zeit der Ermahnung keinem Argument zugänglich waren, auf ihrer Ablehnung beharrten und immer arroganter wurden und zudem in ihrer Überheblichkeit glaubten, sich aus eigener Kraft vor der – von ihnen zudem für völlig unwahrscheinlich gehaltenen – angedrohten Strafe des Schöpfers schützen zu können, kam schließlich die von Nuh angekündigte Peinigung, die Flut mit gewaltigen Wassermengen von oben und von unten, der keiner der arroganten Ablehnenden und Verleugnenden entrinnen könnte. Diese im Quran erwähnte Flut kann nach dem islamischen Selbstverständnis nur eine regional begrenzte Überschwemmung gewesen sein, da sie als Strafe für ein bestimmtes Volk, das Volk von Nuh, geschickt wurde. Untermauert wird der quranische Bericht einer regionalen Begrenzung dieser Flut durch die Tatsache, dass nach dem Selbstverständnis des Quran grundsätzlich keine Peinigung ohne vorherige Ermahnung erfolgt."

Die Verfasser vieler Noah-Geschichten haben das Schweigen Noahs im biblischen Bericht nicht aushalten können, und manchmal redet er geradezu wie ein „Wasserfall", so auch in Bruce Lows Schlager „Noah". Dafür ein Beispiel aus dem Lied (nach dem Bau der Arche):

Noah rief: „Herr, da ist sie: Groß und schön!"
Der Herr sprach: „Noah, es wird Zeit, an Bord zu gehn.
Nimm von jedem Tier ein Paar, ohne Makel und gesund,
und Frau Noah und die Kinder und die Katze und den Hund."
Noah sprach: „Herr, es fängt zu regnen an."
Der Herr sprach: „Noah, bring die Tiere in den Kahn!"
Noah schrie: „Herr, es gießt in Strömen hier!"
Der Herr sprach: „Noah, hurry up, und schließ die Tür!"

Aber warum schweigt Noah in der Bibel? Wir müssen uns bewusst machen, dass wir keine spannende Reportage einer Naturkatastrophe lesen, sondern einen biblischen Text, der mit bestimmten Intentionen geschrieben wurde und in dem anderes in den Hintergrund tritt. Aber vielleicht ist das Schweigen Noahs dennoch ein Zeichen für die Sprachlosigkeit vieler Menschen angesichts drohender Katastrophen und angesichts des Ausmaßes solcher Katastrophen. Wie reagieren wir heute auf die drohenden Katastrophen und die tagtägliche Not und das Elend in der Welt? Wasser spielt in vielen dieser Katastrophen eine wichtige Rolle, seien es nun die Flutkatastrophen in Bangladesch, die Dürren in der afrikanischen Sahelzone oder die Tsunami-Katastrophe Ende 2004. Wie oft verdrängen wir solche Katastrophen oder stehen ihnen sprachlos gegenüber?

Auf dem Hintergrund der Noah-Geschichte gewinnen auch Sprüche wie „Das Boot ist voll" eine beklemmende Bedeutung. Besteht nicht die Gefahr, dass sich die Reichen in ein vermeintlich sicheres Schiff zurückziehen, die Luke dicht machen und hoffen, dass die drohende Katastrophe an ihnen vorübergeht, während andere, schon bis zum Hals im Wasser stehen und auf der Flucht vor dem sind, was als globale Katastrophe, diesmal von den Menschen gemacht, schon begonnen hat? Aus dem „Nach uns die Sintflut" kann so rasch ein „Mit uns die Sintflut" werden.

Überleben in der High-Tech-Arche?

Wie fragwürdig es ist, ein kleines Stück „heile Welt" schaffen und retten zu wollen, zeigt das Projekt „Eden" in Cornwall. Für umgerechnet mehr als 130 Millionen Euro wurden riesige Gewächshäuser gebaut, in denen die Besucher nun die Vielfalt der Pflanzenwelt bestaunen können. Allein die Tropenhalle ist 240 Meter lang, 110 Meter breit und 55 Meter hoch, weit größer als die Arche Noahs nach der Beschreibung in der Bibel. Computergesteuert wird hier die bedrohte Welt in schöner Gestalt Millionen Besuchern präsentiert, die dafür ein hohes Eintrittsgeld zahlen müssen, damit das aufwendige Projekt auch Gewinne abwirft. Dass die meisten Besucher per Auto zur Attraktion ins abgelegene Cornwall reisen, ist nur ein Anzeichen dafür, dass das vermeintliche „Eden" vielleicht doch nur ein Disney-Land mit leichtem Öko-Touch ist. War es ein Fingerzeig Gottes, dass das ganze Projekt beinahe im Wasser versunken wäre, weil es während der Bauarbeiten zu wochenlangen schweren Unwettern kam und mehr als 160 Millionen Liter Wasser in die Baugrube flossen? Das Wasser wurde abgepumpt und so die künstliche „Eden"-Welt noch einmal gerettet. „Travel the world in one day" lautet ein Werbeslogan des Unternehmens, und damit die Leute dabei keine nassen Füße bekommen, wird nach einem ausgeklügelten System weiterhin Wasser abgepumpt. Die neue Sintflut wurde verschoben, jedenfalls in der künstlichen Welt in Cornwall.

Noch ambitionierter war das Projekt „Biosphere 2" in der Wüste von Arizona. Auf knapp einem Hektar sollte eine zweite Welt entstehen, mit Ozean, Mangrovensumpf, Regenwald, Savanne und Wüste. Finanziert wurde die neue Arche von dem texanischen Ölmilliardär Ed Brass. Das 150-Millionen-Dollar-Projekt sollte zeigen, wie ein Überleben in einer zweiten Biosphäre möglich sein könnte, wenn die Erde eines Tages nicht mehr bewohnbar sein sollte und die Menschen auf den Mars umsiedeln müssten. Das Glashaus sollte ohne Luftaustausch mit der Umgebung auskommen. Allerdings, die neue Arche Noah mit ihren High-Tech-Lösungen verbraucht für 1,5 Millionen Dollar Elektrizität im Jahr, die von einem nahen Wasserkraftwerk geliefert wird. Für Notfälle hat die künstliche Welt ein eigenes Kraftwerk, denn wenn eine Viertelstunde kein Strom fließt, bricht die ganze „Biosphäre" in sich zusammen.

Die acht Bewohner, die am 26. September 1991 einzogen, sollten sich durch Ackerbau und die Pflanzen der künstlichen Welt ernähren. Was folgte, war ein einziges Desaster, angefangen damit, dass es nicht im Regenwald, sondern ausgerechnet in der Wüste anhaltend regnete. Außerdem nahm die Zahl der Ameisen stark zu, die die Insekten angriffen und das labile Gleichgewicht unter dem Glasdach durcheinander brachten. Dass veranlasste die „Süddeutsche Zeitung" im September 2004 einen Beitrag über die zweite Biosphäre mit dem Titel „Insektenkrieg in der Arche Noah" zu versehen.

Die Anbaufläche war nicht groß genug für eine ausreichende Ernährung, die Qualität des Wassers hatte sich auf beängstigende Weise verschlechtert, die Bewohner waren bald zerstritten … Ein Jahrhundert sollte das Experiment dauern, und dass es wenigstens zwei Jahre dauerte, lag nur daran, dass Sauerstoff in die zweite Welt gepumpt wurde, um ein Überleben der Menschen, Tiere und Pflanzen zu ermöglichen. Nach diesem Fehlschlag wurde ein zweiter Versuch unternommen, er endete schon nach wenigen Wochen wegen Sauerstoffmangels in den Glashäusern. Nun dürfen Touristen für einen stattlichen Eintrittspreis durch die Savanne und Wüste wandern – obwohl die echte Wüste gleich außerhalb der Glashaus-Welt beginnt.

Neue Hoffnung unter dem Regenbogen

Zurück in biblische Zeiten: Nach dem Ende der Sintflut dauerte es, so der biblische Bericht, noch vierzig Tage, bis Noah ein Fenster aufmachte und einen Raben und dann eine Taube ausfliegen ließ. Die Taube, die mit dem Ölblatt im Schnabel zur Arche zurückkehrte, ist zum wichtigsten Symbol der Friedensbewegung geworden, vor allem durch Picassos berühmte Zeichnung. Als die Erde wieder trocken war, verließen Noah, seine Familie und alle Tiere die Arche, und Noah baute einen Altar, um Gott für die Rettung zu danken. Bischof Martin Kruse hat in einer Predigt während der VI. Vollversammlung des Ökumenischen Rates der Kirchen 1983 in Vancouver zu diesem Dankopfer gesagt: „Noah baut einen Altar. Er weiß, wem er den neuen Anfang verdankt. Er will das nicht vergessen. Leben aus Dankbarkeit – das ist eines der Zeichen des neuen Lebens. Leben aus der Dankbarkeit ist offen für Gott, offen zur Schöpfung Gottes. Offen zur Fülle der Gaben Gottes."

Dann finden wir im biblischen Bericht diese erstaunliche Aussage: „Und der Herr roch den lieblichen Geruch und sprach in seinem Herzen: Ich will hinfort nicht mehr die Erde verfluchen um der Menschen willen; denn das Dichten und Trachten des menschlichen Herzens ist böse von Jugend an. Und will hinfort nicht mehr schlagen alles, was da lebt, wie ich es getan habe. Solange die Erde steht, soll nicht mehr aufhören Saat und Ernte, Frost und Hitze, Sommer und Winter, Tag und Nacht." (1. Mose 8,21–22)

Dorothee Sölle schrieb zu diesem Text 1989 in der Zeitschrift „Junge Kirche": „Wir wissen heute, wie leicht es ist, die Erde zu verfluchen um der Profitgier willen und um sie zum totalen Material zu machen, mit dem wir schalten und walten wie ein Imperialist mit unterworfenen Ländern. Gott, in dieser Geschichte von Noah und Taube und Ölzweig, baut ein anderes Verhältnis zur Erde auf, er ist mit der Erde, er stellt sich auf die Seite der misshandelten Erde, die nicht mehr verflucht sein soll um der Menschen willen … Wir sind, wenn wir für die Schöpfung eintreten, im Einklang mit den ältesten Traditionen der Menschheit, die alle die Erde nicht als Gegenstand, als Objekt, als ausnutzbares Material behandeln. Die Erde gehört Gott, wie der Psalmist sagt. Gott hat sich in der Schöpfung in die Erde hineingegeben, so dass wir sagen können: Die Erde ist heilig."

Gott schließt mit Noah und seiner Familie einen Bund, sagt ja zu einem Neuanfang gemeinsam mit den Menschen. Die biblischen Aussagen in diesem Zusammenhang sind immer wieder missverstanden worden und haben eine zum Teil katastrophale Wirkungsgeschichte gehabt. Aussagen wie „Furcht und Schrecken vor euch sei über allen Tieren ... in eure Hände seien sie gegeben" (1. Mose 9,2) wurde interpretiert als uneingeschränkte Gewalt der Menschen über die Tiere. Dabei wird aber der Kontext des Textes ignoriert, nämlich, dass dieser Bund mit jenen geschlossen wird, die die Tiere vor der Vernichtung bewahrt haben. Die Tiere werden also in die Hände von Menschen gegeben, die die Schöpfung bewahren.

Dieser Zusammenhang wird in der folgenden Aussage überdeutlich: „Alsdann will ich gedenken an meinen Bund zwischen mir und euch und allem lebendigen Getier ..." (1. Mose 9,15) Die Tiere und die ganze Schöpfung sind in den Bund einbezogen, sind nicht Objekte der Raffgier der Menschen. Dies wird noch bekräftigt durch den folgenden Vers über die Bedeutung des Regenbogens: „Und Gott sagte zu Noah: Dies sei das Zeichen des Bundes, den ich aufgerichtet habe zwischen mir und allem Fleisch auf Erden." (1. Mose 9,17) Aus der Familie Noahs ist nach dem biblischen Bericht die ganze heutige Menschheit hervorgegangen, der die Verheißung des Bundes, aber auch der Auftrag, im Sinne Gottes mit der Schöpfung umzugehen, gilt. Heute ist der Regenbogen zum Beispiel das Hoffnungssymbol der Umweltbewegung Greenpeace.

Die Geschichte von der großen Flut ist eine Mahnung an die Menschheit, sorgsam mit der Schöpfung umzugehen. Mit dieser Mahnung ist aber Hoffnung verbunden. Der Schöpfer wird diese Welt nicht zugrunde gehen lassen. Dorothee Sölle schreibt: „Der Gott der Bibel ist ein Gott, der umkehrt und unsere Umkehr ersehnt."

Die Geschichte zeigt auch, dass Initiativen von Einzelnen, in diesem Fall der Bau eines Schiffes durch einen einzigen Mann, nicht nur persönliche Bewahrung bedeuten, sondern auch einen wichtigen Beitrag zum Überleben der Schöpfung leisten können. Die Grünen-Politikerin Antje Vollmer hat diesen Bibeltext 1990 in einer Predigt so ausgelegt: „Nur Noah hat geglaubt und hat überlebt und mit ihm in einer Arche, wie in einer Nussschale, keimhaft das gesamte menschliche Leben. Warum hat Noah überlebt? Weil er sich irgendwann vom Festen und Sicheren abgestoßen und ausprobiert hat, ob diese Flut nicht trägt. Ob ihn nicht einer durch diese Flut trägt. Dafür musste er etwas loslassen, was ihm bisher Sicherheit versprochen hatte. Wer an den alten Sicherheiten und Häusern festhielt, der versank. Wer sich auf die Schiffe begab wie Noah, für den eröffnete sich ein neues Leben."

Pazifische Inseln

„Die pazifischen Inselstaaten tragen zu weniger als einem Prozent zu den Treibhausgas-Emissionen bei, aber sie sind am verletzlichsten für die Auswirkungen des Klimawandels wie steigende Meeresspiegel, extreme Wetterereignisse und wärmeres Meereswasser." So beginnt ein Beitrag über den Klimawandel in der Ausgabe vom Februar 2004 der Monatszeitschrift „Pacific Magazine". Die globale Erwärmung ist ein intensiv diskutiertes Thema in der südpazifischen Region, denn viele Inseln und Atolle ragen nur zwei oder drei Meter aus dem Meer. Der Anstieg des Meeresspiegels und die Zunahme der Taifune bedrohen die Existenz der Atolle, ihrer Inseln und Bewohner ganz akut.

Wenn die globalen Meeresspiegel sich wie vorhergesagt im 21. Jahrhundert um einen halben Meter oder mehr erhöhen sollten, werden zahlreiche Inseln und Atolle im Pazifischen Ozean untergehen. Die Atolle Abanuea und Tebua Tarawa, die zum Pazifikstaat Kiribati gehörten, sind Ende des 20. Jahrhunderts bereits für immer verschwunden. Für Nakibae Teuatabo, den „Koordinator für Klimawandel" der Regierung von Kiribati besteht kein Zweifel: „Wir wissen, dass sich das Wetter ändert. Es wüten mehr Taifune, die Fluten steigen, wir verlieren kleine Eilande, manche Dorfbewohner waren schon gezwungen, vom Ufer weg ins Inland zu ziehen." Und Teburoro Tito, der frühere Premierminister von Kiribati, zieht von einer internationalen Konferenz zur nächsten, um zu warnen: „Unser geliebtes Mutterland versinkt im Meer."

Besonders gefährdet sind die Atolle, die nicht nur flach sind, sondern deren „Süßwasserlinsen" sich in Brackwasser verwandeln, wenn der Meeresspiegel steigt und das Salzwasser in das Gestein eindringt. Weder Menschen noch Kokospalmen haben ohne das kostbare Süßwasser eine Überlebensmöglichkeit auf den Atollen. Die Probleme entstehen nicht nur durch das Ansteigen des Meeresspiegels, sondern auch durch immer höhere Wellen. Im Dezember 2001 hat die englische Schiffsorganisation P&I Association die Kapitäne und Schiffseigner vor den Sicherheitsrisiken durch den Anstieg der Wellenhöhen im Pazifik gewarnt. Wissenschaftler des Ozeanischen Instituts in Southampton hatten herausgefunden, dass als Folge des globalen Klimawandels die Wellen heute nahezu doppelt so hoch sind wie vor 30 Jahren: 4 bis 4,50 Meter statt früher 2,50 bis 3 Meter. Riesenwellen erreichten die Höhe von 9 Metern. Davon sind pazifische Inseln noch weit stärker betroffen als große Tanker.

Zu den Auswirkungen der Klimaveränderungen im Südpazifik gehören auch vermehrte extreme Wetterverhältnisse wie schwere Taifune und lang anhaltende Trockenperioden. So wurden 1998 Mikronesien, Papua-Neuguinea, Fidschi und verschiedene andere Inselstaaten von einer Dürrekatastro-

Die Bilder von der Idylle pazifischer Inselküsten wie hier in Kanaky (Neukaledonien) täuschen: Viele Inseln und Küstenregionen sind durch den Anstieg der weltweiten Meeresspiegel akut gefährdet. Deshalb fordern Politiker, Umweltorganisationen und Kirchen der pazifischen Inselstaaten von den Industriestaaten, entschiedene Schritte für den Klimaschutz zu unternehmen.   (Foto: EMW-Archiv/Hannes Gänßbauer)

phe betroffen. Eine Folge war, dass die Erlöse Fidschis aus dem Zuckerrohranbau um zwei Drittel fielen. In Mikronesien gingen auf fast 40 Atollen die Süßwasservorräte aus, und im Hochland von Papua-Neuguinea konnte nur australische Katastrophenhilfe verhindern, dass Menschen verhungerten. Bei einer Tagung des deutschen Pazifik-Netzwerkes 2004 in Bad Boll betonte Patrine Dumaru vom „Pacific Concerns Resource Centre": „Während die vorhergesagten Folgen des Klimawandels höchst beunruhigend sind, erleben wir in unserer Region bereits heute einige der angekündigten Auswirkungen."

Es gibt bereits Evakuierungspläne für einzelne Inseln und ganze Inselstaaten. Die Menschen werden vermutlich geschlossen nach Australien oder Neuseeland auswandern. In Tuvalu, wo der höchste Punkt des Landes fünf Meter aus dem Meer ragt, ist die Sorge um die Zukunft so groß, dass man in Neuseeland offiziell angefragt hat, ob die 11.000 Einwohner bei einer Verschärfung der Situation dorthin auswandern können. In Vanuatu wird die Verlegung von Küstendörfern in höhere Inselregionen diskutiert.

Anfang Februar 2007 veröffentlichte die „Deutsche Presseagentur" (dpa) eine Reportage mit dem Titel „Südsee-Paradiese versinken im Meer": „Nichts ist mehr so, wie es früher war auf den Carteret-Inseln. Nur noch von weitem sehen die Atolle wie ein Südseeparadies aus. Dort, wo bis vor wenigen Jahren blühende Obstbäume standen, sind nur noch stinkende Wasserlachen übrig. Die Brunnen sind mit Salzwasser gefüllt. Verlassene Hütten, die einst am Strand standen, liegen nun als Ruinen im Wasser. ‚Die Flut im vergangenen Jahr war die schlimmste, die je einer erlebt hat‘, sagt Paul Tobasi, einst Carteret-Bewohner und heute bei der Provinzregierung auf der zu Papua-Neuguniea gehörenden Hauptinsel Bougainville für die Atolle zuständig ... der Kampf gegen den Ozean ging verloren. Ein Schicksal, das auch das Pazifik-Inselreich Tuvalu fürchtet, und Kiribati. Und die Cook-Inseln und Fidschi. Der Wasserspiegel des Pazifik steigt und steigt. Die etwa 2.500 Einwohner (der Carteret-Inseln) leben in Angst. ‚Sie müssen noch in diesem Jahr umgesiedelt werden‘, sagt Tobasi."

Freiwillig werden die Menschen im Südpazifik ihre Inseln und Atolle nicht verlassen. Das begründet Saufatu Sopoanga, der Premierminister von Tuvalu, damit, dass die Menschen davon überzeugt sind, dass Gott Tuvalu speziell für die Bewohner geschaffen hat: „Es sind tiefgläubige Christinnen und Christen, und sie glauben, dass Gott diese Welt geschaffen hat, so auch Tuvalu und die Menschen auf Tuvalu. Deshalb glauben sie nicht, dass Gott sie verlassen wird und sind überzeugt, dass Gott sich um sie kümmert." Der Premierminister glaubt nicht, dass die Leute bald gehen werden: „Solange Tuvalu über dem Meeresspiegel liegt, werden Menschen hier bleiben." Er appelliert an die Einwohner der industrialisierten Länder, entschieden etwas gegen die Ursachen der Klimaerwärmung zu tun, damit Inselstaaten wie Tuvalu eine Zukunft haben.

Wenn das Meerwasser wärmer wird

Als Ergebnis der Klimaveränderungen sind auch die Korallenriffe gefährdet, die bisher die Atolle und Inseln vor der Wucht der Meereswellen schützen und die zugleich die Grundlage für den großen Fischreichtum in der Region bilden. Manche Korallenriffe sind mehr als 20.000 Jahre alt. Sie sind aber sehr sensibel gegenüber plötzlichen Klimaveränderungen, während sie sich auf langsame Veränderungen wie das Ansteigen der globalen Meeresspiegel nach der letzten Eiszeit einstellen und in die Höhe wachsen konnten. Durch das „El Niño"-Phänomen ändern sich die Meeresströmungen im Südpazifik binnen kurzer Zeit. Als vom Juni bis zum November 1998 die Temperatur in den Küstengewässern von Palau auf mehr als 30 Grad Celsius stieg, starb ein Drittel der Korallen, von einigen Arten ist sogar nur noch ein Prozent übrig. Die Korallenriffe sind ohnehin gefährdet durch die zunehmende Schadstoffbelastung der Meere, Landgewinnung und andere menschliche Eingriffe.

Während der Zeichentrickfilm „Findet Nemo" den Anemonenfisch weltweit zu einem Star und die Produzenten steinreich gemacht hat, ist die Heimat des bunten Fisches, die australische Great Barrier Riffs, akut gefährdet. In den nächsten 50 Jahren werden die Korallen des größten Riffs der Welt weitgehend verschwinden. Zu diesem Ergebnis kam das Zentrum für Meeresstudien der Universität von Queensland in einer Studie, die Anfang 2004 veröffentlicht wurde. Die Temperatur des Pazifischen Ozeans werde so rasch ansteigen, dass sich die Korallen diesen neuen Bedingungen nicht rechtzeitig anpassen könnten und absterben würden. Bis zur Mitte des Jahrhunderts würden nur noch fünf Prozent der Korallen des 2.000 Kilometer langen Riffs übrig bleiben. Mit den Korallen sterben auch die Fische. „Nemo" gibt es dann nur noch im Film und in einigen häuslichen Aquarien.

Auch die Mangrovenwälder von Inselstaaten wie Neukaledonien und Papua-Neuguinea leiden unter den Klimaveränderungen und ebenso unter der Zerstörung durch das Anlegen von Shrimps-Farmen. In der französischen Kolonie Neukaledonien soll sich die Shrimp-Produktion in den kommenden fünf Jahren mehr als verdoppeln. Gekauft werden sie vor allem von Restaurants in Japan und Frankreich. Um Platz für neue Farmen zu schaffen, werden immer mehr Mangrovenwälder zerstört. Nach wenigen Jahren müssen neue Zuchtbecken angelegt werden, und wieder werden ökologisch wertvolle Küstenwälder zerstört. Zurück bleibt zerstörtes Land mit einer hohen Salzkonzentration und Resten von Antibiotika und Pestiziden.

Ein weiteres Problem: Die veränderten Wärmeverhältnisse im Ozean veranlassen große Fischschwärme, ihren Lebensraum zu wechseln, mit gravierenden Auswirkungen für die Küstenfischerei, von der viele Menschen im Südpazifik leben und die ihre wichtigste Nahrungsgrundlage bildet. Die Fischbestände gehen schon dadurch zurück, dass asiatische Fischereischiffe den Pazifischen Ozean leerfischen und dabei auch illegal in die Hoheitsgebiete der pazifischen Inselstaaten eindringen. Die Cook-Inseln besitzen eine exklusive Wirtschaftszone von 1,8 Millionen Quadratkilometern, die aber nur von einem Patrouillenboot überwacht wird. Zudem sind viele der illegal fischenden Schiffe schneller als dieses Boot und können deshalb leicht flüchten.

Pazifische Initiativen für den globalen Klimaschutz

Um diese Vertreibung in die Fremde doch noch zu verhindern, appellieren die Bewohner der Südsee an die Industriestaaten, endlich ihr Produktions- und Konsumverhalten tief greifend zu verändern. Die 16 pazifischen Mitgliedsstaaten des „Pacific Islands Forum" haben deshalb Ende 2004 die Ratifizierung des Kioto-Protokolls durch Russland begrüßt. Sie hatten ihrerseits diesen Schritt schon längst vollzogen. Die Pazifikstaaten Tuvalu und Kiribati sowie die Malediven im Indischen Ozean haben sich entschlossen, jene Länder und Unternehmen vor dem Internationalen Gerichtshof zu verklagen, die am meisten Kohlendioxid ausstoßen.

Die Staaten, die in großem Stil die globale Klimaerwärmung verursachen, hören die pazifische Kritik nicht gern. Beim Weltgipfel für Nachhaltige Entwicklung in Johannesburg 2002 beschwerte sich Paani Laupepa, der Vertreter des Umweltschutzministeriums von Tuvalu, darüber, dass seine Wortmeldungen ignoriert wurden. Er wandte sich deshalb an eine Nachrichtenagentur, um seine Besorgnis über die globalen Klimaveränderungen zu Gehör zu bringen. Diese Erfahrung ist charakteristisch für die Situation der Menschen „am Ende der Welt". Und selbst wenn sie einmal angehört werden, kehren die mächtigen Staaten anschließend zu ihrer „Tagesordnung" zurück und auf der haben die Forderungen der pazifischen Staaten nach grundlegenden Veränderungen von Industrieproduktion und Lebensstil in den Industriestaaten keinen Platz.

Als der französische Botschafter in Neuseeland vor einiger Zeit das Atoll Tokelau besuchte, hatte er einen Bildband über Frankreich als Gastgeschenk mitgenommen, aber das beeindruckte die 1.500 Bewohner offenbar wenig. Die deutschstämmige Journalistin Anke Richter, die in Neuseeland lebt, hat den Besuch miterlebt und über den Empfang des Botschafters auf den zwei Quadratkilometer kleinen Eiland in der Zeitschrift „Mare" berichtet. Kuresa Nasau, das gewählte Oberhaupt der Insel, sagte dem Botschafter: „Ein Thema, das echte Furcht in unsere Herzen gebracht hat, ist der Treibhauseffekt. Wir bitten Sie, ihrer Regierung einen Bericht über unsere Angst zu übermitteln, denn wir möchten nicht vom Angesicht der Erde verschwinden." Es gehe den Menschen auf Tokelau nicht nur um die tägliche Nahrung, sondern auch ihre Kultur. Viele traditionelle Häuser der Insel sind bereits durch die zunehmend heftigeren Wirbelstürme der letzten Jahre zerstört worden. „Wir wollen nicht wegen der globalen Erwärmung von den gleichen Gewässern zerstört werden, die uns bisher das Leben geschenkt haben."

In der weltweiten Ökumene findet das Anliegen der Menschen im Pazifik, das Klima der Erde zu retten, eine breite Unterstützung. Dies kam zum Beispiel dadurch zum Ausdruck, dass der Ökumenische Rat der Kirchen (ÖRK) gemeinsam mit der Pazifischen Kirchenkonferenz vom 6.–11. März 2004 eine Konferenz in Kiribati zu den Problemen des Klimawandels durchführte. In einer Otin Taai-Deklaration (otin taai bedeutet in der Sprache auf Kiribati „Sonnenaufgang") setzen sich die Kirchen der pazifischen Region und die Teilnehmenden aus der weltweiten Ökumene dafür ein, mit vielen konkreten Schritten Gottes Schöpfung zu bewahren. Die Kirchen in der pazifischen Region werden unter anderem aufgefordert, über den Klimawandel zu informieren und eine Theologie zu fördern, die auf die Bewahrung der Schöpfung ausgerichtet ist. Die Pazifische Kirchenkonferenz soll die Mitgliedskirchen dazu ermutigen, einen Sonntag im Jahr den Fragen des Klimawandels zu widmen. Die Regierungen in der pazifischen Region und in den Industriestaaten werden aufgefordert, eine Politik zu betreiben, die die Verminderung der globalen Erwärmung zum Ziel hat. Die Ölkonzerne und die Industrie sollten sich für die Umwelt verantwortlich fühlen und erneuerbare Energie nutzen.

Bei der ÖRK-Vollversammlung im Februar 2006 in Porto Alegre machten Vertreterinnen und Vertreter der pazifischen Kirchen erneut auf die dramatische Situation in ihrer Region aufmerksam. Pfarrer Tofinga Falani, Präsident der Christlichen Kirche Tuvalus, erklärte: „Der Klimawandel ist für die Menschen in Tuvalu eine lebensbedrohliche Angelegenheit." Und er fügte hinzu: „Wenn Sie aus einem entwickelten Land kommen, gehören Sie nach meiner Auffassung in erheblichem Maße zu den Tätern." Und Piniki Utia von der Christlichen Kirche der Cook-Inseln erläuterte: „Das Problem ist, dass wir im Pazifik die Last der globalen Erwärmung zu tragen haben, die tatsächlich verursacht werden durch den konsumorientierten Lebensstil in anderen Ländern, insbesondere in den entwickelten Ländern." Die pazifischen Kirchenvertreter warben in Porto Alegre für ihr Konzept der „Insel der Hoffnung" („Island of Hope"). Sie setzen sich für ein Wirtschaftskonzept ein, das die Spiritualität, Kultur und Traditionen des Miteinanderteilens und der Zusammenarbeit zur Grundlage hat. Es ist die pazifische Alternative zu dem auf Konsum ausgerichteten Wirtschaftssystem der westlichen Welt und kann dazu beitragen, die Klimakatastrophe zu verhindern.

In Deutschland setzen sich unter anderem die Pazifik-Informationsstelle, die von verschiedenen Missionswerken getragen wird, und das Pazifik-Netzwerk dafür ein, auf die Stimmen aus dem pazifischen Raum zu hören und rasch und entschieden Schritte zur Verminderung der Treibhauseffekte zu unternehmen. Die Pazifik-Informationsstelle hat 2001 gemeinsam mit dem Deutschen Weltgebetstagskomitee eine Petition erarbeitet, die von 38.000 Einzelpersonen und von Organisationen unterschrieben wurde, unter anderem vom ÖRK, dem Pazifik-Netzwerk und vielen Missionswerken und Entwicklungshilfeorganisationen. Darin werden in Solidarität mit den pazifischen Staaten entschiedene Schritte gegen die Klimaerwärmung gefordert. In der Petition heißt es unter anderem: „Wir fordern die Regierungen der Industrienationen daher auf, sich darauf zu konzentrieren, ökologische Nachhaltigkeit mit internationaler Gleichberechtigung, sozialer Verantwortung und ökonomischer Effizienz zu vereinbaren. Die Industrienationen müssen dabei ihre Priorität auf Emissions-Redukationsstrategien im eigenen Land legen."

Bei der internationalen Bonner Klimaschutzkonferenz wurden die Unterschriften am 19. Juli 2001 Bundesumweltminister Trittin übergeben. Diese Aktion fand in Deutschland und der Schweiz ein großes Medienecho und trug wesentlich dazu bei, die Position der Menschen im pazifischen Raum zu globalen Klimaproblemen zu Gehör zu bringen. Akuila Yabaki, ein international bekannter Theologe in Fidschi, hat die Menschen im Westen vor einigen Jahren aufgefordert: „Bitte hört uns jetzt zu! Die Menschen im Pazifik wollen Aufmerksamkeit finden für etwas, was die ganze Menschheit angeht. Die Welt ist klein, und sie ist eine Welt. Im Herzen der Menschheit und der Schöpfung gehören alle zusammen und das müssen wir ernst nehmen."

Petra

Die meisten Städte der Welt wurden dort angelegt, wo ausreichend Trinkwasser verfügbar war. Das jordanische Petra scheint eine Ausnahme zu sein. Gerade einmal 150 mm Niederschläge im Jahr werden heute hier gemessen, und viel mehr werden es auch vor zweieinhalb Jahrtausenden nicht gewesen sein. Quellen gibt es nur wenige in dem Gebiet, viel zu wenige für eine antike Großstadt mit zeitweise 20.000 bis 30.000 Einwohnerinnen und Einwohnern. Warum bauten die Nabatäer ausgerechnet in diesem Talkessel eine Stadt?

Die erste Antwort lautet, dass sie dort gar keine Stadt bauen wollten. Als sie hier im 4. vorchristlichen Jahrhundert erste Zelte aufstellten, bestand ihr Leben darin, mit Kamel-Karawanen die Wüsten der arabischen Halbinsel zu durchqueren. Die Nabatäer brachten Weihrauch, Myrre und Gewürze von Asien ans Mittelmeer, ein sehr lukratives Geschäft, und nicht ungefährlich für alle, die die Wüste nicht kannten. Aber die Nabatäer wussten, wo es zwischen dem heutigen Jemen und der Mittelmeerküste Oasen und Quellen gab, und behielten dieses Wissen wohlweislich für sich. So konnten sie den Handel beherrschen, und eine ihrer wichtigsten Wege durch die Wüste führte an Petra vorbei, wo die wertvollen Waren sicher gelagert werden konnten. Es gab aber noch einen anderen Grund für die Entstehung der Stadt, die der Archäologe Robert Wenning in der Veröffentlichung „Petra" des Katho-

Blick auf Petra, in der Antike die Hauptstadt der Nabatäer.   (Foto: Helga Reisenauer)

lischen Bibelwerkes so beschrieben hat: „Die majestätische Größe der Landschaft wird tatsächlich in ihrer ganzen Wirkung am bewusstesten in Petra erfahren. Für die Nabatäer waren diese Landschaft und ihr Gott miteinander verbunden. Neben der Funktion als Stapelplatz trat die Funktion als Kultstätte, als Wohnsitz des Stammesgottes. Damit wurde Petra zugleich das religiöse Zentrum der Nabatäer und dadurch eine Art Wallfahrtsstätte, die von Nabatäern von überall her immer wieder aufgesucht wurde."

Die Ebene, die einmal eine blühende Metropole des Orients werden sollte, hatte den unschätzbaren Vorteil, dass nur ein einziger Weg durch eine etwa 1,2 Kilometer lange und an einigen Stellen kaum mehr als zwei Meter breite Schlucht dorthin führt, der Siq. Deshalb war der Ort ideal als Fluchtstätte für die Nabatäer geeignet. Mit wachsendem Wohlstand wurden dort im 1. Jahrhundert v. Chr. zunächst kleine Stammesgruppen sesshaft, sicher zögernd, denn die Nabatäer liebten ihre Freiheit als Nomaden. Auf ihren weiten Reisen hatten sie nicht nur die Götter anderer Völker kennen gelernt und in ihre eigene Religion integriert, sie erwarben auch Kenntnisse im Wasserbau. Und die waren dringend notwendig, um ein Überleben und dann ein für damalige Verhältnisse luxuriöses Leben in Petra zu ermöglichen. Dazu musste das Wasser gebändigt und gespeichert werden, das bei den wenigen, aber heftigen Niederschlägen über der Region niederging.

Wasser im Überfluss mitten in der Wüste

Die Nabatäer bauten um 50 vor Chr. parallel zu ihren Steinhäusern, Palästen, Grabmälern und Tempeln in Petra, inzwischen Königssitz, ein weit verzweigtes beeindruckendes System von Dämmen, Kanälen, Leitungen, Rückhaltebecken und Zisternen, um das Wasser zu lenken und zu speichern. Besonders wichtig war ein Damm vor den Eingang des Siq, der zwischen 70 Meter hohen Felswänden in die Stadt führte. Es galt zu verhindern, dass weiterhin Sturzfluten eindrangen und den Zugang in die Stadt in einen reißenden Strom verwandelten. Das Wasser vor dem Eingang der Schlucht wurde weiträumig abgeleitet, wofür auch ein etwa 100 Meter langer Tunnel in den Fels geschlagen werden musste. In den Nebentälern der Siq-Schlucht wurden kleine Dämme errichtet, die das Wasser aufhalten konnten. An verschiedenen Stellen sind noch Rückhaltebecken zu erkennen. Um Wasser in die Stadt zu leiten, wurde eine Tonröhrenleitung durch die Schlucht geführt. Außerdem fingen die Nabatäer in Felsrinnen und Zisternen die Niederschläge im Gebirge rund um die Stadt auf. Es wurde in Filterbecken gereinigt und dann in Zisternen geleitet. Zwei Jahrtausende später werden solche Systeme in Entwicklungsländern als „rain water harvesting" propagiert.

Die Wasserbaumaßnahmen waren recht wartungsaufwendig, aber auch so erfolgreich, dass die Nabatäer es sich leisten konnten, geradezu verschwenderisch mit dem kostbaren Nass umzugehen und im Zentrum ihrer Stadt

Regenwasser-Reservoir oberhalb von Petra. Teile der bewundernswerten Wasser-
bauten der Nabatäer sind nach zwei Jahrtausenden immer noch vorhanden und dienen
der Wassersammlung und -speicherung.   (Foto: Helga Reisenauer)

einen künstlichen See mit einem Inselpavillon in der Mitte und große Gartenanlagen anzulegen. Besucher, die durch die Wüste in die Stadt kamen,
müssen von der üppigen Vegetation und dem Plätschern des Wassers und den
Wasserkaskaden ebenso beeindruckt gewesen sein wie von den mächtigen
Bauten. Die wirtschaftliche Großmacht der Nabatäer zeigte in Petra ihren
ganzen Reichtum durch prächtige Gebäude und durch Wasser im Überfluss.
Der Kieler Archäologe Ulrich Hübner schrieb hierüber 2004 in einem Aufsatz in dem Buch „Wasser – Lebensmittel, Kulturgut, politische Waffe", das
Wasser „wurde in Petra von den Nabatäern nicht nur als notwendiges Mittel
zu Überleben genutzt, sondern zugleich als Prestige- und Luxusgut opti-
miert, aufwendig inszeniert und verschwenderisch verbraucht".
    Dieses Wasser wurde auch für kultische Handlungen verwendet, so für
die rituelle Reinigung. Berühmt ist der Löwenbrunnen, der vermutlich sichtbar machen sollte, dass die Menschen das kostbare Nass einem Gott ver-
dankten. Reiche Familien bauten sich eigene Wasseranlagen und zur Sicherung der Versorgung über das ganze Jahr auch Zisternen. Etwa 200 Zisternen
gab es in Petra, die bis zu 300 Kubikmetern Wasser fassten. Einige füllen
sich dank erhaltener nabatäischer Kanäle noch heute mit Wasser.
    Der wirtschaftliche Erfolg der Nabatäer und ihre großen Wasserbau-
künste ermöglichten es ihnen, Petra zu einer der prächtigsten Städte zwischen Mittelmeer und Indischem Ozean zu machen. Aber mit wachsender

Bevölkerung entstand auch die Notwendigkeit, die Landwirtschaft auszubauen. Deshalb errichteten die Nabatäer an den relativ regenreichen Hängen
der Gebirge in der Umgebung von Petra zahlreiche Dämme und Terrassen,
die den Anbau von Getreide und Früchten erlaubten. In einem weiteren
Gebiet wurde der Regen in einzelnen Parzellen gesammelt, die mit niedrigen
Mauern umgeben waren. Das Wasser wurde anschließend über Kanäle in
Sammelbecken geleitet. Auch diese Bewässerungslandwirtschaft bedurfte
eines hohen technischen Standards, großer Investitionen und vielfältiger
Wartungsarbeiten. Auch wenn das ganze System nicht erhalten ist, wird an
einigen Orten noch heute die nabatäische Technik genutzt, um die Wadis zu
terrassieren, sodass sich das herabstürzende Wasser in Staubecken sammelt
und nur ganz allmählich abfließt.

In den ersten Jahrhunderten nach Christus begann ein allmählicher Niedergang Petras. Die Gewinne der Nabatäer aus dem Fernhandel sanken,
nachdem auf einer weiter nördlichen Route immer mehr Weihrauch und

(Foto: Helga Reisenauer

andere Kostbarkeiten nach Palmyra im heutigen
Syrien gebracht wurden. Außerdem nutzten zunehmend Schiffe die Möglichkeiten des Passatwindes,
um von Asien aus Güter an die ägyptische Küste am
Roten Meer zu transportieren. 106 n. Chr. wurde
das Reich der Nabatäer von römischen Legionen
besetzt. Petra wurde zu einem römischen Verwal-
tungszentrum. Die römischen Herrscher pflegten
das lebenswichtige System von Rückhaltebecken,
Wasserleitungen etc. und bauten es sogar noch etwas
aus.

Aber der Niedergang Petras war nicht aufzuhalten. Das zeigte sich besonders nach den verheerenden
Erdbeben im Jahre 363 und dann erneut 419. Die
Bewohner hatten nicht mehr die finanzielle Kraft,
um alle zerstörten Gebäude wieder aufzubauen.
Auch wurden die Wartungsarbeiten vernachlässigt,
ohne die das komplexe Wasserversorgungssystem
nicht funktionieren konnte. Vermutlich haben noch
im 8. Jahrhundert Menschen in Petra gelebt, bevor
die Stadt jede Bedeutung verlor. Die Wasserkennt-
nisse der Nabatäer sind aber zu einer Grundlage für
die arabische Wasserkultur geworden, wie sie sich
zum Beispiel eindrucksvoll im spanischen Granada
zeigt (siehe Abschnitt Islam).

Seit Archäologen damit begonnen haben, in Petra Grabungen durchzuführen und jedes Jahr Hunderttausende Touristen in die Felsenstadt kommen, stellt sich erneut das Problem, wie die plötzlichen Wassermassen nach

Regenfällen gebändigt werden können. Bei einer Flutwelle im Jahre 1963 kamen 26 Touristen ums Leben. Mit Unterstützung von Schweizer Wasserfachleuten gelang es, einen Teil des nabatäischen Hochwasserschutz-Systems wieder herzustellen. Die Arbeiten machten noch einmal sichtbar, wie ausgeklügelt die antiken Anlagen gebaut worden waren. Das wiederhergestellte und leicht erweiterte Schutzsystem bewährte sich bereits bei einer großen Flut im Jahre 2001.

Mit der Erneuerung dieser Anlagen ist auch die Hoffnung verbunden, den Wasserspiegel wieder abzusenken, der immer weiter stieg, seit das Wasser nicht mehr abgeleitet und gespeichert wurde. Das Grundwasser, das reich an Mineralstoffen ist, bedroht inzwischen die Bauten von Petra. Die Rückkehr zu den technischen Lösungen der Nabatäer ver-

Durch die schmale Schlucht, die nach Petra führt, haben die Nabatäer eine Wasserrinne geführt.
(Foto: Helga Reisenauer)

mindert auch dieses Problem. Dass Petra 1985 von der UNESCO zum Weltkulturerbe erklärt wurde, ist auch darin begründet, dass die Nabatäer das wenige Wasser des Gebiets sehr systematisch einsetzten, um menschliches, tierisches und pflanzliches Leben über Jahrhunderte zu sichern. Die auf der klugen Nutzung des Wassers beruhende Kultur, die vor mehr als zwei Jahrtausenden entstand, verdient heute uneingeschränkte Bewunderung. In der arabischen Welt sind die Nabatäer als bedeutende Wasserfachleute in Erinnerung geblieben.

Privatisierung

„Wasser wird für Anleger immer wertvoller", hieß es am 1. Oktober 2001 in der „Financial Times Deutschland", und das „Handelsblatt" prognostizierte in einer Überschrift am 19. Juni 2002 „Wasser wird das Erdöl des 21. Jahrhunderts". In den letzten Jahren war in den Wirtschaftsteilen der Tageszeitungen immer wieder zu lesen, dass sehr gute Geschäfte mit den Aktien von Unternehmen zu machen seien, die sich am globalen Wassergeschäft beteiligen. Die dramatischen Vorhersagen der Vereinten Nationen über die wachsende Wasserknappheit in vielen Regionen der Welt weckte Interesse. In dem „Handelsblatt"-Artikel hieß es dazu: „Experten gehen davon aus, dass im Jahre 2025 ein Drittel der Menschheit keinen Zugang zu sauberem Trinkwasser mehr haben wird. Für Anleger lohnt sich daher der Blick auf Unternehmen, die ihr Geld mit Versorgung, Aufbereitung, Reinigung und Entsorgung von Wasser verdienen." Auf der Titelseite von „Focus Money" vom 20. April 2005 wurde die Argumentation so auf den Punkt gebracht: „Megatrend Wasser-Aktien: Knappes Gut – riesige Nachfrage".

Die Gegenposition: „Wenn wir jetzt auch noch das Wasser privatisieren, dann ist das die letzte Etappe. Die Gesellschaft hat dann nichts mehr gemeinsam. Wenn wir auch dieses gemeinsame Gut verlieren, hat unsere Gesellschaft nichts mehr, was sie verbindet. Man muss sich dann nicht wundern, wenn die Gemeinschaft zerfällt, wenn Gewalt zunimmt. Wir müssen uns einsetzen gegen eine Privatisierung des Wassers und der Luft. Die Menschheit muss die Lebensgrundlagen gemeinsam besitzen." Riccardo Petrella, berühmt geworden durch sein Buch „Wasser für alle – Ein globales Manifest", ficht unermüdlich gegen die Privatisierung der Wasserversorgung – ein aussichtsloser Kampf?

Die Auseinandersetzung um die Kontrolle über das „blaue Gold" hat in den letzten Jahren an Vehemenz zugenommen. Gegenwärtig beziehen weltweit etwa 300 Millionen Menschen ihr Wasser von Privatunternehmen, erfüllen sich die Prognosen von Wirtschaftsexperten, dann werden es 2015 1,65 Milliarden Menschen sein. Aber ob dies so eintreten wird, kann bezweifelt werden, denn die Privatisierung der Wasserversorgung hat einen schlechten Ruf. Ein Anzeichen dafür war ein Artikel im „Stern" 50/2004 mit der Überschrift: „Wie man Wasser teurer und schlechter macht". Zu Kapitalanlagen heißt es in dem Beitrag: „Dieses Investment ist auch eine Gewissensfrage: Die Privatisierung der Wasserversorgung bringt Profit für die Aktionäre – aber steigende Preise für alle."

In Deutschland gibt es mehr als 6.500 Wasserversorgungsunternehmen, etwa 90 Prozent davon werden von Kommunen betrieben. Die deutschen Wasserwerke liefern trotz aller Widrigkeiten, für die sie nicht verantwortlich sind (Pestizide im Grundwasser, giftige Chemikalien im Abwasser etc.),

Wasser von guter bis sehr guter Qualität, haben ein hohes technisches Niveau und arbeiten effizient. Sie haben es zudem geschafft, durch jahrelange Aufklärungsarbeit die Kundinnen und Kunden dazu zu bewegen, ihren Wasserverbrauch deutlich zu senken, so dass Deutschland heute mit einem Wasserverbrauch von weniger als 130 Litern pro Tag und Einwohner einen Spitzenplatz unter den Industrieländern beim umsichtigen Umgang mit dem kostbaren Gut Wasser einnimmt.

Außerdem leisten die Wasserwerke viel zur Erhaltung auch kleiner Trinkwassereinzugsgebiete und damit zum Schutz der Wasser- und Bodenqualität. Das Umweltbundesamt bescheinigte den Wasserwerken in einer Studie sehr gute Noten in Fragen wie Qualität der Versorgung, Umweltschutz und anderen Aspekten der Nachhaltigkeit. Wenn in Deutschland dennoch Wasserwerke privatisiert werden, dann vor allem aus zwei Gründen: Die Kommunen sind in finanziellen Schwierigkeiten und verkaufen deshalb ihr „Tafelsilber" und die Verfechter der neoliberalen Glaubensüberzeugungen haben auch unter Kommunalpolitikern viele Anhänger. Private Unternehmen, so die Behauptung, seien auf jeden Fall effizienter und preiswerter als öffentliche Betriebe. Nachgewiesen wurde das im Wasserbereich bisher nicht, aber die These wird weiterhin umso vehementer vertreten.

Die ideologischen Verfechter eines „schlanken" Staates und einer Privatisierung haben auch in vielen nationalen und internationalen Entwicklungsorganisationen wichtige Positionen erobert, so in der Weltbank. Das hat zur Konsequenz, dass die Privatisierung der Wasserversorgung zu den Standardempfehlungen beziehungsweise -auflagen solcher Organisationen für arme Länder gehört, ohne dass die spezifische nationale Situation ausreichend geprüft wird. Hoch verschuldete ärmere Länder werden gezwungen, die Kontrolle über die Wasserversorgungsbetriebe an internationale Konzerne zu übertragen, wenn sie neue Kredite erhalten wollen (siehe den Abschnitt Ghana).

Wenige Unternehmen beherrschen den Markt

Von einer Liberalisierung kann dabei im Grunde nicht die Rede sein, weil es aus technischen, chemischen und rechtlichen Gründen praktisch nicht möglich ist, in einer Stadt oder einem Landkreis das Wasser konkurrierender Unternehmen anzubieten. Die Privatisierung führt also nicht zu mehr Konkurrenz und der Möglichkeit, nun von einem Anbieter eigener Wahl das Wasser zu beziehen, sondern es entsteht ein neues Gebietsmonopol, diesmal ein privates. Wenn überhaupt von einer Konkurrenz gesprochen werden kann, dann nur zum Zeitpunkt der Vergabe einer Konzession für 20 oder 25 Jahre an einen neuen Monopolisten.

In den armen Ländern des Südens ist die Anzahl der Konkurrenten um Konzessionen sehr überschaubar. Vier große internationale Unternehmensgruppen und ein knappes Dutzend kleinerer Wasserunternehmen haben in den letzten Jahren versucht, rund um den Globus die Kontrolle über kommunale Wasserbetriebe zu übernehmen. Je niedriger die Kaufkraft der Bevölkerung ist, desto weniger Unternehmen geben überhaupt ein Angebot ab. Als die Wassersorgung in der tansanischen Großstadt Dar es Salaam privatisiert werden sollte, fand sich beim ersten Versuch überhaupt kein interessiertes Unternehmen. Nachdem die Bedingungen für den privaten Betreiber verbessert wurden, fand sich ein einziges Bieterkonsortium, das dann den Zuschlag erhielt (siehe Abschnitt Dar es Salaam). Einheimischen Unternehmen fehlen meist Know-how und Kapital, um mit den internationalen Wasserkonzernen zu konkurrieren. Die wiederum treten oft in Konsortien von zwei oder mehr Konzernen auf, was die Zahl der Bewerber um eine Konzession weiter reduziert.

In den 1990er Jahre fand zwischen Jakarta und Buenos Aires eine Art Monopoly-Spiel statt – ein Wasserwerk nach dem nächsten wurde privaten Betreibern überlassen. Auch in den westlichen Industrieländern, angefangen mit England unter Margret Thatcher (siehe Abschnitt London) und gefolgt von Mittel- und Osteuropa, hat es im Wasserbereich eine Privatisierungswelle gegeben.

Die Hoffnung auf schnelle Gewinne ist geschwunden

Inzwischen ist eine Desillusionierung bei den Konzernen eingetreten. Am 28. August 2004 resümierte die Wirtschaftszeitschrift „Economist" in ihrer US-Ausgabe zu den Erfahrungen der Unternehmen bei der Wasserprivatisierung im Süden der Welt: „Das Leben ist nicht leicht für die drei größten Wasserfirmen des privaten Sektors." In dem Beitrag wird das Scheitern der privaten Unternehmen in verschiedenen großen Städten im Süden der Welt dargestellt und bedauert. Kritiker der Privatisierungspolitik hat dieses Scheitern nicht überrascht. Die Erwartungen auf riesige Gewinne aus der Privatisierung der Wasserversorgung in Entwicklungsländern gehen an der Realität vorbei. Dafür gibt es ein ganzes Bündel von Gründen. Zunächst einmal mussten die global agierenden Wasserkonzerne feststellen, dass mit den Armen keine großen Geschäfte zu machen sind, es fehlt schlicht die Kaufkraft. Obwohl die privaten Akteure sich ohnehin nur auf die lukrativer erscheinenden städtischen Regionen beschränkt haben (die „Rosinen" im Wasserbereich), erweist es sich auch dort als schwierig, Gewinne zu erzielen. Wo kein oder kaum Geld ist, da hat der Markt jede Grundlage verloren.

Ein weiteres Problem war und ist, dass vor allem in Afrika viele staatliche Stellen, Unternehmen und Privatkunden ihre Wasserrechnungen nicht bezahlen. Wie schon die früheren öffentlichen Wasserbetriebe stehen auch die privaten Betreiber vor der Frage, ob sie es wagen können, in einer Kaserne oder einem Präsidentenpalast die Wasserrechnung einzutreiben und bei

Nichtzahlung mit der Unterbrechung der Versorgung zu drohen. Bei Haus-
und Wohnungsbesitzern kann zwar rigoroser vorgegangen werden, aber bei
der privaten Wasserversorgung in Ländern wie Südafrika hat sich gezeigt,
dass die ohnehin großen Vorbehalte gegen eine privatisierte Wasserversorgung noch wachsen, wenn Tausenden Familien die Wasseranschlüsse
gesperrt werden. Es kommt zu vermehrten Protestaktionen und die Zahl der
Familien steigt, die die Leitungen anzapfen, ohne zu zahlen (siehe Abschnitt
Südafrika).

Was, wenn ein Nahrungsmittelmulti
die Wasserversorgung übernähme?

Schweizer Initiativen, die eine Privatisierung
aller Lebensbereiche und einen globalen
Supermarkt für Dienstleistungen im Rahmen
der GATS-Vereinbarungen der Welthandelsorganisation ablehnen, haben eine Postkarten-
serie mit originellen Motiven entwickelt, die
von Initiativen in Deutschland übernommen
wurde. Mit dieser Postkarte wird die Ablehnung der Privatisierung des Wassers zum Ausdruck gebracht.

Unterschätzt wurden oft
auch die notwendigen Instand-
haltungs- und Investitionskosten im Wasserbereich. Das gilt
selbst für England und Wales.
Seit den 80er Jahren betrachte-
ten die neuen Eigner die zehn
privatisierten Wasserbetriebe
als Geldquelle, die unentwegt
zu sprudeln schien, ohne dass
viel investiert wurde. Das rächt
sich jetzt. Die Leitungssysteme
in Regionen wie Yorkshire sind
so marode, dass die Kunden
unter Versorgungsunterbrechungen leiden und die Betreiber immer wieder wegen
Umweltvergehen vor Gericht
erscheinen müssen. In Yorkshire hatte der private Betreiber in den zurückliegenden
Jahren so große Finanz-
probleme, dass das Unternehmen vorschlug, der Staat möge
das Leitungsnetz zurückkau-
fen. Man wolle sich auf den
(profitablen) Betrieb der Wasserversorgung beschränken.

In vielen Ländern des
Südens war das Leitungsnetz
zum Zeitpunkt der Privatisie-
rung der Versorgung ohnehin schon in einem schlechten Zustand, sodass die
privaten Wasserkonzerne sich auf Managementverträge beschränkten. Die
Leitungen und die Wasserwerke blieben im Eigentum des Staates, der oft
auch weiterhin die Verantwortung für Investitionen trägt. Das verminderte

das Risiko des ausländischen Unternehmens und erforderte keinen großen Kapitaleinsatz. Dabei war das ausländische Kapital neben dem Know-how ein Hauptargument für die Privatisierungen im Wasserbereich.

Viele Arme warten vergeblich auf den versprochenen Wasseranschluss

Als große Schwierigkeit hat sich erwiesen, dass die privaten Betreiber die zugesagte Ausweitung der Versorgungsgebiete nur zögerlich verwirklichen. Die Wohngebiete der Reichen und Wohlhabenden sind schon seit Jahrzehnten an das Leitungsnetz angeschlossen. Die Einbeziehung der Armenviertel in die Versorgung lohnt sich für gewinnorientierte Unternehmen nicht. Das Verlegen der Leitungen in dicht besiedelten, wild gewachsenen Vorstädten ist teuer, es ist mit dem Anzapfen der Leitungen zu rechnen und das Eintreiben des Wassergeldes bei Leuten, die über ein sehr geringes Einkommen verfügen, ist schwierig bis unmöglich. Die von der Weltbank geforderte Kostendeckung bei der Wasserversorgung lässt sich unter den Bedingungen von tiefer Armut und Verelendung schlicht nicht realisieren (siehe Abschnitt Kostendeckung). A. Kolmans und J. Pankert zogen in der Ausgabe 4/2002 der Zeitschrift „Misereor aktuell" folgende Bilanz: „Die Privatisierung der Wasserversorgung macht Wasser zu einem rein ökonomischen Gut und ist daher nicht in der Lage, einen für alle sicheren Zugang zur lebenswichtigen Ressource Wasser zu gewährleisten."

Wo private Anbieter überhaupt größere Anstrengungen unternommen haben, die Armenviertel mit Wasser zu versorgen, geschah dies unter Einsatz substanzieller Entwicklungshilfegelder. Die französische Regierung nutzt seit längerer Zeit ihre Entwicklungshilfe, um heimische Wasserunternehmen im Süden der Welt, vor allem in den früheren französischen Kolonien in Westafrika, beim Betrieb von Wasserversorgungsnetzen zu unterstützen. Ebenso ist die Weltbank bereit, größere Summen zur Subventionierung privater Betreiber bereitzustellen und damit zu beweisen, wie erfolgreich eine Privatisierung der Wasserversorgung sein kann.

Unerwartet großer Widerstand

Unterschätzt worden ist von Weltbank und privaten Wasserunternehmen die Bereitschaft der lokalen Bevölkerung, Widerstand gegen die Privatisierung der Versorgung zu leisten. In vielen Kulturen und Religionen der Welt ist Wasser als gemeinsames Gut aller Menschen verankert, und entsprechend ablehnend stehen die Menschen den Versuchen gegenüber, Wasser zur Ware zu machen. Auch wird befürchtet, dass nach einer Privatisierung die Preise drastisch steigen und dass es in den Wasserbetrieben zu Entlassungen kommt. Berühmt geworden sind die Massenproteste gegen die Privatisierung mit

anschließenden drastischen Preiserhöhungen in der bolivianischen Provinzstadt Cochabamba. In Uruguay fand am 31. Oktober 2004 parallel zur Parla-
ments- und Präsidentenwahl eine Volksabstimmung darüber statt, ob in die
Verfassung eine Bestimmung aufgenommen werden sollte, dass die Wasserversorgung ausschließlich und direkt durch staatliche Einrichtungen erfolgt.
Dafür stimmten mehr als 64 Prozent der Wählerinnen und Wähler. Diese
klare Mehrheit ist ein weiterer Beleg für die breite Ablehnung einer Wasserprivatisierung und ein Rückschlag für internationale Konzerne wie Suez, die
sich in Uruguay schon einzelne Konzessionen gesichert hatten, die sie nun
verlieren.

Auch in Südafrika, Ghana, Indonesien und anderen Ländern wächst der
Widerstand. Er ist dank Internet und internationalen Treffen wie den Weltso-
zialgipfeln in Porto Alegre zu einer globalen Vernetzung der Privatisierungsgegner im Wasserbereich gekommen, die mit der „Public Services International Research Unit" in London über eine Forschungseinrichtung verfügen,
die Privatisierungserfahrungen systematisch auswertet und zugänglich
macht.

„Hausgemachte" Finanzprobleme der Wasserkonzerne

Hinzu kommen „hausgemachte" Probleme bei den international tätigen Wasserkonzernen. Besonders spektakulär war dies im Falle der französischen
Unternehmensgruppe Vivendi, die in den 90er Jahren durch eine aggressive
Expansionspolitik Schulden von etwa 35 Milliarden Euro anhäuften. Nur
mit Mühe gelang es, den Wasser- und Umweltbereich in ein selbstständiges
Unternehmen, Veolia Environnement, zu retten, das jetzt unter der Kontrolle
französischer Banken steht (siehe Abschnitt Veolia). Diesem Unternehmen
fehlt schlicht das Geld für große Investitionen im Süden der Welt, und die
neuen Eigner sind sehr zurückhaltend, Risiken einzugehen.

Auch der Suez-Konzern, der zweite große französische Akteur auf dem
Wassermarkt, hat sich durch Zukäufe finanziell übernommen und mussten in
den letzten Jahren versuchen, 26 Milliarden Euro Schulden abzutragen. Die
Konzernleitung hat beschlossen, ihr bestehendes Engagement in Entwick-
lungsländern in den nächsten Jahren um ein Drittel zu vermindern (siehe
Abschnitt Suez).

Wie schwierig das Wassergeschäft selbst bei auf den ersten Blick günstigen und aussichtsreichen Vertragsbedingungen ist, musste der Suez-Konzern
in Buenos Aires erleben. Als man 1993 die dortige Wasserversorgung übernahm, ließen Wirtschaftsprognosen auf große Gewinne hoffen. Aber die
katastrophale argentinische Wirtschaftskrise hat alle Suez-Gewinnerwar-
tungen zunichte gemacht, sodass der Konzern jedes Interesse an dem verlus-
treichen Engagement verlor und 2006 erleben musste, dass die argentinische
Regierung den Vertrag kündigte. (siehe Abschnitt Buenos Aires). In Manila

waren die Erfahrungen für Suez so enttäuschend, dass man sich ganz zurückgezogen hat (siehe Abschnitt Manila).

Der dritte „global player", der deutsche Energie- und Wasserkonzern RWE expandierte Anfang der 1990er Jahre durch den Kauf von Thames Water (England) und American Water Works unter hohem Kapitaleinsatz kräftig. Das hat zu einer hohen RWE-Verschuldung beigetragen und den Konzern veranlasst, erst einmal in eine Konsolidierungsphase einzutreten. Wasserverträge über zwanzig oder dreißig Jahre in Ländern mit unsicheren politischen Verhältnissen abzuschließen, deren Risiken schwer abzuschätzen sind, hatte in dieser Situation keine Priorität. 2006 beschloss der Konzern dann, sich aus dem internationalen Wassergeschäft weitestgehend zurückzuziehen und die Tochterunternehmen Thames Water und American Water zu verkaufen (siehe Abschnitt RWE).

Konzerne können Erwartungen nicht erfüllen

Die großen Wasserunternehmen sehen sich trotz all dieser Probleme mit großen Erwartungen konfrontiert. Beim Milleniumsgipfel der Staats- und Regierungschefs im Jahre 2000 in New York und beim Weltgipfel für eine Nachhaltige Entwicklung 2002 in Johannesburg wurden im Blick auf das Wasser zwei Ziele formuliert: Die Zahl der Menschen ohne gesicherte saubere Wasserversorgung soll von etwa 1,2 Milliarden Menschen bis zum Jahre 2015 halbiert werden. Ebenso soll die Zahl der Menschen, die noch ohne sanitäre Entsorgung sind, halbiert werden. Das erfordert riesige Investitionen, und die Erwartungen von Weltbank und vieler westlicher Regierungen, dass der Privatsektor einen Großteil dieses Kapitals aufbringt, beunruhigen offenbar die Konzernleitungen. Sie wissen nur zu gut, dass es sich nicht rechnet, viele Millionen Arme in aller Welt mit gewaltigen Investitionen an die Wasserversorgung anzuschließen. Deshalb sind die Manager großer Wasserunternehmen bemüht, die Erwartungen an ein privatwirtschaftliches Engagement in diesem Bereich zu dämpfen. Der Saur-Manager J.F. Talbot warnte: „Der Umfang des Bedarfs übersteigt bei weitem die Möglichkeiten des Privatsektors, Finanzen bereitzustellen und Risiken zu übernehmen." Sehr ehrlich erklärte Richard Whiting, Manager des britischen Wasserkonzerns Biwater vor einigen Jahren, warum sein Unternehmen sein Angebot für die Übernahme der Wasserversorgung in Teilen Simbabwes zurückzog: „Vom sozialen Standpunkt aus gesehen sind diese Vorhaben lebensfähig, aus dem Blickwinkel des privaten Wassersektors sind sie es nicht."

Wenn das private Engagement für die Versorgung der Wasser-Armen auf der Welt ausgedehnt werden soll, so die Botschaft der Unternehmen, dann nur mit einem massiven ergänzenden Einsatz von Entwicklungshilfegeldern. Der Saur-Manager Talbot fuhr in der zitierten Rede nicht zufällig fort, es seien „substanzielle Zuschüsse und zinsgünstige Kredite erforderlich, damit das erforderliche Investitionsniveau erreicht werden kann". Wenn mit staatlichen Geldern die Investitionen finanziert und die Risiken vermindert werden, dann sind die großen Wasserunternehmen weiter bereit, für die Wasserversorgung der Armen tätig zu werden. David Hall von der „Public Service International Research Unit" zog im Januar 2003 nach einer intensiven Beschäftigung mit den Strategien der Wasserkonzerne die Bilanz: „Es ist ziemlich unrealistisch, Pläne zur Finanzierung der Ausweitung der Wasserversorgung der Armen der Welt auf der Erwartung aufzubauen, dass die erforderlichen Mittel von den multinationalen Konzernen kommen werden." Dies stellt auch Anfragen an die bundesdeutsche Entwicklungspolitik. Die vom Bundesministerium für wirtschaftliche Zusammenarbeit und Entwicklung propagierten Projekte der „Public Private Partnership" (PPP) könnten sich im Wasserbereich als ein vergeblicher Versuch erweisen, dort mit viel Steuergeldern dem „Markt" zum Durchbruch zu verhelfen, wo mangels Kaufkraft kein realer Markt existiert. Was ist der Sinn von privater Beteiligung, wenn ein großer Teil des Kapitals und des Risikos vom öffentlichen Partner übernommen wird? Die PPP-Projekte sind auch insofern bedenklich, als dadurch immer mehr Gelder in Wasserprojekte in halbwegs lukrativen Regionen im Süden der Welt fließen, die für arme ländliche Gebiete nicht mehr zur Verfügung stehen. Sollte in Zukunft noch mehr „Entwicklungshilfe" für private Unternehmen bei ihrem Engagement im Süden der Welt geleistet werden, kann dies zu einer fatalen Schieflage führen. Das wachsende Desinteresse der Konzerne an einem Engagement in armen Regionen der Welt ließe sich nur durch besonders üppig fließende öffentliche Gelder überwinden.

In der Studie „,Zauberformel PPP', ,Entwicklungspartnerschaften' mit der Privatwirtschaft, Ausmaß – Risiken – Konsequenzen", die von der Nichtregierungsorganisation WEED herausgegeben wurde, stellt Uwe Hoering nach einer ausführlichen Analyse fest: „Ein Eingeständnis, dass die Entwicklungszusammenarbeit durch den Spagat zwischen Dienstleistung für die Privatwirtschaft und der Sicherstellung entwicklungspolitischer Erfordernisse systematisch überfordert ist, könnte dazu führen, dass in einem umfassenden Brainstorming der entwicklungspolitische Community – auch unter Beteiligung der Wirtschaft – nach neuen Konzepten gesucht wird ... In jedem Fall aber geht es darum, dass sich die Entwicklungszusammenarbeit durch das Konzept der ‚Entwicklungspartnerschaften' nicht immer tiefer in eine babylonische Abhängigkeit von der Privatwirtschaft hineinbegibt, sondern ihre unabhängige Handlungsfähigkeit, in breitem gesellschaftlichen Konsens entwicklungspolitischer Ziele zu formulieren und umzusetzen, stärkt."

In den Führungsetagen der Wasserkonzerne wird das wirklich große Geschäft zunehmend nicht mehr in Managementkontrakten über zwanzig oder dreißig Jahren mit vielen unwägbaren Risiken gesehen, sondern – wie früher schon – in Aufträgen zum Bau von Wasserwerken, Klärwerken, Staudämmen, Turbinen etc. Dank staatlicher deutscher Hermes-Bürgschaften sind hier die Risiken gering und Gewinne lassen sich rasch realisieren. Zudem muss man sich nicht mit Privatisierungsgegnern auseinander setzen und Imageverluste in Kauf nehmen, wenn es zu Demonstrationen und Protestveranstaltungen kommt. Angesichts der zu erwartenden großen Investitionen im Wasser- und Abwasserbereich, um wenigstens einen Teil der Ziele bis 2015 zu erreichen, stehen lukrative Beratungs-, Ingenieurs- und Investitionsaufträge in Aussicht, die die Konzerne nicht dadurch gefährden wollen, dass sie wegen Privatisierungskonflikten ins Zentrum der internationalen Kritik geraten.

In der Tat können internationale Wasserunternehmen ihre Erfahrungen und ihr Know-how einbringen, um die Wasserversorgung und Abwasserentsorgung im Süden der Welt zu verbessern. Das wird umso leichter sein, wenn Weltbank und westliche Entwicklungspolitik der Realität ins Auge sehen, dass die Politik der Privatisierung der Wasserversorgung gescheitert ist. Es kommt deshalb darauf an, die kommunalen Wasserbetriebe im Süden der Welt effizienter zu machen. Dafür gibt es viele Möglichkeiten, und hieran können auch die westlichen Wasserkonzerne mitwirken, ebenso kommunale Wasserbetriebe in Ländern wie Deutschland. Diese müssen selbstverständlich bereit sein, sich den lokalen Bedingungen anzupassen. Dann wird Wasser zwar nicht für Kapitalanleger immer wertvoller, aber es wird den Menschen der Zugang zu diesem Lebens-Mittel eröffnet. 2005 brachte das katholische Hilfswerk Misereor eine Publikation zum Thema „Die globale Wasserkrise – Ein Plädoyer für eine nachhaltige Wasserpolitik" heraus, die von Alicia Kolmans und Sebastian Haury verfasst wurde. Darin werden auch die Auswirkungen der Privatisierung der Wasserversorgung untersucht. Zentrale Aussagen der Publikation lauten: „Private Unternehmen arbeiten gewinnorientiert. Ihr Interesse an der Wasserwirtschaft ist also nicht in erster Linie die Sicherstellung von Grundbedürfnissen und Menschenrecht oder ein schonender Umgang mit Ressourcen, sondern die Erwirtschaftung von Profit. In der Möglichkeit, mit einer zunehmend knapper werdenden Ware Handel zu betreiben, sehen Privatunternehmen vielversprechende Geschäftsaussichten (‚Das Erdöl des 21. Jahrhunderts') … Wasser verstärkt in private Hände zu überführen, birgt die Gefahr, dass sowohl die Versorgung als auch der schonende Umgang mit der knappen Ressource primär ökonomischen Interessen untergeordnet werden … Trotz negativer Erfahrungen wird die Privatisierung – insbesondere seitens der Industrieländer und internationaler Organisationen, in denen diese Länder den größten Einfluss haben – vielfach noch als wichtige Strategie zur Sicherung des Zugangs zu Wasser propagiert."

Reis

Sie gehören zu den beeindruckendsten Bauten aus früheren Jahrtausenden auf der Welt: die asiatischen Reisterrassen. Sie prägen Landschaften und sind der besonders markante Teil wohldurchdachter, großflächiger Systeme von Kanälen, Stauanlagen und Dämmen. Die besten Methoden hierfür wurden über viele Jahrhunderte erprobt und verbessert. In Asien wird seit mindestens 7.000 Jahren Reis angebaut. Eine wichtige Grundlage für den Anbau dieses Getreides bilden die Monsunregenfälle, die in kurzer Zeit große Flächen unter Wasser setzen. Reis ist das einzige Getreide, das auch und gerade dann gedeiht, wenn es im Wasser versinkt.

Damit der Reis in der ersten Wachstumsphase ausreichend Wasser bekommt, wurden in gebirgigen Gegenden Terrassen angelegt. Dazu verwandelte man Berge in Treppenlandschaften, und auf jeder Stufe wurden Reisfelder angelegt. Das war eine gewaltige Aufgabe, denn es galt, Mauern zu errichten, die Felder einzuebnen und ein Bewässerungssystem zu entwerfen und zu bauen, das sicherstellte, dass immer ausreichend Wasser von den Feldern auf einer Ebene auf die Felder der nächsten Ebene weitergeleitet wurde. Viele Generationen von Bauernfamilien haben an diesen Anlagen gebaut, aber dafür wurden die Menschen mit ausreichend Reis für alle belohnt. Jeder Quadratkilometer intensiv genutzter Reisterrassen ernährt mehr als 1.000 Menschen. Außerdem sind die Reisterrassen ein idealer Schutz gegen Flutkatastrophen und gegen eine schleichende Bodenerosion. Zudem erwies es sich als klug, direkt neben die Reisfelder Kokospalmen zu pflanzen, die an diesem Standort genügend Wasser erhielten und die den Menschen zusätzliche Nahrung und Material zum Hausbau lieferten. Außerdem wurde inzwischen wissenschaftlich belegt, was immer schon die Erfahrung der Reisbauern war, nämlich dass die Palmen zu einem kühleren Klima beitragen. Kein Wunder, dass die Palmen in Asien als „Bäume des Lebens" bezeichnet werden.

Besonders beeindruckend sind die Terrassen auf der philippinischen Insel Luzon, die vor etwa 2.000 Jahren errichtet wurden und als eines der Weltwunder gelten. Die Terrassen beginnen auf einer Höhe von 1.500 Metern und reichen bis auf 700 Meter herunter. Dafür mussten die Berghänge in Handarbeit neu geformt werden, und es galt sicherzustellen, dass das Wasser des oft heftigen Monsunregens ganz langsam von einer Ebene auf die nächste hinuntergeleitet wird. Die Anlagen werden bis heute unterhalten und genutzt. Sie sind seit zwei Jahrtausenden eine wichtige Lebensgrundlage für die lokale Bevölkerung. Ebenso eindrucksvoll sind die Reisfelder, die vor einigen Tausend Jahren im Mündungsdelta des Mekong (siehe Abschnitt Mekong) und an anderen Flüssen in Asien entstanden sind. Für jede Region wurden Reissorten gezüchtet, die für das Klima und den Boden besonders geeignet

Das Pflanzen von Reis ist für die Bauernfamilien im Norden Thailands auch heute eine harte Arbeit.   (Foto: FAO/14829/P. Johnson)

waren. Im Laufe der Jahrtausende entstanden in Asien so weit mehr als 100.000 Reissorten.

Es gibt inzwischen neben dem Nass- auch einen Trockenreisanbau, der aber niedrigere Erträge erbringt. Zudem sind diese Kulturen sehr stark davon abhängig, zur richtigen Zeit die richtige Menge Wasser zu erhalten. Solche verlässlichen Bewässerungssysteme fehlen aber in vielen Ländern. Deshalb dominiert weiterhin der Nassreisanbau. Er hat auch den Vorteil, dass viele jener Pflanzen, die meist unter der Kategorie „Unkraut" zusammengefasst werden, im Wasser nicht gedeihen, sodass die Arbeit des Unkrautjätens stark reduziert wird.

Reisanbau erfordert gemeinsame Anstrengungen

Gewaltige Projekte wie die Bewässerungsanlagen an Berghängen bedurften einer organisierten Form der Zusammenarbeit und fester Regeln für die Wassernutzung. Auf der indonesischen Insel Bali mit seiner überwiegend hinduistischen Bevölkerung hat sich ein solches soziales System, die „seka subak", „Reisgemeinschaft", bis heute erhalten. Grundlage war und ist, dass alle Mitglieder der Gemeinschaft auf eine Weise zusammenarbeiten, die den Göttern gefällt und die dem Wohlergehen der Menschen dient. Alle, die eines der Reisfelder an einem Berg besitzen, müssen Mitglied der lokalen „seka subak" sein. Sie sind verpflichtet, sich an den Instandhaltungsarbeiten zu beteiligen und die zahlreichen Regeln für den Reisanbau und die Ernte einzuhalten. Die Vereinigung verteilt das Wasser möglichst gerecht unter den Mitgliedern, und ohne Zustimmung des Vorsitzenden kann niemand die Zuteilungen verändern.

Die praktischen Regeln für die Bewahrung und Nutzung der Terrassen waren und sind auf Bali aufs Engste verknüpft mit einem religiösen Glauben, in dessen Zentrum die Reisgöttin Siri steht. Sie wird gnädig gestimmt, damit sie für eine gute Ernte sorgt. Deshalb gehören Tempel und Altäre zu jeder Terrassenanlage. Vor Beginn der Pflanzarbeiten und bei der Ernte werden Opferhandlungen durchgeführt. Alle Mitglieder müssen am Anfang der Pflanzarbeiten im Tempel einen Eid leisten, keine Veränderung an den Wasserzuleitungen zu den Feldern vorzunehmen und die Nachbarn nicht zu bestehlen. Manche Gemeinschaften holen heiliges Wasser aus einem der Kraterseen Balis und besprengen damit die Felder. Ist die Ernte dann eingebracht, wird ein großes Dankfest gefeiert.

Bali ist keine Ausnahme. Heidie Koch vom Völkerkundemuseum in Wuppertal schrieb 2001 in einem Heft der Zeitschrift „Frauen leben" zum Thema Reis: „In ost- und südostasiatischen Ländern ist Reis nicht nur Grundnahrungsmittel, sondern auch eine übernatürliche Kraft und Gottheit, die großen Einfluss auf den Alltag der Menschen nimmt. Dem Reis wird als göttlichem Gewächs und Symbol des Lebens Respekt und Verehrung entgegengebracht." Auch kulturell hat Reis in vielen asiatischen Gesellschaften eine große Bedeutung, angefangen mit den zahlreichen Rezepten für Reisgerichte. Aber auch in der darstellenden Kunst und in den Märchen und Geschichten kommt Reis immer wieder vor. Die Bedeutung von Reis für die Ernährung in Asien ist also nicht zu trennen von der religiösen und kulturellen Bedeutung. Im altindischen Sanskrit wird Reis beschrieben als: „der, der die Menschheit stützt". Und in manchen asiatischen Sprachen ist das Wort für „Reis" gleichzeitig das Wort für „Leben".

Diese Kultur rund um den Reis ist bedroht. Die Arbeit auf den Reisterrassen ist hart, und der Preis, den die Bauern erzielen, oft niedrig. Manche Terrassen verfallen bereits, weil die jungen Leute in die Städte ziehen, um dort eine besser bezahlte Arbeit zu finden. Oft bleiben die Frauen zurück und müssen die schwere Arbeit auf den Reisfeldern allein leisten. Außerdem nehmen die Auseinandersetzungen zwischen verschiedenen Nutzergruppen des knappen Wassers zu, und nicht selten haben die Reisbauern dabei das Nachsehen. Aber immer noch fließen etwa 90 Prozent des von den Menschen gebrauchten Frischwassers in Asien in die Landwirtschaft und vor allem in den Reisanbau. Gravierende ökologische Probleme entstehen daraus vor allem dann, wenn Grundwasser für Bewässerungszwecke genutzt wird und bei den erforderlichen Mengen der Grundwasserspiegel rasch sinkt.

Reisterrassen, wie hier auf Sumatra/Indonesien, prägen seit Jahrtausenden die Landschaft verschiedener asiatischer Staaten. Die harte Arbeit der Erhaltung der Terrassen
und des Reisanbaus wird belohnt durch reiche Ernten, die die tägliche Ernährung von
vielen Millionen Menschen sichern.   (Foto: EMW, Norbert Schnorbach)

Die Folgen der „grünen Revolution"

Der Reisanbau in Asien verändert sich rasch, vor allem durch die Entwicklung neuer Reissorten. Im Rahmen der „grünen Revolution" ist es gelungen,
mit Hochertragssorten die Reisernten in Asien mehr als zu verdoppeln, ein
großer Erfolg im Kampf gegen den Hunger auf diesem Kontinent. Aber diese
„Revolution" hat auch Schattenseiten. So kann der Reis des Vorjahres bei
diesen Hochleistungssorten nicht gepflanzt werden, sondern die Bauernfamilien müssen jedes Jahr neues Saatgut kaufen. Das macht die Familien
abhängig von den Unternehmen, die das Saatgut liefern. Vor allem wird Bargeld benötigt, um das Saatgut zu bezahlen. Wer es nicht hat, beschafft es sich
zu Wucherzinsen bei Geldverleihern. Fällt die Ernte dann schlecht aus, bleiben nicht selten nur noch der Verkauf der Felder und die Abwanderung in die
Slumgebiete der großen Städte.

Der Einsatz von Pestiziden und anderen Landwirtschaftschemikalien,
der für die neuen Reissorten erforderlich ist, hat den Nachteil, dass die vielerorts traditionell betriebene Verbindung von Reisanbau und Fischzucht
immer schwieriger wird. Denn die Fische nehmen mit ihrer pflanzlichen
Nahrung große Mengen der Chemikalien auf, was den Verzehr der Fische
problematisch bis gefährlich macht. Traditionell haben etwa 100 Tier- und

Zur mühsamen Arbeit auf den Reisfeldern gehört das Pflügen mit Hilfe von Büffeln wie hier auf der Insel Bali in Indonesien.   (Foto: J.M. Micaud/FAO/14389)

Pflanzenarten in den Reisfeldern gelebt, die als Ernährung oder Medizin nützlich für die Menschen sind. Die moderne Agrarchemie vernichtet diese Tier- und Pflanzenwelt in erheblichem Umfang. Nicht zuletzt aufgrund solcher Beobachtungen sind viele Bauernfamilien daran interessiert, ohne die „Segnungen" der modernen Agrarchemie und ohne das Saatgut der großen Konzerne auszukommen. Sie setzten zum Beispiel auf Methoden der integrierten Schädlingsbekämpfung, die darauf beruhen, ein Gleichgewicht zwischen den Schädlingen und den natürlichen Feinden zu bewahren, während die „chemische Keule" oft gerade die Tiere trifft, die die Schädlinge fressen. Unter dem Gesichtspunkt der Bewahrung der Wasserressourcen sind solche Bemühungen nur zu begrüßen.

Deshalb bemühen sich Entwicklungsorganisationen, einen lokal eigenständigen Reisanbau zu fördern. Ein Beispiel dafür ist das Engagement der „Welthungerhilfe" im Distrikt Nga im Norden von Laos. Das abgelegene Nga gehört in dem armen Land zu den ärmsten Regionen. Der Trockenreisanbau an Berghängen mit bis zu 60 Grad Neigung ist sehr mühsam und die Erträge reichen trotz harter Arbeit oft nicht zur Ernährung der Familien aus. Deshalb hilft die „Welthungerhilfe", Nassreis-Felder anzulegen und hierfür standortgerechte Reissorten zu wählen. Dies erfordert eine intensive Beratung, die damit verknüpft ist, über den Rand der Reisschale zu blicken und zum Beispiel auch die Trinkwasserversorgung durch den Bau von Brunnen zu verbessern und die Ernährung durch den verstärkten Anbau von Gemüse und

Obst auf eine breitere Grundlage zu stellen. Um die mühsame Arbeit auf den Nassreisfeldern zu erleichtern, werden für die einzelnen Dörfer Wasserbüffel angeschafft, die die Bauern für ihre Feldarbeit leihen können.

Reis – unverzichtbar für die Ernährung der Welt

Reis ist heute das wichtigste Grundnahrungsmittel für mehr als die Hälfte der Menschheit. Besonders für die Armen Asiens ist die tägliche Schüssel Reis die Lebensgrundlage. In den Hauptanbauländern Bangladesch, China, Indien, Indonesien, Thailand und Vietnam wird mehr als die Hälfte des täglichen Kalorienbedarfs mit Reis gedeckt. Im wirtschaftlich armen Burma beträgt der Prokopfverbrauch ein Pfund Reis am Tag. Umso negativer wirkt sich aus, dass sich auch in Asien der geschälte weiße Reis immer stärker durchgesetzt hat, dem wichtige Proteine, Eisen, Vitamin B und andere für die Ernährung unverzichtbare Bestandteile fehlen, die der ungeschälte und unpolierte Reis enthält. Um den Reis für die Ernährung noch wertvoller zu machen, gibt es genveränderte Neuzüchtungen, die zum Beispiel Vitamin A enthalten. Diese Versuche sind aber umstritten, und Umweltschutzorganisationen plädieren dafür, mehr Gemüse anzubauen, statt die unabsehbaren Risiken der Gentechnik einzugehen.

Jahrtausende lang wurde Reis ausschließlich in Asien angebaut. Über den Mittleren Osten kam dieses Getreide dann mit den Muslimen nach Spanien und Portugal. Inzwischen wird Reis auf allen Kontinenten angebaut und beweist immer aufs Neue seine Anpassungsfähigkeit an örtliche Verhältnisse. Asien bleibt aber die wichtigste Anbauregion von Reis auf der Welt. Von den weltweit 589 Millionen Tonnen Reis im Jahre 2003 wurden 534 Millionen Tonnen in Asien geerntet. Allein die chinesische Ernte betrug 166 Millionen Tonnen. Von den 1,5 Millionen Quadratkilometern, die weltweit mit Reisfeldern bedeckt sind, befinden sich 1,3 Millionen Quadratkilometer in Asien. Im Vergleich zum Weizen wird sehr viel mehr Reis in den Erzeugerländern selbst verbraucht und nicht auf dem Weltmarkt gehandelt. Nur etwa 5 bis 6 Prozent der Weltproduktion von Reis wird ins Ausland verkauft. Wichtigster Reisexporteur auf der Welt ist Thailand, gefolgt von Vietnam und den USA.

Die Bauern, die Reis anbauen, müssen zunehmend fürchten, den Konkurrenzkampf um das knapper werdende Wasser zu verlieren. Für jedes Kilogramm Reis müssen etwa 2.000 Liter Wasser eingesetzt werden. Eine nicht zu verantwortende Verschwendung, sagen Kritiker des Reisanbaus. Aber die Rechnung ist so einfach nicht. Ein Liter Wasser, der in einem Industriebetrieb verwendet und dann mit giftigen Schadstoffen in die Kanalisation geleitet wird, ist erst einmal für den Wasserbedarf von Mensch und Natur verloren, während das Wasser eines Reisfeldes entweder auf die nächsten Felder fließt oder im Boden versickert und zur Grundwasserbildung beiträgt.

Die Ökobilanz ist besonders dann positiv, wenn ganz oder weitgehend auf den Einsatz von Pestiziden und anderer Agrarchemie verzichtet wird. Zu berücksichtigen ist auch, dass die Reisanbauflächen weltweit zu den größten verbliebenen Feuchtgebieten gehören, die vielen Tieren und Pflanzen ein Überleben ermöglichen. Es gibt, so hat auch die Welternährungsorganisation FAO 2004 in einer Studie festgestellt, keine einfache Lösung im Blick auf den Wasserverbrauch für den Reisanbau. Er reicht nämlich nicht, den Wasserbedarf der Reispflanzen zu vermindern, sondern es gilt erst einmal, den komplexen Wasserkreislauf im Detail zu verstehen, der Jahrtausende lang dafür gesorgt hat, dass die Reisfelder zur rechten Zeit ausreichend Wasser hatten.

Als Lösung für die Probleme durch Überflutungen und Wassermangel bieten internationale Pflanzenzuchtkonzerne genveränderte Reispflanzen an. Es wurde 2006 ein Gen identifiziert, das es Reispflanzen ermöglicht, zwei Wochen vollständig unter Wasser zu überleben, während die bisherigen Reisarten dann an Sauerstoffmangel sterben. Wissenschaftler der Universität von Kalifornien und des Internationalen Reis-Forschungsinstituts in Manila wollen mit dem genveränderten Reis einen Beitrag zur Lösung internationaler Ernährungsprobleme leisten, aber wegen der unabsehbaren Risiken genveränderter Pflanzen stoßen sie weltweit mit ihren Züchtungen auf Widerstand. So ist zum Beispiel auch der vom Bayer-Konzern entwickelte gentechnisch veränderte LL 601-Reis nirgends auf der Welt zum kommerziellen Anbau zugelassen. Trotzdem werden genveränderte Reispflanzen heimlich an Bauern verkauft oder für vermeintliche Forschungszwecke angebaut und heimlich auf den Weltmarkt gebracht. So gab Greenpeace im September bekannt, Gentech-Reis aus China in Supermärkten in Großbritannien, Frankreich und Deutschland gefunden zu haben. Wer solchen Risiken entgehen will, ist gut beraten, Reis mit dem TransFair-Siegel zu kaufen, der seit Anfang 2006 in Deutschland angeboten wird.

Neue Probleme entstehen durch die globale Klimaerwärmung. Nach Berechnungen des Internationalen Reis-Forschungsinstituts sinkt die Reisernte mit jedem Grad Erhöhung der durchschnittlichen Temperatur um 10 Prozent. Grund dafür ist nach den Erkenntnissen der Forscher, dass die Reispflanzen mit steigenden Temperaturen auch nachts stärker atmen und dafür mehr energiehaltige Stoffe brauchen, die für das Wachstum der Reiskörner fehlen. Das Dilemma ist, dass der Reisanbau gleichzeitig wesentlich zur Klimaerwärmung beiträgt, weil große Mengen Methangas freigesetzt werden. Es ist allerdings möglich, durch verbesserte Bewässerungstechniken und durch Trockenreisanbau dieses Problem zu vermindern. Wichtiger für die globalen Klimaprobleme sind all die anderen Faktoren, die zur Erderwärmung beitragen. Die tägliche Schüssel Reis, mit der Chinas Kommunisten die hungernden Menschen ihres Landes für sich gewannen, kann unter diesen Bedingungen in Zukunft vielerorts gefährdet sein.

Rio Grande/Rio Bravo

Die Kirche Nuestra Señora del Refugio sah Ende der 1990er Jahre etwas mitgenommen aus, aber dass konnte nicht verwundern, denn sie war seit 1953 vom Wasser des Falcon-Reservoirs überflutet gewesen. Der Stausee wurde gebaut, um so viel Wasser zu speichern, dass der Rio Grande/Rio Bravo immer einen relativ gleichmäßigen Wasserstand hat. Aber 1992 war der Stausee das letzte Mal gefüllt gewesen, und nach einem Jahrzehnt geringer Niederschläge und übermäßiger Wassernutzung war er nun nur noch zu etwa zehn Prozent gefüllt. Deshalb tauchte die Kirche wieder aus dem Wasser auf und wurde zur Touristenattraktion.

Der Fluss selbst führte von Februar bis August 2001 nur noch so wenig Wasser, dass er versiegte, bevor er den Golf von Mexiko erreichte. Im Jahre 2002 erreichte der Fluss erneut monatelang nicht das Meer. Die USA errichteten sogar auf der zeitweise entstandenen Sandbank zwischen Fluss und Meer einen Grenzposten.

Der 3.140 Kilometer lange Fluss entspringt in den Rocky Mountains in Colorado. Sein Unterlauf bildet über annähernd 2.000 Kilometer die Grenze zwischen den USA und Mexiko. Das Einzugsgebiet des Flusses umfasst mehr als 900.000 Quadratkilometer. Die Trinkwasserversorgung der 11 Millionen Menschen der Region hängt zu 97 Prozent vom Rio Grande/Rio Bravo und seinen Zuflüssen ab. Die US-Amerikaner nennen den Fluss Rio Grande, die Mexikaner Rio Bravo. John Wayne spielte die Hauptrolle in zwei Filmen, die an diesem Fluss spielen, „Rio Grande" und „Rio Bravo". In den Zeiten, in denen die Western spielen, dehnte sich rechts und links des Stromes staubiges, trockenes Land aus. Das hat sich inzwischen geändert, vor allem auf der US-Seite. Denn hier wird das Wasser des Flusses genutzt, um eine intensive Bewässerungslandwirtschaft zu betreiben. Das hat seinen Preis. Am Unterlauf des Rio Grande/Rio Bravo wird mehr als 85 Prozent des Flusswassers für landwirtschaftliche Zwecke abgezweigt.

Aber nicht nur die schwindende Menge des Flusswassers bereitet Sorgen, sondern auch die zunehmende Belastung durch Pestizide aus der Landwirtschaft und Schadstoffe der Industrie. So kann es nicht überraschen, dass die Pflanzen- und Tierwelt des Flusses schwer geschädigt ist. Von den 700 Tierarten, die im Fluss gezählt wurden, sind fast 90 vom Aussterben bedroht. Der US-amerikanische Umweltexperte William Nitze weist darauf hin, dass der Rio Grande/Rio Bravo kein Einzelfall ist: „Die Wasserknappheit wird auch in anderen Gegenden der USA zunehmend zum Problem." Trotzdem wird weiter auf eine Ausweitung der Bewässerungslandwirtschaft gesetzt. Die wachsende Urbanisierung verschärft am Rio Grande/Rio Bravo die Wasserknappheit, wobei ein Stadtbewohner auf der US-Seite am Tag doppelt so viel Wasser verbraucht wie ein Bewohner einer mexikanischen Stadt.

„Wasserkrieg mit Mexiko"

Die Trockenheit Anfang dieses Jahrhunderts hat ein Problem unübersehbar werden lassen, das sich seit Jahrzehnten abzeichnete: die Übernutzung der Wasserreserven der Region. In einem Vertrag von 1944 wurde der Anspruch der USA und Mexikos auf jeweils einen Teil des Wassers geregelt. Der hohe Anteil, der den USA zugesprochen wurde, ermöglichte den Aufbau einer intensiven Bewässerungslandwirtschaft. Trotzdem gehört diese Region mit einer hohen Arbeitslosigkeit zu den ärmeren der USA. Dass die großen Lebensmittelketten die Preise für Landwirtschaftsprodukte immer weiter gedrückt haben, trifft die Farmer hart.

Seit der Gründung der Freihandelszone NAFTA zwischen Kanada, den USA und Mexiko im Jahre 1994 erlebt die Grenzregion südlich des Rio Grande/Rio Bravo als eine von wenigen mexikanischen Gebieten einen Wirtschaftsboom. Viele US-Unternehmen investieren hier, weil die Löhne niedriger als nördlich der Grenze sind. Gleichzeitig ist die Zahl der mexikanischen Bauern gestiegen, die das Wasser der Zuflüsse des Rio Grande/Rio Bravo nutzen, um in den Trockengebieten der Grenzregion Pekannüsse, Alfalfa, Baumwolle, Zitrusfrüchte und andere Agrarprodukte anzubauen, die sich gut in die USA exportieren lassen. Sie verbrauchen mit einer wenig effizienten Bewässerungslandwirtschaft große Mengen Wasser. Mehrere Dürrejahre ließen bis 2002 Mexikos „Wasserschulden" gegenüber dem Nachbarland auf über 1,5 Milliarden Kubikmeter steigen, das entspricht mehr als dem gesamten Wasseranspruch der Farmer in Texas in vier Jahren.

Mexiko begründet die „Wasserschulden" mit diesen Dürreperioden der letzten Jahre und beruft sich darauf, dass der Vertrag von 1944 bei gravierenden Dürrezeiten eine um mehrere Jahre verzögerte Lieferung einer ausreichenden Menge Flusswasser zulässt. Aber das wollen die US-Farmer nicht gelten lassen. Denn inzwischen ist auf beiden Seiten des Rio Grande/Rio Bravo das Wasser für eine Bewässerung der Felder knapp geworden. Deshalb setzten die US-Farmer sich für einen massiven Druck ihrer Regierung auf den südlichen Nachbarn ein, die Wasserschulden zu bezahlen. Nach Angaben der US-Landwirtschaftslobby sind durch die unzureichende Wasserversorgung bereits Verluste von zwei Milliarden Dollar entstanden und 20.000 Arbeitsplätze verloren gegangen. Die konservative „Free Republic" in den USA sprach am 7. Mai 2002 daraufhin in einer Schlagzeile von einem „Water War with Mexico". Das aggressive Vorgehen der US-Farmer und vieler US-Politiker erinnert die Einwohner des Nachbarlandes wieder einmal an den Satz: „Armes Mexiko, so weit weg von Gott und so nah an den USA."

Es gibt aber auch innerhalb der USA Konflikte um das Wasser des Rio Grande/Rio Bravo. Farmer in Texas haben auch deshalb nicht genug Wasser für ihre Felder, weil im Bundesstaat New Mexico so viel Wasser für die Landwirtschaft abgezweigt wird, dass der Fluss unterhalb der Stadt El Paso häufig kein Wasser mehr führt. Man könnte inzwischen von zwei Flüssen sprechen, denn der Rio Grande/Rio Bravo wird erst 250 Meilen weiter flussabwärts durch das Wasser des Rio Conchos aus Mexiko wieder zu einem nennenswerten Fließgewässer. Nach Auffassung der texanischen Seite ist für das Austrocknen des Flusses bei El Paso die Wasserverschwendung durch ineffiziente Bewässerungssysteme in New Mexico verantwortlich.

Überall am Rio Grande/Rio Bravo wären große Investitionen in eine Modernisierung der Bewässerungssysteme dringend erforderlich, um das knappe Wasser sparsam zu verwenden, aber dieses Geld fehlt vor allem in Mexiko. Es wäre falsch, nur den mexikanischen Bauernfamilien die Verantwortung für die Wasserknappheit zu geben. Sie haben in einem riesigen Wirtschaftsraum, in dem sie sonst kaum eine Chance hätten, die Möglichkeit genutzt, am Rande der Wüste Gemüse und Zitrusfrüchte anzubauen und international zu konkurrieren. Sie tun das, was andere in großem Stil tun: die Nutzung von Wasser als Wirtschaftsfaktor, um immer mehr immer billiger zu produzieren. Nur führt am Rio Grande/Rio Bravo die Addition aller Einzelinteressen nicht auf wunderbare Weise durch die „unsichtbare Hand" des Marktes zum Besten für alle, sondern in die ökologische Katastrophe, die durch Dürrejahre noch verschärft wird.

Auch haben seit der Gründung der Freihandelszone die Bevölkerungszahl und die Zahl der Industrieunternehmen auf beiden Seiten des Flusses rasch zugenommen und die Einwohnerzahl wird sich bis zum Jahre 2030 noch einmal mehr als verdoppeln. Das wird die Konflikte um das Wasser zwischen Städten und Landwirtschaft sehr verschärfen. Rechnet man den Bedarf von Landwirtschaft, Industrie und Haushalten zusammen, so ist deutlich, dass der Rio Grande/Rio Bravo diesen Bedarf bei weitem nicht decken kann – es sei denn, dass sich in allen drei Bereichen ein wassersparendes und wasserschonendes Verhalten durchsetzt.

Für viele überraschend kam es Ende Juni 2002 doch noch zu einer neuen Vereinbarung zwischen den USA und Mexiko. Mexiko erklärte sich bereit, kurzfristig einen Teil seiner „Wasserschulden" zu begleichen, und beide Regierungen vereinbarten, 40 Millionen Dollar in die Erhaltung der Wasservorräte und die bessere Nutzung des Wassers bereitzustellen, vor allem für eine effizientere Bewässerungslandwirtschaft. Das ist ein Anfang, aber die Mittel reichen bei weitem nicht aus. Angesichts eines gnadenlosen Preiskampfes für Gemüse und Obst in der NAFTA-Zone werden die Bauernfamilien selbst diese Investitionen auch nicht finanzieren können.

Gewinn und Gewissen

Da dort, wo Mangel herrscht, auch ein Geschäft zu machen ist, hat der US-Unternehmer T. Boone Pickens, der sich bisher vor allem durch Ölgeschäfte und die feindliche Übernahme von Unternehmen einen zweifelhaften Ruf erworben hatte, in großem Stil Land und Wasserrechte im Nordwesten von Texas aufgekauft. Dort gibt es (noch) große unterirdische Wasservorräte, die im Laufe von Jahrtausenden entstanden sind. Pickens will dieses Wasser fördern und mit Pipelines in den Süden von Texas pumpen, um es dort gewinnbringend zu verkaufen. Das Wasserrecht des Bundesstaates erlaubt jedem, der Wasser unter seinem Land findet, die unbeschränkte Nutzung. Pickens besitzt eine 27.000 Acre-Ranch und hat etwa 200 Ranchbesitzer in der Region gefunden, die bereit sind, das Wasser unter ihrem Land an ihn zu verkaufen. Deshalb bietet Pickens jetzt den Kommunen in Texas für einen Zeitraum von 125 Jahren eine Trinkwassermenge an, die ausreicht, um mehr als eine halbe Million Einwohner zu versorgen. Da niemand sonst eine so große Menge im Angebot hat, nutzt Pickens die Gesetze des Marktes und will für sein Wasser den doppelten Preis, der bisher üblicherweise in Texas bezahlt wird. Noch hat keine Kommune unterschrieben, aber der Öl- und Wassermagnat kann warten, denn er weiß, dass große Städte im Einzugsbereich des Rio Grande wie Dallas, San Antonio und El Paso dringend auf zusätzliches Trinkwasser angewiesen sind.

Umweltschützer sehen die Gefahr, dass die letzten Wasserreserven von Texas binnen kurzer Zeit aufgebraucht sein werden. Es bestehen große Zweifel, ob Pickens wirklich 125 Jahre lang Wasser liefern kann, ohne dass Grundwasser aus dem weiten Umkreis in die leer gepumpten Wasserlagerstätten unter seiner Ranch fließt und dann ebenfalls hochgepumpt und verkauft wird. Wegen der geringen Niederschläge kann es viele Jahrhunderte dauern, bis neue Grundwasserreserven entstehen, aber das ist nicht das Problem des Unternehmers Pickens, der mit seinem Projekt eindrucksvoll und erschreckend zeigt, wohin es führt, wenn man Wasser zur Ware macht.

Es gibt in der Region aber auch andere Vorstellungen vom Umgang mit dem Wasser. Enrique R. Lamadrid, Professor an der Universität von New Mexico, hat 2001 einen Ausweg aus der Krise am Rio Grande/Rio Bravo jenseits der Vermarktung des letzten Wassers und rein technischer Lösungen gewiesen: „Angesichts des Drucks, den die Urbanisierung und die internationale Wirtschaft auf die ökologischen Ressourcen des Rio Grande-Tals ausüben, können wichtige Lektionen von den traditionellen Gemeinschaften gelernt werden, die in der Lage waren, in der Wüste zu überleben. Ihr Wissen über Kultur und Umwelt kann im Blick auf die Herausforderungen der Zukunft angewendet werden."

Kirchen in der Region sind inzwischen sensibel dafür geworden, dass es beim Konflikt um das Wasser des Rio Grande/Rio Bravo um grundlegende Fragen der Gerechtigkeit und der Bewahrung der Schöpfung geht. Darryl Birkenfeld vom „National Catholic Rural Life Committee" hat sich in einem ausführlichen Papier unter dem Titel „Water: A Sacramental Commons" mit der Situation im Flusseinzugsgebiet beschäftigt und fordert auf: „Rettet den Rio Grande-Fluss, um ihn als ‚heilig' zu schützen und zu schätzen, als Zeichen von Gottes Liebe und Leben. Der Fluss gehört allen Arten der Schöpfung gemeinsam." Katholische Gemeinden und Diözesen am Rio Grande/Rio Bravo werden aufgefordert, sich intensiv mit dem Fluss und seinen Problemen zu beschäftigen und sich auf dieser Grundlage für ökologische und für soziale Gerechtigkeit einzusetzen. Dabei gelte es, über Ländergrenzen hinweg zusammenzuarbeiten. Auch die katholischen Bischöfe der Region haben sich wiederholt dafür ausgesprochen, beiderseits des Rio Grande/Rio Bravo für gerechte Wirtschaftsverhältnisse und eine Bewahrung der Schöpfung in diesem Teil des amerikanischen Kontinents zusammenzuarbeiten.

Als der Regen kam ...

In den Jahren 2003 und 2004 gab es in den Regionen am Rio Grande/Rio Bravo starke Niederschläge. Das freute die Bauern in der Region und ermöglichte es zudem Mexiko, seine „Wasserschulden" fast zu halbieren. Das hätte den Konflikt entspannen können, aber ausgerechnet zu diesem Zeitpunkt reichten die US-Farmer eine Schadensersatzklage gegen Mexiko ein. Sie berufen sich in ihrer Klage auf den NAFTA-Vertrag und fordern von Mexiko eine Kompensation für die Schäden, die ihnen entstanden sind. Die Farmer beauftragten einen Anwalt in Washington, ihre Ansprüche durchzusetzen. Dieser wirft Mexiko vor, die eigenen Farmer zuungunsten der Farmer in den USA bevorzugt zu haben. Es werden 500 Millionen Dollar Schadensersatz gefordert. Mexiko seinerseits hofft auf eine Änderung des Vertrages von 1944, um einen höheren Anteil am Wasser des gemeinsamen Flusses zu erhalten, aber das lehnen die politisch Verantwortlichen der USA strikt ab.

Die starken Niederschläge 2003 und 2004 haben dazu geführt, dass die Kirche Nuestra Señora del Refugio wieder im Falcon-Reservoir verschwunden ist. Der Stausee hatte im Juli 2004 den höchsten Wasserstand der letzten zehn Jahre. Die Niederschläge haben etwas Zeit geschaffen, um endlich eine längerfristige nachhaltige Nutzung des Wassers des Rio Grande/Rio Bravo zu verwirklichen. Wissenschaftler haben berechnet, dass der Fluss Ende dieses Jahrhunderts ausgetrocknet sein wird, wenn es zu keiner grundlegend anderen Wassernutzung kommt.

RWE

„RWE verdient gut mit Wasser", schrieb die Süddeutsche Zeitung am 27. März 2002. Einige Jahre vorher hätte eine solche Schlagzeile noch überrascht, denn RWE war ein Jahrhundert lang vorwiegend als Energiekonzern bekannt. Wasser spielte kaum eine Rolle. Das 1898 in Essen gegründete Unternehmen „Rheinisch-Westfälische Elektrizitätswerk AG" lieferte Strom und bald auch Gas für Großstädte im Industriegebiet an Rhein und Ruhr. Der Aufstieg des Unternehmens ist verbunden mit Namen wie Hugo Stinnes, einem der wichtigsten deutschen Industriellen in den ersten Jahrzehnten des 20. Jahrhunderts, aber auch mit dem von Bürgermeistern und Stadtdirektoren der Städte an Rhein und Ruhr wie Konrad Adenauer. Um sie an RWE zu binden, wurden die Städte eingeladen, sich an dem rasch wachsenden Unternehmen zu beteiligen und im Aufsichtsrat mitzuwirken. Die enge Zusammenarbeit mit den Kommunen zahlte sich für RWE aus und erleichterte es, zwei Weltkriege und die Inflationszeit der 1920er Jahre zu überstehen. Der kommunale Anteil an RWE liegt heute bei weniger als einem Drittel. Im Dezember 2004 wurde eine besonders enge Verbindung von RWE zu zahlreichen Politikern bekannt, insgesamt rund 200, die regelmäßige Zahlungen erhielten, ohne dass immer klar war, wofür. Der Stern fragte „Warum bezahlt ein Konzern einen Politiker fürs Nichtstun? Und warum bekommt der CDU-General Meyer billigen Strom?" Überzeugend sind diese Fragen bisher nicht beantwortet worden. Der Titel des Artikels lautete: „Der Vollversorger".

RWE stand 2005 auf Platz 54 der umsatzstärksten Konzerne Europas. Der RWE-Umsatz belief sich 2005 auf 41,8 Milliarden Euro. Ende 2005 betrug die Zahl der Beschäftigten, umgerechnet auf Vollzeitstellen, knapp 86.000. Das waren 12,1 Prozent weniger als im Vorjahr, was durch die Verkäufe von Konzernteilen verursacht wurde.

Expansion im Wasserbereich

Als in den 90er Jahren der Strommarkt liberalisiert wurde, musste RWE sich darauf einstellen, dass die Erlöse in diesem Bereich zumindest vorübergehend zurückgehen würden. Daraus wurde die Konsequenz gezogen, sich nach anderen lukrativen Geschäftsbereichen umzusehen. Anlagefachleute prognostizierten damals, dass im internationalen Wassergeschäft große Gewinne zu erwarten wären. Die zunehmende Knappheit von Wasser auf der Welt und die von der Weltbank forcierte Politik der Privatisierung der Trinkwasserversorgung nährten die Erwartung, in diesem Bereich einen Markt mit großen Zukunftsperspektiven zu erschließen.

Deshalb wurde Ende der 1990er Jahre Wasser neben Strom, Gas und Umweltdienstleistungen zu einem der Kernbereiche des Konzerns. Hier sollte ein Großteil des Umsatzes und der Erträge erwirtschaftet werden, und der Konzern hatte die Hoffnung, mit einem alles-aus-einer-Hand-Konzept dadurch Kosten zu sparen, dass die Kunden vom Gas über die Elektrizität bis zum Wasser alles vom eigenen Konzern erhalten und zum Beispiel der Gebühreneinzug zusammengelegt würde. Dieses „multi utility"-Konzept funktioniert bei kommunalen Stadtwerken schon lange, für internationale Wasser- und Energiekonzerne stellt sich aber das Problem, wie sie in einer nennenswerten Zahl von Versorgungsgebieten alle lokalen Unternehmen übernehmen können, die diese Dienstleistungen erbringen. So ist dieses Konzept für die „global player" allenfalls an einzelnen Orten aufgegangen. Aber RWE hatte vor einigen Jahren große Ambitionen auf diesem Gebiet und baute den Konzern so um, dass die vier Kernbereiche ins Zentrum gestellt wurden, während andere Beteiligungen schrittweise verkauft wurden, zum Beispiel am Baukonzern Hochtief.

Mit der Anzeigenserie „Imagine" hat der RWE-Konzern sich in den letzten Jahren bemüht, in der Öffentlichkeit seine Kompetenz auf den Gebieten Energie, Umweltdienstleistungen und Wasser herauszustellen. Mit der abgebildeten Anzeige hat RWE versucht, sich als erfahrenes Unternehmen der Wasserversorgung zu profilieren. Nicht deutlich wird, dass RWE bis in die 1990er Jahre kaum eine Rolle im Wasserbereich spielte und erst durch den Kauf englischer und US-amerikanischer Unternehmen zu einem „global player" auf diesem Gebiet wurde.

Im Wasserbereich hatte RWE einen großen Nachholbedarf, um international ernsthaft mit den großen französischen Wasserkonzernen wie Vivendi (heute Veolia) und Suez konkurrieren zu können. Die französischen Konzerne bieten vom Bau von Wasserwerken über das Management von Wasserbetrieben bis zur Sanierung von Klärwerken das gesamte Spektrum von Dienstleistungen rund um das Wasser an und erhalten so die meisten Kontrakte. Um aufzuholen, entschloss die RWE-Führung sich, in bestehende Wasserunternehmen mit einem hohen Know-how und internationalen Beteiligungen zu investieren. Im März 2002 schrieb die „Wirtschaftswoche" über das Wasserengagement des Konzerns: „RWE-Chef Kuhnt bläst vor allem im Wassergeschäft zum Großangriff".

Um eine gute Basis auf dem heimischen Markt zu haben, sicherte sich RWE in Deutschland die Mehrheit an bisher kommunalen Wasserbetrieben, die von den Städten aus Geldmangel verkauft wurden. RWE Aqua versorgt in Deutschland inzwischen 9 Millionen Menschen mit Wasser- und Abwasserdienstleistungen. Besonders wichtig war RWE die Beteiligung an den Berliner Wasserbetrieben. Gemeinsam mit dem französischen Konkurrenten Veolia hat der Essener Konzern die Wasserversorgung für den Großraum Berlin übernommen. Aber diese Teilprivatisierung, die den privaten Anteilseignern das Management überlässt, stand unter einem ungünstigen Stern.

Viele Tochterunternehmen der Wasserbetriebe machten hohe Verluste, der französische Mitbetreiber geriet in eine Finanzkrise und stand 2002 vor dem Konkurs, die Manager von Veolia und RWE im Vorstand der Berliner Wasserbetriebe hatten häufiger Konflikte und die Berliner Verbraucher mussten Anfang 2004 eine 15-prozentige Preiserhöhung verkraften. Eine weitere Preiserhöhung trat Anfang 2005 in Kraft. Zufrieden kann mit dieser Privatisierung niemand sein (siehe Abschnitt Berlin).

Der Aufstieg zum „global player"

Auf den internationalen Wassermärkten expandierte RWE zunächst vor allem in Mittel- und Osteuropa, so in Kroatien, Ungarn und Polen. Zu einem „global player" wurde RWE aber erst im Jahre 2000 durch die Übernahme von Thames Water, das Wasserversorgungsunternehmen für den Großraum London (siehe auch Abschnitt London). Dank hoher Gewinne durch die sehr günstigen Bedingungen der Privatisierung 1989 konnte Thames Water seine Geschäftsaktivitäten in vielen Regionen der Welt ausdehnen und wurde in mehr als 40 Ländern tätig, unter anderem in Chile, Indonesien und China. Auch wurden Technologie-Unternehmen in Ländern wie Spanien erworben, die Spitzenpositionen auf Gebieten wie der Membrantechnik und der Meerwasserentsalzung einnehmen. Mit dem Erwerb von Thames Water konnte RWE auf einen Schlag international ein breites Dienstleistungsangebot rund um Trinkwasser und Abwasser anbieten. Den Aktionären zahlte RWE einen hohen Zuschlag auf den aktuellen Börsenkurs. Der Kaufpreis von 4,3 Milliarden Pfund war viel Geld, das erst einmal wieder erwirtschaftet werden muss.

Im Januar 2003 wurde der Erwerb von American Water Works abgeschlossen, des größten privaten Wasserversorgungs-Unternehmens der USA mit mehr als 15 Millionen Verbrauchern. American Water Works hatte vorher innerhalb von nur drei Jahren 55 lokale Wasserbetriebe aufgekauft – salopp gesagt lautet das Motto also: fressen und gefressen werden. Die American Water Works-Aktionäre stimmten dem Übernahmeangebot trotzdem gern zu, denn RWE zahlte ihnen einen Preis, der 36,5 Prozent über dem aktuellen Aktienkurs lag. Außerdem übernahm der Essener Konzern die Schulden des amerikanischen Wasserversorgungsunternehmens, sodass der Kauf RWE insgesamt 8,6 Milliarden Dollar kostete. Diese hohen Kaufpreise trugen dazu bei, dass RWE Anfang 2003 mit etwa 25 Milliarden Euro verschuldet war und die Expansionspolitik im Wasser- und Energiebereich erst einmal gestoppt werden musste.

Die weltweiten Wasseraktivitäten wurden innerhalb des RWE-Konzerns bei RWE Thames Water gebündelt. RWE übernahm mit den vielfältigen Geschäftsaktivitäten von Thames Water allerdings auch die Schwierigkeiten des britischen Wasserversorgers. Dies gilt zuallererst für London selbst, wo die hohen Wasserverluste durch Leckagen und der desolate Zustand von Teilen des Abwassersystems immer wieder für negative Schlagzeilen sorgen. Jetzt muss das Leitungsnetz, das jahrelang vernachlässigt wurde, unter hohem Finanzaufwand erneuert werden. Das schmälert die Gewinne drastisch. Aber auch international haben sich die Gewinnerwartungen von Thames Water bisher nicht erfüllt, während gleichzeitig eine Reihe von Konflikten entstand. In Indonesien hatte Thames Water 1997 die Wasserversorgung von halb Jakarta übernommen und zwar in einem Joint Venture mit dem ältesten Sohn des damaligen Präsidenten Suharto. Das garantierte, den Vertrag zu erhalten, verwandelte sich aber in eine Belastung, als Suharto kurz darauf gestürzt wurde. Die neue Stadtverwaltung von Jakarta annullierte den Vertrag mit Thames Water. Das britische Unternehmen intervenierte bei der indonesischen Regierung und erreichte eine Erneuerung des Vertrages. Danach gab es immer Konflikte mit einheimischen Beschäftigten, staatlichen Stellen und Verbrauchern, die sich über unzureichende Wasserqualität und ständig steigende Preise beklagten. Gewinne machte Thames Water auch mit den höheren Preisen nicht. So ist auch hier niemand mit der Privatisierung zufrieden (siehe Abschnitt Jakarta).

In Asien wurde Thailand zu einem zweiten Schwerpunkt der Geschäftsaktivitäten von RWE Thames Water. Hier hat der Konzern die Wasserversorgung für einen Teil des Großraums Bangkok übernommen und ist auch an einigen kleineren Trink- und Abwasserprojekten beteiligt. Nach eigenen Angaben versorgte man in Thailand 1,5 Millionen Menschen mit Wasser- und Abwasserdienstleistungen. Auch in einer Reihe anderer asiatischer Länder wurde Thames Water tätig, wobei der Schwerpunkt auf Aufträgen liegt, bei denen Wasserprojekte zum Beispiel ein Klärwerk gebaut, anschließend über einen Zeitraum von 20 oder 25 Jahren auf eigene Rechnung betrieben und dann an staatliche Stellen übergeben wird. In aller Regel erbringt RWE Thames Water seine Dienstleistungen nicht direkt für die Bürger, sondern für staatliche Versorgungs- und Entsorgungsunternehmen. Im Gegensatz zur Privatisierung vermeidet das private Unternehmen bei dieser Form des Engagements also Konflikte mit der Bevölkerung. Der kommunale Wasserbetrieb erbringt seine Leistungen weiterhin als Teil der staatlichen Daseinsfürsorge, ohne dass das Gewinnmotiv in den Mittelpunkt tritt.

Das Ende des Traums von raschen und hohen Gewinnen

Bei RWE Thames Water und vor allem in der RWE-Zentrale in Essen ist eine Desillusionierung im Blick auf die potenziellen Gewinne im Wassergeschäft im Süden der Welt eingetreten. Die Armen Asiens, Afrikas und Lateinamerikas können schlicht nicht die hohen Wasserpreise zahlen, die erforderlich wären, um trotz großen Investitionsbedarfs hohe Gewinne zu erzielen. RWE zog daraus die Konsequenz, sich in Afrika gar nicht und in Asien und Lateinamerika nur noch sehr zurückhaltend an Privatisierungsvorhaben und anderen längerfristigen Formen des Engagements im Wasserbereich zu beteiligen.

RWE setzte sich – wie andere auf dem Wassermarkt tätige Konzerne – gegen die Erwartung von Weltbank und westlichen Regierungen zur Wehr, sie könnten das Kapital aufbringen, um die Wasserversorgung und Abwasserentsorgung der Armen im Süden der Welt sicherstellen. Ein Engagement in armen Regionen der Welt ist für Konzerne wie RWE allenfalls interessant, wenn zusätzlich beträchtliche Entwicklungshilfegelder fließen. Diese Public-Private-Partnership ist aber umstritten, weil gefragt werden muss, ob öffentliche Gelder dazu dienen können, dort einen Markt zu schaffen, wo er nach marktwirtschaftlichen Prinzipien mangels ausreichender Kaufkraft nicht existiert. Europa und Nordamerika stehen inzwischen noch stärker im Zentrum des Geschäftsinteresses von RWE. Am 18. März 2003 lautete eine Überschrift in der Frankfurter Allgemeinen Zeitung: „RWE verzichtet auf globale Ambitionen", und im Beitrag heißt es dann zur Firmenpolitik des RWE-Chefs Harry Roels: „Das Konzept verschiedener Leistungen aus einer Hand lasse sich nicht überall, sondern am besten in wenigen ausgewählten Regionen bewerkstelligen. Deshalb hat sich Roels für regionale Schwerpunkte statt globaler Präsenz ausgesprochen. Deutschland, Großbritannien, Zentraleuropa und die Vereinigten Staaten, Märkte, in denen RWE bereits führende Positionen besetzte, das seien die Schlüsselmärkte im Versorgungsgeschäft des Konzerns."

Die wieder steigenden Gewinne im Energiebereich haben die Konzernführung offenbar veranlasst, sich noch stärker auf diesen Bereich zu konzentrieren. So wurde im Herbst 2004 fast die gesamte Umweltsparte verkauft, weil sie nicht so ertragreich war wie erhofft. Eine solche Entwicklung erscheint auch bei unzureichenden Renditen im Wasserbereich möglich, aber noch gehört RWE hier international zu den drei größten „global players". Mit der Expansion im internationalen Wassergeschäft wuchs auch die Verantwortung der RWE-Anteilseigner, nicht zuletzt der Kommunen, für das

Geschäftsverhalten des Konzerns und seiner zahlreichen Tochterunternehmen. RWE beteiligt sich an der „Global Compact"-Initiative der Vereinten Nationen, die von Kofi Annan ins Leben gerufen wurde und hat sich damit verpflichtet, eine ganze Reihe von Standards im Blick auf Menschenrechte, Rechte der Beschäftigten und ökologisches Verhalten zu beachten. Das Unternehmen nimmt in verschiedenen Veröffentlichungen für sich in Anspruch, sozial und ökologisch verantwortungsbewusst zu handeln. Die Zivilgesellschaften in den einzelnen Ländern müssen im Auge behalten, inwieweit RWE diesen Maßstäben vor Ort tatsächlich gerecht wird. Dieser Prozess hat erst begonnen.

Das zeigte sich im Juli 2003 bei einem Treffen der Gewerkschaftsvertreter der RWE Tochterunternehmen in aller Welt. So wurden die thailändischen Gewerkschafter massiv vom Management des lokalen RWE Thames Water-Unternehmens unter Druck gesetzt, nicht an dem weltweiten Treffen teilzunehmen. Die Gewerkschafter aus Indonesien berichteten von den üppigen Gehältern der europäischen Manager des RWE Tochterunternehmens, während die übrigen Beschäftigten seit Jahren keine Gehaltserhöhungen erhalten hatten. Ihr Durchschnittslohn lag bei etwa 100 Euro im Monat. Bei dem internationalen Treffen der Gewerkschafter wurde vereinbart, einen Weltbetriebsrat für RWE Thames Water zu bilden, um sich gemeinsam für eine Verbesserung der Situation der Beschäftigten in den zahlreichen Tochterunternehmen einzusetzen.

Am 4. November 2005 hat der RWE-Aufsichtsrat beschlossen, sich aus dem globalen Wassergeschäft zurückzuziehen und seine Tochterunternehmen Thames Water und American Water zu veräußern. Nach der Ankündigung des Verkaufs erklärte RWE-Chef Roels: „... ist das Konzept eines weltweiten Wasseranbieters nicht aufgegangen". Am 5. November 2005 hieß es daraufhin in der „Neuen Zürcher Zeitung": „RWE räumt mit globalen Illusionen im Versorgungsgeschäft auf". Zwei Tage später stand in der „Süddeutschen Zeitung": „RWE probt die Rolle rückwärts". Übrig bleiben Beteiligungen an Wasserversorgungsunternehmen in Deutschland (vor allem Berlin) und Osteuropa. Der Verkauf von Thames Water erfolgte Ende 2006 (siehe Abschnitt London).

Sana'a

„Die Uhr tickt, und die Zeit läuft ab. Wenn wir nicht rasch handeln, sind wir bald ohne Wasser, ohne Wasser für die Landwirtschaft und nicht einmal mit Wasser zum Trinken. Das Thema ist ernst, und es ist Zeit, dass wir diesem Problem unsere ganze Aufmerksamkeit schenken." So warnte Walid Abdulaziz Al-Saqqaf, Chefredakteur der Wochenzeitung „Yemen Times", bereits in einem Kommentar vom 13. März 2000. Der Jemen wird von keinem einzigen Fluss durchquert und gehört zu den Staaten der Welt mit dem größten Wasserstress.

Besonders prekär ist die Situation in der Hauptstadt Sana'a. Dabei ist viel Geld in die Verbesserung der Wasserversorgung der Stadt geflossen. Etwa 40 Prozent der Haushalte von Sana'a haben einen eigenen Wasseranschluss, und das Wasser fließt jetzt, wenn keine Störungen auftreten, 24 Stunden am Tag. Dabei gab es Anfang der 70er Jahre noch kein zentrales Versorgungssystem. Der Ausbau des Leitungsnetzes wurde nicht zuletzt dank der internationalen Entwicklungshilfe möglich. Dabei hat sich die Einwohnerzahl von Sana'a in den letzten drei Jahrzehnten von etwa 80.000 auf 1,5 Millionen erhöht.

Allerdings: Mit den Anschlüssen stieg auch der Wasserverbrauch sprunghaft an. Dabei sind die Niederschlagsmengen auf der Sana'a-Hochebene (2.000 bis 3.200 m über dem Meer) sehr gering, etwa 250 mm jährlich. In manchen Teilen des Jemen beträgt der Wert sogar nur 50 mm. Auch wenn es in Gebirgsregionen größere Niederschläge gibt, beträgt die erneuerbare Wassermenge im Jemen lediglich 2,5 Milliarden Kubikmeter im Jahr, verbraucht werden aber 3,4 Milliarden Kubikmeter. Noch gibt es große Grundwasservorräte, aber die werden übermäßig ausgebeutet. In Sana'a und Umgebung wird aus mehr als 5.000 Brunnen drei- bis viermal so viel Wasser an die Oberfläche geholt, wie sich auf natürlichem Wege erneuert. Der Grundwasserspiegel fällt um drei bis vier Meter im Jahr, von ehemals 20 Metern Tiefe ist er in einigen Teilen Sana'as bereits auf unter 200 Meter gesunken. Stellenweise muss im Jemen schon 2.000 Meter tief gebohrt werden, um noch auf Wasser zu stoßen.

Die Hälfte des geförderten Wassers geht in Sana'a bereits auf dem Weg zu den Verbrauchern verloren, weil die Rohrleitungen defekt sind. Auch auf den bewässerten Feldern in der Umgebung der Hauptstadt wird viel Wasser vergeudet, mit dem Nebeneffekt, dass die Felder rascher versalzen, als dies bei sparsamer Wassernutzung der Fall wäre. Bisher ist der Wasserpreis sehr niedrig, was die Verschwendung begünstigt. Wenn die Wasserversorgung in dem trockenen Land nur noch mit Meerwasserentsalzungssystemen möglich wäre, würde der Kubikmeterpreis auf mindestens fünf Euro steigen – und das würde die Bewässerungslandwirtschaft zum Erliegen bringen. Ein weiteres Problem ist, dass eine Abwasserentsorgung in großen Teilen der Stadt fehlt.

Traditionelle und „moderne" Bewässerungslandwirtschaft

Diese Wasserprobleme sind nicht zu trennen von dem Prozess, der als wirtschaftliche Modernisierung bezeichnet wird. Der Jemen profitierte in den 70er Jahren indirekt vom neuen Reichtum durch den Ölboom in Saudi-Arabien und den Golfstaaten. Tausende Arbeitsmigranten aus dem Jemen fanden dort eine Beschäftigung, und ihr Geldtransfer in die Heimat brachte vielen Menschen Wohlstand.

Der neue Wohlstand hatte Veränderungen des Konsumverhaltens zur Folge, zum Beispiel den Ersatz von Hirse durch Weizen. Der Anbau von Hirse hatte sich über viele Jahrhunderte als Getreide mit hohem Nährwert und bescheidenem Wasseranspruch bewährt, zumal mithilfe sorgfältig gepflegter Terrassenfelder mit Steinumfriedungen das kostbare Nass aufgestaut und intensiv genutzt wurde. Schon vor mehr als 4.000 Jahren entstanden im Jemen erste Bewässerungssysteme. Vor etwa 2.500 Jahren bauten die Sabäer unweit ihrer Hauptstadt Marib (150 Kilometer östlich von Sana'a) einen mehr als 600 Meter langen Damm, an dem Generationen lang gearbeitet wurde. Der Damm war eine Meisterleistung der Wasserbaukunst und gilt noch heute in der Region als ein Weltwunder.

Mit dem Bauwerk wurde das Wasser des Wadi Adhara aufgestaut, der den größten Teil des Jahres trocken war, aber sich nach starken Niederschlägen im Gebirge in einen reißenden Strom verwandelte. Zwei Schleusen regulierten den Wasserabfluss. Wasser und Schwemmstoffe wurden über ein Kanalsystem auf die Felder geleitet. So konnten 10.000 Hektar Äcker bewässert und gedüngt werden. 30.000 bis 50.000 Menschen wurden so ernährt. Große Sedimentablagerungen brachten den Damm allerdings mehrmals zum Bersten. 542 n. Chr. geschah dies erneut. Nach dieser Flutkatastrophe wurde der Damm nicht wieder repariert, und dies bedeutete das Ende der antiken Bewässerungslandwirtschaft in dieser Region. 1986 wurde in dem Gebiet ein neuer Damm gebaut, der es erlaubt, 400 Millionen Kubikmeter Wasser zu speichern. Dieser Damm ist heute von großer Bedeutung für die Trinkwasserversorgung von Sana'a.

Mehr als 90 Prozent des Wasserverbrauchs des Jemens entfällt auf die Bewässerungslandwirtschaft, und auf den allermeisten Feldern wird das Wasser nicht effizient eingesetzt, sondern nur ein Bruchteil erreicht die Pflanzen. Ermöglicht wird diese ausgedehnte und verschwenderische Bewässerungslandwirtschaft durch den Einsatz moderner Pumpen. Der in den 90er Jahren für den Deutschen Entwicklungsdienst im Jemen tätige Architekt Jens Schammert schrieb in einer Analyse der Wassersituation des Jemen: „Mit der Einführung der Motorpumpen brach das traditionelle Verteilungssystem zusammen. Wasser wurde ein unbegrenzt nutzbares Gut." Gleichzeitig sind traditionelle Strukturen der Gesellschaft und Herrschaft bestehen geblieben, was dazu führt, dass die Bevölkerung außerhalb der Städte auf dem Recht beharrt, dass jeder so viel Wasser fördern kann, wie er will, wenn er auf seinem Land einen Brunnen baut und Wasser findet. Das staatliche Wasserunternehmen ist gegenüber solchen Traditionen, die notfalls mit Gewalt verteidigt werden, oft machtlos. Der Versuch, die Bezahlung von Wasserrechnungen durchzusetzen, endete schon mehrfach mit gewaltsamen Auseinandersetzungen mit Grundbesitzern. Im Jemen ist die Vermarktung aller Lebensgüter zwar schon weit vorangekommen, das hat aber traditionelle Ansprüche und deren Durchsetzung nicht verdrängen können. Die Verknappung des Wassers hat in einer solchen Situation ein hohes Konflikt- und Gewaltpotenzial. Nahe der Stadt Ta'iz mussten zum Beispiel 1999 700 Soldaten eingesetzt werden, um die Kämpfe zwischen zwei Dörfern um eine Quelle zu beenden. Bei einigen Gefechten soll bereits schwere Artillerie eingesetzt worden sein.

Auf den Feldern wird im großen Umfang die im Jemen weit verbreitete Droge Qat angebaut, mit der sich große Gewinne erzielen lassen. Für jeden Hektar, der mit Qat-Bäumen bepflanzt wurde, benötigt man 8.000 Kubikme-

Die Bevölkerung der jemenitischen Hauptstadt Sana'a hat sich in den letzten Jahrzehnten vervielfacht. In einer der niederschlagsärmsten Regionen der arabischen Halbinsel droht inzwischen eine extreme Trinkwasserknappheit. Ein Wadi, Trockenfluss, in Sana's führt nur noch wenig Wasser.   (Foto: Helga Reisenauer)

ter Wasser im Jahr. Insgesamt wird allein für diesen Zweck bis zu 60 Prozent der zur Verfügung stehenden Wassermenge des Landes eingesetzt. Wer nicht Qat anbaut, der nutzt dieses Wasser zum Beispiel für den wasserintensiven Anbau von Zitrusfrüchten. Die lassen sich nicht nur verkaufen, sondern sind auch ein willkommenes Geschenk für Militärs, Politiker und Beamte, von denen man sich eine Gefälligkeit erhofft. In der Vergangenheit hat die Regierung des Landes durch Einfuhrverbote für Gemüse, Obst und Qat versucht, die heimische Landwirtschaft zu fördern. Dieses an sich sinnvolle Ziel hatte die Wirkung, dass die Bewässerungslandwirtschaft und die Übernutzung der Wasservorräte weiter zunahmen. Wurden 1970 nur 3 Prozent aller landwirtschaftlichen Flächen bewässert, so sind es inzwischen über 30 Prozent. Erst in letzter Zeit wird versucht, eine Landwirtschaftspolitik zu betreiben, die mehr Rücksicht auf die begrenzen Wasserressourcen des Landes nimmt.

Die Folgen der Übernutzung sind unübersehbar, insbesondere das Absinken der Grundwasserspiegel. Wer sich neue, noch leistungsfähigere Pumpen nicht leisten kann, der sitzt rasch im wahrsten Sinne des Wortes auf dem Trockenen. Die Situation ist besonders dramatisch in Gebieten, wo Tiefbrunnen zur Versorgung der Städte gebohrt wurden und nun die alten Brunnen der Bauern trocken fallen. Dabei sind die Landwirte auf Bewässerungssysteme angewiesen. Die Apfel- und Zitrusbäume haben sich an die regelmäßige Oberflächen-Bewässerung gewöhnt und flach gewurzelt. Bleibt die wöchentliche Überflutung aus, gehen sie ein. Die Plantage abzuholzen, würde einen enormen wirtschaftlichen Schaden, aber auch gesellschaftlichen Prestigeverlust bedeuten. Das Gleiche gilt für die Aufgabe von Schafherden, die ebenfalls viel Wasser verbrauchen. Dazu ein Stammesmitglied: „Ein Mann ohne Schafe? Was werden die Leute von dir denken, was wirst du tun, wenn deine Frau dir einen Sohn gebiert oder wenn du Besuch bekommst?" Außerdem sind Schafe und Ziegen als Opfertiere für die Pilgerfahrt nach Mekka erforderlich und lassen sich zudem ins reiche Nachbarland Saudi-Arabien schmuggeln und dort gut verkaufen. Es gibt also viele Gründe für eine intensive Nutzung der Wasservorräte für die Landwirtschaft, und so wird weitergepumpt. Traditionen und moderne Technik gehen eine unheilige Allianz ein, zu Lasten der Natur und der Zukunft der Menschen.

Wenn Sana'a das Wasser ausgeht

Derweil schreitet die Urbanisierung so rasch voran, dass der Ausbau des Wasserversorgungsnetzes von Sana'a weit hinter dem Bevölkerungswachstum zurückbleibt. Die Einwohnerzahl des Jemen steigt jedes Jahr um mindestens 3,7 Prozent, das ist international ein Spitzenwert. Eine Familie hat durchschnittlich sieben Kinder, und wenn die Bevölkerung weiter so wächst, wird sie in fünfzig Jahren von heute etwa 20 Millionen auf über 70 Millionen steigen. Da viele Familien keine wirtschaftlichen Perspektiven auf dem

In Sana'a sind dringend Wassersparmaßnahmen erforderlich, bevor das Grundwasser verbraucht und die letzten Gewässer ausgetrocknet sind. (Foto: Helga Reisenauer)

Lande mehr sehen, ziehen sie in die Städte und besonders nach Sana'a. Die städtische Bevölkerung nimmt jedes Jahr um mehr als 10 Prozent zu. Die Folge ist, dass der Anteil der Bevölkerung, die nicht an das Wassernetz angeschlossen ist, steigt. Das Kanalisationssystem ist in einem noch schlechteren Zustand, was zum vermehrten Auftreten von Krankheiten unter der Stadtbevölkerung führt. Große Teile des Abwassers fließen in private Sickergruben, und das trägt zur Verschlechterung des Grundwassers bei, zumal auf diesem Wege immer mehr Haushaltschemikalien entsorgt werden. Wer es sich leisten kann, kauft abgefülltes Flaschenwasser, wobei ein Liter soviel kostet wie ein Kubikmeter Wasser aus der Leitung. Familien ohne Wasseranschluss sind auf teures Wasser aus Tanklastwagen angewiesen. Da die Versorgung der Bewohner mit Wasseranschluss durch das staatliche Wasserversorgungsunternehmen unzuverlässig ist, haben sich viele Familien große Reservoirs aufs Dach gestellt, was bei großer Hitze mit erheblichen Gesundheitsrisiken verbunden ist.

Hakim Almasmari hat die Gesundheitsrisiken durch Wassermangel und verunreinigtes Wasser in der Zeitung „Yemen Observer" am 30. Januar 2007 ausführlich beschrieben. Sein Beitrag hat den Titel „Tod aus der Leitung: Die Wasserkrise des Jemen". Er schreibt in dem Beitrag unter anderem: „Die Weltgesundheitsorganisation hat Jemen unter die Länder eingeordnet, wo die Verfügbarkeit von sauberem Trinkwasser für die Bevölkerung am schlechtesten ist. Nur 26% der jemenitischen Bevölkerung haben einen leichten Zugang zu sauberem Trinkwasser ... Dieser Mangel an sauberem Trinkwasser ist nur eines von zahllosen Gesundheitsproblemen, die den Jemen plagen. Aus einem Bericht des Parlaments geht hervor, dass jedes Jahr 55.000 Kinder an Krankheiten sterben, die durch verunreinigtes Wasser ausgelöst werden. Der Bericht, in dem vor der zunehmenden Nutzung von verunreinigtem

Wasser gewarnt wird, bestätigt, dass die Hälfte der Todesfälle von Kindern durch belastetes Wasser verursacht wird ... Die Stadtteile der Wohlhabenden in Sana'a haben einen besseren Zugang zu sauberem Wasser als das übrige Land, aber die ärmeren Viertel der Stadt leiden weiterhin unter Mangel ... Der Jemen hinkt bei der Bereitstellung von Wasser für die Bevölkerung hinter anderen Ländern der Region her. Auch können die Menschen im Jemen weniger Wasser pro Kopf der Bevölkerung nutzen als in irgendeinem anderen Land der arabischen Welt, geht aus einer Auflistung der Weltgesundheitsorganisation hervor. Der Wasserverbrauch ist sogar einer der niedrigsten auf der Welt. Jeder Mensch im Jemen verbraucht 200 Kubikmeter Wasser im Jahr, im Vergleich dazu verbraucht ein Einwohner der USA jedes Jahr 5.000 Kubikmeter Wasser. In der (nahöstlichen) Region beträgt der durchschnittliche Verbrauch 1.800 Kubikmeter."

Die Regierung und internationale Entwicklungshilfeorganisationen bemühen sich, die absehbare katastrophale Wasserknappheit noch abzuwenden. So wurde 2002 ein Wassergesetz verabschiedet, das regelt, unter welchen Bedingungen Wasser gefördert werden kann und welche Strafen drohen, wenn die staatlichen Begrenzungen der Förderung nicht eingehalten werden. Auch wird im Nihm-Distrikt ein neuer großer Staudamm gebaut, und das aufgefangene Wasser soll die Versorgung von Sana'a verbessern. Ob diese Maßnahmen ausreichen, bleibt abzuwarten.

Es ist zu befürchten, dass die Verarmung großer Teile der Bevölkerung weiter zunehmen wird. Schon heute leben 42 Prozent der Jemeniten unterhalb der offiziellen Armutsgrenze und weitere 25 Prozent gerade darüber. Man schätzt, dass etwa 40 Prozent der Erwachsenen arbeitslos sind. Die Prognose des Weltbank-Wasserexperten Christopher Ward klingt vor allem für die Menschen auf dem Lande, also 75 Prozent der Bevölkerung, bedrohlich: „Grundwasser wird in einem solchen Umfang gefördert, dass Teile der ländlichen Wirtschaft innerhalb einer Generation verschwinden könnten." Das UN-Entwicklungsprogramm UNDP schrieb Anfang 2003 in einer Darstellung der natürlichen Ressourcen im Jemen: „Der alarmierendste Notstand im Jemen ist die Wasserkrise von noch nie da gewesenen Ausmaßen."

Schweiz

Die Schweiz gilt als „Wasserschloss Europas". Hier entspringen zahlreiche Flüsse wie der Rhein, und ein Luftbild des Landes lässt eine große Zahl von Seen und Gletschern erkennen. Wenn ein Land gelassen auf die Berichte von globalen Wasserkrisen reagieren kann, so scheint es die die Schweiz zu sein. Der Aufruf „Hält Sorg zum Wasser", tragt Sorge für das Wasser, scheint aus einer anderen Zeit zu stammen. Er erinnert daran, dass die Schweiz eine lange Geschichte des sorgsamen Umgangs mit dem Wasser und der gemeinsam organisierten Wasserversorgung hat. Die ältesten Zeugnisse einer Wasserversorgung im Gebiet der heutigen Schweiz stammen aus dem 15. Jahrhundert v. Chr. Es sind eine Zisterne aus Lärchenholz und eine Quellwasserfassung. Mit der römischen Herrschaft erreichten hoch entwickelte Formen des Wasserleitungsbaus die Alpenregion. Es entstanden bis zu zehn Kilometern lange Aquädukte, um die Städte mit Wasser zu versorgen, und auch die Abwasserentsorgung wurde mustergültig geregelt. Die römische Wasserleitung zwischen Hausen bei Brugg und Windisch diente bis 1898 zur Trinkwasserversorgung von Teilen von Windisch. Die Leitung ist immer noch in Betrieb und versorgt einen Springbrunnen mit Wasser.

Im Mittelalter pflegte man das Wasserleitungserbe der Römer und stellte unter großem Aufwand sicher, dass die Burgen, die meistens auf Bergen lagen, immer ausreichend Wasser hatten. Im 16. Jahrhundert wurden in Städten wie Zürich die ersten „Wasserkünste" gebaut, Pumpwerke, die Wasserkraft nutzten, um die Städte mit Trinkwasser zu versorgen. Es gab ein öffentliches Leitungssystem, wobei die meisten Bürgerinnen und Bürger ihr Wasser an zentral gelegenen Punkten holen konnten. Eine Abzweigung ins eigene Haus galt als Privileg, für das gezahlt werden musste. Auf dem Lande spielte der Dorfbrunnen eine wichtige Rolle für die Wasserversorgung, aber auch für Gespräche mit anderen Dorfbewohnern.

Vom 19. Jahrhundert an wurden – zunächst in den größeren Städten – moderne Wasserversorgungssysteme eingeführt. Jedes Haus wurde mit einer Leitung versorgt, die ersten modernen Toiletten wurden gebaut, und prompt stieg der Wasserverbrauch steil an. Nach dem Zweiten Weltkrieg erreichte er 500 Liter pro Jahr und Einwohner, allerdings einschließlich des Verbrauchs von Industrie und Gewerbe. Sparmaßnahmen der Industrie und der privaten Haushalte reduzierten diesen Wert auf 400 Liter. Der häusliche Tagesverbrauch eines Einwohners beläuft sich auf etwa 160 Liter.

Sorgen im Wasserschloss

Das Leben im Wasserschloss ist nicht sorgenfrei. So werden sich viele Schweizerinnen und Schweizer immer stärker bewusst, wie stark sich ihre

Wasserwelt in den letzten Jahrhunderten und Jahrzehnten verändert hat. Von den etwa 65.000 Kilometern Fließgewässer sind höchstens 10 Prozent in ihrem ursprünglichen Zustand, denn überall wurde umgeleitet, begradigt, gestaut und kanalisiert. Allein das Wasser des Rheins wird durch zwölf Kraftwerksturbinen gejagt, bevor es Basel erreicht. Die Schweiz bezieht 60 Prozent des Stroms aus Wasserkraft, und um diesen Wert zu erreichen, wurden mehr als 500 größere Wasserkraftwerke gebaut. Inzwischen wehren sich Bürger und Umweltinitiativen gegen weitere Staudämme und haben erkannt, dass Wasserkraftwerke nicht per se ökologisch sind, sondern oft das Leben in den Gewässern beeinträchtigen (siehe Abschnitt Staudämme).

Die Schweizer Wasserwerke verweisen darauf, dass der Trinkwasserverbrauch nur zwei Prozent der jährlichen Regenwassermenge entspricht. Das sei wahrlich kein übermäßiger Eingriff in die Natur. Aber der Trinkwasserverbrauch der Schweizer beträgt immerhin jährlich eine Milliarde Kubikmeter. Das entspricht einem Wasserwürfel mit einer Kantenlänge von 1.000 Metern. 40 Prozent des Trinkwassers stammen aus Quellen, 40 Prozent werden dem Grundwasser entnommen und 20 Prozent aus Oberflächenwasser gewonnen, vor allem aus Seen. 38 Prozent des gewonnenen Trinkwassers können ohne jede Aufbereitung ins Versorgungsnetz eingespeist werden.

Die Schweizerinnen und Schweizer werden sich stärker bewusst, dass es im Landesdurchschnitt zwar ausreichend regnet, aber die Niederschläge regional sehr ungleich verteilt sind. In den Alpen sind die Niederschläge (Regen und Schnee) mit 4.000 Litern pro Quadratmeter am höchsten, im Rhonetal beträgt dieser Wert aber nur 600 Liter. Die Dürre des Jahres 2003 hat zudem in Erinnerung gerufen, wie stark die Schwankungen von Jahr zu Jahr sein können. Und schließlich ist nicht im Detail absehbar, wie sich die globalen Klimaveränderungen auf die Schweiz auswirken werden. Deutlich ist aber, dass die Gletscher durch eine erhöhte Durchschnittstemperatur der Luft allmählich abschmelzen. Kurzfristig erhöht das die Wassermenge, längerfristig könnte im schlimmsten Fall aus dem Wasserschloss ein „Trockenschloss" werden (siehe Abschnitt Eis), aber noch ist die gewaltige Menge von 210 Kubikkilometern Wasser in Seen, Gletschern und im Boden gespeichert.

Was bleibt, ist ungewiss

Ein eigenes Kapitel ist das Abwasser. Möglichst gern vergessen möchten viele Schweizer, dass die Abwasserentsorgung bis in die Zeit nach dem Zweiten Weltkrieg so unzureichend war, dass noch 1963 in Zermatt eine Typhusepidemie ausbrach. Im englischen Oberhaus stellte ein Lord damals die Behauptung auf, die Schweizer seien das schmutzigste Volk der Welt. Das konnten die Eidgenossen nicht auf sich sitzen lassen, und so wurde ein gewaltiges Investitionsprogramm begonnen, um Kanalisationssysteme und Klär-

werke zu bauen. Inzwischen gibt es etwa 40.000 Kilometer Kanalisationslei-
tungen im Land, und aus den etwa 1.000 Klärwerken gelangt so sauberes
Wasser in die Bäche, Flüsse und Seen, dass diese sich so weit erholt haben,
dass vielerorts ohne Bedenken gebadet werden kann. Die Konzentration von
Phosphor im Rheinwasser konnte zwischen 1985 und 1995 um mehr als
60 Prozent reduziert werden.

War 1964 erst jeder zehnte Haushalt an ein Abwasserreinigungssystem
angeschlossen, so sind es inzwischen 97 Prozent. 40 bis 50 Milliarden Franken wurden verbaut, damit die Schweizer ihren Ruf als Schmutzfinken Europas los wurden. Rechnet man die Trinkwasserversorgung hinzu, kommt man
auf die gigantische Summe von 150 Milliarden Franken, die die Anlagen
wert sind. Heute könnte man in der Schweiz die Nase über den Zustand der
Wasserversorgung und Abwasserentsorgung in Großbritannien rümpfen
(siehe Abschnitt London). Aber auch in der Schweiz gibt es trotz der Milliar-
deninvestitionen weiterhin Probleme. Sorge bereiten die vielen Tausend chemischen Stoffe, die im Abwasser landen, und über deren Wirkungen und
Verbindungen mit anderen Stoffen im Wasser kaum etwas bekannt ist. Negative Wirkungen gehen nicht zuletzt von Medikamentenresten aus. Dass in
Studien nachgewiesen wurde, dass männliche Fische in Gewässern unterhalb von Kläranlagen verweiblichen, muss bedenklich stimmen (siehe
Abschnitt Abwasser).

Die Privatisierungsdebatte in der Schweiz

In der Schweiz wird wie in anderen europäischen Ländern über die Privatisierung der Wasserversorgung diskutiert, und auch hier ist die Ablehnung
eines solchen Schrittes in der Bevölkerung groß. Bisher gibt es in der Schweiz
etwa 3.000 meist kleine Wasserversorgungsbetriebe, die fast ausschließlich
im Eigentum von Kommunen sind, selbst wenn manche in Aktiengesell-
schaften umgewandelt wurden. Der Wasserfachmann Klaus Lanz hat 2002
für den Schweizer Zweig der Umweltschutzorganisation WWF eine Studie
über die Nachhaltigkeit der Wasserwirtschaft des Landes erarbeitet. Sie
kommt zu ausgesprochen positiven Ergebnissen. In einer Zusammenfassung
heißt es, dass die Schweizer Wasserwirtschaft „bezüglich Qualität, Zuverlässigkeit, Preiswürdigkeit, auch bezüglich ihrer Umweltauswirkungen höchste
Ansprüche erfüllt und weltweit zu den führenden Wassersektoren zählt".
Demgegenüber werden erhebliche Gefahren gesehen, falls eine Privatisierung erfolgt, unter anderem im Blick auf Instandhaltungsarbeiten und innovative Zukunftsinvestitionen.

Der Schweizer WWF gehört zu den Organisationen, die sich entschieden
gegen eine Privatisierung der Wasserversorgung einsetzen. In der Ausgabe
1/2003 des „WWF Magazin" trägt ein Beitrag die Überschrift „Die englische
Krankheit". Es wird dargestellt, wie negativ sich die Wasserprivatisierung in

England ausgewirkt hat und warum die Schweiz diesen Weg nicht gehen sollte.

Dass es überhaupt eine Debatte über die Privatisierung gibt, hängt unter anderem damit zusammen, dass in vielen Gemeinden die Wasserversorgung und Abwasserentsorgung die Aufgabe von Stadtwerken ist, die eine ganze

In den letzten Jahrzehnten sind Wasserversorgung und Abwasserentsorgung in der Schweiz mit Milliardenbeträgen erneuert und ausgebaut worden. Dazu gehört auch die regelmäßige Untersuchung des Wassers in Labors der Wasserwerke und durch unabhängige Kantonslabore.
(Foto: Schweizerischer Verein des Gas- und Wasserfaches SVGW, www.trinkwasser.ch)

Palette kommunaler Dienstleistungen anbieten, insbesondere auch die Energieversorgung. Die europaweite Liberalisierung der Strommärkte hat auch die Schweiz erfasst und ist mancherorts mit Überlegungen verbunden, die Stadtwerke zu einem guten Preis zu verkaufen. Vor allem Gemeinden mit Finanzproblemen denken über diesen Schritt nach. Deshalb haben verschiedene Entwicklungsorganisationen in der Schweiz die Initiative dafür ergriffen, Wasser als „öffentliches Gut" in der Verfassung festzuschreiben.

Aus den Erfahrungen ihrer Partner im Süden der Welt haben sie die Konsequenz gezogen, sich in der Schweiz gegen eine Privatisierungspolitik zu engagieren. Daraus ist das Bündnis „Hände weg vom Wasser!" entstanden, dem unter anderem Hilfswerke, Gewerkschaften, Umweltverbände, der Schweizerische Bauernverband und der Kanton Jura angehören. Sie wollen gemeinsam verhindern, dass die öffentliche Wasserversorgung in der Schweiz liberalisiert und privatisiert wird. Gleichzeitig setzt das Bündnis sich für eine internationale Wasserkonvention im Rahmen der UNO ein, in der der Zugang zu Wasser für alle als Menschenrecht festgeschrieben und Wasser als „öffentliches Gut" geschützt werden soll. Dass der weltweit tätige Nestlé-Konzern versucht hat, Nutzungsrechte an Bergquellen zu kaufen, um damit Flaschen für den globalen Markt zu füllen, löste in der Schweiz Empörung aus, zeigte aber auch, wie eng nationale und internationale Wasserfragen miteinander verwoben sind. Das weltweite Flaschenwasser-Engagement von Nestlé, aber auch die Beteiligung des ABB-Konzerns an umstrittenen Staudammprojekten in vielen Ländern der Welt sind in der Schweiz immer wieder Anlass zu Debatten und zu Protesten von Initiativen wie der „Erklärung von Bern".

Im Dezember 2003 lehnte der Nationalrat mit 100 gegen 80 Stimmen den Antrag ab, im Grundgesetz zu verankern, dass der Staat verpflichtet ist, in den Bereichen Bildung, Gesundheit, Energie, Wasser und Verkehrserschließung eine wirtschaftlich und sozial tragbare Grundversorgung sicherzustellen. Die Antragsteller äußerten die Überzeugung, dass der gewinnorientierte Markt einen solchen „service public" nicht garantiere. Wenn Private den Auftrag zur Bereitstellung der Leistungen erhalten sollten, müsste eine willkürliche Preisgestaltung verhindert werden. Die Mehrheit des Parlaments war der Auffassung, es gäbe in der Schweiz eine flächendeckende Grundversorgung zu vernünftigen Preisen und deshalb bestehe kein Bedarf an zusätzlichen Regelungen.

Schon im März 2002 war der Antrag der Fraktion der Grünen von der Mehrheit des Bundesrates abgelehnt worden, Trinkwasser in der Bundesverfassung explizit als öffentliches Gut zu erklären. Die Abgeordnete Franziska Teuscher hatte bei der Einbringung der Initiative im Bundesrat erklärt: „Wir müssen heute klar ein Zeichen setzen gegen die sich abzeichnende Entwicklung in Richtung Privatisierung auch im Wasserversorgungsbereich. Es ist noch Zeit, den Riegel gegen diese falsche Entwicklung zu schieben. Die Wasserversorgungen dürfen nicht aus Gedankenlosigkeit oder kurzfristigem Finanzierungsoptimierungsdenken aus der Hand der Bürgerinnen und Bürger in die Hände einiger gewinnorientierter Investoren gelangen."

Seenomaden

Die Meere Südostasiens sind der Lebensraum der „Menschen des Meeres", der Orang Laut. So nennen sich einige dieser Gruppen selbst. Andere sprechen von „Seenomaden". Sie leben auf Booten vor den Küsten von Burma, Thailand, Malaysia, Indonesien und den Philippinen. „Wir leben auf dem Wasser, weil das bequemer ist. Man kommt leichter an Fisch und muss sich weniger bewegen", hat Frau Sanyo einem deutschen Fernsehteam erklärt, das einen Film über das Leben der Seenomaden gedreht hat. Die kleinen Kinder lernen erst das Paddeln, dann das Schwimmen und erst danach das Sprechen. Und anschließend lernen die Kinder vor allem zu fischen. Fleisch essen die Seenomaden traditionell nicht, es gilt als unrein. Demgegenüber werden bestimmte Knollen, Wurzeln und Früchte des Regenwaldes sehr geschätzt. Auch einige Meerespflanzen bereichern den Speiseplan.

In der Zeit der Taifune ziehen sich die Seenomaden auf Hütten auf Stelzen vor den Küsten zurück, sonst leben sie immer auf ihren überdachten Auslegerbooten, die traditionell ohne die Verwendung eines einzigen Nagels aus Holz, Bambus und Rattan gebaut wurden. Dass die Seenomaden das Meer gut kennen, soll viele von ihnen Ende Dezember 2004 dazu veranlasst haben, vor dem drohenden Tsunami Schutz zu suchen und so zu überleben. Salama Klathalay, der an der Spitze einer Seenomadengruppe auf einer Insel vor der Küste Thailands steht, berichtete einem Journalisten, wie die Menschen überlebt hatten. Er hatte von seinen Vorfahren gelernt, dass Unheil droht, wenn die Tide sehr niedrig ist. Dann sei „eine Welle zu erwarten, die Menschen isst". An den 26. Dezember 2004 erinnert Salama Klathalay sich so: „Ich hatte noch nie einen so niedrigen Tidenstand gesehen. Ich habe deshalb meinen Leuten gesagt, dass die Welle kommen wird." Die Gruppe flüchtete daraufhin in die Berge und überlebte. Eine andere Seenomadengruppe berichtete, sie habe bemerkt, dass die Delfine sich anders als sonst verhielten und dies als Warnsignal verstanden. Auch diese Gruppe flüchtete rechtzeitig und überlebte die Katastrophe.

Das Meer ist der Lebensraum der Seenomaden. Sie kennen die Gefahren und sie schätzen die Freiheit des weiten Ozeans. Dort finden sie das meiste, was sie zum Leben brauchen: Nahrungsmittel, Medizin, Wohnung und Fortbewegungsmöglichkeit. Auf dem Speiseplan steht immer Fisch, zubereitet auf dem offenen Feuer im Boot. Federvieh an Bord sorgt für die Bereicherung der Ernährung. Milda Drüke schreibt in ihrem Buch „Die Gabe der Seenomaden" über dieses Leben: „Dieses Boot ist ein Zuhause, das Dach über dem Kopf einer Familie, die alles, was sie besitzt, bei sich und in Reichweite hat; nichts als ein Giebel, offen auf beiden Seiten, der den Blick auf die Welt dreieckig rahmt. Eine Plastiktüte für die Kleidung hängt darunter, ein Kanister mit Kerosin für die Lampe, sie steht neben dem Hahn. Die Feuerstelle mit dem Wassertopf, der Wok daneben, die eingerollten Schlafmatten an der Seite über der Ablage. Zwei Kissen. Teller, eingeklemmt zwischen zwei Lagen mit Dachblättern. Ein Ball. Eine Gitarre. Die Machete … Draußen, auf den Auslegern, Speere."

Abends treffen sich viele Familien im Schutz von Inseln zu schwimmenden Dörfern. Nur in der Monsunzeit leben die meisten Seenomaden traditionell in Pfahlbaudörfern vor der Küste, ihren „festen Booten". Wenn die Menschen des Meeres einmal an Land gehen, dann auf keinen Fall bei Nacht, wenn sie dort Geister vermuten. Als Hilde Drüke an einem Abend an Land ging, löste das Sorge und Ärger bei der Seenomadenfamilie aus, mit der sie zusammenlebte. Sie wurde ermahnt: „Das darfst Du nicht. Du darfst in der Nacht nicht an Land sein. Dort sind die Geister. Du siehst sie nicht, aber sie sehen Dich. Sie sehen Dich! Heimtückisch lauern sie Dir auf. Es geht ganz schnell, und sie sind an Dir dran. Du kannst krank werden oder sterben …"

Nur zum Sterben gehen viele Seenomaden an Land, und hier werden auch die Toten beerdigt. Das Verhältnis zu den Menschen an Land ist von gegenseitigem Misstrauen geprägt. Nur zum Tauschen von Fischen gegen Kaffee, Kerosin oder Zucker nehmen die Seenomaden Kontakt zu den Landmenschen auf.

Berühmt geworden sind die Menschen des Meeres durch ihre bewundernswerten Tauch- und Sehfähigkeiten im Meer. Sie tauchen ohne Atemgeräte, nur mit einer selbstgebauten Taucherbrille ausgerüstet, bis in 30 Meter Tiefe und finden dort kleinste Perlen oder jagen mit der Harpune nach Fischen. Die extrem gute Sehfähigkeit der Seenomaden unter Wasser war den Wissenschaftlern lange ein Rätsel, denn über Wasser sehen die Bewohner des Meeres nicht besser oder schlechter als andere Menschen. Die schwedischen Biologinnen Anna Gislen und Marie Dacke haben es vor einigen Jahren gelöst: Die Pupillen der meisten Menschen erweitern sich unwillkürlich unter Wasser, wo wenig Licht eindringt. Die Seenomaden hingegen können ihre Pupillen auf weniger als 2 Millimeter schrumpfen lassen. So werden die Tiefenschärfe und das Auflösungsvermögen stark erhöht. Außerdem ziehen die Seenomaden beim Tauchen bestimmte Muskeln so stark zusammen, dass sich die Nahsicht extrem verbessert. Damit, haben die schwedischen Wissenschaftlerinnen festgestellt, wird die absolute Leistungsfähigkeit des menschlichen Auges erreicht.

Das Ende der Freiheit auf dem Meer?

Die Zahl der Seenomaden wird auf vielleicht noch 100.000 Menschen geschätzt (von denen viele nicht mehr auf Booten leben). Aber sie entziehen sich Volkszählungen und jeder Bürokratie. Nach Möglichkeit meiden sie Grenzkontrollen, und ihre Kinder kommen der Schulpflicht nicht nach. Die Regierungen möchten sie gern sesshaft machen und in das einbinden, was als „Fortschritt" bezeichnet wird. Bisher ziehen noch viele der Seenomaden das Leben auf den Booten, die Gemeinschaft in kleinen Gruppen und die Freiheit auf dem Meer vor. Manche Familien, die auf Regierungsanordnung in Dörfer an Land zogen, kehrten nach kurzer Zeit auf ihre Boote zurück.

Bedroht werden sie in ihrer Lebensweise nicht nur durch Interventionen der Behörden, sondern auch durch die zunehmende Verschmutzung der küstennahen Gewässer in Südostasien und andere Schädigungen der Umwelt. Die Zerstörung vieler Mangrovenwälder, in deren Schutz sich die Seenomaden mit ihren Booten bei Sturm zurückziehen, macht den Menschen des Meeres zu schaffen. Die Regenwälder, aus denen die Seenomaden Heilkräuter holen und wo sie Süßwasserquellen kennen, werden abgeholzt. In manchen Buchten, in denen sie früher fischten, haben japanische oder einheimische Perlenzüchter ihre Körbe mit Austern ausgelegt und vertreiben die Seenomaden. Als auf den Surin-Inseln vor der Küste Thailands ein 135 Quadratkilometer großer Nationalpark eingerichtet wurde, war damit ein Verbot verbunden, in diesem Gebiet zu leben, zu fischen oder Pflanzen zu sammeln. Die Seenomaden haben so wieder ein Stück Lebensraum verloren. Zudem sehen sie sich zunehmend durch Piraten bedroht, die ihnen ihre wenigen Habseligkeiten rauben und sie ermorden.

Die Seenomaden werden ihre Freiheit und Lebensweise im Zeitalter der Globalisierung, die auch die letzte Meeresbucht erreicht, vermutlich nicht bewahren können. Die Zahl der Familien, die auf Booten leben, geht ständig zurück. In Thailand und Burma sollen nur noch einige hundert Seenomaden auf traditionelle Weise leben, in Indonesien, Malaysia und den Philippinen dürften es nicht viel mehr sein.

Viele Eltern wohnen an Land, damit ihre Kinder Schulen besuchen können, denn sie wissen, dass die nächste Generation nicht mehr auf traditionelle Weise überleben kann. So leben die Familien jetzt an Land, haben thailändische oder indonesische Pässe und übernehmen meist schlecht bezahlte Hilfsarbeiten, um ein Einkommen zu erzielen. Der Dorfälteste Malondo sagte dem deutschen Fernsehteam fast schon resigniert: „Wenn ich Geld hätte, würde auch ich ein Haus an Land kaufen, und das Boot für Ausflüge behalten."

In Burma leiden die Seenomaden zudem unter der Repression des Militärregimes, das allen Einwohner des Landes mit Misstrauen begegnet, die ethnischen Minderheiten angehören, und dies besonders dann, wenn sie sich der strikten Kontrolle durch Polizei und Militär entziehen. Viele Seenomaden vom Volk der Moken sind deshalb nach Thailand geflohen. Manche der Frauen wurden in die Prostitution gedrängt und leben mit einem hohen Risiko einer HIV-Infektion. In Burma verbliebene Seenomaden wurden zwangsweise in Dörfern an der Küste angesiedelt. Gegen harte Devisen wurde es Reiseveranstaltern in Thailand erlaubt, Ausflugsfahrten zu diesen Dörfern zu organisieren – die Betrachtung der „exotischen" Menschen wird mit Tauchangeboten verbunden. Zur Unterhaltung der Touristen werden in Zusammenarbeit von Reiseveranstaltern den Behörden im diktatorisch regierten Burma auch „Festivals" organisiert, an denen die Seenomaden mitwirken müssen. Das Ganze wird in Thailand als „Öko-Tour" vermarktet.

Vielleicht gehört der mehr als 80jährige Om Lahili zu einer der letzten Generationen des Stammes auf dem Meer, der nach einem Essen zu Milda Drüke sagen konnte: „Ich habe gegessen, getrunken, ich bin satt. Etwas anderes wünsche ich mir nicht. Jetzt fühle ich mich wohl." Über einen Freund, der jetzt für japanische Perlenzüchter arbeitet, erzählte er: „Der hat jetzt einen Boss und muss jeden Tag arbeiten, auch wenn er keine Lust hat. Er bekommt Geld und kauft Dinge, die das Boot zu schwer machen. Er wird unbeweglich und ist kein freier Mann mehr. Ich wäre nicht glücklich mit einem Boss."

Städte

Jeden Tag nimmt die Bevölkerung der Städte dieser Welt um 18.000 Menschen zu. Die Menschheit zieht in die Städte, so kann man einen Trend der letzten 200 Jahre zusammenfassen. Um 1800 hatte jede der 100 größten Städte der Welt durchschnittlich 200.000 Einwohner, im Jahre 1900 waren es schon 700.000 und im Jahre 2000 sogar 2,6 Millionen. In den Megastädten mit mehr als zehn Millionen Einwohnern leben heute bereits vier Prozent der Weltbevölkerung. In einigen Jahren wird die Hälfte der Menschheit in Städten leben. Besonders im Süden der Welt leiden Megastädte und Millionenstädte bereits heute unter „Wasserstress": Es gibt nicht genug sauberes Trinkwasser und keine angemessene Abwasserentsorgung. Ein Beispiel ist die peruanische Hauptstadt Lima. Angesichts einer Dürreperiode musste die Wasserversorgung der Achtmillionenstadt im Mai 2004 drastisch reduziert werden. Über Monate gab es nur noch etwa 12 Stunden am Tag Wasser aus der Leitung. Kein Problem für die wohlhabenden Familien mit Zisternen und Tanks, wohl aber für die drei Millionen Bewohner der Armenviertel ohne Möglichkeiten, Wasser zu speichern.

Wasserversorgung in rasch wachsenden Großstädten

Bei der Gründung der meisten Städte der Welt war das Vorhandensein von ausreichend Trinkwasser einer der entscheidenden Faktoren für die Standortwahl. Aber vor einigen Jahrhunderten waren diese Städte klein und die Flüsse und Seen noch sauber. Die Einwohnerzahl stieg vielerorts aber völlig unabhängig von der Frage, für wie viele Menschen die erneuerbaren Trinkwasserreserven reichten. Auch wurden viele stadtnahe Flüsse und Seen in Kloaken verwandelt. Hinzu kommt, dass die Verwaltungen vieler Städte im Süden der Welt bei weitem nicht genug Finanzmittel haben, um die Ver- und Entsorgungssysteme im gleichen Tempo auszuweiten wie die Einwohnerzahl steigt. Nicht selten wandert zudem ein beträchtlicher Teil der Investitionsmittel in private Taschen, und die Wasserbetriebe werden heruntergewirtschaftet. In nicht wenigen Städten fehlt der politische Wille, die Slumgebiete überhaupt in die Versorgung aufzunehmen. Je besser das Leben dort sei, desto mehr zusätzliche Menschen vom Lande zögen in die Stadt, lautet das Argument. In Ländern wie Nigeria ist sogar versucht worden, das Problem der Slums durch den Einsatz von Bulldozern zu lösen. Aber die Menschen gehen nicht zurück in ihre Dörfer, wo sie keine Überlebensmöglichkeiten haben, und zusätzlich machen sich jedes Jahr viele Millionen Landbewohner auf den Weg in die Städte, wo sie wenigstens die vage Hoffnung haben, einen Job zu finden und zu etwas Wohlstand zu kommen.

Man muss sich bewusst sein, dass viele Städte in Europa und Nordamerika auch erst vor ein- oder eineinhalb Jahrhunderten die Verantwortung übernahmen, alle Einwohner an ein Trinkwasser- und ein Abwassersystem anzuschließen. Vorher war es privater Initiative überlassen, eine Versorgung für die zu schaffen, die es sich leisten konnten. Die anderen waren gezwungen, das Wasser aus Flüssen zu holen, die aber mit zunehmender Verstädterung und Industrialisierung eine immer schlechtere Qualität hatten. Deshalb war die Schaffung kommunaler Ver- und Entsorgungsbetriebe gerade für die ärmere Bevölkerung ein großer Fortschritt (siehe Abschnitt Hamburg).

Im Süden der Welt wuchsen die Städte während der Kolonialzeit rapide, waren in Afrika zum Teil sogar Gründungen der Kolonialherren. Die Wasserversorgung spiegelte die koloniale Gesellschaft wider. In den Wohngebieten der Weißen und den Verwaltungsbezirken wurden Versorgungs- und Entsorgungssysteme aufgebaut, die in etwa dem europäischen Niveau der damaligen Zeit entsprachen. Für die einheimischen Staatsangestellten und die einheimischen (in Ostafrika indischstämmigen) Händler wurde ebenfalls eine gewisse Versorgung sichergestellt, während der Rest der städtischen Bevölkerung höchstens auf einige Gemeinschaftswasserhähne hoffen konnte. Das Problem ist, dass in vielen afrikanischen Städten dieses Versorgungssystem bis heute seine Spuren hinterlassen hat. Die Stadtviertel der inzwischen meist schwarzen Oberschicht werden bevorzugt mit Trinkwasser aus der Leitung versorgt, die Wohnviertel der Mittelschicht im alten Zentrum der Städte können darauf hoffen, zumindest einige Stunden pro Tag, manchmal auch nur pro Woche mit Leitungswasser versorgt zu werden und für die übrige Bevölkerung gibt es viel zu wenige Gemeinschaftswasserhähne. Diese Menschen sind darauf angewiesen, ihr Wasser von privaten Wasserversorgern zu kaufen, die es per Tankwagen oder Karre anliefern. Dieses Wasser ist um ein Vielfaches teurer als das Wasser aus der Leitung.

Der desolate Zustand vieler städtischer Versorgungssystems

Da viele Leitungsnetze in wirtschaftlich armen Ländern seit der Kolonialzeit nicht erneuert worden sind und nur unzureichend gewartet werden, belaufen sich die Wasserverluste zwischen Wasserwerk und Wasserhahn auf bis zu 50 oder 60 Prozent. Es kommt also nicht einmal die Hälfte des Wassers bei den Kunden an. Zu diesem niedrigen Wert, muss hinzugefügt werden, trägt auch bei, dass viele Familien, die keinen Wasseranschluss erhalten haben, illegal Wasser aus den Leitungen zapfen. Aber der größte Teil des Wassers, das nicht bei den Kunden ankommt, versickert ungenutzt im Erdboden.

Wenn sich ein Gemeinschaftswasseranschluss in der Nähe befindet, sind die Probleme der Familien nicht unbedingt gelöst. Denn oft verbringen Frauen und Mädchen mehrere Stunden am Tag damit, darauf zu warten, dass die Schlange am Wasserhahn vorankommt und sie endlich ihren Kanister oder Eimer füllen können. Das bedeutet nicht nur eine persönliche Belastung, sondern hat auch zur Folge, dass Frauen in dieser Zeit keiner produktiven Tätigkeit nachgehen und Mädchen nicht zur Schule gehen können. Eine solche Versorgungsmisere hat also gravierende wirtschaftliche und soziale Folgen.

Angesichts der immer stärker belasteten Flüsse, Seen und Grundwasservorräte, aus denen das Trinkwasser für die großen Städte gewonnen wird, muss immer mehr Chemie eingesetzt werden, um Gesundheitsrisiken zu vermindern. Um welche Dimensionen es geht, zeigt das Beispiel São Paulo, mit mehr als 18 Millionen Einwohnern die größte Metropole Brasiliens. Hier werden jährlich 170.000 Tonnen Chemikalien zur Wasserreinigung eingesetzt. Dabei ist es schon ein Vorteil, dass sie überhaupt eingesetzt werden. Als ich 2002 die kenianische Stadt Kisumu besuchte, versicherten mir Vertreter einer Entwicklungsorganisation, dass es in der Stadt ein wundersames System der Chemievermehrung gegeben hatte. Die chemischen Stoffe wurden tagsüber im Wasserwerk angeliefert, nachts wieder abgeholt und nach einiger Zeit erneut geliefert. Die Kosten wurden jedes Mal dem städtischen Wasserbetrieb in Rechnung gestellt. Den Gewinn teilten sich Manager der Lieferfirma und des Wasserwerkes. Der Effekt war, dass das Trinkwasser nur selten gechlort wurde, ein höchst gefährlicher Effekt eines Korruptionsfalls.

Ungeklärte Abwasserverhältnisse

Fast noch katastrophaler ist in vielen Städten in wirtschaftlich armen Ländern die Abwasserentsorgung. So haben in den Slums von Dhaka, der Hauptstadt von Bangladesch, 70 Prozent der Bewohner keinen Anschluss an ein Abwassersystem. Die Folge ist, dass viele Haushaltsabwässer und Fäkalien in den Straßen landen. Auch die Millionen kleiner Gewerbebetriebe des informellen Sektors in den Großstädten Afrikas, Asiens und Lateinamerikas tragen zur starken Belastung der Umwelt bei. Jedes Jahr sterben viele Tausend Kinder, die in diesen Straßen spielen, an Krankheiten, die durch die Abwasserverhältnisse verursacht werden. Besonders dramatisch wird die Situation, wenn Überschwemmungen die Abwässer und auch den Hausmüll durch die Straßen und Häuser schwimmen lassen. Das trägt entscheidend dazu bei, dass die Menschen, denen das Wasser oft bis zum Hals steht, kein Wasser zu trinken haben. Die Cholera, die in vielen Städten immer präsent ist, fordert in solchen Situationen zahlreiche Opfer, besonders unter Kindern. Es ist berechnet worden, dass die Kindersterblichkeit in Städten ohne angemessene Wasserversorgung und Abwasserentsorgung 10 bis 20 Mal so hoch ist wie in anderen Städten.

Nicht einmal dann, wenn das Abwasser in Leitungen oder offenen Abwassergräben gesammelt wird, sind die Probleme gelöst, denn in vielen Städten fehlen Kläranlagen. So werden in der peruanischen Hauptstadt Lima pro Sekunde 18.000 Liter ungeklärtes Abwasser ins Meer gepumpt. Es kann nicht überraschen, dass es nur unter großen Gesundheitsrisiken noch möglich ist, im weiten Umkreis von Lima im Meer zu baden. In Mexiko wird so viel ungeklärtes Abwasser in die Ozeane gepumpt, dass selbst berühmte Ferienorte wie Acapulco nicht mehr unbedenklich für Badeurlaube geeignet sind. Gleiches gilt für die Strände verschiedener Karibikinseln.

Gefragt sind bezahlbare Wasser- und Abwassersysteme

Was tun? Es gibt viele positive Beispiele dafür, wie Städte versuchen, die Trinkwasser- und Abwasserprobleme zu lösen. Ein wichtiger Schritt ist das Wassersparen. Die brasilianische Metropole São Paulo bietet den Kunden einen Gebührennachlass an, wenn sie ihren Wasserverbrauch um mindestens 20 Prozent vermindern. Bisher beträgt der Wasserverbrauch im Großraum São Paulo stattliche 180 Liter am Tag, fast ein Drittel mehr als in vielen deutschen Städten. Auch WC-Spartasten, die zunächst vor allem in umweltbewussten Haushalten im Norden der Welt eingebaut wurden, sind inzwischen von den Wasserfachleuten in São Paulo als Instrument zur Verminderung des Verbrauchs anerkannt worden. Ivanildo Hespanhol, Wasserfachmann an der Universität von São Paulo, sagte im März 2004 einem Journalisten: „Bei Toiletten, die für 26 Prozent des häuslichen Wasserverbrauchs verantwortlich sind, könnte der Wassereinsatz um ein Drittel reduziert werden, ohne dass eine Einschränkung der Wirksamkeit erfolgen würde." Weitere Reduzierungen des Trinkwasserbedarfs sollen dadurch erzielt werden, dass gereinigtes Brauchwasser in der Industrie und der Landwirtschaft eingesetzt wird (siehe Abschnitt Landwirtschaft).

Bei der Suche nach Lösungen für die städtischen Wasserprobleme muss man sich bewusst sein, dass weltweit ein Drittel der Einwohner heutiger Städte in Slums lebt. Lösungsvorschläge, die ihre Probleme nicht beseitigen, sind verfehlt. Das hat Konsequenzen für die Wahl der technischen Lösungen. Teure High-Tech-Konzepte sind für die Armen nicht bezahlbar. Zugleich stoßen die Modelle des privaten Betriebs von Wasserwerken hier an ihre Grenzen. Wo keine ausreichende Kaufkraft vorhanden ist, da hat der Markt seine Funktion des Ausgleichs von Angebot und Nachfrage verloren. Auch private Wasserkonzerne haben dieses Problem inzwischen erkannt und nehmen solche Vorhaben nur noch in Angriff, wenn in großem Umfang Entwicklungshilfegelder zur Verfügung gestellt werden (siehe Abschnitt Privatisierung). Deshalb spricht viel dafür, die kommunalen Versorgungsbetriebe auch im Süden der Welt zu effektiven Dienstleistern für die ganze Bevölkerung zu machen. Das sind sie heute vielerorts nicht, was sich zum Beispiel daran zeigt, dass in vielen afrikanischen Städten bis zu 80 Prozent der Einwohner ihr Wasser von privaten Wasserverkäufern erwerben müssen, die mit

Karren oder Tankwagen in die Armenviertel kommen. Es gibt viele marode öffentliche Wasserbetriebe in den Städten des Südens der Welt. Aber es gibt auch effizient arbeitende kommunale Wasserwerke, so in der südbrasilianischen Stadt Porto Alegre (siehe Abschnitt Kostendeckung). Und es gibt kostengünstige Lösungen für die Wasser- und Abwasserprobleme, die auf einfache Techniken und viel Selbsthilfe der Bevölkerung setzen. Im Abschnitt Bürgerbeteiligung wird dargestellt, wie die brasilianische Großstadt Porto Alegre auf diesem Wege ihre Versorgungs- und Entsorgungsprobleme löst.

Wie wichtig die aktive Mitwirkung der Armen an Entscheidungen und konkreten Maßnahmen zur Lösung der städtischen Trinkwasser- und Abwasserprobleme ist, wird im zweiten UN-Weltwasserbericht „Water – a shared responsibility" (2006) herausgestellt. In dem Bericht heißt es: „Den städtischen Armen fehlt in der Regel jeder Einfluss auf die staatlichen Einrichtungen und die Wasserversorgungsbetriebe. Einfluss auf den Staat zu nehmen erfordert typischerweise andere Maßnahmen als die Einflussnahme auf Wasserversorgungsbetriebe – sich an Wahlen zu beteiligen und nicht Zahlungen zu leisten zum Beispiel. Nichtsdestoweniger können viele Veränderungen, die den Menschen helfen, ihre Armut zu überwinden, zum Beispiel eine gute Bildung oder Einkommensmöglichkeiten, ihnen auch gleichzeitig helfen, Regierungen zu beeinflussen und auf wirksame Weise Forderungen an Wasserbetriebe zu stellen, seien diese nun öffentlich oder privat. Vier wichtige Veränderungen sind:

– höhere Einkommen, die es den Menschen erlauben, mehr für die Wasserversorgung zu bezahlen, in besser versorgten Gebieten zu wohnen und oft auch größeren politischen Einfluss auszuüben;

– bessere rechtliche Absicherung der Wohnansprüche, die eine größere politische Legitimität verleihen (und eine rechtlich anerkannte Adresse kann die Voraussetzung dafür sein, wählen zu können), auf diese Weise werden auch die Möglichkeiten der Bewohner verbessert, mit Wasserversorgungsbetrieben zu verhandeln und diese dazu zu bewegen, Zeit und Ressourcen für den Ausbau der Wasser-Infrastruktur zu verwenden (dies gilt sowohl für gegenwärtige Besitzer/Mieter als auch für diejenigen, die dies anstreben);

– bessere Information, die die Bewohnerinnen und Bewohner besser in die Lage versetzt, ihre eigenen Wasser- und Abwasserziele zu formulieren und mit anderen darüber zu verhandeln, wie diese Ziele verwirklicht werden können;

– besser organisierte lokale Gemeinschaften, die in einer stärkeren Position sind, mit Regierungsstellen und Wasserversorgungsbetrieben zu verhandeln (und in manchen Fällen auch besser in der Lage sind, lokale Investitionen in die Wasser-Infrastruktur vorzunehmen)."

Staudämme

„Tempel des Fortschritts" nannte der indische Premierminister Nehru die
Staudämme, die seit den 50er Jahren in großer Zahl im Süden der Welt
gebaut worden sind. Die Staudammbauer erinnern sich gern an das dritte
Viertel des 20. Jahrhunderts, als ein Wasserkraftboom ihnen viel Arbeit und
Gewinne bescherte. Kaum ein großer Strom der Welt, der nicht zur Erzeu-
gung von Energie, zur Bewässerung von Feldern oder zur Flussregulierung
mit mächtigen Dämmen aufgestaut wurde, viele gleich mehrfach. Auch die
Zuflüsse wurden „verdammt". Es war ein Milliardengeschäft, das hohen
Staatsangestellten in vielen Ländern beträchtliche Bestechungsgelder ein-
brachte. Die Staudämme „machen etwas her", haben also für Politiker in den
Ländern selbst und nicht selten auch den Ländern, die Kredite gegeben
haben, den unschätzbaren Vorteil, dass eine pompöse Einweihung medienwirksam inszeniert werden kann. In den 1980er Jahren wurden jeden Tag
irgendwo auf der Welt zwei oder drei große Staudämme eingeweiht. Insgesamt entstanden mehr als 45.000 Staudämme mit mehr als 15 Metern Damm-
höhe auf der Welt. Die Euphorie ist inzwischen geschwunden, und viele arme
Länder werden noch über viele Jahre an den Schulden zahlen, die selbstherr-
liche Despoten und geschäftstüchtige internationale Konzerne einträchtig
verursacht haben.

Mit den monumentalen Wunderwerken der Ingenieurskunst sind die
Menschen aber über Jahrzehnte oder Jahrhunderte zum Leben mit den negativen Konsequenzen verdammt. Das Konzept großer Staudämme ist in den
1990er Jahren verstärkt in die Kritik geraten, vielerorts gibt es inzwischen
heftigen Widerstand der lokalen Bevölkerung gegen solche Vorhaben. Zum
bevorzugten Ziel der Kritiker wurden die Weltbank und regionale Entwick-
lungsbanken wie die Asiatische Entwicklungsbank, die die Staudammvorhaben finanzierten.

Eine internationale Kommission macht Vorschläge
für den Bau von Staudämmen

Im März 1997 trafen Befürworter und Kritiker der Staudammprojekte sich
bei einer Tagung in Gland in der Schweiz, um über Verständigungsmöglich-
keiten zu diskutieren. Weltbank und der IUCN (The World Conservation
Union) einigten sich darauf, eine zwölfköpfige „World Commission on
Dams" (WCD) zu berufen, die den Auftrag bekam, die positiven und negativen Effekte von Staudämmen systematisch zu untersuchen. In die Kommission wurden sowohl Wissenschaftler als auch Vertreter der Industrie und der
Gegner von Staudammprojekten berufen. Zu ihnen zählte die indische
Umweltaktivistin Medha Patkar, die die Auffassung vertrat: „Die Probleme

der Dämme sind nur ein Symptom für das grundsätzliche Versagen des herrschenden ungerechten und zerstörerischen Entwicklungsmodells. Die Mehrheit wird marginalisiert durch das Aufzwingen einer ungerechten Technologie wie die der großen Dämme."

Die Kommission führte Anhörungen in Afrika, Asien und Lateinamerika durch und ließ die Auswirkungen des Baus von Staudämmen an mehr als 100 Beispielen untersuchen. Im November 2000 wurde der über 300seitige Bericht einstimmig verabschiedet, der die Probleme fundiert analysiert und zahlreiche Vorschläge für den Bau zukünftiger Staudämme enthält. Diese Kommission ist ein sehr positives Beispiel dafür, wie globale Formen des Informationsaustausches, der Analyse und Diskussion zu fruchtbaren Ergebnissen führen können.

Die Kommission benannte eine Reihe von positiven Effekten von Staudammprojekten, die nicht ignoriert werden können. Etwa 20 Prozent der weltweiten Elektrizität werden mit Wasserkraft gewonnen. 24 Länder, darunter Brasilien und Norwegen, decken ihren Strombedarf sogar zu mehr als 90 Prozent aus Wasserkraft. Die Aufstauung des Nils in Oberägypten hat erheblich dazu beigetragen, dass das Land heute seine rasch wachsende Bevölkerung ernähren kann. Der Bau von Staudämmen hat zumindest vorübergehend Tausende von Arbeitsplätzen geschaffen. Etwa 16 Prozent der Lebensmittel auf der Welt stammen von bewässerten Feldern, die ihr Wasser aus Stauseen erhalten.

Diesen Vorteilen steht eine lange Liste von Nachteilen gegenüber. In Stauseen versinken zahlreiche Dörfer und Städte, und viele Tausend Menschen verlieren ihre Häuser und Felder. Es wird von der WCD-Kommission geschätzt, dass in den letzten Jahrzehnten zwischen 40 und 80 Millionen Menschen für solche Vorhaben vertrieben worden sind. Oft waren die angekündigten Entschädigungen völlig unzureichend, und noch öfter kam nicht das ganze Geld oder gar kein Geld bei den Betroffenen an, weil es vorher durch korrupte Staatsangestellte gestohlen wurde. Die Vertreibung bedeutet für die Menschen nicht nur eine soziale Entwurzelung, sondern in aller Regel auch eine wirtschaftliche Katastrophe. Die Menschen, die in fruchtbaren Uferregionen der Flüsse gelebt haben, werden häufig in weniger fruchtbare Gebiete umgesiedelt, wenn sie überhaupt neues Land erhalten. In einem Bericht der „Süddeutschen Zeitung" vom 13. April 2002 hieß es über ein indisches Staudammprojekt im Himalaja: „Profitgier und Prestigedenken vernichten einen Ort und bedrohen eine ganze Region". Ähnliches ließe sich über zahlreiche Staudammvorhaben in aller Welt sagen (siehe hierzu die Abschnitte über China, Indien und Lesotho).

Umweltbelastungen durch Staudämme

Zu wenig beachtet wurde bei vielen Staudammvorhaben, welche Auswirkungen sie auf das Gebiet haben, in das das Wasser bisher ungehindert geflossen ist. Der Bau eines Staudamm führt dazu, dass flussabwärts viel weniger Wasser und Nährstoffe ankommen als vorher. Nicht nur wird Wasser für Bewässerungsprojekte abgezweigt, sondern besonders in tropischen Gebieten verdunstet auch sehr viel Wasser aus den riesigen Stauseen. Die Effekte können ökologisch und politisch verheerend sein.

Dass am Unterlauf eines mit Staudämmen regulierten Flusses nur noch wenig Wasser ankommt, hat bei vielen Flüssen zur Folge, dass das Meerwasser weiter in die Flussdelta eindringen kann. Dass wirkt sich besonders verheerend in Ländern wie Bangladesch aus, wo die ökologische Stabilität der Küstenregion ohnehin dadurch prekär ist, dass die Landflächen kaum über dem Meeresspiegel liegen und das Meer mit jeder Sturmflut und jedem Taifun mehr Land zerstört. Die Kombination von weniger Wasser in den Flüssen und steigendem Meeresspiegel als Folge der globalen Klimaerwärmung muss sich hier katastrophal auswirken.

Außerdem hat sich gezeigt, dass viele Stauseen durch Sedimentablagerungen immer weniger Wasser speichern können, und dies besonders in Ländern wie China, wo die Flüsse sehr viel Erdreich mit sich führen. Die Nutzbarkeit der Stauseen sinkt hier binnen weniger Jahrzehnte auf einen Bruchteil der ursprünglichen Werte. Dass es weltweit neben den 45.000 größeren Staudämmen auch 800.000 kleinere Talsperren gibt, deutet an, welche Auswirkungen die dargestellten und einige weitere Probleme diese Staumaßnahmen auf den globalen Wasserhaushalt und auf die globale Ökologie haben.

Zusätzliche Probleme entstehen vor allem in den Tropen, wenn große Mengen Bäume, Sträucher und andere Pflanzen im neu entstehenden Stausee versinken. Bei der Zersetzung dieser Biomasse im Wasser entstehen große Mengen Methan, ein Gas, das noch stärker als Kohlendioxid zu den negativen globalen Klimaveränderungen beiträgt. In einer Arbeitsmappe der Deutschen Welthungerhilfe zum Thema „Wasser" aus dem Jahre 2003 wird ein Beispiel für dieses Problem gegeben: „Der Stausee am Balbina-Kraftwerk im Norden Brasiliens wird bis zum Jahre 2008 etwa achtmal so viel Treibhausgas in die Atmosphäre blasen, wie ein Kohlekraftwerk gleicher Leistung. Obwohl Wissenschaftler vor allem bei Stauseen in den Tropen eine verheerende Umweltbilanz ziehen, wird kräftig weiter gebaut – oft mithilfe der Industriestaaten, deren Firmen am Bau gigantischer Stauseen und Wasserkraftwerke glänzend verdienen."

Unerfüllte wirtschaftliche Erwartungen

Erwähnt werden muss auch, dass die wirtschaftlichen Erwartungen, die gerade in armen Ländern an den Bau von Staudämmen geknüpft werden, sich oft nicht erfüllen. Die Stromerzeugung löst zwar in aufstrebenden Volkswirtschaften wie Malaysia akute Energieprobleme, arme Länder aber haben Probleme, die Milliardenkredite zurückzuzahlen, die sie für die gewaltigen Bauvorhaben aufgenommen haben. Eine Möglichkeit besteht darin, einen Großteil des Stroms an ein wohlhabenderes Nachbarland zu verkaufen. So fließt zum Beispiel ein großer Teil des Stroms des mosambikanischen Cabora-Bassa-Staudamms nach Südafrika. Das erlaubt die Rückzahlung von

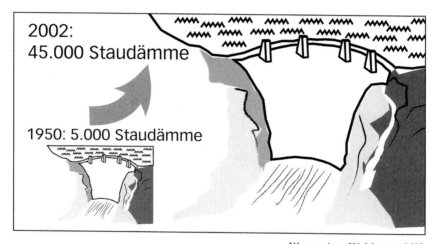

Illustration: Welthungerhilfe

Schulden, bringt aber für das Land darüber hinaus wenig. Eine zweite Möglichkeit besteht darin, energieaufwendige Industriebetriebe in der Nähe der Staudämme anzusiedeln. Allerdings ist die Konkurrenz um die wenigen großen Aluminiumkonzerne groß, sodass sie nur einen minimalen Preis für die Elektrizität zahlen. Das ist zum Beispiel die Erfahrung von Ghana (siehe Abschnitt Aluminium).

Das wichtige Ziel beim Aufstauen großer Flüsse ist die Bereitstellung von Wasser für die Landwirtschaft. So sind in der Nähe großer Staudämme riesige bewässerte Flächen entstanden. Es hat sich gezeigt, dass eine – weit verbreitete – schlechte Planung von Bewässerungssystemen nach einigen Jahren zu einer Versalzung der Böden führt. In jedem Fall wird dem Fluss für die Bewässerungslandwirtschaft viel Wasser entzogen. Unterhalb der Staudämme kommt aber nicht nur weniger Wasser an, es entfallen auch bisherige jahreszeitliche Überschwemmungen. Die Nährstoffe, die sich am Boden des Stausees ablagern, fehlen den Bauern am Unterlauf des Flusses und im Mündungsgebiet (siehe Abschnitte Nil und Mekong). Manchen Flüssen wird so viel Wasser entnommen, dass sie nicht mehr das Meer oder den Binnensee, in die sie münden, erreichen (siehe Abschnitte Aralsee und Rio Grande/Rio Bravo).

Nicht zu unterschätzen sind die internationalen Konflikte, die entstehen, wenn ein Land am Oberlauf eines Flusses seinen Nachbarländern am Unterlauf immer geringere Mengen des kostbaren Flusswassers liefert, weil es für Stauseen und die Bewässerungslandwirtschaft abgezweigt wird (siehe Abschnitt Euphrat und Tigris).

Der italienische Wirtschafts- und Sozialwissenschaftler Riccardo Petrella schreibt in seinem Buch „Wasser für alle" über das Geschäft mit dem Bau von Staudämmen: „Die eigentlichen Nutznießer dieser Großprojekte, die von der Weltbank (und ihren regionalen Statthaltern) und dem Internationalen Währungsfonds im Rahmen der internationalen Hilfs- und Entwicklungsprogramme der Vereinten Nationen zugunsten von Drittweltländern finanziert werden, sind die großen multinationalen Unternehmen aus Nordamerika, Westeuropa und Japan, die ihrerseits die Weltbank und den IWF finanziell unterstützen. Der Gewinn der lokalen Bevölkerungen steht in keinem Verhältnis zum Gewinn, den die Bauunternehmen, die Verwaltungs- und Consultinggesellschaften erzielen. Sie stehen nach einem Projekt nicht mit mehr Schulden da als vorher."

Ökostrom mit Wasserkraft?

Zu hinterfragen ist auf diesem Hintergrund auch, wie hierzulande Strom aus Wasserkraft als uneingeschränkt umweltfreundlich vermarktet wird. Der europaweit liberalisierte Strommarkt hat den Effekt, dass immer weniger durchschaubar wird, woher der Strom kommt und wie er erzeugt wird. In einem Bericht der Schweizer Wochenzeitung „Weltwoche" wurde im Herbst 2001 unter der Überschrift „Grüner Strom' muss nicht ökologisch sein" über den Export von Strom aus Wasserkraft aus der Schweiz nach Deutschland berichtet. In Deutschland „entwickelte sich ökologisch produzierter Strom von Beginn an zum Verkaufsrenner. Unerwartet viele Kleinkunden sind bereit, zugunsten der Natur tiefer in die Tasche zu greifen. Was aber manche Verbraucher nicht wissen: Für Ökologie gibt es weder allgemein noch international anerkannte Standards. Auch ‚sauberer' Strom kann also aus unökologischer Produktion stammen. Schon der Vergleich zwischen Deutschland und der Schweiz zeigt: Wasserkraftwerke beispielsweise, die in der Schweiz nicht ökotauglich sind, können in Deutschland das Ökolabel erhalten." Nach den Kriterien des Schweizer „Vereins für umweltgerechte Elektrizität" und anderer Umweltorganisationen haben nur fünf Wasserkraftwerke in der

Schweiz die Anerkennung gefunden, Ökostrom zu produzieren, und das sind alles kleine Kraftwerke.

Aber solche Einwände zählen auf dem liberalisierten und europäisierten Wasser- und Strommarkt wenig. So erwarb das württembergische Versorgungsunternehmen „Energie Baden-Württemberg" die Mehrheitsanteile von Schweizer Wasserkraftwerken. Die „Weltwoche" kommentierte solche deutschen Käufe so: „Denn im deutschen Markt genießt Wasserkraft mehr Wertschätzung als jeder andere Energieträger und lässt sich mit einem grünen Label teuer verkaufen."

Aus Schweizer Perspektive sei „grüner Strom" aber nichts als „Bauernfängerei": Erläuternd heißt es in dem Beitrag: „Abgesehen davon, das Staumauern ganze Berghöhen verschandeln, dass Stauseen geschützte Landschaften überfluten, könnte Wasserkraft tatsächlich Strom erzeugen, ohne der Natur arg zu schaden. Doch das hätte seinen Preis. Heute stauen die großen Werke das Schmelz- und Regenwasser bis in den Herbst in ihren Speicherbecken, um es erst im Winter – wenn der Strom am teuersten ist – durch die Turbinen hinunter ins Tal abfließen zu lassen. Das ökologische Gleichgewicht wird dadurch erheblich gestört … Mit dem Stauwasser gelangt zudem feiner Gesteinsstaub in öffentliche Gewässer. Er trübt Flüsse und Seen und gefährdet die Fischbestände … Trostlos sehen auch manche Bachbetten unterhalb von Speicherseen aus: Sie sind ausgetrocknet, obwohl das neue Gewässerschutzgesetz von 1992 angemessene Restwassermengen in Bächen und Flüssen verlangt. Doch Kantone und Kraftwerke zeigen ein geringes Sanierungsinteresse, hohe Investitionen wären nötig."

Gefahren und Chancen von Staudämmen

Welche Gefahren von Staudämmen ausgehen können, musste Anfang Juni 2002 die Bevölkerung von drei nordsyrischen Dörfern erleben, als sie nach dem Bruch eines Staudamms der Inhalt des Stausees sich über eine Fläche von 60 Quadratkilometern ergoss. Dass lediglich zehn Menschen ums Leben kamen, war nur der Tatsache zu verdanken, dass Dorfbewohner rechtzeitig Risse in der Staumauer entdeckt und in Eigeninitiative die rasche Evakuierung der Dörfer betrieben hatten.

Im März 2001 zeigte sich in Mosambik eine andere tödliche Gefahr. Nach schweren, lang andauernden Regenfällen in Südostafrika war der Stausee des Cabora Bassa-Staudamms so voll, dass in kurzer Zeit riesige Wassermassen in den Sambesi entlassen wurden, um eine Überspülung oder ein Bersten der Staumauer zu verhindern. Die Folge war, dass 20.000 Hektar landwirtschaftliche Fläche überflutet und die Ernte zerstört wurden. 200.000 Menschen verloren ihre Bleibe und ihren Besitz, wie viele Menschen ums Leben kamen, wird wohl nie festgestellt werden. Die Bewohner der Orte flussabwärts wurden nicht einmal gewarnt, dass eine Flutwelle auf sie zukommen würde, sodass sie sich nicht in Sicherheit bringen konnten.

Die Katastrophe wurde noch dadurch vergrößert, dass die Bevölkerung der Region so verarmt ist, dass sich viele Familien nicht einmal ein kleines Boot leisten können, obwohl sie mit dem Hochwasser des Sambesi rechnen müssen. Ein aus heimischem Holz hergestelltes Kanu kostet in Mosambik weniger als einen Euro. In den weltweiten Medien wurden die Ereignisse in Mosambik als „Naturkatastrophe" dargestellt, aber bei genauerer Betrachtung handelt es sich auch um ein Beispiel dafür, dass zwar moderne Technik zur Verfügung steht, um für die Wohlhabenden Energie zu produzieren (in diesem Falle vor allem für die Stromverbraucher in Südafrika), dass aber die Folgen für die Armen zu wenig bedacht werden und praktisch nichts getan wird, um sie vor diesen Folgen zu schützen. Mosambik ist kein Ausnahmefall. Die Umweltorganisation WWF hat 2001 eine Studie zur Thematik „Dams and Floods" veröffentlicht, die zum Ergebnis kommt, dass Staudämme das Risiko für Bewohner weiter unten am Fluss noch erhöhen können, Opfer von Flutkatastrophen zu werden.

Die „World Commission on Dams" hat viele Vorschläge gemacht, wie Staudammprojekte ökologisch und sozial verträglicher gestaltet werden können. Dazu gehört zum Beispiel, dass die betroffene Bevölkerung an der Entscheidungsfindung über das Vorhaben von Anfang an beteiligt werden muss, dass eine Umsiedlung zu einer Verbesserung der Lebensverhältnisse der Betroffenen führen muss, dass sie Anspruch auf eine angemessene Entschädigung haben und dass ökologische Schäden als Folge des Staudammbaus vorab untersucht, abgewogen und – wenn gebaut wird – so weit wie möglich vermieden werden müssen. Die WCD-Maßstäbe für den Bau neuer Großstaudämme sind hoch. Es wird erforderlich sein, genau zu beobachten, ob Regierungen, Elektrizitäts- und Wasserunternehmen, die Industrie sowie auch die staatlichen Stellen, die über die Vergabe von Entwicklungshilfegeldern und Exportbürgschaften entscheiden, sich an diesen Maßstäben orientieren. Glücklicherweise gibt es weltweit zahlreiche Umweltorganisationen und -gruppen, die mit großem Sachverstand und internationalen Kommunikationsstrukturen beobachten, auf welche Weise tatsächlich Staudammprojekte verwirklicht werden. Die große Zeit des Staudammbaus scheint vorüber zu sein. Wurden bis in die 70er Jahre noch jedes Jahr etwa 1.000 größere Staudämme fertiggestellt, so waren es Anfang der 90er Jahre nur noch jährlich etwa 260. Dies beruht zum Teil auf Einsicht, zum Teil aber auch schlicht darauf, dass die meisten großen Flüsse der Welt schon an allen lohnenden Stellen aufgestaut sind.

Kleine Staudämme – eine ökologisch sinnvolle Alternative?

Welche Alternativen gibt es zu den großen Staudämmen? Eine nahe liegende Antwort lautet: kleine Staudämme. In Deutschland wird unter ökologisch engagierten Fachleuten heftig über die Frage gestritten, ob bei uns Kleinkraftwerke an Bächen und kleinen Flüssen gefördert werden sollten. Die Befürworter halten solche mit ausgereifter Technik arbeitenden Kraftwerke für eine gute Möglichkeit, von Atomstrom und anderen unter Umweltgesichtspunkten fragwürdigen Formen der Energieerzeugung wegzukommen. Die ökologischen Folgen kleiner Staustufen seien gar nicht zu vergleichen mit großen Staudammprojekten. Kritiker hingegen haben die Befürchtung, dass nach den größeren Flüssen nun auch noch die kleineren Fließgewässer an diversen Stellen aufgestaut werden und damit ihr natürlicher Lauf unterbrochen wird.

Auch die kleinen Kraftwerke können für die Fische große Gefahr bedeuten. Zwar ist es möglich, Aufstiegshilfen für Fische zu bauen, um den Weg zum Oberlauf der Flüsse und Bäche zum Laichen zu ermöglichen. Aber auf dem Weg zurück werden viele Fische in den Turbinenschaufeln zerkleinert, weil sie sich an der größten Strömung orientieren und nicht an der geringeren Strömung zu den rettenden Fischabstiegshilfen oder zum ursprünglichen Flussbett mit dem Restwasser (in der Regel weniger als 10 Prozent der Gesamtwassermenge). Es gibt Möglichkeiten, die Zahl der zerstückelten Fische zu vermindern, allerdings sind damit erhebliche Einbußen bei der Energieerzeugung verbunden. Das Umweltbundesamt hat 2002 eine Studie zum Thema „Wasserkraftanlagen als erneuerbare Energiequelle" veröffentlicht. Darin wird deutlich, dass auch kleine Wasserkraftwerke, von denen es 5.000 in Deutschland gibt, schwerwiegende ökologische Schäden verursachen können. Die nur noch wenigen verbliebenen naturnahen Gewässer in Deutschland sollten frei bleiben von Wasserkraftwerken.

Bei einer Bewertung des Baus von Wasserkraftwerken muss berücksichtigt werden, welche Alternativen die Menschen von Ort haben. In armen Regionen der Welt sind kleine Wasserkraftwerke deshalb in der Regel eher zu empfehlen, weil Alternativen entweder zu teuer oder mit deutlich höheren Umweltbelastungen verbunden sind, zum Beispiel Kohlekraftwerke ohne teure Investitionen zur Reduzierung der Emissionen. Diejenigen, die skeptisch bis ablehnend gegenüber neuen Wasserkraftwerken welcher Größe auch immer sind, schlagen eine Reihe von Alternativen vor. So gibt es viele technische Möglichkeiten, die Leistung vorhandener Wasserkraftwerke zu erhöhen. Noch wichtiger ist es, den Energieverbrauch zu senken. Die kontroversen Debatten nicht nur über kleine Wasserkraftanlagen, sondern zum Beispiel auch über Windräder zeigen, dass Energieeinsparung auf jeden Fall die günstigste Möglichkeit ist, die Umwelt zu schonen.

Südafrika

In Südafrika zeigt sich auch nach dem Ende der Apartheid auf krasse Weise, wie Armut und Reichtum den Zugang zum Wasser bestimmen. Obwohl nach Regierungsangaben seit 1994 mehr als elf Millionen Menschen an die öffentlichen Wassernetze angeschlossen wurden, haben etwa 3,3 der 48 Millionen Einwohnerinnen und Einwohner Südafrikas noch kein Wasserversorgung und weitere 4,9 Millionen Menschen keine angemessene Versorgung. Die Zahl der Menschen ohne Zugang zu einer angemessenen sanitären Entsorgung ist höher, aber es gibt unterschiedliche Maßstäbe und damit auch Statistiken dazu, wie groß der Anteil derer ist, die noch auf gesundheitlich unbedenkliche Toiletten warten. Viele schwarze Kinder erkranken, weil die Wasser- und Abwasserversorgung desolat ist. Die Kindersterblichkeit in Südafrika ist die höchste in Afrika, wenn man die Höhe des durchschnittlichen Prokopfeinkommens in Rechnung stellt. Die Abwässer verwandeln viele Flüsse in Kloaken. Gleichzeitig sind die Erwartungen der schwarzen Bevölkerungsmehrheit groß, endlich die Schatten der Apartheid mit all ihren Ungerechtigkeiten hinter sich zu lassen und gleiche Lebensmöglichkeiten wie die weiße Bevölkerung zu erhalten. Caroline Nongauza lebt in einem Armenviertel von Kapstadt und berichtete Anfang 2002: „Ich wohne seit 13 Jahren in diesem Gebiet, aber es hat überhaupt keine nennenswerte Verbesserung gegeben. Es gibt nur vier Wasserhähne für Tausende von Menschen. Ich muss 15 Minuten gehen, um zu einem Wasserhahn zu gelangen. Stellen sie sich vor, was das bedeutet, wenn ich für meine Familie waschen will oder wenn ich mich nicht wohl fühle."

Der lange Weg bis zur Verwirklichung des Rechts auf Wasser

Südafrika gehört zu den Ländern der Welt, in denen das Recht auf Wasser in die Verfassung aufgenommen worden ist. Allerdings ist es für viele Bürger schwierig, dieses Recht in Anspruch zu nehmen. In den Townships müssen schwarze Frauen das Wasser in Eimern nach Hause schleppen, während in den Wohnvierteln der Wohlhabenden die Rasensprenger stundenlang im Einsatz sind und die Swimmingpools jederzeit zu einem Bad einladen. Die Regierung hat begonnen, mit einer Wasserpolitik diese krasse Ungerechtigkeit in kleinen Schritten abzubauen. So sollen alle Haushalte des Landes in maximal 200 Metern Entfernung einen Wasserhahn oder eine Pumpe vorfinden.

Präsident Mbeki kündigte 2000 an, alle Familien sollten eine kostenlose Grundversorgung von 6.000 Liter Wasser im Monat erhalten. Diese Ankündigung kurz vor Wahlen war populär, aber bei der Umsetzung zeigen sich Probleme. Viele regionale und lokale Wassergesellschaften zögerten angesichts ihrer finanziellen Probleme, der Ankündigung des Präsidenten Taten folgen zu lassen. Außerdem rief die Berechnung der 6.000 Liter im Monat Kritik hervor. Ausgangspunkt für die Berechnungen war die Annahme, dass zu jedem Haushalt durchschnittlich acht Menschen gehören, von denen jeder 25 Liter Wasser am Tag benötigt. Aber viele Haushalte sind größer, und in Wohngebieten wie Soweto haben viele Familien einzelne Zimmer ihrer Häuser vermietet oder durch Anbauten Mietwohnraum geschaffen. Für alle Bewohner des Grundstücks gibt es aber nur insgesamt 6.000 Liter. Noch gravierender wirkt sich aus, dass die Menschen, die über keinen Zugang zu einem Wasserversorgungssystem verfügen, zwar ein Recht auf das kostenlose Wasser besitzen, aber trotzdem kein Wasser erhalten. Im Mai 2006 gab die Wasserministerin allerdings bekannt, dass mittlerweile 19,2 der 22,4 Millionen bedürftigen Menschen tatsächlich das kostenlose Wasser erhielten. Als weiteres Problem bleibt, dass der Preis des Wassers, das über die kostenlose Menge hinaus genutzt wird, von Ort zu Ort sehr stark schwankt. Im Frühjahr 2003 kostete ein Kubikmeter Wasser im reichen Johannesburger Stadtteil Sandton zwei Rand (etwa 0,25 Euro), im armen KwaZulu-Natal dagegen fünf. Für die Armen wird das Wasser aus der Leitung auf diese Weise unbezahlbar.

Dass ein Großteil der Bevölkerung an kein Abwassersystem angeschlossen ist, führt vielerorts zur Verunreinigung des Grund- oder Flusswassers. Demgegenüber würde der Bau von Wasser- und Abwasserleitungen in hohem Maße neue Arbeitsplätze schaffen. Kritiker fragen, ob die Regierung die richtigen Prioritäten setzt, wenn sie nur zögerlich in diesen Bereich investiert, dafür aber im Ausland Kriegsschiffe bauen lässt. Trevor Ngwame, früher ANC-Funktionär und jetzt Vorsitzender einer Bürgerinitiative gegen die Privatisierungspolitik der Regierung, erklärte: „Zum Beispiel werden Milliarden Dollar für neue Waffen ausgegeben. Gleichzeitig gibt es Zwangsräumungen, die Wasser- und Stromversorgung wird abgeklemmt, weil die Regierung behauptet, sie könnte es sich nicht leisten, diese Dienste zur Verfügung zu stellen."

Immerhin wird schrittweise für die weißen Farmer der Wasserpreis erhöht (zum Teil auch erst eingeführt), das Wasser aus den Gemeinschaftspumpen der Armen wird hingegen stark subventioniert. Dadurch, dass der Status quo der bestehenden Wasserrechte beim Übergang zu einem demokratischen Südafrika bestätigt wurde, verfügen viele weiße Farmer und Industrieunternehmen aber weiterhin über lukrative Wasserrechte, während die schwarze Bevölkerung und vor allem diejenigen, die aus ihren fruchtbaren Heimatgebieten in dürre Homelands umgesiedelt wurden, im wahrsten Sinne des Wortes auf dem Trockenen sitzen. Die Situation wird dadurch verschärft, dass große Teile Südafrikas zu den wasserarmen Regionen des Kontinents gehören, der Bedarf aber ständig steigt durch das Wachstum der Bevölkerung und die Ausweitung des individuellen Verbrauchs. Für Metropolen wie Johannesburg muss das Wasser inzwischen aus großen Entfernungen geholt werden (siehe Abschnitt Lesotho).

Kostendeckung als Lösung?

Es gibt seit Jahren kontroverse Debatten darüber, ob eine Kommerzialisierung und Privatisierung der Wasserversorgung eine bessere Versorgung für alle Menschen in Südafrika ermöglicht oder die Kluft zwischen den Wasserarmen und den Wasserreichen noch vergrößert. Eine Kommerzialisierung führt dazu, dass die Wasserbetriebe sich nach Marktgesetzen verhalten und versuchen, zumindest eine Deckung aller Kosten, möglichst aber einen Gewinn zu erzielen. Eine Privatisierung ist damit verbunden, den kommunalen Betrieb an ein Privatunternehmen zu übertragen (siehe auch Abschnitt Privatisierung). Die südafrikanische Regierung ist zwar bemüht, eine Politik im Interesse der Armen zu betreiben und hat dabei auch Erfolge erzielt, aber in ihrer Wirtschaftspolitik orientiert sie sich an einem Wirtschaftsmodell des „freien Spiels der Kräfte". Staatliche Interventionen sind möglich, aber der harte internationale Konkurrenzkampf um Investoren und ausländisches Kapital verhindert, dass Veränderungen eingeleitet werden, die zu einer signifikanten Umverteilung von Reichtum und Einkommen führen. Das Ergebnis ist, dass die Kluft zwischen Arm und Reich weiter zunimmt, auch wenn es inzwischen auch eine kleine Schicht reicher Schwarzer gibt.

Wenn in dieser Situation Wasser zu einer Ware wird, die verkauft und gekauft wird, haben jene das Nachsehen, die nur über ein geringes oder minimales Geldeinkommen verfügen. Die Wasserpolitik schürt deshalb die Unzufriedenheit der Armen in Südafrika erheblich. Dazu trägt auch bei, dass viele Wasserwerke mit drakonischen Mitteln gegen Familien vorgehen, die ihre Wasserrechnung nicht bezahlen können, bis hin zur Zwangsräumung von Wohnungen und Häusern. Die Unterbrechung der Wasserzufuhr wegen nicht bezahlter Rechnungen ist weit verbreitet und sorgt für Konflikte. Zunehmend werden Wasserzähler in den Häusern in Armenvierteln und armen ländlichen Gebieten installiert, die nur gegen den Einwurf von Münzen oder das Einstecken einer Chipkarte den Wasseranschluss für eine begrenzte Zeit freigeben („Prepaid Meter").

Die Stadtverwaltung verweist darauf, dass nun jeder seinen Verbrauch in Übereinstimmung mit seinen Einkommensverhältnissen bringen kann, aber Kritiker wenden ein, dass nun nicht mehr Anschlüsse gekappt werden, sondern die Armen mangels Geld selbst „verantwortlich" dafür sind, wenn sie kein Wasser haben. Diese Form der Vorenthaltung von Wasser ohne direktes Eingreifen der Versorgungsbetriebe wird als „strukturelle Gewalt" mit dem Ziel der Kostendeckung kritisiert. In KwaZulu-Natal hat diese Politik der Kostendeckung und der „Prepaid Meter" entscheidend zum Ausbruch einer Choleraepidemie beigetragen, weil die Familien, die das Wasser nicht bezahlen konnten, notgedrungen belastetes Wasser getrunken haben (siehe Abschnitt Kostendeckung).

Dass sowohl privatisierte als auch kommunale Betriebe die Wasser- und Elektrizitätsanschlüsse säumiger Kunden kappen und Prepaid-Meter installieren, löst in der Bevölkerung Zorn aus. Bongani Lubisi stellt als Freiwilliger in Soweto die Stromverbindungen von Bürgern wieder her, die von der Stromgesellschaft gesperrt worden sind. Sympathie hat er dafür selbst bei lokalen Polizisten, denn sie können selbst rasch in die Lage kommen, seine Dienste in Anspruch zu nehmen. Bongani Lubisi formuliert die Enttäuschung vieler armer Menschen in Südafrika 2001 so: „Es gibt eine Wiederbelebung des Kampfgeistes. Wir dachten, dass unsere schwarze Regierung für unser Wohlergehen sorgen werde, nachdem wir die alte Regierung losgeworden waren. Aber stattdessen werden die Kapitalisten immer reicher, während die Arbeiterinnen und Arbeiter ihre Jobs verlieren und wir nicht einmal unseren Grundbedarf finanzieren können." Und Agnes Mohapi, eine arbeitslos gewordene Frau in Soweto beklagte im Gespräch mit einem Journalisten wütend: „Die Apartheid war erbärmlich genug, aber das hat sie nicht gemacht: der Frau ihren Arbeitsplatz genommen, ihr die Rechnungen für Strom, Gas und Wasser erhöht und dann alles gesperrt, als sie natürlich nicht zahlen konnte. Das hat die Privatisierung getan."

Die umstrittene Privatisierung der Wasserversorgung

Die Regierung hat vor einigen Jahren damit begonnen, eine Privatisierung der Wasserversorgung zu fördern. Sie hofft auf einen effizienten Betrieb der Versorgungsunternehmen, auf den Einsatz von dringend benötigtem zusätzlichem Kapital und auf die Mittel aus dem Verkauf der Unternehmen zur Sanierung des Haushalts. Bis 2001 wurden aus der Privatisierung staatlicher Unternehmen bereits 8,6 Milliarden Rand erzielt.

Die Gewerkschaften sind gegen diese Privatisierung der Wasserversorgung und haben im August 2001 einen dreitägigen nationalen Streik gegen entsprechende Pläne der Regierung organisiert, an dem sich vier Millionen Arbeiterinnen und Arbeiter beteiligten. Die Gewerkschaften sind überzeugt, dass private Unternehmen nicht den Dienst an den Armen in das Zentrum ihrer Aktivitäten stellen und dass eine Neustrukturierung der Wirtschaft im Interesse der bisher Benachteiligten durch die Privatisierung staatlicher Betriebe erschwert wird. Die Gewerkschaften wissen dank eines intensiven internationalen Informationsaustausches viel über die Auswirkungen der Privatisierung von Wasserbetrieben in anderen Teilen der Welt und beziehen dieses Wissen in ihre Kampagnen ein. Bisher haben diese Argumente die Privatisierungspolitik nicht stoppen können.

Aus Gewerkschaftsperspektive ist besonders beunruhigend, dass die Privatisierung von vielen inzwischen als unvermeidlich angesehen wird und schon vorab eine Kommerzialisierung der Wasserversorgung in Südafrika stattfindet. Häufiger zitiert wird ein Manager eines Wasserunternehmens in Kapstadt, der erklärte: „Lyonnais des Eaux hat zweimal an meine Tür geklopft. Französische Wasserunternehmen sind zu mächtig geworden, um sich ihnen entgegenstellen zu können. Die Übernahme ist unvermeidlich. Ich möchte unseren Betrieb wie ein solides Geschäftsunternehmen führen, um sicherzustellen, dass wir aus einer Position der Stärke verhandeln können, wenn dies geschieht."

Privatisiert wurde zum Beispiel die Wasserversorgung von Johannesburg. Dagegen kam es am 15. Oktober 2001 zu einem Streik in allen südafrikanischen Tochterunternehmen des französischen Konzerns Suez, der die Wasserversorgung von Johannesburg maßgeblich betreibt. Geschäftspartner sind das britische Wasserunternehmen „British Northumbrian Water" und die Stadtverwaltung von Johannesburg. Anthony Sill von der Wasserabteilung der Stadtverwaltung verwies auf die vielen Kunden, die bisher ihre Wasserrechnung nicht bezahlten, und erklärte dann: „Unsere privaten Partner werden nicht nur die Rate der tatsächlich gezahlten Wassergebühren erhöhen, sondern auch die Qualität der Wasserversorgung verbessern, und das ist eine gute Nachricht für die Verbraucher." Die Gewerkschaft „South African Municipal Workers" warnte vor den Folgen einer Privatisierung für die ärmere Bevölkerung und die Beschäftigten der Wasserbetriebe. Der Präsident des Gewerkschaftsverbandes COSATU, Willy Madisha, warnt: „Wenn unsere Regierung jetzt nicht die Privatisierung öffentlicher Dienstleistungen stoppt, werden sich die Arbeiter erheben und kämpfen, bis die Regierung erkennt, dass die armen Kommunen nicht für eine Regierung gestimmt haben, die ihnen den Zugang zu bezahlbarer Bildung, Wasser, Elektrizität und anderen Grundrechten verweigert."

Wie groß die Ablehnung der Privatisierungspolitik ist, zeigte sich im April 2002, als zahlreiche aufgebrachte Bürger von Soweto vor das Haus des Bürgermeisters von Johannesburg zogen, um gegen die Privatisierungspolitik zu protestieren. Die Leibwächter des Bürgermeisters eröffneten das Feuer, und die Polizei nahm etwa 50 Demonstranten fest. Daraufhin zogen Hunderte von Einwohnern Sowetos vor die Polizeiwache und verbrannten dort aus Protest ihre ANC-Mitgliedsausweise.

Seit dem Beginn der Kommerzialisierungs- und Privatisierungspolitik wurden bereits Hunderttausenden die Strom- und/oder Wasseranschlüsse gekappt. Angesichts der großen Verbreitung von AIDS (nach Schätzungen sind sechs Millionen Menschen HIV positiv oder die Krankheit ist bereits ausgebrochen) lässt sich unschwer erahnen, was es bedeutet, wenn den Betroffenen nach Ausbruch der Krankheit nicht nur der Lohn fehlt, sondern auch die Wasserversorgung abgeschnitten wird. Außerdem steigt die Zahl der Familien, die wegen ausstehender Wasserrechnungen ihre Wohnungen und Häuser räumen müssen. Sonia Phukubje, die eine schwer erkrankte

Schwester betreut, sagte im September 2006 einem Journalisten über die Versorgungsprobleme trotz 6.000 Litern kostenlosen Wassers pro Monat: „Die kostenlose Wasserversorgung reicht nur für sechs Tage und das auch nur, wenn wir unser Bestes tun, um Wasser zu sparen. Die Patientin braucht mehr Wasser, um regelmäßig zu baden und sie trinkt sehr viel am Tag. Von der staatlichen Finanzhilfe können wir nicht genug zu Essen kaufen. Hunger ist inzwischen ein großes Problem für uns." In dem Beitrag der UN-Nachrichtenagentur IRINnews wird erläutert, dass AIDS-Patienten häufiger baden müssen, weil sie unter vielfältigen Hautproblemen leiden und dass sie besonders in der letzten Phase der Erkrankung häufig die Toilette benutzen müssten. Dale McKinley von der Koalition gegen die Wasserprivatisierung in Johannesburg sagte dem UN-Journalisten: „Die Umwandlung von Wasser in eine Ware stellt auch für die Menschen ein großes Problem dar, die sich unter schwierigen Bedingungen in Armenvierteln um AIDS-Patienten kümmern." (siehe auch Abschnitt HIV/AIDS).

Anfang 2005 wurde bekannt, dass die Leistungen der privaten Betreiber der Wasserversorgung von Johannesburg alles andere als beeindruckend sind. Nach Angaben des Sprechers der Stadtverwaltung betrugen die Wasserverluste zwischen Wasserwerk und Wasserhahn zu diesem Zeitpunkt fast 60 Prozent. Auf diese Weise gehen jedes Jahr sieben Milliarden Liter Wasser verloren, und dies in einer Region, die unter großem Wassermangel leidet.

Das Beispiel Nelspruit

In Südafrika ist bisher in einem halben Dutzend Kommunen die Wasserversorgung privatisiert worden. Die Ergebnisse sind auch für Befürworter dieser Politik enttäuschend. Ein Beispiel aus KwaZulu-Natal: Nelspruit war in der Apartheidzeit eine weiße Kleinstadt mit etwa 20.000 Einwohnern. Durch Eingemeindungen von schwarzen Wohngebieten in der Region stieg die Einwohnerzahl in den letzten Jahren auf mehr als 250.000. Es fehlte aber das Geld, um die Infrastruktur in gleichem Maße auszudehnen. Besonders die Wasserversorgung in den armen Wohngebieten war Ende der 90er Jahre in einem desolaten Zustand. Die überforderte Stadtverwaltung setzte alle Hoffnung auf eine Privatisierung des Wasserbetriebes. Im Jahre 1999 wurde ein Konzessionsvertrag über 30 Jahre mit dem britischen Biwater-Konzern abgeschlossen. Das Eigentum an Wasserwerken und Leitung blieb bei der Kommune, und Biwater übernahm das Management und den laufenden Betrieb des Versorgungsunternehmens.

Der private Betreiber investierte zunächst tatsächlich in die Verbesserung der Versorgung und den Ausbau des Versorgungsnetzes. Aber der größte Teil der Investitionen wurde nicht mit eigenen Mitteln verwirklicht, sondern mit Geldern der staatlichen Südafrikanischen Entwicklungsbank finanziert. Der Investitionsschub kam zum Erliegen, als Biwater feststellen musste, dass es nicht möglich war, einen großen Teil der Wassergebühren einzutreiben. Damit sorgten auch die höheren Wassergebühren nicht dafür, dass der Konzern seine Kosten decken konnte. Zudem kam es immer wieder zu Konflikten zwischen Management und den Beschäftigten sowie zwischen Biwater und der Stadtverwaltung. Der Unmut der Kundinnen und Kunden wurde nicht nur durch die Preissteigerungen ausgelöst, sondern auch durch zahlreiche Pannen beim Ablesen der Wasseruhren. Das Unternehmen beantwortete die Nichtbezahlung der Rechnungen mit der Sperrung zahlreicher privater Anschlüsse, die aber illegal wieder angeschlossen wurden.

Nachdem Biwater sehr wenig Geld einnahm, zahlte der Konzern keine Konzessionsabgabe an die Stadt, und das verschärfte die Konflikte mit der Kommune. Man ist aber aufeinander angewiesen, denn Biwater will ein Desaster seines mit vielen Hoffnungen begonnenen Engagements in Südafrika vermeiden und die Stadt weiß nicht, wie sie die Wasserversorgung managen kann, wenn Biwater aus dem Vertrag aussteigt. Deshalb hat man sich erst einmal auf einen finanziellen Kompromiss geeinigt. Die Stadt verzichtet auf Abgaben, um den Konzern zum Bleiben zu veranlassen und der hat seine Gewinnerwartungen erst einmal zurückgestellt. Aber im Grunde sind alle mit dem Status quo unzufrieden.

Gottfried Wellmer hat 2004 eine Studie zur Wasserprivatisierung im südlichen Afrika und in Deutschland für die „Koordination Südliches Afrika" (KOSA) verfasst. Im Blick auf Nelspruit kommt er zum Ergebnis: „Private Betreiber öffentlicher Dienstleistungen haben wenig Erfahrung darin, sich in die Situation armer Verbraucher zu versetzen. Das Management armer Schuldner unter den Regeln einer von humanitären Prinzipien geleiteten Regierung ist für marktorientierte Unternehmen eine unbekannte Disziplin … Die lokalen Haushalte brauchen ein Dienstleistungssystem, das ihren Prioritäten und ihrer Kaufkraft entspricht, das sie – wenn möglich – vollständig verstehen können. Sie brauchen daher kontinuierliche und verständliche Informationen. Außerdem sollten sie bei den Planungen von Anfang an repräsentiert sein und Stimmrecht haben, um unter verschiedenen Optionen wählen und ihre Rechte und Verpflichtungen definieren zu können." Von einem solchen demokratisch bestimmten Wasserversorgungssystem ist man in Nelspruit sehr weit entfernt – mit den geschilderten negativen Konsequenzen.

Das ist typisch für die Wasserprivatisierungsprojekte in Südafrika. In Nkonkobe wurde der Kontrakt mit dem privaten Betreiber gekündigt und die Stadt übernahm die Wasserversorgung wieder selbst, in anderen Privatisierungsvorhaben gibt es fortlaufend Konflikte zwischen den Beteiligten.

Angesichts der heftigen Konflikte um das Lebens-Mittel Wasser haben sich die Mitgliedskirchen des Südafrikanischen Kirchenrates und die katholische Bischofskonferenz kritisch mit den Ergebnissen der bisherigen Privatisierungen im Wasserbereich auseinander gesetzt. In der Erklärung vom

6. Juni 2002 heißt es: „Europäische Unternehmen haben ein großes Interesse daran, ihre Wirtschaftsinteressen auf die Wasserprivatisierung auszudehnen und profitieren in erster Linie von solchen Maßnahmen. Aber die Ergebnisse der bisherigen Privatisierungen im Wasserbereich sind furchtbar. So sind zum Beispiel für viele Menschen in Südafrika, vor allem für Menschen mit minimalem Einkommen und arbeitslose Frauen, die Wasserrechnungen plötzlich auf die Hälfte ihrer Monatseinkünfte hochgeschnellt."

Es gibt Alternativen zur Privatisierung

Dass es möglich ist, ein Wasserunternehmen unter öffentlicher Kontrolle effektiv zu betreiben beweist „Durban Metro Water Services" (DMWS). Das Unternehmen ist für die Wasserversorgung von etwa 2,8 Millionen Menschen im Großraum Durban verantwortlich, von denen mindestens die Hälfte in absoluter Armut lebt. DMWS hat, um die Versorgung der Armen zu verbessern, schon vor der Ankündigung Mbekis die Versorgung mit einer Grundmenge kostenlosen Wassers eingeführt. Gleichzeitig wurde das Versorgungs- und Entsorgungsnetz ausgebaut. Dazu gehört auch die Beseitigung von Leckagen, so dass in den kommenden zehn Jahren der Anteil des verloren gehenden Wassers von 24 auf 15 Prozent vermindert werden soll. In den letzten Jahren waren Wassersparappelle an private Kunden und Industrie so erfolgreich, dass der Wasserverbrauch gesunken ist.

2002 fand DMWS internationale Anerkennung durch die Aufnahme in eine Liste der besten 40 „best practice"-Projekte beim „Dubai International Award" für seine Kampagne zur Sensibilisierung der Bürgerinnen und Bürger dafür, was ins Abwasser gehört und was nicht. Die dabei eingesetzten Methoden vom Straßentheater bis zu pädagogischen Medien haben mehr als 350.000 Menschen erreicht und sind zu einem Vorbild auch für andere afrikanische Länder geworden. Ein praktischer Erfolg war, dass die Zahl der verstopften Abwasserkanäle drastisch zurückgegangen ist, im Stadtviertel Umlazi zum Beispiel auf weniger als ein Drittel.

Die Privatisierung der Wasserversorgung (und ebenso der Elektrizitätsversorgung) könnte sich in Südafrika als Schritt erweisen, der kurzfristig einige Einnahmen in den Staatshaushalt bringt, langfristig aber die soziale und ökonomische Entwicklung behindert. Und dies gleich aus mehreren Gründen. Angesichts der großen Kluft zwischen Arm und Reich auch nach dem Ende der Apartheid sind vermehrt soziale Auseinandersetzungen zu erwarten, wenn dem armen Teil der Bevölkerung nicht zumindest die grundlegende Versorgung mit Wohnung, Wasser, Strom und Nahrung garantiert ist. Wachsende Konflikte und steigende Kriminalität sind aber zu einem Hindernis für die wirtschaftliche Entwicklung Südafrikas geworden. Deshalb wäre es sinnvoll, die Privatisierungspolitik als gescheitert aufzugeben und stattdessen konsequent kommunale Wasserbetriebe aufzubauen und zu fördern, die das Ziel verfolgen, die gesamte Bevölkerung mit preiswertem Wasser zu versorgen. Das wird schwierig genug angesichts der geringen Niederschläge und der Wasserknappheit der letzten Jahre. Mit einer Regenmenge von 400 mm je Quadratmeter gehört Südafrika zu den 20 niederschlagsärmsten Ländern der Welt.

Südchinesisches Meer

„Ich liebe das blaue Territorium unserer Nation!" Unter diesem Motto eröffnete die chinesische Tageszeitung „People's Daily" am 14. Mai 1996 eine neue Kampagne. Die Zeitung forderte dazu auf, ein neues „Ozean-Bewusstsein" zu entwickeln. Am nächsten Tag wurde verkündet, dass das Seegebiet unter chinesischer Kontrolle sich nun von 370.000 Quadratkilometern auf 3 Millionen Quadratkilometer erhöht hatte. Es war nicht verwunderlich, dass viele Nachbarstaaten sich besorgt fragten, was diese Ozeanvermehrung für sie bedeuten würde. Besonders groß war die Sorge der Anrainerstaaten des Südchinesischen Meeres, und dies nicht ohne Grund. Zwar erhielten damals alle Staaten das internationale Recht, eine Wirtschaftszone von 200 Seemeilen (370 Kilometer) zu reklamieren, aber nicht auf Kosten der Nachbarn, die ebenfalls Ansprüche aus dieser internationalen Vereinbarung haben.

Schon vor dem neuen „Ozean-Bewusstsein" in China war das Südchinesische Meer eine Region voller Konflikte, und dies vor allem wegen seiner wirtschaftlichen Bedeutung. Mit knapp drei Millionen Quadratkilometern reicht das Südchinesische Meer von Taiwan im Norden bis nach Indonesien im Süden, von den Philippinen im Osten bis Thailand im Westen. Das Meer verbindet damit die am raschesten wachsende Wirtschaftsregion der Welt. Mehr als die Hälfte des weltweiten Supertankerverkehrs führt durch dieses Meer, ebenso viele wichtige Containerrouten. Erwähnt man noch, dass unter dem Südchinesischen Meer riesige Öl- und Gasvorkommen vermutet werden, erklärt sich, warum alle Anrainerstaaten ein so großes Interesse haben, das Meer oder doch zumindest einen Teil davon zu kontrollieren.

China erhebt die größten Ansprüche. Sie reichen bis kurz vor die Küste von Indonesien und Brunei. Historisch begründet wird dies damit, dass Chinesen in den letzten tausend Jahren vorübergehend oder längere Zeit auf den Inseln und Atollen südlich von China gelebt haben. So sollen 1045 vom chinesischen Kaiser Truppen auf den Paracel-Inseln stationiert worden sein. Als Beweise für die chinesische Präsenz auf den Spratly-Inseln wurden 1999 einige etwa 1.000 Jahre alte archäologische Funde präsentiert. Ob das reicht, um nach dem Völkerrecht heute den Anspruch auf das ganze Südchinesische Meer als „historischem Gewässer" zu erheben, wird außerhalb Chinas bezweifelt. Um den eigenen Anspruch durchzusetzen, hat China in den letzten Jahrzehnten zahlreiche der Eilande im Südchinesischen Meer in Besitz genommen. Ein wichtiger Schritt war 1974, in der Endphase des Vietnamkrieges, die Eroberung der bis dahin von südvietnamesischen Soldaten gehaltenen Paracel-Inseln. Vietnam erhebt bis heute Ansprüche auf die 130 Inseln und Riffe, in deren Umgebung Öl- und Gasvorkommen vermutet werden.

Der Streit um die Spratly-Inseln

Weiter südlich verteilen sich mehr als 100 Inseln, Atolle und Riffe über das Seegebiet von 250.000 Quadratkilometern zwischen den Philippinen, Vietnam und Brunei. Zusammen haben diese Spratly-Inseln eine Fläche von kaum fünf Quadratkilometern, die höchste Erhebung ragt gerade einmal vier Meter aus dem Meer. In den 1930er Jahren besetzte Frankreich, damals Kolonialmacht in Vietnam, einige der größeren Spratly-Inseln. Im Zweiten Weltkrieg übernahm Japan die Kontrolle über die Inseln, musste sich am Ende des Krieges aber zurückziehen. Mittlerweile haben China, Vietnam, die Philippinen, Brunei, Indonesien und Taiwan zahlreiche der Inseln und Atolle in Besitz genommen, China allein über 40 und Vietnam mehr als 20. Um die eigenen Ansprüche abzusichern, wurden kleine Militärposten errichtet. Allen Staaten kommt es darauf an, nicht nur die Flagge zu hissen, sondern auch feste Gebäude zu errichten. Diese „Zementierung" der eigenen Präsenz ist völkerrechtlich wichtig, denn das internationale Seerecht sieht seit 1982 vor, dass jedes Land eine 200-Meilen-Wirtschaftszone rund um das eigene Festland sowie um Inseln einrichten kann, die bewohnt sind oder auf denen wirtschaftliche Aktivitäten stattfinden. Deshalb versuchen die Anrainerstaaten, auf möglichst vielen Inseln und Atollen mit Bewohnern und wirtschaftlichen Aktivitäten präsent zu sein. Malaysia hat zum Beispiel ein Atoll mit Erde vom Festland so vergrößert, dass ein Hotel errichtet werden konnte. Taiwan baute im Mai 2004 eine „Vogelbeobachtungsstation" auf einer der winzigen Inseln, auch so lassen sich Ansprüche erwerben und dank moderner Nachrichtentechnik zudem militärische Erkenntnisse gewinnen.

Dieses Inselbesetzen löst immer wieder Konflikte aus, die auch militärisch ausgetragen werden. Allein bei einem Seegefecht zwischen der chinesischen und der vietnamesischen Marine starben 1988 72 vietnamesische Soldaten, nachdem die Vietnamesen eine chinesische Flagge von einem Riff entfernt hatten. Auch zwischen philippinischen, vietnamesischen und malaysischen Marine- und Luftwaffeneinheiten ist es bereits mehrfach zu Gefechten gekommen. China und die Philippinen liegen seit Jahren im Streit um das Mischief-Riff, wo die Chinesen zwei Bunker und andere Gebäude errichtet haben, nur 300 Kilometer von den Philippinen, aber mehr als 1.000 Kilometer vom chinesischen Festland entfernt. Immer wieder werden Fischerboote aufgebracht und konfisziert, die in einem Gebiet ihre Netze ausgeworfen haben, das von einem der Anrainerstaaten beansprucht wird.

Der Kampf um Einfluss und Öl

Auch die USA sind mit Marineverbänden im Südchinesischen Meer präsent, ebenso mit Kampf- und Aufklärungsflugzeugen. Weltweit bekannt wurde dies, als am 1. April 2001 ein US-Aufklärungsflugzeug und ein chinesischer

Die Anrainerstaaten des Südchinesischen Meers wie Malaysia versuchen, sich einen
möglichst großen Anteil an der Meeresfläche zu sichern, im Interesse ihrer Fischer,
des Tourismus sowie vor allem der Erdöl- und Erdgasgewinnung.
(Foto: EMW-Archiv/Gerhard Köberlin)

Kampfjet südlich der chinesischen Insel Hainan kollidierten. Das chinesische Flugzeug stürzte ab, die amerikanische Maschine musste auf einem
Flughafen auf Hainan notlanden. Der Zwischenfall löste wochenlange diplo-
matische Auseinandersetzungen zwischen beiden Ländern aus. Die USA
haben ein Interesse daran, dass China nicht die alleinige Kontrolle über das
Südchinesische Meer erhält und dann die Durchfahrt von Kriegsschiffen
anderer Länder verhindern könnte. Die US-Rüstungsindustrie wie auch die
Rüstungsindustrien anderer westlicher Länder und Russlands verdienen
kräftig daran, dass die Anrainerstaaten des Südchinesischen Meers massiv
aufrüsten, um ihre Ansprüche auf Inseln, Atolle und vor allem Öl- und Gasvorkommen erfolgreich durchzusetzen. US-amerikanische und japanische
Ölkonzerne sind an den geplanten Konzessions- und Förderprojekten beteiligt. Da sich aber die von China und von Vietnam vergebenen Konzessionsgebiete überschneiden und auch andere potenzielle Ölfördergebiete politisch
umstritten sind, zögern die Ölkonzerne bisher, große Investitionen zu tätigen.
    Es hat immer wieder Versuche gegeben, die Konflikte beizulegen. Beson-
ders wichtig war die Vereinbarung der südostasiatischen Staatengemeinschaft ASEAN und Chinas vom 4. November 2002, die „ASEAN Declaration on the Conduct of Parties in the South China Sea". Darin verpflichten
sich die Anrainerstaaten, bei konkurrierenden Souveränitätsansprüchen auf

Inseln und das umgebende Meer den Status quo zu wahren. Weder sollen neue Gebäude errichtet, noch Rohstoffexplorationen durchgeführt werden. Alle Konflikte sollen friedlich gelöst werden. Das Problem ist, dass die meisten Anrainerstaaten diese Vereinbarung schon nach kurzer Zeit wiederholt missachtet haben. Chinas Position bleibt unverändert, dass das gesamte Inselgebiet zum eigenen Land gehört und es in Fragen der Souveränität keine Kompromisse geben kann. Immerhin richteten China und Vietnam zur Deeskalation im August 2004 eine „Hotline" ein, die genutzt werden soll, um Streitigkeiten auszuräumen.

Besonders China hat ein großes Interesse daran, seinen wachsenden Energiebedarf zu einem erheblichen Teil mit Öl und Gas aus dem Südchinesischen Meer zu decken. Allein zwischen August 2003 und August 2004 stiegen die chinesischen Ölimporte um mehr als 37 Prozent. Dass in der chinesischen Presse das Südchinesische Meer als „neuer Persischer Golf" bezeichnet wird, lässt erkennen, wie groß die Erwartungen an die Ölförderung in dieser Region sind. Die Volksrepublik möchte bei diesem Vorhaben rasch vorankommen und ist aus diesem Grunde zu Vereinbarungen mit einzelnen anderen Anrainerstaaten bereit. Deshalb hat das Land sich im September 2004 mit den Philippinen arrangiert, um gemeinsam nach Öl- und Gasvorkommen zu suchen. Es wird betont, dass es nicht um die Ölförderung, sondern um Vorstudien geht. Auch Vietnam hat mit der Ölsuche vor seiner Küste begonnen. China hat bereits eine Ölkonzession vergeben, in einem Gebiet, das südlich von Vietnam liegt. Malaysia fördert Öl in seinen Küstengewässern.

Malaysia nutzt außerdem einige Inseln und Atolle für touristische Zwecke. Urlaubsreisen werden auch von Vietnam aus angeboten, allerdings bisher nur sporadisch und offenkundig mit dem Ziel, eigene politische Ansprüche zu untermauern. So war das Verteidigungsministerium in Hanoi der Veranstalter einer Schiffsexkursion im April 2004 zu den Spratly-Inseln. Auf einer der Inseln baut Vietnam eine Landebahn, die auch für Urlaubsflüge genutzt werden soll. Da die Landebahn aber nur 600 Meter lang und die Insel winzig ist, kann mit einem Massentourismus nicht gerechnet werden.

Ökologische Probleme nehmen dramatisch zu

Die Auseinandersetzungen über die Kontrolle des Südchinesischen Meeres erschweren dringend erforderliche gemeinsame Maßnahmen der Anrainerstaaten zur Bewahrung des Meeres vor einem ökologischen Kollaps. Die Probleme beginnen damit, dass zahlreiche Küstenstädte ihre Abwässer ungeklärt in das Meer leiten. Auch mit dem Wasser der Flüsse kommen große Mengen Fäkalien und chemische Stoffe ins Südchinesische Meer. Eine wachsende Bevölkerung, eine zunehmende Industrialisierung sowie ein sehr viel größerer Einsatz von chemischen Produkten in Landwirtschaft und Haushalten lassen diese Belastung dramatisch steigen. Dazu kommen zahlreiche Schiffe, die ihr Altöl in das Meer pumpen. Auch die Luftverschmutzung nimmt zu und belastet das Meer, vor allem durch „sauren Regen".

Bedrohlich für die zukünftige Ernährung in der Region ist das Überfischen des Meeres. In allen Anrainerstaaten leben Millionen Menschen vom Fischfang und von der Fischverarbeitung. Für 500 Millionen Menschen liefert dieser Fisch notwendige Proteine. Mangels verbindlicher Fangquoten fischt jede Flotte die maximalen Mengen. Manche Schiffsbesatzungen setzen sogar Dynamit ein, um möglichst rasch möglichst große Fänge zu erzielen. Schätzungsweise fünf Millionen Tonnen Fisch werden jedes Jahr aus dem Südchinesischen Meer geholt, ein Zehntel des weltweiten Fangs. Es bedarf keiner großen Prophetie, um vorherzusagen, dass wachsende Umweltbelastung und eine rücksichtslose Ausbeutung des Fischreichtums rasch zu einem drastischen Rückgang der Fischbestände führen werden.

Auch die Korallenriffe sind bedroht, und zwar in großem Stil durch die Nutzung als Baumaterial und in kleinerem Umfang durch Souvenirverkäufer und Touristen. Das Umweltprogramm der Vereinten Nationen hat berechnet, dass 80 Prozent der Korallenriffs der Region bedroht oder bereits zerstört sind. Von den Mangrovenwäldern an den Küsten des Meers, die auch für viele Meerestiere eine existenzielle Bedeutung haben, ist nicht einmal mehr ein Drittel vorhanden. Die zahllosen Shrimps-Farmen an allen Küsten des Südchinesischen Meeres haben entscheidend dazu beigetragen. Nicht vergessen werden darf die globale Klimaerwärmung mit der Konsequenz, dass der Meeresspiegel rasch ansteigt. 1997 zitierte die asiatische Wirtschaftszeitschrift „Far Eastern Economic Review" einen westlichen Diplomaten mit seiner „Lösung" des Streits um die Ansprüche auf die Inseln und Atolle im Südchinesischen Meer: „Vielleicht wird die globale Erwärmung das Problem in einigen Jahren lösen. Alles, was nötig ist, sind einige Meter Anstieg des Meeresspiegels." Ob dies die Konflikte beenden würde, muss bezweifelt werden, und sicher ist, dass die Anrainerstaaten des Südchinesischen Meers dann vor vielen neuen Problemen stehen würden.

Suez

„Suez setzt Ausverkauf fort", so lautete am 5. September 2003 eine Über-schrift in der „Süddeutschen Zeitung". Kein Zweifel, der Suez-Konzern hatte schon bessere Zeiten gesehen, bevor er fast 30 Milliarden Euro Schulden abbauen musste. Die hohe Verschuldung machte die Aktionäre nervös und führte zu einem Kurssturz von 40 Prozent. Zum Schuldenabbau verkaufte der Konzern 2003 eine Reihe von Tochterunternehmen wieder, so das ame-rikanische Wasseraufbereitungsunternehmen „Ondeo Nalco" für vier Milli-arden Dollar. Nalco war erst 1999 für 4,5 Milliarden Euro erworben worden, als Suez die Ambition hatte, seinen Spitzenplatz in der internationalen Was-serwirtschaft weiter auszubauen. Wie der Hauptkonkurrent Vivendi inves-tierte Suez viele Milliarden, um nicht nur rund um den Globus die Wasser-versorgung von Metropolen zu übernehmen, sondern auch das ganze Dienst-leistungsspektrum rund um Trinkwasser und Abwasser vom Bau eines Was-serwerkes über das Management von Versorgungsbetrieben bis zu Lösungen von Abwasserproblemen anbieten zu können. Suez hat so eine führende Posi-tion als „global player" im Wasserbereich erlangt. Mit seinem Wasser-Toch-terunternehmen Ondeo ist der Konzern in etwa 130 Ländern tätig und hat etwa 110 Millionen Wasserkunden.

Der Verkauf von Firmen im Wert von 10 Milliarden Euro im Jahre 2003 riss Löcher in dieses globale Imperium. Der Nalco-Verkauf wurde deshalb von der Investmentbank Helaba Trust so kommentiert: „Unter strategischen Gesichtspunkten können wir … die Veräußerung nicht nachvollziehen." Denn Nalco war der „Türöffner" für den US-Markt und ist zudem der welt-größte Spezialist für Wasseraufbereitung. Der Verkauf der Mehrheit der Anteile am britischen Wasserversorgungsunternehmens Northumbrian Water an eine Investorengruppe unter Führung der Deutschen Bank im Mai 2003 bedeutete ebenfalls den Abschied von globalen Expansionsplänen.

Dennoch gehörte der Suez-Konzern mit einem Umsatz von 41,5 Milliar-den Euro im Jahre 2005 weiterhin zur Gruppe der größten europäischen Konzerne, der Gewinn belief sich auf 6,5 Milliarden Euro. Im Februar 2004 war die Verschuldung auf knapp 14 Milliarden Euro gesunken. Gleichzeitig wurde – so eine Suez-Pressemeldung vom 4. März 2004 – das Risiko in „emerging countries" (gemeint sind Entwicklungsländer) für das Unterneh-men reduziert. Waren hier Anfang 2002 noch 10,3 Milliarden Euro des Kapitals des Unternehmens in Investitionen gebunden, so sank dieser Betrag bis Ende 2003 auf 6,2 Milliarden Euro. Dafür wurden unter anderem „nicht ausreichend profitable" Kontrakte gekündigt.

Die Entstehung eines Imperiums

Wer ist dieser „global player"? Angefangen hatte der Aufstieg 1880 in der Stadt Lyon mit der Übernahme der städtischen Wasser-, Gas- und Elektrizitätsversorgung durch die Gesellschaft „Lyonnaise des Eaux". Das Unternehmen hat in den letzten Jahrzehnten sowohl in Frankreich als auch in Übersee zahlreiche Wasserversorgungsunternehmen übernommen. 1997 erfolgte die Fusion mit dem Industrie- und Finanzkonzern „Compagnie de Suez", der Mitte des 19. Jahrhunderts dadurch zu seinem Namen kam, dass er am Bau des Suez-Kanals beteiligt war.

In Frankreich gehört der Suez-Konzern mit seinem traditionsreichen Unternehmenszweig Lyonnaise des Eaux neben Veolia (früher Vivendi) zu den beiden wichtigsten privaten Betreibern von Wasser- und Abwassersystemen. Der Ruf von Suez hat allerdings dadurch schweren Schaden genommen, dass es 1989 bei der Privatisierung des Wasserbetriebes von Grenoble zu einem Korruptionsskandal kam, in den ein Manager des Wasserkonzerns und der Bürgermeister von Grenoble verwickelt waren. 1996 verurteilte ein Gericht beide wegen Zahlung beziehungsweise Annahme von Bestechungsgeldern zu einem und zu vier Jahren Gefängnis. Mit einiger Verzögerung hat die Stadt Grenoble im März 2000 den Kontrakt mit Suez beendet und den Wasserbetrieb wieder in die kommunale Verantwortung genommen.

In Deutschland ist Suez mit dem Tochterunternehmen Eurawasser präsent, das 1991 gegründet wurde und an dem bis 2002 ThyssenKrupp beteiligt war. Eurawasser ist vor allem in den neuen Bundesländern tätig. Zunächst kam Eurawasser 1993 in Rostock zum Zuge, wo das Unternehmen die Wasserversorgung und Abwasserentsorgung übernahm und nach eigenen Angaben 450 Millionen DM investiert hat. Einige weitere Konzessionsverträge folgten, so in Schwerin, Leuna, Cottbus und Goslar. Eurawasser versorgt etwa 700.000 Menschen mit Wasserdienstleistungen, hat eine Beschäftigtenzahl von 800 und weist einen Umsatz von mehr als 75 Millionen Euro auf.

Zu den wichtigsten Geschäftserfolgen gehörte 1998 die Übernahme der Wasserversorgung und Abwasserentsorgung in der brandenburgischen Hauptstadt Potsdam. Gegen mehrere Konkurrenten (u.a. RWE) konnte Eurawasser 49 Prozent des städtischen Versorgungsbetriebes übernehmen und erhielt die Betriebsführerschaft. Die Verträge wurden nie veröffentlicht, und bei der Sitzung, auf der die Stadtverordneten über die Privatisierung entschieden, war die Öffentlichkeit ausgeschlossen. Anschließend gab es nicht einmal verlässlichen Angaben über den Kaufpreis. Es wurde über eine Summe von 167 Millionen DM spekuliert. Dass der Kaufpreis sehr viel niedriger lag, erfuhren die Bürgerinnen und Bürger zweieinhalb Jahre später. Im Juni 2000 kündigte die Stadt Potsdam den Vertrag mit Eurawasser, und zu diesem Zeitpunkt wurde der 49 Prozent-Anteil des privaten Betreibers mit 4,9 Millionen Euro bewertet. Dass der Vertrag so rasch gekündigt wurde, lag vor allem an den drastischen Preiserhöhungen des privaten Betreibers. Hatte der Wasserpreis Anfang Dezember 1998 noch bei 6,85 DM pro Kubikmeter gelegen, so stieg er bis zum Dezember 1999 auf 8,80 DM. Weitere Preiserhöhungen waren angekündigt. Die Stadt Potsdam zahlte zusätzlich zu den 4,9 Millionen Euro eine Summe in unbekannter Höhe an den Konzern, um aus dem Vertrag herauszukommen. Gottfried Wellmer schrieb in einer Studie für die „Koordination Südliches Afrika" über Wasserprivatisierungen in Afrika und Deutschland, in der es unter anderem um die brandenburgische Hauptstadt ging: „Insgesamt erscheint die Politik der bisher regierenden Rathausparteien seit der Wende ein Höchstmaß an Intransparenz und ein Mindestmaß an ‚good governance', solider Haushaltspolitik und verlässlicher, umfassender Bürgerbeteiligung aufzuweisen."

In Nordamerika konnte Suez als einen großen Erfolg 2002 die Übernahme des Managements der Wasserversorgung und Abwasserentsorgung von Puerto Rico verbuchen. Das Geschäftsvolumen des 10-Jahres-Vertrages wird auf 4 Milliarden Dollar geschätzt. Der Konkurrent Vivendi hatte den Vertrag in Puerto Rico wegen schlechter Leistungen verloren. Ein ähnliches Schicksal erlitt Suez selbst in der US-Millionenstadt Atlanta. Dort konnte die Suez-Tochtergesellschaft „United Water" 1998 einen Vertrag über die Übernahme der Wasserversorgung und Abwasserentsorgung für 20 Jahre unterzeichnen, eines der größten Privatisierungsprojekte im Wasserbereich in den USA. United Water halbierte die Zahl der Beschäftigten des Wasserbetriebes in Atlanta und reduzierte die Aufwendungen für Wartung und Reparaturen drastisch. Außerdem kam es zu Unregelmäßigkeiten bei den Rechnungen des Unternehmens an die Stadt. Gleichzeitig wurden die Wasser- und Abwasserpreise für die Abnehmer drastisch erhöht. Daraufhin beendete die Stadt 2003 die Zusammenarbeit mit United Water und übernahm die Versorgung wieder selbst.

Zurückgehendes Engagement im Süden der Welt

In den 1990er Jahren bildeten die Länder Afrikas, Asiens und Lateinamerikas einen Schwerpunkt der Expansionspolitik des Suez-Konzerns. Dabei profitierte Suez (wie Vivendi) von den Pressionen, die die Weltbank auf viele verschuldete Länder ausübte, ihre Wasserversorgung zu privatisieren. Außerdem bestanden stets gute Aussichten für Suez, nach einer Übernahme der Wasserversorgung in westafrikanischen Metropolen französische Entwicklungshilfemittel für Investitionen zu erhalten.

Allerdings sah sich Suez Ende der 90er Jahre trotz dieser günstigen Ausgangsbedingungen gleich mit diversen Konflikten konfrontiert. In Johannesburg geriet der Konzern immer wieder in die Kritik der Bevölkerung, weil die Preise drastisch stiegen und säumigen Zahlern die Versorgung gesperrt wurde (siehe Südafrika). In Buenos Aires wurde die Privatisierung unter

Suez-Beteiligung ein solches Desaster, dass der Konzern sich entschloss, zu versuchen, aus dem Vertrag auszusteigen (siehe Abschnitt Buenos Aires). Suez musste 500 Millionen Euro Verluste abschreiben. In der philippinischen Hauptstadt Manila wurde die Situation durch die Unzufriedenheit der Kunden und eine desolate technische und finanzielle Lage des Tochterunternehmens so aussichtslos für Suez, dass man sich auch dort zum Rückzug entschloss (siehe Abschnitt Manila). In Jakarta leidet der Ruf von Suez darunter, dass man 1997 indonesische Geschäftsleute in das Tochterunternehmen aufnahm, die sehr enge Beziehungen zum despotischen Präsidenten Suharto hatten – und dann erleben musste, dass dieser kurz darauf gestürzt wurde (siehe Abschnitt Jakarta).

Im Januar 2003 beschloss Suez, sein investiertes Kapital in Entwicklungsländern um ein Drittel zu reduzieren. Suez-Generaldirektor Gérard Mestrallet erklärte, es solle „sichergestellt werden, dass die Behörden, die die Konzessionen vergeben haben, und andere Partner ihren Verpflichtungen nachkommen, andernfalls sind wir vorbereitet, uns zurückzuziehen". Da es bei diversen Wasserkonzessionen von Suez im Süden der Welt immer wieder zu unterschiedlichen Auffassungen über die Verpflichtungen der Vertragspartner gekommen ist, kann die Botschaft nicht überhört werden: Wenn die Vertragspartner nicht die Auffassungen von Suez im Blick auf ihre Verpflichtungen übernehmen, zieht der Konzern sich zurück. Jahre nach der Durchführung der Privatisierung ist dies ein Desaster für die Kommunen, denn ihnen fehlen oft die Kompetenz und das Fachpersonal, um die Versorgung wieder problemlos selbst zu betreiben.

Im Januar 2005 musste Suez einen weiteren Rückschlag hinnehmen. Die bolivianische Regierung kündigte den Privatisierungsvertrag für die Städte La Paz und El Alto. Vorher war es in El Alto zu massiven Protestaktionen der Bevölkerung gegen die Suez-Tochtergesellschaft Aguas del Illimani S.A. (AISA) gekommen. Andrea Kramer hat in der Ausgabe 8–9/2006 der Zeitschrift „Entwicklung + Zusammenarbeit" den Verlauf des Konflikts analysiert. Hier einige Passagen des Beitrags:

„Bereits das öffentliche Ausschreibungsverfahren und die Zuschlagserteilung waren problembehaftet. Die Federführung hatte das Ministerio de Capitalización, das allgemein für die Privatisierung öffentlicher Unternehmen zuständig war, jedoch über keine spezifischen Wasserexperten verfügte. Weder die Gemeindeverwaltungen von El Alto und La Paz noch ihr Versorgungsunternehmen SAMAPA waren am Verhandlungsprozess beteiligt. Die Konzessionsvergabe fand unter Ausschluss der zentralen Stakeholder statt. Auch die Bevölkerung blieb, was Ob und Wie der Privatisierung anging, völlig außen vor. Die fehlende Transparenz war der Hauptmangel des Vergabeverfahrens. Unklar blieb, warum das Regierungsdekret, welches die Konzessionsvergabe regelte, kurz vor dem Ablauf der Angebotsfrist noch einmal geändert wurde. Nur dank dieser Änderung konnte das zuständige Ministerium AISA als einzigem Anbieter am 30. Juni 1997 den Zuschlag geben, anstatt, wie ursprünglich für solche Umstände vorgesehen, das Verfahren neu zu starten ... Für Trink- und Abwasser war ein zusammen zu berechnender, verbrauchsabhängiger Tarif vorgesehen. Er wurde an den Dollar gekoppelt, um den privatwirtschaftlichen Versorgern das Wechselkursrisiko zu nehmen ... Im Angebot verpflichtete sich AISA, während der ersten fünf Jahre in El Alto 71.752 neue Hausanschlüsse für Trinkwasser zu errichten ... Problematisch war hingegen, dass der Konzessionsvertrag nur für einen Teil des Ballungsraums eine Versorgungspflicht vorsah ... Die Leidtragenden sind vor allem Migranten, die als Ärmste der Armen in den Randzonen außerhalb des Versorgungsgebiets ziehen. Dass die Vertragsbedingungen nur bedingt den Interessen der bolivianischen Bevölkerung dienten, lag mit an den internationalen Finanzinstitutionen. Denn die Privatisierung der SAMAPA war Bedingung für die Neuverhandlung der Auslandsverschuldung 1996. Unter diesem Druck brauchte die bolivianische Regierung unbedingt die Beteiligung eines ausländischen Investors ... Erschwerend kommt hinzu, dass AISA bis Ende 2001 nur knapp 74 Prozent der vereinbarten neuen Trinkwasseranschlüsse errichtet hatte ... Zusätzlich nährten AISA-Vertreter auch mit taktisch unklugem Verhalten die Spannungen. Äußerungen wie, die Bewohner El Altos seien die ‚schlechtesten Verbraucher der Welt' oder man müsse ‚der Bevölkerung El Altos beibringen, mehr Wasser zu nutzen', stießen in der Presse verständlicherweise auf ein negatives Echo und beeinflussten die Stimmung der Bevölkerung nachhaltig.“

Unmut entstand auch angesichts der Preiserhöhungen. Wegen der Koppelung an den US-Dollar stiegen die Wasserpreise bzw. die Anschlussge-

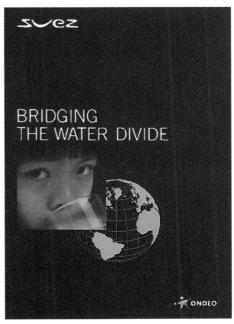

Anfang des Jahrhunderts hatte der Suez-Konzern noch die Hoffnung, einen wesentlichen Beitrag zur Überwindung der Kluft zwischen Wasser-Reichen und Wasser-Armen leisten zu können („Bridging the water divide“). Inzwischen ist klar geworden, dass die Armen der Welt wegen ihrer geringen Kaufkraft nicht so viel für das Wasser zahlen können, wie für gewinnträchtige Geschäfte erforderlich wäre.

bühren bei jeder Abwertung der bolivianischen Währung. Die Wasserkunden mussten also das unkalkulierbare Währungsrisiko übernehmen, eine untragbare Situation für die arme Bevölkerung, die Löhne – wenn überhaupt – in lokaler Währung erhält. Protest löste auch die Weigerung des Wasserbetriebes aus, die Armenviertel in die Versorgung aufzunehmen – es sei denn, die Behörden oder die Bewohner würden dafür Gelder beschaffen. Am 3. Januar 2007 wurde das Suez-Engagement in einer Zeremonie im Präsidentenpalast in La Paz offiziell beendet. Präsident Evo Morales erklärte bei dieser Gelegenheit: „Wir haben eine einvernehmliche Beendigung erreicht, die ausländischen Unternehmen die Sicherheit gibt, dass sie nicht einfach aus Bolivien herausgeworfen werden." Er betonte zur Frage der Wasserprivatisierung: „Wasser kann nicht zu einem privaten Geschäft gemacht werden."

Zu den wenigen Lichtblicken im Süden der Welt gehört die starke Ausweitung des China-Engagements, unter anderem der Bau von zwei großen Trinkwasseraufbereitungsanlagen für die 12-Millionen-Stadt Shanghai. Aber das hielt Suez nicht davon ab, das Engagement in Afrika, Asien und Lateinamerika schrittweise zurückzufahren. Schon heute erzielt Suez 89 Prozent seines Umsatzes in Europa und Nordamerika. Die beiden anderen „global player" Veolia und RWE vermindern ebenfalls ihr Engagement in armen Ländern.

Interessant ist ein Engagement in Entwicklungsländern für Suez nur noch, wenn im Rahmen einer Public-Private-Partnership in großem Umfang Entwicklungshilfegelder für die Privatisierung zur Verfügung gestellt werden. Suez selbst will nur noch dort Investitionen tätigen, wo sich diese aus den Gewinnen des laufenden Geschäftes erwirtschaften lassen, lautet die Firmenpolitik seit Anfang 2003. Statt eigenes Kapital und Risiken für Jahrzehnte in Verträgen über den Betrieb von Wasser- und Abwasserbetrieben zu binden, setzt Suez inzwischen noch stärker auf den Bau von Wasserwerken, Klärwerken und Leitungsnetzen in armen Ländern. Finanziert werden solche Investitionen oft mit Entwicklungshilfegeldern und Krediten. Suez kann also sicher sein, kurzfristig das Geld für seine Tätigkeit zu erhalten. In der Suez-Sprache heißt das, man strebe „Projekte und Verträge an, die einen raschest möglichen Rückfluss des eingesetzten Geldes" garantieren. Deshalb bricht die Vorstellung der Weltbank und von Teilen der deutschen Entwicklungspolitik wie ein Kartenhaus zusammen, dass private Wasserkonzerne einen entscheidenden Beitrag dazu leisten werden, die globalen Wasserprobleme zu lösen (siehe auch Abschnitt Privatisierung).

Nur in einer Suez-Hochglanzbroschüre wird noch auf dem Titel verkündet „Suez – Bridging the Water Divide". Aber die Broschüre ist schon einige Jahre alt, und längst weiß man im Konzern, dass nach den Gesetzen des Marktes kein privates Unternehmen die Kluft zwischen den Wasser-Armen und den Wasser-Reichen auf der Welt überbrücken kann.

Toiletten

Das WTO-Treffen Mitte November 2004 in Peking war von großem Einvernehmen gekennzeichnet. Gegendemonstranten waren bei dieser Konferenz, bei der es um grundlegende menschliche Bedürfnisse ging, nicht zu erwarten. Dies um so weniger, als die WTO sich auch mit Fragen des Zugangs für die Armen und mit ökologischen Konzepten befasste. Eine US-Delegierte betonte gegenüber der Presse: „Hier geht es um ein Menschenrecht." Ein hoher chinesischer Regierungsvertreter bekundete, es gehe auch um eine Frage der Spiritualität und Zivilisation.

Die „World Toilet Organisation" (WTO) hat sich zum Ziel gesetzt, die sanitären Verhältnisse auf der Welt grundlegend zu verbessern. Und im Gegensatz zur „World Trade Organisation" kann diese WTO auf breite Unterstützung in aller Welt rechnen. Sitz der Vereinigung ist Singapur. Dort werden die öffentlichen WCs mit bis zu fünf Sternen bewertet, und es gibt einen Stadtführer mit den 500 besten Toiletten. Zur offiziellen Kampagne „Happy Toilet" gehört, dass jeder 250 Dollar Strafe zahlen muss, der vergisst zu spülen. Sachbeschädigungen werden noch drastischer geahndet.

Peking konnte diesen Qualitätsstandard bisher bei weitem nicht erreichen, aber die Regierung hat im Blick auf die Olympischen Spiele 2008 Großes vor. Liang Guansheng von der Pekinger Stadtverwaltung betonte bei der WTO-Konferenz: „Wir wollen saubere, zivilisierte, energiesparende, bequeme und umweltfreundliche Toiletten bauen." Die öffentlichen WCs werden nun auch in Peking mit Sternen ausgezeichnet. Bei vier Sternen wird sogar Hintergrundmusik aus dem Lautsprecher geboten. Dass in einzelnen Luxus-WCs Fernseher und Ölgemälde zu finden sind, rief Kritiker auf den Plan. In einer Intellektuellen-Zeitung wurde betont, es handle sich schließlich nicht um Statussymbole, sondern um Toiletten: „Der Ruf der Natur sollte hier im Vordergrund stehen, nicht der Griff nach den Sternen."

Zwischen Heide und Uelzen liegen Welten

Vom Niveau der asiatischen Luxustoiletten sind die WCs auf dem Bahnhof von Heide in Holstein weit entfernt. Die „Dithmarscher Landeszeitung" berichtete am 15. November 2004, dass die Toilettenanlage seit sechs Wochen geschlossen sei: „Einige Fahrgäste harren oft minutenlang vergeblich vor der verschlossenen Tür aus. Weder Warten noch lautstarkes Klopfen helfen, denn der Toiletten-Eingang ist von außen durch Bahn-Mitarbeiter verriegelt worden. Einen Aushang mit Informationen dazu sucht man allerdings vergeblich." Aus „Mitgefühl", so berichtete die Zeitung, hätten Bahnangestellte ein kleines Baustellen-Klosett aufstellen lassen, aber das sei ein einfaches Plumsklo ohne Spülung, Abfluss und Beleuchtung. Es sei dem Ansturm der

Reisenden nicht gewachsen. Warum die Toiletten geschlossen wurden, wollte die Redaktion von der Kieler Regionalzentrale der Deutschen Bahn erfahren. Die Antwort: „Das ist eine reine Geldsache."

Dass es auch anders geht, beweist der Bahnhof von Uelzen. Vor einigen Jahren war er noch in einem baufälligen Zustand. Inzwischen sind selbst die Toilettenräume so schön, dass sie staunend besichtigt werden. Die Verwandlung geht auf eine gemeinsame Initiative einer lokalen Bürgerinitiative und des Künstlers Friedrich Hundertwasser zurück. Wasser und die Farbe Blau haben in diesem Bahnhof eine große Bedeutung, denn Hundertwasser schätzte das Wasser hoch, selbst Regentage: „An einem Regentag beginnen die Farben zu leuchten, deswegen ist ein trüber Tag – ein Regentag – für mich der schönste Tag … Wenn es regnet, bin ich glücklich." Die deutsche „WasserStiftung" vergibt in Erinnerung an den Wasser liebenden Künstler einen „Internationalen Hundertwasser-Preis", mit dem wegweisende Wasser-Initiativen ausgezeichnet werden. Bei der Liebe Hundertwassers zum Wasser kann es nicht überraschen, dass die Waschräume des Uelzener Bahnhofs besonders schön gestaltet wurden.

Wie im ganzen Bahnhof vermied der Künstler auch in den Toiletten- und Waschräumen nach Möglichkeit gerade Linien. Er hat das so begründet: „Die gerade Linie ist dem Menschen, dem Leben, der gesamten Schöpfung wesensfremd … Die blinde, feige und stupide Anwendung der geometrisch geraden Linie hat unsere Städte zu Wüsten gemacht, sowohl in ästhetischen, seelischen, als auch im ökologischen Sinn." Die Toilettenräume des Hundertwasser-Bahnhofs sind nicht eintönig grau, und den Mut zur Farbe begründete der Künstler so: „Eine farbenfrohe Welt ist immer ein Synonym für das Paradies … Die Vielfalt der Farbe bringt Besserung, bringt das Paradies."

Von einem solchen Paradies sind die meisten Menschen noch weit entfernt. Das merken auch Touristen, die in dringenden Geschäften nach der nächsten Toilette suchen. Richard Chisnell, der geschäftsführende Direktor der British Toilet Association, sagte im Mai 2004 in einem Interview zur Situation in seinem Land: „Unsere Fremdenverkehrsämter werden überflutet mit Briefen von Reisenden, die sich über die öffentlichen Toiletten beschweren. Kein anderes Thema gibt so häufig Anlass zur Klage."

Man sage nicht, dort herrschten Verhältnisse wie im alten Rom. Denn in der Hauptstadt und den anderen Metropolen des Römischen Reiches gab es luxuriöse Toilettenräume. Man saß auf niedrigen Toilettensitzen aus Stein oder Marmor, die sich in einem Raum recht dicht nebeneinander befanden, sodass mühelos Gespräche möglich waren. Durch Löcher gelangten die Exkremente in einen Graben und landeten im Tiber. Deshalb nutzten die Römer diesen Fluss auch nicht zur Trinkwasserversorgung, sondern bauten große Aquädukte, um sauberes Wasser aus den Bergen in die Stadt zu leiten.

Plumsklo und WC

Es dauerte lange, bis weiter nördlich in Europa ein solcher Standard wieder erreicht wurde. In vielen Schlössern gab es ihn nicht, sodass die „Bedürftigen" entweder im Park verschwanden oder sich eine ruhige Ecke im Haus suchten. Auf dem Lande wurde das Häuschen mit Herz beliebt, und dieses Plumsklo hatte ökologisch betrachtet durchaus Vorteile. Die Fortführung dieses Konzepts ist das Kompostklo. Bei modernen Systemen landen Urin, Fäkalien und Toilettenpapier durch ein Fallrohr in einem Kompostbehälter im Keller, wo Regenwürmer und Asseln helfen, das Ganze in wertvollen Humus verwandeln.

Aber bisher haben sich diese Kompostklos in Mitteleuropa noch nicht durchsetzen können. Seit Anfang des 20. Jahrhunderts ist das WC schrittweise zum Standard geworden. Etwa 40 Liter Trinkwasser pro Person fließt täglich durch das Abflussrohr des WCs. Nach dem Einbau von Spartasten ist dieser Wert deutlich niedriger, aber immer mehr Bürgerinnen und Bürger stellen sich auch dann die Frage, ob dies wirklich eine angemessene Nutzung von Trinkwasser ist. Eine Alternative besteht darin, Brauchwasser aus Spüle und Badewanne zu reinigen und dann für das WC zu verwenden. Auch Regenwasser kann so aufbereitet werden, dass es gut für diesen Zweck geeignet ist.

Noch mehr Wasser als für WCs in der eigenen Wohnung wird bei den Automatik-Toiletten verbraucht, die als High-Tech-Säulen in den Zentren der großen Städte zu finden sind. Nach dem Einwurf von 50 Cent hat man das kleine Kabinett für sich. Nach jedem Gebrauch wird der ganze Raum automatisch gründlich gereinigt, desinfiziert und getrocknet. Mehr Aufwand an Wasser, Chemie und Energie für einen einzigen Toilettengang ist schwer vorstellbar.

Mehr Lebensqualität mit Toiletten

So fragwürdig ein solcher „Fortschritt" ist, so dringend ist es, in armen Ländern den Toilettennotstand zu überwinden. Auf diesem Wege gibt es Erfolge. In den 1990er Jahren erhielt zusätzlich eine Milliarde Menschen den Zugang zu sanitären Anlagen unterschiedlichster Art, aber immer noch fehlt er mehr als zwei Milliarden Menschen auf der Welt. Sie müssen sich einen mehr oder weniger stillen Ort im Slum oder am Rande des Dorfes suchen. Besonders schlecht ist die Situation in vielen Flüchtlingslagern, wo mehrere Zehntausend Menschen auf engstem Raum leben. Hilfsorganisationen haben es inzwischen als eine Priorität erkannt, diese Lager mit funktionierenden sanitären Anlagen auszustatten. Die Folge des Fehlens von Toiletten sind sowohl unwürdige Lebensverhältnisse als auch gesundheitliche Risiken. Es wird geschätzt, dass mehrere Millionen Kinder jedes Jahr an Krankheiten sterben, die durch unzureichende sanitäre Verhältnisse verursacht werden.

Erfreulicherweise gibt es in armen Ländern zahlreiche erfolgreiche Initiativen, um die Toilettensituation zu verbessern. So hat die englische Entwicklungsorganisation „WaterAid" in Nepal, wo die Hälfte der Bevölkerung keinen Zugang zu Toiletten hat, ein Modellprojekt gestartet. Es wurde in einem Dorf ein „SaniMart"-Laden eröffnet. Dort wird zu einem niedrigen Preis alles verkauft, was für den Bau und die Nutzung einer einfachen Toilette gebraucht wird, vom Wellblech für das Dach bis zum Eimer zum Händewaschen. Außerdem werden die Familien beraten, wie sie eine Toilette bauen können. Nach einer Probephase von eineinviertel Jahren war die Bilanz sehr positiv. 74 Familien hatten sich ein Set mit allen Materialien gekauft, die für den Bau einer Toilette benötigt werden. Weitere 75 Familien hatten ihre vorhandenen sanitären Anlagen wesentlich verbessert. Frau Gurung aus Napaltar beschreibt den Fortschritt so: „Es war sehr schwierig für uns, wenn wir auf Toilette gehen mussten. Mein Mann fragte einen Nachbarn nach dem Schlüssel, um die Toilette dieser Familie zu benutzen. Aber meinen Töchtern und mir war es zu peinlich, nach dem Schlüssel zu fragen. Deshalb gingen wir an den Fluss. Nun haben wir eine Toilette, und darüber bin ich sehr glücklich. Der Tag, an dem wir die Toilette bauten, war für mich ein glücklicherer Tag als jener, als unser Haus fertig wurde."

Die Hilfsorganisation „Saint Gabriel" auf Madagaskar erlebte Ende 2002 einen unerwarteten Beweis für den Erfolg ihrer Kampagne für die Aufstellung von Toiletten. Auf ihrem Lagerplatz stahlen bewaffnete Räuber 146 Toiletten. Sie wurden offenbar als so wertvoll eingeschätzt, dass es sich lohnte, sie zu rauben. Angele Ratarasoa von „Saint Gabriel" berichtete: „Es war eine bestürzende Erfahrung, beraubt zu werden, aber ich würde auch sagen, dass dieser Raub zeigt, dass unsere Bewusstseinsbildungsarbeit erfolgreich war. Die Leute wollen jetzt Toiletten haben." Die Kosten pro Toilettenhaus betragen etwa 150 Euro. Davon zahlt die Hilfsorganisation „WaterAid" drei Viertel, ein Viertel müssen die Familien selbst aufbringen. Als besonders erfolgreich für die Bildungsarbeit haben sich Marionetten-Aufführungen erwiesen, die sowohl von Kindern als auch von Eltern angesehen werden.

In der indischen Stadt Puna, wo etwa eine Millionen Menschen in Slums leben, entschloss sich die Stadtverwaltung Ende der 1990er Jahre, endlich das System der öffentlichen Toiletten zu erneuern und auszubauen. Eine Allianz von mehreren Nichtregierungsorganisationen erhielt als Siegerin eines Wettbewerbs den Auftrag, 114 Toilettenblocks zu bauen, die 2.500 Toiletten enthalten. An der Planung und am Bau der einzelnen Anlagen wurde die lokale Bevölkerung beteiligt. In manchen Fällen erhielten Frauenorganisationen die Bauaufträge (in Indien sind viele Frauen im Baugewerbe tätig). Die Häuser wurden solide gebaut und erhielten helle Räume. Große Wassertanks sorgen dafür, dass auch bei Versorgungsunterbrechungen genügend Wasser für die Toilettenspülung und zum Händewaschen vorhanden ist. Auch an Toiletten für Menschen mit Behinderungen wurde gedacht. Zu jeder Anlage gehört eine kleine Wohnung für die Familie, die sich um die Reinhaltung der Toiletten kümmert. Das Programm war so erfolgreich, dass es in anderen indischen Städten Nachahmung findet und dass es als positives Beispiel 2003 in den „World Water Report" der Vereinten Nationen aufgenommen wurde.

Große Probleme wegen fehlender oder unzureichender Toiletten gibt es auch in Schulen und dies besonders für Mädchen. Das Kinderhilfswerk der Vereinten Nationen UNICEF hat festgestellt, dass viele Mädchen in armen Ländern nicht oder nur unregelmäßig Schulen besuchen, die über keine sanitären Anlagen verfügen. Ein Beispiel ist der Senegal, wo zwei Drittel der Schulen keine Toiletten haben und nur jede achte Schule einen Trinkwasseranschluss besitzt, die Voraussetzung dafür, sich nach dem Gang zur Toilette die Hände zu waschen. Deshalb hat UNICEF ein Programm im Senegal begonnen, Schulen mit getrennten Sanitärblocks für Jungen und Mädchen auszustatten, die auch über Waschbecken verfügen. Sobald die 150 vorgesehenen Schulen so ausgestattet sind, profitieren davon 50.000 Schülerinnen und Schüler. Es gibt viele solcher Erfolgsgeschichten, aber noch bleibt viel zu tun, für die WTO und alle anderen, die sich dieses Grundbedürfnisses der Menschen annehmen.

Im „Bericht über die menschliche Entwicklung 2006" des UN-Entwicklungsprogramms ist sanitären Problemen ein eigenes Kapitel gewidmet. Die Ergebnisse werden so zusammengefasst: „Vier Hauptthemen haben sich als Indikatoren künftiger Erfolge erwiesen: Erstens: Es kommt auf einzelstaatliche Politik und politisches Führungsverhalten an. So unterschiedliche Länder wie Bangladesch, China und Lesotho konnten alle rasche Fortschritte bei der Sanitärversorgung verzeichnen – und doch sind sie unterschiedlichen politischen Wegen gefolgt. In jedem Fall haben jedoch die politischen Führer der Länder deutlich zu erkennen gegeben, dass Sanitärversorgung Teil der nationalen Entwicklungspolitik ist ... Die Stärkung des politischen und finanziellen Gewichts von Fachministerien und örtlichen Verwaltungsstrukturen, die mit der Sanitärversorgung befasst sind, ist Ausgangspunkt für die Überwindung der gegenwärtigen Fragmentierung. Zweitens: Die Mitwirkung der Bevölkerung – auf jeder Ebene – muss zum Bestandteil der nationalen Planung werden ... Die Einbeziehung lokaler Gemeinschaften kann kostengünstige, angepasste Technologie hervorbringen, die die Versorgungslage verbessert ... Drittens: Wenn man schnellere Fortschritte will, muss man zunächst ermitteln, wer nicht versorgt wird, und warum nicht. Das übergreifende Ziel ist, die Armen in den Mittelpunkt der Versorgung zu stellen, indem ihnen die Möglichkeit gegeben wird, die Versorgungsträger zu überwachen und zu disziplinieren, und indem für die Versorgungsträger Anreize geschaffen wer-

den, zuzuhören, was die Armen zu sagen haben ... Viertens: Internationale
Partnerschaften können viel bewirken. Die Wasser- und Sanitärversorgung
wird weiterhin von schwachen und fragmentierten Entwicklungspartnerschaften und von chronischer Unterfinanzierung geprägt ... Wirksame Entwicklungspartnerschaften, die auf partizipatorischen nationalen Planungs-
prozessen aufbauen, könnten bei der Sanitärversorgung wie bei der Wasserversorgung das Millenniums-Entwicklungsziel wieder in Reichweite bringen."

Veolia

Kein internationaler Wasserkonzern hat in den letzten Jahren so häufig Schlagzeilen in der internationalen Presse gemacht wie Vivendi (heute Veolia). Das lag allerdings nur selten an den Leistungen im Wassergeschäft, obwohl der Konzern in diesem Bereich über große Erfahrungen verfügt. Bereits im Jahre 1853 wurde die Compagnie Générale des Eaux gegründet, aus der Vivendi hervorgegangen ist. Zunächst versorgte das Unternehmen Städte wie Nantes und Paris mit Wasser. Générale des Eaux ist damit eines der ältesten noch bestehenden privaten Wasserunternehmen der Welt. In den letzten Jahrzehnten expandierte der Konzern immer stärker in andere Wirtschaftszweige, bis hin zu einer Supermarktkette. Als Jean-Marie Messier 1996 die Leitung des Konzerns übernahm, beschloss er, die Geschäftsaktivitäten in erster Linie auf den Medienbereich und in zweiter Linie auf Umweltdienstleistungen wie Wasser zu konzentrieren. Er verkaufte viele der übrigen Tochterunternehmen und setzte die Erlöse für den Erwerb von Medienunternehmen ein. Bald reichte dieses Kapital für die globalen Ambitionen Messiers aber nicht mehr aus, und er nahm hohe Kredite für weitere Akquisitionen auf. So wurde unter anderem für 30 Milliarden Dollar der kanadischen Seagram Konzern erworben, der seinerseits im Besitz des großen Filmunternehmens Universal in Hollywood war. Mit solchen Käufen schaffte Messier es binnen kurzer Zeit, den zweitgrößten Medienkonzern der Welt aufzubauen. Die Zahl der Beschäftigten betrug zeitweise 380.000 in allen Teilen der Welt. 1998 wurde „Eau", das Wasser, aus dem Firmennamen gestrichen und der neue Name Vivendi kreiert.

Die Umweltaktivitäten wurden im Tochterunternehmen Vivendi Environnement zusammengefasst, und hierzu zählte vor allem der Wasserbereich. Dieser war für die Expansionspolitik von großer Bedeutung, weil hier ein größeres Anlagevermögen vorhanden war, das beliehen werden konnte. Bei späteren Prüfungen stellte man fest, dass Messier 19 Milliarden Euro in diesem Bereich „geparkt" hatte (so das „Handelsblatt" am 24. Juni 2002). Insgesamt betrug die Verschuldung des Konzerns schließlich etwa 35 Milliarden Euro, und als die Medientochterunternehmen nicht die erhofften Gewinne erwirtschafteten, fiel das ganze Imperium wie ein Kartenhaus in sich zusammen. Aktienexperten fassten die Situation so zusammen: „Ein Medienkonzern, dem das Wasser bis zum Hals steht." Die mehr als 100 Millionen Wasserkunden Vivendis sahen sich plötzlich mit einem drohenden Konkurs ihres Versorgungsunternehmens konfrontiert.

Aus Anlass einer turbulenten Aktionärsversammlung schrieb die „Süddeutsche Zeitung" am 25. April 2002 über den in die Kritik geratenen Vivendi-Chef: „Zudem gilt Messier als Verkörperung einer kalten, arroganten und gegen die Interessen der Menschen gerichteten Globalisierung."

Und tatsächlich ist Messier nicht nur ein Verfechter der vorherrschenden Globalisierung, sondern er hat den von ihm geleiteten Konzern konsequent zu einem globalen Akteur gemacht, allerdings zu keinem erfolgreichen. Anfang Juli 2002 musste Messier zurücktreten, und seinen Nachfolgern blieb nichts übrig, als das zu tun, was in der Presse als „Ausverkauf bei Vivendi" bezeichnet wurde. Messier selbst wurde im Juni 2004 unter dem Vorwurf der Finanzmanipulationen vorübergehend in Untersuchungshaft genommen, und auch der neue Chef von Vivendi musste sich gegen Vorwürfe von Aktionären zur Wehr setzen, nicht konsequent gegen dubiose Transaktionen vorgegangen zu sein.

Es gelang, den Wasser- und Umweltbereich vom übrigen Vivendi-Konzern zu trennen, sicher von Vorteil für die Kundinnen und Kunden. Angesichts der Vivendi-Skandalgeschichte konnte es nicht überraschen, dass die neue Gesellschaft sich einen neuen Namen gab: Veolia Environnement. Sitz des neuen Unternehmens, das alle bisherigen Wasser- und Umweltaktivitäten des Vivendi-Konzerns übernommen hat, ist Paris. Die wichtigen Tochtergesellschaften von Veolia Environnement im Wasser- und Abwasserbereich sind Veolia Water und Veolia Water Systems. Ersteres Unternehmen liefert die ganze Bandbreite von Dienstleistungen im Bereich von Wasserver- und -entsorgung. Veolia Water Systems ist darauf spezialisiert, Anlagen zur Wasserversorgung und Abwasserbehandlung (vom Wasserwerk bis zur Kläranlage) zu entwerfen, zu bauen und zu installieren. Veolia gehört zu den ganz wenigen international tätigen Konzernen, die eine solche Bandbreite von Leistungen anbieten kann.

Das zahlt sich aus, und zwar auf doppele Weise. Es ist Veolia möglich, bei Ausschreibungen alle geforderten Leistungen zu erbringen und auf Erfahrungen auf den jeweiligen Gebieten zu verweisen. Ist dann zum Beispiel der Kontrakt über den Betrieb der Wasserversorgung einer Millionenstadt irgendwo auf der Welt abgeschlossen, kommt Veolia Water Systems ins Spiel. Denn dieses Unternehmen erhält nun quasi automatisch die lukrativen Aufträge für den Bau neuer Anlagen wie Wasserwerken. Mit dem Kontrakt zum Betrieb des Wasserversorgungsunternehmens hat Veolia für 20 oder 30 Jahre ein Versorgungsmonopol. Mit der Möglichkeit der Vergabe von Investitionsaufträgen können andere Unternehmen des Konzerns also über einen langen Zeitraum begünstigt werden. Mit mehr Wettbewerb im Wasserbereich, den die Privatisierung angeblich bringen soll, hat all dies nichts zu tun.

Begrenztes und umstrittenes Engagement im Süden der Welt

Vivendi/Veolia hat bei seiner internationalen Expansion immer wieder auf die Unterstützung der französischen Regierung rechnen können, was besonders in den früheren französischen Kolonien in Afrika von Bedeutung war und ist, denn viele der dortigen Regierungen sind weiterhin finanziell von Paris abhängig und können bei Wohlverhalten auch auf militärische Unterstützung hoffen. So ist es kein Zufall, dass Vivendi/Veolia in Afrika vor allem in den frankophonen Staaten Fuß fassen konnte. Zu den Ländern, in denen der Konzern an der Privatisierung der Wasserversorgung beteiligt ist, gehören Burkina Faso, Tschad, Gabun, Guinea und Niger.

Vivendi/Veolia konnte nur eine solche globale Expansion im Wassermarkt erreichen, indem die Regeln dieses „Spiels" erfolgreich angewendet wurden, und zu den Spielregeln gehört in vielen Teilen der Welt die Zahlung von Bestechungsgeldern an Politiker, die Einfluss darauf haben, welcher Konzern den Kontrakt für die Übernahme der Wasserversorgung erhält. Das gilt auch für Frankreich. Ein spektakulärer Fall kam 1997 ans Licht, als der französische Staatssekretär Jean-Michel Boucheron wegen der Annahme von Bestechungsgeldern zu zwei Jahren Gefängnis verurteilt wurde. Das Gericht stellt unter anderem fest, dass er für fiktive Leistungen einen höheren Geldbetrag von Vivendi entgegengenommen und im Gegenzug dafür gesorgt hatte, dass das Unternehmen den Auftrag erhielt, die Wasserversorgung von Angoulême zu übernehmen. In einem anderen Fall wurde ein Vivendi-Manager in Mailand wegen der Bestechung eines Politikers zu einer Gefängnisstrafe mit Bewährung verurteilt. Auch von der Insel Réunion im Indischen Ozean ist ein Fall von Bestechung bekannt geworden.

Auch anderswo sind die Vivendi-Aktivitäten keine reine Erfolgsgeschichte – jedenfalls aus der Perspektive der Wasserkunden. In Puerto Rico ist die Wasserversorgung und Abwasserentsorgung 1995 an ein Tochterunternehmen des Vivendi-Konzerns übertragen worden. In den folgenden Jahren hat der Rechnungshof des Landes wiederholt kritische Berichte zu dieser Privatisierung veröffentlicht. Bei einer Pressekonferenz wurde erklärt, dass die Wasser-Privatisierung „ein schlechter Deal für die Menschen von Puerto Rico" war. Aus einer Studie von „Friends of the Earth" geht hervor, dass dem Wasserunternehmen in einem Bericht des Rechnungshofs in 3.181 Fällen Fehler in den Bereichen Management, laufender Betrieb und Wartung vorgeworfen worden sind. Die Wasserverluste durch Leckagen beliefen sich auf etwa 50 Prozent. Das Unternehmen wurde wegen diverser Verstöße gegen Umweltbestimmungen zu Strafen in einer Gesamthöhe von 6,2 Millionen US-Dollar verurteilt. In der Veröffentlichung von „Friends of the Earth" wird außerdem erwähnt, dass manche Orte der Insel wochen- oder monatelang nicht mit Leitungswasser versorgt worden sind und dass aufgrund des Mangels wasserbedingte Krankheiten aufgetreten sind. Deshalb konnte es nicht überraschen, dass Vivendi/Veolia nach dem Ende dieser siebenjährigen Vertragszeit die Konzession verlor.

Das war kein Einzelfall. In Nairobi suspendierte die kenianische Regierung 2001 einen kontroversen Kontrakt mit einem Vivendi-Tochterunternehmen, und die Zusammenarbeit wurde erst fortgesetzt, als Vivendi den Vertragspartnern mit der Zusage entgegenkam, 150 Millionen Dollar in das Vorhaben zu investieren. In England sind Vivendi-Tochtergesellschaften mehrfach wegen Umweltvergehen zu hohen Strafen verurteilt worden. Im westafrikanischen Burkina Faso kam es im Februar 2002 zu Protestdemonstrationen und einem Streik gegen die Privatisierungspolitik, wobei es nicht zuletzt um die Übernahme der Wasserversorgung durch Vivendi ging. Die Demonstranten führten an, dass die Wasserpreise in kurzer Zeit um 114% gestiegen waren. Was immer von dem „global player" Veolia erwartet werden kann, die Lösung der Trinkwasser- und Abwasserprobleme der Armen der Welt ist es nicht.

Die Konzentration auf die Wasserversorgung in wohlhabenden Ländern

Veolia hatte 2005 insgesamt 271.000 Beschäftigte und versorgt mehr als 110 Millionen Menschen in über 100 Ländern. Der Umsatz belief sich 2005 auf 25,2 Mrd. Euro. Auffällig ist, dass Veolia Water bei weitem nicht mehr so aggressiv im globalen Privatisierungsgeschäft tätig ist wie vorher Vivendi. Ein Grund ist, dass alle privaten Wasserkonzerne inzwischen aus verschiedenen Desastern gelernt haben, dass das schnelle Geld mit der Wasserversorgung der Armen nicht zu machen ist. Es fehlt schlicht die nötige Kaufkraft, um Wasserpreise zu bezahlen, die die Gewinne sprudeln lassen. Wenn sich Veolia und andere internationale Wasserkonzerne in den armen Ländern der Welt noch längerfristig engagieren, dann nur mit einer kräftigen „Zugabe" an Entwicklungshilfe. „Public-Private-Partnership" wird diese wundersame Weise, einen Markt zu schaffen, wo er mangels Kaufkraft nach marktwirtschaftlichen Prinzipien gar nicht existiert, auch in der bundesdeutschen Entwicklungspolitik genannt und kräftig gefördert.

Der zweite Grund, dass Veolia sich weniger am globalen Privatisierungsgeschäft im Wasserbereich engagiert, scheinen die eigenen Finanzprobleme zu sein. Darauf deutet hin, dass Veolia verschiedene Tochterunternehmen verkaufte, im Mai 2004 sogar sein amerikanisches Tochterunternehmen US Filter Corporation (an Siemens). Zum Verkauf eines strategisch so wichtigen Tochterunternehmens ist nur ein Konzern bereit, der ganz dringend zu Kapital kommen muss. Sehr unwahrscheinlich also, dass Veolia große Kapitalbeträge in die Verbesserung der Wasserversorgung der Armen der Welt investiert, wo allenfalls langfristig mit einer Rendite gerechnet werden kann.

In seinem Finanzbericht 2002 teilt Veolia Water mit, man wolle seine Aktivitäten „auf entwickelte Länder refokussieren". Dazu gehört vor allem Europa. In Asien will man sich auf „drei Länder mit hohem Potenzial" konzentrieren, China, Südkorea und Japan. Besonders China wird als Wachs-

tumsmarkt angesehen. Im Finanzbericht ist von Afrika nur die nordafrika-
nische Region im Blick.

Veolia konzentriert sich im Wasserbereich also auf Frankreich und andere
Industriestaaten. In Frankreich befinden sich etwa 80 Prozent der Wasserversorgung in der Hand privater Unternehmen. Davon beherrschen wiederum
drei Konzerne 98 Prozent: Veolia 57%, Suez/Ondeo 28% und Saur 13%. Die
Konzentration hat Konsequenzen für die Wasserkundinnen und -kunden.
Eine Studie des zum Umweltministerium gehörenden Umweltinstituts Fran-
kreichs kam 2001 zum Ergebnis, dass das Wasser von privat geführten Versorgungsbetrieben um 27% teurer ist als das der kommunal geführten Konkurrenten. Im Abwasserbereich betrug der Unterschied 20%. Zu berücksichtigen ist dabei auch, dass alle Versorgungsunternehmen beträchtliche staatliche Zuschüsse erhalten.

Auch in Deutschland ist Veolia im Wasserbereich aktiv, vor allem in den
neuen Bundesländern. Eine Schlüsselstellung nimmt die 100-prozentige
Veolia-Tochtergesellschaft OEWA Wasser und Abwasser GmbH ein, die
unter anderem die Mehrheit der Stadtwerke in Görlitz und Weißwasser übernommen hat. Insgesamt versorgt OEWA etwa 300.000 Menschen mit Trinkwasser und über 400.000 Menschen mit Abwasserdienstleistungen. In der
Bundeshauptstadt ist Veolia zusammen mit RWE an den Berliner Wasserbetrieben beteiligt (siehe Abschnitt Berlin). Im Dezember 2004 erhielt Veolia
den Zuschlag für die Übernahme von 74,9 Prozent der Anteile der Stadtwerke Braunschweig, die vorher im Besitz des in Konkurs gegangenen US-
Unternehmens TXU Europe gewesen waren. Die übrigen Anteile verbleiben
im Eigentum der Stadt Braunschweig.

Neben dem europäischen Engagement hat Veolia seine weltweiten Akti-
vitäten keineswegs aufgegeben. Von Adelaide in Australien über Tianjin in
China bis Libreville in Gabun ist Veolia für die Wasserversorgung und
Abwasserentsorgung verantwortlich. Hinzu kommen industrielle Kunden,
für die Veolia die erforderlichen Versorgungs- und Reinigungsarbeiten im
Wasserbereich ausführt.

Bei der Vergabe solcher Kontrakte konkurriert Veolia mit einer kleinen
Zahl anderer global agierender Wasserkonzerne, vor allem Suez/Ondeo und
Saur aus Frankreich, Biwater aus England und bisher RWE. Die Konkurrenz
wird dadurch vermindert, dass diese „global players" nicht selten in Form
von Konsortien auftreten. So arbeitet Veolia bei mehr als einem Dutzend
Konzessionsverträgen mit Saur und Suez in Konsortien zusammen.

Virtuelles Wasser

„Verkauft! Wasser aus Indien". So lautete am 21. Juli 2004 eine Überschrift in der Tageszeitung „Times of India". In dem Beitrag wird darüber informiert, dass Indien weltweit der fünfgrößte Exporteur von Wasser ist. Allerdings, dieses Wasser wird nicht in Pipelines in die Nachbarstaaten geliefert. Es ist „virtuelles Wasser", Wasser, das erforderlich ist, um die Exportprodukte Indiens herzustellen. Die Berechnung, wie viel Wasser in welchem Produkt „verborgen" ist, erfordert intensive Studien, aber es ist möglich, für jede Tomate und jeden Autoreifen, die irgendwo auf der Welt produziert werden, die virtuelle Wassermenge festzustellen.

Pionierarbeit auf diesem Gebiet hat das „UNESCO-Institute for Water Education" mit Sitz in Delft in den Niederlanden geleistet. Dort wurde zum Beispiel untersucht, wie viel Wasser erforderlich ist, damit ein Niederländer eine Tasse Tee trinken kann. Es sind durchschnittlich 136 Tassen Wasser. Der weitaus größte Teil davon wird für den Anbau des Tees eingesetzt, während der Wasserverbrauch für Verarbeitung und Transport zu vernachlässigen ist. Nun mögen 136 Tassen nicht viel sein, aber für den gesamten weltweiten Teeverbrauch werden jedes Jahr 30 Milliarden Kubikmeter Wasser benötigt.

Der Aufwand für eine Tasse Kaffee ist nach Berechnungen des UNESCO-Instituts achtmal so hoch wie für eine Tasse Tee. Um den Kaffee für eine Tasse des belebenden Getränks zu produzieren, werden 1.100 Tassen Wasser eingesetzt. Für die globale Kaffeeproduktion beträgt das Volumen 110 Milliarden Kubikmeter im Jahr. Das ist 1,5 Mal so viel Wasser, wie jährlich in der Rheinmündung ankommt. Wer eine Tasse Kaffee trinkt, ist mit 140 Litern am globalen virtuellen Wassertransfer beteiligt. So viel Wasser verbraucht ein Bundesbürger täglich etwa zum Waschen, Zähneputzen, Autowaschen, für die WC-Spülung etc.

Aber nicht nur für Kaffee, Tee und andere Lebensmittel wird virtuelles Wasser eingesetzt, sondern auch für die Produktion von PCs und Autoreifen, Fahrrädern oder Textilien. Der virtuelle Wasserverbrauch eines Bundesbürgers liegt bei etwa 4.000 Liter am Tag. Lohnt es bei einem solchen Verbrauch eigentlich noch, eine Spartaste ins Klo einzubauen, mit der wir einige Liter Wasser am Tag einsparen? Um diese Frage zu beantworten, muss man noch etwas tiefer in die Welt des virtuellen Wassers eindringen.

1.000 Liter Wasser für einen Liter Orangensaft

Zunächst noch einige weitere Beispiele dafür, wie viel virtuelles Wasser wir täglich verbrauchen. Die deutsche „WasserStiftung" informiert auf ihrer Website darüber, dass jeder Bundesbürger durchschnittlich 21 Liter Orangensaftgetränke pro Jahr konsumiert. 80 Prozent der dafür benötigten Orangen stammen aus Brasilien. Für die Erzeugung der Orangen für ein Glas Saft sind 22 Gläser Wasser erforderlich. Für Orangen aus den USA ist die Wasserbilanz sogar noch sehr viel ungünstiger, weil die Orangenplantagen hier intensiv künstlich bewässert werden. Um einen Liter Orangensaft zu erzeugen, werden hier 1.000 Liter Wasser eingesetzt.

Ein Beispiel aus dem industriellen Bereich: Die Continental AG hat in einer „Produkt-Ökobilanz" berechnet, wie viel Wasser erforderlich ist, um einen Autoreifen herzustellen. Bei der Rohstoffgewinnung (vor allem von Kautschuk) fallen 560 Liter an, beim Transport 1,3 Liter und bei der Reifenproduktion 24 Liter. Auch die größten Abwasserbelastungen entstehen bei der Gewinnung von Rohstoffen für die Reifen, vor allem bei der Produktion von Silica, Rayon und synthetischen Harzen.

Bei der industriellen Produktion ist in Ländern wie Deutschland der Wasserverbrauch in den letzten Jahren drastisch gesunken, vor allem durch die mehrfache Nutzung und Reinigung von Wasser im Rahmen von Kreislaufsystemen. Angesichts der weltweit sehr unterschiedlich entwickelten Wassersparkonzepte kann es nicht überraschen, dass in einem Fachbeitrag für die Produktion von einem Kilogramm Stahl ein Verbrauch zwischen 25 und 200 Litern angegeben wird. Das schafft Probleme bei der Berechnung des tatsächlichen Wasserverbrauchs eines Menschen, zeigt aber auch, wie groß das Einsparpotenzial ist.

Weltweit und besonders in den Ländern des Südens hat der Wassereinsatz für die Landwirtschaft und für den Export landwirtschaftlicher Produkte eine herausragende Bedeutung. So wird ein Viertel des verfügbaren Wassers in Thailand für die Erzeugung landwirtschaftlicher Exportprodukte aufgewandt. Weltweit entfallen 70 Prozent des menschlichen Wasserverbrauchs auf die Landwirtschaft und von dieser Menge wiederum etwa 20 Prozent auf die Erzeugung von Exportprodukten.

Sehr negativ wirkt sich aus, dass gerade in den Ländern, in denen bereits eine Wasserknappheit herrscht, die Produktion vieler landwirtschaftliche Erzeugnisse besonders wasserintensiv ist. In Ländern wie den Niederlanden oder Kanada sind für die Produktion von einem Kilogramm Getreide zwischen 1.000 und 2.000 Liter Wasser erforderlich. In Ländern mit einer hohen Durchschnittstemperatur wie Israel oder Ägypten sind es dagegen 3.000 bis 5.000 Liter. Deshalb werden international zunehmend Konzepte diskutiert, der drohenden oder schon einsetzenden Wasserknappheit in Regionen wie dem Mittleren Osten oder dem südlichen Afrika dadurch zu begegnen, dass diese Länder virtuelles Wasser importieren. Statt unter großem Wasseraufwand Getreide oder Früchte anzubauen, sollten sie diese Güter aus wasserreicheren Regionen der Welt einführen. Das klingt plausibel, ist in der Realität aber mit vielen Schwierigkeiten verbunden.

Zunächst einmal setzt dieses Konzept voraus, dass die betreffenden Länder immer genügend Devisen haben, um Getreide, Gemüse, Obst und Fleisch zu importieren. Da unter den Staaten mit „Wasserstress" aber viele wirtschaftlich arme Länder sind, ist diese Grundbedingung nicht erfüllt. Außerdem stellt sich die Frage, was aus den vielen Tausend Familien werden soll, die bisher in landwirtschaftlichen Bereichen tätig sind, die durch vermehrte Importe ihre Existenzgrundlage verlieren. Hinzu kommt, dass die Länder, die in Zukunft verstärkt Lebensmittel importieren müssen, noch abhängiger von den Unwägbarkeiten der Weltmärkte werden. So zahlen die EU und die USA bisher hohe Subventionen, um ihren landwirtschaftlichen Überschuss auf dem Weltmarkt zu Dumpingpreisen zu verkaufen. Das hat zum Beispiel zu niedrigen Weltmarktpreisen für Weizen geführt. Wenn die westlichen Industrieländer eines Tages diese Exportsubventionierung einstellen sollten, müssten die auf Agrarimporte angewiesenen Staaten auf einen Schlag sehr viel mehr für das Getreide zahlen.

Es kommt noch ein Faktor hinzu. Besonders die USA setzen bereits seit vielen Jahren Weizenund andere Agrarprodukte als Waffe im politischen Kampf ein. Wohlverhalten im Sinne der US-Außen- und -Militärpolitik wird mit günstigen oder kostenlosen Getreidelieferungen belohnt. Eine von den US-Interessen abweichende Politik wird mit dem Entzug der Versorgung geahndet. Ein Land wie Syrien, das von den USA wegen seiner Politik in letzter Zeit heftig angegriffen worden ist, wäre also nicht gut beraten, sich von US-Getreidelieferungen abhängig zu machen. Aber auch die Politik der ägyptischen Regierung wird durch das „Argument" von Getreidelieferungen beeinflusst. Dafür hat der Agronom Dr. Christoph Studer von der Schweizerischen Hochschule für Landwirtschaft bei einem Symposium der Hochschule zum Thema „Ohne Wasser keine Nahrung" im Oktober 2003 ein Beispiel gegeben: „Diese Angst vieler Politikern und Bevölkerungen vor einer Abhängigkeit bezüglich Grundnahrungsmitteln ist jedoch auch sehr wohl begründet, gerade in der heutigen weltpolitischen Lage. So sah sich zum Beispiel Ägypten mit einem Selbstversorgungsgrad bezüglich dem Grundnahrungsmittel Weizen von gerade einmal 20 Prozent zu Beginn des ersten Golfkriegs einen enormen Druck ausgesetzt, der von den USA geführten Allianz gegen Saddam Hussein beizutreten, obwohl dies innenpolitisch ein äußerst riskantes Unternehmen darstellte. Als Nachspiel hierzu setzte die ägyptische Regierung jedoch dann alles daran, diese Abhängigkeit zu reduzieren beziehungsweise den Selbstversorgungsgrad zu erhöhen …" Solange Weizen und andere Nahrungsmittel skrupellos als Waffe eingesetzt werden, kann man alle Konzepte einer Lösung globaler Wasserprobleme durch gezielten virtuellen Wasserhandel vergessen.

Wasser sparen bei den täglichen Einkäufen

Die große Chance der Debatte über virtuelles Wasser besteht darin, dass endlich bewusst wird, welche enormen Einsparpotenziale bestehen, wenn der Wassereinsatz für die Produktion von zahllosen Gütern reduziert und deren Verbrauch vermindert werden. Patentrezepte gibt es auf diesem Gebiet nicht, wohl aber viele kleine sinnvolle Schritte. Das beginnt beim heimischen Speiseplan. Für die Produktion von einem Kilogramm Rindfleisch werden mindestens 15 Kubikmeter Wasser benötigt, für ein Kilogramm Getreide sind es nur etwa 1,5 Kubikmeter Wasser. Passionierte Fleischesser verbrauchen täglich mehr als 4.000 Liter virtuelles Wasser, Vegetarier nur 1.500 Liter. Ein Einwohner von Kalifornien belastet die globale Wasserbilanz mit 2.200 Kubikmetern Wasser im Jahr für seine Nahrungsmittel. Davon entfallen 64 Prozent auf die Fleischerzeugung. Würde ein solcher Fleischkonsum sich weltweit durchsetzen, litte der ganze Globus unter einem permanenten Wasserstress. Unter diesem Gesichtspunkt ist es beunruhigend, dass sich nach Berechnungen der UN-Welternährungsorganisation FAO der Fleischkonsum eines durchschnittlichen Weltbürgers von 1965 bis 2002 von weniger als 25 kg Fleisch pro Jahr auf fast 40 Kilogramm erhöht hat.

Jeder und jede kann auch überlegen, ob Tomaten aus dem trockenen Süden Spaniens (siehe Abschnitt Ebro) oder Schnittblumen aus Afrika wirklich auf den eigenen Einkaufszettel gehören. Ein wasserbewusstes Konsumverhalten ist noch schwierig, weil die wissenschaftliche Beschäftigung mit dem virtuellen Wasserverbrauch in den Anfängen steckt. Dabei ist auch zu berücksichtigen, dass die Angaben über die Menge des enthaltenen virtuellen Wassers nicht ausreichen. Es muss zum Beispiel berücksichtigt werden, ob eine Tomate oder Orange in einer wasserarmen Region erzeugt wurde. Auch ist zu prüfen, in welchem Zustand das Wasser, das nicht von den Pflanzen aufgenommen wurde, in die Natur zurückgegeben wird. Im Falle vieler Blumenfarmen ist es zum Beispiel so, dass dieses Wasser sehr stark pestizidbelastet ist. Ähnliche Fragen stellen sich auch bei industriellen Produkten.

Aber trotz solcher Probleme gilt, dass ein wasserbewusstes Einkaufen ebenso wichtig ist wie das Wassersparen im eigenen Haushalt. In beiden Fällen geht es um ein glaubwürdiges persönliches Verhalten und einen kleinen Beitrag dazu, die knappen Wasserressourcen der Welt zu schonen. Nach ökologischen Maßstäben produzierte Güter schneiden im Blick auf die Wasserbilanz schon allein deshalb besser ab, weil sie auf wasserbelastende Stoffe wie Pestizide verzichten. Auch beim Verbrauch von industriell gefertigten Produkten macht es Sinn, den Wasserblickwinkel in die Kaufentscheidung einzubeziehen, zum Beispiel beim Verbrauch von Aluminiumerzeugnissen (siehe Abschnitt Aluminium). Ein besonders anschauliches Beispiel ist der Kauf von Recyclingpapier. Nach Berechnungen von Greenpeace werden für die Produktion von einem Kilogramm Frischfaserpapier 100 Liter Wasser

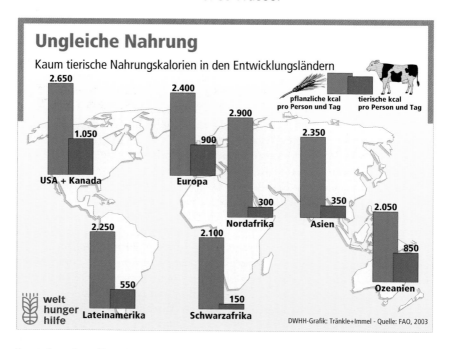

Ungleiche Nahrung

Kaum tierische Nahrungskalorien in den Entwicklungsländern

pflanzliche kcal pro Person und Tag   tierische kcal pro Person und Tag

2.650   1.050   USA + Kanada

2.400   900   Europa

2.900   300   Nordafrika

2.350   350   Asien

2.050   850   Ozeanien

2.250   550   Lateinamerika

2.100   150   Schwarzafrika

welt hunger hilfe

DWHH-Grafik: Tränkle+Immel - Quelle: FAO, 2003

benötigt, für die gleiche Menge Recyclingpapier hingegen nur 15 Liter. Zudem ist die Schadstoffbelastung der Abwässer nur $^{1}/_{20}$ so groß. Ein anderes Beispiel: Es fließt sehr viel „virtuelles Wasser" in den Baumwollanbau und die Verarbeitung von Baumwolle zu Textilien. Die Verminderung des eigenen Verbrauchs und der Kauf von Ökotextilien ist nicht nur unter Gesundheits-, sondern auch unter Wassergesichtspunkten sinnvoll.

Es gilt ebenso, politisch aktiv zu werden. Dazu gehört eine kritische Bewertung aller Versuche, im Rahmen des Globalisierungsprozesses die ganze Welt in einen „Supermarkt" zu verwandeln. Ziel dieses Prozesses ist es, dass die einzelnen Waren in dem Land produziert werden, wo die Kosten jeweils am niedrigsten sind, wobei Umweltfragen wie die Auswirkungen auf die Wassersituation des betreffenden Landes nur unter der Perspektive möglicher Zusatzkosten gesehen werden. Das Gegenkonzept besteht darin, möglichst viele Güter lokal und regional zu produzieren und dabei auf die begrenzten Wasserressourcen Rücksicht zu nehmen. Das Wissen darüber, wie viel virtuelles Wasser in einzelnen Produkten enthalten ist, kann helfen, eine Lebensweise zu finden, die schonend und sparsam mit diesem „unsichtbaren" Wasser umgeht.

Wasserträger

„Hummel, Hummel! – Mors, Mors!" lautet der deftige Schlachtruf traditionsbewusster Hamburger. Kaum jemand weiß, dass dies eigentlich das Motto einer verfehlten städtischen Wasserversorgungspolitik ist. Denn die reiche Kaufmannsstadt Hamburg wurde über Jahrhunderte von „Pfeffersäcken" (wie die Kaufleute spöttisch genannt wurden) regiert, und die wollten staatliche Ausgaben und Steuern möglichst niedrig halten. Also wurde die Wasserversorgung der Privatinitiative überlassen. Vom 14. Jahrhundert an bildeten wohlhabende Kaufmannsfamilien so genannte „Interessentschaften". Sie ließen hölzerne Rohrleitungen bauen, durch die das Wasser von Quellen außerhalb der Stadtwälle zu ihren Häusern transportiert wurde. Für alle, die genügend Geld hatten, war dies eine ideale Wasserversorgung: reines Quellwasser in fast unbegrenzter Menge.

Der Wasserträger Johann Wilhelm Bentz ist als „Hummel" in die Hamburger Geschichte eingegangen. (Foto: Hamburger Wasserwerke)

Was aber taten die, denen das Geld für die Beteiligung an einer solchen „Interessentschaft" fehlte? Die Armen schöpften das Wasser aus den Fleeten, eine sehr ungesunde Angelegenheit, denn in diesen Alsterarmen und Kanälen landeten auch die Abwässer der Stadt. Verschiedene Choleraepidemien, zum Beispiel die von 1831, wurden durch diese Form der Wasserversorgung verursacht. Wer wenigstens etwas Geld erübrigen konnte, der ließ sich sauberes Trinkwasser von einem Wasserträger ins Haus bringen.

Einer dieser Wasserträger war in der ersten Hälfte des 19. Jahrhunderts Johann Wilhelm Bentz (1787–1854). Er soll ein etwas griesgrämiges Original gewesen sein, und Hamburger Kinder begannen, ihn mit dem Ruf „Hummel, Hummel!" zu necken. Das war eine Abwandlung der Bezeichnung „Hummer", mit der Gerichtsdiener in der Stadt bedacht wurden, weil sie verdächtigte Bürger wie Hummer aufgriffen. Da Bentz zwei schwere Eimer an einer „Tracht" (einer

Art Joch) trug, konnte er die Kinder nicht vertreiben, und beantwortete die ewigen Neckereien mit dem Ausruf „Mors, Mors!". Der Mors ist auf Plattdeutsch der Hintern, und Bentz verkürzte mit seinem Ausruf den Spruch „Klei mi an Mors", was dem Götz von Berlichingen-Zitat recht nahe kommt. Bentz soll über die Wortwechsel mit den Jungen gesagt haben: „Jä, ick kann dat nich loten, ick mutt nu mol dat letzte Wort hebben! De Krieg mit de Jungs duert nu all'n lange Tied, und ick gleuw, he duurt noch öber mien Grav rut!" Über sein Grab hinaus hat der „Krieg" mit den Jungen nicht gedauert, aber doch so lange, dass Bentz das bekannteste Original der Stadt wurde. Wenigstens eine Anekdote über den berühmten Wasserträger soll hier erzählt werden. Einige Bürger der Stadt nahmen Anstoß an den lautstarken Wortwechseln zwischen Bentz und den Kindern. Sie beschwerten sich bei der Obrigkeit, und der Wasserträger wurde von einem Senator vorgeladen. Nach Vorhaltungen und dem Versprechen der Besserung ging das Gespräch zu Ende, und der Senator wollte den Gast verabschieden. In diesem Augenblick fiel ihm der Familienname des Wasserträgers nicht ein, und deshalb sagte er ihm an der Tür: „Hummel, Hummel". Bentz behielt wieder einmal das letzte Wort und rief im Hinausgehen: „Mors! Mors! Herr Senator!"

Johann Wilhelm Bentz und die anderen Wasserträger wurden für ihre schwere Arbeit schlecht bezahlt, denn die Konkurrenz unter den Trägern war groß und die finanzielle Lage ihrer Kunden nicht gut. So musste Bentz oft lange mit dem Ruf „Woter! Woter!" durch die Straßen ziehen, bis er Kunden für sein Wasser gefunden hatte. Manche Wasserträger verminderten ihren Zeitaufwand dadurch, dass sie das Wasser heimlich aus den Fleeten statt von den weiter entfernten Quellen oder Brunnen holten. Es gab auch viele Wasserträgerinnen. Die berühmteste von ihnen war Mutter Blohm, die noch als alte Frau die Eimer voll Wasser über schmale Trep-

Es gab in Hamburg auch zahlreiche Wasserträgerinnen, die ihr karges Einkommen damit verdienten, schwere Wassereimer durch die Straßen und über enge Stiegen bis in die obersten Etagen der Häuser zu tragen.
(Foto: Hamburger Wasserwerke)

pen auch in die obersten Etagen schleppte. Ihr Wahlspruch lautete: „Langsam un wiß!" – langsam, aber sicher.

Die Wasserversorgung in Hamburg blieb bis in die 40er Jahre des 19. Jahrhunderts in diesem desolaten, aber für Leute wie Bentz immerhin etwas einträglichen Zustand. Als 1842 ein Brand ausbrach, zeigte sich ein weiterer Nachteil dieser privatisierten Versorgung. Es fehlte nämlich an Löschwasser, und die Holzleitungen der privaten Wasserversorger wurden rasch ein Opfer der Flammen. Nachdem ein großer Teil der Innenstadt niedergebrannt war, gab es im Rahmen der Wiederaufbaupläne der Stadt lebhafte Debatten darüber, ob die Wasserversorgung in privater Hand bleiben sollte. Der aus England stammende Ingenieur David Lindley trat erfolgreich für eine öffentliche Wasserversorgung ein (siehe Abschnitt Hamburg).

Mit der Eröffnung der „Stadt-Wasserkunst" verlor allerdings Johann Friedrich Bentz seine Arbeit als Wasserträger. Die Reichen und Wohlhabenden erhielten private Anschlüsse, andere Bürger konnten sich aus Gemeinschaftswasserhähnen bedienen. Zwar wurden die Armenviertel kaum mit Wasserhähnen bedacht, aber die Bewohner fielen als Kunden für den Wasserträger aus, weil sie selbst so arm waren wie Bentz. Der Wasserträger hatte seine Schuldigkeit getan und starb wenige Jahre später in einem „Werk- und Armenhaus" der Stadt. Er wurde auf Kosten der Allgemeinen Armenanstalt beerdigt.

Eine späte Ehrung hat er dann doch noch erfahren. In der Hamburger Neustadt wurde in den 1930er Jahre ein „Hummelbrunnen" mit einem Standbild des berühmten Wasserträgers gebaut, in jener Gegend, in der Wilhelm Bentz mit dem Ruf „Woter! Woter!" durch die Straßen gezogen war. Vor allem aber ist Hummel in vielen Geschichten und Beschreibungen in Erinnerung geblieben. Eine Zeitgenossin, Emilie Weber, hat Bentz in ihren „Jugenderinnerungen" so beschrieben: „Er war ein Wasserträger, ein unschädlicher, harmloser Gemütskranker. Er ging immer mit seiner Tracht auf dem Rücken und schlenkerte mit seinen beiden Eimern hin und her. Diese Bewegungen begleitete er mit lautem Gesang, und es kümmerte ihn wenig, ob er dabei die Hälfte des Wassers verschüttete. Hochvergnügt zog er durch die Straßen, begleitet und geneckt von unserer lieben Straßenjugend."

Die Wasserträger Asiens und der Arabischen Welt

Auch in Asien gibt es eine lange Tradition, dass wohlhabenden städtischen Familien das Wasser von Trägern ins Haus gebracht wurde. Für diesen Zweck verwendeten sie meist Ledersäcke. In Südasien gab es in den Städten viele Familien, die den Beruf des Wasserträgers von einer Generation zur nächsten weitervererbten. Die Wasserträger waren in Berufsgilden organisiert, und ihre Tätigkeit genoss ein gewisses soziales und religiöses Ansehen.

Jürgen Frembgen schreibt in dem Sammelband „Wasser in Asien" über die Wasserträger: „Der Dienst der ‚Mashki' an sich wird sehr geschätzt, aber da Leder als ‚unrein' gilt, verschaffen ihm die Handhabung eines ledernen Sacks und besonders die Tätigkeit des Lastentragens ein niedriges Berufsprestige. Überall im islamischen Orient und in Südasien ist der Transport von Wasser in metallenen oder irdenen Gefäßen eine typische Mädchen- und Frauentätigkeit, die für Männer als entehrend gilt." Mit der Modernisierung der asiatischen Städte war das Verlegen von Wasserleitungen verbunden, und so haben die meisten Wasserträger ihre Aufgabe verloren. Außerdem gibt es die Konkurrenz der Tanklastwagen, die große Mengen Wasser in die Städte bringen.

Aber es gibt sie weiter, die Träger des Wassers, zum Beispiel in der tansanischen Hafenstadt Dar es Salaam, wo sie mit Karren unterwegs sind. In einer Studie der in London ansässigen Entwicklungsorganisationen „WaterAid" und „Tearfund" über die Wasserversorgung der Stadt wurde ausführlich analysiert, wie die Wasserträger der Stadt arbeiten. Diese Männer werden „wauza maji wa mikokoteni" genannt, was übersetzt Wasserhändler mit Handkarren bedeutet. Wie einst Johann Wilhelm Bentz liefern sie denen Wasser, die nicht an ein Leitungsnetz angeschlossen sind, aber genug Geld haben, um Wasser zu kaufen. Angesichts des desolaten Zustands der öffentlichen Wasserversorgung in Dar es Salaam gibt es viele Tausend Kunden – aber auch zahlreiche Wasserverkäufer. Das drückt den Preis.

Der Wasserverkäufer Hemedi Ali berichtete den Autorinnen und Autoren der Studie, dass er sein Wasser von einer Familie kauft, die einen

Der Beruf des Wasserträgers und -verkäufers hat in der arabischen Welt eine lange Tradition, an die dieser Wasserverkäufer in Marrakesch/ Marokko mit seiner Berufskleidung erinnert.
(Foto: Helga Reisenauer)

öffentlichen Wasseranschluss besitzt. Für jeden Kanister zahlt er 20 Shilling und verkauft das Wasser anschließend für 100 Shilling. Das klingt nach einer hohen Gewinnspanne. Aber 100 Shilling sind umgerechnet gerade einmal 0,10 US-Dollar. Und Hemedi Ali verkauft pro Tag nur zwischen 18 und

24 Kanister Wasser im Armenviertel Temeke. Netto kommen bei dieser Tätigkeit nicht mehr als etwa 2 US-Dollar am Tag heraus. Und dabei geht es ihm noch relativ gut, weil er einen eigenen Karren besitzt. Mehr als die Hälfte der Wasserhändler muss sich Karren mieten. Das kostet weitere 500 Shillings am Tag, einen halben US-Dollar. Als Wasserverkäufer wird man in Dar es Salaam nicht reich, sondern kann eben gerade von den Einnahmen leben. Hemedi Ali stellt seine Situation so dar: „Jeden Tag muss man früher anfangen, um viele Kunden zu finden, denn es gibt morgens einen größeren Bedarf als nachmittags. Ich beginne um 6 Uhr morgens damit, Wasser zu meinen fünf regelmäßigen Kunden zu bringen. Um 9.30 Uhr muss ich dann versuchen, weitere Kunden zu finden."

Und wie im Hamburg des 19. Jahrhunderts ist dies ein Geschäft ohne Zukunft. Nachdem die Wasserversorgung von Dar es Salaam privatisiert wurde, fließen Entwicklungshilfegelder, um diese Privatisierung zu einem Erfolg zu machen (siehe Abschnitt Dar es Salaam). Und das soll es ermöglichen, das Leitungsnetz auszubauen und mehr Menschen zu versorgen. Das ist gut für die meisten Bürger, aber schlecht für Hemadi Ali und seine Kollegen: „Was uns angeht, sind wir zufrieden mit den Wasserproblemen der Stadt, denn sie ermöglichen uns ein Überleben."

Noch floriert das Geschäft. Die arme Vorstadt Temeke hat 1,3 Millionen Einwohner, es gibt nur wenige Wasseranschlüsse und drei Viertel der Familien bezieht ihr Wasser von Hemadi Ali und seinen Kollegen. Etwa 4.000 Wasserverkäufer soll es allein in Temeke geben. Sie fürchten nicht nur den Bau von Wasserleitungen, sondern auch jeden Regen, denn dann fangen viele Familien das Wasser auf und der Umsatz der Wasserverkäufer sinkt.

Die Kunden der Wasserverkäufer müssen für das kostbare Nass sehr viel mehr zahlen als für Wasser aus der Leitung. Das Wasser ist für die Armen also viel teurer als für diejenigen, die in den wohlhabenden Vierteln schon längst einen Wasseranschluss besitzen. So gibt es keine Alternative zum Ausbau des Leitungsnetzes, aber welche Alternativen gibt es für die Wasserverkäufer?

Wüste

In der Sahara erreicht die Temperatur bis zu 52 Grad Celsius im Schatten – und Schatten gibt es dort nicht viel. Dafür sinkt die Temperatur nachts nicht selten in die Minusgrade. Der maximale Unterschied zwischen den Temperaturen am Tag und in der Nacht beträgt 68 Grad. Pflanzen, Tiere und Menschen, die unter solchen Bedingungen überleben wollen, müssen anpassungsfähig sein. Fast unbewohnt sind die extrem trockenen Wüstengebiete, in denen die Niederschläge weniger als 25 Millimeter im Jahr betragen, zumal auf niederschlagslose Jahrzehnte ein plötzlicher wolkenbruchartiger Regenguss folgen kann. Aber selbst in diesen Gebieten überleben einige spezialisierte Pflanzenarten, die aufblühen, sobald es nach vielen Jahren wieder einmal geregnet hat. Einige Sträucher haben 600 Kilometer lange Wurzelstränge, die sich auf eine große Fläche ausdehnen, um möglichst viel Wasser aufzunehmen. Die Akazien dagegen setzen auf Grundwasser zum Überleben und strecken ihre Wurzeln 50 Meter in die Tiefe. Auch Tiere haben sich dem Wassermangel in der Wüste angepasst, allen voran die Kamele. Sie können einen Monat lang ohne zu trinken durch die heiße Wüste ziehen, aber wenn sie dann eine Oase erreicht haben, trinken sie in einer Viertelstunde bis zu 200 Liter.

Die Tuareg – ein Volk lebt mit der Wüste

Unter den Menschen sind die Tuareg das Volk, das sich am erfolgreichsten auf das Leben mit der Wüste eingestellt hat. Die Kel Ewey-Tuareg haben im Air ein Zuhause gefunden, eine Gebirgsregion im Niger, wo es etwas mehr regnet als in der umgebenden flachen Wüste, sodass hier Viehwirtschaft und Gartenbau möglich sind. Auf langen Karawanenreisen tauschen die Tuareg im Osten der Sahara Salz und Datteln ein, die sie nach einer 900 Kilometer langen Reise in Nordnigeria verkaufen, um Hirse und andere Güter zu erwerben. Die Frauen und Kinder bleiben im Air und leben vor allem mit den Ziegen, die wegen ihrer Milch gehalten werden. Ein wohlhabender Haushalt hat 15 bis 20 Kamele und etwa 60 Ziegen. Dass die Kamele und Ziegen neben Gras auch Blätter und Zweige fressen, lässt sie in Wüsten- und Halbwüstengebieten überleben. Es bedeutet aber auch, dass für die Tiere große Flächen benötigt werden, damit sich die Pflanzen nach dem Abfressen erholen können und nicht eingehen. Auch werden so die Wasserressourcen geschont. Es gibt zwar keine Zäune, aber alle nutzbaren Weidegebiete am Rand der Wüste sind im Besitz von Familien, die sorgsam mit ihnen umgehen. Deshalb ist die nomadische Lebensweise den natürlichen Lebensbedingungen in der Wüste ideal angepasst.

Die französische Kolonialzeit brachte allerdings tief greifende Veränderungen, denn nun wurden den Tuareg die besten Weideflächen genommen. Sie mussten deshalb die verbliebenen Weideflächen häufiger nutzen, was wesentlich zur Zerstörung von Vegetation beigetragen hat. Der Bau von Brunnen im Rahmen der Entwicklungshilfe erwies sich nicht nur als Segen, denn er erlaubte die Vergrößerung der Herden, sodass die Weideflächen im weiten Umkreis der neuen Wasserquelle kahl gefressen wurden. Auch die Politik, die Nomaden sesshaft zu machen, ist sowohl unter sozialen als auch unter ökologischen Gesichtspunkten fragwürdig, weil nun die Herden immer die gleichen Weideflächen rund um die neuen Dörfer nutzen und die Vegetation zerstören.

Nicht nur in der Sahara wird die Zahl der Menschen, die mit ihren Tieren von Oase zu Oase ziehen immer kleiner. Jahrtausendelang haben Nomaden sich den unwirtlich erscheinenden Lebensbedingungen der Wüste angepasst, Hitze, Kälte und Wasserarmut getrotzt. Die San (früher „Buschleute" genannt) in der Kalahari-Wüste im südlichen Afrika wissen, zu welchen Zwecken etwa 200 Pflanzenarten genutzt werden können. Gute Viehhirten in der Sahara geben von Generation zu Generation weiter, wofür und wogegen 600 Pflanzenarten verwendet werden können. Auch finden sie dort Was-

Es hat sich oft als Illusion erwiesen, dass mit dem Bau von Brunnen die Ausbreitung der Wüsten gestoppt werden kann. Wenn eine ausreichende Planung fehlt, führt das Vorhandensein von mehr Wasser lediglich zur Vergrößerung der Herden und damit zu einer noch größeren Schädigung der verbliebenen Vegetation.

(Foto: Helga Reisenauer)

ser, wo andere nur eine öde Wüstenlandschaft sehen. Alte Menschen genießen in solchen Gesellschaften ein hohes Ansehen, sind sie es doch, die ihr überlebenswichtiges Wissen über Pflanzen, Tiere und Wasserstellen an die nächste Generation weitergeben.

Die Lebens- und Wirtschaftsweise von Nomaden ist heute stark gefährdet. Dürrekatastrophen dezimieren die Herden, und Schwerlastwagen transportieren auf geteerten Straßen mit hoher Geschwindigkeit die Güter, die früher von den Nomaden auf ihren Kamelen auf wochenlangen Reisen von einem Ort zum anderen gebracht wurden. Die Globalisierung macht auch vor abgelegenen Regionen der Wüsten nicht Halt. Karwanen, die entlang von Öl- und Gaspipelines, Stromleitungen und Schnellstraßen ziehen, wirken wie aus einer anderen Welt. Und so verdingen sich Nomaden heute als Touristenführer oder stehen als Wachleute vor Banken und Industrieanlagen. Ihre Kinder lernen im Fernsehen die Welt des materiellen Überflusses kennen. Mit der nomadischen Lebensweise gehen auch viele Kulturen unter.

Die Wüsten dehnen sich aus

Mehr als ein Drittel der Landfläche der Erde (ohne die Antarktis) besteht aus Wüste, Wüstensteppe und Trockensavanne. Und diese Flächen wachsen weiter. Jedes Jahr gehen weltweit 120.000 Quadratkilometer Ackerland verlo-

Wo ausreichend Wasser vorhanden ist, entsteht in Wüstenregionen eine reiche Vegetation und die Menschen finden eine Lebensgrundlage wie hier in der Oase El Kasr in Ägypten.   (Foto: Helga Reisenauer)

ren, das entspricht einem Drittel der Fläche der Bundesrepublik Deutschland. Nach UN-Berechnungen sind gegenwärtig mehr als 250 Millionen Menschen von der Ausbreitung der Wüsten direkt betroffen. Viele Millionen Menschen, die bisher direkt südlich der Sahara leben, werden in den nächsten Jahrzehnten in die Städte an der westafrikanischen Küste, nach Nordafrika und nach Europa ziehen, weil sie in ihrer Heimat keine Überlebensmöglichkeit mehr sehen.

In den letzten zwei Jahrzehnten hat die Zahl der Dürrejahre im Sahel drastisch zugenommen. „Sahel" bedeutet im Arabischen Ufer oder Küste. Und die etwa 400 Kilometer breite Sahel-Zone bildet das südliche Ufer des riesigen Sandmeers der Sahara. Im Sahel gibt es deutlich höhere Niederschläge als in der Wüste, und so haben sich hier Bäume, Büsche und Gräser ausbreiten können, die Menschen und Tieren seit Jahrtausenden ein Überleben ermöglicht haben. Allerdings war eine Übernutzung der Pflanzenwelt nur dadurch zu vermeiden, dass die Gebiete dünn mit Viehzüchterfamilien besiedelt waren. Die Zahl der Rinder, Ziegen und Kamele war schon durch die kleine Zahl von Quellen und Brunnen begrenzt. Außerdem wurden die Herden von einem Weideplatz zum anderen getrieben. So schafften die Bewohner der niederschlags- und vegetationsarmen Gebiete es, ein natürliches Gleichgewicht zu bewahren und ihre Lebensgrundlage zu erhalten.

Es gibt schon seit Jahrhunderten im Sahel Konflikte zwischen Viehzüchtern und Ackerbauern um das wenige fruchtbare Land und vor allem um das Wasser. Diese Auseinandersetzungen haben sich durch den Anbau von Erdnüssen und Baumwolle sehr verschärft. Dienten die Äcker früher nur zur Selbstversorgung, sind inzwischen ausgedehnte Exportkulturen angelegt worden. Motorpumpen ermöglichen es, große Mengen Wasser aus Flüssen oder Brunnen für diese ausgedehnte Bewässerungslandwirtschaft zu nutzen. Angesichts der Knappheit an Ackerland in den semi-ariden Regionen verzichten viele Bauernfamilien inzwischen auf Jahre der Brache für ihre Felder. Sie vertrauen auf Kunstdünger und Pestizide, um eine hohe Ernte zu erzielen. Aber nach einigen Jahren sinken die Erträge, und die Felder müssen schließlich ganz aufgegeben werden. Der Wind weht die übrig gebliebene dünne Ackerkrume rasch davon, und die Büsche und Bäume werden abgehackt, um Feuerholz zu gewinnen. Die Verbindung von Tiefbrunnen und einer Zerstörung der Vegetation fördert ein rapides Absinken des Grundwasserspiegels.

Wenn es im Sahel einmal regnet, dann ist es oft ein Sturzregen, bei dem innerhalb von Minuten 50 Liter Wasser pro Quadratmeter niedergehen. Bäume und andere Pflanzen können einen großen Teil des Wassers binden und tragen dazu bei, dass es in oberflächennahen Bodenschichten bleibt oder ins Grundwasser gelangt. Auf kahlen Flächen fließt das Wasser dagegen ungenutzt ab, reißt nährstoffreiche Erde mit sich und führt andernorts zu Überschwemmungskatastrophen.

Je vegetationsärmer und trockener die Sahel-Gebiete werden und je stärker die Bevölkerung zunimmt, desto gefährdeter ist die verbliebene Vegetation. Besonders in der Umgebung von Dörfern und Brunnen nimmt sie rapide ab, und die Wüste dringt vor. Das hat auch enorme wirtschaftliche Konsequenzen. Allein in Uganda wird der Schaden auf 400 Millionen US-Dollar im Jahr geschätzt. Ist diese „Verwüstung" (Desertifikation) erst einmal vorangeschritten, ist der Weg zurück sehr schwer. Im Grunde ist die Situation noch schwieriger als in der Wüste selbst. Denn während die Wüste aufblüht, wenn es einmal kräftig regnet, fehlen in den verwüsteten Gebieten Pflanzen, die sich an die unregelmäßigen, gelegentlichen Niederschläge angepasst haben.

Die Sahara ist nicht die einzige Wüste, die sich rasch ausdehnt. Auch die USA und Mexiko sind von einer zunehmenden „Verwüstung" betroffen und selbst in einem Drittel Spaniens droht eine Wüstenbildung. Fast schon vergessen sind die Zeiten, als rund um das Mittelmeer große Eichenwälder die Landschaft prägten. In China wachsen die Wüsten inzwischen um 3.400 Quadratkilometer im Jahr, in den 1970er Jahren waren es erst jährlich 1.500 Quadratkilometer gewesen. Sandstürme und Dünenwanderungen beschleunigen den schwer aufzuhaltenden Vormarsch der Wüsten. Etwa 24.000 chinesische Dörfer sind durch die Ausbreitung der Wüsten bedroht.

Während die Weltbevölkerung weiter steigt, nimmt die landwirtschaftliche Nutzfläche als Folge der Ausbreitung der Wüsten rapide ab. UN-Experten befürchten, dass Afrika im Jahre 2025 mehr als die Hälfte der landwirtschaftlichen Flächen verloren haben wird. Jedes Jahr werden 25 Milliarden Tonnen wertvoller Bodenkrume vom Winde verweht. Die Situation ist also dramatisch.

Verfehlte Formen der Wüstennutzung

Als ein Irrweg hat sich in Ländern wie Libyen der Versuch erwiesen, mit Hilfe von fossilem Wasser die Wüste in eine grüne Landschaft zu verwandeln. Das Wasser wird aus großer Tiefe unter hohem Kostenaufwand an die Oberfläche gepumpt und großzügig verteilt, um Weizen, Gemüse und Obstbäume wachsen zu lassen. So schön die kreisrunden grünen Flächen mitten in der Wüste aussehen mögen, ökologisch sind sie eine Katastrophe. Der Wasserverbrauch pro Tonne Weizen ist astronomisch hoch, weil viel Wasser verdunstet, anderes im Boden versickert oder abfließt und nur der kleinste Teil die Pflanzen erreicht. Der Preis pro Tonne Weizen soll zehnmal so hoch sein wie in anderen Ländern. Außerdem sind die Wasservorkommen unter der Sahara vor bis zu einer Million Jahren unter ganz anderen klimatischen Bedingungen entstanden. Bei den heutigen minimalen Niederschlägen erneuern sie sich nicht. Wenn die Vorräte aufgebraucht sind, gibt es kein Wasser mehr für Pflanzen, Tiere und Menschen. Mittlerweile hat auch die libysche Regierung erkannt, welch ein Irrweg diese Wasserverschwendung ist, aber wie stark der Grundwasserspiegel unter den künstlichen Oasen gefallen ist, wird als Staatsgeheimnis behandelt.

Inzwischen ist auch das ökologische Gleichgewicht der Wüsten selbst durch eine „Toyotorisierung" bedroht. Wüstengebiete wie die Sahara sind nämlich mit einer dünnen Schicht aus Kiesel, Algen und Flechten bedeckt. Da aber immer mehr Geländewagen kreuz und quer durch die Sahara fahren, werden diese Oberflächenstrukturen zerbrochen. Deshalb führt der Geologe Andrew Goudie, Professor an der Universität Oxford, einen Kampf gegen dieses Zerstörungswerk durch Vierradfahrzeuge wie den „Toyota Landcruiser". Andrew Goudie schrieb 2004 in der Zeitschrift „Science" zu diesem Problem: „Die Oberflächen der Wüsten sind seit Jahrtausenden stabil geblieben. Doch wenn sie zerbrochen werden, wird der Sand vom Wind davongeweht." Auf diese Weise werden die Sandstürme verstärkt – und das wirkt sich auch auf die Klima- und Wassersituation in weit entfernten Regionen der Welt aus. Ein Teil des Sandes wird nämlich vom Wind bis zum weit entfernten Grönland getragen und setzt sich dort auf den Eisflächen ab. Der Staub absorbiert mehr Sonnenwärme als das Eis und gibt diese Wärme an

Die Bewohner von Wüstengebieten wie hier im Nordsudan verfügen über Jahrtausende alte Erfahrungen, mit einfachen Mitteln Brunnen zu graben und damit den eigenen Wasserbedarf und den ihrer Tiere zu decken. Viele dieser Wasser-Erfahrungen und Einsichten, die von Generation zu Generation weitergegeben wurden, können für einen nachhaltigen Umgang mit dem Wasser genutzt werden.

(Foto: Helga Reisenauer)

das Eis ab. So trägt der Staub aus der Sahara zu einem noch schnelleren Abschmelzen der Gletscher bei.

Das Vordringen der Wüste kann gestoppt werden

Ein „Schicksal" ist die Ausbreitung der Wüsten nicht. Es gibt vielerorts erfolgreiche Wiederaufforstungsprojekte, es gibt einfache Methoden, um die Dünenwanderungen etwa durch Hecken vor Oasen und Dörfern zu stoppen, und es gibt vor allem fundierte Erkenntnisse, wie in den semi-ariden Gebieten Landwirtschaft so betrieben werden kann, dass die Felder und Weiden langfristig genutzt werden können. Es hat es sich zum Beispiel erwiesen, dass schon das Anlegen von 50 Zentimeter hohen Erdwällen rund um die Feldparzellen ausreicht, um bei heftigen Niederschlägen ein Abfließen großer Wassermengen samt Ackerkrume zu verhindern.

Zu einer nachhaltigen Nutzung der gefährdeten Wüstenrandgebiete gehört ein sparsamer Umgang mit den begrenzten Wasserressourcen, vor allem durch wassersparende Bewässerungstechniken. Das wichtigste Instrument im Kampf gegen die Wüste sind aber Schritte zur Überwindung der Armut der Bevölkerung. Denn diese Armut zwingt zur Übernutzung des Bodens, der Bäume und der Wasserressourcen. Der Vormarsch der Wüste ist also zu stoppen, auch wenn dies durch die globalen Klimaveränderungen noch schwieriger wird.

Ein positives Beispiel wurde in der Zeitschrift „Eine Welt" des Evangelischen Missionswerkes in Deutschland in der Ausgabe 1/2001 unter dem Titel „Die Wüste erblüht" von Heinz Berger beschrieben: „Vor vier Jahren noch zog Hassan mit seinen Ziegen durch die Afar-Halbwüste auf der Suche nach Weide und Trinkwasser. Heute bestellt der schmächtige Neu-Bauer wie viele andere Hirtenfamilien in der gleichen Gegend einen eigenen kleinen Gemüsegarten … Diese Veränderungen wurden durch ein Entwicklungsprogramm des Lutherischen Weltbundes möglich, der dabei eng mit der heute 2,4 Millionen Mitglieder zählenden Äthiopischen Evangelischen Kirche Mekane Yesus zusammenarbeitet … Angesichts der erheblichen Bodenerosion liegt der Schwerpunkt des Programms auf Bodenschutzmaßnahmen, Wiederherstellung der Landwirtschaft und kleinen Bewässerungsprojekten … Vor allem in ökologisch besonders geschädigten Regionen beteiligen sich zuweilen bis zu 3.000 Männer und Frauen für mehrere Monate an Terrassierung, Aufforstung, dem Bau von Wegen, kleinen Dämmen oder Trinkwasserversorgungen. Dabei wurden rund 30.000 Hektar für die landwirtschaftliche Bewässerung durch Kleinbauern gewonnen … Viele Bäuerinnen und Bauern haben gelernt, Mais, Sorghum, Süßkartoffeln, Pfeffer, Zwiebeln, Möhren, Kohl, aber auch Bananen, Papaya und Zitrusfrüchte anzubauen und Geflügel zu halten."

Zyanid

„Der moderne Goldabbau ist eine Katastrophe für Menschen um Umwelt."
So schreibt die Menschenrechtsorganisation FIAN auf ihrer Website. Eine
Übertreibung? Die Zeiten sind vorbei, wo die Helden in Jack Londons Roma-
nen mit primitivsten Hilfsmitteln in den kalten Flüssen Kaliforniens oder
Alaskas standen und nach „Nuggets", großen Goldstücken, suchten. Heute
ist die Goldsuche weitgehend industrialisiert. Im Tagebau werden riesige
Gesteins- und Erdmassen bewegt, um auch noch Hundertstel Millimeter
kleine Goldpartikel zu finden. So lohnt sich schon die Gewinnung von einem
Gramm Gold aus einer Tonne Gestein. 99,9999 Prozent des Gesteins verwandeln sich in diesem Prozess bei der vorherrschenden Form der Goldgewinnung in hochgiftigen Abfall. Das Gold wird mit Zyanidlösungen aus den
Gesteinsmassen gelöst.

Dazu wird das zerkleinerte Gestein in so genannte Schlammbecken
gefüllt. Das sind mit riesigen Plastikplanen nach unten und nach den Seiten
abgedichtete Mulden. Durch dünne löchrige Plastikröhrchen wird die Zyanidlauge auf das Gestein geträufelt. Es durchdringt die Gesteinsschicht und
laugt das Gold heraus. An der Basis des Beckens wird die mit dem Gold
angereicherte Zyanidlauge gesammelt, ein Prozess, der drei bis sechs Wochen
dauern kann. Danach werden Zyanid und Gold getrennt. Solche Bergbaupro-
jekte haben also mehr mit chemischen Fabriken als mit klassischen Berg-
werken gemein. Oft werden mit diesem Verfahren nur ein oder zwei Gramm
pro Tonne Gestein gewonnen, aber dank des hohen Goldpreises lohnt sich
der Aufwand dennoch, finanziell betrachtet. 2.500 Tonnen Gold werden
weltweit jedes Jahr gewonnen, vorwiegend durch den industriellen Bergbau
und sehr überwiegend erkauft durch schwere Schädigungen der Natur, vor
allem des Wassers.

Gefahren für Mensch und Natur

Zyanide sind Salze der Blausäure und höchst gefährlich für Mensch und
Natur. Im menschlichen Körper verhindert dieser Stoff den Sauerstofftrans-
port und ist deshalb schon in kleinsten Mengen (ein Milligramm) tödlich. In
manchen Goldminen wird das Auslaugen mit Zyanid deshalb in geschlos-
senen Tanks durchgeführt. Aber ein Problem bleibt: Wohin mit den riesigen
Mengen Gestein mit Zyanidrückständen und mit der Zyanidlauge? Die meisten Minen lagern sie in großen Rückhaltebecken, die durch Dämme geschützt
werden. Bricht ein solcher Damm, ist die Katastrophe groß, und das ist in
den letzten Jahrzehnten bereits mehrfach geschehen. Im Jahre 1996 vernichtete eine Zyanid-Ausschüttung den gesamten Fischbestand im Angonaben-
Fluss in Ghana. Durch die Vergiftung des Flusses wurde auch mindestens

neun Dörfern die Trinkwasserversorgung genommen. Der Konzern, der die Umweltkatastrophe verursacht hatte, zahlte den Dorfbewohnern lediglich „als Geste des guten Willens" eine kleine Summe als Entschädigung. Im Oktober 2001 kam es erneut zu einem Zyanid-Unfall in Ghana, diesmal in einer Mine in der Nähe des Asuman-Flusses. Mehrere zehntausend Kubikmeter Wasser, die mit Zyanid und Schwermetallen verseucht waren, gelangten in den Fluss. Wieder starben Tausende Fische, und wieder wurde den Bewohnern der Dörfer am Fluss die Trinkwasserquelle genommen. Auch die Einnahmequelle aus dem Verkauf von Fischen entfiel.

Im Falle der Iduapriem-Goldmine stellte die Menschenrechtsorganisation FIAN im September 2002 bei der Reise einer Delegation nach Ghana fest, wie gravierend auch ohne akute Katastrophen die negativen Auswirkungen der Goldgewinnung für das Wasser und die übrige Umwelt sind. Zahlreiche Anwohner der Mine litten unter Durchfall und Hautkrankheiten. Die einzige gute Nachricht: Auch die Kreditgeber, die Weltbank und die Deutsche Investitions- und Entwicklungsgesellschaft (DEG), erkannten, welche Schäden von der Mine ausgingen und erklärten sich bereit, gemeinsam mit FIAN und WACAM (einem Zusammenschluss der vor Ort Betroffenen) auf den Betreiber einzuwirken, die Missstände zu beseitigen. Die nationale Menschenrechtskommission Ghanas hat sich der Verletzung der Menschenrechte in der Umgebung von Goldminen angenommen. Von Guayana bis Papua-Neuguinea hat es in den letzten Jahren zahlreiche solcher Umweltkatastrophen bei der Goldgewinnung gegeben, und immer wurde das Wasser schwer belastet.

Goldförderung in Indonesien

Am 20. September 2004 berichtete die „New York Times" von einem besonders gravierenden Fall von Umweltschäden durch eine Goldmine auf der indonesischen Insel Sulawesi. Eigentümer der Mine ist die „Newmont Mining Corporation" mit Sitz in Denver, der größte Goldproduzent der Welt. Das mit Gift belastete Gestein und Wasser des Produktionsprozesses wurde dort einfach in die Buyat-Meeresbucht geschüttet. Die Folgen in einem benachbarten Fischerdorf wurden in dem Bericht der „New York Times" so beschrieben: „Erst begann der Fisch zu verschwinden. Dann entwickelten sich an den Körpern der Dorfbewohner merkwürdige Hautausschläge und Beulen. Im Januar gab Masna Stirman mit Unterstützung einer Hebamme einem Mädchen das Leben, dessen Körper mit kleinen Beulen und dessen Haut mit Runzeln übersät war." Das Kind starb nach wenigen Monaten.

Eine indonesische Menschenrechtsorganisation nahm sich des Falls an und unterstützte die Familie des verstorbenen Kindes dabei, das Bergbauunternehmen auf Schadensersatz zu verklagen. Die Menschenrechtsorganisation setzt sich außerdem für die Interessen mehrerer benachbarter Dörfer und der Hinterbliebenen weiterer Opfer der Umweltbelastungen durch die seit 1996 betriebene Goldmine ein.

Das Unternehmen hat alle Vorwürfe zurückgewiesen und erklärt, die Mine arbeite in Übereinstimmung mit den Umweltgesetzen der USA und Indonesiens. Die indonesischen Behörden wurden nach kritischen Medienberichten aktiv und warfen dem US-Konzern vor, die Abfälle aus der Goldgewinnung illegal ins Meer zu schütten. Newmont zeigte sich uneinsichtig und ließ verlauten, die Entsorgung im Meer habe im Falle von Erdbeben sogar Vorteile gegenüber der Lagerung an Land. Der Konzern werde nach Beendigung der Goldförderung das Gebiet in einem besseren Umweltzustand als vorher hinterlassen. Robert E. Moran, ein Hydrogeologe, der für Bergwerksunternehmen und Umweltgruppen arbeitet, sagte hingegen über das Wasser, das die Goldmine ins Meer leitet, es handle sich um eine potenziell „giftige Brühe". Die Dorfbewohner hoffen nur noch auf eine baldige Umsiedlung, weil ihre Gesundheit gefährdet ist und sie ihre Lebensgrundlage durch den Fischverkauf verloren haben. Für sie kann es nur zynisch klingen, wenn der Newmont-Manager Robert Humberson erklärt: „Ich habe dort selbst getaucht. Es ist toll."

Solche Erklärungen halfen nichts. Die indonesischen Behörden erhoben Anklage gegen den US-Konzern und nahmen am 22. September 2004 fünf leitende Mitarbeiter fest. Die amerikanische Botschaft intervenierte umgehend und warnte öffentlich, ein solches Vorgehen könne zu einer weiteren Verminderung der dringend nötigen Investitionen in Indonesien führen. Newmont-Chef Wayne Murdy reiste mit der Erwartung nach Indonesien, dem indonesischen Präsidenten die Position des Konzerns deutlich zu machen. Er erhielt aber keinen Gesprächstermin beim Präsidenten, worauf der Sprecher des Konzerns ankündigte, die Geduld des Newmont-Chefs sei nun bald zu Ende – was einiges über das Selbstverständnis dieses „global player" aussagt. Nach einem Monat wurden die Manager wieder frei gelassen, das Verfahren geht aber weiter und wird unter Hinzuziehung von Gutachten über die Umweltschäden fortgeführt. Newmont-Vizepräsident Tom Enos erklärte nach der Freilassung der fünf Manager: „Diese Männer haben nichts Falsches getan und Newmont hat nichts Falsches getan." Die Verantwortung für die Auseinandersetzung gab Newmont mehreren Nichtregierungsorganisationen in Indonesien, die ihre Vorstellungen auf Kosten des Konzerns und der Menschen an der Buyat-Bucht durchsetzen wollten. So lässt sich ein Umweltkonflikt auch deuten. Newmont hat die Goldproduktion wie schon länger geplant im August 2004 in der indonesischen Mine beendet. Ende Dezember 2004 einigte der Konzern sich mit den Dorfbewohnern auf einen außergerichtlichen Vergleich, der recht ungünstig für die Dorfbewohner ausfiel, aber sie hatten keine Hoffnung, sich auf juristischem Wege gegen einen großen internationalen Konzern durchzusetzen. Nichtsdestoweniger wurde der Newmont-Direktor Richard Ness von einem indonesischen

Gericht angeklagt, dass das Bergbauunternehmen giftige Substanzen in eine Meeresbucht geschüttet habe. Im Februar 2007 stand das Urteil noch aus.

Die nächsten Auseinandersetzungen um die Goldförderung von Newmont haben bereits begonnen, in Peru und in der Türkei. In der Türkei hat ein Gericht es dem Konzern verboten, die Tätigkeit in einer Goldmine in der Nähe von Izmir wieder aufzunehmen. Grund sind Bodenbelastungen durch die Goldgewinnung. In Peru haben Tausende Menschen im September 2004 den US-Konzern daran gehindert, die Vorbereitungen für die Ausweitung der Goldgewinnung in der Nähe der nordperuanischen Stadt Cajamarca fortzusetzen. Newmont ist maßgeblich an dem dortigen Bergbauunternehmern Yanacocha beteiligt. Die Menschen fürchten, dass die Goldgewinnung zu einer Verseuchung ihres Trinkwassers führen wird. Die kirchliche Zeitschrift „Wendekreis" in der Schweiz berichtete in der Februar-Ausgabe 2007 über die ökologischen Auswirkungen der Goldgewinnung in Cajamarca und die Versuche, die Kritiker dieses Projektes einzuschüchtern. Als eine bekannte Radiojournalistin einen prominenten Sprecher der Kritiker des Newmont-Goldabbaus interviewte, sagte sie: „Sie gelten doch schon landesweit als einer, der die Bauern aufhetzt und sich gegen die Entwicklung des Landes stellt. Was kann da Ihren Ruf noch weiter schädigen?" in dem „Wendekreis"-Artikel heißt es dazu: „Der 44-jährige Priester Marco Arana aus dem Städtchen Cajamarca im Norden Perus ist solche Anschuldigungen seit Langem gewohnt. 1991 eröffnete das Bergbauunternehmen Yanacocha in Cajamarca ein neues Bergwerk und versprach der Bevölkerung Arbeit und Wohlstand. Marco Arana war damals Pfarrer im anliegenden Dorf Porcón und Zeuge, wie einer der weltweit größten Goldproduzenten den armen Bauern ihr Land zu einem Spottpreis abluchste. Marco Arana verteidigte damals die Bauern gegen die Mine. Heute ist Yanacocha die größte Goldmine Südamerikas und Marco Arana einer der führenden Köpfe der peruanischen Umweltbewegung ... Am 27. September 2006 erhielt Marco Aranas Nichte einen anonymen Telefonanruf: ‚Wenn dein Onkel sich weiter mit der Mine anlegt, dann wird er mit einer Kugel im Kopf enden.' Knapp vier Wochen vorher war die Anwältin Mirtha Vásquez, Direktorin der Umweltorganisation Grufides, telefonisch bedroht worden: ‚Wir werden dich vergewaltigen und danach umbringen.' Zur gleichen Zeit bemerkten die Mitarbeiter von Grufides, dass sie bei ihrer Tätigkeit verfolgt und gefilmt wurden. Am 14. November konnten sie einen der Verfolger stellen und der Polizei übergeben. Die Untersuchung ergab, dass eine Sicherheits-Firma seit Monaten damit beschäftigt war, Marco Arana, Mirtha Vásquez und weitere Umweltaktivisten und -aktivistinnen und Priester in Cajamarca rund um die Uhr zu verfolgen und zu filmen ... Bei der Suche nach den Auftraggebern der Observierungsaktion gab sich die beteiligte Firma zugeknöpft. Verschiedene Mails und gefundene Adressen weisen jedoch in Richtung der landesweit größten Sicherheits-Firma ‚Forza', die auch für die Sicherheit der Goldmine ‚Yanacocha' zuständig ist ... Der Konflikt gleicht dem zwischen David und Goliath und dreht sich im Wesentlichen um zwei Dinge: Land und Wasser. Bauern wollen ihr Land weiterhin landwirtschaftlich nutzen, und sie wehren sich dagegen, dass auch im Wassereinzugsgebiet Gold abgebaut wird. Sie befürchten, dass die Qualität und Quantität des Wassers beeinträchtigt wird."

Gefahren auch in Europa

Auch Europa ist vor solchen Umweltkatastrophen nicht sicher, selbst wenn die Goldgewinnung mit Zyanid in den meisten europäischen Ländern verboten ist. Wie groß die Gefahren sind, zeigte sich besonders drastisch Ende Januar 2000 in Rumänien, als 100.000 Tonnen schwermetallhaltige Zyanidlauge aus einem Rückhaltebecken der Mine von Baia Mare in die Flüsse Lapus, Somes und Theiß flossen. Von dort gelangte das Gift in die Donau. Es setzte ein massenhaftes Fischsterben ein, und das Flusswasser fiel für die Trinkwassergewinnung aus. Das Unglück in der Mine, die im australischen Besitz ist, wird von Umweltschützern als eine der größten Umweltkatastrophen seit Tschernobyl angesehen. In Ungarn ist man sehr besorgt, dass Rumänien in Rosia Montana nur 190 Kilometer von der ungarischen Grenze entfernt eine weitere Goldmine eröffnen will. Das kanadisch-rumänische Konsortium plant, 300 Tonnen Gold und 1.600 Tonnen Silber zu gewinnen. Im Tagebau soll Gestein auf einer Fläche mit dem Durchmesser von 30 Kilometern abgetragen werden. Wie viel Zyanid eingesetzt werden soll, um aus den riesigen Gesteinsmassen Edelmetall zu gewinnen, ist nicht bekannt. Nicht nur ungarische, sondern auch rumänische Umweltschützer haben große Vorbehalte gegen das gigantische Vorhaben geäußert. Für die rumänische Ökologin Mikaela Lazarescu ist klar: „Goldbergbau mit Zyanid geht nicht ohne Umweltverschmutzung." Es besteht noch Hoffnung, dass sich Gretchens Feststellung im „Faust" nicht ein weiteres Mal bewahrheitet: „Nach Golde drängt, am Golde hängt doch alles. Ach, wir Armen!"

Angesichts der Schäden, die bei der Goldgewinnung für Menschen und die Umwelt entstehen, kritisieren Nichtregierungs- und Menschenrechtsorganisationen, dass Institutionen wie die Weltbank noch immer Gelder für solche Investitionsprojekte bereitstellen. Problematisch ist auch, dass unter dem Einfluss der Weltbank die Bergbaugesetze in vielen Ländern liberalisiert worden sind, was den Effekt hat, dass internationale Bergbaukonzerne noch stärker in armen Ländern tätig werden und neue Bergwerke eröffnen können.

Nur etwa 15 Prozent des jährlich gewonnenen Goldes werden von der Elektronik- und Zahnindustrie verwendet. Der größte Teil des mühsam gewonnenen Edelmetalls wird zu Schmuck verarbeitet oder wandert für immer in Form von Barren in die Tresore von Notenbanken oder Privatbanken. Ein Verkauf des für die Stabilität der Währungen längst nicht mehr benötigten Goldes für industrielle Zwecke würde den umweltschädlichen Goldabbau weitgehend überflüssig machen.

Weltweit setzten sich inzwischen zahlreiche Menschenrechts- und Entwicklungsorganisationen gegen eine Goldgewinnung zur Wehr, die die Umwelt zerstört und den Menschen die Lebensgrundlage raubt. Zu diesen Organisationen gehören FIAN in Deutschland und die katholische Hilfsorganisation CAFOD in Großbritannien. CAFOD startete zum Valentinstag 2007 eine Initiative, in der Schmuckhändler aufgefordert werden: „Reinigen Sie Ihr Gold!" In einer E-Mail-Aktion fordern die Unterzeichnerinnen und Unterzeichner: „Goldbergbau gehört zu den schmutzigsten Industrien der Welt. Er zerstört lokale Gemeinschaften und die Umwelt und kann Konflikte anheizen. Ich fordere Händler und Produzenten von Goldschmuck, Elektronik und anderer Güter auf, sicherzustellen, dass das Gold in ihren Produkten nicht auf Kosten lokaler Gemeinschaften, Arbeiter und der Umwelt produziert wurde. Ich fordere die globale Bergbauindustrie auf, Händler und Verbraucher mit Alternativen zu schmutzigem Gold zu versorgen."

Literatur zum Thema Wasser

Alex, Reinhard u.a.: Das Gartenreich Dessau-Wörlitz, L&H Verlag, Hamburg 2001, 205 Seiten

Barlow, Maud/Clarke, Tony: Blaues Gold, Das globale Geschäft mit dem Wasser, München 2003, 336 Seiten

Barros, Marcelo: Gottes Geist kommt im Wasser – Wasserkrise, Religionen und ökologische Spiritualität, Edition Exodus, Luzern 2004, 200 Seiten

Brot für die Welt: Wasser – eine globale Herausforderung, Grundlagenbroschüre, 84 Seiten, Stuttgart 2004, Bezug: Brot für die Welt, Stafflenbergstraße 76, 70184 Stuttgart

Brot für die Welt: 10 Fragen zum Menschenrecht auf Wasser, Stuttgart 2004, 24 Seiten

Brot für die Welt: LebensMittel Wasser, Materialien zur 46. Aktion 2004/2005

Brunner, Michael/Theil Andrea C. (Hrsg.): Wasser in der Kunst, Städtisches Kulturamt Überlingen, Überlingen 2004, 220 Seiten

Deckwirth, Christina: Sprudelnde Gewinne? Transnationale Konzerne im Wassersektor und die Rolle des GATS, WEED-Arbeitspapier, Bonn 2004, 52 Seiten, Bezug: WEED, Bertha-von-Suttner-Straße 13, 53111 Bonn

Der Nil, Welt und Umwelt der Bibel, Katholisches Bibelwerk, Stuttgart 2004, 80 Seiten

Dierx, Weil/Garbrecht, Günther (Hrsg.): Wasser im Heiligen Land, Biblische Zeugnisse und archäologische Forschungen, Verlag Philipp von Zabern, Mainz 2001, 239 Seiten

Drüke, Milda: Die Gabe der Seenomaden, Frederking & Thaler Verlag, München 2004, 287 Seiten

Ebach, Jürgen: Noah, Die Geschichte eines Überlebenden, Evangelische Verlagsanstalt Leipzig, Leipzig 2001, 249 Seiten

Friedrich-Ebert-Stiftung (Hrsg.): Menschenrecht auf Wasser, Frauen und Trinkwasserversorgung, Bonn 2004, 88 Seiten, Bezug: Friedrich-Ebert-Stiftung, Godesberger Allee 149, 53170 Bonn

Haury, Sebastian/Kolmans, Alicia: Die globale Wasserkrise, Ein Plädoyer für eine nachhaltige Wasserpolitik, Misereor, Aachen 2005, 46 Seiten, Bezug: Misereor, Mozartstraße 9, 52064 Aachen

Heling, Arnd (Hrsg.): Aufbruch zu einer neuen Wasserethik und Wasserpolitik in Europa, Sommeruniversität Ratzeburg, EB-Verlag, Schenefeld 2004, 282 Seiten

Hoering, Uwe: Privatisierung im Wassersektor, WEED, Berlin/Bonn 2001, 36 Seiten, Bezug: WEED, Bertha-Von-Suttner-Platz 13, 53111 Bonn

Hoering, Uwe: „Zauberformel PPP", „Entwicklungspartnerschaften" mit der Privatwirtschaft, Ausmaß-Risiken-Konsequenzen, WEED, Berlin/Bonn 2003, 46 Seiten

Hoering, Uwe/Stadler, Lisa: Das Wassermonopoly, Von einem Allgemeingut zu seiner Privatisierung, Rotbuchverlag, Zürich 2003, 208 Seiten

Hofmann, Thomas (Hrsg.): Wasser in Asien – Elementare Konflikte, secolo-Verlag, Osnabrück 1997, 464 Seiten

Hübner, Ulrich/Richter, Antje: Wasser – Lebensmittel, Kulturgut, politische Waffe, EB-Verlag, Schenefeld 2004, 293 Seiten

Joyce, David: Große Gärten der Welt, Stedtfeld Verlag, Münster 1991, 192 Seiten

Koordination Südliches Afrika (Hrsg.): Das Gold der Zukunft? Nachhaltige Wassernutzung im Südlichen Afrika, Bielefeld 2003, 72 Seiten, Bezug: KOSA, August-Bebel-Str. 62, 33602 Bielefeld

Krämer, Georg/Scheffler, Monika: Wasser – ein globales Gut? Vier Unterrichtseinheiten für Sek. I/II, herausgegeben von der Koordination Südliches Afrika, Bielefeld 2004, 87 Seiten, Bezug: KOSA, siehe oben

Kürschner-Pelkmann, Frank: Wasser – Gottes Gabe, keine Ware, Wasserwirtschaft im Zeichen der Globalisierung, Hamburg 2002, 189 Seiten, Evangelisches Missionswerk in Deutschland, Normannenweg 17-21, 20537 Hamburg

Kürschner-Pelkmann, Frank: „Imagine … sauberes Trinkwasser für alle?", herausgegeben von der Koordination Südliches Afrika, Bielefeld 2003, 70 Seiten, Bezug: siehe oben

Langenbrinck, Ulli: Madeira, Dumont Verlag, Köln 1999, 291 Seiten

Lanz, Klaus u.a. (Hrsg.): Wem gehört das Wasser, Lars Müller Publishers, Baden/Schweiz, 536 Seiten

Lozán, José L. u.a. (Hrsg.): Warnsignal Klima: Genug Wasser für alle? Genügend Wasser für alle – ein universelles Menschenrecht, Wissenschaftliche Auswertungen, Hamburg 2004, 400 Seiten, Bezug: Wissenschaftliche Auswertungen, Imbekstieg 12, 22527 Hamburg

Pearce, Fred: wenn die flüsse versiegen, Berlag Anja Kunstmann, München 2007, 400 Seiten

Petra – Geheimnisvolle Stadt der Nabatäer, Welt und Umwelt der Bibel, Katholisches Bibelwerk, Stuttgart 2001, 80 Seiten

Petrella, Ricardo: Wasser für alle – Ein globales Manifest, Rotpunktverlag, Zürich 2000, 152 Seiten

Sandkühler, Martin (Hrsg.): Wasser – Elixier des Lebens, Verlag Urachhaus, Stuttgart 2000, 138 Seiten

Schnabel, Peter: „Vom Ruhrpott nach Shanghai", Wie das Essener Unternehmen RWE in weniger als einem Jahrzehnt zum Global Player wurde", Asienstiftung, Essen 2003, 56 Seiten, Bezug: Asienstiftung, Bullmannaue 11, 45327 Essen

Shiva, Vandana: Der Kampf ums Blaue Gold. Ursachen und Folgen der Wasserverknappung, Rotpunktverlag, Zürich 2003, 215 Seiten

Stolzenberger, Günter (Hrsg.): Wasser Geschichten, Ein literarisches Lesebuch, Deutscher Taschenbuch Verlag, München 2000, 237 Seiten

UNESCO u.a. (Hrsg.): Water – a shared responsibility, The United Nations World Water Development Report 2, Paris und New York 2006, 584 Seiten

United Nations Development Programme/Deutsche Gesellschaft für die Vereinten Nationen: Bericht über die menschliche Entwicklung 2006, Nicht nur eine Frage der Knappheit: Macht, Armut und die globale Wasserkrise, Berlin 2006, 488 Seiten

Vereinte Evangelische Mission: Echt spritzig – Ökumenische Kinderbibelwoche oder Tage zum Thema Wasser, 69 Seiten plus CD, Bezug: Vereinte Evangelische Mission, Medienstelle, Rudolfstraße 137, 42285 Wuppertal

Volkmann, Helda: Unterwegs nach Eden, Von Gärtnern und Gärten in der Literatur, Verlag Vandenhoeck & Ruprecht, Göttingen 2000, 166 Seiten

Wallacher, Johannes: Lebensgrundlage Wasser, Dauerhaft-umweltgerechte Wassernutzung als globale Herausforderung, Kohlhammer Verlag, Stuttgart 1999, 265 Seiten

Water for People – Water for Life, The United Nations World Water Development Report, Paris 2003, 576 Seiten, Bezug in Deutschland: UNO-Verlag, Bonn

Wellmer, Gottfried: Vulamanzi! Beteiligungen privater Unternehmen an öffentlichen Wasserwerken und die Rechte armer Verbraucher, Fallbeispiele aus Südafrika, Namibia und Deutschland, Koordination Südliches Afrika, Bielefeld 2004, Bezug: KOSA, August-Bebel-Str. 62, 33602 Bielefeld

Wiesel, Elie: Noah oder die Verwandlung der Angst, Herder Verlag, Freiburg 2000, 200 Seiten

Sachregister